위아텝스
RC

위아텝스 RC

지은이 정일상
펴낸곳 (주)위아북스
펴낸이 조상현

인쇄일 2010년 1월 5일
발행일 2010년 1월 10일

등록번호 제300-2007-164호
주소 서울특별시 마포구 공덕동 404 풍림빌딩 304호
전화 02-725-9988 ◦ **팩스** 02-725-9863
홈페이지 www.wearebooks.co.kr
북디자인 나인플럭스

ISBN 978-89-93258-87-5 18740
ISBN 978-89-93258-88-2 (세트)

위아텝스

RC

정일상 지음

TEPS

We'rc
위아북스

텝스를 처음 접하는 대부분의 수험자들은 텝스가 가지고 있는 높은 난이도와 방대한 학습량에 놀라게 되며, 결과적으로 공부 방향을 잡지 못해 학습 계획을 세우지 못하는 경우가 많습니다. 또한 텝스와 관련된 수많은 교재들이 출간되고 있는 상황이지만, 텝스 시험에 맞는 학습 계획을 제시해주는 수험서가 눈에 띄지 않습니다. 〈위아텝스 RC〉는 최근 몇 년 동안 텝스에서 기출되었던 모든 문제 유형을 철저히 분석한, 현장의 강사로서 자신 있게 제시해드리는 교재입니다.

〈위아텝스 RC〉는 텝스에서 출제되는 문법, 독해의 핵심적인 내용을 완벽히 분석하고, 실제 현장에서 적용하고 피드백을 받은 이후에, 주제별, 유형별, 문제별로 철저히 분석하고 정리한 교재입니다. 현재 많은 텝스 교재들이 텝스 학습 과정에서 필요하고 도움이 되는 것은 사실이지만, 텝스에 초점을 맞추고 있다고 보기에는 한계를 갖는 것들이 많습니다. 텝스가 영어의 '능숙함'을 다루기 위한 학습 도구인 것은 분명하지만, 시험이라는 유형을 놓쳐서는 안 됩니다. 따라서 텝스에 초점을 맞춘 교재의 필요성을 느끼게 되었고, 지난 2년 동안의 준비 과정을 통해 완벽한 내용을 담고자 했습니다. 매월 텝스 정기 고사가 끝난 이후에 교재 초고와 비교하는 작업을 했으며, 지금 이 순간 자신 있게 텝스 시험과 가장 유사한 내용이라 자부할 수 있습니다.

제가 개설한 카페 및 홈페이지에는 수많은 분들의 감사의 인사가 올라와 있습니다. 대부분의 수강생들은 제 강의에 대해 '노력의 산물'이라 평가합니다. 이런 과분한 칭찬에 대해 제가 먼저 감사드립니다. 새벽부터 늦은 밤까지 진행되는 강의 현장에서 누구보다 모범적인 학습 태도와 삶의 자세를 보여주셨던 분들을 만날 수 있었고, 때로는 대여섯 시간 동안 진행되는 특강에서도 처음부터 끝까지 초롱초롱한 눈으로 집중하는 모습을 보여주셨습니다. 그분들의 끊임없는 피드백과 애정이 없었다면 감히 이 교재를 집필하지 못했을 것입니다.

강의를 하면서 늘 느끼는 것이지만, 처음부터 끝까지 꾸준한 자세로 학습 태도를 유지하는 모든 분들은 계획한 시간 내에 원하는 점수를 얻는 것을 보았습니다. 〈위아텝스 RC〉를 통해 여러분의 원하는 점수에 최단 기간 내에 도달하기를 진심으로 기원합니다.

지금까지 이 교재를 위해 함께 노력해주신 많은 분들께 진심어린 감사의 말씀을 드리며, 항상 저의 삶의 에너지를 채워주는 아내 박소은 화백, 그리고 우리의 아가들인 인설이와 인훈이, 그리고 항상 기도를 통해 함께 해주신 부모님께 사랑을 전하고자 합니다. 또한 항상 옆에서 대한민국 최고의 텝스 강사가 될 수 있도록 조언해주신 전지현 선생님께 감사를 드리며, 제가 영어를 통해 세상과 만나게 해주신 서호선 선생님께도 감사를 드립니다.

정 일 상

CONTENTS

GRAMMAR

READING 문제 유형편

READING 주제편

1 〈위아텝스 RC〉만의 단계적 학습 프로그램 도입

TEPS 학습의 완성은 반복. **1단계** 유형 설명과 바로 문제 확인 Pattern Training **2단계** 기본문제 풀이로 기본기 점검 Basic Training **3단계** 실전문제로 TEPS 유형 완벽 파악 Actual Training **4단계** 누적문제로 실전 감각 극대화 Review Training의 학습 프로그램으로 기초부터 마무리까지 TEPS를 완벽하게 준비할 수 있다.

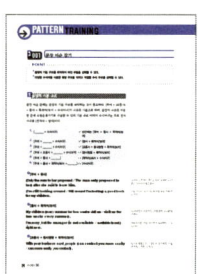

PATTERN TRAINING

● 우선 순위 텝스 Grammar

기존에 출간된 텝스 교재처럼 영문법에서 강조하는 규칙을 따르지 않았다. 최근 3년간의 1,800 문제에 달하는 기출 문제를 분석하고, 출제 빈도에 따라 필수 문법을 재구성하였다. 그 구성에 최적화된 예문을 싣고 문제를 추출함으로써 실제 시험을 보는 것과 같은 효과를 누릴 수 있다.

● 스트레스를 날려주는 Reading Training

텝스 독해는 기본적인 문장해석 능력뿐만 아니라 사고력 훈련을 요구한다. 따라서 지난 3년간 출제되었던 독해 출제 유형을 분석하여 '문제별 접근 방법', '주제별 접근 방법'을 제시했다. '문제별 접근 방법'에서는 유형별로 문제들이 출제되는 방향과 문제풀이 전략을 다루었고, '주제별 접근 방법'에서는 방대한 독해 주제들을 기출에 근거하여 재구성하고 텝스 독해 기출문제와 가장 유사한 주제들을 배치하였다.

BASIC TRAINING

● Grammar

실전 문제를 풀기 전에, 앞에서 학습한 모든 문제 유형을 반복 학습하면서 기본기를 확실하게 다진다. 꼼꼼한 읽기를 통해 문제의 유형을 파악하고, 정답과 오답을 구분하는 연습을 한할 수 있다.

● Reading

텝스 독해 훈련과정에서는 지문을 읽으면서 정답의 근거를 정확하게 찾는 연습을 해야 하며, 선택지에서 정답의 실마리를 찾는 훈련이 필요하다. 두 개의 선택지를 통해 정답유형과 오답유형을 판별할 수 있다.

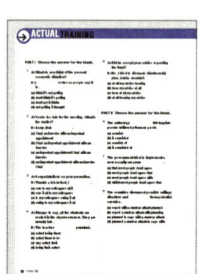

ACTUAL TRAINING

정기시험과 동일한 문제 유형과 배치로 실전 난이도의 문제를 풀면서 시험에 대비할 수 있다. 모든 문제는 최근 3년 동안 시행된 텝스 시험을 완벽하게 분석하여 재구성하였으며, 가장 빈도가 높은 문제만을 선별하였다. Actual Training을 마치면 정기시험을 푸는 효과를 얻을 수 있다.

REVIEW TRAINING

Actual Trainng이 해당 Unit에 대한 평가만을 묻는다면 Review Training은 관련 Unit의 내용을 종합평가하는 훈련이다. 이미 앞에서 학습했던 것을 잊을 만한 시기에 종합문제를 풀어봄으로써 최종 점검과 함께 복습을 유도하는 것이 목적이다. 문제를 다 풀고 난 후 틀린 문제의 관련 유형을 반복학습하면 해당 유형을 확실하게 알 수 있다.

2 출제 유형만 깔끔하게 정리한 본문 해설

텝스 각 영역별로 출제되는 유형들 중 기초 사항에 해당하는 내용은 가능한 줄이고, 시험에 바로 적용할 수 있는 내용만 체계적으로 꼼꼼하게 정리했다.

● Part 1 & 2 문제에 바로바로 적용되는 핵심 포인트

각 영역별 내용을 유형별 공식으로 완성했다. 텝스에서 출제하는 문법을 공식으로 구성하였으며, 공식만으로도 어떤 문제가 출제되었는지 알 수 있다. 또한 텝스에서 실제 출제되는 빈칸의 유형에 따라 구성한 핵심포인트 학습만으로도 시험에 대비할 수 있도록 구성하였다.

● 고득점 전략

텝스 문법 90점 이상의 점수를 획득하기 위한 최고 난이도 문제 유형을 정리하였다. 초급자 수준의 학습자들은 따로 학습할 필요가 없으며, 문법 점수 70점 이상의 고득점 목표자들만 학습하면 된다.

3 위아 텝스 Total 학습 시스템

'교재 – 동영상(유료) – 웹서비스'로 완성되는 종합적인 학습기반 아래 '본학습(교재) ➡ 복습(동영상/유료) ➡ 피드백(JJ TEPS 텝스 카페 – http://cafe.daum.net/easyteps // http://cafe.naver.com/tepsmaster)'의 체계적으로 구성된 Total 학습시스템을 지원한다.

● 기본기를 다지는 본학습

기본적인 유형과 문제를 학습해서 기본적인 내용을 충분하게 숙지한다. 교재 학습은 느슨해질 수도 있으므로, 최대한 단기간 내에 한 번의 학습을 종료하고, 반복적으로 학습하는 과정을 취할 필요가 있다.

● 효율적인 반복학습 '복습'

메가잉글리시(www.megaEnglish.com)의 저작 직강 동영상을 들으면서 교재에서 배웠던 내용을 반복 학습한다. 동영상 강좌를 듣기 전에 한 번의 교재 학습을 끝내고, 본인이 필요한 부분을 선택적으로 들을 수 있도록 학습 계획서를 작성하고 이에 맞는 강좌를 수강한다.

● 전문강사의 일대일 '피드백'

위아텝스 교재로 공부하다 궁금한 사항이나, 설명이 더 필요한 부분을 위아텝스 공식 카페에 올려놓으면 필자인 전지현·정일상 선생님이 자세하게 진단하고 처방을 통해 내 약점을 파악한다. 텝스 학습에 필요한 개인적 상담부터 교재에 대한 상세한 질문까지 완벽한 피드백을 제공한다.

4 기본문제에서 실전문제 풀이까지 1,024문제

문법 16회, 독해 4회, 최고의 유형으로 뽑은 총 1,024문제를 실었다. 엄선된 문제들을 통해 정기 시험과 유사한 문제를 최대한 많이 풀고, 틀린 문제를 분석하면서 이 책 한 권으로 텝스 RC 문제에 대한 자심감을 키울 수 있다.

→ STUDY SCHEDULE

Study Schedule A ● Grammar + Vocabulary + LC + RC 혼합 학습형

		1st Day	**2nd Day**	**3rd Day**	**4st Day**	**5st Day**	**6st Day**
1st Week	G	Unit 1	Unit 1	Unit 2	Unit 2	Unit 2	주간 점검
	V						
	R	Unit 17	Unit 18	Unit 19	Unit 20	Unit 21	
	L						
2nd Week	G	Unit 3	Unit 3	Unit 4	Unit 4	Unit 5	
	V						
	R	Unit 22	Unit 23	Unit 24	Unit 25	Unit 26	
	L						
3rd Week	G	Unit 5	Unit 6	Unit 6	Unit 7	Unit 8	
	V						
	R	Unit 27	Unit 27	Unit 27	Unit 28	Unit 28	
	L						
4th Week	G	Unit 9	Unit 10	Unit 11	Unit 12	Unit 12	
	V						
	R	Unit 28	Unit 29	Unit 29	Unit 29	Unit 30	
	L						
5st Week	G	Unit 10~12	Unit 13	Unit 14	Unit 15	Unit 16	
	V						
	R	Unit 30	Unit 30	Actual 복습	Actual 복습	Actual 복습	
	L						

✽ G: Grammar / V: Vocabulary / L: Listening Comprehension / R: Reading Comprehension
✽ 10주 학습 스케줄은 위의 표에서 하루 학습 분량을 2일에 걸쳐 학습하면 됩니다.

Study Schedule B ● Grammar ➡ Vocabulary ➡ LC ➡ RC 순차 학습형

	1st Day	2nd Day	3rd Day	4st Day	5st Day	6st Day
1st Week	G Unit 1~2	G Unit 3~4	G Unit 5~6	G Unit 7~8	G Unit 9~10	
2nd Week	G Unit 11~12	G Unit 13~14	G Unit 15~16	V	V	
3rd Week	V	V	L	L	L	
4th Week	L	L	L	R Unit 1~2	R Unit 3~4	
5st Week	R Unit 5~6	R Unit 7~8	R Unit 9~10	R Unit 11~12	R Unit 13~14	

✻ G: Grammar / V: Vocabulary / L: Listening Comprehension / R: Reading Comprehension / AT: Actual Test
✻ 10주 학습 스케줄은 위의 표에서 하루 학습 분량을 2일에 걸쳐 학습하면 됩니다.

TEPS의 구성

TEPS는 청해, 문법, 어휘, 독해 4개 영역에 걸쳐 총 200문항으로 구성되어 있으며 시험시간은 140분이다. 만점은 문항반응이론(IRT)에 따라 채점하기 때문에 전부 맞아도 990점이고 모두 틀려도 10점은 나온다.

영역		Part별 내용	문항 수	시간 / 배점
청해 Listening Comprehension	Part I	문장 하나를 듣고 이어질 대화 고르기	15	55분 / 396점
	Part II	3 문장의 대화를 듣고 이어질 대화 고르기	15	
	Part III	6-8 문장의 대화를 듣고 이어질 대화 고르기	15	
	Part IV	담화문의 내용을 듣고 질문에 해당하는 답 고르기	15	
문법 Grammar	Part I	대화문의 빈칸에 적절한 표현 고르기	20	25분 / 99점
	Part II	문장의 빈칸에 적절한 표현 고르기	20	
	Part III	대화에서 어법상 틀리거나 어색한 부분 고르기	5	
	Part IV	단문에서 문법상 틀리거나 어색한 부분 고르기	5	
어휘 Vocabulary	Part I	대화문의 빈칸에 적절한 단어 고르기	25	15분 / 99점
	Part II	단문의 빈칸에 적절한 단어 고르기	25	
독해 Reading Comprehension	Part I	지문을 읽고 질문의 빈칸에 들어갈 내용 고르기	16	45분 / 396점
	Part II	지문을 읽고 질문에 가장 적절한 내용 고르기	21	
	Part III	지문을 읽고 문맥상 어색한 내용 고르기	3	
총 계	13개 Parts		200	140분 / 990점

청해 Listening Comprehension 60문항

정확한 청해 능력을 측정하기 위하여 문제와 보기문항을 문제지에 인쇄하지 않고 들려줌으로써 자연스러운 의사소통의 인지과정을 최대한 반영하였다. 다양한 의사소통 기능(Communicative Functions)의 대화와 다양한 상황(공고, 방송, 일상 업무 상황, 대학 교양 수준의 강의 등)을 이해하는 데 필요한 전반적인 청해력을 측정하기 위해 대화문(dialogue)과 담화문(monologue)의 소재를 균형 있게 다룬다.

Part I
15문항

Listen and choose the most appropriate response.

M How would you like your eggs?

W _____

(a) I want them medium-rare
(b) To go, please
(c) I'd like two, please
(d) Overeasy will be fine

Part 1은 질의응답 문제를 다루며 한 번만 들려준다. 내용 자체는 단순하고 기본적인 수준의 생활 영어 표현으로 구성되어 있지만 교과서적인 지식보다는 재빠른 상황 판단 능력을 요구한다. 따라서 이 파트에서는 속도 적응 능력뿐만 아니라 순발력 있는 상황 판단 능력이 요구된다.

Part II
15문항

Listen and choose the most appropriate response.

W What did you do over the weekend?

M I went to a football game

W How was it?

M _____

(a) I managed to get the tickets.
(b) I prefer soccer game to football
(c) Actually, I'm not into football
(d) It was more exciting than I expected

Part 2는 짧은 대화 문제로서 두 사람이 A-B-A-B 순으로 보통 속도로 대화하는 형식이며 소요 시간은 약 12초 전후로 짧게 구성되어 있다. Part 1과 마찬가지로 한 번만 들려주는 부분이다.

Part III
15문항

Listen and choose the correct answer to the question.

W The new manager has changed a lot of things around here.

W But everybody keeps saying how nice he is.

W He is nice, it's just that he has a new way to run things.

W What do you mean by new?

W He really shuts down if we get too busy on the floor.

W Maybe you should see how the rest of the employees feel about it.

Q Which is correct according to the conversation?

(a) The manager has a good work ethic.
(b) The manager doesn't deal well with stress.
(c) The man wants to quit his job.
(d) The man was promoted to manager.

Part 3는 앞의 두 파트에 비해 다소 긴 대화를 들려준다. 대신 대화 부분과 질문을 들려 준 뒤 다시 한 번 대화 부분을 들려 주기 때문에 길이가 긴 데 비해 많이 어렵다고 할 수는 없다.

● 두 번 들려주는 방식
  첫 번째: 대화문 ⇒ 질문
  두 번째: 대화문 ⇒ 질문 ⇒ 보기문항

→ ABOUT TEPS

<table>
<tr><td colspan="2">Part IV</td><td>15문항</td></tr>
</table>

Part IV	15문항
Listen and choose the correct answer to the question. Welcome to the Federal Reserve's Money Museum. On this tour we will trace the development of the American currency throughout our nation's history. In addition, we have recently opened an exhibit of world currencies, where you can see the different monies of the world, and how they have changed over time. In a moment, we will see the shells used by some tribes in West Africa for money, and later in our tour, you can touch the beads used by people in India for trading. My name is Chris, and I will be your tourguide this afternoon. Welcome! **Q** Which is correct according to the conversation? (a) The manager has a good work ethic. (b) The manager doesn't deal well with stress. (c) The man wants to quit his job. (d) The man was promoted to manager.	Part 4는 담화문을 다룬다. 영어권 나라에서 영어로 뉴스를 듣거나 강의를 들을 때와 비슷한 상황을 설정하여 얼마나 잘 이해하는지를 측정하는 부분이다. 이야기의 주제, 목적, 화제, 세부 사항 및 이를 근거로 한 추론 등을 다룬다. 직청 직해 실력, 즉 들으면서 곧바로 내용을 이해할 수 있는지를 잘 평가해주는 부분이다. ● 두 번 들려주는 방식 첫 번째: 담화문 ➡ 질문 두 번째: 담화문 ➡ 질문 ➡ 보기문항

문법 Grammar 50문항

밑줄 친 부분 중 오류를 식별하는 유형 등의 단편적이며 기계적인 문법지식 학습을 조장할 우려가 있는 분리식 시험 유형을 배제하고, 의미 있는 문맥을 근거로 오류를 식별하는 유형을 통하여 진정한 의사소통 능력의 바탕이 되는 살아 있는 문법, 어법능력을 문어체와 구어체를 통하여 측정한다.

Part I	20문항
Fill in the blank with the most appropriate word or phrase. A What was the conclusion at the meeting? B Nothing. Both the opponents and supporters just argued _____ the project. (a) against (b) behind (c) beneath (d) below	Part 1은 A, B 두 사람의 짧은 대화를 통해 전치사 표현력, 구문 이해력, 품사 이해도, 시제, 접속사 등 문법에 대한 이해력을 묻는 형태로 되어 있다. 주로 후자(B)의 대화 가운데 빈칸이 있고, 그곳에 들어갈 적절한 표현을 고르는 형식이다.

Part II
20문항

Fill in the blank with the most appropriate word or phrase.
Regular six-month dental checkup is essential _____ our oral and dental health.

(a) at
(b) in
(c) of
(d) for

Part 1은 A, B 두 사람의 짧은 대화를 통해 전치사 표현력, 구문 이해력, 품사 이해도, 시제, 접속사 등 문법에 대한 이해력을 묻는 형태로 되어 있다. 주로 후자 (B)의 대화 가운데 빈칸이 있고, 그곳에 들어갈 적절한 표현을 고르는 형식이다.

Part III
5문항

Identify the ungrammatical sentence in the dialogue.
(a) A: Health insurance has become an important issue between elderly people.
(b) B: Why are they interested in the issue?
(c) A: Maybe that's because of their extended life expectancy.
(d) B: So they seem to be interested in the insurance policy(d)

Part 3은 대화문에서 어법상 틀리거나 어색한 부분이 있는 문장을 고르는 다섯 문항으로 구성되어 있다. 이 영역 역시 문법뿐만 아니라 정확한 구문 파악, 회화 내용의 식별능력이 대단히 중요하다.

Part III
5문항

Identify the ungrammatical sentence in the passage.
(a) In order for a bird to fly it must obtain an upward force which is known as lift. (b) The construction of a bird's wing enables the bird to achieve lift. (c) A wing which is shaped to achieve lift is called an aerofoil. (d) The upper surface becomes more convexed than the lower surface along the flight.

Part 4는 한 문단을 주고 그 가운데 문법적으로 틀리거나 어색한 문장을 고르는 다섯 문항으로 되어 있다. 틀린 부분을 신속하게 골라야 하므로 속독 능력도 중요한 역할을 한다.

어휘 Vocabulary 50문항

문맥 없이 단순한 동의어 및 반의어를 선택하는 시험 유형을 배제하고 의미 있는 문맥을 근거로 가장 적절한 어휘를 선택하는 능력을 문어체와 구어체로 나누어 측정한다.

Part I	25문항
Choose the most appropriate word or expression for the blank in the conversation. A Why do you look so tired? B Well, there was no _____ seat, so I had to stand on the way. (a) barren (b) vacant (c) sufficient (d) desolate	Part 1은 구어체로 되어 있는 A, B의 대화 중 빈칸에 가장 적절한 단어를 넣는 25문항으로 구성되어 있다. 단어의 단편적인 의미보다는 문맥에서 쓰인 상대적인 의미를 더 중요시한다.

Part II	25문항
Choose the most appropriate word or expression for the blank in the statement. These days many fair trade retailers are trying to sell _____ souvenirs made by African artisans. (a) barren (b) vacant (c) sufficient (d) desolate	하나 또는 두 개의 문장으로 구성된 글 속의 빈칸에 가장 적당한 단어를 골라 넣는 부분이다. 어휘를 늘릴 때 한 개씩 단편적으로 암기하는 것보다는 하나의 표현으로, 즉 의미구로 알아 놓는 것이 15분이라는 제한된 시간 내에 어휘 시험을 정확히 푸는 데 많은 도움이 될 것이다.

교양 있는 수준의 글(신문, 잡지, 대학 교양과목 개론 등)과 실용적인 글(서신, 광고, 홍보, 지시문, 설명문, 도표, 양식 등)을 이해하는 데 요구되는 총체적인 독해력을 측정하기 위해서 실용문 및 비전문적 학술문과 같은 소재를 균형 있게 다루었다.

Part I	16문항

Read the passage and choose the option that best fits the blank.

Creativity is the faculty of the mind that allows us to express feelings and emotions, reveals our inner states of mind, and helps us communicate with each other. In a real sense, creativity serves as a channel for human beings' deepest hopes, fears and insights. Therefore it is very important to encourage children to cultivate creativity. _____, creative opportunities of children are sometimes discouraged and devalued. It is important to note that creative expression depends not only on talent alone, but also on motivation, interest, effort, and opportunity. Therefore, children have to be granted the freedom to have their interests and abilities affirmed and nurtured because creative expression is crucial to their holistic development.

(a) The manager has a good work ethic.
(b) The manager doesn't deal well with stress.
(c) The man wants to quit his job.
(d) The man was promoted to manager.

Part 1은 빈칸 넣기 유형이다. 한 단락의 글을 주고 그 안에 빈칸을 넣어 알맞은 표현을 고르는 16문항으로 이루어져 있다. 글 전체의 흐름을 파악하여 문맥상 빈칸에 들어 갈 내용을 찾는 문제이다.

Part II	21문항
Choose the option that correctly answers the question. Most people confine the word "extinction" to animals such as dinosaurs and dodo birds. But can you believe that a majority of fruits and vegetables has become extinct? The Ansault pear, for example, described as better than any other pear, will never be tasted again. Today, there are only 32 types of beans from 578 in the 1950s, and only one kind of asparagus from 46 varieties in the 1970s. The diversity of crops started to decrease when farmers started growing only the varieties that have a high yield growth and resistance to pests and do not require huge amounts of fertilizer for their survival. **Q** What is the main idea of the passage? (a) Our ancestors were responsible for the loss of crop diversity. (b) We have lost many valuable crops without recognizing the fact. (c) Loss of Ansault pear had the greatest impact than any other fruit. (d) To avoid extinction of crops, farming techniques have to be improved.	Part 2는 글의 내용 이해도를 측정하는 문제 21문항으로 구성되어 있다. 주제나 대의 혹은 전반적 논조 파악, 세부내용 파악, 논리적 추론 등이 있다.

Part III	3문항
Identify the sentence that least fits the context of the passage. Despite the development of technology, the environment concerns people most in recent years. (a) The destruction of coral reefs has been one of the major concerns among environmentalists. (b) The number of the holes in the ozone layer has increased rapidly at a similar rate of the technological development. (c) The holes allow ultra-violet rays to penetrate the earth's atmosphere and damage living creatures. (d) For example, because of the ultra-violet rays, modern people get more skin cancer than ever.	Part 3는 한 문단의 글에서 내용의 흐름상 어색한 곳을 고르는 문제로 3문항으로 이루어져 있다. 전체 흐름을 파악하여 흐름상 필요 없는 내용을 고르는 문제이다. 이런 유형의 문제는 응집력 있는 영작문 실력을 간접적으로 측정할 수도 있다.

TEPS 등급표

등급	점수	영역	능력 검정 기준
1+급 Level 1+	901~990	전반	교양 있는 원어민에 버금가는 정도로 의사소통이 가능하고 전문분야 업무에 대처할 수 있음
	361~400	청해	교양 있는 원어민에 버금가는 수준의 청해력
		독해	교양 있는 원어민에 버금가는 수준의 독해력
	91~100	문법	교양 있는 원어민에 버금가는 수준으로 내재화된 문법능력
		어휘	교양 있는 원어민에 버금가는 수준으로 내재화된 어휘력1급
1급 Level 1	801~900	전반	단기간 집중 교육을 받으면 대부분의 의사소통이 가능하고 전문분야 업무에 별 무리 없이 대처할 수 있음
	321~360	청해	다양한 상황의 수준 높은 내용을 별 무리 없이 이해할 수 있는 정도의 청해력
		독해	다양한 소재의 수준 높은 내용을 별 무리 없이 이해할 수 있는 정도의 독해력
	81~90	문법	다양한 구문을 별 무리 없이 신속하게 이해할 수 있을 정도로 내재화된 문법능력
		어휘	다양한 표현을 별 무리 없이 신속하게 이해할 수 있을 정도로 내재화된 어휘력
2+급 Level 2+	701~800	전반	단기간 집중 교육을 받으면 일반 분야업무를 큰 어려움 없이 수행할 수 있음
	281~320	청해	일반적 상황에 보통수준의 내용을 별 무리 없이 이해하는 정도의 청해력
		독해	일반적 소재에 보통수준의 내용을 별 무리 없이 이해하는 정도의 독해력
	71~80	문법	일반적인 구문을 별 무리 없이 이해하는 정도의 문법능력
		어휘	일반적인 표현을 별 무리 없이 이해하는 정도의 어휘력
2급 Level 2	601~700	전반	중장기간 집중 교육을 받으면 일반분야 업무를 큰 어려움 없이 수행할 수 있음
	241~280	청해	일반적 상황에 보통수준의 내용을 대체로 이해하는 정도의 청해력
		독해	일반적 소재에 보통수준의 내용을 대체로 이해하는 정도의 독해력
	61~70	문법	일반적인 구문을 대체로 이해하는 정도의 문법능력
		어휘	일반적인 표현을 대체로 이해하는 정도의 어휘력
3+급 Level 3+	501~600	전반	중장기간 집중 교육을 받으면 한정된 분야의 업무를 큰 어려움 없이 수행할 수 있음
	201~240	청해	일반적 상황에 보통수준의 내용을 다소 이해하는 정도의 청해력
		독해	일반적 소재에 보통수준의 내용을 다소 이해하는 정도의 독해력
	51~60	문법	일반적인 구문에 대한 의미파악이 어느 정도 가능한 문법능력
		어휘	일반적인 표현에 대한 의미파악이 어느 정도 가능한 어휘력
3급 Level 3	401~500	전반	중장기간 집중 교육을 받으면 한정된 분야의 업무를 다소 미흡하지만 큰 지장은 없이 수행할 수 있음
	161~200	청해	일반적 상황에 보통수준의 내용을 이해하기 다소 어려운 정도의 청해력
		독해	일반적 소재에 보통수준의 내용을 이해하기 다소 어려운 정도의 독해력
	41~50	문법	일반적 구문에 대한 신속한 의미 파악이 다소 어려운 정도의 문법능력
		어휘	일반적인 표현에 대한 신속한 의미 파악이 다소 어려운 정도의 어휘력
4+급 Level 4+	301~400	전반	장기간의 집중 교육을 받으면 한정된 분야의 업무를 대체로 어렵게 수행할 수 있음
	201~300		
5+급 Level 5+	101~200	전반	단편적인 지식만을 갖추고 있어 의사소통이 거의 불가능함
	10~100		

위아텝스
GRAMMAR

TEPS

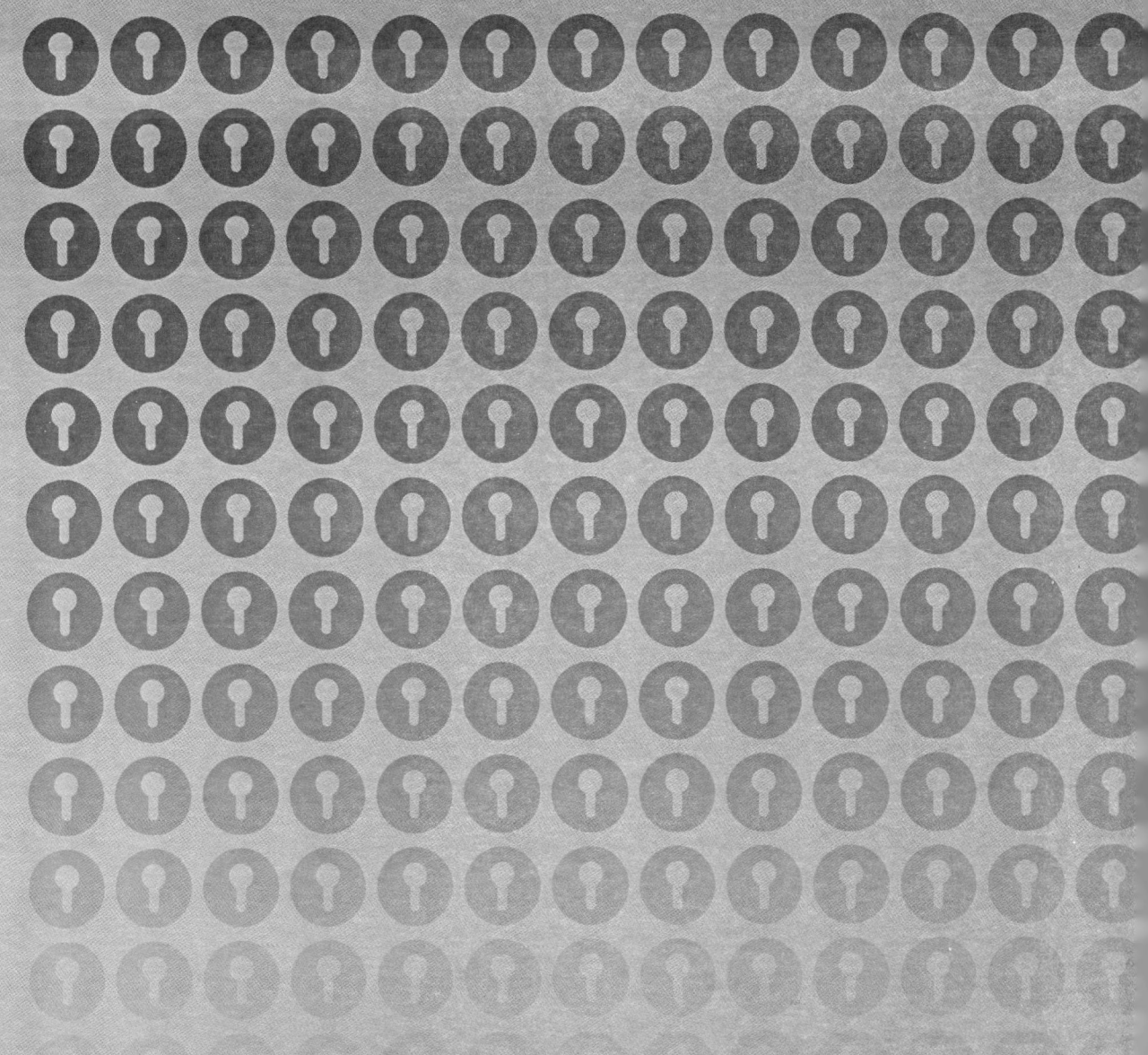

위아텝스
GRAMMAR

하나의 문장에는 주어와 동사가 있고, 그 동사 뒤에 목적어나 보어가 나올 수 있다. 그리고 대부분의 영어 문장은 전치사구나 부사구로 보충하기도 한다. 이것이 영어 문장의 기본 구성이며, 문장의 구성에 관련된 문제는 텝스의 문제유형 중 기초에 해당하는 것들이다. 한 문장에 주어와 동사가 있는지를 파악하는 것이 중요하며, 문장을 구성하는데 불필요한 요소를 구별할 수 있어야 한다. 이러한 문장을 구성하는 기본적인 요소로서 가장 중요한 것은 동사유형이다. 동사를 중심으로 문장의 분위기와 문장의 구조가 결정되기 때문이다. 텝스에서 중요한 동사 구별점은 자동사와 타동사이며, 동사 뒤에 목적어가 와야 하는지, 아니면 보어가 와야 하는지, 그리고 목적어를 보충해주는 단어의 형태는 무엇인지 구별하는 문제가 출제된다. 이것이 그대로 문장 형식과 연관되므로, 동사의 종류와 쓰임을 이해하는 것이 중요하다. 문장의 구조와 동사유형은 텝스에서 가장 많이 출제되는 유형이므로 정확한 학습이 필요하다. 또한 파트 3,4 에서도 문장 구조의 오류를 출제하는 경향이 나타나므로 문장 구성 요소를 파악한다.

UNIT 01

문장구조 & 동사

P 001 | 문장 어순 잡기

POINT

★ 문장의 기본 구조를 파악하여 빠진 부분을 선택할 수 있다.
★ 다양한 수식어를 이용한 확장 구조를 익히고 적절한 수식 구조를 선택할 수 있다.

1 문장의 기본 구조

문장 어순 문제는 문장의 기본 구조를 파악하는 것이 중요하다. [주어 + (조동사) + 동사 + 목적어/보어 + 수식어구]의 구조를 기본으로 하여, 문장의 구조를 이용한 문제 유형은 6가지로 구분할 수 있다. 기본 구조 이외의 수식어구는 주로 전치사구로 [전치사 + 명사]이다.

1. [_____ + 수식어구]   ➡ 빈칸에는 [주어 + 동사 + 목적어/보어]
2. [주어 + _____ + 수식어구]   ➡ [동사 + 목적어/보어]
3. [주어 + _____ + 수식어구]   ➡ [조동사 + 동사원형 + 목적어/보어]
4. [주어 + 조동사 + _____ + 수식어구] ➡ [동사원형 + 목적어/보어]
5. [주어 + 동사 + _____]   ➡ [목적어/보어 + 수식어구]
6. [주어 + 동사 + 목적어/보어 + _____] ➡ [수식어구]

❶ [주어 + 동사]

(Only the man to her proposed / **The man only proposed to her**) after she said to leave him.

그녀가 그를 떠나겠다고 말한 후에야 그 사람은 그녀에게 청혼했다.

(**I'm still looking around** / Still around I'm looking) a good book for my children.

나는 여전히 내 아이들을 위한 좋은 책을 찾고 있다.

❷ [동사 + 목적어/보어]

My children (every summer for two weeks visit us / **visit us for two weeks every summer**).

내 아이들은 여름마다 2주일 동안 우리를 방문한다.

I'm sorry, but the manager (**is not available** / available is not) right now.

죄송하지만, 지금 매니저와 통화하실 수 없습니다.

❸ [조동사 + 동사원형 + 목적어/보어]

With your business card, people (**can contact you more easily** / can more easily you contact).

당신의 명함으로, 사람들은 당신에게 더 쉽게 연락을 취할 수 있다.

My supervisor was too oppressive, so I (couldn't any more take it / **couldn't take it any more**).

내 직장 상사가 너무 강압적이어서, 나는 더 이상 그것을 참을 수가 없었다.

❹ 조동사 + [동사원형 + 목적어/보어]

You can (rocks see remarkable / **see remarkable rocks**) in this museum.

당신은 이 박물관에서 진기한 바위들을 볼 수 있다.

Some actors may (**become famous almost overnight** / become almost overnight famous).

어떤 배우들은 거의 하룻밤 사이에 유명해지기도 한다.

❺ [목적어/보어 + 수식어구]

I'm sorry, but we're not hiring (**any more workers at the moment** / workers at the moment any more).

죄송하지만, 저희는 현재 더 이상의 직원들을 고용하고 있지 않습니다.

The bill includes (five dollars for delivery an extra / **an extra five dollars for delivery**).

청구서에는 배달을 위한 10달러 추가 요금을 포함하고 있습니다.

❻ [수식어구 – 전치사구]

I really like the picture (looking a man at the sea / **of a man looking at the sea**).

나는 바다를 바라보고 있는 남자의 사진을 정말 좋아한다.

The author is known for his obsession with every detail (he wrote his books / **of his books he wrote**).

그 작가는 그가 쓴 책들에 나오는 모든 세부 사항들에 대한 집념으로 유명하다

[고 | 득 | 점 | T | I | P]

[It looks like + 주어 + 동사 + 목적어/보어] & [It seems like + 주어 + 동사 + 목적어/보어]
'~인 것 같다'는 의미를 나타낼 때 It looks like 혹은 It seems like 유형을 이용하며 이때 [주어 + 동사 + 목적어/보어] 유형이 구조가 연결된다.

It looks (**like it might rain** / it might like rain) this afternoon. 오늘 오후에 비가 내릴 것 같다.

CHECK UP • • •

1   A: We made a wise decision to come to this mountain.

   B: Yeah, we _____.

   (a) can all the spring pretty colors seen
   (b) can see all the pretty spring colors
   (c) all the spring colors pretty can see
   (d) all the colors can see pretty spring

make a decision 결정하다, 결심하다

2   A: Did Dr. Lee diagnose the patient?

   B: Yes, but not a symptom _____.

   (a) in her body was found   (b) was found in her body
   (c) found in her body   (d) in her body found

diagnose 진단하다, 규명하다 symptom 징조, 징후, 증상

[주어 + 조동사 + 동사 + 목적어/보어]의 기본 구조에서, 각각의 단어와 문장을 수식하는 요소를 찾는 문제이다. [형용사/부사 + 형용사]의 경우 명사를 수식할 수 있으며, 전치사구, 관계사를 이용하여 문장을 확장할 수 있다. 가장 기본적인 확장 구조 4가지를 익혀두자.

1. 명사 수식: [관사 + 형용사] + 명사

2. 명사 수식: [관사 + 부사 + 형용사] + 명사

3. 전치사구: [전치사 + 관사] + 명사

4. 관계사: 명사 + [관계대명사/관계부사 + 주어 + 동사]

❶ [관사 + 형용사 + 명사]

I can't imagine that the professor is leading (**an interesting life** / interesting a life).

나는 그 교수가 흥미로운 삶을 살고 있다는 것을 상상도 못했다.

❷ [부사 + 형용사 + 명사]

You should keep the food at (**extremely low temperatures** / low temperatures extremely).

매우 낮은 온도에서 음식을 보관해야 합니다.

❸ 전치사구 : [전치사 + 관사 + 명사]

If you can't find your book, you had better look (**under the desk** / the under desk).

책을 찾을 수 없으면, 책상 밑을 찾아보는 게 좋겠다.

❹ [명사 + 관계사 + 주어 + 동사]

The (your pictures taken / **pictures which you take**) can be altered with computer software programs more easily.

당신이 찍은 사진은 컴퓨터 소프트웨어 프로그램으로 더 쉽게 변경할 수 있습니다.

CHECK UP • • •

1 They were delighted to see _____ .

   (a) some old photos   (b) old some photos
   (c) photos old some   (d) some photos old

delighted 매우 기쁜, 즐거운

2 She _____ after hearing of his success.

   (a) looked happy extremely   (b) looked extremely happy
   (c) extremely looked happy   (d) extremely happy looked

extremely 극도로, 매우

POINT

★ 명령문과 부정 명령문의 구조를 숙지하고 적절한 구조를 완성할 수 있다.

★ 의문문의 구조와 답변 유형을 숙지하고 의문문의 종류에 따라 적절한 구조를 완성할 수 있다.

★ 다양한 부정어구를 이용한 문장 구조를 이해한다.

1 명령문과 부정 명령문

상대방에게 '~을 하라'는 의미로 명령할 때 명령문을 이용한다. 주어는 you로, 상대방이 분명하기 때문에 생략되어 동사원형으로 시작한다. 부정 명령문은 [Don't + 동사원형]의 형태이다.

1. 명령문: [동사원형 + 목적어/보어 + 수식어구]
2. 부정 명령문: [Don't + 동사원형 + 목적어/보어 + 수식어구]

(Your assignment finishes / **Finish your assignment**) before dinner.

저녁 먹기 전에 과제를 끝내도록 해.

(Not make / **Don't make**) such a noise.

시끄럽게 하지 마라.

[고 | 득 | 점 | T | I | P]

be동사 명령문

'조용히 해.'는 Be quiet.이다. 부정 명령문으로 전환할 때는, [be + not]을 쓰지 않고, Don't be의 구조를 이용한다.

(Be not / **Don't be**) noisy. 시끄럽게 하지 마라.

CHECK UP • • •

make sure 확인하다, 다짐하다

1 A: I'd like to go to the party.

B: But _____ by 12.

(a) make it sure you are home   (b) make sure you are home

(c) you are home make sure   (d) make surely you are home

2 A: I can't find my glasses anywhere.

B: Well, _____.

(a) the desk under look   (b) under the desk look

(c) look under the desk   (d) look the desk under

2 의문문과 답변

의문문의 유형과 의문문에 따른 답변 유형이 출제되므로 다양한 답변 유형을 숙지
하고 있어야 한다. 답변을 선택할 때는 질문의 주어와 동사, 시제를 일치시켜 적절
한 답변을 고르는 것이 중요하다.

의문문 유형

1. [Be동사 + 주어 + 보어?]
2. [Do/Does/Did/조동사 + 주어 + 동사원형 + 목적어/보어?]
3. [의문사 + be동사 + 주어 + 보어?]
4. [의문사 + do/does/did/조동사 + 주어 + 목적어/보어?]

❶ be동사 유형

A: (**Is she really going** / Is going she really) out with him?

B: Yes, (**she is** / she isn't).

A: 그녀가 진짜로 그와 데이트할 건가요?
B: 네, 그래요.

❷ 일반동사 유형

A: (Has she look / **Does she look**) pregnant yet?

B: No, (he doesn't / **she doesn't**).

A: 그녀가 벌써 임신한 것처럼 보이나요?
B: 아니오, 그렇지 않아요.

❸ 조동사 유형

A: (**Can you finish** / Finish you) the paper in time?

B: Yes, (**I can** / I do).

A: 시간 내에 페이퍼 끝낼 수 있나요?
B: 물론이지요.

❹ 의문사 유형

A: How much (**money do you have** / do you have money)?

B: I have only five dollars.

A: 얼마나 많은 돈을 가지고 있나요?
B: 5달러 밖에 없어요.

❺ 의문문과 답변 공식

be동사 유형

A: **Is** he late?

B: Yes, he **is**. / No, he **isn't**.

A: 그가 늦는 건가요?
B: 네, 그렇습니다. / 아니오, 그렇지 않습니다.

일반동사 유형

A: **Did** you make an appointment?

B: Yes, I **did**. / No, I **didn't**.

A: 예약하셨나요?
B: 네, 그렇습니다. / 아니오, 그렇지 않습니다.

조동사 유형

A: **Can** you speak Spanish?

B: Yes, I **can**. / No, I **can't**.

A: **Have** you seen the movie?

B: Yes, I **have**. / No, I **haven't**.

A: 스페인어 하실 수 있나요?

B: 네, 그렇습니다. / 아니오, 그렇지 않습니다.

A: 그 영화를 보셨나요?

B: 네, 그렇습니다. / 아니오, 그렇지 않습니다.

[고 |독 |점 |T |I |P]

질문의 의도와 답변의 유형이 다른 경우도 있다.

A: Is it true that they sent other messages? 그들이 다른 메시지를 보낸 게 사실인가요?

B: Yes, (**they did** / they are). 네, 그래요.

이 문장에서 Is it true ...?로 질문하고 있으나, 답변은 they로 시작하고 있다. 이 경우에 묻는 내용을 Did they send other messages?로 이해해야 한다. 따라서 they did로 답하는 것이 맞는 표현이다.

CHECK UP • • •

1 A: I seem to have a cavity.

   B: _____ you? You'd better get it checked at the dentist.

   (a) Are   (b) Do   (c) Can   (d) Have

cavity 충치

2 A: Have you met my brothers before?

   B: Yes, I _____ .

   (a) am   (b) do   (c) did   (d) have

---

3 부정문

문장을 부정할 때 no, not, never, hardly, scarcely, rarely, seldom 등의 부정어구를 쓴다. 부정어구는 be동사와 조동사 뒤에 오며(ex. He is **not** doing anything else. He will **not** go there.) 일반동사 앞에 온다. (ex. He **never** wants to go there.) 부정어구 포함 출제 유형을 정리하면 다음과 같다.

1. [no + 명사]
2. [be동사 + not/never/hardly]
3. [don't/doesn't/didn't + 일반동사의 원형]
4. [never/hardly + 일반동사]
5. [조동사 + not/never/hardly + 동사원형]

There's (**no chalk** / none chalk) in the drawer.

He (**is not** / no is) doing anything else.

서랍에 분필이 하나도 없다.

그는 아무 것도 하고 있지 않다.

He (not wanted / **didn't want**) to go there.

He (**never wants** / wants never) to go there.

He (**won't go** / never will go) there.

I (hardly ever have been / **have hardly ever been**) there.

그는 거기에 가기를 원하지 않았다.

그는 결코 거기에 가기를 원하지 않는다.

그는 거기에 가지 않을 것이다.

나는 거의 거기에 가본 적이 없다.

[고 | 득 | 점 | T | I | P]

부정어구와 도치

부정어구가 문장의 앞에 제시되어 강조될 때 주어와 동사의 위치가 바뀐다.

Never, Little, Nowhere, Not only, Not until Hardly (ever), Scarcely, Rarely, Seldom, On no account, At no time, In no way, Under no circumstances	+ be동사/조동사 + 주어 ... + do/does/did + 주어 + 동사원형

Never did I realize that he was such an important person in the club.

그가 그 클럽에서 그렇게 중요한 사람이라는 것은 결코 깨닫지 못했었다.

Hardly ever have I watched such a movie. 그렇게 훌륭한 영화를 결코 본적이 없습니다.

[고 | 득 | 점 | T | I | P]

I **don't think/suppose** + that + 주어 + 동사 + 목적어/보어 (O)

I think/suppose that + 주어 + **not** + 동사 + 목적어/보어 (X)

동사가 think 또는 suppose일 때 부정어 not은 동사 앞에 온다. that절에 not을 쓰지 않는다.

I **don't think** that it might rain tomorrow. (O)

I think that it might not rain tomorrow. (X)

CHECK UP • • •

1   She was surprised to see her ex-husband at the party because she _____.

(a) expected to never see him

(b) never expected to see him

(c) expected not see him

(d) not expected to see him

surprised 깜짝 놀란 ex-husband 전 남편

2   The company _____ for the damaged product despite their mistake.

(a) no way was in responsible

(b) was in no way responsible

(c) in no way was responsible

(d) no responsible was in way

in no way 절대 ~이 아닌 damaged 파손된 despite ~임에도 불구하고

They (**sell salt** / is sold salt) at that store.

Salt (sells / **is sold**) at that store.

This book (is sold / **sells**) well.

He (**read** / was read) the novel yesterday.

Her novel (is read / **reads**) differently from his.

그 가게에서 소금을 판매한다.

그 가게에서 소금을 판매한다.

이 책은 잘 팔린다.

그는 어제 그 소설책을 읽었다.

그녀의 소설은 그의 것과는 다르게 읽힌다.

[고 | 득 | 점 | T | I | P]

의미 변화 동사

do/pay/work/count 등은 타동사로 [주어 + 동사 + 목적어]의 구조일 때와 자동사로 [주어 + 동사]의 구조일 때 의미가 달라진다.

	타동사	자동사		타동사	자동사
do	하다	충분하다	**pay**	지불하다	이익이 되다
work	일하다	효과가 있다	**count**	(수를) 세다	중요하다(= matter)

He (**paid** / did) five dollars for the book. 그는 그 책에 5달러를 지불했다.

This project (matters / **pays**) well. 이 프로젝트는 상당한 이익이 된다.

The medicine really (**works** / pays) well for a headache. 이 약은 두통에 잘 듣는다.

CHECK UP ···

1 A: Have you finished the accounting report?

B: I'm sorry, but suddenly the computer didn't

_____.

(a) pay   (b) do   (c) work   (d) take

accounting report 회계 보고서 **work** 작동하다, 효과가 있다(don't work 고장이다) **suddenly** 갑자기(= all of a sudden)

P 004 자동사와 보어

POINT

★ become 동사류와 보어의 의미 관계를 통해 적절한 형용사 보어를 선택할 수 있다.

★ 감각/상태/외양 동사를 숙지하고 보어로 오는 적절한 형용사를 고를 수 있다.

1 become 동사류

become과 같이 '~이 되다'의 의미를 나타내는 동사 유형이 출제된다. 서술어 자리가 [동사 + 형용사] 형태임을 파악하고 적절한 동사를 선택하거나 보어 자리에 형용사를 정답으로 골라야 한다. 또한 become 동사류는 의미뿐만 아니라 형용사와의 결합 관계를 물어보는 문제로 출제되므로 각 동사와 결합되는 형용사와 의미를 함께 기억해두어야 한다.

1. [_____ + 형용사 보어]   ➡ 동사 자리인 빈칸에 become 동사류

2. [become 동사류 + _____]   ➡ 보어 자리인 빈칸에 형용사

자주 출제되는 [become 동사류 + 형용사 보어]

come true 실현되다	get angry 화나다	get better 좋아지다
go bad 나빠지다	go blind 장님이 되다	go deaf 귀머거리가 되다
go mad 미치다	grow old 나이가 들다	run dry 메마르다
run short 부족해지다	turn pale 창백해지다	turn red 빨갛게 되다

His expectation has (**come** / turn) true.

그의 예상이 실현되었다.

Unfortunately, my grandfather (**went** / got) blind.

불행하게도, 내 할아버지는 장님이 되셨다.

CHECK UP • • •

1 Yesterday on seeing her, his face _____ pale.

(a) ran   (b) went   (c) turned   (d) came

2 Experts' prediction on economic crisis _____.

expert 전문가 prediction 예상

(a) came true   (b) came truly   (c) went true   (d) went truly

2 감각/상태/외양 동사

동사 중 감각 및 상태를 나타내는 동사들은 보어의 유형을 구별하는 문제로 출제된다. 보어 자리에 형용사와 부사 중에서 선택하도록 하는데, 이때 부사는 보어가될 수 없다는 사실에 주의해야 한다. 따라서 보어 자리에는 형용사가 정답이다.

[주어 + 감각/상태/외양 동사 + _____] ➡ 빈칸은 형용사 자리

자주 출제되는 감각/상태/외양 동사

sound ~하게 들리다 feel ~처럼 느끼다 smell ~한 냄새가 나다
taste ~한 맛이 나다 remain/keep/stay ~인 채로 남아 있다
look/seem/appear ~처럼 보이다
prove/turn out (to be) ~인 것으로 증명되다, 드러나다

This piece sounds (**strange** / strangely) to me. | 이 곡은 이상하게 들린다.

This soup smells so (**great** / greatly). | 이 스프는 냄새가 정말 좋다.

His fate remains (**uncertain** / uncertainly). | 그의 운명은 불분명했다.

It is very important to stay (**healthy** / healthily). | 건강을 유지하는 것이 매우 중요하다.

[고 | 득 | 점 | T | I | P]
유사보어
형태상 보어가 필요없는 완결된 문장에 나오며, 주어 혹은 목적어를 보충 설명한다. 유사보어는 문장에서 생략할 수 있다.

They parted (**good friends** / of good friends). 그들은 좋은 친구 사이로 헤어졌다.

The novelist died (of young / **young**). 그 소설가는 어린 나이에 죽었다.

They caught many fish (**alive** / lively). 그들은 많은 물고기를 산 채로 잡았다.

CHECK UP • • •

1 A: What's the matter with you? You sound
   _____ today.

   B: Oh, it seems that I have caught a cold again.

   (a) strange   (b) strangely
   (c) estrange   (d) estrangement

catch a cold 감기에 걸리다 estrange 이간시키다, 소원하게 하다

2 Mary looked _____ when she received the admission from the University of Georgia.

   (a) happy   (b) happily
   (c) of happy   (d) in happy

admission 입학 허가서

P 005 타동사 vs. 자동사

POINT

★ 자동사로 혼동하기 쉬운 타동사를 구분해낼 수 있고 목적어를 통해 적절한 타동사를 고를 수 있다.

★ 전치사와 함께 타동사구 역할을 하는 동사구를 숙지하고 동사와 적절한 전치사를 짝지을 수 있다.

★ 동사구의 목적어 자리를 찾는 문제에서 [동사 + 대명사 + 부사]의 어순을 숙지한다.

1 자동사로 혼동하기 쉬운 타동사

문장에서 [동사 + 목적어]의 구조를 갖는 동사가 타동사이다. 이 동사들은 전치사의 도움 없이 목적어를 직접 취하므로 [동사 + 전치사]의 구조로 제시되지 않는다는 것을 명심해야 한다.

[주어 + _____ + 목적어] ➡ 동사 자리인 빈칸에 타동사

자주 출제되는 타동사

accompany ~와 동행하다
attend ~에 참석하다
enter ~에 들어가다
marry ~와 결혼하다
reach ~에 도착하다
become ~에 어울리다
inhabit ~에 거주하다
resemble ~와 닮다

approach ~에 접근하다
discuss ~에 대해 토론하다
join ~에 가입하다
oppose ~에 반대하다
constitute ~을 구성하다
equal ~에 맞먹다
lack ~이 부족하다

The man (**approached** / approached to) me on seeing me.

That color really (**becomes** / becomes to) you.

Let's (**discuss** / discuss about) the next question immediately.

Robert (**married** / married with) his secretary last June.

> 그 사람이 나를 보자마자 나에게 다가왔다.
> 그 색깔은 정말로 당신에게 잘 어울립니다.
> 바로 다음 문제에 대해 토론합시다.
> 로버트은 지난 6월에 그의 비서와 결혼했다.

[핵 | 심 | T | I | P]

그밖의 일반 타동사

[주어 + 동사 + 목적어] 구조를 취하는 일반 타동사를 더 알아보자.

afford 여유가 되다	decide 결정하다	expect 기대하다	promise 약속하다
refuse 거절하다	avoid 피하다	consider 숙고하다	deny 부인하다
mind 꺼려하다	postpone 연기하다	resist 저항하다	risk 위험을 무릅쓰다
forget 잊다	regret 후회하다	remember 기억하다	

1 A: What happened to Brian? He has been in a pleasant mood.

   B: In fact, he finally _____ his long-time sweetheart last month.

   (a) married   (b) married to
   (c) married with   (d) got married

long-time 오랜 기간 동안의 sweetheart 애인 in fact(= as a matter of fact) 사실은, 사실 What happened? 무슨 일 있어요? pleasant 즐거운, 유쾌한, 기분 좋은 finally 결국, 마침내

2 The committee _____ how to change the financial policy for the next semester.

   (a) discussed   (b) discussed about
   (c) discussed over   (d) was discussed

committee 위원회 financial policy 재정 정책 semester 학기, 회기 discuss 논의하다, 토론하다

2 동사구 유형 : 동사 + 전치사

동사 단독으로 쓰이지 않고 [동사 + 전치사]의 형태로 타동사의 의미를 나타내며, 전치사 없이 목적어를 취하는 타동사와 구별해서 알아두어야 한다.

[주어 + _____ + 목적어]   ➡ 동사 자리인 빈칸에 [동사 + 전치사]

자주 출제되는 [동사 + 전치사]

agree with ~에 동의하다   approve of ~을 인정하다   ask for ~을 요청하다
consist of ~로 이루어져 있다   cope with ~에 대처하다   deal with ~을 다루다
respond to ~에 반응하다   talk with ~와 대화를 나누다   wait for ~을 기다리다
result in 결국 ~이 되다   result from ~로 인해 발생하다

They should (deal / **deal with**) the present situation as soon as possible.

그들은 가능한 빨리 현재 상황을 처리해야 한다.

The teachers should have (responded / **responded to**) the problem immediately.

그 선생님들은 즉시 그 문제에 대처했어야만 했다.

[고 | 득 | 점 | T | I | P]

그밖의 [동사 + 전치사] 표현

account for ~을 설명하다   call for ~을 요구하다   care for ~을 돌보다
come across ~을 우연히 만나다   come by ~에 잠깐 들르다   contribute to ~에 기여하다
count on ~에 의존하다   depend on ~에 의존하다   drop by ~에 잠깐 들르다
go through ~을 겪다, 경험하다   insist on ~을 주장하다   interfere with ~을 방해하다
laugh at ~을 비웃다   lead to ~라는 결과를 유발하다   look after ~을 돌보다
look at ~을 쳐다보다   look for ~을 찾다   look into ~을 조사하다
object to ~에 반대하다   refer to ~을 언급하다   rely on ~에 의존하다
speak to ~에게 이야기하다   stop by ~에 잠깐 들르다   subscribe to ~을 정기구독하다
suffer from ~로 인해 고통 받다   talk to ~에게 말하다   talk with ~와 대화하다

1 A: What do you think of the new school policy?

B: I _____ .

(a) don't approve it at all   (b) don't approve of it at all

(c) don't at all approve it   (d) don't at all approve of it

2 A: What did you _____ ?

B: I told him how to get to the city hall. That's all.

(a) talk the man   (b) talk to the man about

(c) talk to the man   (d) talk the man about

policy 정책 approve of ~을 인정하다

3 동사구 유형 : 동사 + 부사

동사구는 [동사 + 부사]가 의미를 이루는 덩어리 표현이다. 주로 동사구의 목적어로 대명사가 올 때의 어순을 문제로 출제하는데, 구조는 아래와 같다. 동사구의 목적어로 쓰인 대명사는 항상 동사와 부사의 사이에 와서 [동사 + 대명사 + 부사]의 어순이 되어야 한다.

[주어 + _____ + 수식어구] ➡ 동사 자리인 빈칸에 [동사 + 대명사 + 부사]

자주 출제되는 동사구

bring him up 양육하다	call it off 취소하다	find it out 알아내다
give it up 포기하다	pick him up 태워주다	try it on 입어보다
put it on 입다	take it off 벗다	turn it on 켜다
turn it down 줄이다	turn it off 끄다	put it off 연기하다
write it down 써내려가다		

Could you (pick up me / **pick me up**) in front of the building?

Please (turn off it / **turn it off**) when you go out.

* 대명사 목적어는 임의로 넣은 것이다. 숙어를 외울 때는 대명사 목적어와 함께 외워두는 것이 좋다.

건물 앞에서 저를 좀 태워주시겠어요?
밖에 나갈 때 그것을 꺼주세요.

[고 | 득 | 점 | T | I | P]

[동사 + 부사]의 구조에 목적어로 대명사가 아니라 명사가 오는 경우, 명사는 동사와 부사 사이에 올 수도 있고 부사 뒤에 올 수도 있다. 따라서 명사 목적어는 출제 빈도가 낮다.

[동사 + 명사 + 부사] 또는 [동사 + 부사 + 명사]

Please (**turn the light on / turn on the light**). 불 좀 켜주세요.

➡ turn the light on = turn on the light 둘 다 쓸 수 있다.

1 A: John, it seems that your radio is too loud.

B: I'm sorry, mom. I'll _____.

  (a) it turn down   (b) turn down it

  (c) down turn it   (d) turn it down

loud (소리가) 큰 turn down (소리를) 줄이다, 낮추다

2 A: Why didn't you dump the garbage?

B: Sorry, I forgot. I will _____ this afternoon.

  (a) put away it   (b) put it away

  (c) putting away it   (d) to put it away

dump 버리다 garbage 쓰레기

POINT

★ 수여동사의 문장 구조와 3형식으로 전환했을 때 전치사의 쓰임을 구분한다.
★ 수여동사와 유사한 구조를 가진 일반동사의 문장 구조를 구분한다.

1 수여동사 기본 문형

'~에게 …을 주다' 라는 의미를 갖는 동사를 수여동사라 한다. 수여동사는 [수여동사 + A + B]의 구조를 취한다. A는 간접목적어로 '~에게' 의 의미를 나타내고 B는 직접목적어로 '~을' 의 의미이다.

[주어 + _____ + 수식어구] ➡ 동사 자리인 빈칸에 [수여동사 + A + B]
　　　　　　　　　　　　　　　　　　　(A : 간접목적어, B : 직접목적어)

[수여동사 + A + B] 형태에서 때때로 직접목적어 B가 동사의 목적어로 바로 제시되기도 한다. 이때 간접목적어 A는 전치사와 함께 오며 전치사는 동사에 따라 달라지므로 동사와 연결해서 알아둬야 한다.

전치사 to를 취하는 동사

give 주다　　　　hand 넘겨주다　　　lend 빌려주다　　　send 보내다
offer 제공하다

전치사 for를 취하는 동사

make 만들어주다　　buy 사주다　　　find 찾아주다　　　get 얻어주다

전치사 of를 취하는 동사

ask 묻다　　　　inquire 묻다, 문의하다

My mother (**gave me a book** / gave a book me) as a present on my birthday.

➡ My mother (gave to me a book / **gave a book to me**) as a present on my birthday.

Jennifer (**sent me a letter** / sent a letter me) when she reached New York.

➡ Jennifer (sent to me a letter / **sent a letter to me**) when she reached New York.

어머니께서 내 생일 선물로 책을 한 권 주셨다.

제니퍼는 뉴욕에 도착했을 때 나에게 편지를 보냈다.

My teacher (**found me a job** / found a job me).

➡ My teacher (**found a job for me** / found for me a job).

I (**asked my teacher a question** / asked a question my teacher).

➡ I (asked my teacher of a question / **asked a question of my teacher**).

〖고┃득┃점┃T┃I┃P〗

전치사 to를 취하는 동사

do 가하다/영향을 주다   **leave** 재산을 남기다   **show** 보여주다   **teach** 가르쳐주다
write 편지를 쓰다

전치사 for를 취하는 동사

cook 요리해 주다   **leave** 음식을 남겨주다

〖고┃득┃점┃T┃I┃P〗

save & cost 유형

수여동사가 아니어도 [주어 + _____]에서 동사 자리인 빈칸에 [동사 + A + B] 구조를 취하는 동사들
이 있다. 그러나 이들 동사의 경우 수여동사와 달리 [전치사 + A] 형태로 전환되지 않으며, 간접목적어
(A)는 생략되기도 한다. (A : 간접목적어, B : 직접목적어)

envy 질투하다, 부러워하다   **save** 구하다, 절약하다   **forgive** 용서하다   **pardon** 용서하다   **cost** 비용이 들다

The book cost (**me fifty dollars** / me for fifty dollars). 그 책은 50달러의 비용이 들었다.

It will save (for you five dollars / **you five dollars**). 그것은 당신에게 5달러를 절약해줄 것이다.

CHECK UP •••

1   A: Will you _____ ?

   B: Sorry, I don't have any, either.

   (a) lend me your pen   (b) lend to me your pen
   (c) lend your pen for me   (d) lend to your pen me

2   A: Is it cheaper if I buy the computer here?

   B: Yes. It'll _____ .

   (a) save five hundred dollars for you
   (b) save for you five hundred dollars
   (c) save five hundred dollars you
   (d) save you five hundred dollars

나의 선생님께서 나에게 직업을 구해주셨
다.

나는 선생님께 질문을 했다.

2 일반동사 + A + 전치사 + B

이러한 유형의 동사들은 수여동사와 유사한 구조(간접목적어, 직접목적어)를 취하지만 직접목적어 앞에 항상 전치사를 동반한다는 점에 유의해야 한다. [동사 + 목적어 + 전치사구] 유형이라고 볼 수 있다.

[주어 + _____ + 수식어구] ➡ 동사 자리인 빈칸에 [동사 + A + 전치사 + B] 형태
(전치사 + B = 전치사구)

❶ [동사 + B + to + A] 유형 (B: 내용, A: 사람)

explain 설명하다   announce 알리다   confess 인정하다, 고백하다
attribute ~의 탓으로 돌리다   owe ~의 덕이다

Please (explain to me the theory / **explain the theory to me**).

Please (**explain to me what the professor said** / explain what the professor said to me).

He truly (**owed his success to his parents** / owed to his parents his success).

저에게 그 이론을 설명해 주시겠어요?

그 교수님이 말씀하셨던 것을 나에게 설명 좀 해주세요.

그는 진정으로 자신의 성공을 부모님의 덕이라고 생각했다.

❷ [동사 + A + with + B] 유형

provide 제공하다   supply 제공하다   furnish 제공하다   present 주다
replace 대체하다

This book provides (**us with much imagination** / us much imagination). (A: 사람, B: 대상[물건])

The mechanic replaced (**the missing part with a new one** / the missing part for a new one).

이 책은 우리에게 풍부한 상상력을 갖게 해준다.

정비사는 사라진 부품을 새것으로 교체했다.

[고 | 득 | 점 | T | I | P]

provide/supply는 [대상/물건 for 사람]의 형태를 취하기도 하며(ex. provide much imagination for us), furnish/present는 [대상/물건 to 사람]의 형태를 주로 취하기도 한다(ex. present much imagination to us).

❸ [동사 + A + of + B] 유형 (A: 사람, B: 내용)

accuse 고발하다   inform 알리다   warn 경고하다   remind 생각나게 하다
rob 박탈하다, 빼앗다   deprive 박탈하다   relieve 덜어주다

The new environmental law will (**deprive some people of their livelihood** / deprive their livelihood some people).

You should have informed (the conference for me / **me of the conference**) earlier.

새로운 환경법은 사람들에게서 생계 수단을 빼앗게 될 것이다.

당신은 회의에 대해 좀 더 빨리 저에게 알려 줬어야만 했어요.

이 동사들 중, inform, remind, accuse, rob, deprive 등은 수동태로도 자주 출제된다. 수동태가 되면 be informed of, be reminded of, be accused of, be robbed of의 형태로 전환된다.

❹ [동사 + A + for + B] 유형

ask 요청하다   blame 비난하다   change 고치다   take 여기다
thank 감사하다   mistake 혼동하다, 잘못 생각하다

The employees asked (**the director for a rise** / the director a rise) in their payment.

직원들은 이사에게 임금 인상을 요구했다.

❺ [동사 + A + from + B] 유형

distinguish 구별하다 tell 구별하다   stop 막다, 방해하다 keep 못하게 하다
prevent 방해하다   protect 보호하다   ban 금지하다   discourage 좌절시키다

Some scientists want to distinguish (**reproductive cloning from therapeutic cloning** / reproductive cloning or therapeutic cloning).

일부 과학자들은 개체 복제와 치료 복제를 구별하기를 원한다.

The new policy may prevent children (**from attending** / attending) the discussion.

새로운 방침으로 인해 학생들이 회의에 참석하지 못하게 될 수도 있다.

각각의 의미는 다르지만, 유사 개념으로 이용되는 동사들이 있다. stop, keep, prevent, protect, ban, discourage와 같은 동사는 '방해하다, 막다, 못하게 하다'의 의미를 나타내며 from 뒤에는 주로 동명사가 온다. (ex. keep from attending)

❻ [동사 + A + on + B] 유형 (A: 사람, B: 내용)

congratulate 축하하다

My family congratulated (**me on my graduation** / me my graduation).

가족들이 나의 졸업을 축하해 주었다.

❼ [동사 + A + as + B] 유형

regard ~라고 여기다 think of ~로 여기다 look upon 여기다 see 생각해보다
view 간주[판단]하다 conceive of 생각하다

The philosopher thought of (**the body as the integration** / the body the integration) of the soul and spirit.

그 철학자는 신체를 영혼과 정신이 융합된 것으로 생각했다.

1. '~라고 여기다'라는 의미의 동사 consider도 [동사 + A + as + B] 형태를 취하는데, 주로 as를 생략하여 쓴다.
2. regard와 think of는 수동태 문장에서도 자주 이용된다. '~라고 여겨지다'는 의미를 나타낼 때, be regarded as, be thought of as의 형태로 쓴다.

1   I attempted to _____ I wanted them to
    understand.

    (a) explain to them what   (b) explain them what
    (c) explain to them where   (d) explain them where

attempt 시도하다, 노력하다

2   The government _____ in the region.

    (a) warned tourists the potential danger
    (b) warned tourists of the potential danger
    (c) tourists warning the potential danger
    (d) potential danger warned by tourists

POINT

★ 목적보어를 취하는 동사를 숙지하고 목적보어 자리를 구분할 수 있다.

★ 목적보어의 형태로 to부정사, 분사를 구분하여 선택할 수 있다.

★ 지각동사/사역동사일 때, 목적어와의 관계에 따라 적절한 목적보어 형태를 선택할 수 있다.

1 목적보어 – 명사/형용사

목적어를 보충 설명해주는 역할을 하는 명사나 형용사를 목적보어라고 한다. 목적
보어를 선택하는 문제의 구조는 다음과 같다. 동사와 목적어, 목적보어의 어순에
주의하며 목적어와 목적보어의 의미 관계도 예문을 통해 파악하는 연습을 해두자.

[주어 + _____ + 수식어구] ➡ 동사 자리인 빈칸에 [동사 + O + OC] 구조

자주 출제되는 목적보어를 취하는 동사

appoint 임명하다	call 부르다	consider 여기다	elect 선출하다
find 알다	keep 유지하다	leave 남기다	make ~되게 하다
name 이름을 붙이다	think 생각하다		

Some scientists usually (**consider themselves pioneers** / consider themselves of pioneers).

어떤 과학자들은 보통 스스로를 선구자로 여긴다.

All of us (call a walking dictionary as him / **call him a walking dictionary**).

우리 모두가 그를 걸어 다니는 사전이라고 부른다.

His behavior is (**making me crazy** / making to me crazy).

그의 행동은 나를 미치게 한다.

[고 | 득 | 점 | T | I | P]

이 동사들은 [동사 + 목적어]의 형태도 취할 수 있지만, [동사 + 목적어 + 목적보어]일 때와 약간의 의미
차이를 보인다. 예를 들어 call him은 '그에게 전화하다' 라는 의미이지만, call him Jack은 '그를 잭이
라 부르다' 라는 의미이다. 동사가 취하는 구조에 따라 의미가 달라지므로 구조 파악이 중요하다.

CHECK UP • • •

1 A: How about biking this weekend?

　 B: That sounds great. I consider _____, too.

biking 자전거 타기 outdoor 야외의

　 (a) good biking sports outdoor 　　(b) biking good outdoor sports

　 (c) biking outdoor sports good 　　(d) outdoor good sports biking

2 A: I don't like my new supervisor.

B: Neither do I. I didn't think that the board members

_____.

(a) his appointed manager   (b) his manager appointed

(c) appointed him manger   (d) appointed him as manager

supervisor 감독, 관리자 appoint 임명하다
board members 이사진

2 목적보어 – to부정사 vs. 분사

목적보어 자리에 to부정사와 p.p.(과거분사) 형태 중에서 선택하는 문제이다. [주어 + 동사 + 목적어 + _____]의 형태일 때, 빈칸에 to부정사가 오는지, p.p.가 오는지에 따라서 의미가 달라진다. 목적어와 동작의 관계를 잘 파악하여 직접 하는 행위이면 to부정사를, 목적어가 당하는 행위인 경우 p.p.를 고른다.

[주어 + 동사 + 목적어 + _____] ➡ 목적보어 자리인 빈칸에 to부정사 또는 p.p.

자주 출제되는 동사

advise 조언하다	allow 허락하다	ask 요구하다	urge 설득하다
want 원하다	enable 가능하게 하다	encourage 격려하다	expect 예상하다
force 강제하다	get 시키다	order 명령하다	persuade 설득하다
tell 말하다	would like 원하다	pressure 압력을 가하다	
cause ~하게 하다			

Overuse of medicine sometimes causes the body (**to have** / had) serious side effects.

The doctor advised him (**to lose** / lost) weight.

She couldn't persuade her students (**to follow** / followed) her.

I advised the report (to finish / **finished**) as soon as possible.

I'd like the laundry (do / **done**) by 5.

과도한 약물 복용은 때때로 신체에 심각한 부작용을 일으킨다.

의사가 그에게 살을 빼라고 조언했다.

그녀는 학생들이 그녀의 말을 따르도록 설득하지 못했다.

나는 리포트를 가능한 빨리 끝내도록 조언했다.

나는 5시까지 세탁이 되기를 원한다.

[고 | 득 | 점 | T | I | P]

가목적어 구문

동사가 make/find/think이며, 목적어의 구조가 to부정사나 동명사 또는 that절의 형태라면, 가목적어 구문을 이용한다. 이러한 구조의 문장일 때 선택지에서 [it + 목적보어(형용사/명사)]를 정답으로 선택한다.

[주어 + make/find/think + it + 목적보어(명사/형용사) + to부정사/동명사/that절]

He (found difficult to finish / **found it difficult to finish**) the work in time.

그는 제시간에 그 일을 끝내는 것이 어렵다는 것을 알게 되었다.

The company (**made it easy for people to use** / made easy people to use) the service.

그 회사는 사람들이 서비스를 이용하는 것을 쉽게 만들었다.

hope와 want의 구별

I **hope to meet** him at the party. (O)
I **hope that he will attend the party**. (O)
I hope him to attend the party. (X)

hope 뒤에는 주어가 희망하는 내용으로 to부정사와 that절이 온다. [목적어 + to부정사] 구조는 취하지 않는다.

I **want to meet** him at the party. (O)
I want that he will attend the party. (X)
I **want him to attend** the party. (O)

want는 to부정사를 목적어로 취하지만, that절을 목적어로 취하지 않으며 [목적어 + to부정사]를 취할 수 있다.

CHECK UP • • •

1 A: Why is she working out so hard?
B: The doctor advised her _____.

(a) exercising more   (b) to exercise more
(c) more to exercise   (d) exercised more

2 Since overexposure to sunlight can cause
_____, you'd better keep out of the sun.

(a) skin to be aging   (b) to age the skin
(c) skin to age   (d) to age skin

overexposure 과도한 노출 **age** 노화하다
keep out of ~을 피하다

3 지각동사의 목적보어

[지각동사 + 목적어 + 동사원형/-ing/p.p.]의 형태를 취한다. 이때 목적보어 자리의 형태를 고르는 문제가 출제되는데, 목적어가 동작을 직접 하는 것을 보고/듣고/느낀다는 의미일 때 목적보어로 동사원형을 쓰며 목적어가 직접 행동을 하는 것이므로 목적어와 목적보어의 관계는 능동이다. 동작의 진행 상황을 강조하여 나타낼 때에는 현재분사(-ing)를 쓴다. 반면에 목적어가 제3자에 의해 당하는 행위를 보고/듣고/느끼는 경우 목적보어로 과거분사(p.p.)를 써서 수동의 의미를 나타낸다.

[주어 + 지각동사 + 목적어 + _____] ➡ 목적보어 자리에 3가지 형태 가능
① 동사원형 – 목적어의 동작, 능동 관계
② -ing(현재분사) – 목적어의 동작 상황
③ p.p.(과거분사) – 목적어와 수동 관계

자주 출제되는 지각동사

behold 보다   **hear** 듣다   **listen to** 경청하다   **look at** 보다
notice 알아채다   **see** 보다   **watch** 보다

I saw Jenny (**help** / to help) an elderly lady on the street.

I heard them (**discussing** / to discuss) the issue.

I saw the product (advertise / **advertised**) on TV yesterday.

Didn't you hear our name (call / **called**)?

나는 제니가 길거리에서 노부인을 돕는 것을 보았다.

나는 그들이 그 문제에 대해 토론하고 있는 것을 들었다.

나는 어제 TV에서 그 제품이 광고되는 것을 보았다.

누가 우리 이름 부르는 거 못 들었어?

CHECK UP ● ● ●

1 Last week, I heard Kate _____ in the concert hall.

(a) playing the violin   (b) to play the violin

(c) played the violin   (d) be played the violin

4 사역동사의 목적보어

'시키다'의 의미를 가지고 있는 사역동사도 지각동사와 마찬가지로 목적어의 행위나 동작을 나타내는 목적보어로는 동사원형이 오고, 제3자에게 시켜서 목적어가 당하는 행위를 나타낼 때는 p.p.가 온다.

[주어 + 사역동사 + 목적어 + _____] ➡ 목적보어 자리에 2가지 형태 가능
         ① 동사원형 – 목적어의 동작, 능동 관계
         ② p.p.(과거분사) – 목적어와 수동 관계

사역동사의 종류

make 시키다(적극적)   have 시키다(소극적)   let ~하게 해주다   help 도와주다

I had my son (**proofread** / to proofread) his report again.

Some parents seem to let their kids (**do** / to do) whatever they like.

John helped the house (repair / **repaired**).

Mr. Hill had his hair (trim / **trimmed**) at the barbershop.

나는 아들에게 리포트를 다시 교정보도록 시켰다.

어떤 부모들은 자녀들이 원하는 것을 무엇이든지 하도록 내버려 두는 것 같다.

존은 그 집을 수선하는 것을 도왔다.

힐 씨는 그 이발소에서 머리를 잘랐다.

[고 | 득 | 점 | T | I | P]

help와 get

help는 일반 사역동사와 의미상 차이가 있지만, 목적보어의 형태는 유사하다. 그러나 때에 따라서는 to부정사를 그대로 이용하기도 한다. 정리하면 다음의 5가지 형태로 쓰인다.

[help + to부정사 / help + 동사원형]

[help + 사람 + with + 일/업무]

[help + 사람 + to부정사 / help + 사람 + 동사원형]

I helped **to clean** the room.

I helped **clean** the room.

I helped **him to clean** the room.

I helped **him clean** the room.

I helped **him with the assignment**.

get은 '시키다'의 의미로, 사역동사와 유사한 의미를 가지고 있다. 그러나 [get + 목적어 + to부정사]의 형태로, 사역동사와 형태상의 차이를 보인다.

I **got him to finish** his assignment in time.
cf. I **had him finish** his assignment in time.

CHECK UP • • •

1 A: Hello. Here is something wrong in my room.
B: Really? I'll have our clerk _____ it right
away.

(a) see　　　(b) to see　　　(c) seen　　　(d) seeing

right away 지금 즉시

5 | find/keep의 목적보어

keep/find의 경우 목적보어가 목적어의 동작 진행 상태를 나타낼 때 목적보어로 현재분사가 오며, 목적어와 수동 관계일 때 p.p.(과거분사)가 온다.

[주어 + find/keep + 목적어 + _____] ➡ 목적보어 자리에 2가지 형태 가능
① -ing(현재분사) – 능동 관계/진행
② p.p.(과거분사) – 목적어와 수동 관계

He kept me (to wait / **waiting**) for more than three hours.
I found some books (hiding / **hidden**) under the desk.

그는 3시간 이상이나 나를 기다리게 만들었다.
나는 몇 권의 책들이 책상 밑에 감춰져 있는 것을 발견했다.

[고 | 득 | 점 | T | I | P]
find의 경우 목적보어가 목적어의 진행 상황이 아니라 일반적인 사실을 나타낼 경우 to부정사를 쓸 수 있다.
I found it (**to be** / being) true. 나는 그것이 사실이라는 것을 알게 되었다.

CHECK UP • • •

1 If you read magazines, you will find _____
various kinds of appliances.

(a) advertising most of them
(b) most of them of advertising
(c) most of them advertising of
(d) most of them advertising

advertise 광고하다 appliance 전자제품

1 The company will (invest more money in R & D / invest in R & D more money).

2 People (never acknowledge their mistakes / not acknowledge their mistakes).

3 The bread (cuts easily / is cut easily).

4 They (discussed / discussed about) the core concept of the argumentation theory.

5 Deeper recession will (lead / lead to) financial crime wave.

6 Due to the bad weather, we (called off it / called it off).

7 He looked (nice / nicely) with those clothes.

8 The charity (offered huge amounts of money to poor people / offered to poor people huge amounts of money).

9 A recent survey found (reading people's main pastime / people's reading main pastime).

10 We expected the boss to allow us (take / to take) a rest.

11 Let's get the play (to start / started) right now.

12 They found (it difficult to take / difficult to take) her advice of listening and speaking for the general idea.

13 I saw (her study / her to study) at the library.

14 The customer had his rent car (deliver / delivered) to the city.

15 I found them (growing / grown) some plants around their house.

→ ACTUAL TRAINING

PART I• Choose the answer for the blank.

1 A: What do you think of the present economic situation?

   B: I _____ better as people say it is.

   (a) think it's not getting
   (b) don't think it's getting
   (c) don't get it thinks
   (d) not getting it thought

2 A: You're too late for the meeting. What's the matter?

   B: Sorry. But _____.

   (a) I had an investor with an important appointment
   (b) I had an important appointment with an investor
   (c) an important appointment I had with an investor
   (d) an important appointment with an investor I had

3 A: Congratulations on your promotion.

   B: Thanks a lot. In fact, I _____.

   (a) owe to my colleagues all it
   (b) owe it all to my colleagues
   (c) to my colleagues owing it all
   (d) owing to my colleagues it all

4 A: Strange to say, all the students are seated in the classroom now. They are usually late.

   B: The teacher _____ punctual.

   (a) asked being them
   (b) asked them to be
   (c) was asked their
   (d) being their asked

5 A: Did he accept your advice regarding the fund?

   B: No, I tried to dissuade him from his plan, but he wouldn't _____.

   (a) at all my advice hearing
   (b) hear my advice at all
   (c) hear at all my advice
   (d) at all hearing my advice

PART II• Choose the answer for the blank.

6 The anthology _____ 100 English poems written by famous poets.

   (a) consists
   (b) is consisted
   (c) consists of
   (d) is consisted of

7 The government tried to implement a new security measure _____.

   (a) that most people don't agree
   (b) most people don't agree that
   (c) most people don't agree with
   (d) which most people don't agree that

8 The countries discussed possible military disasters and _____ from potential enemies.

   (a) coped with a nuclear attack planned
   (b) coped a nuclear attack with planning
   (c) planned to cope with a nuclear attack
   (d) planned a nuclear attack to cope with

9 Based on the weather forecast, the
_____ .

(a) tourists warned the resort approaching hurricane

(b) warning the resort of hurricane's approaching tourists

(c) resort warned tourists of hurricane's approach

(d) resort warning tourists approaching hurricane's

10 If you buy this television set, we'll even have it _____ to your home.

(a) deliver

(b) delivered

(c) to deliver

(d) delivering

PART III • Identify the grammatical error in the dialouge.

11 (a) A: Do you know the result of your math mid-term exam?

(b) B: Yes, but unfortunately, no matter how much time I spend studying, I never do well on tests.

(c) A: Then if I were you, I would take some special courses by the Information Center offered.

(d) B: Information Center? I've never heard of it.

12 (a) A: Where does it hurt? Do you feel any pain?

(b) B: I have a serious pain in my right eye.

(c) A: How long you have been feeling this way?

(d) B: For over a week. What's the problem?

13 (a) A: How can I access the website?

(b) B: You should fill in your ID and password before submitting the registration form.

(c) A: I don't know where to fill out.

(d) B: Just write down them in the blank at the top of the paper.

PART IV • Identify the grammatical error in the passage.

14 (a) The confusion over how much publishing a book costs is tremendous. (b) To put the actual costs into perspective for you, I'm going to break your book into separate services and explain the services and their costs. (c) As you now know, there are 17 steps to getting your book publishing. (d) Those 17 steps can be organized into five major steps: Research, Writing, Page Design, Print Production and finally Printing.

15 (a) The next island was Saurus where we landed at the main town which seemed dirty and unappealing. (b) We saw a bus leaving for Galisa Beach so we got it on and one hour later we arrived to a nice area with good accommodation. (c) We paid for a double room about 25 dollars and my son could have his own room. (d) The beach was very good according to our guide and the food in the area was excellent as well.

위아텝스
GRAMMAR

동사의 유형을 구별했다면 다음으로 중요한 것은 주어와 동사의 수일치이다. 주어가 단수형이라면 동사도 단수형[is / looks]을 이용해야 하며, 주어가 복수형이라면 동사도 복수형[are / look]을 이용해야 한다. 이때 주어는 명사, 대명사, 동명사, 명사절, 형용사 수식형 명사 등이 제시된다. 또한 명사의 유형 중 반드시 단수로 이용되는 형태와 복수로만 이용되는 형태를 구별할 필요가 있다. 따라서 주어로 제시되는 유형을 정확하게 파악하고, 이에 따라 동사와의 관계를 구별할 필요가 있다. 주어의 단수형과 복수형을 구별하기 위한 조건을 먼저 판단하고, 동사와의 관계를 파악한다. 주어와 동사의 수일치는 파트 1, 2뿐만 아니라 파트 3, 4에서도 자주 출제되고 있으므로 다양한 유형과 패턴을 학습해야 한다.

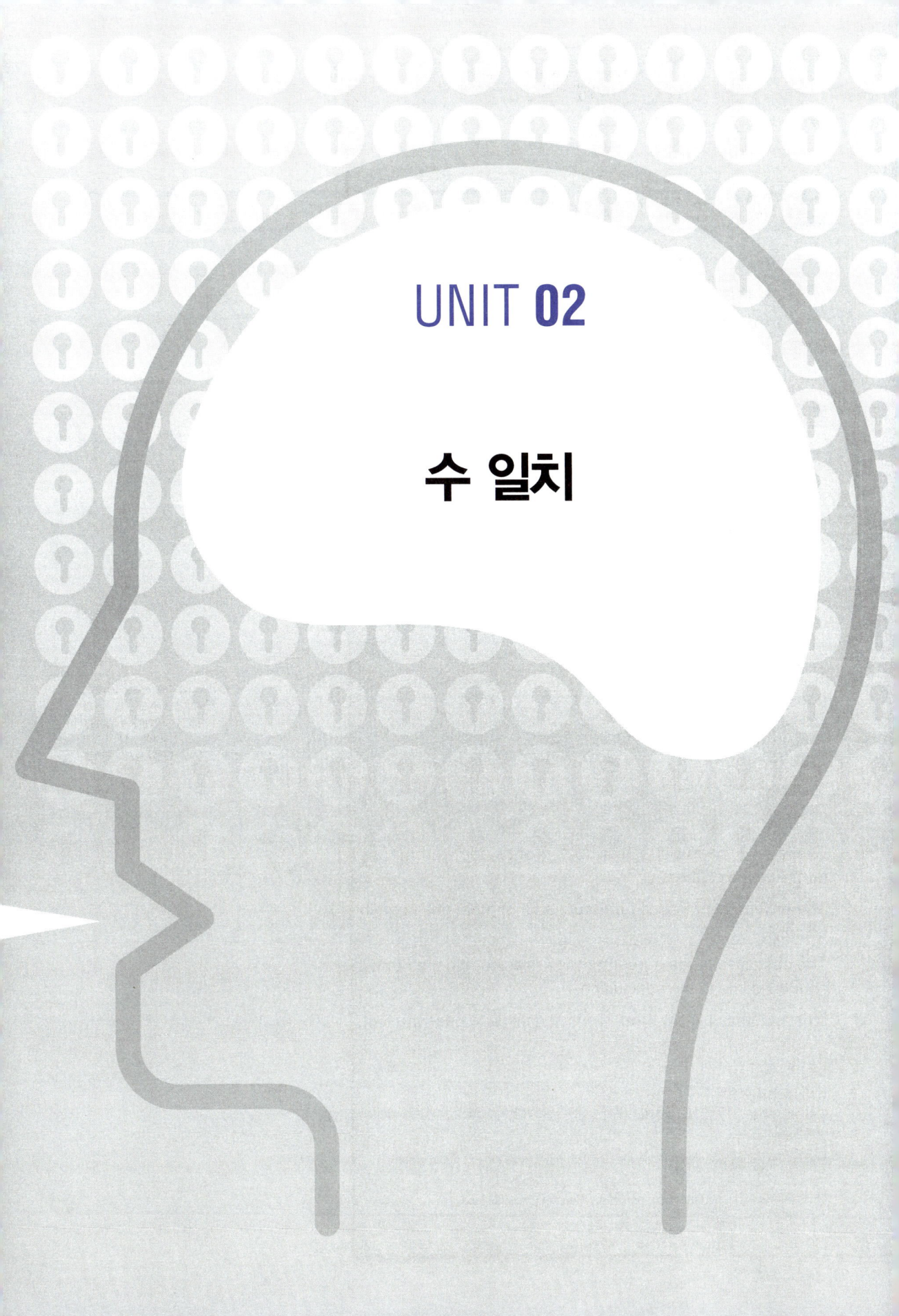

UNIT 02

수 일치

P 008 수 일치 : 명사 주어 유형

POINT

★ 명사 주어의 수를 확인하여 동사의 유형을 선택할 수 있다.

★ 도치된 문장이나 유도 부사가 사용된 문장, 수식어가 있는 주어부 등에서 주어를 찾아 동사와 수를 일치시킬 수 있다.

1 일반 명사 주어 : 단수 명사 vs. 복수 명사

주어가 명사로 제시될 때, 단수인지 복수인지에 따라서 동사 유형이 결정된다. 주어가 단수일 때 현재시제를 기준으로, be동사는 is를, 일반동사는 동사의 -s/es형을 쓴다. 주어가 복수형일 때 be동사는 are를, 일반동사는 -s/es가 붙지 않은 형태로 쓴다.

[주어(명사) + _____ + 목적어/보어] ➡ 주어의 수에 따라
is vs. are / 일반동사 단수형 vs. 복수형

단수형 명사

fashion 패션	environment 환경	reason 이유
police chief 경찰서장	clothing 의복	

복수형 명사

obstacles 장애물들	students 학생들	accomplishments 업적들
glass jars 유리병들	plants 식물들	

These days, people's fashion (look / **looks**) too extreme, so I don't like the clothes.

The environment (cause / **causes**) a lot of problems in each society.

The obstacles to the agreement (is / **are**) too huge, so that they couldn't come to the conclusion.

Most students I know (**find** / finds) it difficult to pass the test.

[고 | 득 | 점 | T | I | P]

1. 도치 구문과 수 일치

도치 구문에서는 주어와 동사의 위치가 변하기 때문에, 동사 뒤에 제시되어 있는 주어에 따라 수 일치를 결정한다.

Among the issues discussed at the meeting last night (was / **were**) his proposal.

어젯밤 그 회의에서 논의되었던 문제들 중에는 그의 제안이 포함되어 있었다.

Enclosed (**is** / are) the letter from one of my friends in the envelope.

봉투 안에 친구에게서 온 편지가 동봉되어 있다.

명사의 단수형과 복수형

셀 수 없는 명사(water, oil 등)를 제외한 대부분의 명사는 셀 수 있는 명사이다. 셀 수 있는 명사는 단수형과 복수형으로 구분하여 사용하며, 수 일치 문제에서 동사와의 관련성도 점검해야 한다. 따라서 어떤 문법 사항을 공부하든 주어와 동사의 관계를 파악하는 훈련을 하는 것이 좋다.

오늘날 사람들의 패션이 너무 극단적이라서, 나는 그 옷들을 좋아하지 않는다.

각 사회에서 환경은 많은 문제들을 유발하고 있다.

협의에 이르기 위한 장애물들이 너무 많아서, 그들은 결론에 도달하지 못했다.

내가 알고 있는 대부분의 학생들은 테스트를 통과하는 것이 어렵다는 것을 알고 있다.

첫 번째 문장에서 주어는 his proposal이다. among the issues discussed at the meeting last night은 부사구가 도치되어 앞으로 나간 것이다. 두 번째 문장에서도 enclosed가 도치되면서 앞으로 나간 것이므로, 실제 주어인 the letter에 의해 동사가 결정된다.

2. [There is/are + 명사 주어] 유형
명사가 단수일 때 is를 쓰며, 복수일 때 are를 쓴다.

There (**is** / are) an important book in my bag. 내 가방에 중요한 책이 한 권 있다.
There (is / **are**) important books in my bag. 내 가방에 중요한 책들이 있다.

CHECK UP • • •

1 Ice cream which has a long history as a dairy food item _____ evolved from a manually manufactured household product to an industrial product.

(a) is   (b) are   (c) has   (d) have

dairy 유제품의 evolve 발전하다, 진화하다 manually 손수 manufacture 제조하다 household 가정, 가족 industrial 산업의

2 The aspects of aging and staying healthy _____ a range of provinces.

(a) cover   (b) covers   (c) is covered   (d) are covered

aspect 국면, 면모 a range of 다양한 province 부문, 분야

POINT

★ 단수 명사의 형태로만 쓰이는 다양한 종류의 명사 유형을 숙지하여 문장을 적절히 완성할 수 있다.

★ 복수 명사의 형태로만 사용하는 유형의 단어 구조를 익혀서 수를 일치시킬 수 있다.

1 단수 명사

명사 중에서 항상 단수형으로 이용되는 명사들이 있다. 이 단어들은 암기해두어야 문제에도 적용해 풀 수 있다.

[단수 명사 주어 + ＿＿＿＿] ➡ 동사 자리인 빈칸은 단수형 동사(is)

❶ 셀 수 없는 명사 유형

baggage 수화물	luggage 수화물	clothing 의복	mail 메일
furniture 가구	information 정보	advice 조언	equipment 장비
evidence 증거	news 뉴스		

New evidence (show / **shows**) that music has beneficial effects on health.

> 새로운 증거는 음악이 건강에 유익한 효과가 있다는 것을 보여준다.

His advice on fashion (**was** / were) almost useless.

> 패션에 대한 그의 조언은 거의 쓸모 없었다.

[고|득|점|T|I|P]

셀 수 없는 명사들은 관사(a/an)를 붙일 수 없으며, 복수형(-s/es)으로도 쓸 수 없다. 동사의 수 일치 문제뿐만 아니라 명사의 형태를 묻는 유형도 출제되고 있다. 매년 출제 빈도가 높기 때문에 반드시 암기해야 한다. 또한 위에 제시된 10개의 명사 외에도 fruit(과일), cash(현금), food(음식), junk food(정크 푸드), homework(과제), weather(날씨) 등도 출제되므로 함께 기억해두자.

❷ 학문명

economics 경제학	linguistics 언어학	mathematics 수학	physics 물리학
ethics 윤리학	statistics 통계학		

> statistics, ethics, politics. 각각 '통계학', '윤리학', '정치학' 등 학문명을 나타낼 때는 단수 취급하지만, '통계', '윤리관', '정치관'의 의미일 때 복수 취급한다.

Economics (**is** / are) the social science that studies the production, distribution, and consumption of goods and services.

> 경제학은 재화와 서비스의 생산, 유통, 그리고 소비를 연구하는 사회 과학이다.

The population statistics recently released (**show** / shows) that Seoul is attracting more and more people.

> 최근에 발표된 인구 통계에 따르면, 서울에 점점 더 많은 사람들이 몰려들고 있다.

❸ 질병

diabetes 당뇨   measles 홍역   rabies 광견병

Diabetes (**is** / are) caused by the inappropriate control of the sugar level in the body.

당뇨병은 혈당의 잘못된 조절이 그 원인이다.

❹ 국가명

the United States 미국   the Philippines 필리핀
the Netherlands 네덜란드

The United States (**is** / are) mostly composed of immigrants who are looking for the American dream.

미국은 주로 아메리칸드림을 쫓는 이민자들로 구성되어 있다.

❺ 신문 & 잡지 명

The New York Times (**is** / are) a daily newspaper published in New York City and distributed internationally.

〈뉴욕 타임즈〉는 뉴욕에서 발행되어서 국제적으로 발간되는 일간지이다.

❻ 쌍과 집합의 개념(복수형으로 쓴다.)

gloves 장갑들   scissors 가위들   socks 양말들   glasses 안경들
trousers 바지들

a pair of gloves 장갑 한 켤레   a pair of scissors 가위 한 자루
a pair of socks 양말 한 켤레   a pair of glasses 선글라스 한 벌
a pair of trousers 바지 한 벌

a flock of sheep 한 떼의 양   a herd of cattle 한 무리의 소
a school of fish 물고기 떼   a swarm of bees 벌떼들

gloves, scissors, socks, sunglasses, trousers 는 복수 개념으로, 복수 취급한다. 따라서 a pair of와 함께 쓰지 않을 때는 복수형으로, a pair of와 함께 쓸 때는 단수형으로 쓴다.
sheep, fish 등은 단수와 복수 형태가 같다. 따라서 관사 a, an이 없을 때는 복수로 취급한다. 그리고 pants나 socks와 같이 쌍을 이루는 단어도 원칙적으로는 복수형으로 쓴다. 그러나 집합(집단)을 나타내는 어구가 제시되면 단수로 쓴다.

There (is / **are**) blue pants displayed in the show room.

쇼윈도에 파란색 바지가 전시되어 있다.

There (**is** / are) a pair of blue pants displayed in the show room.

쇼윈도에 파란색 바지 한 벌이 전시되어 있다.

❼ 시간/거리/금액/무게의 단위

(단위) ➡ 단수

Ten hours (**is** / are) too long to wait.

10시간은 기다리기에는 너무 길다.

Five kilometers (**is** / are) long distance for me to walk.

5km는 내가 걷기에는 먼 거리이다.

100 dollars (**is** / are) a huge amount to children.

100달러는 아이들에게 큰 돈이다.

[고 | 특 | 점 | T | I | P]
단위 개념을 구별하는 것은 쉽지 않은 문제이다. 일반적으로 단위를 나타내는 표현은 실제 시간, 거리, 금액이 투입되지 않은 상태로 추상적 개념을 나타낼 뿐이다. 예를 들어 10시간(10 hours)은 실제 이용된 시간이 아니며 추상적 개념이다. 그러나 실제 시간이나 거리가 얼마나 지났다거나 금액을 얼마 썼다는 개념일 때, 복수적 개념으로 쓴다.

Three years (**have** / has) passed since we last met. 우리가 마지막으로 만난 이후로 3년이 흘렀다.

Many hours (is / **are**) spent buying groceries these days.
요즘은에는 식료품을 사는 데 많은 시간이 걸린다.

1 Evidence that he had stolen the jewelry _____ around his house yesterday.

    (a) is discovered   (b) are discovered

    (c) was discovered   (d) were discovered

evidence 증거, 근거 discover ~을 발견하다

2 A: Should I wait in line for my turn for a long time?

    B: No, 10 minutes _____ enough. Please wait for a minute.

    (a) is   (b) are   (c) was being   (d) were being

in line 일렬로

2 복수 명사

명사 중에서 단수형으로 보이지만 복수 취급하여 주어로 쓰였을 때 동사도 복수형으로 수 일치를 시켜야 하는 명사들이 있다.

[복수 명사 주어 + _____] ➡ 동사 자리인 빈칸은 복수형 동사(are)

❶ 집합 개념 복수 명사

police 경찰	clergy 성직자	personnel 직원	people 사람들
cattle 소	livestock 가축	poultry 가금류	youth 청년

The police (is / **are**) investigating the assassination of the politician.

경찰은 그 정치가의 암살을 조사하고 있다.

People (is / **are**) worried about the crime wave.

시민들은 범죄 증가를 걱정하고 있다.

[고 | 득 | 점 | T | I | P]

복수 취급하는 명사들은 관사(a/an)를 이용할 수 없으며, –s/es 형태로 전환할 수도 없다. 그 자체의 형태로 쓰며, 동사의 수 일치 문제와 명사형 선택 문제로 출제된다. '경찰관'은 a policeman 혹은 policemen 형태로 쓴다는 것도 알아두자.

❷ [the + 형용사] = [형용사 + people]은 집합 개념의 복수 명사

the rich 부유한 사람들	the poor 가난한 사람들
the old 노인들	the young 젊은 사람들
the blind 눈먼 사람들	the deaf 귀가 먼 사람들

The rich often (**look** / looks) healthy for their age.

부유한 사람들은 자신의 나이에 비해 건강해 보인다.

3 형용사형 복수 명사

valuables 귀중품   belongings 소지품 suburbs 교외 지역   savings 저축
goods 상품, 물품

Fortunately, any valuables (was / were) not stolen last night.

다행스럽게도, 어떠한 귀중품도 어젯밤에 도난당하지 않았다.

[고 | 득 | 점 | T | I | P]

1. 집단을 의미할 때는 단수 취급하고, 개별 구성원을 의미할 경우 복수로 취급하는 명사형

audience 관객 class 반, 학급 committee 위원회 council 협의회 family 가족

The committee (**is** / are) an independent organization of scientists dedicated to the
protection of the human rights. 그 위원회는 인권 보호를 위해 헌신하는 과학자들의 독립적인 기관이다.

The committee (is / **are**) debating on the subject of war and peace.
그 위원들은 전쟁과 평화라는 주제로 토론하고 있다.

2. 단수/복수 형태가 같으며, 문맥에 따라 단수형과 복수형을 결정하는 명사형

fish, sheep, deer, species, series

In the wild this species (**is** / are) in danger of extinction. 야생에서 이 종은 멸종의 위기에 처해 있다.

With the international cooperation, several species (is / **are**) protected by more than one
treaty. 국제적인 협력 덕분에, 몇몇 종들은 한 가지 이상의 조약에 의해 보호받고 있다.

CHECK UP • • •

1 Currently, the police investigating a case of murder
_____ in trouble because of lack of evidence.

currently 현재 investigate ~을 (조직적으로) 조사[연구]하다 in trouble 곤경에 빠져서

(a) is   (b) are   (c) was   (d) were

2 A: I wish I were rich.

B: But the rich _____ always free from financial
hardships.

financial 재정적인 hardship 어려움, 역경

(a) weren't   (b) wasn't   (c) isn't   (d) aren't

POINT

★ 주어로 사용되는 다양한 형태의 구/절을 익히고 동사와 수를 일치시킬 수 있다.

★ 동명사/to부정사 형태의 구가 주어로 쓰인 경우 동사와 수를 일치시켜 적절하게 문장을 완성시킬 수 있다.

명사나 대명사만 주어로 오는 것이 아니라 구와 절도 주어로 올 수 있다. 일반적으로 명사절, 동명사, 부정사가 주어일 경우 단수 취급하여 동사도 단수형을 써줘야 한다.

[동명사/to부정사/명사절 주어 + _____] ➡ 단수 취급하여 단수 동사 선택

Improving your memory (**is** / are) as simple as moving your eyes.

너의 기억력을 향상시키는 것은 눈을 움직이는 것만큼이나 간단하다.

To control blood pressure (**is** / are) not easy.

혈압을 조절하는 것은 쉽지 않다.

That moderate drinking is good for your health (**is** / are) beyond dispute.

적당한 음주가 건강에 좋다는 것은 논쟁의 여지가 없다.

Who used his cell phone (**has** / have) not been revealed yet.

그 남자의 핸드폰을 사용한 사람은 아직 드러나지 않았다.

[고 | 득 | 점 | T | I | P]

구와 절이 주어가 되는 경우에, 동명사의 형태의 주어일 때 동사형을 선택하는 문제가 가장 출제 빈도가 높다. 따라서 동명사로 시작하는 구문에서 동사 부분이 빈칸으로 출제되면, 동명사를 주어로 하는 수 일치 문제일 가능성이 높다.

CHECK UP ···

1   A: I can't understand why he did it.

   B: Me, neither. Finding out his intention _____ a little difficult.

   (a) is   (b) are   (c) have   (d) has

find out 알아내다 intention 의도

2   Washing hands with soup and running water _____ just one of the most effective ways to prevent diseases.

   (a) is   (b) are   (c) have   (d) has

prevent ~을 예방하다

POINT

★ 선행사를 파악하여 관계사절의 동사의 수를 적절히 고를 수 있다.
★ 강조 구문이나 명사 수식 구조 문장에서 수식 관계를 정확히 파악하여 동사의 수를 일치시킬 수 있다.

주격 관계대명사 뒤에 나오는 동사의 수 일치는 관계대명사 앞에 나오는 선행사 명사와 연관시켜 결정한다. 강조 구문도 it is와 that 사이에 들어가는 강조 어구에 일치시켜 동사의 수를 결정한다. 관계대명사절의 동사의 수 일치 뿐만 아니라 관계사절이 끝나고 나오는 본동사의 수를 결정하는 문제도 출제된다. 이 경우 주어와 수식하는 관계사절의 구분이 중요하다. 명사 주어를 수식하는 어구들과 연관시켜 수 일치를 유도할 수 있다.

관계대명사 유형

1. [선행사 단수 명사 + 관계대명사 + _____] ➡ 단수형 동사 is
2. [선행사 복수 명사 + 관계대명사 + _____] ➡ 복수형 동사 are
3. [It is + 단수 명사 + that + _____] ➡ 단수형 동사 is
4. [It is + 복수 명사 + that + _____] ➡ 복수형 동사 are

수식어구 유형

1. [주어 명사 + 관계사 + (주어) + 동사 + (목적어) + _____]
   ➡ 명사를 기준으로 동사의 단수/복수 선택
2. [주어 명사 + 현재분사/과거분사/전치사구 + _____]
   ➡ 명사를 기준으로 동사의 단수/복수 선택

여기서 다루는 구조는 수 일치와 관계대명사가 결합된 문법 구조이다. 그러나 빈칸을 채우는 선택지는 동사 영역이므로 동사 자체에 집중해야 한다. 이러한 유형은 Part 4에서도 출제되는 경향이 있으므로 문장 구조를 통해 동사를 어디에 연결시켜 수를 일치시켜야 하는지 판별할 수 있어야 한다.

The writer who (**is** / are) famous for his autobiography won the Nobel Prize last year.

자신의 자서전으로 유명한 그 작가는 작년에 노벨 문학상을 받았다.

People who (is / **are**) short-sighted (is / **are**) recommended to wear specific glasses.

근시안을 가진 사람들은 특정한 안경을 쓰도록 권해진다.

The companies which (is / **are**) producing steel wires had some financial problems.

철사를 생산하고 있던 그 회사들은 재정적 문제를 겪었다.

Scientists conducting genome-related studies (**have** / has) discovered a critical fact.

유전자 관련 연구를 수행하던 과학자들이 중요한 사실을 발견했다.

1 People who _____ on a diet should write a journal including all the kinds and amount of food they are eating.

(a) is   (b) are   (c) have   (d) has

be on a diet 다이어트를 하다 **journal** 일지, 저널, 신문 **include** 포함하다, 함유하다 **an amount of** 상당한 (양의)

2 It was John and his father that _____ in the hotel when the accident happened.

(a) is   (b) are   (c) was   (d) were

accident 사고, 재난, 고장, 재해

POINT

★ 주어를 연결시키는 등위접속사의 종류에 따라 적절한 동사를 선택하여 수를 일치시킬 수 있다.
★ 주어를 연결시키는 상관접속사에 따른 수의 일치를 익히고 문장 속에서 적절한 형태의 동사를 고를 수 있다.

1 등위접속사 and와 수 일치

and로 연결된 주어와 동사의 수 일치 문제에서는 일반적으로 A and B 혹은 A, B, and C 형태의 주어가 나오며 복수로 취급해야 한다. 따라서 동사를 선택할 때에도 복수형 동사를 쓴다. 단수를 취급하는 명사 유형(아래의 2번)은 예외적인 것이므로 따로 기억한다.

1. [A and B + _____]   ⇒ 복수형 동사 are를 선택한다.
2. [A and B + _____]   ⇒ 단수 동사 is를 선택해야 하는 경우

> 등위접속사 and가 A and B 혹은 A, B, and C의 형태로 제시되면서 동사 부분이 빈칸일 때, 수의 일치를 물어보는 문제이다. 특정한 경우를 제외하고 대부분 복수 취급한다.

[A and B]를 단수 취급하는 경우

a black and white cow 얼룩소
a knife and fork 나이프와 포크
a watch and chain 회중시계
the curry and rice 카레라이스

a cup and saucer 커피잔 세트
a needle and thread 바늘과 실
the bread and butter 버터 바른 빵
the publisher and editor
출판업자이자 편집자

My friend Jack and I (was / **were**) good friends when we were young.

> 내 친구 잭과 나는 어렸을 때 좋은 친구 사이였다.

The editor and the publisher of the magazine (is / **are**) my friends.

> 그 잡지의 편집자와 발행자는 내 친구들이다.

Bread and butter (**is** / are) my usual breakfast.

> 버터 바른 빵이 나의 일반적인 아침이다.

The editor and publisher of the magazine (**is** / are) well-known to people.

> 그 잡지의 편집자이자 발행자는 사람들에게 잘 알려져 있다.

[고 | 득 | 점 | T | I | P]

기타 단수 취급 유형

All work and no play (make / **makes**) Jack a dull boy. (명사절 개념)
놀지 않고 일만 하는 것이 잭을 바보로 만들었다.(놀지 않고 일만 하면 바보가 된다.)

Crime and Punishment (**is** / are) perhaps the best of Dostoevsky's novels. (책/잡지 제목)
《죄와 벌》은 아마 도스토브스키의 소설들 중 최고일 것이다.

Every man and woman (have / **has**) business and desire. (every/each 구문)
모든 남자와 여자는 직업과 욕구를 갖고 있다.

1 Planning, pricing, and promotion _____ important marketing strategies.

    (a) is   (b) are   (c) has   (d) have

2 A: Would you like other things?

    B: No, thanks. Bread and butter _____ just my favorite breakfast.

    (a) is   (b) are   (c) has   (d) have

pricing 가격 책정 promotion 촉진, 판촉, 촉진, 장려 marketing strategy 마케팅 전략

2 등위접속사 or와 수 일치

or로 연결된 주어와 동사의 수 일치 문제는 좀 더 주의를 요한다. A or B 혹은 A, B, or C의 형태가 주어일 때, 동사와 가까이 있는 명사/대명사가 주어이며, 이에 따라 동사의 수를 결정한다.

1. [A or B + _____] ➡ B를 주어로 취급하여 동사의 수를 일치시킨다.

2. [_____ + A or B] ➡ A를 주어로 취급하여 동사의 수를 일치시킨다. (의문문이나 도치구문 등)

3. [A or B + 관계사 + _____] ➡ B에 따라 동사의 수를 결정한다.

The right or privilege (**was** / were) granted to each individual.

Electricity, water, or gas (**is** / are) an essential factor to maintain houses.

There (have / **has**) never been a student or a teacher supported by the school.

권리 혹은 특권이 각각 개인에게 주어졌다.

전기, 물, 또는 가스는 주거 생활을 유지하는 필수적인 요인이다.

지금까지 학교에서 지원을 받은 학생이나 선생님은 없었다.

[고 | 득 | 점 | T | I | P]

등위접속사에는 and, but, or, so, for 등이 있다. 그러나 수의 일치를 물어보는 문제에서는 and와 or만 출제된다. 따라서 and의 유형 두 가지(단수형과 복수형)와 or의 유형만 기억하면 된다. but, so, for 등은 해석 문제로 출제된다. (등위접속사 부분 참조)

1 A: Do you have anyone coming to take you?

    B: Yeah. My father or my mother _____ coming.

    (a) is   (b) are   (c) has been   (d) have been

2 There _____ never been destruction or demolition around the area during the war.

(a) is   (b) are   (c) has   (d) have

destruction 파괴 demolition 파괴, 폭발

3 상관접속사와 수 일치

상관접속사로 연결된 주어는 접속사의 종류에 따라 동사의 단수/복수형 선택이 달라진다. 따라서 다음에 제시된 유형과 동사 관계를 기억한다.

1. [both A and B + _____] ⇒ 복수로 취급한다.
2. [either A or B + _____] ⇒ 동사와 가까운 것을 주어로 본다.
3. [neither A nor B + _____] ⇒ 동사와 가까운 것을 주어로 본다.
4. [not only A but also B = B as well as A + _____] ⇒ B를 주어로 본다.
5. [not A but B = B and not A + _____] ⇒ B를 주어로 본다.

상관접속사 유형 문제는 3가지 형태로 출제된다.
1. 형태 및 구조 유형 : 상관접속사에서 제시된 짝을 기억한다. (ex. both와 and)
2. 등위적 성질 유형 : 상관접속사와 함께 사용되는 A와 B는 같은 특성을 가져야 한다. (ex. A가 명사/동명사이면 B도 명사/동명사)
3. 수 일치 유형 : 수 일치를 기억한다.

Both Robert and Tracy (is / **are**) satisfied with the result of the experiment.

Either my sisters or my mother (have / **has**) to do the work.

Neither you nor he (have / **has**) the qualification.

Not only my mother but also my father (**is** / are) going to attend the lecture.

My father as well as my mother (**is** / are) going to attend the lecture.

It was his reports and not his behavior that (was / **were**) among the issues.

로버트와 트레이시는 둘 다 그 실험의 결과에 만족했다.

내 자매들 혹은 내 어머니가 그 일을 해야 한다.
당신과 그는 모두 자격을 갖고 있지 않다.

내 어머니뿐 아니라 아버지도 그 강연에 참석할 것이다.

내 어머니뿐 아니라 아버지도 그 강연에 참석할 것이다.

그 이슈들 가운데는 그의 행동이 아니라 그의 보고서들이 있었다.

CHECK UP • • •

1 Neither gold nor oil _____ the ultimate alternative of the national economy.

(a) is   (b) are   (c) has   (d) have

ultimate 최후의, 최종의, 궁극의 alternative 둘 중에서의 선택, 양자택일, 대안

2 A: Do you have anyone to help you with the assignment?

B: Well, either my friends or my sister _____ going to help me.

(a) is   (b) are   (c) has   (d) have

assignment 과제

POINT

★ 대명사가 그 자체로 혹은 형용사의 형태로 주어로 쓰일 경우 수를 일치시킬 수 있다.
★ 다양한 형태의 대명사에 따른 수의 일치를 익히고 문장에서 적절한 형태의 동사를 고를 수 있다.

1 단수형 대명사 & 형용사 표현

대명사 혹은 형용사의 기능을 하는 어구들이 주어로 제시되는 경우 동사의 수 일치를 선택하는 문제이다. 대명사는 그 자체로 주어로 쓰일 수 있으며, 또한 명사를 수식하는 형태로 주어 자리에 올 수 있다. 동사의 수 일치를 결정하는 문제이므로 주어로 제시된 부분을 잘 파악하여 단수 혹은 복수를 결정하는 것이 중요하다.

1. [every/each/another + 단수 명사 주어 + _____]
   ➡ 단수 동사형/is를 선택한다.

2. [either/neither + 단수 명사 주어 + _____]
   ➡ 단수 동사형/is를 선택한다.

3. [one of/each of/either of/neither of + 복수 명사 주어 + _____]
   ➡ 단수 동사형/is를 선택한다.

4. [all/some + 단수 명사 주어[셀 수 없는 명사] + _____]
   ➡ 단수 동사형/is를 선택한다.

5. [의문사 주어[what/who/which] + _____]
   ➡ 단수 동사형/is를 선택한다.

6. [all/some + 복수 명사 주어[셀 수 있는 명사] + _____]
   ➡ 복수 동사형/are를 선택한다.

7. [both (of) + 복수 명사 주어 + _____]
   ➡ 복수 동사형/are를 선택한다.

8. [other + 복수 명사 주어 + _____]
   ➡ 복수 동사형/are를 선택한다.

> 5. 의문사 what, who, which는 주어 자리에 오는 경우 단수 개념으로 본다.

Every man and woman (**is** / are) satisfied with the result.

Each word in the title (**is** / are) made by the author himself.

Another advantage (**is** / are) that visitors can learn the lives of endangered animals.

All the luggage (look / **looks**) alike, so it is hard to tell your bags from the rest.

Either listener (have / **has**) sympathy for the speaker.

Neither listener (have / **has**) sympathy for the speaker.

> 모든 사람들이 그 결과에 만족해한다.
>
> 그 제목의 각 단어는 그 작가가 직접 만들었다.
>
> 다른 이점은 관광객들이 멸종 위기 동물들의 삶을 배울 수 있다는 것이다.
>
> 모든 짐들이 같아 보여서, 그 중에서 당신의 짐을 구별하기가 힘들다.
>
> 청자의 어느 한쪽만 그 연설자의 얘기에 공감한다.
>
> 어느 누구도 그 연설자의 얘기에 공감하지 않는다.

Either of the students (**is** / are) going to accept the proposal.

Neither of the students (**is** / are) going to accept the proposal.

Do you know what (**is** / are) important in understanding the topic of the passage?

All the books (is / **are**) very useful for my term paper.

Both of these guys (is / **are**) great team players.

Other researchers (**have** / has) performed studies on the effect of ultraviolet rays.

그 두 학생 중 한 명은 그 제안을 받아들일 것이다.(either)

두 학생 중 누구도 그 제안을 받아들이지 않을 것이다.(neither)

이 글의 주제를 이해하는 데 있어 중요한 것이 무엇인지 알고 있나요?

모든 책들이 내 기말 보고서에 매우 유용하다.

이 남자 둘 다 훌륭한 팀 선수들이다.

다른 조사원들은 자외선의 영향에 대한 연구를 했다.

CHECK UP • • •

1 All the committee _____ the same freedom to express their opinions.

(a) member receives   (b) members receives
(c) member receive   (d) members receive

committee 위원회 receive 받다, 수취하다, 얻다 freedom 자유, 자주성

2 A: Do you know what kind of clothing Ted wants to get?
B: I don't know which _____ better with him.

(a) go   (b) goes   (c) is going   (d) are going

what kind of 어떤 종류의 clothing 의류 get 얻다, 가지다, 받다

POINT

★ 형용사가 명사와 결합하여 주어로 쓰인 경우 동사와 수를 일치시킬 수 있다.

★ 다양한 유형의 형용사가 명사와 결합해 주어로 쓰인 형태 및 의미를 구분할 수 있다.

1 형용사가 수 일치에 영향을 주는 유형

형용사가 명사와 결합하여 주어가 되는 표현들이다. 각각의 형용사가 명사와 결합할 때, 명사의 단수형과 결합하는지, 복수형과 결합하는지를 숙지하여 동시에 동사와의 수 일치를 판단해야 한다. 예를 들어, [many + 복수 명사 + are]와 유사한 [much + 단수 명사 + is]를 구분하여 각각의 형용사와 명사의 관계를 파악할 수 있어야 동사를 결정할 수 있다.

1. [many/many of + 복수 명사 + _____] ➡ 복수 동사형/are

2. [many a + 단수 명사 + _____] ➡ 단수 동사형/is

3. [much/much of + 단수 명사(셀 수 없는 명사) + _____] ➡ 단수 동사형/is

4. [the number of + 복수 명사 + _____] ➡ 단수 동사형/is

5. [a number of + 복수 명사 + _____] ➡ 복수 동사형/are

6. [a great number of + 복수 명사(셀 수 있는 명사) + _____]
   ➡ 복수 동사형/are

7. [a great deal of/a great amount of + 단수 명사(셀 수 없는 명사) + _____]
   ➡ 단수 동사형/is

8. [lots of/a lot of/plenty of/a bundle of + 단수 명사(물질) + _____]
   ➡ 단수 동사형/is

9. [lots of/a lot of/plenty of/a bundle of + 복수 명사 + _____]
   ➡ 복수 동사형/are

10. [few/a few + 복수 명사(셀 수 있는 명사) + _____] ➡ 복수 동사형/are

11. [little/a little + 단수 명사(셀 수 없는 명사) + _____] ➡ 단수 동사형/is

12. [all of/most of/some of/any of/half of/%(percent) of/분수 of/none of
    + 단수 명사(셀 수 없는 명사) + _____] ➡ 단수 동사형/is
    + 복수 명사(셀 수 있는 명사) + _____] ➡ 복수 동사형/are

Many a writer (have / **has**) been influenced by the development of the technology.

많은 작가들은 과학기술의 발전에 영향을 받았다.

The number of people without health insurance (have / **has**) increased by 20% this year.

건강보험이 없는 사람들의 수가 올해 20% 증가했다.

A number of employees (is / **are**) present at the conference.

그 회의에 많은 직원들이 참석했다.

Most of this article (describe / **describes**) present economic difficulty.

이 기사의 대부분이 현재의 경제적 어려움에 대해 다루고 있다.

Most of the houses in this city (is / **are**) fairly new.

이 도시의 대부분의 집들은 상당히 새 것이다.

Many kinds of rare plants (was / **were**) found in the island.

많은 종류의 희귀식물들이 그 섬에서 발견되었다.

Much evidence (**was** / were) collected by the police officers.

경찰들이 많은 증거를 수집했다.

Many a writer (have / **has**) been influenced by the development of the technology.

많은 작가들은 과학기술의 발전에 영향을 받았다.

A number of employees (is / **are**) present at the conference.

그 회의에 많은 직원들이 참석했다.

A great number of cameras (is / **are**) exported every year.

매년 많은 카메라들이 수출된다.

Even with lots of research, there is still a great deal that (**is** / are) not known about the human brain.

많은 연구가 있었지만, 인간 두뇌에 관해서 아직 알려지지 않은 것이 많이 있다.

There (was / **were**) a lot of delicious drinks on the table.

테이블 위에는 많은 맛있는 음료가 있었다.

There (**is** / are) a lot of merchandise in this department store.

이 백화점에는 많은 상품이 있다.

A few people (was / **were**) drinking way too much, and things got worse.

몇몇 사람들이 너무 많이 술을 마시는 바람에, 일이 난감해졌다.

There (**is** / are) little hope of his success.

그가 성공할 희망은 거의 없다.

Most of this article (describe / **describes**) present economic difficulty.

이 기사의 대부분이 현재의 경제적 어려움에 대해 다루고 있다.

Half of my classes (was / **were**) over before noon.

수업의 절반 정도는 정오 이전에 끝났다.

Half of the oil (have / **has**) been consumed.

기름의 절반이 소비되었다.

According to current statistics, 50% of women with children under age 5 (is / **are**) working in various fields.

최근 통계에 따르면, 5살 이하의 아이를 가진 여성의 50% 가량이 다양한 분야에서 일을 하고 있다.

As much as 50% of the revenue from our products (come / **comes**) from marketing them abroad.

우리 제품에서 나오는 수익금의 50% 정도는 그것들을 해외에 판매하는 것으로부터 온다.

None of the women (is / **are**) wearing formal suits.

여성들 중 어느 누구도 정장을 입고 있지 않는다.

None of this service (come / **comes**) for free.

이런 서비스가 무료로 된 것은 아니다.

1 Although more and more people are using the Internet, the number of TV viewers _____ .

(a) is increased   (b) is increasing

(c) are increased   (d) are increasing

although 비록 ~일지라도 more and more 점점 더 많은 **TV viewer** TV 시청자

2 Most of the students in this school _____ Asian Americans now.

(a) is   (b) are   (c) have   (d) has

Asian American 아시아계 미국인

1 The police officer (was / were) here yesterday to search the neighborhood.

2 The people whose stories you will see on this site (is / are) leaders of their field.

3 Hiring new talented employees (is / are) one of the main concerns in most companies.

4 Each of the members (was / were) present at the meeting.

5 Neither of the students (seem / seems) to know the answer.

6 There (is / are) some new challenges to solve.

7 It was social welfare issues that (was / were) discussed during the conference.

8 Idea and belief (is / are) the things that most researchers have debated for a long time.

9 Starvation or overwork during the period (was / were) one of the most serious economic problems.

10 Either Robert or Johnson (have / has) to leave the town before someone gets hurt.

11 Neither Jane nor her friends (is / are) going to the party next week.

12 The number of the service users (have / has) been on the sharp rise since its start-up.

13 A number of employees (have / has) been laid off because of the economic crisis.

14 Most of the readers of this book (is / are) graduate students.

15 Nearly 10 % of companies (have / has) hired new employees this year.

ACTUAL TRAINING

PART I·Choose the answer for the blank.

1 A: What problems do you have as a professor and a father of three children?
B: Well. One of my difficulties _____ finding time to prepare for lectures and to play with them.

(a) have been
(b) are
(c) has been
(d) is being

2 A: What are you going to buy for your mother?
B: I can't decide what _____ her.

(a) become
(b) becomes
(c) has become
(d) had become

3 A: Which do you like better, this tie or that one?
B: Neither of them _____ good to me.

(a) is
(b) are
(c) is being
(d) are being

4 A: Did you find anything unusual during the experiment?
B: Yes. There _____ genetic factors that influence a dental disease.

(a) was
(b) were
(c) has
(d) have

5 A: Why didn't you prepare more seats for the meeting?
B: The number of the people present _____ much larger than we expected.

(a) was
(b) were
(c) has
(d) had

PART II·Choose the answer for the blank.

6 Thanks to the development of genetic engineering, the connection between intelligence and genetic nature _____ clear.

(a) is
(b) are
(c) have
(d) has

7 Those who want to improve their English pronunciation _____ to learn how to distinguish between r and l sounds.

(a) need
(b) needs
(c) is needed
(d) are needed

8 The Ainu people in Japan _____ known as a group indigenous to Hokkaido, the northernmost major island of Japan.

(a) is
(b) are
(c) has
(d) have

9 The 10th Amendments to the Constitution _____ women the right to vote since the 1930s.

(a) give
(b) gives
(c) have given
(d) has given

10 Only six percent of the America's scientists _____ themselves as supporters of the party.

(a) identify
(b) identifies
(c) is identified
(d) are identified

PART III • Identify the grammatical error in the dialouge.

11 (a) A: My books were damaged while they were delivered.
(b) B: Then you had better demand refund or exchange them for new ones.
(c) A: But demanding refund are never easy for me.
(d) B: If I were you, I would complain about the service. Don't be so intimidated.

12 (a) A: I can't believe you've already had four bottles of beer.
(b) B: Yeah. But the beer tastes so good. I'd like to have just one more.
(c) A: No. I think four are enough. You seem to be drunk.
(d) B: No, not really. Besides, I will walk to my house.

13 (a) A: What clothes are you going to wear for the party?
(b) B: I haven't decided yet. The clothes I wore last week is too gaudy. How about you?
(c) A: I'd like to wear blue jeans since it is a private party.
(d) B: Then I will choose one among these new pairs of pants.

PART IV • Identify the grammatical error in the passage.

14 (a) Potato chips, one of the world's favorite snacks, are threatened by a disease called "zebra chips," which have recently become widespread. (b) A new bacterial species has been found in association with serious diseases of potatoes. (c) The disease has caused significant economic losses by reducing both yield and quality of potato crops. (d) This new kind of disease is strongly suspected to be the vector of this new bacterium.

15 (a) Some physicians and dentists use 'electro-diagnostic' devices to help select the treatment they prescribe. (b) The devices described in this article is used to diagnose invisible health problems and select inappropriate treatment. (c) However, the practitioners who use them are either delusive or dishonest. (d) These devices should be confiscated and the practitioners should be prosecuted.

위아텝스
GRAMMAR

동사의 시제는 총 12가지 형태[현재, 과거, 미래, 현재진행, 과거진행, 미래진행, 현재완료, 과거완료, 미래완료, 현재완료진행, 과거완료진행, 미래완료진행]이며, 12가지의 형태가 모두 텝스에서 출제되고 있다. 동사의 올바른 시제 찾기는 단순히 시간을 나타내는 시간 부사 및 전치사구와 같이 시제를 알려주는 어구를 이용해서 해결할 수도 있지만, 문맥을 통해 시제를 파악해야 하는 복잡한 문제도 자주 출제된다. 이때 단순시제, 진행시제, 완료시제 등의 용법을 정확하게 구별할 필요가 있다. 특히 시제는 매달 6문제 이상이 출제되고 있으며, 특히 파트 3, 4에서도 꾸준히 출제되고 있으므로 반드시 정확한 학습이 필요하다. 또한 문제를 풀어가는 과정에서 모호한 문제 유형도 자주 나오고 있으므로, 규칙에 따른 시제 학습 뿐만 아니라, 일반 문장에서 나타나는 시제를 자주 읽어 보면서 정확한 느낌을 잡는 것이 중요하다.

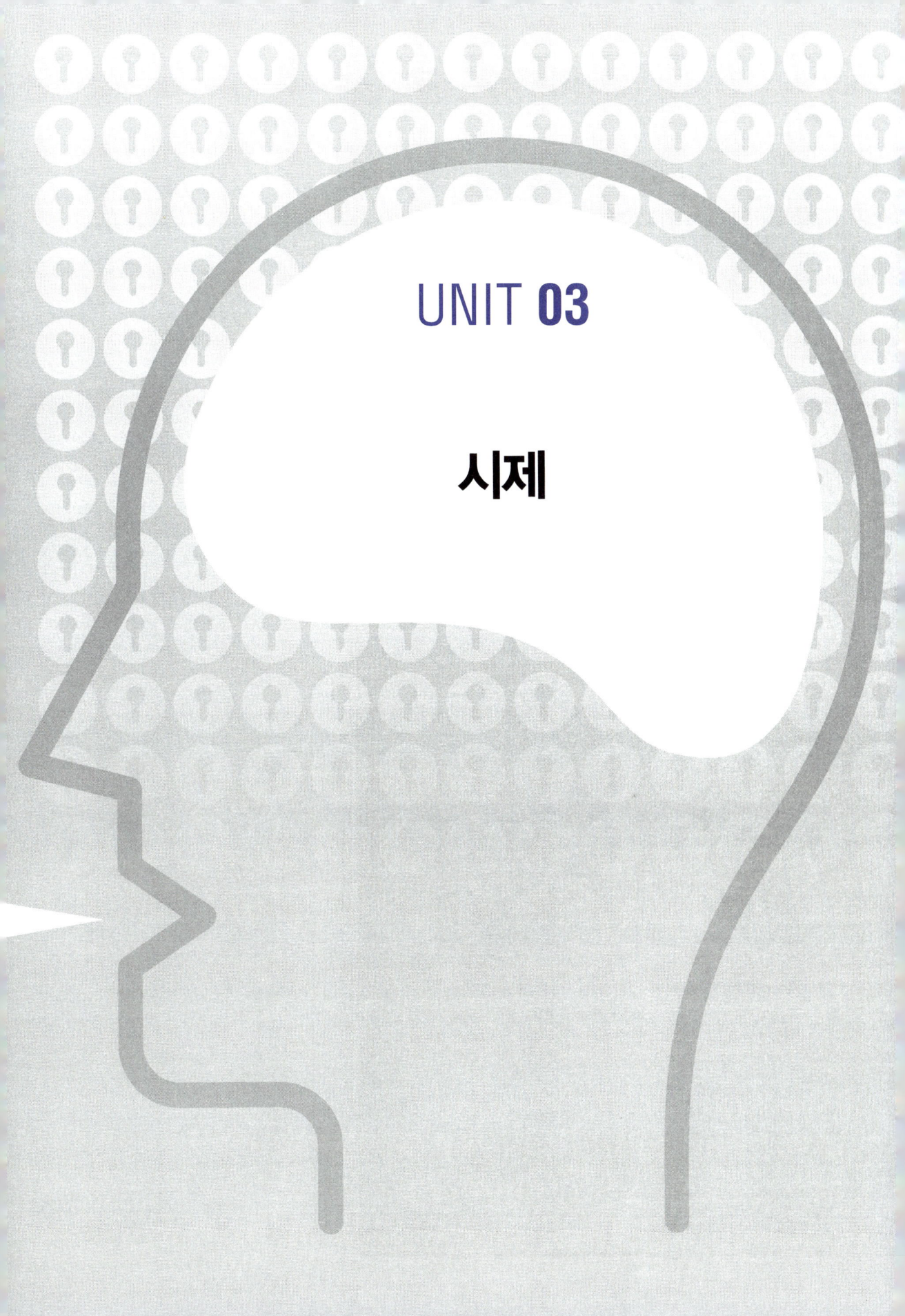

UNIT 03

시제

→ PATTERN TRAINING

P 015 현재시제

POINT

★ 현재시제가 사용되는 다양한 경우를 숙지하고 문장에 적용할 수 있다.
★ 예외적으로 현재시제가 쓰이는 경우를 익히고 문장 속에서 적절히 활용할 수 있다.

1 현재시제 – 일반적 사실

일반적 사실이나 현재라는 의미가 분명하게 제시된 문장에서는 현재시제를 쓴다.
현재의 동작/상태/습관/성격, 진리, 사실, 격언에 현재시제를 쓴다. 특히 always
나 usually와 같은 부사들이 현재의 습관이나 사실을 나타낼 때 현재시제와 함께
자주 쓰인다.

[주어 + _____ + 목적어/보어 + 수식어구] ➡ 동사 자리인 빈칸에 현재형 동사 선택

My father always (**praises** / will praise) my brothers. (일반 사실)
Tom (**is** / will be) smart enough to understand the issue. (성품/성격)
Mr. Black often (**comes** / had come) to the meeting late. (습관)
The earth (**moves** / moved) round the sun. (객관적 사실)

> 내 아버지는 항상 내 형들만 칭찬한다.
> 톰은 그 문제를 이해할 수 있을 만큼 영리하다.
> 블랙 씨는 종종 회의에 늦게 온다.
> 지구는 태양 주위를 돈다.

CHECK UP • • •

1 A: What time can we enter the department store?
   B: Wait a minute. It usually _____ at 9 a.m.

   (a) opens   (b) opened
   (c) will open   (d) has been opened

> department store 백화점

2 According to some scientists, global warming
   _____ to increase the sea level rapidly from
   next year.

   (a) expects   (b) expected
   (c) is expected   (d) will be expected

> global warming 지구 온난화 sea level 해
> 수면 rapidly 빠르게

2 현재시제 − 미래 의미

시간/조건의 의미를 갖는 부사절에서 동사의 시제는 현재시제를 이용하여 미래의 의미를 나타낸다. 주절에는 [주어 + will + 동사원형]을 쓰지만, 접속사 구문의 동사는 현재시제를 쓴다. 또한 make sure 구문에서도 [주어 + 동사] 구조가 나오면 현재시제를 쓴다.

시간/조건부사절

[접속사 + 주어 + 현재동사 + 목적어/보어, 주어 + will + 동사원형]

1. When/Before/After/Until/
   As soon as/By the time
2. If/Unless/In case/Once/
   As long as

make sure 구문

[_____ + (that) + 주어 + 현재동사]

1. Make sure
2. I'll make sure

When he (**finishes** / will finish) his work, he will come here.

일을 끝내면, 그는 이곳에 올 것이다.

If he (**comes** / will come) here in time, he will be able to meet her.

그가 시간 내에 여기에 온다면, 그녀를 만날 수 있을 것이다.

If you want to meet him, make sure you (**are** / will be) home by 11.

그를 만나고 싶으면, 11시까지는 집에 와야 한다.

[고 | 득 | 점 | T | I | P]

1. 간접의문문과 미래 표현

간접의문문은 그 문장이 의미하는 시제를 그대로 선택한다. 이때 if는 '～인지 아닌지'라는 의미로 간접의문문을 나타내며, 미래 의미이므로 미래시제(will rain)를 써야 한다.

I don't know if it (rains / **will rain**) tomorrow. 내일 비가 올지 안 올지 모르겠어.
I wonder when he (submits / **will submit**) his report. 나는 그가 보고서를 언제 제출할지 궁금해.

위의 문장에서 when절은 간접의문문으로, '앞으로 언제 제출할지 모르겠다'는 의미이다. 미래를 표현하고 있으므로 미래시제(will submit)를 써야 한다.

2. 왕래발착 동사와 미래 표현

왕래발착 동사가 문장에서 이용될 경우, 미래의 의미를 나타내는 구문이라 해도 현재시제를 쓸 수 있다. 특히 tomorrow, tomorrow morning, next week 등과 같은 시간 부사들이 있을 때, 현재시제를 쓴다. 또한 반복되는 사실(차 시간, 영화 시간, 매년 반복되는 사실)을 말할 때도 일반 사실로 구분하여 현재시제를 쓴다.

[주어 + _____ + 목적어/보어 + 미래 표현] ➡ 빈칸에 왕래발착 동사가 오거나 명백한 미래/반복되는 사실을 나타내면 현재형 동사

He (**leaves** / left) for Canada tomorrow morning. 그는 내일 아침 캐나다로 출발할 거야.
Next Friday (**is** / will be) my father's birthday. 다음 주 금요일이 아버지 생신이야.

왕래발착동사
go, come, start, leave, arrive, depart

3 that절의 내용에 따라

I heard/It was announced that과 같은 표현이 나왔다 하더라도, 전달하고자 하는 내용인 that절이 현재 반복적인 사실 혹은 미래의 의미를 나타내면, 각각 현재시제와 미래시제를 쓴다. 즉, 전달동사 구문은 주절과 종속절의 시제 일치를 고려하지 않는다.

[I heard that + 주어 + _____] ➡ 전달 내용에 따라 현재/과거/미래시제
It was said that
It was announced that

I heard that she (met / **will meet**) her former teacher next week.

It was announced that an envoy (**is going to be** / was) sent to the conference next week.

나는 그녀가 다음 주에 예전 선생님을 만날 것이라고 들었다.

사절단이 다음 주에 그 회의에 보내질 것이 라고 발표되었다.

CHECK UP • • •

1 A: Can you help me with the assignment now?
   B: Sorry, but I can't now. When I _____ free, I will help you.

   (a) am   (b) had been   (c) were   (d) be

2 A: Finish your work before you leave the office, OK?
   B: Sure, _____ by then.

   (a) I will make sure I'll do
   (b) I will make sure I do
   (c) I have made sure I did
   (d) I will make sure I did

assignment 과제

make sure 확인하다, 확실하게 하다

P 016 과거시제

POINT

★ 과거시제가 쓰이는 일반적인 경우를 익히고 문장에서 적절히 사용할 수 있다.

★ 조동사를 이용하여 과거시제를 표현하는 다양한 형태를 익히고 의미를 정확히 파악할 수 있다.

1 동사의 과거시제

yesterday, seven months ago, at that time, last year, in 1930, in the Middle Ages, in ancient times 등의 표현과 함께 과거의 동작/상태/경험/역사적 사실 등 명백한 과거 시점에 일어난 사건 혹은 역사적 사실을 말할 때 과거시제를 쓴다.

[주어 + _____ + 목적어/보어 + 과거시간 표현] ➡ 과거형 동사

When I came back, I (will find / **found**) my room broken into.

Mr. Jackson (**had** / has) his gate painted green yesterday.

The children (**were** / are) wounded in the accident two weeks ago.

The Great Depression (happens / **happened**) in the United States in 1929.

내가 돌아 왔을 때 누군가 내 방에 침입했다는 것을 알게 되었다.

잭슨 씨는 어제 녹색으로 문을 페인트칠 했다.

그 아이들은 2주 전에 그 사고로 다쳤다.

경제 대공황은 1929년 미국에서 일어났다.

CHECK UP • • •

1 A: Your birthday party last night was a lot of fun.

   B: Thanks. I am glad you _____ a good time.

   (a) have (b) had
   (c) have had (d) had had

2 A: Did you stay in Naples for a long time?

   B: No. I _____ there for about a week.

   (a) had been (b) was
   (c) have been (d) am

2 조동사의 과거시제

과거의 습관과 사실을 말할 때 [used to + 동사원형] 또는 [would + 동사원형]을 쓴다. 또한 과거 시점에서의 미래 혹은 능력을 표현할 때, be going to부정사/be about to부정사/be able to부정사 등에서 be동사를 과거형(was/were)으로 쓴다.

1. [주어 + <u>used to</u> + 동사원형]   ➡ 과거의 습관/사실
   [주어 + <u>would</u> + 동사원형]   ➡ 과거의 습관

2. was/were going to ⎤
   was/were about to ⎬ + 동사원형 ➡ 과거 시점에서의 미래, 능력
   was/were able to   ⎦

While in college, I (**used to spend** / was used to spend) much money buying computer programs.

There (**used to be** / was used to be) a restaurant here 10 years ago.

When I met him this morning, he (is / **was**) about to leave the office.

[고 | 득 | 점 | T | I | P]

used to 또는 would를 이용하여, 과거의 습관과 사실을 나타내는 구문은 현재에는 그러한 습관이나 사실이 없다는 것을 전제로 한다. 따라서 used to와 would를 이용하는 문장은 과거에 했던 행동 등이 현재에는 나타나지 않는다는 것을 의미한다. 예를 들어, I used to get up early when I was a high school student.는 현재는 고등학교 때처럼 일찍 일어나지 못한다는 것을 의미한다.

CHECK UP • • •

1   A: Wow! This zoo has many exotic animals.

    B: Yeah. But there _____ more when I was young.

    (a) are   (b) used to be
    (c) are used to be   (d) are used to being

2   Last year some experts warned us that the economic crisis _____ happen soon.

    (a) is going to   (b) was going to
    (c) has been going to   (d) will be going to

---

use 관련 관용표현

의미가 모두 다르므로 반드시 구분해서 써야 한다.
used to + 동사원형 : ~했었다
They **used to meet** each other last year.
그들은 작년에 서로를 만나곤 했었다.
be used to + 동사원형 : ~하는 데 이용되다
This building **was used to accommodate patients.** 이 건물은 환자들을 수용하는 데 이용되었다.
be used to + -ing 동명사 : ~하는 데 익숙하다
They **were used to eating** Indian food.
그들은 인도 음식을 먹는 데 익숙해져 있었다.

내가 대학생이었을 때, 나는 컴퓨터 프로그램을 사는 데 많은 돈을 썼었다.

10년 전에는 여기에 식당이 있었다.

내가 오늘 아침에 그를 만났을 때, 그는 막 사무실을 떠나려고 했었다.

exotic 이국적인

expert 전문가 warn 경고하다 crisis 위기

POINT

★ 미래시제가 사용되는 기본적인 형태의 문장의 의미를 익히고 활용할 수 있다.

★ 미래시제에 사용되는 다양한 표현을 익히고 문장 속에서 정확한 의미를 파악할 수 있다.

1 미래시제의 의미와 구조

미래에 대한 예상, 기대 혹은 주어의 의지를 나타낼 때, 미래시제를 쓴다. 이때 동사형은 [will + 동사원형], will be -ing 또는 be going to부정사, be about to 부정사, be to부정사 등이 된다.

[주어 + _____ + 미래 표현(tomorrow/later/next week/in the future)]

➡ 빈칸의 동사 자리에 [will + 동사원형] 또는 will be -ing

➡ 동사 자리에 [be going to/be to/be about to + 동사원형]

Harry is confident that his book (shocked / **will shock**) the world.

We (go to / **are going to**) see the movie tonight.

He (**is to resign** / is resigning) from the government next month to devote the rest of his life to volunteering.

Don't be noisy. The movie (**is about to begin** / begun).

해리는 그의 책이 세계를 깜짝 놀라게 할 것이라고 확신한다.

우린 오늘밤 그 영화를 보러 갈거야.

그는 남은 일생을 자원봉사에 전념하기 위해 다음 달에 공직에서 은퇴할 예정이다.

조용히 해주세요. 영화가 시작되려고 해요.

[고 | 득 | 점 | T | I | P]

미래의 의미를 나타내는 표현들

1. 명확한 미래, 매년 반복되는 일을 표현할 때 현재시제를 쓴다.
2. 시간/조건부사절 및 make sure 구문에서 현재시제를 쓴다.
3. 왕래발착동사(go, come, arrive, leave)는 현재형 혹은 현재진행형을 쓴다.

Tomorrow **is** Tuesday. 내일은 화요일이다.

If you **find** the fact, please tell me about it as soon as possible.
그 사실을 알게 되면, 가능한 빨리 나에게 그것에 대해 알려주세요.

The train **leaves** at two fifty this afternoon. 그 기차는 오늘 오후 2시 50분에 출발한다.

My uncle **is coming** to stay with us this summer. 나의 삼촌은 올 여름에 우리와 함께 지내려고 올 것이다.

1. '막 ~하려고 하다' 라는 의미를 나타낼 때, be about to부정사를 쓸 수 있으며, 이를 대신하여, be on the point of -ing, be on the verge of -ing, be on the brink of -ing, be on the edge of -ing 등을 쓸 수 있다.

2. will be -ing 형태의 미래진행형도 미래의 의미를 나타내기도 한다. 주로 시간이 지나면 자연스럽게 일어날 일에 대해 설명할 때 쓴다.

My sister will be graduating from the college when I enter it. 내 누나는 내가 대학을 들어갈 때 졸업할 예정이다.

1 A: How about going shopping this afternoon?

B: That sounds great. Then I _____ you at the mall at 3 o'clock.

(a) saw

(b) see

(c) will see

(d) will have seen

2 Though the island is not so popular as to attract many people, the vacation to the island _____ you different views on the island.

attract 매력을 주다, ~을 끌어들이다

(a) gave

(b) has given

(c) will give

(d) will have given

POINT

★ 진행시제가 사용되는 구조를 숙지하고 문장에서 활용할 수 있다.

★ 진행형으로 사용할 수 없는 동사를 익히고 문장의 의미에 따라 적절한 형태의 동사를 선택할 수 있다.

1 3가지 진행시제

특정 시점에서 진행 중인 일을 나타낼 때 진행형을 쓴다. 현재의 상태를 나타낼 때 현재진행형을 이용하며, 과거의 특정 시점의 사건을 설명할 때 과거진행형, 그리고 미래의 특정 시점에서 동작의 진행 상황을 설명할 때 미래진행형을 쓴다.

1. [주어 + _____ + 현재의 특정 시점] 표현 ➡ 현재진행형 am/are/is + -ing
2. [주어 + _____ + 과거의 특정 시점] 표현 ➡ 과거진행형 was/were + -ing
3. [주어 + _____ + 미래의 특정 시점] 표현 ➡ 미래진행형 will be + -ing

The clerk (**is apologizing** / was apologizing) for his behavior now.

My parents (watched / **were watching**) TV when I entered the room. (특정 과거 시점)

He (**will be reading** / will read) a novel when we visit him around 3 this afternoon. (특정 미래 시점)

그 점원이 지금 그의 행동에 대해 사과하고 있다.

내가 그 방에 들어갔을 때 부모님은 TV를 보고 계셨다.

우리가 오늘 오후 3시 쯤 그 사람을 만나러 가면 그는 소설을 읽고 있을 거다.

[고 | 득 | 점 | T | I | P]

진행형 불가 동사

다음과 같은 진행형 불가 동사는 [be동사 + -ing] 형태로 나타낼 수 없다.

상태동사 : be, exist, seem, look, appear, resemble, differ

감각동사 : feel, see, smell, hear, listen, know, remember

소유동사 : have, belong, possess, own

지속동사 : continue, last

Jenny **resembles** her mother. 제니는 엄마를 닮았다.

I **have** some money with me. 나에게는 약간의 돈이 있다.

The rain **lasted** all night. 밤새도록 비가 내렸다.

be동사도 진행형이 가능하다?

평소 성격이나 성품과는 달리 일시적 순간의 성격이나 성품을 나타낼 때 be동사도 진행형으로 쓸 수 있다.

A: She is strange today. She **is being** kind to me. 그녀가 오늘 이상해요. 나에게 친절하게 대해주네요.

B: I think so. She is not usually so kind to other people. 저도 그렇게 생각해요. 그녀가 보통 때는 다른 사람들에게 그렇게 친절하지 않거든요.

습관과 현재진행형

반복적인 습관을 나타내는 표현으로, always/constantly/continuously와 함께 현재진행형을 쓸 수 있다.

My children **are always watching** me and **learning** from my actions. 내 아이들은 항상 나를 지켜보면서, 내 행동을 통해 배운다.

1 A: Where did we leave off the conversation last week?

B: We _____ the strategy to extend the market.

(a) are discussing   (b) were discussing

(c) have discussed   (d) had discussed

2 A: I can't send my report before 6 p.m this evening.

B: OK. Then I _____ it then.

(a) was going to expect   (b) will be expecting

(c) have expected   (d) expect

leave off ~을 그만두다, 그만하다 strategy 전략 extend 확장하다

POINT

★ 현재완료의 정확한 의미를 파악하고 문장에서 다른 시제와의 차이를 구별할 수 있다.

★ 현재완료가 사용되는 다양한 경우를 숙지하고 현재완료가 사용되는 않는 예를 구분할 수 있다.

현재완료시제는 과거에 시작되었던 일이 현재까지 지속되고 있거나, 경험이 있거나, 결과가 그대로 유지되고 있거나, 혹은 이미 완료된 상태라는 의미를 나타낸다. 따라서 과거 시점과 비교되어 나타나며, 오랜 시간 동안 지속되어온 일이라는 시간 개념이 포함되어 있다. 특히 현재완료시제는 '현재까지' 라는 개념이 내포되어 있다. 다시 말해, 과거의 기준 시점부터 현재까지의 동작 및 상태의 지속성을 설명하는 시제이다.

1. [주어 + _____ ... + since + 주어 + 과거형 동사] ➡ have/has + p.p.
2. [주어 + _____ ... + for a long time/so far/to date/throughout history 등]
   ➡ have/has + p.p.

He (**has played** / was playing) the piano since he was a child.   그는 어릴 때부터 피아노 연주를 해왔다.

I (studied / **have studied**) French for more than 10 years.   난 10년 넘게 불어를 공부하고 있다.

I (never read / **have never read**) the novel.   난 지금까지 그 소설을 읽어본 적이 없다.

I (**have lost** / was losing) my history textbook, so I should buy a new one.   내 역사 교과서를 잃어버려서, 새로 한 권 사야 한다.

비교 I lost my history textbook. (과거의 사건에 불과함)

I (**have already finished** / already finish) my work.   난 이미 내 일을 다 끝냈다.

[고 | 득 | 점 | T | I | P]

명백한 과거를 표현하는 구문이 있을 때, 현재완료시제를 쓸 수 없다. 예를 들어, yesterday, last night, three years ago, just now 등은 과거를 표현하고 있으므로 현재완료시제에 쓰지 않으며, 또한 when도 정확한 시점을 요구하는 접속사이므로 현재완료와 함께 쓰지 않는다.

I **have read** the book yesterday. (X)
I **read** the book yesterday. (O)
I **have read** the book since yesterday. (O)

CHECK UP · · ·

1   A: What are you going to do during the weekend?

     B: I _____ yet. I will talk with my wife.

     (a) don't decide   (b) haven't decided

     (c) am not decided   (d) not decide

POINT

★ 과거완료가 쓰이는 문장의 의미를 정확히 파악하고 다른 시제와의 차이를 알 수 있다.

★ 과거를 나타내는 시제들 간의 차이점을 구별하고 문장에서 적절한 표현을 선택할 수 있다.

과거완료시제는 과거 시점 이전에 발생한 사건에 대한 설명이다. 따라서 반드시 과거시제와 비교하여 써야 한다. 다시 말해, 과거완료시제는 특정 과거 시점까지의 지속되어온 사건, 경험, 결과, 완료를 나타내는 것이다.

[주어 + _____ ... + before + 주어 + 과거형 동사] ⇒ had p.p.

            when

            by the time

They (lived / **had lived**) in this city for over ten years before they left for America.

> 그들이 미국으로 떠나기 전에 10년 넘게 이 도시에서 살았었다.

I (**had worked** / worked) as a manager for nine years before I moved to this company.

> 나는 이 회사로 이직하기 전에 9년 동안 매니저로 일했었다.

[고 | 득 | 점 | T | I | P]

과거완료시제, 과거시제, 그리고 접속사 before를 쓰는 구문은 시제 유형과 접속사 유형 문제에서 모두 출제되고 있다.

The boy had finished his assignment before his mother (**asked** / had asked) him to go out.
그 소년은 엄마가 밖에 나가자고 하기 전에 이미 과제를 끝냈다.
The boy (**had finished** / finished) his assignment before his mother asked him to go out.
The boy had finished his assignment (**before** / since) his mother asked him to go out.

CHECK UP • • •

1 A: How was the movie you saw last night?

  B: It was good, but not as good as _____.

  (a) I expected   (b) I expect

  (c) I had expected   (d) I have expected

> expect 기대하다, 예상하다

2 Because her husband _____ too much for 20 years, she told him to take some vacation time.

  (a) had worked   (b) has worked

  (c) was working   (d) worked

POINT

★ 미래완료의 정확한 의미를 숙지하여 문장에서 적절히 활용할 수 있다.

★ 특정한 표현이 주어질 경우 반드시 미래완료시제가 쓰이는 문장을 익히고 문장을 활용할 수 있다.

미래완료시제는 '~할 것이다' 라는 미래시제와 '어느 시점까지' 라는 미래 종결 시점이 결합된 시제를 말한다. 따라서 미래 의미를 내포하면서, by 또는 by the time에 의해 미래 종결 시점이 제시되어 있다면 미래완료시제를 쓴다.

1. [주어 + _____ ... + by + 미래 시간 표현] ➡ will have p.p.
2. [주어 + _____ ... + by the time + 주어 + 현재형 동사] ➡ will have p.p.

특정 미래 시점까지 사건의 지속, 종결, 경험, 결과 등을 나타내며 [by the time + 주어 + 현재형 동사]는 미래를 나타내는 시간 부사절이다.

I (**will have finished** / finish) the work by two o'clock.

All the students (understand / **will have understood**) the basic concepts by the time they complete the course.

제가 2시까지는 그 일을 끝내 놓도록 할게요.

그 과정을 끝마칠 때쯤이면, 모든 학생들이 기본 개념을 이해하게 될 것이다.

CHECK UP •••

1 A: How long have you been married?

B: By next week, we _____ for 5 years.

(a) have been married
(b) have married
(c) will have married
(d) will have been married

how long 얼마나 오래

2 We believe that by the time we return from the summer holiday break, the flu _____ in our communities.

(a) disappear
(b) is disappeared
(c) will be disappeared
(d) will have disappeared

summer holiday break 여름 휴가

POINT

★ 완료진행시제의 표현 형태를 숙지하고 정확한 의미를 알 수 있다.

★ 문장 속에서 완료진행시제가 쓰이는 경우를 숙지하고 적절한 표현을 선택할 수 있다.

완료진행시제는 특정 시점까지의 동작의 진행 상태를 표현하는 시제이다. 사건의 종결을 나타내지 않고, 그 시점까지의 지속적인 상황과 그 시점의 진행 상황을 동시에 표현한다.

1. 주어 + _____ ... + ever since + 주어 + 과거형 동사]
   ➡ have/has been -ing

2. [주어 + _____ ... + before + 주어 + 과거형 동사]
   ➡ had been -ing

3. [주어 + _____ ... + by/by the time + 미래 시간 표현]
   ➡ will have been -ing

He (**has been writing** / is writing) the report for two hours.

그는 2시간째 보고서를 쓰고 있습니다.

My mother (**had been watching** / was watching) TV for two hours when I returned home.

내가 집에 돌아왔을 때, 어머니는 2시간째 TV를 보고 있었습니다.

They (**will have been discussing** / is discussing) the issue for half an hour by the time we arrive at the meeting room.

우리가 회의실에 도착할 때까지 30분 동안 그들은 그 문제를 토론하고 있을 것이다.

CHECK UP • • •

1 A: How was the party last night?

   B: Terrible. When I went there, I found some people _____ for an hour.

   (a) quarrelled   (b) were quarrelling
   (c) have been quarrelling   (d) had been quarrelling

terrible 끔찍한, 심한   quarrel 싸우다, 다투다

2 All the board members _____ for the result for over two hours by the time the managers come to the conclusion.

   (a) were waiting   (b) are waiting
   (c) will be waiting   (d) will have been waiting

come to the conclusion 결론에 도달하다

1 I (am looking / looked) forward to the pleasure in Paris in the near future.

2 We will start the meeting as soon as all the members (arrive / will arrive).

3 In ancient times, beer (was / has been) not sold, but exchanged for barley.

4 When I called him, he (is / was) going to leave the office.

5 If you take this course, you (will be / are) able to speak English well next year.

6 You can't talk with Jane because she (is taking / took) a shower.

7 When you called me this morning, I (read / was reading) a book.

8 Jennifer (will be having / is having) dinner when we get to the restaurant.

9 Our organization (offered / has offered) advanced e-mail solutions to date.

10 Since the family (forgot / had forgotten) to lock the door, the thief simply broke into the house.

11 By next month, I (have been married / will have been married) for 10 years.

12 When I got home, my father's hair was still wet because he (swam / had been swimming) in the pool.

13 She (has been studying / studies) English for three years in the U.S.

14 I (will wait / will have been waiting) for him for 5 hours by 5 o'clock.

15 He had finished his second book before the publisher (had asked / asked) him to write another novel.

→ ACTUAL TRAINING

PART I• Choose the answer for the blank.

1 A: Sorry, but can I speak to you for a while?

   B: That's OK. I _____ a newspaper.

   (a) just read
   (b) am just reading
   (c) will just be reading
   (d) had just read

2 A: How about leaving the office now?

   B: Sounds great. _____ all the necessary paperwork.

   (a) I already finish
   (b) Already I will finish
   (c) I've already finished
   (d) I had already finished

3 A: Why were you so embarrassed when you saw me at the door?

   B: Well, I _____ when you walked in.

   (a) was about leaving
   (b) was leaving about
   (c) was about to leave
   (d) was about to leaving

4 A: Why is your wife exercising so much these days?

   B: My family doctor _____ her to lose weight.

   (a) advise
   (b) advised
   (c) was advised
   (d) had advised

5 A: Have you finished the report, Jane?

   B: Not yet. I _____ more research materials this afternoon.

   (a) have to collect
   (b) is having to collect
   (c) will have to collect
   (d) will have to be collecting

PART II• Choose the answer for the blank.

6 After changing the system, the transportation system in this city is not as reliable as _____.

   (a) it is
   (b) it had been
   (c) it used to be
   (d) it will be

7 By the end of this month, our company _____ more than 200 workers in order to meet the needs of customers.

   (a) is employing
   (b) had employed
   (c) has employed
   (d) will have employed

8 Some teachers found that the method which _____ for bilingual speakers was not effective for their students.

   (a) was developed
   (b) had been developed
   (c) has been developed
   (d) will be developed

9 During the last conference session, the House of Representatives _____ a new bill to build a free clinic.

(a) approve
(b) approves
(c) approved
(d) had approved

10 They won't resume the discussion until they _____ their meal.

(a) finish
(b) finished
(c) will finish
(d) will be finishing

PART III • Identify the grammatical error in the dialouge.

11 (a) A: Did your brother complete his master's degree?

(b) B: Yes, he graduates from his graduate school last year.

(c) A: What is he doing right now, then?

(d) B: He's enrolled in a doctoral course at another university.

12 (a) A: Hi, this is Sam. I'm calling about our trip on Saturday.

(b) B: Can I call you back a bit later? I just sat down to have dinner.

(c) A: Oh, I'm sorry. I thought you have finished dinner by now.

(d) B: I got back home late and I just started.

13 (a) A: I heard Robin is going to visit Honduras for a vacation.

(b) B: Yeah. It's actually what he was planning for years now.

(c) A: But I wonder why he wants to go there. I don't think there is anything to enjoy.

(d) B: No. We can enjoy scuba diving during the dry season.

PART IV • Identify the grammatical error in the passage.

14 (a) Egypt's monuments and achievements have been looted for over two thousand years. (b) With the onslaught of industrialization in the 19th century, many of Egypt's sites and monuments have severely been damaged or completely destroyed. (c) But when Egyptian explorers rediscovered Egypt's ancient past, they found many things destroyed, Seti I tomb being a prime example of the destruction caused by zealous European collectors. (d) Fortunately, recently there has been a change in archaeological thinking between the collectors and the current archaeologists.

15 (a) In 2001, the Leaning Tower of Pisa reopened after ten years' shutdown. (b) It was closed in order to repair it and prevent it from tilting. (c) Even if the tower was going to begin tilting again, it will not be at risk of toppling for at least 200 years. (d) Now tourists can once again enjoy climbing the famous monument if they pay 15 euros.

위아텝스
GRAMMAR

한국어에 수동태가 없기 때문에 이를 구별하는 것이 쉬운 것은 아니지만, 텝스에서 출제되는 대부분의 수동태 문제는 그리 어렵지 않다. [be + pp]라는 기본 공식이 출제되기 때문에 주어와 동사의 수동 관계를 기본적으로 파악할 필요가 있다. 또한 기본적인 유형뿐만 아니라 다양한 형태로 출제되는 관용적인 수동태 표현도 기억해야 한다. 주어와 동사가 쉽게 파악되면 동사의 태를 구분하는 것이 그리 어렵지 않지만, 실제 텝스 시험에서는 주어와 동사 사이에 수식어구를 삽입하기도 하면서 문장구조를 복잡하게 구성한다. 또한 동사 유형에서 파생한 다양한 형태가 존재하므로, 기본 문장뿐만 아니라 다양한 형태를 학습해야 한다. 또한 파트 3, 4에서도 꾸준히 수동태 가능 동사와 불가능 동사를 구분하면서 출제되므로, 수동태의 유형과 수동태 불가 동사를 구분하여 학습한다.

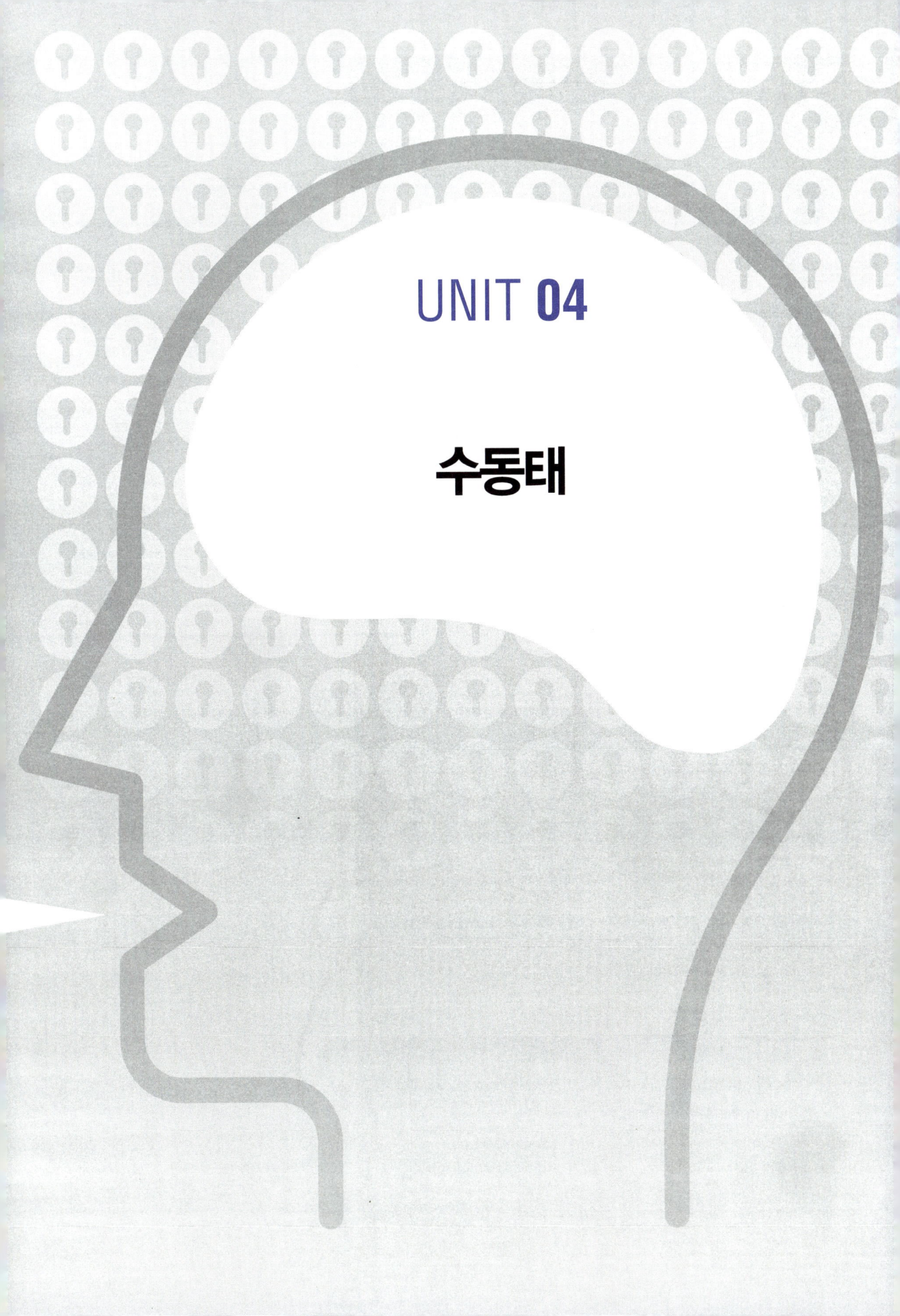

UNIT **04**

수동태

P 023 문장 형식에 따른 수동태

POINT

★ 문장 형식에 따른 수동태 구조를 숙지하고 수동태와 능동태 간의 문장 전환을 할 수 있다.
★ 수동태와 수의 일치, 시제에 유의하여 문장 속에서 적절한 동사의 형태를 선택할 수 있다.

1 3형식 문장의 수동태

[주어 + 동사 + 목적어] 구조에서 목적어를 주어로 삼아 [주어 + be + p.p.]의 구조로 전환한 문장을 수동태라고 한다. 수동태 문제는 [주어 + _____ + 수식어구]의 구조로 출제되며, 이때 주어는 동작의 행위자가 아니라 대상이 된다.

[주어 + _____ + 수식어구] ➡ 수동형 동사(be p.p.), 뒤에 목적어가 나오지 않는다.

cf. [주어 + _____ + 목적어] ➡ 능동형 동사 뒤에는 목적어가 나온다.

Most people (**watch** / are watched) TV every night. (능동태)

The company (established / **was established**) in 1929. (수동태)

The experiment (**has been conducted** / has conducted) for three years by the company. (수동태)

대부분의 사람들은 매일 밤 TV를 본다.

그 회사는 1929년에 설립되었다.

그 실험은 그 회사가 3년 동안 수행해오고 있는 것이다.

[고|득|점|T|I|P]

수동태 & 시제 & 수 일치

수동태 문장은 주어와 동사의 수동 관계를 통해 풀어나가는 것이 원칙이지만, 실제 수동태 문제에서는 수 일치 및 시제와의 연관 문제가 같이 출제된다. 예를 들어 The company was established in 1929.에서, was established가 빈칸일 때, 수 일치를 고려하여 (was / were) 중에서 선택하는 문제가 출제될 수 있으며, 시제를 고려하여 (is / was) 중에서 선택하는 문제가 출제될 수도 있다.

The company (**was** / were) established in 1929.

The company (is / **was**) established in 1929.

CHECK UP ・・・

1 The former factory _____ and a new one was built in the same place.

(a) demolish
(b) demolished
(c) is demolished
(d) was demolished

former 이전의 demolish (건물을) 헐다, 뒤집다, 파괴하다

2 The first university in Europe _____ due to the religious purpose.

    (a) originally established
    (b) established originally
    (c) was originally established
    (d) originally was established

originally 원래 establish 설립하다
religious 종교적인

2 4형식 문장의 수동태

4형식 문장은 간접목적어와 직접목적어가 있기 때문에 [주어 + 동사 + 간접목적어 + 직접목적어] 구조를 수동태로 전환할 때 각각 두 가지 주어(간목/진목)를 갖는 두 가지 형식의 수동태로 전환된다. 이때 직접목적어가 주어로 쓰이면, 간접목적어 앞에는 주로 전치사를 쓴다.

1. [주어 + 동사 + 간접목적어(A) + 직접목적어(B)] (능동)
   - ⇒ [주어 + 동사 + 직목(B) + 전치사 + 간목(A)] (능동)
   - ⇒ [주어(간접목적어 A) + _____ + 직접목적어(B)]   ⇒ be + p.p. (수동)
   - ⇒ [주어(직접목적어 B) + _____ + 전치사 + 간접목적어(A)] ⇒ be + p.p. (수동)

2. 빈출 동사 give/offer
   - ⇒ [주어 + give/offer + 간목(A) + 직목(B)]
   - ⇒ [주어(A) + be given/offered + B]
   - ⇒ [주어(B) + be given/offered + 전치사(to) + A]

The company (**offered** / was offered) workers a good salary. (능동태)

⇒ Workers (offered / **were offered**) a good salary. (수동태)

⇒ A good salary (offered / **was offered**) to workers. (수동태)

그 회사는 직원들에게 좋은 임금을 제공했다.

They (**gave** / were given) him many presents at the party. (능동태)

⇒ He (gave / **was given**) many presents at the party. (수동태)

⇒ Many presents (gave / **were given**) to him at the party. (수동태)

그는 파티에서 많은 선물을 받았다.

Her mother (**made** / was made) her the clothes. (능동태)

⇒ The clothes (made / **were made**) for her. (수동태)

그녀의 어머니가 그녀에게 옷을 만들어 주셨다.

[고 | 득 | 점 | T | I | P]

4형식 구문 수동태에서 가장 많은 빈도를 차지하는 동사는 give와 offer이다. 텝스 문법 문제를 풀면서 give의 형태를 능동/수동형 중에서 선택하는 문제가 출제되면, 주어뿐만 아니라, 동사 뒤에 제시되는 구조를 파악한다. 예를 들어 I ____ a magazine while waiting for my turn. (gave / was given)의 구조에서, gave인지 was given인지 고려할 때, 동사(give) 뒤에 '~에게' 라는 의미의 대상이 제시되지 않으면 수동태일 가능성이 높다. 따라서 '내가 순서를 기다리는 동안 잡지를 한 권 받았다' 는 의미로 보아야 한다.

1 A: Wow, your sports car is so good.

  B: I _____ it last week by my father.

  (a) give
  (b) gave
  (c) am given
  (d) was given

2 Most of the students rejected to accept the plans that they _____ last week.

reject 거부하다 accept 받아들이다, 수용하다

  (a) offer
  (b) offered
  (c) were offered
  (d) have been offered

3 5형식 문장의 수동태

능동형 문장 [주어 + 동사 + 목적어(A) + 목적보어(B)] 구조에서 수동태로 전환되면 [주어(A) + be + 과거분사(p.p.) + 목적보어(B)]가 된다. 이때의 동사 형태 (be + p.p.)와 목적보어의 형태에 유의한다. (* B는 명사 혹은 형용사)

[주어 + _____ + 목적보어(명사/형용사)] ➡ 빈칸의 동사 자리에는 [be + p.p.]

자주 출제되는 수동형 동사

be called ~라고 불리다   be considered ~라고 여겨지다
be elected ~로 선출되다   be found ~라는 것이 발견되다
be left 남겨지다   be thought ~라고 생각되다

5형식 구문 [주어 + 동사 + 목적어(A) + 목적보어(B)] 형태가 [주어(A) + be + p.p. + 주격보어(B)]의 형태로 전환된 수동태 구문이다. '~라고 불리다' 혹은 '~로 선출되다' 등의 의미가 된다.

They (**elected** / were elected) Daniel chairman of the committee. (능동태)

그들은 다니엘을 위원장으로 뽑았다.

➡ Daniel (elected / **was elected**) chairman of the committee. (수동태)

They (**have called** / have been called) the city their hometown for a century. (능동태)

그들은 1세기 동안 그 도시를 그들의 고향이라고 불렀다.

➡ The city (has called / **has been called**) their hometown for a century by them. (수동태)

5형식 구문의 수동태는 [주어 + 동사 + 목적어 + 목적보어]에서 목적어가 주어로 전환된 구문이다. 즉 [주어 + be + p.p. + 목적보어]의 형태를 갖게 된다. 이때 명사 혹은 형용사 등의 목적보어는 수동태로 전환된 구문에서도 그 형태를 그대로 유지한다.

He (called / **was called**) <u>Jack</u>.

He (thought / **was thought**) <u>honest</u>.

CHECK UP • • •

1 About 100 years after it was found, the New World
_____ America.

(a) called (b) had called
(c) was called (d) had been called

2 A: Why did your child cry last night?

B: Well, that's because he _____ alone.

(a) leaves (b) left (c) is left (d) was left

POINT

★ 동사의 태에 따른 목적보어의 변환에 유의하고 숙지할 수 있다.

★ 지각동사/사역동사일 때 목적보어의 형태 및 분사형 목적보어와 목적어와의 관계를 숙지하여 선택할 수 있다.

1 5형식 동사의 수동태 유형

[주어 + 동사 + 목적어 + to부정사]의 능동형 구조를 수동태로 전환할 때 동사 자리에 알맞은 형태를 선택할 수 있어야 하며, 동사의 종류에 따라 목적보어의 형태를 묻는 문제도 출제된다.

1. [주어 + _____ + to부정사] ➡ 동사 자리에 be p.p.를 선택한다.
2. [주어 + be advised + _____] ➡ 목적보어 자리에 to부정사를 선택한다.

❶ 목적보어가 to부정사로 바뀌는 경우

5형식 동사인 ask, advise 등은 [주어 + 동사 + 목적어 + to부정사 목적보어]의 능동형에서, 수동태로 전환하면 [주어 + be + 과거분사 + to부정사]가 된다. 이 유형의 수동태 문제는 [주어 + _____ + to부정사] 혹은 [주어 + be + 과거분사 + _____]의 형태로 출제되며, 전자는 빈칸이 동사 자리이므로 [be + 과거분사]가 들어가고 후자는 빈칸이 목적보어 자리이므로 to부정사가 들어간다. 이러한 유형으로 출제되는 동사에는 advise 이외에 다음과 같은 동사들이 있다.

be allowed 허락받다	be asked 요구받다	be encouraged 격려를 받다
be expected 예상되다	be forced ~하게 되다	be ordered 명령을 받다
be urged 설득되다	be persuaded 설득되다	

My boss (**asked** / were asked) me to attend the meeting.

➡ I (asked / **was asked**) to attend the meeting (by my boss).

➡ I was asked (**to attend** / attending) the meeting (by my boss).

> 나는 그 모임에 참석하라는 요청을 받았다. (사장에 의해)

They (**encouraged** / were encouraged) him to finish his work in time.

➡ He (encouraged / **was encouraged**) to finish his work in time.

➡ He was encouraged (**to finish** / finished) his work in time.

> 그는 제시간에 일을 끝내도록 촉구되었다.

1 A: Robert has a problem with his eyesight.

B: Yeah. He _____ take a close examination at the hospital.

(a) advised   (b) was advised

(c) advised to   (d) was advised to

eyesight 시력, 시각 examination 조사, 검사, 시험

2 Under these economic circumstances, the government has _____ to lighten taxes.

(a) forced

(b) to force

(c) been forcing

(d) been forced

circumstance 환경, 상황 tax 세금

2 지각동사 및 사역동사의 수동태

[주어 + 지각/사역동사 + 목적어 + 목적보어]의 능동형을 수동태로 전환할 때 목적보어의 형태를 묻는 문제가 출제된다.

[주어 + be p.p. + _____] ➡ 목적보어 자리에 to부정사

지각동사와 사역동사 중에서, see, watch, hear, make 등이 주로 수동태로 이용된다. 일반적으로 have와 let 등은 수동태로 전환할 수 없는 동사이다. 따라서 have와 let의 수동태로 출제되지 않고, be seen, be watched, be heard, be made 등이 수동태로 출제되고 있다.

❶ 빈출 지각/사역동사의 수동태

be seen to ~하는 것이 목격되다   be heard to ~하는 것이 들리다

be watched to ~하는 것이 목격되다   be made to ~하게 되다

이때 목적보어는 to가 생략된 원형부정사지만, 수동태로 전환되면 일반동사처럼 이용되므로 [to + 동사원형]의 형태로 써야 한다. 이때 to부정사의 주체는 주어(능동태일 때의 목적어)이다.

They saw him (**enter** / to enter) the building.

➡ He was seen (enter / **to enter**) the building (by them).

그가 그 건물에 들어가는 것이 목격되었다.

Jack's father made him (**stay** / to stay) home during the weekend.

➡ Jack was made (stay / **to stay**) home during the weekend (by his father).

잭은 아버지로부터 주말 동안 집에 있으라는 명령을 받았다.

1 A: Why didn't you show up at the party last night?

   B: Sorry. I was made _____ my assignment before going out.

   (a) finish   (b) to finish   (c) finishing   (d) finished

show up 나타나다, 등장하다

2 The two contestants were heard _____ the problem together.

   (a) discuss   (b) to discuss

   (c) being discussed   (d) discussed

contestant 참가자

3 분사형 목적보어와 수동태

5형식의 능동형 문장 [주어 + 동사 + 목적어 + 현재분사/과거분사]에서 목적보어 자리의 현재분사와 과거분사는 목적어와의 관계를 고려하여 결정한다. 이러한 5 형식 문장이 수동태로 전환되면 주어와의 관계를 통해 의미 구분이 되어야 한다. [주어 + 동사 + 목적어 + 분사]의 형태에서, 목적어와 분사의 관계를 고려하여 현 재분사/과거분사를 결정하듯이, [주어 + be + p.p. + 현재분사/과거분사]에서는 주어와의 관계를 고려하여 현재분사/과거분사를 결정한다.

1. [주어 + be p.p. + _____]
    ➡ 주어와의 관계를 고려하여 현재분사/과거분사를 선택한다.

2. [주어 + find/keep + 목적어 + <u>목적보어(-ing/p.p.)</u>] – 능동태
    ➡ [주어 + be found/kept + 목적보어(-ing/p.p.)] – 수동태

3. [지각동사 + 목적어 + <u>목적보어(-ing/p.p.)</u>] – 능동태
    ➡ [주어 + be p.p.+ 목적보어(-ing/p.p.)] – 수동태

능동태의 목적보어는 수동태로 바뀌어도 형태가 변하지 않는다. 즉 현재/과거분사의 모양이 그대로 유지된다.

2,3. 이 구조의 수동태 구조에서 주어는 능동태일 때 목적어였다는 사실을 항상 염두에 두자.

They found him (**growing** / grown) rare plants in the garden.

➡ He was found (**growing** / grown) rare plants in the garden.

They found the woman (injuring / **injured**) at the parking lot.

➡ The woman was found (injuring / **injured**) at the parking lot.

그가 정원에서 희귀한 식물을 기르는 것으로 드러났다.

그 여자는 주차장에서 부상당한 채 발견되었다.

[고 | 득 | 점 | T | I | P]

1. 목적보어로 현재분사를 이용하는 형태는 [주어 + 지각동사 + 목적어 + 현재분사](ex. I saw him having lunch.), [주어 + find/keep + 목적어 + 현재분사](ex. I found her having lunch.) 형태이 다. 동사와 관계없이 목적보어가 목적어와 수동 관계일 때 과거분사를 쓴다. (ex. I saw the road cleaned.)

2. [주어 + make + oneself + _____] ➡ oneself와 목적보어가 수동 관계일 때 목적보어 자리에 p.p.형 이 온다.

I can make them (**understand** / understood) me in English. 나는 영어로 의사소통이 가능하다.

➡ I can make myself (to understand / **understood**) in English (by them).

1   Some species of rare plants have been found
    _____ naturally in the country, raising
    environmental issues around the world.

    (a) grow   (b) to grow   (c) growing   (d) grown

species 종 rare 희귀한 naturally 자연적으로 environmental 환경적인

2   Hundreds of books were found _____ in the
    attic of the rundown house.

    (a) hide   (b) to hide   (c) hiding   (d) hidden

attic 다락방 rundown 무너진

POINT

★ 여러 유형의 동사구가 수동태 문장에서 쓰이는 형태를 숙지할 수 있다.

★ 두 가지 유형의 수동태를 만들 수 있는 구문을 연습하고 수여동사와 혼동되는 동사구(전치사 포함)를 익혀 태의 전환을 적절히 할 수 있다.

1 동사구의 수동태 (1)

능동형 구조를 수동형으로 전환시 동사 형태를 찾는 문제 중에 동사가 전치사나 부사와 결합된 구의 형태인 경우가 있다. 이때는 동사구를 한꺼번에 수동의 형태로 바꿔줘야 한다.

[주어1 + 동사구(동사 + 전치사/부사) + 목적어] 구조를 수동태로 전환하면

➡ [주어2 + _____ ...] 구조가 되고 빈칸의 동사 자리에는 [be + p.p. + 전치사/부사]가 들어간다.

> 주어1은 행위자, 주어2는 행위의 대상, 즉 능동태의 목적어이다.

동사를 적용해 살펴보면, 이들 동사들이 목적어와 연결되어 있는 능동 구조가 수동태로 전환되면 목적어가 주어 자리로 이동하고 동사는 [be p.p. + 전치사/부사]의 형태가 되며 목적어 자리는 비어 있게 된다.

[주어 + deal with/bring up/dispose of/hand down/laugh at/look up to/pay attention to/take care of + 목적어(A)]의 구조를 수동태로 전환하면 다음과 같은 구조가 된다.

주어(A) + be dealt with 처리되다
　　　　　 be brought up 길러지다
　　　　　 be disposed of 처분되다
　　　　　 be handed down 전달되다
　　　　　 be laughed at 비웃음을 당하다
　　　　　 be looked up to 존경 받다
　　　　　 be paid attention to 주목받다/주의를 받다
　　　　　 be taken care of 돌봐지다

His proposal (is laughed / **was laughed at**) by board members.

Our teacher (is looked up / **is looked up to**) by all the students.

The flood warning (was paid attention / **was paid attention to**) by the residents.

> 그의 제안은 이사진으로부터 비웃음을 받았다.
>
> 우리 선생님은 모든 학생들로부터 존경받는다.
>
> 그 홍수 경고를 거주자들은 주의를 기울여 들었다.

동사구의 형태가 목적어를 가지고 있을 때, 수동태로 전환될 수 있다. 이때 [be + p.p. + 전치사/부사]의 형태는 그대로 유지된다.

동사구의 형태 [동사 + 전치사/부사]는 수동태로 전환될 때 [be + p.p. + 전치사/부사]의 형태가 된다. 이때 pay no attention to와 take good care of의 형태가 나올 때는 두 가지 형태의 수동태로 전환할 수 있다. 특히 no attention이나 good care가 주어로 전환되면서 수동태가 되기도 한다.

The residents **paid no attention to** the warning. 거주자들은 홍수 경고에 주의를 기울이지 않았다.
➡ The warning **was paid no attention to** by the residents.
➡ **No attention was paid to** the flood warning by the residents.

They will **take good care of** all the things. 그들은 모든 것을 잘 처리할 것이다.
➡ All the things will **be taken good care of** by them.
➡ **Good care** will **be taken of** all the things.

CHECK UP • • •

1 A: I'd like to buy one of the computers advertised on TV.

B: I'm sorry, but all the computers _____.

(a) is sold out   (b) have sold

(c) have been sold out   (d) have been sold

advertise 광고하다 sell out 매진되다

2 A new project is going to _____ by the team, consisting of five members.

(a) carry out   (b) be carried out

(c) being carried out   (d) have carried out

carry out 수행하다 consist of ~로 이루어지다, 구성되다

2 동사구의 수동태 (2)

수여동사와 혼동되는 동사들이 있다. 이 동사들은 [동사 + A + 전치사 + B]의 구조를 취하는 동사들이며, 이 동사 형태가 수동태로 전환될 때 [be + p.p. + 전치사]에서 전치사까지 함께 기억해야 한다.

[주어 + 동사 + A + 전치사 + B]   ➡ [A + be + _____ + B]

                                  ➡ [과거분사 + 전치사] 형태로 전환

explain B to A   ➡ B be explained to A A에게 설명되다

provide A with B   ➡ A be provided with B B를 전달하다

accuse A of B   ➡ A be accused of B B 때문에 고소를 받다

deprive A of B   ➡ A be deprived of B B를 강탈당하다

inform A of B   ➡ A be informed of B B라는 정보를 제공받다

remind A of B   ➡ A be reminded of B B를 상기하게 되다

regard A as B   ➡ A be regarded as B B라고 여겨지다

think of A as B   ➡ A be thought of as B B라고 여겨지다

The man (was accused to steal / **was accused of stealing**) an ambulance at the hospital.

그 사람은 병원에서 구급차를 훔친 혐의로 고소 됐었다.

Employees (provided / **were provided with**) wrong information.

직원들은 잘못된 정보를 제공받았다.

[고 | 득 | 점 | T | I | P]

동사 유형편 복습

다음은 수여동사와 유사한 의미를 가지고 있지만 반드시 전치사와 함께 써야 하는 동사 유형이다.

explain/introduce B to A B를 A에게 설명/소개하다

provide/supply A with B A에게 B를 제공하다

accuse/inform/remind/deprive A of B A에게 B를 고소/전달/상기/빼앗다

regard/think of A as B A를 B로 여기다

CHECK UP • • •

1 A: Do you know the survey result?

B: Not yet. But I will _____ it tomorrow.

survey result 조사 결과

(a) inform of
(b) be informed
(c) be informed of
(d) have been informed

2 Most of the students wanted to _____ competent and intelligent students.

competent 능력 있는 intelligent 지적인

(a) think as
(b) be thought as
(c) be thought of as
(d) be thought of

POINT

★ 명사절을 수동태로 전환하는 방법을 숙지하고 시제에 유의하여 문장을 만들 수 있다.

★ that절을 이용한 수동태 구문을 어순에 유의하여 적절히 변환할 수 있다.

[주어 + 동사 + that절(that + 주어2 + 동사2 + 목적어/보어)]

➡ [_____ + that + 주어2 + 동사2]   ➡ 빈칸에는 [It is + p.p.]

It is said

It is believed

It is thought

It is expected

It is considered

It is decided

이 형태에서 that절의 주어가 문장 전체 주어로 전환될 수 있다.

➡ 주어2 + be said

be believed

be thought   + to + 동사원형 (주절과 같은 시점)

be expected   혹은 to have p.p. (주절보다 앞선 시점)

be considered

be decided

'~라고 말해지다' 와 같은 유형은 두 가지 형태의 수동태로 제시된다. [It is said that + 주어 + 동사]와 [주어 + is said + to부정사]이다. 이때 to부정사는 [to + 동사원형] 혹은 [to + have p.p.] 형태로 되는데, 주절의 시제를 고려하여 같은 시점은 동사원형으로, 앞선 시점의 사건을 설명할 때는 have p.p.를 쓴다.

They (**believed** / were believed) that all the members enjoyed the party.

➡ **That all the members enjoyed the party was believed** by them.

➡ (**It was believed that** / It believed that) all the members enjoyed the party.

➡ All the members (were believed enjoying / **were believed to enjoy**) the party.

모든 회원들이 그 파티를 즐긴 것으로 믿어졌다.

They (**believe** / are believed) that the teacher did the work yesterday.

➡ **That the teacher did the work yesterday is believed** by them.

➡ (It believes that / **It is believed that**) the teacher did the work yesterday.

➡ The teacher (**is believed to have done** / is believed to do) the work yesterday.

그 선생님이 어제 그 일을 한 것으로 믿어진 다.

CHECK UP ● ● ●

1 _____ the first Chinese immigrants continued to speak their native language for a long time.

(a) It believes that
(b) It is believed that
(c) It had believed that
(d) It is believing that

immigrant 이민자 native 모국의

2 The sports car _____ one of the most famous cars in the world.

(a) is being said
(b) is said to be
(c) is said that
(d) is said to being

POINT

★ 시제와 수의 일치에 유의하여 수동태 문제 유형을 해결할 수 있다.

★ 다양한 수동태 구문 유형을 숙지하여 문장 속에서 적절한 동사 형태를 선택할 수 있다.

수동태 문제 유형은 시제 및 수 일치까지 고려하여 해결해야 하는 경우가 많다. [주어 + _____ + 수식어구]에서 시제와 태, 그리고 수 일치를 동시에 살펴봐야 하므로, 각각의 시제에 수동태 구조를 적용하면 다음과 같이 12가지 형태가 가능하며, 복잡한 구조에 익숙해지도록 하자. 동작의 시점에 따라 시제를 선택하며, 주어의 단/복수를 고려하여 수를 일치시키는 것은 능동태와 다르지 않다.

1.	[am/are/is + 과거분사]	➡ 현재시제
2.	[am/are/is + being + 과거분사]	➡ 현재진행시제
3.	[was/were + 과거분사]	➡ 과거시제
4.	[was/were + being + 과거분사]	➡ 과거진행시제
5.	[will + be + 과거분사]	➡ 미래시제
6.	[will + be + being + 과거분사]	➡ 미래진행시제
7.	[have/has + been + 과거분사]	➡ 현재완료시제
8.	[have/has + been + being + 과거분사]	➡ 현재완료진행시제
9.	[had + been + 과거분사]	➡ 과거완료시제
10.	[had + been + being + 과거분사]	➡ 과거완료진행시제
11.	[will have + been + 과거분사]	➡ 미래완료시제
12.	[will have + been + being + 과거분사]	➡ 미래완료진행시제

He (**was struck** / were struck / is struck) by lightning yesterday.

그는 어제 새벽에 번개를 맞았다.

The book (**has been revised** / have been revised / is revised) for 10 months by three editors.

그 책은 10달 동안 3명의 편집자들에 의해 교정되어 왔다.

These days his manuscript (**is being referred** / are being referred / was being referred) by many scholars.

요즘 그의 필사본을 많은 학자들이 참고하고 있다.

문제 해결 순서

수동태 문제는 [주어 + _____ + 수식어구]의 형태로 적절한 동사의 형태를 묻는 문제이다. 이때, 동사 유형, 수 일치, 시제, 그리고 수동태를 고려하여 정답을 찾는다. 이러한 동사 변형과 관련된 문제 유형은 다음과 같은 방식으로 해결하면 된다.

He _____ a good job last night.

(offer/offers/offered/is offered/are offered/was offered/were offered)

이와 같은 문장에서, '그가 제안 받았다' 는 의미로 ① 수동태이며, ② last night을 통해 과거시제임을 알 수 있고, ③ he를 보고 동사의 단수형을 써야 한다는 것을 알 수 있다. 따라서 was offered가 정답이다.

CHECK UP • • •

1 A: Oh, all the sweets _____ gone.

B: Sorry, my children ate them all.

(a) are

(b) were

(c) have

(d) had

be gone 사라지다. 없어지다

2 Among the continents, Africa _____ most to date because of abundant natural resources.

(a) had exploited

(b) was exploited

(c) had been exploited

(d) has been exploited

continent 대륙 **exploit** 개발하다. 이용하다 **abundant** 풍부한 **natural resource** 천연자원

POINT
★ 수동태에 수반되는 전치사의 다양한 형태를 숙지할 수 있다.
★ 관용적으로 수동태로 쓰이는 표현을 익히고 능동과 수동의 이미 차이를 파악할 수 있다.

수동태의 형태가 제시될 때, 전치사와의 연관성을 고려한다.

[주어 + be p.p. + _____] ➡ 문맥과 동사와의 관계를 따져 전치사 선택

장소의 전치사

be spoken in (+ 장소) 언어 등이 말해지다   be situated in/on (+ 장소) ~에 위치하다
be located in/on (+ 장소) ~에 위치하다

전치사 in

be absorbed in ~에 몰두하다   be caught in ~에 사로잡히다
be engaged in ~에 관여하다   be interested in ~에 관심이 있다

전치사 with

be acquainted with ~와 알고 지내다   be concerned with ~에 관심이 있다
be covered with ~로 뒤덮이다   be delighted with ~에 기뻐하다
be disappointed with ~에 실망하다   be filled with ~로 가득하다
be pleased with ~에 기뻐하다   be preoccupied with ~에 몰두하다
be satisfied with ~에 만족하다   be tired with ~때문에 지치다

전치사 at

be amazed at ~에 놀라다   be frightened at ~에 놀라다
be shocked at ~에 놀라다   be surprised at ~에 놀라다

전치사 to

be dedicated to ~에 헌신하다   be devoted to ~에 헌신하다
be married to ~와 결혼한 상태이다   get married to ~와 결혼하게 되다
be related to ~와 관련되어 있다

know와 전치사

be known to ~에게 알려져 있다   be known for ~로 유명하다
be known by ~를 보면 알 수 있다   be known as ~라고 알려져 있다

make와 전치사

be made of ~로 만들어지다 (물리적 변화)   be made from ~로 만들어지다 (화학적 변화)
be made up of ~로 구성되다

They were caught (**in** / by) heavy traffic on the way.

He was surprised (**at** / by) how extraordinarily normal everyone looked.

Joanna got married (with / **to**) Lee last Saturday.

그들이 가는 길에 차가 많이 막혔다.

그 남자는 모든 사람들이 터무니없이 평범해 보이는 것에 놀랐다.

조안나는 지난 토요일에 리와 결혼했다.

[고 | 득 | 점 | T | I | P]

수동태의 관용표현

[be + 과거분사 + 전치사] 유형뿐만 아니라, 관용적으로 쓰는 표현을 기억해둘 필요가 있다. 특히 능동 개념과 수동 개념을 동시에 파악한다.

These days the environmental contamination (**concerns** / is concerned) us most.
오늘날 환경오염이 우리에게 가장 큰 우려를 주고 있다. (능동태)

As far as I (concern / **am concerned**), I am opposed to your proposal.
나에 관한한, 나는 너의 제안에 반대한다. (수동태)

The result of the survey failed to (**convince** / be convinced) the public.
그 조사 결과는 대중을 확신시키는 데 실패했다. (능동태)

I (convince / **am convinced**) that he will agree with my opinion.
나는 그가 내 의견에 동의할 것이라고 확신한다. (수동태)

CHECK UP • • •

1 A: Is James single or married?

   B: He _____ Mary for a year.

   (a) was married
   (b) was married to
   (c) has been married
   (d) has been married to

2 Some tribes who are living in South Africa speak their own language _____ Dutch.

   (a) which related
   (b) which related to
   (c) which is related
   (d) which is related to

Dutch 네덜란드 말

1   Many kinds of products (make / are made) in the region.

2   Forests (are destroying / are being destroyed) because of the great demand to fuel in developing countries.

3   Some students (offered / were offered) tickets to the performance.

4   The region (named / was named) Coopers after the discoverer.

5   I (asked / was asked) to get out of the room while it's being cleaned.

6   Politicians are advised (using / to use) words that can touch their audience.

7   He was made (finish / to finish) his assignment before going out.

8   Hundreds of books were found (hiding / hidden) in the attic of the rundown house.

9   Some people were found (driving / driven) on the frozen road.

10 My son (brought up / was brought up) by my mother.

11 The people (deprived of / were deprived of) their rights by the nobility.

12 (It is considered / It considers) that the rabies infection occurs due to direct contact with infected animals.

13 The man accepted the job that he (offered / was offered) by a company based on England.

14 What (will be discussed / is discussed) tomorrow?

15 The author is known (for / to) his first novel.

ACTUAL TRAINING

PART I • Choose the answer for the blank.

1 A: I am going to release a new novel next month.

B: I hope you _____ as a successful writer.

(a) will think of
(b) will be thought of
(c) were thought
(d) are thought

2 A: Why did he change his computer so suddenly?

B: He was forced _____ it because it was old and out-dated.

(a) change
(b) changing
(c) to change
(d) changed

3 A: I can't accept the survey result.

B: But I hope that _____ you to change your mind.

(a) will convince
(b) will be convinced
(c) was convinced
(d) convinces about

4 A: Why is Jerome going to the U.S.? He doesn't have any family or friend there.

B: There is a lifetime opportunity _____.

(a) that he offered
(b) he was offered
(c) he offered it
(d) that he offered it

5 A: I heard the company is in trouble.

B: Well, so one of the directors _____ leaking out confidential information from his company.

(a) accused of
(b) was accused
(c) was accused of
(d) has been accused

PART II • Choose the answer for the blank.

6 Labor experts say that many temporary workers _____ to switch their contracts to permanent ones.

(a) ask
(b) asked
(c) will be asked
(d) will have been asked

7 Living near fast food is usually believed to be the cause of obesity but occasionally is _____ in some research.

(a) not obesity linked to
(b) not linked to obesity
(c) linked not to be obesity
(d) obesity not to link

8 To prevent global warming, these days several independent organizations around the world _____ to preserving the natural environment.

(a) commit
(b) are committed
(c) will commit
(d) will be committed

9 According to the police, the body of the actor was found _____ in the trunk of his car.

(a) hide
(b) to hide
(c) hiding
(d) hidden

10 In 19th century, the animal species _____ extinct since the Stone Age.

(a) was believed to go
(b) was believed to have gone
(c) believed to go
(d) believed to have gone

PART III • Identify the grammatical error in the dialouge.

11 (a) A: We were spent most of the afternoon trying to buy groceries.
(b) B: Did you? How long did you spend?
(c) A: For about two hours.
(d) B: Oh, that sounds terrible!

12 (a) A: Do you know how to play the piano?
(b) B: Well, I taught when I was in college.
(c) A: Wow, I envy you. I have wanted to learn it.
(d) B: If you want to, I can help you.

13 (a) A: Mary, I don't think we should see each other anymore.
(b) B: Why? What makes you say that?
(c) A: I think you're just too serious for me.
(d) B: Oh, I didn't know you were felt that way.

PART IV • Identify the grammatical error in the passage.

14 (a) Apart from the soaring prices, a desire for organic food fuelled by health concerns over factory farming is also encouraging people to grow their own food as a viable alternative. (b) As many as 2% of the households now estimated to have their own fresh supply of eggs. (c) Over the past decade food prices have increased by a record 13.7 %. (d) The cost of meat has risen by 16.3%, while milk, and that of cheese and eggs by 19 %, according to the figures released by the Office for National Statistics last month.

15 (a) Dinosaur extinction is still a major enigma of earth history. (b) Many of the imaginative theories for the extinction of the dinosaurs have been presented. (c) Among them, the volcanic theory is still believed by some paleontologists. (d) Still others claim that climate changes were occurred gradually to the point where dinosaurs could not adjust to them.

REVIEW TRAINING 1

PART I• Choose the answer for the blank.

1 A: I'm so worried about my failure in my job interview.

B: Don't worry. _____ with you. You did your best.

(a) The case won't be that
(b) The case being not that
(c) That won't be the case
(d) That not be the case

2 A: Most people seem to be bored living in this little country village.

B: It's just your own opinion _____ .

(a) which I can't agree
(b) I can't agree
(c) I can't agree with
(d) which I can't agree that

3 A: This school is so large that I can't find my son among the students.

B: Yeah. The number of students here _____ more than three thousand.

(a) is
(b) are
(c) was
(d) were

4 A: Why were you so late for the meeting this morning?

B: Well, my daughter _____ for me to pick her up to school when I left my home.

(a) is waiting
(b) was waiting
(c) has waited
(d) had waited

5 A: Wow, these clothes are much cheaper. Let's buy them.

B: No way. You should remember that the value of items _____ by the price.

(a) influences
(b) is influenced
(c) has influenced
(d) had been influenced

PART II• Choose the answer for the blank.

6 _____ that all the tourists fell asleep rapidly as soon as they start to return home.

(a) So tiring the trip to the island was
(b) The trip to the island was so tiring
(c) So the trip to the island was tiring
(d) The trip to the island so tiring was

7 When asked why the theory was not right, the _____ .

(a) problems explained to the students by the professor
(b) professor explained several problems to the students
(c) professor to the students explained several problems
(d) problems to the students being explained by the professor

8 For most people around the country, it is more exercise and not medical care that _____ to healthy life.

(a) relates
(b) relate
(c) is related
(d) are related

9 These days that kind of building is not so enormous as it once _____.

(a) is
(b) was
(c) has been
(d) was being

10 Several officials apologized their careless errors, saying that they _____ to bother those people in that area.

(a) haven't intented
(b) hadn't intended
(c) haven't been intended
(d) hadn't been intended

PART III· Identify the grammatical error in the dialouge.

11 (a) A: I heard you are going to Europe for summer vacation.
(b) B: Yeah. In fact, my daughters have been complaining that I never take out them.
(c) A: Do you have any good plan to do while visiting there?
(d) B: I haven't decided anything yet. But my wife is making plans with a travel agency.

12 (a) A: I can't believe you've already eaten five rolls of bread.
(b) B: These are so delicious. I can have one more.
(c) A: I guess five are more than enough, don't you?
(d) B: Not at all. Furthermore, I'm not on a diet, unlike you.

13 (a) A: How was the trip to the forest last weekend?
(b) B: It is cancelled because of heavy rainfall.
(c) A: That's a shame. You could have had a good time there.
(d) B: I think so. Therefore we have decided to reschedule it.

PART IV· Identify the grammatical error in the passage.

14 (a) Every customer is satisfied with our convenient and hassle-free online service. (b) We ensure that every item will be beautifully wrapped and delivered in perfect condition. (c) Simply select what you want from our catalog and we are confirming your order with 2 hours. (d) If you don't receive any confirmation, call us again to receive your items on time.

15 (a) Harvesting natural ice became big business in New England during the 19th century. (b) The birth of America's large scale commercial ice industry began in New England in 1805. (c) The ice from New England shipped to the West Indies and to other parts of the America. (d) As the ice harvesting business grew and developed, it became more common for the average homeowner to have ice boxes to store it at home.

위아텝스
GRAMMAR

분사는 동사가 변형된 형태로, 동사의 성격과 형용사의 성격을 동시에 나타낸다. 동사에 –ing를 붙인 현재분사와 –ed를 붙인 과거분사가 있으며, 주로 명사를 수식하면서 명사 앞과 뒤에서 명사를 수식하는 형용사 역할을 한다. 또한 주어나 목적어를 보충설명하는 주격보어, 혹은 목적격 보어의 역할을 하기도 한다. 따라서 현재분사와 과거분사가 문장에서 쓰이는 역할을 정확하게 구분하고 의미에 따라 달라지는 형태를 기억해야 한다. 또한 접속사가 이끄는 종속절에서 주어와 접속사가 사라지면서 현재분사 및 과거분사를 이용하여 주어를 설명하는 표현을 분사구문이라 한다. 이러한 분사구문은 공식에 맞추어 학습하는 것이 중요하므로 핵심포인트 위주로 학습하면서 분사구문의 다양한 유형을 정리해야 한다.

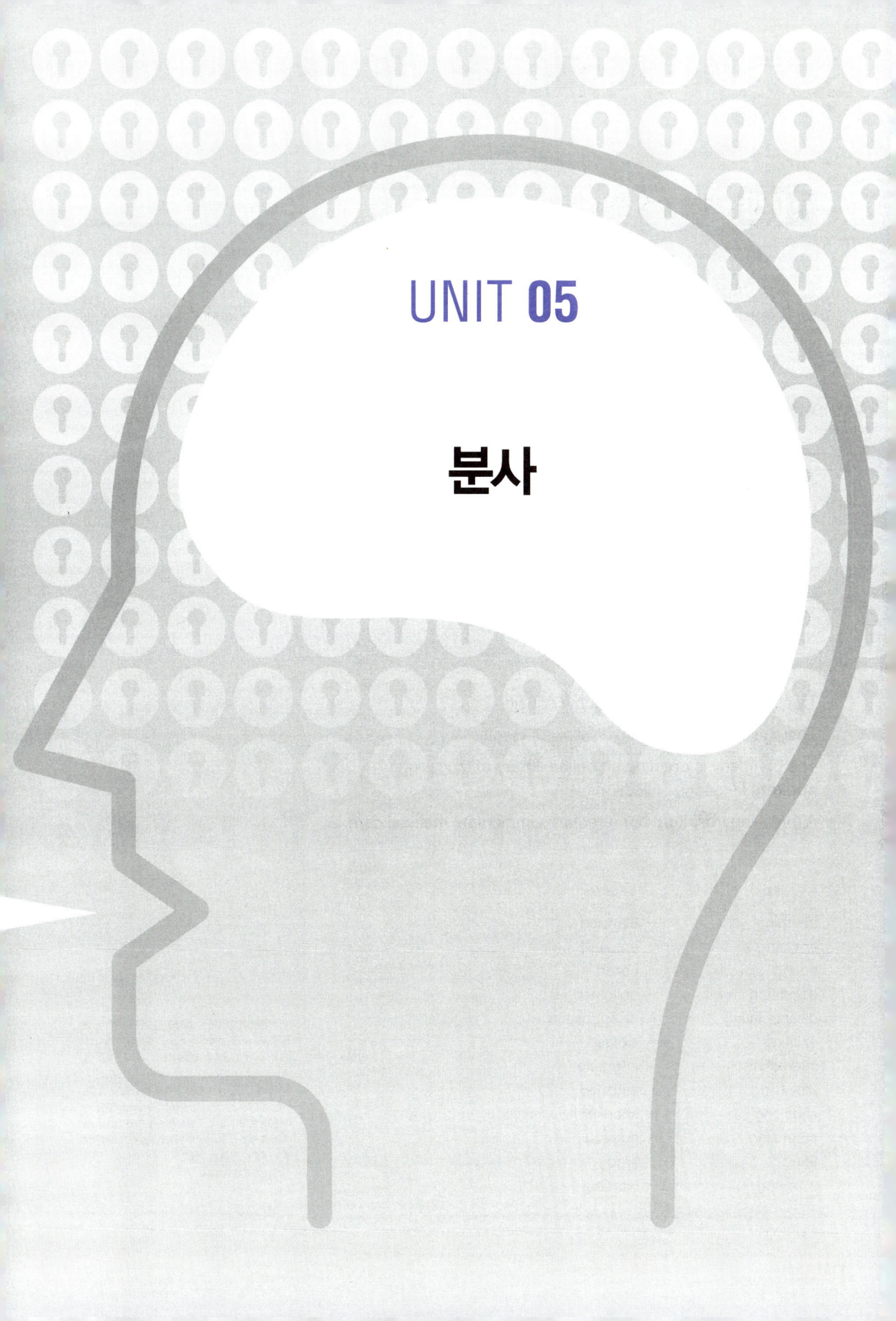

UNIT 05

분사

P 029 명사 수식 구조

POINT

★ 분사가 명사를 수식하는 형태를 알아보고 현재분사와 과거분사의 차이를 숙지할 수 있다.

★ 명사와 수식하는 분사형의 능동/수동 의미 관계를 파악하여 문장에서 적절한 형태의 분사를 고를 수 있다.

1 현재/과거분사 + 명사

명사 앞에서 동사의 형태로, 명사를 수식하는 구조일 때 분사를 이용한다. 이때 명사와의 관계가 능동 관계이면 현재분사를 선택하고, 수동 관계라면 과거분사를 선택한다.

명사를 수식하는 형용사로 기능하는 분사

[(관사 a/an/the) + _____ + 명사]

➡ [_____ + 명사]가 능동 관계일 때, [현재분사(-ing) + 명사]

➡ [_____ + 명사]가 수동 관계일 때, [과거분사(p.p.) + 명사]

The (**sleeping** / slept) baby is my cousin.

자고 있는 아기는 나의 사촌이다.

They gained a (**satisfying** / satisfied) result.

그들은 만족스러운 결과를 얻어냈다.

The company is creating an online library of (speaking / **spoken**) language collections.

그 회사는 구어들을 모아놓은 온라인 도서관을 만들고 있다.

A (breaking / **broken**) bone requires immediate medical care.

부러진 뼈는 즉각적인 처치가 필요하다.

현재분사 – 과거분사의 의미 관계

능동의 의미		수동의 의미
alarming 놀라게 하는	–	alarmed 놀란
amusing 재미있게 하는	–	amused 즐거워하는
boring 지루하게 하는	–	bored 지루한
delighting 기쁘게 하는	–	delighted 기쁜
disappointing 실망시키는	–	disappointed 실망한
exciting 흥분시키는	–	excited 열광하는
interesting 흥미를 일으키는	–	interested 관심이 있는
satisfying 만족시키는	–	satisfied 만족한
shocking 충격적인	–	shocked 충격을 받은
surprising 놀라게 하는	–	surprised 놀란
tiring 지치게 하는	–	tired 지친
worrying 걱정을 끼치는	–	worried 걱정하는

[v + 명사]의 형태에서, 동사와 명사의 관계가 능동 관계인지 수동 관계인지 바로 구별하기 힘들다면, [명사 + v]의 관계로 전환하여 생각한다. 예를 들어, sleeping baby는 baby sleep(아기가 잔다)의 형태로 전환하여 능동 관계를 확인할 수 있다. 또한 과거분사는 명사와 수동적 관계라는 말에 주목해야 한다. 역시 구별하기 힘들다면 spoken word를 word speak의 형태로 전환하여 생각해 보자. 이때 '단어'는 '말하는' 것이 아니라, '말해지는' 것이라는 의미로 수동 관계라는 점을 알 수 있다.

That's (**exciting** / excited) news.

There were some (exciting / **excited**) students because of the news.

CHECK UP • • •

1   With many banks becoming more picky with the loan, an
    _____ number of small-scale business owners
    are shifting to other lending companies.

    (a) increase
    (b) to increase
    (c) increasing
    (d) increased

picky 까다로운 loan 대출 small-scale 소규모의 shift 전환하다 lending 대출

2   A: Do you know that the species is one of the
       _____ primates?
    B: No. Actually, I don't know what they are.

    (a) endanger
    (b) endangers
    (c) endangering
    (d) endangered

species 종 endangered 멸종 위기에 처한 primate 영장류, 유인원

POINT

★ 명사 뒤에서 명사를 수식하는 형용사 구실을 하는 분사를 구분할 수 있다.

★ 과거분사의 형태로 명사를 수식할 수 없는 자동사를 익히고 문장 속에서 적절한 형태로 활용할 수 있다.

명사 뒤의 빈칸에 동사 형태가 나오는 경우도 있다. 이때는 먼저, 문장 내에 본동사가 존재하는지 살펴보고 본동사가 있다면 명사를 수식하는 관계로 보고 분사 형태를 선택하면 된다. 명사가 직접 동작하는 의미의 능동적 개념일 때 현재분사를 이용하며, 수동적 개념일 때 과거분사를 이용한다. 이때 현재분사는 진행의 개념이 포함되어 있으며, 과거분사는 완료의 개념이 포함되어 있다.

> [명사 + _____] ➡ -ing 현재분사 vs. p.p. 과거분사
> ① 명사와 능동 관계일 때, -ing(현재분사)
> ② 명사와 수동 관계일 때, p.p.(과거분사)

The person (**writing** / written) the budget report is my best friend.

예산안을 작성하고 있는 사람은 내 가장 친한 친구이다.

The professor is a member of the organization (**helping** / helped) the homeless.

그 교수는 홈리스들을 돕고 있는 그 단체의 일원이다.

The committee will review the book (writing / **written**) for children.

그 위원회가 아이들을 위해 쓰여진 책을 검토할 것이다.

There was a woman (calling / **called**) Julie in the village.

줄리라고 불리는 여자가 그 마을에 살고 있었다.

[고|득|점|T|I|P]

[명사 + _____]에서 빈칸에 동사의 분사형이 들어갈 때, 동사는 목적어/보어/수식어구와 같은 형태를 취하면서 구를 형성한다. 예를 들어 a sleeping baby에서 sleeping은 한 단어의 형태이기 때문에, 명사 앞에 온다. 그러나 a baby sleeping on the bed에서 sleeping은 on the bed와 한 덩어리로 하나의 의미 단위이므로 a baby 뒤에서 명사를 수식한다.

[고|득|점|T|I|P]

자동사 유형의 경우, 수동 관계를 나타낼 수 없으므로 반드시 현재분사 -ing 형태를 이용해야 한다. 예를 들어, an accident happening last night에서 happen은 수동 관계를 나타낼 수 없으므로 항상 현재분사를 이용한다. exist, lie, appear, disappear, rise, arise, happen, occur, flow, blow, come 등이 수동태 불가 동사이다.

1 An extraordinarily cold wind _____ from the north of Asia has severely damaged the whole country this year.

(a) blow   (b) to blow   (c) blown   (d) blowing

extraordinarily 이례적으로, 유별나게
severly 심각하게

2 We regret that the goods _____ above have temporarily been sold out.

(a) describing
(b) described
(c) to describe
(d) to be described

regret 유감으로 생각하다 temporarily 일시
적으로

POINT

★ 주격 보어/목적격 보어로 쓰이는 분사의 적절한 형태를 고를 수 있다.

★ 동사에 따라 분사의 형태가 다른 단어들을 숙지하고 문장에서 적절한 표현을 구성할 수 있다.

[주어 + 자동사] 또는 [주어 + 동사 + 목적어]의 문장 유형은 완결된 구조를 가지고 있다. 이때, 주어나 목적어의 상태를 보충 설명하는 보어가 추가되는 구조에서 보어 자리에 들어갈 동사의 형태를 묻는 문제가 출제된다. 보어로 쓰일 수 있는 동사 형태로는 현재분사와 과거분사가 있으며 능동 및 진행 관계를 나타낼 때 현재분사를 쓴다. 현재분사는 '~하고 있는' 혹은 '~하면서' 라는 의미로 해석된다. 한편, 수동 관계를 나타낼 때 과거분사를 이용하며, 과거분사는 '~하게 된' 이라는 의미로 해석된다.

보어 자리

1. [주어 + 자동사 + _____]   ➡ 주어 보충 설명
2. [주어 + 타동사 + 목적어 + _____] ➡ 목적어 보충 설명

주어나 목적어의 동작을 진행 및 능동 개념으로 보충 설명할 때

1. [주어 + 자동사 + (현재분사 -ing)]
2. [주어 + 타동사 + 목적어 + (현재분사 -ing)]

주어나 목적어의 동작을 수동 개념으로 보충 설명할 때

1. [주어 + 자동사 + (과거분사 p.p.)]
2. [주어 + 타동사 + 목적어 + (과거분사 p.p.)]

• 자동사 유형 : be동사, become 동사 유형, look, seem, appear, remain, keep, stay

She was so (tiring / **tired**) that she decided to take a rest.

그녀는 너무 피곤해서 휴식을 취하기로 했다.

Jane's job was (**boring** / bored), so she quit the work.

제인의 직업이 너무 지루해서, 그 일을 그만두었다.

Peter came (**running** / run) towards me.

피터는 나를 향해 달려왔다.

Peter came (exhausting / **exhausted**) after a long trip.

피터는 오랜 여행 후에 지쳐서 돌아왔다.

She sprained her legs (**stepping** / stepped) down the bus.

그 여자는 버스에서 내려오다가 다리를 삐었다.

He didn't say anything at first (surprising / **surprised**) at the news.

그 남자는 그 소식에 놀라서 처음엔 아무 말도 못했다.

[고 | 득 | 점 | T | I | P]

1. keep + 분사

[주어 + keep + _____]에서 분사의 형태를 결정할 때, 주어와 빈칸에 들어갈 동사의 관계를 고려하여 현재분사 혹은 과거분사를 결정한다. 주어가 동작의 주체라면 현재분사를, 동작을 당하는 수동 관계라

면 과거분사를 쓴다.

He keeps **winning** the game. 그가 게임을 계속 이기고 있다.

The door kept **closed**. 그 문은 계속 닫혀 있었다.

2. 현재분사와 과거분사를 묻는 동사의 유형에서 자주 등장하는 표현을 기억해두면 편리하다. 예를 들어, My job is tiring.(내 직업은 피곤한 일이에요.)과 I am tired.(나 피곤해요.), My job is boring.(내 직업은 지루한 일이에요.)과 I am bored.(전 지루해요.)라는 문장으로 현재분사와 과거분사를 구분하여 이용하는 법을 익혀두자.

My job is (**tiring** / tired). 내 직업은 피곤한 일이에요.

I am (tiring / **tired**). 나는 피곤해요.

His job was (**boring** / bored). 그의 일은 지루한 일이었다.

She was (boring / **bored**). 그녀는 지루해졌다.

The result was (**delighting** / delighted). 그 결과는 기쁜 것이었다.

I am (delighting / **delighted**) to be here. 여기 있게 되어 정말 기쁩니다.

CHECK UP • • •

worn out 지친, 녹초가 된 prepare 준비하다

1 A: What's the matter with you? You look worn out.

B: I stayed up last night _____ for the quiz this morning.

(a) prepare   (b) preparing
(c) prepared   (d) being prepared

delight 기쁘게 하다

2 A: How do you like the party?

B: It's very interesting. I'm really _____ to be here.

(a) delight   (b) to delight
(c) delighting   (d) delighted

POINT

★ 분사가 목적보어로 쓰일 경우 목적어와의 관계를 파악하고 적절한 형태를 고를 수 있다.

★ 목적보어의 형태를 구분짓는 것은 오직 목적어와의 능동/수동 관계임을 숙지하고 동사에 따라 적절하게 선택할 수 있다.

동사 유형 일반동사/사역동사/지각동사/find/keep 등이 [주어 + 동사 + 목적어 + 목적보어]의 구조로 제시될 때, 목적보어가 목적어의 동작 진행 상태를 설명하고자 한다면, 현재분사를 쓴다. 이때 현재분사는 주어와는 상관없이 목적어와의 관계만을 고려한다. 목적어와 목적보어가 수동 관계라면, 목적보어로 과거분사를 선택한다. 이러한 구조로 자주 등장하는 동사가 지각동사/사역동사 및 find, keep 등이다. 목적격 보어로 특정 형태를 취하는 동사 유형과 구분하여 알아둘 필요가 있다. (p.40과 비교 p.140)

[주어 + 지각동사/find/keep + 목적어 + _____]

➡ 목적어와의 관계를 능동 및 진행적 개념으로 설명할 때 현재분사

➡ 목적어와의 관계를 수동 및 완료적 개념으로 설명할 때 과거분사

I found him still (**reading** / read) a newspaper in the living room.

나는 그가 여전히 거실에서 신문을 읽고 있는 것을 발견했다.

He kept me (**waiting** / waited) for a long time.

그는 나를 오랫동안 기다리게 만들었다.

I heard them (**singing** / sung) in the room.

나는 그들이 방에서 노래하는 것을 들었다.

I found many people (evacuating / **evacuated**) from the village.

나는 많은 사람들을 그 마을에서 대피시켰다는 것을 알게 되었다.

He kept the product (displaying / **displayed**) in the show window.

그는 그 제품을 계속해서 진열장에 전시해 두었다.

I heard the song (playing / **played**) in the auditorium.

나는 그 노래가 강당에서 연주되는 것을 들었다.

[고 | 득 | 점 | T | I | P]

동사 유형편에서 목적어와 목적보어가 능동 관계와 수동 관계로 제시되었던 것을 다시 확인할 필요가 있다.

[get/ask/allow + 목적어 + to부정사 vs. 과거분사]

[사역동사 + 목적어 + 동사원형 vs. 과거분사]

[지각동사 + 목적어 + 동사원형 현재분사 vs. 과거분사]

[find/keep + 목적어 + 현재분사 vs. 과거분사]

You had to leave it (to unsay / **unsaid**). 너는 그것을 입 밖에도 내지 않아야 했다.

I got my hair (to cut / **cut**) at the beauty salon. 나는 미용실에서 머리를 잘랐다.

I saw the book (sell / **sold**) at the book store. 나는 그 책이 그 서점에서 판매되는 것을 보았다.

일반동사 : get, advise, ask, allow, cause, encourage, expect, force, want, would like, urge

지각동사 : see, behold, watch, hear

사역동사 : make, have, let

상태동사 : find, keep

1   If you read newspapers, you will find _____ the
    advertisements of apartments.

    (a) showing many pages
    (b) many pages of showing
    (c) many pages showing of
    (d) many pages showing

2   In order not to hurt his feeling, you'd better leave the secret
    _____ .

    unsaid 말하지 않은

    (a) unsay   (b) unsaying   (c) unsaid   (d) be unsaid

POINT

★ 전치 분사구문을 만드는 법을 숙지하고 문장에서 적절한 형태를 고를 수 있다.

★ 타동사/자동사 여부와 시제, 주어의 일치 여부 등에 따라 알맞은 분사구문을 완성할 수 있다.

전치 분사구문을 만드는 순서는 다음과 같다.

[접속사(When/If/Although/Because 등) + 주어 + 동사 ..., 주어 + 동사 ...]

➡ ① 접속사 생략(의미 강조를 위해 생략하지 않기도 한다.)

➡ ② 주어가 동일할 때 생략(주어가 다를 경우 생략하지 않는다.)

➡ ③ 동사를 분사형(-ing/being p.p./having p.p./having been p.p.)으로 전환

전치 분사구문은 우선 주절의 주어와의 능동 vs. 수동 관계를 파악해야 한다. 그리고 주절의 동사와의 시점(같은 시점인지 앞선 시점인지) 관계를 파악하여 다음과 같이 문제를 해결한다.

[_____ ..., 주어 + 동사 ...]

1. 빈칸의 동사가 주절의 주어와 능동 관계이며, 같은 시점 ➡ 현재분사(-ing)

2. 빈칸의 동사가 주절의 주어와 수동 관계이며, 같은 시점 ➡ 과거분사(being p.p.)

3. 빈칸의 동사가 주절의 주어와 능동 관계이며, 동사보다 앞선 시점 ➡ having p.p.

4. 빈칸의 동사가 주절의 주어와 수동 관계이며, 동사보다 앞선 시점
   ➡ having been p.p.

분사구문의 시점과 주절의 시점을 파악할 때 아래 그림을 참고하자.

[_____ ..., 주어 + 동사 ...]		
-ing [+목적어]	(being) p.p.	(같은 시점)
having p.p. [+목적어]	(having been) p.p.	(앞선 시점)
능동 관계	수동 관계	V-line (동사와 시제 비교)

S-line (주어와 능동/수동 관계)

★ 분사구문의 시점/주절의 시점을 구분할 때 위표를 잘 숙지하여 활용하자.

(**Knowing** / Being known) where to go, Alice didn't ask anything.

어디 가는지 알고 있었기 때문에, 앨리스는 아무 것도 묻지 않았다.

(Surprising / **Being surprised**) at his sudden proposal, Catherine couldn't say anything.

그 남자의 갑작스런 청혼에 놀라서, 캐서린은 아무 말도 할 수 없었다.

(Reading / **Having read**) all the books in the bookshelf twice, I should buy other books.

(Being written / **Having been written**) in a hurry, the novel has lots of typos.

책장에 있는 모든 책들을 두 번씩 읽었기 때문에, 나는 다른 책들을 사야 한다.

그 소설은 급하게 쓰여졌기 때문에 오타가 많다.

❶ 목적어 유무로 판단하는 분사구문

1. [-ing + 명사, + 주절]
2. [Having p.p. + 명사, + 주절]
3. [Being p.p. + 명사 불가, + 주절]
4. [Having been p.p. + 명사 불가, + 주절]

동사가 타동사일 경우, 분사구문에서 목적어의 유무를 통해 현재분사형과 과거분사형을 구분할 수도 있다. 일반적으로 현재분사형은 목적어 명사를 가지며, 과거분사형은 목적어 명사를 갖지 않는다.

Reading the journal, he discovered a new fact.

Driven carefully, your car can run more smoothly than before.

그 저널을 읽으면서, 그는 새로운 사실을 발견했다.

조심히 운전하면 당신 차는 예전보다 더 부드럽게 굴러갈 겁니다.

❷ 분사구문의 부정

분사구문 유형을 부정 개념으로 제시할 때, not은 항상 분사구문 와서 [Not + -ing], [Not + (being) + p.p.], [Not having p.p.], [Not having been p.p.]의 구조가 된다.

(Knowing not / **Not knowing**) the basic principle of math, the boy tried to solve the problem.

(**Not having been** / Having not been) reported yet, the fact is not known to the public.

수학의 기본 원리를 잘 몰랐지만, 그 소년은 그 문제를 해결하기 위해 노력했다.

아직 보고되지 않았기 때문에, 그 사실은 대중들에게 알려져 있지 않다.

[고 | 득 | 점 | T | I | P]

1. Being p.p., Having been p.p.에서 Being과 Having been의 생략
분사구문 유형 중 수동의 의미를 나타내는 [Being + p.p.], 그리고 [Having been + p.p.]에서, Being과 Having been은 생략될 수 있다. 따라서 과거분사(p.p.) 형으로만 제시된다.

Surprised at his sudden proposal, Catherine couldn't say anything.
그 남자의 갑작스런 청혼에 놀라서, 캐서린은 아무 말도 할 수 없었다.

Written in a hurry, the novel has lots of typos. 그 소설은 급하게 쓰여졌기 때문에 오타가 많다.

2. 주어가 다른 분사구문
때때로 분사구문의 주어와 주절의 주어가 다른 경우가 있다. 특히 파트 4에서 주로 출제되며, 주절의 주어와 비교하여 다를 경우에는 반드시 원래 주어의 형태 그대로 제시해주어야 한다.

(**His right ankle having been injured** / Having his right ankle been injured), the athlete couldn't take part in the contest. 오른쪽 발목을 다쳤기 때문에, 그 운동선수는 그 경기에 참가할 수 없었다.

(**The sun setting** / Setting the sun), the owner closed his store.
해가 지고 있었기 때문에, 그 주인은 가게 문을 닫았다.

시간의 전후 관계 파악
-ing와 having p.p., 그리고 being p.p.와 having been p.p.를 구별하는 과정은 쉽지는 않다. 앞선 주절보다 동작을 나타내는 having p.p., having been p.p.가 제시될 때는 시간의 전후 관계를 나타내는 부사 등이 문장에 제시되므로 어렵게 접근할 필요는 없다.

(**Reading** / Having read) a book, I heard my neighbors having a quarrel. 책을 읽으면서, 나는 이웃들이 싸우고 있는 것을 들었다.

(Reading / **Having read**) the book yesterday, I don't want to read it again. 어제 그 책을 이미 읽었기 때문에, 나는 그것을 다시 읽고 싶지 않다.

1   A: What's the matter with you?

   B: Actually, _____ the bus, I fell down.

   (a) to step down
   (b) to have stepped down
   (c) stepping down
   (d) having stepped down

step down 내리다 **fall down** 넘어지다

2   A: Are you going to write the column?

   B: _____ by the organization, I will surely write it.

   (a) Having been asked
   (b) To be asked
   (c) Asking
   (d) To ask

column 기고문, 칼럼

3   _____ a difficult operation successfully, the doctor left the operation room tired.

   (a) Finish
   (b) Finished
   (c) Had finished
   (d) Having finished

operation 수술

4   _____ on a soft ground, the building is more likely to collapse, an expert said.

   (a) Building
   (b) To build
   (c) Having built
   (d) Having been built

collapse 무너지다, 붕괴하다

P 034 후치 분사구문

POINT

★ 문장 속에서 후치 분사구문이 쓰이는 형태를 숙지하고 적절한 분사구문을 만들 수 있다.

★ 후치 분사구문이 주어를 수식하는 경우와 목적어/보어를 수식하는 경우를 구별하고 알맞은 분사구문을 만들 수 있다.

[주어 + 동사 + 목적어/보어]와 같이 완결된 문장 다음에 콤마(,)가 오고 분사가 오는 구조이다. 이때 주어와 능동 관계일 때 현재분사를 쓰며, 수동 관계일 때 과거분사를 쓴다.

[주어 + 동사 + ..., _____ + ...] 형태의 분사구문

➡ 주어와 능동 관계일 때, 현재분사(-ing) / having p.p.

➡ 주어와 수동 관계일 때, 과거분사(p.p.) / having been p.p.

The organization collected useful information based on the Internet, (**protecting** / protected) minors from harmful online content.

그 단체는 인터넷에 근거하여 유용한 정보를 수집했으며, 미성년자들을 해로운 온라인상의 자료로부터 보호했다.

The novel was considered one of the greatest books last year, (publishing / **published**) around the world a few months later.

그 소설은 작년에 가장 훌륭한 책들 중의 하나로 여겨졌으며, 몇 달 뒤에 전 세계에서 출판되었다.

[고|득|점|T|I|P]

[주어 + 동사 + 목적어/보어, _____]의 형태에서, 목적어/보어와의 연관성

때때로, 콤마 다음의 분사 형태가 바로 앞에 제시된 명사를 수식하기도 한다. 이때는 분사구문의 원칙을 적용하지 않고, 앞에 제시된 명사를 수식하는 분사 유형과 동일하게 문제를 풀 수 있다. 따라서 주어와 관계가 형성되지 않을 때, 앞에 제시된 명사와의 능동적 관계 혹은 수동적 관계를 통해 현재분사/과거분사형을 선택한다.

Activists proposed several alternatives, (**ranging** / ranged) from public health care programs to more job opportunities. 활동가들은 몇 가지 대안을 제시했으며, 그 대안들은 공공 의료 관리 프로그램에서 더 많은 직업 기회까지 포함하고 있었다.

Activists proposed several alternatives, (formulating / **formulated**) through the long-term research. 활동가들은 몇 가지 대안을 제시했으며, 그 대안들은 장기간의 연구를 통해 만들어졌다.

CHECK UP •••

1 This new device will do all the work automatically, _____ you to concentrate on other tasks.

(a) allowing   (b) for allowing

(c) to allow   (d) allow

device 장치, 장비 **automatically** 자동으로 **concentrate** 집중하다 **task** 일, 업무

POINT

★ 접속사 다음에 분사구문이 나오는 유형을 구분할 수 있다.

★ 주어와의 관계를 고려하여 적절한 분사구문을 고르고 적절한 시제를 선택할 수 있다.

분사구문에서 접속사를 생략하지 않은 형태이다. [접속사 + _____]의 형태에서 분사구문의 유형은 주어와의 관계만을 고려하여, 능동 관계일 때 현재분사(-ing)를 선택하며, 수동 관계일 때 과거분사(p.p.)를 선택한다. 접속사는 분사의 형태 선택에 별 영향을 주지 않는다. 이는 전치 분사구문이든, 후치 분사구문이든 마찬가지이다.

[When/While/If/Once + _____ ..., 주어 + 동사 ...]

➡ 주어와 동사가 능동 관계일 때 현재분사

➡ 주어와 동사가 수동 관계일 때 과거분사

While (**walking** / walked) down the street, I happened to see a strange sight.

거리를 걷고 있는데 나는 우연히 이상한 광경을 보았다.

He sprained his right ankle while (**playing** / played) football.

그는 축구 하다가 오른쪽 발목을 삐었다.

When (mixing / **mixed**) with water, the substance becomes neutral.

물과 섞이면 그 물질은 중성이 된다.

Dogs tend to chew something if (leaving / **left**) alone.

개들은 혼자 있을 때 무언가를 씹는 경향이 있다.

[고|득|점|T|I|P]

[접속사 + _____]의 형태에서 분사구문의 유형은 주어와의 관계만을 고려하여, 능동 관계일 때 현재분사(-ing)를 수동 관계일 때 과거분사(p.p.)를 쓴다. 이때, 접속사는 주절과 분사구문 간의 관계를 설명하는 역할을 하면서 더불어 시간의 전후 관계를 나타내기 때문에, 동사를 통해 다시 전후 관계를 표현하지 않는다. 따라서 having p.p. 또는 having been p.p. 형을 이용하지 않는다.

CHECK UP • • •

1 You should consider several conditions very carefully when _____ your new house.

condition 조건

(a) choose   (b) to choose   (c) choosing   (d) chosen

2 The new laptop computer will be turned off automatically if _____ on for 20 minutes without using it.

turn off 끄다 automatically 자동으로 on 켜진 상태

(a) to leave   (b) leaving   (c) left   (d) having left

POINT

★ with 분사구문의 다양한 형태와 의미를 익혀 문장 속에서 활용할 수 있다.

★ 구문 내에서 목적어를 수식하는 적당한 분사의 형태를 선택할 수 있다.

전치사 with와 함께 이용하는 분사구문으로 [with + _____]에서 빈칸의 분사 형태를 묻는 유형이다. 구조상으로 빈칸에는 목적어와 목적어를 보충 설명하는 형용사, 전치사구, 현재분사, 과거분사 등이 들어갈 수 있지만 빈칸에 요구하는 정답이 '동사'의 변화형이라면, 현재분사와 과거분사로 좁혀서 능동 관계인지 수동 관계인지만을 고려하여 정답을 선택한다.

[with + _____] ➡ [A(목적어) + B(목적보어)] : A를 B한 채로 / A를 B한 상태로

[with + 목적어[A] + _____[B]] ➡ 목적보어

➡ 목적보어 B는 A에 대한 보충 설명

➡ B의 형태 : 형용사 / 전치사구 / 현재분사(능동) / 과거분사(수동) 가능

They stayed home with the window wide (**open** / opening).

그들은 창문을 활짝 열어 놓은 채로 집에 있었다.

We had difficulty deciding where to go with (only of the plan in favor a few people / **only a few people in favor of the plan**).

단지 몇몇 사람만이 그 계획에 찬성하고 있는 상황에서 우리는 어디로 갈지 결정을 내리기 힘들었다.

(**With the sun shining** / The sun shining with) brightly, they enjoyed taking pictures all day long.

해가 밝게 빛나고 있었기 때문에, 그들은 하루 종일 사진 찍는 것을 즐겼다.

They couldn't follow the previous rule (**with a new policy announced** / with announcing a new policy).

새로운 정책이 발표되었기 때문에, 그들은 이전의 규칙을 따를 수가 없었다.

[고|득|점|T|I|P]

with를 이용한 문제는 두 가지 유형이 있다. 첫 번째로 전치사 with를 물어보는 유형이며, 선택지에 다른 전치사들이 제시된다. 두 번째 유형이 바로 위에서 설명하는 내용으로 with 분사구문 유형이며 [with + A + B]의 구조를 취한다.

He teaches his students (**with** / for / on / in) interest. 그는 관심을 가지고 학생들을 가르친다.

He teaches his students (**with the idea in his mind** / in his mind with the idea).

그는 그 생각을 마음 속에 간직한 채 그의 학생들을 가르친다.

CHECK UP • • •

1 They went straight to bed tired after working too hard

_____.

(a) with on the TV

(b) with the TV on

(c) on the TV with

(d) on with the TV

straight 곧바로

2   With some students _____ , the school had to modify their plan.

(a) in opposition the new policy
(b) in opposition to the new policy
(c) the new policy in opposition
(d) the in opposition to new policy

modify ~을 변경하다, 수정하다

3   Tomorrow we are expecting a 50% chance of snow with temperatures _____ down to -10 degrees.

(a) drop   (b) to drop   (c) dropping   (d) dropped

temperature 온도, 기온 degree 정도, 온도

4   A: Who is your brother in this photo?

B: He is the one in the front row _____ .

(a) closes his eyes
(b) closed his eyes
(c) with his eyes closing
(d) with his eyes closed

P 037 독립분사구문

POINT

★ 독립분사구문으로 쓰이는 다양한 표현을 익히고 문장 속에서 적절한 표현을 골라낼 수 있다.

★ 분사의 의미를 강조하기 위하여 분사가 도치되었을 경우 맞는 어순을 골라내서 문장을 구성할 수 있다.

독립분사구문은 독립적으로 사용하는 구문이다. 따라서 독립분사구문 문제에서는 주어와의 능동/수동 관계를 고려하지 않으며, 주절의 동사와의 시간 관계를 고려하지 않는다. 암기해둔 독립분사구문 중에서 문맥에 따라 적절한 의미의 표현을 찾으면 된다.

❶ 독립분사구문을 선택할 때는 전체 문장에 의미상 적절한 것을 선택한다.

frankly speaking 솔직히 말해서   **generally speaking** 일반적으로 말해서

roughly speaking 대략적으로 말해서   **strictly speaking** 엄격히 말해서

1. [Considering + 명사, 주어 + 동사] : ~을 고려할 때
   ➡ [All things considered, 주어 + 동사]

2. [Judging from + 명사, 주어 + 동사] : ~로 판단하건대

3. [Granting that + 주어 + 동사, 주어 + 동사] : ~을 시인한다 해도

4. [Seeing that + 주어 + 동사, 주어 + 동사] : ~을 보면

5. [Supposing/Providing/Provided/Suppose that + 주어 + 동사, 주어 + 동사]
   : ~라고 한다면

6. [regarding/concerning + 명사] : ~에 관하여

7. [Compared with + 명사, 주어 + 동사] : ~와 비교할 때

8. [Given + 명사, 주어 + 동사] : ~을 고려한다면 / ~이 있다면

9. [Simply put, 주어 + 동사] : 간단히 말해서

(**Judging** / Judged) from previous experience, he will be late.

(**Granting** / Granted) that you are drunk, you should be responsible for your behavior.

(Comparing / **Compared**) with other products, ours is easy to operate.

(Giving / **Given**) the current economic problems, the investment is likely to be wrong.

(Simply putting / **Simply put**), that is an unattainable goal.

이전 경험으로 봤을 때 그 남자는 늦을 거다.

취했다는 것을 인정한다 해도 네가 한 행동에는 책임을 져야 해.

타사 제품과 비교해볼 때, 저희 제품은 작동시키기 쉽습니다.

현재의 경제 문제들을 고려해볼 때, 투자는 잘못된 것 같다.

간단히 말해서, 그것은 달성할 수 없는 목표이다.

considering vs. considered

독립분사구문 유형 중에서, considering은 [considering + 목적어]의 형태로 온다. 반면에 considered의 형태로 쓰기도 하는데, 이것은 [명사 + considered]의 형태로만 쓴다.

Considering his situation, I didn't invite him. 그의 상황을 고려하여, 나는 그를 초대하지 않았다.

All things **considered**, I didn't invite him. 모든 것을 고려하여 나는 그를 초대하지 않았다.

❷ **이유 개념으로, 분사를 강조하면서, 어순 문제로 출제되기도 한다.**

주어와의 관계가 능동 관계일 때, 분사를 강조하면

[As + 주어 + 동사 + ..., 주어 + 동사 ...]

➡ [현재분사(-ing) + as + 주어 + do/does/did ..., 주어 + 동사 ...]

주어와의 관계가 수동 관계일 때, 분사를 강조하면

[As + 주어 + be p.p. ..., 주어 + 동사 ...]

➡ [과거분사(p.p.)] + as + 주어 + be동사 ..., 주어 + 동사 ...]

> **regarding & concerning**
> regarding과 concerning은 [regarding/concerning + 명사]의 형태로 '~에 관하여/관한' 이라는 의미이다. regarding과 concerning은 [when it comes to + 명사] 또는 [about + 명사] 의 의미를 나타내기도 한다.

As it really stands on the hill, the park commands a fine view.

➡ (**Standing as it does** / As it does standing) on the hill, the park commands a fine view.

> 언덕에 위치하고 있기 때문에, 그 공원은 경관이 좋다.

As it is really located on the hill, the park commands a fine view.

➡ (As it locates / **Located as it is**) on the hill, the park commands a fine view.

> 언덕에 위치하고 있기 때문에, 그 공원은 경관이 좋다.

CHECK UP • • •

1 A: I think Jennifer behaves so politely.

B: Yeah. _____ her age, she looks quite mature.

(a) Consider   (b) To consider

(c) Considering   (d) Considered

> mature 성숙한

2 A: Who do you think will win the election?

B: _____ the result of the survey, no one can be convinced about it.

(a) Giving

(b) Given

(c) Having given

(d) Having been given

> election 선거, 투표

1 Human beings have been acclimated to the (changing / changed) natural environment for a long time.

2 The road is an electric road (producing / produced) its own electricity, conserving fuel and reducing air pollution.

3 The software programs (developing / developed) by students are now being tested on campus.

4 I tried to memorize all the details, but I kept (forgetting / forgotten) them.

5 After the test, I have been (worrying / worried) about the result of the test.

6 They found the man (burying / buried) something on a hillside.

7 (Wanting / Wanted) to raise fund for remodelling, the staff are trying to gain assistance from members.

8 (Worrying / Worried) about their financial condition, the students are not inclined to go shopping.

9 (Seeing / Having seen) the musical three times, I refused his invitation.

10 (Having asked / Having been asked) to attend the conference, I sure will go there.

11 The population increase mounts up to more than 2,000 each year, (making / made) the state the fastest growing one in the country.

12 A new vehicle was shown to the public, (choosing / chosen) as the best around the world.

13 When (seating / seated) at the restaurant, they ordered a cup of coffee, fries and dessert.

14 The country has dispatched around 2,000 soldiers in the area, with most of them (stationing / stationed) in peaceful regions.

15 (As they do living / Living as they do) in the U.S., my parents won't be able to attend my graduation ceremony.

ACTUAL TRAINING

PART I• Choose the answer for the blank.

1 A: Oh, no. The lecture was so
_____, wasn't it?

B: Yeah. I think so, too. I'd rather drop it.

(a) confuse
(b) confused
(c) confusing
(d) being confused

2 A: What did all the students do after
receiving the score?

B: They returned home, _____
with their test results.

(a) satisfy
(b) satisfied
(c) to satisfy
(d) satisfying

3 A: I think John has improved his English
a lot these days.

B: Yeah. _____ a diary in English
every day, he seems to reach a good
result.

(a) Write
(b) To write
(c) Writing
(d) Written

4 A: What was your brother doing when
you called him?

B: He was having dinner, _____
television.

(a) watch
(b) to watch
(c) watching
(d) being watched

5 A: What was the result of the experiment?

B: Only a third of those _____ said
they were very satisfied with the drug.

(a) survey
(b) to survey
(c) surveying
(d) surveyed

PART II• Choose the answer for the blank.

6 The result was gained after hundreds of
experiments, _____ by many other
scientists.

(a) reconfirm
(b) to reconfirm
(c) reconfirming
(d) reconfirmed

7 It was reported that some fishermen
caught some fish _____ the
largest freshwater fish ever recorded.

(a) believed to have been
(b) believed to be
(c) believing to have been
(d) believing to be

8 Words or phrases used in this paper will
be interpreted as the same meaning they
have in common usage in this field,

_____.

(a) defining unless otherwise
(b) defined otherwise unless
(c) unless defined otherwise
(d) unless defining otherwise

9 The _____ in the 1970s convinced
many people to buy their first personal
computer.

(a) developed computer program
(b) developing program computered

(c) computer program developed

(d) developed the computer program

10 _____ for five years, I can't understand my husband.

(a) Marrying

(b) Having married

(c) Being married

(d) Having been married

PART III • Identify the grammatical error in the dialouge.

11 (a) A: There is a big problem because of the large scale chain stores everywhere.

(b) B: It doesn't matter to me. I like various kinds of items and discounts.

(c) A: The more chain stores there are, the more difficulty small stores experience.

(d) B: I think so. There are only a few family-own stores around here.

12 (a) A: What do you think of my new roommate, James? He is your classmate.

(b) B: It's wrong to speak badly of someone behind his back.

(c) A: But I need some information to get along with my roommate.

(d) B: Well, he is said to be more selfish comparing with your previous roommate.

13 (a) A: Good afternoon, sir. What can I do for you?

(b) B: I'd like to buy a gift for my son. Today is his birthday.

(c) A: OK. How about buying this pen?

(d) B: But been a student, he doesn't want that expensive one.

PART IV • Identify the grammatical error in the passage.

14 (a) Women are less likely than men to receive immediate treatment from their doctors for preventive therapies. (b) For example, the underestimated prevention in women's heart attack is conducted in most cases by doctors, resulted in less preventive care. (c) The treatment gap is the result of doctors' misperception that a woman's risk is lower. (d) However, her actual risk is calculated to be the same as a man's according to a recent study.

15 (a) Tom Christopher who is 70 is in hospital after the surgery of implanting an artificial heart. (b) He is recovering in the intensive care unit at North Saint Hospital. (c) The procedure on Christopher was performed by two surgeons, who implanted an artificial heart in Tom' chest. (d) Recovering from intensive care, his surgeons say that the artificial heart has worked flawlessly.

위아텝스
GRAMMAR

to 부정사는 동사의 성격을 띠고 있으면서 [to + R]의 형태로 이용된다. 부정사는 명사의 역할을 하면서 주어, 목적어, 보어의 역할을 하며, 또한 형용사와 부사의 역할을 하기도 한다. 이와 같이 다양한 형태로 이용되고 있기 때문에 문제에서 제시되는 부정사의 유형을 기억해야 한다. 특히 가주어-진주어 구문에서 진주어로 사용되고 있는지, 특정 명사를 수식하는 형용사인지, 아니면 목적의 의미를 나타내는 부사적 용법인지를 구분한다. 이때 부정사의 용법 문제는 동명사와 함께 이용되면서 구분하는 문제로 출제된다. 동명사는 동사에 -ing 형태를 붙여 이용하는데, 부정사와 구별해야 하는 유형이다. 동명사는 명사의 기능으로, 주어, 목적어, 보어 그리고 전치사 뒤에서 이용하며, 특히 부정사와 의미를 구분하여 이용하기도 한다. 특히 부정사와 동명사는 각각의 위치에 따라 달라질 수 있으므로 위치와 용법을 구분하고, 동사에 따라 부정사를 이용할 것인지 동명사를 이용할 것인지를 결정하므로 동사와 함께 학습하는 것이 필요하다.

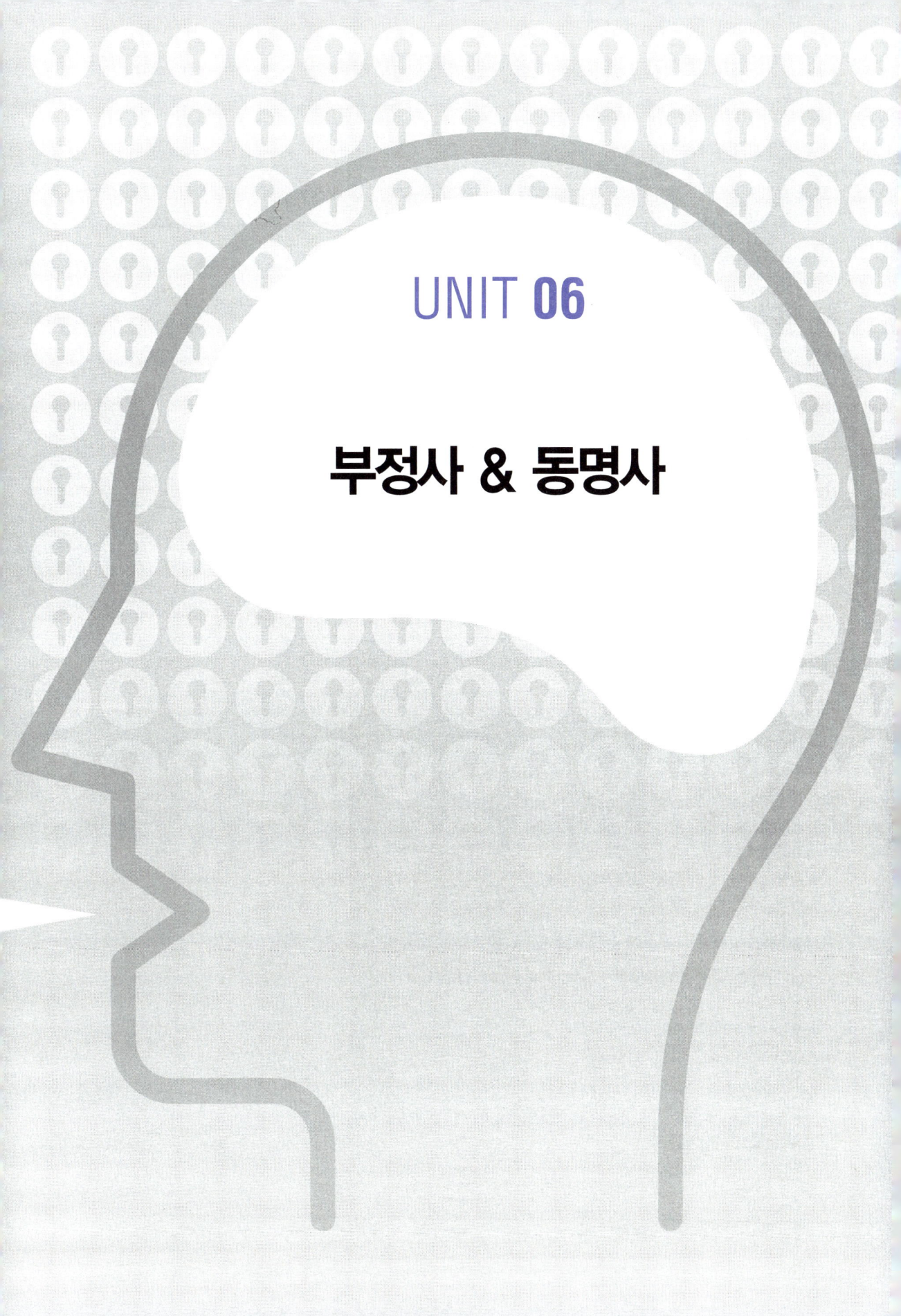

UNIT 06

부정사 & 동명사

P 038 to부정사/동명사 주어

POINT

★ 동명사와 to부정사가 주어로 쓰이는 경우를 익히고 적절하게 선택할 수 있다.
★ to부정사의 의미상의 주어 용법을 숙지하고 문장에서 적절히 쓸 수 있다.

동사형이 '~하는 것' 이라는 의미로 주어 기능을 할 때, 동명사 혹은 부정사를 쓴다. 동사형 구문이 주어일 경우, 부정사와 동명사가 주어가 될 수 있다. 문장의 앞에 동사 유형의 주어를 요구할 때 동명사를 쓰며, 가주어 it이 주어 자리에 오면, to부정사가 진주어인 경우다. 동명사와 부정사 둘 다 문법적으로는 문두에 올 수 있지만, 실질적인 용법에서는 구별한다.

1. [_____ ... + 동사] : 동명사
2. [It is + 보어 + _____ ...] : 주어 ➡ to부정사

(**Understanding** / To understand) the results of the past event is important.

> 과거 사건의 결과를 이해하는 것은 중요하다.

It is impossible (finish / **to finish**) the work in time.

> 제시간에 그 일을 끝내는 것은 불가능하다.

[고|득|점|T|I|P]

의미상의 주어
동명사와 부정사는 동사형의 변형이기 때문에, 동작을 수행하는 주체(주어)가 따로 존재할 수도 있다. 이를 '의미상의 주어' 라고 부른다.

❶ 동명사의 의미상의 주어 : 소유격 or 목적격

동명사의 의미상의 주어는 일반적으로 소유격 혹은 목적격을 이용한다.

(**His helping** / For him helping) me out was a surprising news.

> 그가 나를 도운 것은 놀랄 만한 소식이었다.

I can't imagine (**him helping** / for him helping) me out.

> 나는 그가 나를 도울 것이라고 생각하지 않는다.

❷ 부정사의 의미상의 주어 : for + 목적격

부정사의 의미상의 주어는 [for + 목적격]을 이용한다.

It is impossible (my / **for me**) to finish the paper in time.

> 내가 시간 내에 그 논문을 끝마치는 것은 불가능하다.

The technology made it possible (**for people** / people) to find information with ease.

> 그 기술은 사람들이 쉽게 정보를 찾는 것을 가능하게 만들었다.

③ 부정사의 의미상의 주어 : of + 목적격

보어가 사람의 성격을 의미할 때 [of + 목적격]의 형태를 이용한다.

It was <u>kind</u> (for you / **of you**) to help me with my assignment.

(형용사 유형 : careless, crazy, foolish, kind, nice, thoughtful, wise, wrong 등)

③ 분사 vs. 동명사

문장의 앞에 -ing 형태가 있다고 해서 반드시 동명사인 것은 아니며 동명사와 분사를 구별하여 써야 한다. -ing 형태 뒤에 [주어 + 동사]의 구조가 연결되면 분사 구문이고, 동사로만 연결되면 동명사이다.

Reaching the goal was very difficult. [동명사 + 동사 + 보어]

목표에 도달하는 것은 매우 어려웠다.

having reached the goal, the students did their best.
[분사, 주어 + 동사 + 목적어]

목표에 도달했지만, 학생들은 최선을 다했다.

CHECK UP ● ● ●

1 _____ customers' needs immediately is essential to winning public trust.

   (a) Satisfy
   (b) Satisfying
   (c) Satisfied
   (d) To be satisfied

meet the needs 요구를 충족시키다 **immediately** 즉시 **essential** 필수적인 **public** 대중의, 공중의 **trust** 신뢰

2 _____ prosperity without proper strategies in the business world.

   (a) To achieve impossible
   (b) Impossibly to achieve
   (c) It is impossible to achieve
   (d) It is impossible achieving

impossible 불가능한 **achieve** 달성하다, 얻다 **proper** 적절한, 적당한 **strategy** 전략

POINT

★ be동사 다음에 보어로 오는 동명사와 to부정사의 용법을 익히고 문장에 맞게 선택할 수 있다.

★ be to부정사의 다양한 뜻을 숙지하고 문장에서 올바르게 해석할 수 있다.

be동사 다음의 빈칸에 제시되는 동사가 주어와 동일한 내용으로 '~하는 것'이라는 의미일 때 to부정사 또는 동명사 보어가 온다.

[주어 + be동사 + _____] : ~하는 것 ➡ to부정사 혹은 동명사 보어 자리

All you have to do is (**to find** / found) the truth as soon as possible.

(All you have to do = to find the truth)

> 네가 해야 할 것은 가능한 빨리 진실을 알아내는 것이다.

Her favorite hobby is (**playing** / played) the violin when left alone.

(Her favorite hobby = playing the violin)

> 혼자 남겨졌을 때 그녀가 가장 좋아하는 취미는 바이올린을 연주하는 것이다.

[고 | 득 | 점 | T | I | P]

All you have to의 형태가 주어일 때, to부정사가 보어로 오면, to를 생략하기도 한다. 즉 동사원형이 보어로 올 수 있다.

All you have to do is to study hard. 네가 할 것은 열심히 공부하는 것이다.
➡ **All you have to do is study** hard.

진행형 vs. 동명사

'~하고 있는 중이다' 라는 의미일 경우 -ing는 동명사가 아닌, 진행형을 나타내는 현재분사이다.

He **is doing** what he believes is great work. (~하는 중이다 – 현재분사)

His job **is doing** his best to make the project come true.
(~하는 것이다 – 동명사)

> 그는 훌륭한 일이라고 믿고 있는 일을 하고 있다.
>
> 그가 해야 할 일은 그 프로젝트가 실현되도록 하기 위해 최선을 다하는 것이다.

[고 | 득 | 점 | T | I | P]

be to 용법

[주어 + be동사 + to부정사]의 형태로 to부정사가 주격 보어로 특수한 의미를 나타내며 주어를 보충 설명한다. '~할 예정이다', '~할 수 있다', '~해야 한다', '~할 의도이다', '~할 운명이다' 로 해석된다.

The next conference **is to take place** in the U.S. (예정 : ~할 예정이다)
다음 회의는 미국에서 개최될 예정이다.

No one **was to be seen** in the conference room. (가능/능력 : ~할 수 있다) 회의실에서 아무도 볼 수 없었다.

Mother says we **are to be** home by 11 o'clock. (의무 : ~해야 한다)
어머니는 우리가 11시까지 집에 와야 한다고 말씀하신다.

She **was** never **to return** to her home. (운명 : ~할 운명이다) 그녀는 집에 돌아오지 못할 운명이었다.

If you **are to succeed**, you must work harder. (의도 : ~할 의도이다)
성공하고자 한다면, 너는 더 열심히 일해야 한다.

CHECK UP • • •

1 The purpose of the play was _____ the illegal behavior of the military regime.

   (a) to discover   (b) to be discovered

   (c) being discovered   (d) discovered

illegal 불법적인 military regime 군정

2 All the details _____ while filling out the form.

   (a) not to be missed   (b) not be missed

   (c) are not to be missed   (d) are not missed

details 세부사항 fill out 양식을 작성하다, 기입하다

POINT

★ 목적보어로 to부정사를 취하는 다양한 동사를 익히고 사역/지각동사의 목적보어를 선택할 수 있다.

★ 부정사 또는 동명사가 목적보어일 때 가목적어 it의 용법을 숙지할 수 있다.

1 동사 유형 목적보어

advise, allow, ask, cause 등의 동사 다음에 목적보어로 동사 유형이 오는 문제에서, 목적보어가 목적어의 동작이나 행위를 나타내는 능동 개념이면 to부정사를 쓴다. 또한 make, have 등의 사역동사 다음에 목적보어로 동사 유형이 오는 문제에서는, 목적어의 동작이나 행위를 나타내는 능동 개념이면 동사원형을 이용한다.

1. [주어 + advise, allow, ask 등의 동사 + 목적어 + _____]
   ➡ 목적보어로 to부정사 선택

2. [주어 + 사역/지각동사 + 목적어 + _____]   ➡ 목적보어로 동사원형 선택

to부정사를 목적보어로 취하는 동사

advise, allow, ask, cause, enable, encourage, expect, forbid, force, get, persuade, tell, want, warn, wish, would like

동사원형을 목적보어로 취하는 사역/지각동사

make, have, let, help, see, watch, behold, hear, listen to

The doctor advised him (eat / **to eat**) less.

의사는 그에게 먹는 것을 줄이라고 조언했다.

She allowed the children (watch / **to watch**) television only on weekends.

그녀는 아이들이 주말 동안에만 TV를 보도록 허락했다.

His explanation made me (**change** / to change) my mind.

그의 설명이 내가 마음을 바꾸도록 했다.

Most of the students saw their teacher (**win** / to win) the game.

대부분의 학생들은 그들의 선생님이 그 게임에서 승리하는 것을 보았다.

CHECK UP • • •

1 A: Would you like _____ in front of your company?

B: Oh, thank you so much.

would like 원하다 pick up 태워주다

(a) me to pick up you   (b) me to pick you up
(c) pick me up you   (d) me picking you up

2 Because of light air pressure, it takes less heat on a high mountain to make water _____.

(a) boil   (b) to boil   (c) boiling   (d) being boiled

light 낮은, 가벼운 air pressure 기압

2 [가목적어 + 목적보어 + 진목적어] 구문

부정사나 동명사가 동사의 목적어일 때, 가목적어 it을 이용한다. 선택지에 [it + 목적보어(명사/형용사)]가 제시될 때, 가목적어를 고려한다.

[주어 + find/make/think/believe + _____ + to부정사/동명사]
➡ 가목적어 it + 목적보어

This phenomenon (**made it impossible to understand** / made impossible understanding) the difference during the experiment.

이러한 현상은 실험하는 동안 차이를 구별하는 것을 불가능하게 만들었다.

The researchers (found easy some patients obtained / **found it easy for some patients to obtain**) the results.

그 연구자들은 어떤 환자들이 그 결과를 얻는 것이 쉽다는 것을 알게 되었다.

[고 | 득 | 점 | T | I | P]

동명사와 가목적어

동명사가 목적어일 때, 가목적어 it을 쓰지 않고, [동사 + 동명사구 + 목적보어]의 형태를 쓰기도 한다.

We found (**helping** / to help) the poor very important.

우리는 가난한 사람들을 돕는 것이 매우 중요하다는 것을 알게 되었다.

[고 | 득 | 점 | T | I | P]

make sure 구문

make sure(확인하다, 확실하게 하다) 구문은 가목적어를 쓰지 않으며, 동사의 형태도 현재시제를 쓴다.

[make sure + _____] ➡ to부정사
[make sure + 주어 + _____] ➡ 현재형 동사
[I'll make sure + 주어 + _____] ➡ 현재형 동사

Before meeting a buyer, **make sure to check** your appearance.

구매자를 만나기 전에, 외모를 점검하도록 하세요.

After using the toothpaste, **make sure you put** it back on.

치약을 이용한 후에는, 반드시 제자리에 놓아두세요.

I'll make sure Smith meets you. 스미스 씨가 당신을 만나도록 해드리겠습니다.

1 A: What do you say to taking a break for a while?

   B: I'd love to, but I _____ a coffee break now.

   (a) to have difficult found
   (b) found having difficult
   (c) found it difficult to have
   (d) have found difficult

What do you stay to -ing? ~하는 게 어때
요? have a coffee break 휴식을 취하다

2 Such an agreement will make _____ to
   persuade all the people in the country.

   (a) difficult
   (b) officials difficult
   (c) it officials difficult
   (d) it difficult for officials

agreement 합의, 협정 official 공무원
persuade 설득하다

POINT

★ 목적어로 to부정사를 취하거나 동명사를 취하는 동사를 구분하여 적용할 수 있다.
★ [to+동사원형]과 [to+동명사]의 관용적 용법을 익히고 문장에서 적절하게 선택할 수 있다.

목적어로 동사 유형이 올 때 to부정인지, 동명사인지를 잘 선택해야 한다. 이때 결정적인 역할을 하는 것이 문장의 본동사이다. to부정사를 목적어로 취하는 동사와 동명사를 목적어로 취하는 동사를 구분하여 익혀두어야 하며 to부정사/동명사 관용표현도 알아둬야 한다.

[주어 + 본동사 + _____] ➡ 본동사의 종류에 따라 to부정사 또는 동명사 선택

1 to부정사를 목적어로 취하는 동사

❶ 필수 어휘

want 원하다	hope 바라다	wish 바라다
expect 기대하다	desire 바라다	decide 결정하다
determine 결심하다	demand 요구하다	plan 계획하다
promise 약속하다	need 필요로 하다	

❷ 확장 어휘

afford 여유가 있다	agree 동의하다	arrange 마련하다, 배치하다
deserve ~할 가치가 있다	fail 실패하다	refuse 거절하다
hesitate 주저하다		

❸ 관용어구

tend to ~하는 경향이 있다	intend to ~할 의도이다	pretend to ~인 체하다
happen to 우연히 ~하다	mean to ~할 의도이다	seek to ~하려고 노력하다
manage to 그럭저럭 ~해내다		

2 동명사를 목적어로 취하는 동사

❶ 필수 어휘

stop 멈추다	enjoy 즐기다	finish 마치다
mind 꺼려하다	quit 그만두다	deny 부정하다
avoid 피하다	escape 피하다	postpone 연기하다
delay 연기하다	give up 포기하다	put off 연기하다

admit (to) 인정하다   allow 허락하다   anticipate 기대하다

appreciate 감사하다   bear 견디다   complete 완성하다

consider 숙고하다   discuss 토론하다   dislike 싫어하다

imagine 상상하다   miss 그리워하다   risk 위험을 무릅쓰고 ~하다

stand 견디다   suggest 제안하다

The government promised (**to help** / helping) the country.

정부는 그 나라를 돕겠다고 약속했다.

Indian envoys refused (**to join** / joining) the tour.

인도의 외교관들은 그 관광을 거절했다.

This program allows (to make / **making**) mailing lists including all the groups on the Internet.

이 프로그램은 인터넷상의 모든 집단들을 포함하여 메일 리스트를 작성하게 해준다.

By the year 2020, the company will have finished (to construct / **constructing**) a hotel with over 1,000 rooms.

2020년까지, 그 회사는 1,000개의 객실을 갖춘 호텔을 완공할 것이다.

[to + 동사원형] 관용표현

be able to ~할 수 있다   be about to 막 ~하려고 하다

be apt to ~하기 쉽다   be inclined to ~하는 경향이 있다

be liable to ~하기 쉽다   be likely to ~일 것 같다

be ready to ~할 준비가 되다   be scheduled to ~할 예정이다

be supposed to ~하기로 되어 있다   be sure to 꼭 ~하다

be willing to 기꺼이 ~하다

[to + 동명사] 관용표현

be devoted to -ing ~에 헌신하다   be opposed to -ing ~하는 것에 반대하다

be used to -ing ~하는 데 익숙하다   contribute to -ing ~에 공헌하다

look forward to -ing ~하기를 고대하다   object to -ing ~에 반대하다

resort to -ing ~에 의지하다   take to -ing ~을 좋아하다

with a view to -ing ~할 목적으로

be accustomed to -ing ~하는 데 익숙하다 be dedicated to -ing ~에 헌신하다

The women in advanced countries are likely (**to be** / to being) open.

선진국 여성들이 개방적인 경향이 있다.

They are not opposed (to preserve / **to preserving**) historical remains.

그들은 역사적 유물을 보존하는 것에 반대하지 않는다.

[고 | 득 | 점 | T | I | P]

전치사와 동명사

전치사 뒤에 동사가 제시될 때, 동명사 형태로 온다.

The advantages of (become / **becoming**) a mental health doctor will be offered to most of the students. 정신과 의사가 되는 것의 장점들은 대부분의 학생들에게 제공될 것이다.

The government is trying to take away drugs by (make / **making**) them illegal. 정부는 마약을 불법으로 만들어, 퇴치하기 위해 노력하고 있다.

1   A: How long are you going to stay in England?

B: I've decided _____ .

(a) to stay for a week
(b) staying for a week
(c) having stayed for a week
(d) to have stayed for a week

2   A: My mother will be 40 next month.

B: Really? I can't imagine _____ .

(a) she be that young
(b) her be that young
(c) her being that young
(d) she being that young

POINT

★ 목적어로 to부정사와 동명사 둘 다 취할 수 있는 동사를 익힐 수 있다.

★ 목적어로 to부정사와 동명사 둘 다 취할 수 있는 경우 의미 차이를 이해하고 문장에서 적절한 형태를 고를 수 있다.

stop이나 remember, forget 등의 동사 뒤에는 to부정사와 동명사가 둘 다 올 수 있지만, 의미가 달라지는 경우가 있다. 이러한 동사들은 to부정사와 동명사가 목적어로 올 경우 의미를 분명히 구분하고 쓰지 않으면 문장 전체의 의미가 달라지므로 주의해야 하며, 문맥을 통해 적절한 것을 선택해야 한다.

[주어 + 동사 + _____] ➡ 의미에 따라 to부정사 또는 동명사

1 stop + to부정사 (~하기 위해 멈추다)
    + 동명사 (~하던 것을 멈추다)

2 remember + to부정사 (~할 것을 기억하다) : 미래 의미 & 하지 않은 일
        + 동명사 (~했던 것을 기억하다) : 과거 의미 & 했던 일

3 forget + to부정사 (~할 것을 잊어버리다) : 미래 의미 & 하지 않은 일
      + 동명사 (~했던 것을 잊어버리다) : 과거 의미 & 했던 일

4 regret + to부정사 (~해야 되는 것이 유감이다) : 미래 의미
      + 동명사 (~했던 것을 후회하다) : 과거 의미

5 try + to부정사 (~하기 위해 노력하다)
    + 동명사 (일단/한번/시험삼아 ~을 해보다)

6 need + to부정사 (~할 필요가 있다)
      + 동명사 (~이 될 필요가 있다 = need to be p.p.)

Let's stop (to work / **working**) today.

He stopped (**to buy** / buying) potato chips at the store.

I remember (to read / **reading**) the book last month.

Remember (**to post** / posting) this mail as soon as possible.

Sorry, I forgot (to promise / **promising**) to come to the party.

Don't forget (**to attend** / attending) the party tonight.

I regret (to refuse / **refusing**) his proposal.

I regret (**to say** / saying) that I'm unable to help you today.

When cleaning the room, try (to use / **using**) this new vacuum cleaner.

[regret + 동명사] vs. [regret + having p.p.]
동사가 regret일 경우, 일반적으로 [regret + 동명사]만으로도 과거의 의미를 나타낼 수 있지만, 때때로 [regret + having p.p.]의 유형을 요구하는 경우도 있다. 이 유형은 문장 안에 과거를 명확하게 나타내는 표현이 있을 때 쓸 수 있다.

I **regret being** lazy. 나는 게을렀던 것이 후회된다.

I **regret having been lazy when I was young.** 나는 어렸을 때 게을렀던 것이 후회된다.

오늘은 그만합시다.

그는 포테이토 칩을 사기 위해 그 가게에 들렀다.

나는 지난 달에 그 책을 읽었던 기억이 난다.

가능한 빨리 이 우편물을 보내야 하는 것을 기억해라.

미안해요, 그 파티에 가겠다고 약속했던 것을 잊었어요.

오늘 저녁에 파티에 오는 것 잊지 마세요.

나는 그의 청혼을 거절한 것이 후회된다.

오늘 너를 도와줄 수 없다고 말하게 되어 유감이다.

방을 청소할 때, 이 새로운 진공청소기를 이용해 보도록 하세요.

The members tried (**to come** / coming) to the conclusion.

I need (**to revise** / revising) this book.

This book needs (**to be revised** / to revising).

This book needs (revise / **revising**).

CHECK UP • • •

1 A: Do you usually come back home right after your work?

B: I stop by a gym _____ out twice a week.

(a) work
(b) to work
(c) working
(d) worked

stop by ~에 들르다 gym 체육관 work out 운동하다

2 Hardly had my check returned to me when I recognized that I forgot _____ the name of the receiver.

(a) written
(b) writing
(c) to have written
(d) to write

check 수표 recognize 깨닫다, 알게 되다 forget 잊어버리다 receiver 수취인

POINT

★ 명사 뒤에서 명사를 수식하는 to부정사의 용법을 이해하고 적절하게 해석할 수 있다.

★ 명사 뒤에서 명사를 수식하는 to부정사와 현재분사, 과거분사의 의미상의 차이를 이해할 수 있다.

[명사 + _____]의 형태로 제시되는 유형의 문제이며, 이때 to부정사는 형용사적 용법으로 '~할 수 있는', '~해야 할', '~하게 될' 등의 의미로, 능력, 의무, 미래의 의미를 나타낸다.

[명사 + ____] ➡ 빈칸에 명사를 수식하는 to부정사

The company is finding workers (**to work** / working) in the factory from next month.

They have a secret (**to keep** / keeping) in mind.

회사는 다음 달부터 공장에서 일할 노동자들을 찾고 있다.

그들은 명심해야 할 비밀을 갖고 있다.

[명사 + to부정사] vs. [명사 + 현재분사/과거분사]

명사를 수식하는 to부정사의 형용사적 용법은 명사를 수식하는 분사 유형과 구별하여 쓴다. 현재분사 유형은 '~하고 있는' 이라는 의미로 능동적 개념과 진행적 개념을 갖게 되며, 과거분사 유형은 '~이 된' 이라는 의미로 수동적 개념과 완료적 개념을 나타낸다. 그리고 to부정사는 '~할 수 있는, ~해야 할, ~하게 될 이라는 의미를 나타낸다.

There is a baby (to sleep / **sleeping**) in the room.

I'd like to see the picture (to paint / **painted**) by the artist.

He had the ability (**to persuade** / persuading) people to follow his decision.

방안에서 잠을 자고 있는 아기가 있다.
➡ ~하고 있는 (능동/진행 개념)

나는 그 화가가 그린 그림을 보고 싶다.
➡ ~이 된 (수동/완료 개념)

그는 자신의 결정을 사람들이 따르도록 설득할 수 있는 능력을 가지고 있었다.
➡ ~할 수 있는 (능력 개념)

[고 | 득 | 점 | T | I | P]

[명사 + to부정사]의 유형에서, to부정사로 오는 동사가 전치사와 결합된 동사구 [동사 + 전치사]의 형태일 때, 전치사를 생략하지 않고 동사구의 형태 그대로 온다.

Do you have a spare pen (to write / **to write with**)? (write with the pen)
쓸 수 있는 여분의 펜을 가지고 계십니까?

You don't have to give him a chair (to sit / **to sit on**). (sit on the chair)
당신은 그에게 앉을 의자를 줄 필요가 없다.

1 A: Would you like to go to the concert tomorrow?

B: I'm sorry. But I've got a lot of things _____ .

(a) do   (b) to do   (c) doing   (d) done

2 It is reported that the country now has the ability _____ nuclear weapons.

nuclear weapon 핵무기

(a) develop   (b) to develop

(c) developing   (d) developed

P 044 to부정사의 부사적 기능

POINT

★ to부정사의 부사적 용법을 숙지하고 문장에서 의미를 정확히 파악할 수 있다.

★ too ... to/enough to에 쓰이는 to부정사의 의미와 어순을 이해할 수 있다.

1 부사적 용법의 기본 의미

'~하기 위하여(목적)' 라는 의미로 제시되며, in order to 또는 so as to의 구조와 동일한 의미이다.

[주어 + 동사 + 목적어/보어 + _____]
➡ '~하기 위하여'라는 의미일 때 부사적 용법의 to부정사 선택

The man turned on the heater (**to keep** / keeping) the room warm.

(**To prevent** / Preventing) this from happening again, you should remember to install vaccine programs.

그 남자는 방을 따뜻하게 하기 위해 히터를 켰다.

이러한 일이 다시 일어나는 것을 막기 위해, 당신은 백신 프로그램을 설치해야 하는 것을 기억해야 한다.

[고 | 득 | 점 | T | I | P]

기타 의미

I am sorry (**to announce** / announcing) that your flight will be delayed. (원인)
비행기가 지연될 것이라고 발표하게 되어 유감스럽게 생각합니다.

The pole must be strong (**to resist** / resisting) the wind. (판단)
그 바람을 견디는 것을 보니 그 장대가 튼튼한 것 같다.

I'll be glad (**to see** / seeing) you stay in this city. (조건) 당신이 이 도시에 머무르면 좋겠어요.

I came home (**to find** / finding) that my mother was not there. (결과)
집에 와서 어머니가 안계시다는 것을 알았다.

only to와 never to

➡ only to : ~했으나, 결국 …하다
➡ never to : ~해서, 결국 …하지 못하다

I ran to the store in a hurry, (**only to find** / never to find) it closed. 나는 서둘러 가게로 달려갔으나, 가게는 닫혀 있었다.

They left their hometown, (only to return / **never to return**) home again. 그들은 고향을 떠나, 다시는 집으로 돌아오지 못했다.

CHECK UP • • •

1 _____ the natural environment, most of the countries around the world are trying to lower the carbon dioxide emissions.

(a) Protect
(b) To protect
(c) Protecting
(d) Having protected

natural environment 자연 환경 carbon dioxide 이산화탄소 emission 배출

2 I arrived at the meeting as soon as possible, _____ find that other board members had already left.

board members 이사진

(a) about to   (b) so as to   (c) never to   (d) only to

2 | too ... to & enough to

'~하기에 충분히 …하다' 혹은 '~하기에 너무 …하다'는 의미를 가지고 있는 enough to 혹은 too ... to 용법은 어순을 묻는 문제로 출제된다. 따라서 형용사/부사/명사와의 관계를 통해 어순을 결정한다.

1. [enough + 명사 + to부정사]
2. [형용사/부사 + enough + to부정사]
3. [too + 형용사/부사 + to부정사]

He has (**enough money to buy** / money enough to buy) that old-fashioned house.

Since he became 18 years old last month, he is (enough old to vote / **old enough to vote**).

She is (**too old to do** / old too to do) any work.

그는 저 고풍스러운 집을 살만큼의 돈을 갖고 있다.

지난 달 18살이 됐기 때문에 그는 투표를 할 수 있다.

그녀는 일을 하기에는 너무 나이가 많다.

CHECK UP • • •

1 Experts say that the economy is _____ a new business under these circumstances.

(a) hard too to start
(b) hard to start too
(c) too hard to start
(d) too hard starting

expert 전문가 **under these circumstances** 이런 상황에서

2 Despite the development of the technology, a lighthouse is still thought of as a useful tool because satellite navigation technology is not _____ .

(a) to replace it reliable enough
(b) replacing reliable it enough
(c) reliable enough to replace it
(d) enough reliable to replace it

despite ~임에도 불구하고 **development** 개발, 발달 **technology** 기술 **lighthouse** 등대 **satellite** 인공위성 **navigation** 항해, 네이게이션 **reliable** 믿을 만한, 신뢰할 만한

3 | 형용사 수식

부정사의 유형과 강조점에 따라 문장 유형이 달라진다. 다음의 1번 문장은 부정사가 주어로 쓰인 용법을 설명하고 있으며, 2번 문장에서는 목적어(A)가 주어로 강조되어 제시된 문장 유형이다. 3번은 가목적어 구문의 유형으로 이해할 수 있으

며, 4번 문장은 주어가 목적어로 전환되는 문장 유형이다.

1. [It is difficult/easy/hard + _____ + 목적어(A)] ➡ to부정사(진주어 기능)

2. [주어(A) + is + difficult/easy/hard + _____] ➡ to부정사(능동 구조)

3. [주어 + find + it + difficult/easy/hard + to부정사 + 목적어(A)]
   ➡ it은 가목적어이며, 이 문장은 [주어 + find] + [1번 문장]의 구조로 볼 수 있다.

4. [주어 + find + 목적어(A) + difficult/easy/hard + to부정사]
   ➡ 이 문장은 [주어 + find] + [2번 문장]의 구조로 볼 수 있으며 어순 문제로 출제된다.

위의 문장 구조에서 difficult/easy/hard 이외에 쓰일 수 있는 형용사로는 tough, impossible, convenient, pleasant, dangerous 등이 있다.

It is hard (understand / **to understand**) the system. (1번의 예)

➡ The system is hard (**to understand** / to be understood). (2번의 예)

그 시스템을 이해하기는 어렵다.

I found (hard / **it hard**) to understand the system. (3번의 예)

➡ I found + 1번 문장 ➡ 가목적어 문장

나는 그 시스템을 이해하는 것이 어렵다는 것을 알게 되었다.

I found (**the system hard to understand** / the system to understand hard). (4번의 예)

➡ I found + 2번 문장

It is hard (work / **to work**) with her.

➡ She is hard (to work / **to work with**).

그녀는 함께 일하기 어려운 사람이다.

I found (hard to work / **it hard to work**) with her.

➡ I found (her with being hard to work / **her hard to work with**).

나는 그녀와 함께 어울리기가 어렵다는 것을 알게 되었다.

CHECK UP · · ·

1 Some people say that Seoul is dangerous
   _____.

   (a) to live   (b) to live in   (c) living   (d) living in

dangerous 위험한

2 A: Please lend me your notebook. I will give you another information.

   B: I found _____.

   (a) to believe that hard   (b) hard to believe that
   (c) to believe hard that   (d) that hard to believe

to부정사/동명사의 특수 용법

POINT

★ 대부정사와 분리부정사의 의미를 파악하고 문장 속에서 적절히 활용할 수 있다.

★ 동명사와 to부정사의 시제와 태를 의미에 맞게 선택해서 문장을 구성할 수 있다.

1 대부정사 유형

to부정사 구문에서, 이미 앞 문장에 동사가 제시되어 있다면, 반복을 피하기 위해 생략한다. 이를 대부정사라고 하며, 동사가 생략되면서 to로만 제시되는 문장이다.

1. [주어 + would like to] 동사 이하 생략

2. [주어 + would love to] 동사 이하 생략

3. [주어 + want to] 동사 이하 생략

4. [주어 + need to] 동사 이하 생략

5. [주어 + try to] 동사 이하 생략

6. [주어 + be going to] 동사 이하 생략

7. [주어 + be about to] 동사 이하 생략

8. [주어 + intend to] 동사 이하 생략

A: Did you meet the boss yesterday?

B: No, I (wanted to do / **wanted to**), but I didn't have time.

A: How about going to the movie tonight?

B: I (**would like to** / would like to do it), but I should stay at home.

A: 어제 사장님 만났어요?

B: 아니요, 뵙고 싶었지만 시간이 없었어요. (meet the boss yesterday 이하 생략)

A: 오늘 저녁에 영화 보러 가는 것 어때요?

B: 나도 그리고 싶지만, 집에 있어야 해요. (go to the movie tonight 이하 생략)

[고 | 득 | 점 | T | I | P]

1. 부정사/동명사의 부정

➡ [not to + 동사원형] & [not -ing]

➡ 부정사와 동명사를 부정하는 구문은 부정사와 동명사 앞에 not을 쓴다.

My father advised me (to not waste / **not to waste**) my time.

아버지는 시간을 낭비하지 말라고 충고했다.

I remember her (**not submitting** / submitting not) her assignment.

숙제를 제출하지 않은 것을 기억한다.

2. 분리부정사 ➡ [to + 부사 + 동사원형]

➡ [부사 + 동사]의 형태가 부정사로 전환되면, [to + 부사 + 동사]의 형태가 된다.

He told me (**to carefully check** / carefully to check) the resumes of each individual.

그는 각각의 개인의 이력서를 세심하게 검토하라고 말했다.

The teacher failed (**to completely understand** / completely to understand) the situation of his students. 그 선생님은 학생들의 상황을 완전히 이해하지 못했다.

1 A: How's the party? Did you go to the party yesterday?

B: I _____, but I couldn't. I had a lot of things to do.

(a) wanted　　　　　　　　(b) wanted to

(c) wanted to go　　　　　(d) wanted to do

2 A: Should I wear a formal dress to the party?

B: No, you don't _____.

(a) need　　　　　　　　　(b) need to

(c) need it　　　　　　　　(d) need to wear

formal dress 격식을 갖춘 복장

2 부정사/동명사의 시제

부정사와 동명사의 시제는 주절의 시제와의 연관성을 고려하여 쓴다. [to + 동사원형] 및 -ing의 동명사 형태는 주절의 시제와 같은 시점을 나타내며, to have p.p. 및 having p.p.는 주절의 시제보다 먼저 일어난 사건을 설명하고자 할 때 쓴다.

1. [to + 동사원형] / -ing 동명사　➡ 주절의 시제와 같은 시점
2. to have p.p. / having p.p.　　➡ 주절의 시제보다 먼저 일어난 사건

He seems (**to be** / to have been) rich now.

(= It seems that he is rich now.)

그는 현재 부유해 보인다.

He seems (to be / **to have been**) rich when he was young.

(= It seems that he was rich when he was young.)

그는 어렸을 때 부유했던 것 같다.

I am sure of his (**being** / having been) honest now.

(= I am sure that he is honest now.)

나는 그가 정직하다고 확신한다.

I am sure of his (being / **having been**) honest when he was young.

(= I am sure that he was honest when he was young.)

나는 그가 어렸을 때 정직했을 것이라 확신한다.

3 부정사/동명사의 수동태 표현

부정사나 동명사가 수동적 의미일 경우 각각 to be p.p., being p.p.의 형태를 이용한다.

The coach expected (to hire / **to be hired**) soon by the team.

I don't enjoy (laughing / **being laughed**) at by my friend.

CHECK UP • • •

1 The next step is believed _____ the quality and the usefulness of what you find.

(a) evaluate
(b) evaluating
(c) to evaluate
(d) to have evaluated

2 Most of the people in the area seemed _____ the potential effects of the next eruption of Mount Vesuvius for a long time, for they didn't prepare for the disaster.

(a) to underestimate
(b) to have underestimated
(c) underestimating
(d) having underestimated

POINT

★ to부정사와 동명사의 관용표현을 익히고 해석할 수 있다.
★ to부정사와 동명사의 관용표현에서 어순과 해석에 유의하여 문장을 구성할 수 있다.

부정사와 동명사의 관용표현은 문맥을 통해 적절한 것을 판단해야 하며 기본적으로 많이 쓰이는 표현들을 암기하고 있어야 문제를 해결할 수 있다. 부정사/동명사 표현 문제는 해석을 통해 적절한 표현을 찾는 문제와 구조상의 특징을 파악하는 문제로 출제된다.

❶ 부정사의 관용표현

He can't speak English, **not to mention** French. (~은 말할 것도 없고) (= to say nothing of)

그는 프랑스어는 말할 것도 없고 영어도 못한다.

He has lost his job, and **to make the matter worse**, his wife is ill in bed. (설상가상으로)

그는 회사에서 잘렸고 설상가상으로 아내가 병으로 누워 있다.

He is, **so to speak**, a grown-up baby. (소위 말해서)

그는 말하자면 다 자란 아기다.

It is warm, **not to say**, hot. (~라고 말하기는 그렇지만)

뜨겁다고 말하기엔 좀 그렇지만 따뜻하다.

Needless to say, health is above wealth. (말할 필요도 없이)

말할 것도 없이 건강이 재산보다 낫다.

Strange to say, she has no friend. (이상한 말이지만)

이상하게도 그녀는 친구가 없다.

To be sure, he'll come. (확실히, 틀림없이)

틀림없이 그는 올 것이다.

To begin with, he is too young. (우선, 먼저)

우선, 그는 너무 어리다.

To do him justice, he is not a man of salt. (정당하게 평가하자면)

그를 정당하게 평가하자면, 그는 꼭 필요한 사람은 아니다.

To make a long story short, Rip lived long with his daughter. (간단히 말해서)

한마디로 말해서, 립은 여동생과 함께 오래 살았다.

To tell the truth, I don't like her. (진실로 말하자면)

사실대로 말하면 난 그녀를 좋아하지 않는다.

❷ 동명사의 관용표현

It is no use trying to persuade the students. (~해봐야 소용없다)

학생들을 설득 해봐야 소용없다.

There is no telling what will happen in the future. (~은 불가능하다)

미래를 예측하는 것은 불가능하다.

It goes without saying that health is above wealth. (~은 말할 것도 없다)

건강이 재산보다 낫다는 것은 말할 것도 없다.

This program **is worth watching**. (~할 가치가 있다)
(= be worthwhile to부정사 = be worthy of -ing)

이 프로그램은 볼 가치가 있다.

I **feel like going** out tonight. (~하고 싶다)

오늘밤에 나가고 싶다.

I couldn't help laughing after hearing his strange voice. (~하지 않을 수 없다)

(= cannot but + 동사원형 = have no choice but to부정사)

It is an occupation **of her own choosing**. (스스로 ~한)

He really **looks forward to meeting** the actor. (~을 기대하다)

He went to the U.S. **with a view to learning** English. (~할 목적으로)

I **never** read the diary **without thinking** of my childhood. (A할 때마다 B하다)

I **make a point of taking** a walk every night. (~을 규칙으로 하다)

What do you say to taking a walk this evening? (~하는 게 어때?)

(= How about -ing? = What about -ing?)

How about taking a walk this evening? (~하는 게 어때?)

He is **far from telling** a lie. (결코 ~이 아니다)

He **was near being** killed yesterday. (거의 ~할 뻔하다)

Instead of waiting, he went out as soon as he heard about the news. (~대신에)

In spite of having a little fever, she went to the office. (~임에도 불구하다)

(= despite = notwithstanding)

Besides working for the company, he often wrote good poems. (~이외에도) (= in addition to)

On receiving a letter, he burst into tears. (~하자마자)

In speaking English, you should have confidence. (~할 때/~함에 있어서)

By investigating the accident again, the police could find the real robber. (~함으로써)

The country **is on the verge of collapsing** because of political corruption. (막 ~하려고 하다)

(= be on the point/brink/edge of -ing = be about to부정사)

You can have it **for the asking**. (~하기만 하면)

He **is busy cramming** for the history examination. (~하느라 바쁘다)

He **has difficulty making** friends. (~하는 데 어려움을 겪다)

have trouble -ing (~하는 데 어려움을 겪다)

have fun -ing (~하는 데 재미있게 보내다)

have a hard time -ing (~하는 데 어려움을 겪다)

have a good time -ing (~하는 데 재미있게 보내다)

그의 이상한 목소리를 듣고 웃기 않을 수 없었다.

그녀 스스로 선택한 직업이다.

그는 영화배우와 만나기를 기대하고 있다.

그는 영어를 배우려고 미국에 갔다.

일기를 읽을 때마다 어린 시절을 생각한다.

난 매일 밤 규칙적으로 산책을 하고 있다.

오늘 저녁에 산책하는 게 어때?

오늘 저녁에 산책하는 게 어때?

그는 결고 거짓말을 하지 않는다.

그는 어제 거의 죽을 뻔 했다.

그는 소식을 듣자마자 기다리지 않고 나갔다.

미열이 있음에도 불구하고, 그녀는 출근을 했다.

회사 업무 이외도 그는 종종 시를 썼다.

편지를 받자마자 그는 울음을 터뜨렸다.

영어를 말할 때는 자신감을 가져야 한다.

사건을 재조사함으로써, 경찰은 진범을 찾을 수 있었다.

정치의 타락으로 그 나라는 막 붕괴되려고 한다.

너는 원한다면 가질 수 있다.

그는 역사 시험을 준비하며 벼락치기 하느라 바쁘다.

그는 친구를 사귀는 데 어려움을 겪고 있다.

I **spent** more than 10 hours **reading** books everyday during the vacation. (~하는 데 시간을 보내다)

휴가 동안 나는 책을 읽으면서 10시간 이상을 보냈다.

CHECK UP • • •

1   A: Did you ever visited England?

B: No. But I'm looking forward _____ there this summer.

(a) to go   (b) to going   (c) be gone   (d) gone

2   I didn't feel like _____ last night since I was tired of cooking.

(a) eat in   (b) to eat in
(c) eating in   (d) to have eaten in

be tired of ~가 지겹다

1   (Drive / Driving) a car is much more dangerous than it seems.

2   I think it will be better (make / to make) an early decision.

3   Greenhouse gases might cause the global warming (accelerating / to accelerate).

4   Since I had an accident last week, my parents made me (walk / to walk) to school.

5   I believed (it hard to accept his proposal / hardly accept his proposal) at that time.

6   The country couldn't afford (sending / to send) more troops to the island.

7   These days I've enjoyed (reading / to read) long stories.

8   Studies show that global warming is likely (to causing / to cause) big changes around the world.

9   Don't forget (to mark / marking) the answers to your questions.

10 Some anthropologists found that the tribe had the technological ability (making / to make) a fire within 5 seconds.

11 (Obtaining / To obtain) more information, the teacher has worked in the library.

12 I found (to accept his proposal hard / his proposal hard to accept).

13 I kept silent (so as not to / not so as to) interrupt him.

14 A: Why not go to the concert with us?
    B: Even if I (want / want to), I can't. My parents won't allow me to go out at night.

15 I don't feel like (watch / watching) the movie with them.

→ ACTUAL TRAINING

PART I • Choose the answer for the blank.

1 A: What did your doctor say about the prevention?

B: He told me that the best way _____ against skin cancer is to limit your exposure to direct sunlight.

(a) protect
(b) to protect
(c) protecting
(d) protected

2 A: Why didn't you tell me the result?

B: I _____ as soon as I knew, but I was not sure.

(a) was about
(b) was about to
(c) was about to do
(d) was about to do it

3 A: Why did he make the cake with his own hands?

B: Because he thought _____.

(a) to operate the device difficult
(b) difficult to operate the device
(c) the device difficult to operate
(d) the device to operate difficult

4 A: I'd like all the stuff cleaned as soon as possible.

B: OK. I won't forget _____.

(a) to put it aside
(b) to put aside it
(c) putting it aside
(d) putting aside it

5 A: I found the conclusion reached in his term paper was wrong.

B: I can't imagine _____ in his paper.

(a) him to make such a mistake
(b) his making such a mistake
(c) such a mistake his making
(d) such his mistake to make

PART II • Choose the answer for the blank.

6 People are often worried that their neighbors are most likely _____ their pets.

(a) attack
(b) attacking
(c) to attack
(d) being attacked

7 Some experts in Korea claim _____ growing dogs after ten years' experiment.

(a) to clone
(b) to have cloned
(c) cloning
(d) having cloned

8 Some researchers are trying to _____ imported foods and crops.

(a) develop identifying the ability
(b) develop the ability to identify
(c) identify the ability to develop
(d) identified ability to develop

9 Most of the students found _____ the deadline quite impossible because there were so many things to do.

(a) meets
(b) met
(c) meeting
(d) to meet

10 Vegetarians may have a healthier diet, but they are at an increasing risk of _____ eating disorders.

(a) have
(b) to have
(c) having
(d) being had

PART III • Identify the grammatical error in the dialouge.

11 (a) A: I haven't finished the report yet.

(b) B: But I think it's due tomorrow. Ms. Lee doesn't let us delay the assignment.

(c) A: I know. But I want to avoid to make any errors.

(d) B: Well, then, you'd better ask for her permission.

12 (a) A: What do you want to eat for lunch?

(b) B: How about Spaghetti and pizza?

(c) A: Then let's go to the Italian restaurant. They taste good there.

(d) B: We have a lot of things doing today, so it'll be better to eat enough food.

13 (a) A: We finally meet each other. How's your trip?

(b) B: Not too bad, thanks. And I have been looking forward to meet you.

(c) A: Where are your bags? Is this all your luggage?

(d) B: Yes. I lightened the load to buy necessary things here.

PART IV • Identify the grammatical error in the passage.

14 (a) In modern society, most people use computers and network systems in order to get information. (b) Amidst the flood of the information, they should decide what kind of search engine they will use. (c) Fortunately, most of them are used to select the high-quality information owing to the interaction among people. (d) In addition to various search engines, people share much information with other users.

15 (a) It is expected that there will be medical innovations in treating cancers. (b) Researchers at the National Cancer Center have identified a protein that they say is a key to help lung cancers spread. (c) The finding could be a potential target for new drugs aimed at stopping or slowing the progression of cancer. (d) However, several hurdles allegedly remain before the technology can be deployed on a commercial scale.

위아텝스
GRAMMAR

조동사는 동사원형과 결합하여 이용하는 것이 특징이다. 이때 주의할 것은 조동사 유형의 문제는 해석에 의존한다는 것이다. 다른 동사 유형이 문장의 구조와 특징에 따라 정답이 결정된다면 조동사는 순수하게 문장 해석에 따른 느낌으로 결정된다. 따라서 모든 조동사의 유형을 한번에 정리할 필요가 있으며, 각각의 조동사들이 어떻게 기능하는지를 살펴볼 필요가 있다. 또한 기본적인 의미를 나타내는 조동사 표현 외에도 관용적으로 이용되는 조동사 어구를 기억해야 한다. 특히 최근 파트 3, 4에서도 조동사가 출제되므로 각 문제에서 출제되는 유형을 파악해야 한다.

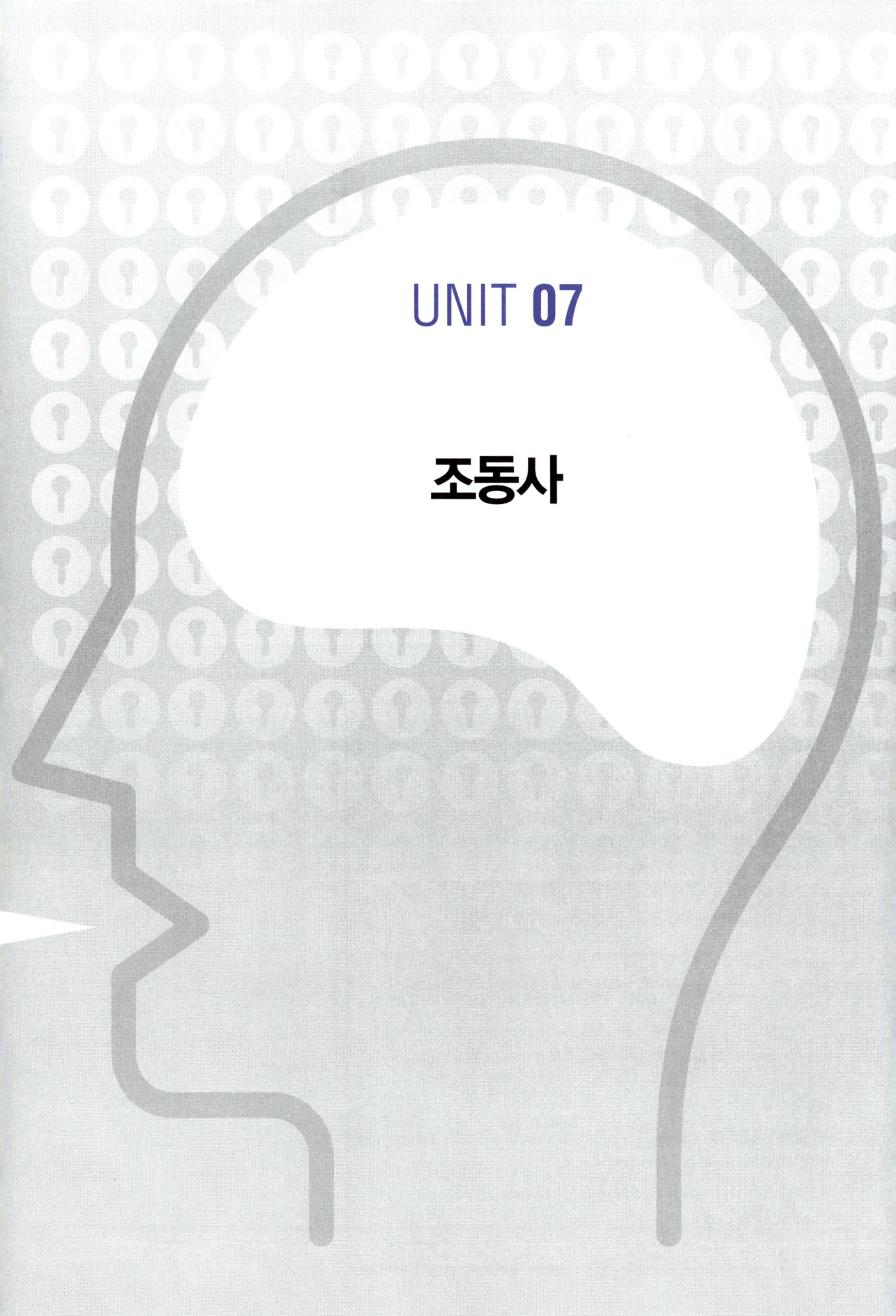

UNIT 07

조동사

→ PATTERN TRAINING

P 047 | 조동사 do/does/did

POINT

★ 의문문과 부정문, 명령문에 사용되는 do/does/did를 시제와 수의 일치에 맞게 활용할 수 있다.

★ do/does/did가 강조 구문이나 도치 구문, 대동사에 쓰이는 다양한 용법을 익혀 문장을 구성할 수 있다

조동사 do/does/did는 의문문, 부정문, 명령문, 강조 구문, 도치 구문, 대동사 등에서 이용된다.

1. 의문문 : [Do/Does/Did + 주어 + 동사원형?] 또는 [의문사 + do/does/did + 주어 + 동사원형?]
2. 부정문 : [주어 + do/does/did + not + 동사원형]
3. 명령문 : [Do/Don't + 동사원형]
4. 동사 강조 : [주어 + do/does/did + 동사원형]
5. 도치 구문 : [부정어 강조어구/Only 강조 + do/does/did + 주어 + 동사원형]
6. 대동사 : 일반동사 대신 이용된다.

❶ 의문문과 부정문

(**Did you enjoy** / Enjoyed you) watching the concert yesterday?

어제 콘서트 재미있게 보셨나요?

I (not enjoyed / **didn't enjoy**) watching the show because of illness.

아파서 그 쇼를 보지 못했어요.

❷ 명령문

(Stayed / **Do stay**) here and have dinner with us.

여기 머물면서 우리와 함께 저녁 드세요.

Students, (**don't be** / not be) noisy for a moment.

학생 여러분, 잠시만 조용히 해주세요.

❸ 강조 구문

The hardware (look / **does look**) completely different from your typical DVD player.

하드웨어가 당신 회사의 전형적인 DVD 플레이어와 완전히 다른 것 같아요.

At times he (forget / **did forget**) the lyrics of the song.

때때로 그는 그 노래의 가사를 잊기도 했다.

❹ 도치 구문

Seldom (**did he have** / he has) serious trouble in overcoming the obstacles to his own work.

그 자신의 일에 대한 장애를 극복하는 데 그는 거의 심각한 어려움을 겪지 않았다.

Only after I had returned home (**did I realize** / I realized) that I had left my bag in the restaurant.

나는 집에 돌아와서야 식당에 가방을 놓고 왔다는 것을 깨닫게 되었다.

부정어구 도치 & only 도치 구문

never, little, not only, not until + S + V, nowhere, hardly, scarcely, rarely, seldom, at no time, on no account, under no circumstances, in no way	+ be동사/조동사 + 주어 + ... + do/does/did + 주어 + 동사원형
only + 시간부사[recently]/전치사구[in the meeting]/부사절[when+S+V / if+S+V]	+ be동사/조동사 + 주어 + ... + do/does/did + 주어 + 동사원형 ...

❺ 대동사

He runs much faster than anyone (**does** / will). (대동사 구문)

그는 다른 누구보다 빨리 달린다.

Young children learn a foreign language faster than adults (**do** / are). (대동사 구문)

어린 아이들은 어른들보다 외국어를 훨씬 빨리 배운다.

CHECK UP • • •

1 A: John seems to spend too much money these days.

B: Well, he used to spend much more than he _____ now.

(a) did

(b) does

(c) could

(d) has

2 Little _____ I dream that he could be so reckless and so cruel.

reckless 무모한, 부주의한

(a) did

(b) had

(c) should

(d) would

POINT

★ 조동사 will/would를 문장에서 의미에 맞게 선택할 수 있다.

★ 조동사 can/could를 문장에서 의미에 맞게 선택할 수 있다.

1 조동사 will & would

will과 would는 시제에 따라 미래 및 과거 시점에서의 미래를 나타낸다. 또한 의향, 고집, 의지 등을 나타내기도 한다.

1. will : 현재 개념의 미래
2. would : 과거 개념의 미래, 과거 습관, 공손한 의미
3. will & would : 의향 및 고집

I am sure that the plan (**will** / would) succeed.

나는 그 계획이 성공할 것이라고 확인한다. (현재 시점의 미래)

I was sure that the plan (will / **would**) succeed.

나는 그 계획이 성공할 것이라고 확신했어. (과거 시점의 미래)

He (should / **would**) watch TV for a long time when he was alone.

그는 혼자 있을 때 오랫동안 TV를 봤다. (과거 습관)

(Can / **Would**) you mind taking part in our game?

같이 게임 하지 않을래? (의향)

Strange to say, my car (**won't** / can't) start today.

이상하게도 오늘 차가 시동이 걸리지 않는다. (고집/의지)

She (couldn't / **wouldn't**) hear of his advice.

그녀는 그의 충고를 듣지 않을 거다. (고집/의지)

[고 | 득 | 점 | T | I | P]

would와 함께 주로 이용되는 표현

Would you mind my opening the window? 창문 좀 열어도 되나요?

I **wouldn't mind at all.** 저는 전혀 상관없어요.

Would you like some more? 좀 더 드실래요?

Would you show me the way to City Hall? 시청 가는 길 좀 알려주시겠어요?

CHECK UP • • •

1 A: Have you finished your paper?

B: Not yet, but I _____.

(a) must   (b) may   (c) can   (d) will

2 Although some doctors warned people of the spread of the flu, people _____ follow their directions.

(a) shouldn't   (b) couldn't

(c) wouldn't   (d) might not

warn 경고하다 spread 확산, 확대 direction 지시사항

2 조동사 can & could

can/could는 '능력'의 개념일 경우, 시제를 구분하여 쓴다. 그러나 가능성 (possibility)의 개념을 나타낼 경우, 시제와 관계없이 can과 could를 쓴다. 그리고 '~일 리가 있을까?' 또는 '~일 리가 없다'는 의미의 추측을 나타낼 때, can 또는 can't를 쓸 수 있다.

1. can : 현재의 능력
2. could : 과거의 능력
3. can & could : 가능성 (시제에 상관없이 이용)
4. can : 추측 (의문문과 부정문에서 이용)

She (**can** / may) finish the work in time.

He (can / **could**) swim when he was young.

Even expert drivers (will / **can**) make mistakes.

(**Could** / Will) we take a walk a little later?

(**Can** / Must) she accept such a proposal? She doesn't like such a thing.

She (**can't** / must not) accept such a proposal. She doesn't like such a thing.

그녀는 제시간에 그 일을 끝낼 수 있다. (현재 능력 = is able to)

그는 어렸을 때 이미 수영을 할 수 있었다. (과거 능력 = was able to)

전문 운전자들도 실수할 수 있다. (가능성)

조금 있다 산책할까? (가능성)

그녀가 그런 청혼을 받아들일까? 그녀는 그런 일을 좋아하지 않는다. (추측)

그녀가 그런 청혼을 받아들일 리가 없다. 그녀는 그런 것을 좋아하지 않는다. (추측)

CHECK UP • • •

1 The advantage of the Internet is that it _____ connect all the computers around the world wirelessly or by wire.

(a) will   (b) may   (c) can   (d) should

advantage 이익, 장점 connect 연결하다 wirelessly 무선으로 by wire 유선으로

2 In ancient times, only a few people _____ have political rights.

(a) could   (b) would   (c) should   (d) might

in ancient times 고대에 only a few 단지 몇몇 political 정치적인

Unit 7 조동사 **171**

POINT

★ shall/must/may의 의미를 이해하고 문장에서 정확하게 해석할 수 있다.

★ shall/must/may의 유사 표현을 익히고 상황에 맞게 활용할 수 있다.

1 조동사 shall & should

제안/의향의 개념일 경우, Shall I...? 또는 Shall we...?의 형태를 쓴다. 또한 '~해야 한다' 는 의미일 때 should를 이용하며, '~할 거야'라는 의미로 미래를 나타내기도 한다.

1. shall : 의향을 물어볼 땐 [Shall I + 동사원형?] 또는 [Shall we + 동사원형?]을 쓴다.

2. should : 의무와 미래의 의미를 나타낼 때 [should + 동사원형]을 쓴다.

It's too late. (**Shall** / Will) I go to my room?

The music is so amusing. (Must / **Shall**) we dance?

You (will / **should**) keep the rule in order not to offend other people.

Don't worry. The bus (**should** / must) arrive right on schedule.

너무 늦었어요. 방에 가도 될까요? (의향)

음악이 굉장히 신나네요. 우리 춤출까요? (의향)

다른 사람들을 기분 나쁘게 하지 않기 위해, 당신은 규칙을 지켜야 한다. (의무)

걱정 마세요. 그 버스는 제시간에 도착할 거예요. (미래)

[고 | 득 | 점 | T | I | P]

should & ought to

should가 '~해야 한다' 는 의미를 나타낼 때, ought to를 쓸 수 있다.

You **should** arrive at the station by 9 o'clock. 당신은 9시까지 역에 도착해야 한다.

= You **ought to** arrive at the station by 9 o'clock.

You **should not** interrupt him while he is talking. 그가 말하고 있는 동안에 그를 방해해서는 안 된다.

= You **ought not to** interrupt him while he is talking.

CHECK UP • • •

1   A: _____ go skiing this Sunday?

B: Yeah! That sounds great.

(a) Should we

(b) Will we

(c) Can we

(d) Shall we

2 Students _____ miss the last class because the professor will provide them with important sources for the final exam.

(a) ought to not   (b) don't ought to
(c) ought not to   (d) not ought to

2 조동사 must

must는 '~해야 한다'는 의무의 의미이며 또한 '~임에 틀림없다'는 확신에 쓸 수 있다.

You (**must** / will) read this page as soon as possible.

You (**must not** / won't) break the rule.

He (**must** / can) know the fact. He told me about it yesterday.

너는 가능한 한 빨리 이 페이지를 읽어야 한다.

너는 그 규칙을 절대 어겨서는 안 된다.

그가 그 사실을 알고 있음에 틀림없다. 그가 나에게 어제 그것에 대해 말했다.

[고 | 득 | 점 | T | I | P]

must와 관련 표현들

The professor **has to** finish his research as soon as possible.
그 교수는 가능한 빨리 그의 연구를 끝마칠 필요가 있다.

The professor **has got to** finish his research as soon as possible.
그 교수는 가능한 빨리 그의 연구를 끝마칠 필요가 있다.

The professor **doesn't have to** finish the research. 그 교수는 그 연구를 끝마칠 필요가 없다.

You **should** follow the instructions. 당신은 그 지시사항을 따라야 한다.

You **ought not to** follow the instructions. 당신은 그 지시사항을 따르지 않아야 한다.

He looks very young. He **cannot** be that old. 그는 매우 어려 보인다. 그렇게 나이가 들었을 리가 없다.

CHECK UP • • •

1 Most of the hospitals _____ hire more doctors and nurses to meet the needs of customers.

(a) can (b) will (c) must (d) may

2 A: I will get married to Janice next week.
B: What? You _____ be kidding!

(a) should (b) can (c) must (d) would

3 조동사 may & might

추측과 허락의 의미로 may 또는 might를 쓰며 I'm not sure. 등과 같은 불확실한 표현은 may/might와 함께 쓴다. 일반적으로 추측의 의미를 나타낼 때, may와 might를 쓴다. 엄밀하게 말하면 might는 과거시제에서 이용하지만, may와 동일한 의미로 현재시제에서도 쓸 수 있다.

> may/might : ～일지도 모른다

I'm not sure, but it (must / **might**) rain later today.

My manager (**might** / will) be late today, though I can't say for sure.

확실하지는 않지만, 오늘 늦게 비가 올지 모른다.

확실히 말할 수는 없지만, 오늘 매니저가 늦을 것이다.

[고 | 득 | 점 | T | I | P]

허락의 개념을 나타내는 may & might

May I come in? (Will / **May**) 들어가도 될까요?

You **may not** smoke in here. 이 안에서는 담배 필 수 없습니다.

CHECK UP • • •

1   A: Can you go to the party this Friday?

   B: I'm not sure, but I _____ be with my parents.

   (a) need   (b) may   (c) can   (d) must

2   This kind of thing is usually rare, but _____ happen in many countries.

   (a) should   (b) shall   (c) must   (d) might

rare 드문, 흔치 않은

POINT

★ [조동사 + have p.p.]가 과거의 후회를 나타내는 표현을 익힐 수 있다.
★ [조동사 + have p.p.]가 과거의 추측을 나타내는 표현을 익힐 수 있다.

1 과거의 후회를 나타내는 표현

[조동사 + have p.p.]를 이용한 가정법 구문으로, 과거의 실제 사실과 반대되는
내용을 말하는 것이다. 문장 전체의 해석에 근거하여 정답을 유도한다.

> [주어 + _____ + have + 과거분사(p.p.)]
>
> ➡ 빈칸에는 의미에 따라 알맞은 조동사 선택

[조동사 + have p.p.]의 종류와 의미

should have p.p. ~했어야만 했는데
ought to have p.p. ~했어야만 했는데
should not have p.p. ~하지 말았어야 했는데
ought not to have p.p. ~하지 말았어야 했는데

would have p.p. ~하려고 했었는데
would not have p.p. ~하지 않으려고 했었는데
could have p.p. ~할 수도 있었는데
could not have p.p. ~할 수 없었을 텐데 / ~이었을 리가 없다

You (**should** / must) have asked her what she meant by that.

We (**would** / might) have moved to France, but we couldn't
because of heavy rain.

If he had taken the art class, he (would / **could**) have
understood the terms.

그녀에게 그 말이 무슨 의미였는지 물어봤
어야 했다.

프랑스로 이동하려고 했었는데 비가 많이
와서 못했어.

그가 예술 수업을 들었다면, 그 용어들에 대
해 이해할 수 있었을 텐데.

[고|득|점|T|I|P]

가정법 과거완료 & 조동사 have p.p.
[조동사 + have p.p.]의 형태는 가정법 과거완료(과거완료시제 이용) 구문에서 유도된 문장 유형이다.
가정법 과거완료 구문이 과거 사실을 반대로 말하는 것처럼, [조동사 + have p.p.] 구문도 과거에 대한
후회 등 과거 사실의 반대를 이야기한다.

If I **had prepared** for the exam, I **could have passed** it.

내가 시험에 대비했었다면 통과할 수 있었을 텐데. (과거에 시험 대비를 하지 많아서 통과할 수 없었다.)

1   A: Why did you give the wrong information?

B: I'm terribly sorry. I _____ have checked it again.

(a) could   (b) would   (c) may   (d) should

terribly 매우   check 검검하다

2   It _____ delighting to see Cathy at the party last night, but I couldn't because I was meeting other guests.

(a) was   (b) will be

(c) would be   (d) would have been

2 과거의 추측을 나타내는 표현

과거의 추측을 나타내고자 할 때, must, may, cannot과 [have + p.p.]를 쓴다. 각각의 의미를 구분하여 쓴다.

[주어 + _____ + have + 과거분사(p.p.)] ➡ 과거 사실의 추측

must have p.p. ~했었음에 틀림없다

may have p.p. ~이었을지도 모른다(= might have p.p.)

cannot have p.p. ~이었을 리가 없다(= couldn't have p.p.)

He (**must** / would) have known the fact at that time.

It's not certain, but global warming (**might** / can) have caused the extinction of some species.

She (**can't** / must not) have accepted such an unfair proposal.

그는 그 당시에 그 사실을 알고 있었음에 틀림없다.

확실하지는 않지만, 지구 온난화는 몇 가지 생물의 멸종을 유발했을 수도 있다.

그녀는 그런 불공정한 제안을 받아들였을 리가 없다.

[고 | 득 | 점 | T | I | P]

'~이었을 리가 없다'는 표현: can't have p.p. & couldn't have p.p.

It **can't have been** me last night, since I was out all night.

It **couldn't have been** me last night, since I was out all night.

내가 어젯밤에 나가 있었기 때문에, 지난 밤에 (그것이) 나였을 리가 없다.

1 A: I heard Jenny is sick in bed.

B: She _____ have been really painful. She is absent from school today.

(a) must (b) should (c) shall (d) would

2 She _____ not have been at the library because she was here with me at that time.

(a) would (b) should (c) could (d) ought

be absent from ···에 결석하다 painful 고통스러운, 아픈

POINT

★ 다양한 형태의 조동사의 의미와 표현을 선택할 수 있다.

★ 조동사가 있는 문장의 부정문에서 not의 올바른 위치를 익히고 활용할 수 있다.

조동사의 유형 중에서, 다양한 의미와 형태로 이용되는 조동사 유형이다. 의미와 표현법을 정확하게 알고 있어야 한다.

[주어 + _____ + 동사원형] ➡ 빈칸에 적절한 의미의 기타 조동사

기타 조동사의 종류와 의미

1 need to[need not/don't need to] + 동사원형 ~할 필요가 있다[없다]

2 dare to[dare not/don't dare to] + 동사원형 감히 ~하다[하지 못하다]

3 used to + 동사원형 ~했었다, ~하곤 했다

4 cannot help + -ing ~하지 않을 수 없다

5 would like to + 동사원형 ~하고 싶어하다

6 would rather (not) + 동사원형 차라리 ~하는(하지 않는) 편이 낫다

7 had better (not) + 동사원형 ~하는 게(하지 않는 게) 낫다

8 may as well + 동사원형 ~하는 편이 낫다

9 may well + 동사원형 ~하는 것이 당연하다

10 cannot ~ too... 아무리 ~해도 지나치지 않다

If you have any problem in your health, you (**need to go** / may go) to the hospital.

Exercise (need not to / **need not**) be stressful and negative.

You (**don't need to** / don't need) exercise so hard.

Few (**dared to** / dared) hide the secret.

The people (**dared not** / dared not to) speak its name.

They (didn't dare / **didn't dare to**) complain.

I (**used to get** / was used to get) up early when I was young.

There (**used to be** / was used to be) a famous restaurant around here.

건강에 문제가 있다면, 당신은 병원에 갈 필요가 있다.

운동이 스트레스를 주고 부정적일 필요가 없다.

너는 그렇게 열심히 운동할 필요가 없다.

감히 비밀을 감추려 한 사람은 거의 없었다.

사람들은 감히 그것의 이름을 얘기하지 못했다.

그들은 감히 불평하지 못했다.

어렸을 때 난 일찍 일어났었다.

이 근처에는 유명한 식당이 있었다.

They couldn't help (to give / **giving**) up the plan.

그들은 그 계획을 포기하지 않을 수 없었다.

I (would like eating / **would like to eat**) more.

난 좀 더 먹고 싶다.

I (**would rather stay** / would rather staying) home.

나는 차라리 집에 있겠다.

I (**would rather not** / would not rather) go now.

나는 지금 가지 않겠다.

You (**had better do** / had better doing) your homework right now.

너는 지금 당장 숙제를 하는 것이 낫겠다.

You (had not better / **had better not**) go out tonight.

너는 오늘밤에 나가지 않는 것이 낫겠다.

You (**may as well** / would like to) break the rules if you think it's better.

만약 그게 더 낫다고 생각하면 규칙을 깨는 것이 더 낫다.

Her parents (**may well** / may as well) be surprised at the news.

그녀의 부모님들이 그 소식에 놀라는 것이 당연하다.

You (**cannot** / won't) save money too much.

너는 돈을 아무리 많이 절약하려고 해도 지나치지 않다.

[고 | 득 | 점 | T | I | P]

1. used to 용법

I (**used to get** / was used to get) up early when I was young.

어렸을 때 난 일찍 일어났었다. (used to+부정사 ~했었다)

Bank tellers (are used to meet / **are used to meeting**) customers in a formal way.

은행직원들은 공식적인 방식으로 고객들을 만나는데 익숙해져 있다. (be used to -ing ~하는 데 익숙해져 있다)

Chopsticks (**are used to eat** / are used to eating) food in Asian countries.

젓가락은 아시아의 나라에서 음식을 먹을 때 이용된다. (be used to+부정사 ~하는 데 이용되다)

2. cannot help -ing 용법

They couldn't help (to give / **giving**) up the plan. [cannot help -ing]

= They couldn't but (**give** / to give) up the plan. [cannot but + 동사원형]

= They had no choice but (give / **to give**) up the plan. [have no choice but + to부정사]

그들은 그 계획을 포기하지 않을 수 없었다.

3. would like 용법

I **would like to meet** him at the party. [would like to+부정사] 나는 그 파티에서 그를 만나고 싶다.

I **would like him to meet** her at the party. [would like + 목적어 + to부정사]

나는 그가 파티에서 그녀를 만났으면 좋겠다.

I **would like** the movie released as soon as possible. [would like + 목적어 + p.p.]

나는 가능한 빨리 그 영화가 개봉되었으면 좋겠다.

I **would like** some more coffee. [would like + 명사] 저는 커피를 더 마시고 싶어요.

I **would like** the steak well-done. [would like + 목적어 + 목적보어] 스테이크를 바짝 구워주세요.

1 A: How about going to the concert this evening?

B: We had _____ since John is going to visit us.

(a) better not going out   (b) better not to go out

(c) better not go out   (d) not better go out

2 Since you are just beginning and you have years to make it perfect in the future, you _____ perfect right now.

(a) need not to be   (b) must not be

(c) don't need be   (d) don't need to be

1 A: We need more money to buy that house.
B: My family (does / need), too.

2 He (will / might) announce the economic impact of the game in the next conference.

3 A: It's too cold. Shall I close the window?
B: Yeah, if you (couldn't / wouldn't) mind.

4 The patient (wouldn't / must not) hear of his doctor's advice in desperation.

5 You (can / may) save time doing more important things by using this tool.

6 Global warming (shall / could) gradually damage fisheries and coastal economies.

7 To keep your teeth healthy, you (should / would) brush your teeth every day.

8 A: This piece of cake tastes really good.
B: Really? You (must / should) be hungry. It tastes awful.

9 Last year, because of lack of staff, the rest of the employees (had to / could) spend time doing everything.

10 It (might / shall) help give them the courage to confront their enemy.

11 With more information, they (could / would) have done better during the last presentation.

12 He is too talkative. You (shouldn't / couldn't) have talked about our plan.

13 She (must / should) have felt a lot of pressure as a young girl.

14 Generally speaking, student health centers (need not / need not to) provide students with specialized services and aids.

15 I (would not rather / would rather not) eat out tonight.

ACTUAL TRAINING

PART I · Choose the answer for the blank.

1 A: What do people think of the movie released last week?

B: I haven't seen it, but it _____ be boring. I heard most of the people started to nod as soon as it started.

(a) might
(b) must
(c) would
(d) could

2 A: Your report seems to have some errors.

B: Don't worry. I _____ revise them soon.

(a) will
(b) can
(c) might
(d) should

3 A: It's quite annoying to wear a long sleeve shirt and long pants in this weather.

B: I'll say. Otherwise we _____ apply the repellent to prevent mosquitoes from approaching us.

(a) will
(b) can
(c) may
(d) should

4 A: Why didn't she go to the dentist yesterday?

B: I tried to persuade her several times, but she _____ do that.

(a) shouldn't
(b) couldn't
(c) wouldn't
(d) mustn't

5 A: I didn't see the notice on the wall yesterday.

B: Really? Someone _____ have torn it off.

(a) could
(b) must
(c) would
(d) should

PART II · Choose the answer for the blank.

6 Without any cable connection, people _____ directly send photos from their digital cameras to their computer.

(a) can
(b) must
(c) will
(d) may

7 With the help of the new city tour bus system, tourists _____ walk to go around town.

(a) might not
(b) could not
(c) need not
(d) need not to

8 Since few _____ oppose the relentless expansion of the Republic, the Romans could conquer much of the known world.

(a) did dare
(b) dared not
(c) dared to
(d) didn't dare to

9 He _____ have gone to the conference last month, for he lost a good opportunity to meet prestigious experts.

(a) must
(b) ought to
(c) might
(d) could

10 Fortunately, the fishermen survived the rainstorm. It _____ much worse.

(a) would have been
(b) must have been
(c) should have been
(d) could have been

PART III• Identify the grammatical error in the dialouge.

11 (a) A: Can I have a copy of John Grisham's new bestseller?

(b) B: "The Associate"? Sorry, but it's not available on the market yet.

(c) A: When do you expect it to come out?

(d) B: It is available this weekend though I can't say for sure.

12 (a) A: I wish I had more money. There are so many things to buy.

(b) B: But you should better not spend all of your money at a time.

(c) A: I know. But I can't buy enough items for my classes.

(d) B: Though it might be hard, you should not waste your money from now on.

13 (a) A: Jane said she is going to get married next month.

(b) B: Is it true? She must be happy now!

(c) A: Yeah, she also got a ring and a necklace from her fiance. They are very expensive

(d) B: Wow, the man should be rich.

PART IV• Identify the grammatical error in the passage.

14 (a) In the light of archaeological discoveries these stones dating back to around 10,000 BC were used as beads. (b) The perfect holes in the stones are particularly noteworthy. (c) Such holes cannot be made by hitting the object with a stone. (d) Tools made out of steel or iron should have been used to make such perfectly regular holes in such hard stones.

15 (a) For the rest, you should only have one goal in mind: completion of your thesis. (b) At the end of this phase, with just half a year coming, all the practical work on your thesis should be completed. (c) Moreover, to avoid unnecessary stress in the phase, you need to finish three chapters of your thesis. (d) If possible, all these chapters should have been submitted to a scientific journal.

REVIEW TRAINING 2

PART I• Choose the answer for the blank.

1 A: Why are you so angry? What's the matter?

B: Well, there was a woman _____ me on the street.

(a) tease
(b) teasing
(c) to tease
(d) teased

2 A: Many workers in the factory are on strike again.

B: _____ new labor policies, they have decided to go on strike.

(a) Oppose
(b) Opposing
(c) To oppose
(d) Being opposed

3 A: Why don't you work out these days?

B: Well, my legs were injured last week, so my parents advised me

_____ .

(a) not
(b) not to
(c) not to do
(d) not to it

4 A: How about going fishing today?

B: _____ out in this cold weather is not a good idea.

(a) Going
(b) Go
(c) To go
(d) Being gone

5 A: I can't believe Jack any more. He deceived me yesterday.

B: He _____ not have done that. He is the last person to do that.

(a) may
(b) must
(c) could
(d) would

PART II• Choose the answer for the blank.

6 According to some findings, many brand-name drugs _____ to treat heart attack are increasing the risk of high blood pressure.

(a) using
(b) used
(c) uses
(d) use

7 _____ any conclusive evidence, the police gave up catching the robber.

(a) Not being found
(b) Not finding
(c) Finding not
(d) Having not found

8 It is advisable not to make a noise when studying in the library _____ other students.

(a) so not as to bother
(b) so as not to bother
(c) not to bother so as
(d) to not bother so as

9 Most people found _____ which organization to support very important.

(a) decide

(b) to decide

(c) deciding

(d) being decided

10 Many senators told us that they _____ not express their approval regarding the tax reform.

(a) could

(b) should

(c) would

(d) might

PART III• Identify the grammatical error in the dialouge.

11 (a) A: I found several old photos in the basement yesterday.

(b) B: Haven't you ever seen them before?

(c) A: No. Hidden in some boxes, I never realized they were there.

(d) B: You'd better ask your parents if they are precious.

12 (a) A: Finally I meet you here. How's your trip to New York?

(b) B: It was great, thanks. And I have been looking forward to see you.

(c) A: By the way where is your luggage? Is this all your luggage?

(d) B: Yes. I didn't prepare many things to buy necessary things here.

13 (a) A: It looks like many students are suffering from flu.

(b) B: I think so. Several students around me caught a cold.

(c) A: I heard our teacher Alice also caught the same thing.

(d) B: I can't be surprised that much. I feel cold symptoms, too.

PART IV• Identify the grammatical error in the passage.

14 (a) Fingernails and toenails are composed of dead cells combine tightly together. (b) As more and more dead cells are added at the root, those that have already been piled up are pushed toward the tip of the finger or toe. (c) This produces a very hard plate to protect the tips of the fingers and toes. (d) It is essentially dead tissue, but the same features make nail susceptible to colonization by certain fungi.

15 (a) The King Range Wilderness is a 42,585-acre area federally designating as wilderness area within the King Range National Conservation Area in northern California. (b) The area was set aside with the passage of the Northern California Coastal Wild Heritage Wilderness Act of 2006. (c) The Bureau of Land Management is the responsible agency and is currently working on a Management Plan for the King Range Wilderness. (d) This section of California's coastline is known as the 'Lost Coast,' a landscape too rugged for highway building.

위아텝스
GRAMMAR

명사와 관사와 관련된 문제는 명사의 특징에 따라 분류할 필요가 있다. 대부분의 명사를 구분하는 방식은 가산 명사와 불가산 명사이며, 이때 가산명사의 경우 관사와 밀접한 연관성을 가지고 있다. 즉 명사를 문장에서 표현하기 위해서는 관사와의 관계를 파악해야 한다. 또한 각각의 명사가 제시되는 특성이 있으므로, 텝스에서 주로 출제되는 명사와 관사의 특성을 파악한다. 또한 대명사는 명사를 대신하여 나타내는 표현으로 수와 격의 문제와 관계된다. 기본적인 형태의 대명사도 출제되므로 세밀하게 학습할 필요가 있다. 또한 대부분의 부정대명사는 형용사 기능으로 명사를 수식하기도 하므로 대명사적 특성과 형용사적 특성을 함께 구분하여 학습한다. 단순한 대명사 자체의 용법뿐만 아니라 수일치까지도 출제되는 유형이므로, 명사 관사 대명사 편을 학습한 이후에 수일치 편을 함께 학습하는 것이 중요하다. 또한 명사 관사 대명사는 최근 빈도가 높아지고 있으므로 세밀하게 구분해야 한다.

UNIT 08

명사 & 관사 & 대명사

P 052 명사의 기본 용법

POINT

★ 명사의 기본적인 구분(가산/불가산, 단수/복수)을 익혀 적절한 형태의 명사형을 고를 수 있다.

★ 단/복수형에 따라 의미가 달라지는 명사를 익히고 선택할 수 있다.

1 셀 수 있는 명사 vs. 셀 수 없는 명사

명사는 셀 수 있는 명사와 셀 수 없는 명사로 분류하여 쓰며 문장에서 이용하는 형태를 묻는 문제로 출제된다. 일반적으로 셀 수 있는 명사는 문장에서 단수형은 [a/an + 단수 명사]로, 그리고 복수형은 명사에 -s/es를 붙여 쓴다. 반면에 셀 수 없는 명사는 관사 a/an이나 복수형을 쓰지 않는다.

1. 셀 수 있는 명사는 [a/an + 단수 명사](a book) 또는 복수 명사(books)의 구조를 갖는다.

2. 셀 수 없는 명사는 관사(a/an)를 이용할 수 없으며, 복수형으로 쓰지 않는다.

3. 셀 수 있는 명사 : 대부분의 명사가 이에 속한다.
   house, room, cat, table, book, bird, tree 등

4. 셀 수 없는 명사 : 물질적 개념, 추상적 개념 등을 나타내는 명사가 이에 속한다.
   water, milk, money, news, traffic, truth 등

This website deals with how to become (famous writer / **a famous writer**).

이 웹사이트는 유명한 작가가 되는 방법을 다루고 있다.

Antibiotics are usually expensive and often have (side effect / **side effects**).

항생제는 주로 값비싸며 종종 부작용이 있다.

I'd like to visit Europe, so I've been saving (**money** / a money).

나는 유럽을 방문하고 싶어서 돈을 저축하고 있다.

Greenhouse gases are reported to cause (**global warming** / global warmings).

온실 가스들이 지구 온난화를 유발한다고 알려져 있다.

[고 | 득 | 점 | T | I | P]

1. 셀 수 있는 명사

device 장비 **effect** 효과 **price** 가격 **stage** 단계 **rate** 속도 **kind** 종류 **walk** 산책, 걸음 **deal** 거래 **portion** 일부 **excuse** 변명 **sibling** 형제자매

2. 셀 수 없는 명사

apple cider 사과술 **illness** 질병 **rainfall** 강우 **occupancy** 점유, 점거 **hair** 털 **fur** 털

1 A: What are you going to do this evening?

B: I will take _____ with my family.

(a) walk   (b) a walk   (c) the walk   (d) every walk

take a walk 산책하다

2 A: How much money did you pay back?

B: Well, I just paid off _____ portion of the loan.

(a) a   (b) the   (c) each   (d) other

pay back 돈을 갚다 pay off 돈을 갚다
portion 일부, 부분 loan 대부금

2 단수 명사 vs. 복수 명사

명사 유형 중에서, 단수 명사는 관사 a/an을 붙이지 않으며, 복수 명사로 쓰지 않는다. 반면에 복수 명사는 관사 a/an을 붙일 수 없으며, -s/es와 같은 형태 변화도 일어나지 않는다. 즉 단수 명사는 그 형태 그대로 항상 단수 취급하며, 복수 명사도 그 형태 그대로 항상 복수 취급한다. 따라서 잘 구분해서 외워둬야 한다.

단수 명사는

1. 관사 a/an을 붙이지 않는다.
2. 복수형(-s/es)를 붙이지 않는다.
3. 항상 단수 취급한다.

복수 명사는

1. 관사 a/an을 붙이지 않는다.
2. 복수형(-s/es)를 붙이지 않는다.
3. 항상 복수 취급한다.

❶ 단수 명사

baggage 여행용 수화물	luggage 수화물	clothing 의복
mail 우편물	furniture 가구	information 정보
advice 조언	equipment 장비	evidence 증거
news 소식		

❷ 복수 명사

police 경찰	clergy 성직자	personnel 직원
people 사람들	cattle 소	livestock 가축
poultry 가금류(家禽)	youth 젊은이들	

Robert usually gives other people some fashion (**advice** / advices).

로버트는 다른 사람에게 주로 패션에 대한 충고를 해준다.

(**The police** / A police) are launching a program to allow people to visit the police station freely.

경찰은 사람들이 경찰서에 자유롭게 방문할 수 있도록 하는 프로그램을 시작하고 있다.

❸ 기타 단수 명사 유형

cash 현금	damage 손해	game 사냥감
health 건강	homework 과제	junk food 정크 푸드
poetry 시	produce 제품	weather 날씨

❹ 형용사형 복수 명사 – [형용사 + -s]형 복수 명사

valuables 귀중품	belongings 소유물	goods 물건
suburbs 부근, 주변	savings 저금	

I'd like to see if there are any (valuable / **valuables**) in the suitcase.

이 서류가방 안에 귀중품이 있는지 확인하고 싶습니다.

I'd like to open a (saving account / **savings account**).

예금계좌를 개설하고 싶습니다.

❺ 상호 복수 명사

상호적 개념으로 복수가 되어야 의미가 되는 구문에서는 복수 명사를 쓴다. change trains, make friends, shake hands 등이 있다.

You should change (a train / **trains**) at Seoul Station.

너는 서울 역에서 기차를 갈아타야 한다.

[고 | 득 | 점 | T | I | P]

1. 단수/복수 형태가 동일한 명사형에는 deer, sheep, fish, shrimp, species, series가 있다. 이러한 명사들은 단수와 복수의 형태가 같아서 a fish/two fish와 같이 단수의 의미일 때나 복수의 의미일 때나 모양이 변하지 않는다. 그렇기 때문에 the fish와 같은 경우는 문맥으로 단수/복수를 구별해야 한다.

(**A deer** / Deer) knows how to take care of itself. 사슴은 스스로를 돌보는 방법을 안다.

Whitetail (**deer** / deers) are able to survive in a variety of terrestrial habitats.
흰 꼬리 사슴은 다양한 육지 서식지에서 생존 가능하다.

The fish that are living in this river (is / **are**) rare species. 이 강에 살고 있는 물고기들은 희귀종이다.

2. 단수/복수형의 의미가 다른 명사

advice 충고 – **advices** 통지서, 알림	air 공기 – **airs** 태도
arm 팔 – **arms** 무기, 군사	authority 권위, 권한 – **authorities** 당국
custom 관습 – **customs** 관세, 세관	expense 지출, 비용 – **expenses** 수당, 지출금
letter 문자 – **letters** 문학	manner 방식 – **manners** 예절
remain 유족, 생환자 – **remains** 잔존물, 유물	

1   A: How will the department spend the budget surplus this
year?

B: I heard they're buying a lot of _____ for the
office.

(a) equipments   (b) an equipment

(c) the equipment   (d) equipment

budget 재산 surplus 초과, 과잉 spend 쓰
다 equipment 기구

2   This comprehensive regulation was designed to empower
_____ and parents to create a safe learning
environment.

(a) school personnel

(b) a school personnel

(c) school personnels

(d) other school personnels

comprehensive 이해하기 쉬운, 포괄적인
regulation 규칙 design 계획하다
empower 권한을 부여하다 personnel 직원
create 창조하다 environment 환경 safe
안전한

P 053 | 부정관사와 명사

POINT

★ 관사의 유무에 따라 의미가 달라지는 명사를 구분할 수 있다.

★ 추상명사가 관사와 결합하여 일반명사가 되는 경우를 숙지하고 의미를 파악할 수 있다.

1 관사 유무에 따른 의미 구분

관사가 있을 때와 없을 때 의미가 달라지는 명사가 있는데, 이때 문장 해석을 통하여 올바른 명사를 고르는 문제이다. 문맥에 따라 관사를 넣어야 할 경우와 그렇지 않을 경우를 구분하여 쓴다.

관사 a/an이 포함되는 경우 vs. 포함되지 않는 경우

glass 유리 - a glass 유리컵

paper 종이 - a paper 신문, 논문

time 시간 - a time 때

Ford 포드 - a Ford 포드 자동차

exercise 운동 - an exercise 한 가지 종류의 운동

Smith 스미스 씨 - a Smith 스미스라는 사람 - two Smiths 두 명의 스미스 씨

iron 철/철분 - an iron 다리미

room 공간/여지 - a room 방

change 잔돈, 거스름돈 - a change 변화

Manet 마네 - a Manet 마네의 작품

Our company is manufacturing (**internationally famous stained glass** / an internationally famous stained glass).

Almost every student has (paper / **a paper**) to write by tomorrow.

[고 | 득 | 점 | T | I | P]

외워야 할 [관사 + 명사] 용법

for a while = for a minute = for a moment 잠시 동안

at an early stage 초기 단계에

at an alarming rate 놀라운 속도로

make an appointment 예약하다

have an appointment 약속이 있다

keep an eye on ~을 감시하다, 주목하다

have an ear for ~을 듣는 귀가 있다, 감상할 능력이 있다

have an eye for ~을 보는 눈이 있다, 감상할 능력이 있다

give an excuse 변명하다

시간 개념의 명사 time

His health got better as **time** went by. 그의 건강은 시간이 갈수록 더 나아졌다. (일반적 시간)

They had **a good time** at the party. 그들은 파티에서 즐거운 시간을 보냈다. (즐거운 시간/한때)

Do you have **the time**? - It's five o'clock. 몇 시입니까? 다섯 시입니다. (특정한 시간)

In ancient times, marriage was sometimes regulated by religion. 고대시대에, 결혼은 때때로 종교에 의해 통제되었다. (시기/시대)

공간 개념의 명사 room

We don't have **room** for luggage in this bus. 이 버스에는 짐을 실을 공간이 없다. (공간)

I'd like to reserve **a room** with my credit card. 신용카드로 방을 예약하고 싶습니다. (방)

우리 회사는 국제적으로 유명한 스테인드 글라스를 만들고 있다.

거의 대부분의 학생들은 내일까지 써야 할 페이퍼가 있다.

관사 a/an과 발음

[a + 자음 발음] vs. [an + 모음 발음]

There is (**a university** / an university) in this city. 이 도시에 대학이 하나 있다.

I've got (a F / **an F**) in math. 수학에서 F를 받았어요.

1 Every child should absorb _____ to maintain their health.

   (a) iron   (b) an iron   (c) the iron   (d) each iron

2 A: Personnel Department. May I help you?

   B: Yes. I'd like to make _____ with the manager for tomorrow.

   (a) appointment
   (b) an appointment
   (c) the appointment
   (d) each appointment

absorb 흡수하다 maintain 유지하다

2 추상 명사 vs. 일반 명사

추상적 개념을 나타내는 명사는 셀 수 없는 명사이지만, 때에 따라서 일반적인 명사로 전환하여 셀 수 있는 명사가 될 수 있다. 이러한 명사들은 관사 유무에 따라 의미가 달라지는데, 추상 명사가 일반 명사가 될 때 [a/an + 명사]의 형태 또는 복수 명사형으로 쓴다.

  1. [a/an/the + 추상 명사]   ➡ 일반 명사
  2. [추상 명사+es/s]   ➡ 일반 명사

luxury 사치 - **a luxury** 사치품   must 필수 - **a must** 필수품

rarity 희박함 - **a rarity** 진귀한 것   shame 유감 - **a shame** 유감스러운 일

pity 동정, 연민 - **a pity** 애석한 일

disaster 재해, 재난 - **a disaster** 재난과 같은 일

success 성공 - **a success** 성공한 사람/계획

failure 실패 - **a failure** 실패한 사람/계획

It's (shame / **a shame**) for them to lose the game.

It's (rarity / **a rarity**) nowadays to get a storm near here.

그들이 그 경기에서 지는 것은 부끄러운 일이다.

이 주변에서 폭풍이 일어나는 것은 드문 일이다.

[고 | 득 | 점 | T | I | P]

횟수 개념의 관사 a/an

횟수를 나타낼 때 관사 a/an은 per의 의미로 '~당/마다'의 의미로 쓸 수 있다.

We usually have five classes (days / **a day**). (= per day) 우리는 주로 하루에 5번의 수업이 있다.

I paid one hundred dollars (night / **a night**) for the room. 나는 그 방에 대해 하루에 100달러를 지불했다.

1 They couldn't pay for _____ such as computers and cars.

    (a) luxury   (b) the luxury

    (c) luxuries   (d) other luxury

pay 지불하다 **a luxury** 사치품

2 His debut last week was said to be _____ that persisted for days.

    (a) disaster   (b) a disaster

    (c) the disaster   (d) disasters

debut 데뷔 **disaster** 재앙 **persist** 지속되다

POINT

★ 정관사의 기본 용법을 파악하여 명사에 적절히 적용할 수 있다.
★ 정관사의 관용적 용법을 익혀 문장에서 적절히 선택할 수 있다.

1 지정된 것/언급된 것을 나타내는 정관사 the

지정된 것 또는 앞에서 언급한 것을 나타낼 때, [the + 명사]로 쓴다. 이때 정관사 the는 단수와 복수에 영향을 미치지 않기 때문에 단/복수와 상관없이 문맥을 통해 the의 유무를 판단한다.

[the + 명사] ➡ 앞 문장에서 언급된 또는 특정하게 지정된 명사

I bought a bag yesterday, but (a bag / **the bag**) seems to be an imitation.

나는 어제 가방을 하나 샀지만, 그 가방은 모조품인 것 같다.

Doctors usually limit (an amount / **the amount**) of sugar and salt people consume.

의사들은 주로 사람들이 소비하는 설탕과 소금의 양을 제한한다.

CHECK UP • • •

1 A: I heard Susan always works too hard every night.
   B: Yeah, for her, _____ of life is to be the best in her field.

   (a) goal   (b) a goal   (c) the goal   (d) goals

goal 목표 field 분야

2 A: I have a terrible headache today.
   B: If that's _____ case, you'd better take a rest.

   (a) a   (b) the   (c) any   (d) every

terrible 끔찍한, 심한 headache 두통

2 정관사 the의 관용적 용법

특정한 의미를 나타내는 표현이 있을 때 정관사 the를 쓴다. [the + 명사] 결합 또는 [the + 형용사], [전치사 + the + 명사] 등 the와 함께 다양한 결합이 이루어지므로 각각의 의미와 쓰임을 잘 알아두어야 한다.

❶ 형용사의 명사화 [the + 형용사]

[형용사 + people]과 같은 의미로, 복수 개념을 나타낸다.

the rich 부유한 사람들   the poor 가난한 사람들   the old 노인들

the young 젊은 사람들   the blind 눈먼 사람들   the deaf 귀가 먼 사람들

They are trying to help (rich and poor / **the rich and the poor**).

그들은 부유한 사람들과 가난한 사람들을 도우려고 노력하고 있다.

❷ 단위 개념 [by the + 단위]

by the kilogram, by the yard, by the week, by the month, by the pound

They sell salt (by a kilogram / **by the kilogram**).

그들은 소금을 킬로그램 단위로 판매한다.

❸ 신체 접촉

by the + hand/arm/sleeve
on the + head/shoulder
in the + face/eye

He suddenly caught me (by a hand / **by the hand**).

그는 갑자기 내 손을 잡았다.

He looked at me (in an eye / **in the eye**).

그는 내 눈을 쳐다보았다.

❹ 최상급과 서수

[the + 서수 + 명사], [the + 최상급 + 명사]

The man was (a first person / **the first person**) to walk on the island.

그 사람은 그 섬에 발을 내딛은 최초의 사람이었다.

Tourism industry is one of (most / **the most**) profitable parts in the country.

관광 산업은 나라에서 가장 이득이 되는 산업 중 하나이다.

❺ 한정 개념

[most/all/some/any/many/much + 명사]
[most/all/some/any/many/much/one of + the + 명사]

(**Most people**/ Most of people) want health-related information in easy language.

대부분의 사람들은 건강과 관련된 정보들이 쉬운 언어로 되어있기를 원한다.

(Most the people / **Most of the people**) want health-related information in easy language.

❻ 기타 표현

the only(유일한), the very(바로 그), the same(동일한)

The newly established labor law offers women (same / **the same**) employment opportunity.

새로 제정된 노동법은 여성들에게 동등한 고용 기회를 제공한다.

[the + 형용사]

1. 형용사의 명사화 : 단/복수 개념

the accused(피고), the deceased(고인), the absent(결석한 사람)

(Accused / **The accused**) insisted that he had not seen the blonde lady.

피고는 금발의 여인을 보지 못했다고 주장했다. (단수 개념)

(Accused / **The accused**) are innocent until proven guilty.

피고는 유죄가 증명되기 전까지는 결백하다. (복수 개념)

2. 형용사의 명사화 : 단수 개념

the beautiful(미) the good(선) the true(진실) the impossible(불가능)

The work was like (impossible / **the impossible**). 그 일은 불가능 같았다.

CHECK UP •••

1 A: Do you know how old Susie is?

B: We are _____. So she's 22.

(a) same age

(b) the same age

(c) a same age

(d) same ages

2 On _____ first day of this term, I asked most of the students if they wanted to go on a field trip.

(a) a　　　　(b) the　　　　(c) other　　　　(d) each

기타 표현

(1) 발명품

The old man invented (a phonograph / **the phonograph**). 그 노인은 축음기를 발명했다.

(2) 악기

I heard her play (a piano / **the piano**). 나는 그녀가 피아노 치는 것을 들었다.

play the piano, play the violin

(3) 연대 표현

in the 1970s(1970년대) ⇔ in 1970(1970년에)

His popularity was so great in (1970s / **the 1970s**). 1970년대에 그의 인기는 매우 높았다.

My son was born **in 1970**. 내 아들은 1970년에 태어났다.

(4) 유일물 지칭

the moon(달), the sun(해), the earth(지구), the world(세계), the universe(우주)

The energy from (sun / **the sun**) can be enormous. 태양 에너지는 엄청날 수 있다.

term 학기 field trip 현장 학습

POINT

★ 관사가 생략되는 조건을 숙지하여 적절한 표현을 선택할 수 있다.
★ 관사를 생략하는 다양한 관용적 용법을 익혀 정확한 표현을 고를 수 있다.

관사는 명사를 쓸 때 꼭 필요한 요소이기는 하지만 쓰임에 따라 생략되기도 하므로 관용적으로 생략되는 경우를 잘 숙지하고 있어야 한다. 특히 명사가 특정한 의미를 나타낼 때 관사 a/an/the 등을 쓰지 않는다. a/an/the를 생략하고 쓰는 표현들은 다음과 같이 5가지로 정리할 수 있다.

❶ 호칭/기능/식사명/학문/질병/운동 경기

(**Father** / The father) wants to talk with you.

(**School** / A school) usually begins at 9 o'clock.

We have (**breakfast** / a breakfast) at 7 a.m.

예외 We had **a huge breakfast** this morning.

He majors in (**Management** / the Management).

He came down with (**consumption** / the consumption).

I like playing (**tennis** / the tennis).

아빠가 너와 이야기하고 싶어 하셔. (호칭: father, mother, son 등)

학교는(수업은) 주로 9시에 시작한다. (기능)

우리는 7시에 아침을 먹는다. (식사: lunch, dinner)

우리는 오늘 아침 거한 아침 식사를 했다.

그는 경영학을 전공하고 있다. (학문: economics, logics)

그는 폐결핵에 걸렸다. (질병: mumps, diabetes)

나는 테니스 치는 것을 좋아한다. (운동경기: soccer, baseball)

❷ [kind/type/sort of + 명사]

I don't like (**that kind of thing** / that kind of a thing).

나는 그런 유형의 일을 좋아하지 않는다.

❸ 수단의 개념

He went there (**by bus** / by the bus).

He informed me of the information (**by phone** / by the phone).

그는 거기에 버스를 타고 갔다. (교통 수단: by car, by plane)

그는 나에게 그 정보를 전화로 알려주었다. (연락 수단: by mail)

❹ 기능의 개념

I don't feel like going to (**bed** / the bed) yet.

All children must go to (**school** / the school) when they are 5-6 years old.

난 아직 자고 싶지 않다.

모든 어린이들은 5살에서 6살이 되면 학교에 가야 한다.

❺ 관용 어구

be in danger 위험에 처해 있다   be in trouble 어려움을 겪고 있다
be in debt 빚지고 있다   be in prison 수감 중이다
be on strike 파업 중이다   go to market 장보러 가다
after school 방과 후에   have difficulty -ing ~하는 데 어려움을 겪다
have trouble -ing ~하는 데 곤란함을 겪다   have fun -ing ~하면서 즐겁게 보내다

Some autistic children have (**difficulty** / a difficulty) communicating with others.

Children have (**trouble** / a trouble) brushing their teeth.

어떤 자폐증 아이들은 다른 사람들과 의사 소통하는 데 어려움을 겪는다.

아이들은 이빨을 닦는데 어려움을 겪는다.

[고 | 득 | 점 | T | I | P]

1. kind의 쓰임

She is very **kind**. (형용사로 쓰인 kind) 그녀는 매우 친절하다.

I have **a kind of book** in my bag. (a kind of + 단수 명사) 나는 가방에 한 가지 종류의 책이 있다.

I have **several kinds of books** in my bag. (kinds of + 복수 명사)

나는 가방에 몇 가지 종류의 책들을 가지고 있다.

I'm **kind of** tired. (부사로 쓰인 kind of) 나는 약간 피곤하다.

2. 보어 위치의 직책/직위

The mayor of the city announced a new policy on taxation.

그 도시의 시장은 세금 부과에 대한 새로운 정책을 발표했다. (주어 – 관사 있음)

They elected him (**mayor** / the mayor) of the city.

그들은 그를 그 도시의 시장으로 선출했다. (보어 – 무관사)

CHECK UP ···

1 A: It looks like you are good at speaking Spanish.

B: Well, I still have _____ with proficiency.

(a) difficulty   (b) a difficulty

(c) the difficulty   (d) every difficulty

look like ~처럼 보인다 **have difficulty** 어려움을 겪다 **proficiency** 유창함

2 A: What does the newspaper say about the credit card?

B: It says that each household is in _____ because of it.

(a) debt   (b) a debt   (c) the debt   (d) each debt

debt 빚

POINT

★ 명사의 소유격을 나타내는 다양한 방법을 숙지하여 적절하게 완성할 수 있다.

★ 전치사와 명사가 결합하여 형용사나 부사의 의미와 기능을 나타내는 표현을 파악할 수 있다.

1 명사와 소유격

명사의 소유격 [명사 + 's]을 이용하여 동격의 의미, 명사가 생략된 소유격의 의미, 소유대명사를 이용한 이중 소유격의 의미를 나타낼 수 있다. 각각의 형태는 소유격이나 소유대명사가 이용되면서 명사의 의미를 나타낸다.

소유격 유형

1. 단수 명사 + 's
2. 복수 명사(s) + '
3. 명사 of 명사
4. 독립 소유격
5. 이중 소유격

❶ 명사의 소유격

[사람 명사 + 's] 또는 [명사 of 사물 명사]의 형태로 소유격을 나타낸다.

life's journey = the journey of life 삶의 여정

six hours' rest = six hours of rest 6시간 동안의 휴식

Seoul City = the city of Seoul 서울 시

During the experiment, electric shock influenced **the ape's body** negatively. (= **the body of the ape**)

실험 과정에서 전자 충격은 그 원숭이의 신체에 부정적인 영향을 미쳤다.

The weather in the region is warm with **seven hours' sunshine** a day. (= **seven hours of sunshine**)

그 지역은 하루에 7시간 동안 해가 나는 따뜻한 날씨이다.

Sometimes cows are causing problems in **the city of Barcelona**. (= **Barcelona city**)

바르셀로나에서는 때때로 소들이 문제를 일으킨다.

❷ 독립소유격

I needed a screwdriver. So I borrowed **my friend's**. (= **my friend's screwdriver**)

드라이버가 필요해서, 내 친구의 것을 빌렸다.

❸ 이중소유격

a friend of mine 나의 친구 한 명

one of my friends 내 친구들 중 한 명

1. my a friend (×) 관사와 소유격 동시 사용 불가
2. a my friend (×) 관사와 소유격 동시 사용 불가

I heard **my friend** won about $2,000 in the lottery last week.

I heard **one of my friends** won about $2,000 in the lottery last week.

I heard **a friend of mine** won about $2,000 in the lottery last week.

나는 내 친구가 지난 주에 2000달러짜리 복권에 당첨되었다고 들었다.

CHECK UP • • •

1 A: Here is _____.

B: Wait a minute, please. I'll make it up.

(a) a prescription of my doctor
(b) a my doctor prescription
(c) my doctor's prescription
(d) my a prescription of doctors

prescription 처방전 **make up** 채우다, 조제하다

2 The artist was awarded the gold medal for a painting of _____.

(a) he   (b) him   (c) his   (d) it

artist 예술가 **award** 수상하다

2 명사와 전치사

[전치사 + 명사]는 형용사 또는 부사의 의미와 기능을 나타낸다.

of courage = courageous 용감한   of importance = important 중요한

of value = valuable 가치 있는   of use = useful 유용한

of no value = valueless 가치가 없는   of no use = useless 쓸모없는

with care = carefully 주의 깊게   with ease = easily 용이하게

with interest = interestingly 관심을 갖고

by accident = accidentally 우연히

on purpose = purposely 고의로

of no importance = unimportant 중요하지 않는

In addition to farming, traditional handicrafts are (importance / **of importance**) to the country's economy.

박경과 더불어 전통적인 수공예품들은 나라의 경제에 중요하다.

They found out the fact (an accident / **by accident**) while visiting the museum.

박물관을 방문하는 동안 그 사실을 우연히 발견하였다.

CHECK UP • • •

1 A: How's the meeting? Anything new?

B: No. All the issues were _____ .

(a) not importance
(b) of no importance
(c) no important
(d) of no important

2 Teachers should teach their students _____ interest and enthusiasm while teaching them.

(a) in   (b) on   (c) as   (d) with

interest 흥미 enthusiasm 열정

POINT

★ 주격/소유격/목적격 인칭대명사를 숙지하여 적절한 것을 선택할 수 있다.

★ 지시대명사와 지시형용사의 쓰임을 익히고 문장에서 적절한 형태를 고를 수 있다.

1 인칭대명사

인칭대명사는 앞에서 언급한 사람 명사를 대신하여 쓴다. 인칭대명사는 격(주격, 소유격, 목적격, 소유대명사)을 묻는 문제로 출제되거나, 수 일치[단수, 복수]를 묻는 문제로 출제된다. 이때 문장에서의 위치와 격의 쓰임을 기억하고, 대신하는 명사와의 수 일치 관계를 파악해 두어야 한다.

1. [_____ + 동사 ...] ➡ 주격 인칭대명사
2. [주어 + 동사 + _____] ➡ 목적격 인칭대명사
3. [to부정사/동명사 + _____] ➡ 목적격 인칭대명사
4. [전치사 + _____] ➡ 목적격 인칭대명사
5. [_____ + 명사] ➡ 소유격 인칭대명사

주격(주어)	소유격(명사 수식)	목적격(목적어)	소유대명사(소유격+명사)
I	my	me	mine
you	your	you	your
he	his	him	his
she	her	her	hers
it	its	it	its
we	our	us	ours
they	their	them	theirs

I'd like to see Miss Jones, please. I have an appointment with (**her** / hers).

A: Where are your children?

B: I didn't see (him / **them**) anywhere.

존스 씨를 만나 뵙고 싶습니다. 그녀와 약속이 있습니다.

A: 당신 아이들이 어디에 있나요?

B: 그애들은 어디에서도 보지 못했는데요.

CHECK UP ・・・

1 A: Good morning. May I help you?

B: I'm looking for James. I'd like to talk with

_____ .

(a) it   (b) one   (c) him   (d) he

2 A: I can't find my children.

B: I saw _____ at the park.

(a) one   (b) it   (c) they   (d) them

2 지시대명사 & 지시형용사

지시대명사/형용사인 this, that, these, those의 용법에서, 4개 모두 기본적으로 앞에 언급한 명사를 대신하는 대명사로 쓰일 수도 있고, 명사를 수식하는 형용사로 쓰일 수 있다. 그리고 that과 those는 비교의 의미를 나타내는 구문에서 단수 명사는 that으로, 복수 명사는 those로 대신하여 쓴다. 마지막으로 those는 '~한 사람들' 또는 '~한 것들'이라는 의미로 일반적인 복수 개념을 나타낼 수 있다.

1. this/that/thes/those가 단독으로 문장 성분일 때 ➡ 지시대명사
2. [this/that/these/those + 명사]   ➡ 지시형용사

❶ **문맥상 앞에 나온 명사를 대신하는 대명사**

it, this, that – 단수

they, these, those – 복수

❷ **비교 구문에서 앞에 제시된 명사를 대신하는 대명사**

that of – 단수 명사 대신

those of – 복수 명사 대신

❸ **'~한 사람들', '~한 것들'의 의미로 사용되는 대명사**

[those + who/which]

[those + 현재분사/과거분사]

[those + 형용사구]

❹ **재귀대명사(-self) : 주어와 동일한 목적어에 이용**

myself/yourself/himself/herself/ourselves/yourselves/themselves

I was looking for my book for an hour, so I finally found (**it** / them). (지시대명사)

A: Where are your books?

B: I don't use (it / **them**) any more. (지시대명사)

(**That** / Those) means employees should prepare for the future merger. (지시대명사)

나는 한 시간 동안 내 책을 찾고 있었고, 그래서 마침내 그것을 발견했다.

A: 네 책들은 어디 있니?

B: 난 이제 더 이상 그것들을 사용하지 않아.

그것은 직원들이 미래의 합병에 준비되어 있어야 한다는 것을 의미한다.

You can eat a vegetarian dish in (**this** / these) restaurant. (지시형 용사)

이 레스토랑에서는 채식 식사를 할 수 있다.

Look at it! (That / **Those**) shoes are selling for only $20. (지시 형용 사)

저것 봐! 저 신발을 단지 20달러에 팔고 있 어.

(This / **These**) animals have become an endangered species in the island. (지시 형용사)

이들 동물들은 이 섬에서 멸종 위기에 처한 것들이 되었다.

The design of the building is similar to (**that** / those) of the house. (design 대신)

그 빌딩의 디자인은 그 집의 그것(디자인)과 비슷하다.

Some cold symptoms are similar to (that / **those**) of other similar diseases. (symptoms 대신)

어떤 감기 증상들은 다른 비슷한 질병들의 그것(증상)들과 비슷하다.

(That / **Those**) who want assistance from the government should follow the complicated application procedure. (~한 사람들)

정부로부터 보조를 원하는 사람들은 복잡한 신청 절차를 따라야 한다.

(That / **Those**) interested in management had better take the course. (~한 사람들)

경영에 관심이 있는 사람들은 이 코스를 듣 는 것이 좋다.

He said to (him / **himself**) that he should do his best. (재귀대명사)

그는 최선을 다해야 한다고 스스로에게 말 했다.

[고 | 득 | 점 | T | I | P]

전치사와 재귀대명사 표현의 의미 구분

beside oneself 제정신이 아닌 **between ourselves** 우리끼리 얘긴데 **by oneself** 홀로, 혼자서
for oneself 스스로, 혼자 힘으로 **in itself** 그 자체로, 본질적으로 **of itself** 저절로

CHECK UP • • •

1 The student's idea was like _____ of a much younger baby.

(a) it   (b) his   (c) that   (d) those

2 The Aztecs built a great city with pyramid temples, which are similar to _____ of the Mayan people.

(a) it   (b) one   (c) that   (d) those

Aztec 아즈텍족 **pyramid** 피라미드 **temple** 사원 **Mayan** 마야족

POINT

★ 부정대명사의 형태와 의미를 파악하여 적절한 표현을 선택할 수 있다.

★ some/any의 용법과 의미를 구분하고 문장에 따라 적절한 형태를 고를 수 있다.

1 it / one / ones

명사를 대신하여 이용하는 대명사의 유형 중에서, it은 이미 언급한 특정 명사를 대신하며, one은 이미 언급한 명사 유형 중 정해지지 않은 명사 단수형에서 이용한다. 그리고 ones는 이미 언급한 명사 유형 중 정해지지 않은 명사 복수형을 대신하여 이용한다.

1. it ⇒ 이미 언급한 특정 명사를 나타낼 때
2. one ⇒ 정해지지 않은 셀 수 있는 명사의 단수형을 대신한다.
3. ones ⇒ 정해지지 않은 셀 수 있는 명사의 복수형을 대신한다.

I bought a science book for my term paper yesterday, but I left (**it** / one) at home.

나는 어제 기말 페이퍼를 위한 과학책을 한 권 구입했다. 그러나 나는 그것을 집에 놓고 왔다.

I need a book for my term paper, so I should buy (it / **one**) today.

나는 기말 논문을 위한 책이 한 권 필요하며, 그래서 오늘 하나 살 것이다. (불특정 명사 단수형)

It seems that Japanese ships offend the laws of the sea more than American (one / **ones**).

일본 배들이 미국 배들보다 더 자주 해상법을 어기는 것 같다. (불특정 명사 복수형)

CHECK UP · · ·

1 A: Oh, no! My pen doesn't work again.

B: You can borrow a spare _____. Here it is.

(a) it　　　(b) them　　　(c) one　　　(d) ones

borrow 빌리다 spare 여분의

2 A: How do you like the gift you received yesterday?

B: I think _____ is very good.

(a) it　　　(b) they　　　(c) one　　　(d) ones

receive 받다

2 some vs. any

some과 any는 독립적으로 이용할 때 대명사로, 명사를 수식할 때 형용사로 이용한다. some은 '몇몇의, 약간의'라는 의미로 쓰이며, 셀 수 있는 명사는 복수형을, 셀 수 없는 명사는 단수형을 수식하고, 긍정문과 권유문에 주로 쓰인다. 반면에 any는 '몇몇의, 조금의'라는 의미이며, 셀 수 없는 명사는 단수형을, 그리고 셀 수 있는 명사는 단수형(any 강조)과 복수형(명사 강조)을 모두 수식한다. 그리고 any는 부정문, 의문문, 조건문에 쓸 수 있고 불특정 다수를 나타낼 때 이용한다.

some

1. 대명사 기능을 하며, 긍정문과 권유문에 쓴다.
2. [some + 명사]의 기능

any

1. 대명사/형용사(명사 수식) 기능을 하며, 부정문, 의문문, 조건문에서, 그리고 불특정 다수의 의미를 나타낼 때 쓴다.
2. [any + 명사]의 기능

(**Some** / Any) people moved to another group during the experiment.

몇몇 사람들은 실험하는 동안 다른 그룹으로 이동하였다. (긍정문)

It seemed that he had (**some** / any) problems with his friends.

그는 그의 친구들과 문제들이 좀 있었던 것 같다. (긍정문)

Would you like (**some** / any) more coffee?

커피 좀 더 드시겠어요? (권유문)

When applying for the job, you don't have to have (some / **any**) former experience in Chinese art.

그 일에 지원을 할 때, 당신은 중국 예술에 대한 어떤 사전 경험(경력)도 필요하지 않습니다. (부정문)

Are there (some / **any**) factors that contribute to changing human personality?

변화하는 인간성에 기여하는 어떤 요소가 있나요? (의문문)

If you have (some / **any**) further questions, visit my office after the class.

만약 질문이 더 있다면, 수업 이후 제 연구실로 찾아오세요. (조건문)

You can buy our products in (some / **any**) store throughout the country.

당신은 전국의 어느 가게에서라도 저희 물건을 구입할 수 있습니다. (불특정 다수 – 아무 곳이나)

[고 | 득 | 점 | T | I | P]

1. some이 명사를 수식할 때, 셀 수 있는 명사는 복수형(some friends)을 쓰며, 셀 수 없는 명사는 단수형(some coffee)을 쓴다.
2. any가 명사를 수식할 때, 셀 수 없는 명사는 항상 단수형(any luggage)을 쓰며, 셀 수 있는 명사의 경우 단수형(any 강조 : any flight)과 복수형(명사 강조 : any flights) 모두 가능하다.
3. something은 긍정문과 권유문에 쓰며, anything은 부정문, 의문문, 조건문에, 그리고 불특정 다수의 의미를 나타낼 때 쓴다.

1 A: Do you have any vacation time this year?

B: We had _____ last year. But I am so busy this year.

(a) one   (b) any   (c) each   (d) some

vacation 휴가

2 We have done this all without _____ support from the government.

(a) some   (b) any   (c) all   (d) half

support 도움 government 정부

POINT

★ 다양한 형태의 부정대명사/형용사를 익히고 의미와 조건에 따라 적절히 선택할 수 있다.

★ 여러 가지 의미로 쓰이는 부정대명사를 문장에서 정확하게 파악할 수 있다.

관계를 나타내는 부정대명사/형용사의 형태로, one - the other, one - another - the other, some - others, one thing - another, each other, one another 등이 쓰인다. 각각의 조건과 의미를 구별하여 쓴다.

1. one : 한 사람 또는 하나의 사물
2. [one of + the + 복수 명사] : ~중의 하나
3. [another + 단수 명사] : 또 다른 하나
4. [other + 복수 명사] : 다른 것들
5. one, the other : 두 사람/사물 중 하나, 그리고 다른 하나
6. one, another, the other : 세 사람/사물 중 하나, 또 다른 하나, 그리고 마지막 하나
7. one, another, the others : 세 사람/사물 이상 중 하나, 또 다른 하나, 그리고 나머지
8. some, others : 전체 중에서 일부, 그리고 다른 일부
9. one thing, another : 별개의 사실
10. each other / one another : 서로서로

(**One** / Ones) of the problems in business is to find out what customers want.

Would you like (**another** / other) cup of coffee?

With the development of computer technology, students can interact with (another / **other**) students through the Internet.

There are two gifts on the desk; one is for you, and (another / **the other**) is for your brother.

My house has three rooms; (**one**) is mine, (**another**) is my brother's, and (**the other**) is my parents'.

Some medicines are made from natural substances, while (the other / **others**) are made from synthetic ones.

사업의 문제 중 하나는 소비자들이 원하는 것을 알아내는 것이다. (one of the + 복수 명사)

커피 한 잔 더 드시겠어요? (another + 단수명사)

컴퓨터 기술의 발달로 학생들은 다른 학생들과 인터넷을 통해 상호작용 할 수 있다. (other + 복수 명사)

책상에는 선물 두 개가 있다. 하나는 너를 위한 것이고, 다른 하나는 네 형을 위한 것이다.

나의 집은 방이 3개 있다. 하나는 내 것(방)이고, 다른 하나는 형의 것이고, 또 다른 하나는 부모님 것이다.

어떤 약들은 자연적인 물질로부터 만든 것이다. 반면 다른 것(약)들은 합성적인 것(물질)들로부터 만든 것이다.

To know the fact is (**one thing**), and to use it is (**another** / the other).

People should communicate with (**each other** / each one) to understand their thoughts.

사실을 아는 것과 그것을 사용하는 것은 별 개다.

사람들은 그들의 생각을 이해하기 위해서 서로 의사소통해야 한다.

[고 | 득 | 점 | T | I | P]

other의 용법

1. 비교급 : as ... as + any other + 단수 명사

　　　　　비교급 + than + any other + 단수 명사

Jane is taller than any (**other girl** / other girls) in her class.

제인은 반의 다른 어떤 여자 아이보다도 키가 크다.

2. every + other + 시간 단위 : ~마다

every other day : 이틀에 한 번

every other week : 2주일에 한 번

every other month : 두 달에 한 번

We used to take a walk at the park every (**other day** / other days).

우리는 이틀에 한 번씩 공원에서 산책을 하곤 했었다. (한 번 걸러 한 번 : every other + 시간)

another + 시간/거리/금액의 단위 – '또 한 번의 시간/거리/금액'

The research will last (**another** / other) 5 years. 그 조사는 5년간 더 지속될 것이다. (예외: 또 다른 5년의 개념)

(another + 시간/거리/금액 : another three hours, another 2 kilometers, another 10 dollars)

CHECK UP • • •

1　A: Do you think we can watch the movie?

　　B: Don't worry. We have _____ 30 minutes.

　　(a) another　　(b) other　　　(c) the other　　(d) one

2　Some laboratories are based at universities, but _____ are run by companies and individuals.

　　(a) another　　(b) every　　　(c) others　　　(d) few

laboratory 실험실

POINT

★ all과 none의 의미와 용법상의 차이를 구분하고 적절히 선택할 수 있다.

★ every/each, either/neither 각각의 의미와 용법상의 차이를 구분하고 적절히 선택할 수 있다.

1 all & none

all은 '모든' 이라는 의미를 가지고 있으며, 셀 수 있는 명사의 복수형과 셀 수 없는 명사의 단수형을 수식한다. 그리고 all of는 뒤에 단수 명사와 복수 명사를 모두 취할 수 있으며, 뒤에 제시된 명사에 따라 단수와 복수로 취급한다. none은 그자체로 쓰일 때 주로 단수의 의미로 이용된다. 또한 none of는 뒤에 단수 명사 또는 복수 명사를 모두 취할 수 있으며, 이때 뒤에 제시되는 명사에 따라 단수 또는 복수 취급한다.

all

1. '모든'의 의미
2. [all + 셀 수 있는 복수 명사(students)] vs. [all + 셀 수 없는 단수 명사(water)]
3. [all of the + 셀 수 있는 복수 명사(students)] vs. [all of the + 셀 수 없는 단수 명사(water)]

1. 단수형으로, '어느 누구도 ~이 아니다' 는 의미
2. [none of + 단수 명사(the water) + 단수 동사] vs. [none of + 복수 명사(the students) + 복수 동사]

(All the book / **All the books**) are not useful.

모든 책들이 유용한 것은 아니다.

(**All the luggage** / All the luggages) was sent to the customers on time.

모든 수화물은 고객에게 제시간에 보내졌다.

We had to confirm (all of the word / **all of the words**).

우리는 모든 단어들을 확인해야 했다.

(**All of the information** / All of the informations) was wrong.

모든 정보가 잘못된 것이었다.

There was (**none** / anyone) left at that store.

그 가게에는 단 한 개도 남아있지 않았다.

None of his money (**was** / were) wasted.

그의 돈은 조금도 낭비되지 않았다.

None of the rooms (**have** / has) balconies.

어떤 방도 배란다가 있지는 않다.

both의 용법

(Both group / **Both groups**) had little difference in lung function.

두 그룹은 폐의 기능에 거의 차이가 없었다.

(Both of her roommate / **Both of her roommates**) get along with each other.

그녀의 두 룸메이트들은 서로 친하게 지낸다.

CHECK UP • • •

1 A: Have you read the books published last week?

   B: Yes, I've read _____ of them. I really liked them.

   (a) one   (b) either   (c) neither   (d) all

publish 출판하다

2 He asked for some solid grounds, but I told him

   _____ .

   (a) some   (b) any   (c) none   (d) no

solid ground 확고한 근거

2 every & each

every와 each는 각각 '모든', '각각'이라는 의미이며 부정대명사/형용사이다. every는 단수 명사를 수식하며, 때로는 횟수를 나타내기도 한다. 그리고 each는 단수 명사를 수식하며, each of는 복수 명사를 수식하지만 단수 취급한다.

every

1. [every + 단수 명사(student)] : '모든'의 의미

2. [every + 기간 (every four years 4년에 한 번)] : '얼마간에 한 번씩' every two days, every two weeks, every two months, every two years

3. [every + other + 시간 단수 명사] : '두 번의 단위마다 한 번' every other day 이틀에 한 번, every other week 2주일에 한 번

each

1. [each + 단수 명사(student)] : '각각'의 의미

2. [each of + 복수 명사(the students)] : 단수 취급

3. each other '서로 서로' = one another

(**Every** / All) student should attend the conference.

The subway runs (every five minute / **every five minutes**).

The managers have a meeting (**every other day** / every other days).

모든 학생들은 회의에 참가해야 한다. (모든 학생들)

그 지하철은 5분에 한 대씩 다닌다. (5분에 한 번, 한 대)

관리자들은 이틀에 한 번 회의를 한다. (이틀에 한 번)

(**Each state** / Each states) has its own legal system.

(Each of the organ / **Each of the organs**) has to do their own function.

The contestants had a big debate with (**each other** / each others).

[고 | 득 | 점 | T | I | P]

부정대명사와 수의 일치

Every + 단수 명사 + 단수 동사

Each + 단수 명사 + 단수 동사

Each of + the 복수 명사 + 단수 동사

CHECK UP • • •

1 A: There are some faults in your research paper.

B: I'm sorry. I'll go through ＿＿＿＿＿＿＿＿ one by one.

(a) line   (b) a line   (c) the line   (d) each line

2 If you want to improve your reading skill, you should practice reading more than 300 words ＿＿＿＿＿＿＿ 60 seconds.

(a) all   (b) both   (c) every   (d) each

3 either & neither

either와 neither가 명사를 수식할 때, 단수 명사를 수식하며, 단수 취급한다. 반면에 either of와 neither of는 복수 명사를 수식하지만, 단수 취급한다.

1. [either + 단수 명사(option)] & [neither + 단수 명사(option)] : 단수 취급

2. [either of + 복수 명사(the options)] & [neither of + 복수 명사(the options)] : 단수 취급

Either (**company** / companies) will be influenced after the merger in the marketplace.

Neither (**participant** / participants) has sympathy for Robert.

Either of those methods (**is** / are) successful.

Neither of the changes (**was** / were) shown in the disease.

각각의 주는 자신만의 법체계를 가지고 있다. (각각의)

각각의 장기는 그들 자신의 기능을 해야 한다. (각각의)

참가자들은 서로 장황한 토론을 했다. (서로)

fault 실수, 오류 research paper 연구 과제 go through 훑어보다 one by one 하나씩

improve 향상시키다 practice 연습하다

수 일치 정리

Either + 단수 명사 + 단수 동사

Neither + 단수 명사 + 단수 동사

Either of + the 복수 명사 + 단수 동사

Neither of + the 복수 명사 + 단수 동사

시장에서 합병 이후 두 회사 중 하나는 영향을 받을 것이다.

두 참가자 중 어느 누구도 로버트에게 동정을 느끼지 않는다.

그 두 방법 중에서 하나는 성공적이야.

그 질병에서 (둘 중) 어느 변화도 일어나지 않았어.

1   A: I heard your two boys had an accident last night.

    B: But fortunately, _____ hurt.

    (a) neither one was   (b) neither one were
    (c) neither ones was   (d) neither ones were

    accident 사고 fortunately 다행하게도

2   All the board members had to make a difficult decision, for _____ option could cause some risks for the development of the company.

    (a) some   (b) other   (c) both   (d) either

    risk 위험

1 If you find (error / an error) in my own writing, please let me know as soon as possible.

2 My teacher told all of us to write an essay (week / a week) on any topic of our choice.

3 A growing number of consumers have switched from red meat to (poultry / poultries).

4 A: I have an important exam today.
   B: Good luck to you. Let me know (a result / the result) as soon as you find out.

5 All the part-time workers in this company are paid (by an hour / by the hour).

6 (Most of ingredients / Most of the ingredients) of the product import from the United States.

7 A: Would you mind putting my books in your bag?
   B: Sorry, but I don't have (room / a room) for them.

8 A: Did you enjoy the play last night?
   B: No. Actually, I'm not interested in (that type of thing / that type of a thing).

9 The organization is helping (that / those) who are homeless or at risk of becoming homeless.

10 A: I'd like to buy a computer.
    B: Here you go. We have several different (one / ones) to choose from here.

11 Were there (some / any) messages while I was in the meeting?

12 What is helpful to one person may not be helpful to (another / other).

13 Every judge thought that (all / either) contestants were very talented.

14 Most people believe that (every / each) of us can change the world.

15 It looks like neither of the devices (is / are) working.

ACTUAL TRAINING

PART I• Choose the answer for the blank.

1 A: Why does the government tell us to avoid traveling in Australia?

B: It seems that there is a lot of _____ of an epidemic there.

(a) evidences
(b) an evidence
(c) the evidence
(d) evidence

2 A: How much money should I pay for a room at the hotel?

B: Maybe fifty dollars _____.

(a) night
(b) a night
(c) the night
(d) any night

3 A: What made you so angry yesterday?

B: My neighbors made a loud noise at the party. I can't stand _____.

(a) that kind of thing
(b) that kind of a thing
(c) that kinds of thing
(d) that kinds of things

4 A: How do you sell your cloth?

B: We sell it by _____.

(a) an yard
(b) the yard
(c) one yard
(d) other yards

5 A: Please help me with this box. It's too heavy.

B: Wait a minute, please. I'm on _____.

(a) phone
(b) a phone
(c) the phone
(d) some phone

PART II• Choose the answer for the blank.

6 The plot of the novel was considered as excellent as _____.

(a) actual contents
(b) the contents actual
(c) actual content
(d) the actual content

7 Human activity has endangered plant and animal species _____.

(a) alarming a rate
(b) at an alarming rate
(c) at alarming a rate
(d) at a rate for alarm

8 For most children, making _____ first day of school the best day is very important.

(a) a
(b) the
(c) other
(d) each

9 _____ students had no problem with their score last semester.

(a) Most
(b) Most of
(c) The most
(d) The most of

10 In a multi-cultural society, one group should try to understand the customs and languages of _____ group by sharing cultural diversity.

    (a) another

    (b) either

    (c) other

    (d) a few

PART III • Identify the grammatical error in the dialouge.

11 (a) A: Jenny, do you know David's home address?

    (b) B: No. I can't remember it right now.

    (c) A: Oh, no. I have to meet him right away.

    (d) B: Then, why don't you look him up at the personal information form?

12 (a) A: Could I borrow some money from you?

    (b) B: How much do you need and why do you need them?

    (c) A: I just need $20 to buy a present for my mother.

    (d) B: Well, I don't have that much. I only have a few dollars.

13 (a) A: Mom, where is my history book?

    (b) B: It was on the desk, so I put it away.

    (c) A: Where on earth did you exactly put it? I can't see it.

    (d) B: Look into the bookcase, the second shelf from bottom.

PART IV • Identify the grammatical error in the passage.

14 (a) It was in the Romantic period that such concern with individualism became more widespread. (b) Byron in literature and Beethoven in music are both examples of romantic individualism. (c) But the most influential exemplar of individualism during the 19th century was not a creative artist at all, but a military man: Napoleon Bonaparte. (d) The dramatic way in which he created new styles, tastes, and even laws with a disregard for aristocratic opinion fascinated the people of the time.

15 (a) During the 19th century, the focus of geographical exploration and mapping turned to the Arctic. (b) Many of the explorers who sailed to the Arctic sought a fabled Northwest Passage between Asia and Europe. (c) One of the most famous of them was British sailor called William Perry who made numerous voyages to the Arctic. (d) His trip to the Arctic Archipelago is considered to be one of the most important in the history of Arctic exploration.

위아텝스
GRAMMAR

형용사는 명사를 수식하고, 보어로 기능한다. 명사를 수식하는 용법에서는 주로 어순 문제로 출제되고 있으며, 또한 수량 형용사(many, much, few, little 등)의 용법도 출제되는 포인트이다. 또한 형용사에 따라 문장의 어순이 달라지기도 하므로 형용사의 용법뿐만 아니라 문장의 어순도 함께 기억해야 한다. 또한 부사의 경우에는 해석 문제가 출제되고 있으므로 각각의 부사가 가지고 있는 의미를 구분해야 한다. 또한 부사가 문장에서 위치하는 관계를 파악해야 하므로 부사의 위치를 구분한다. 그리고 파트 3,4 에서는 형용사와 부사를 구별하는 문제가 출제되므로 형용사와 부사가 올바로 사용되고 있는지를 구분한다. 또한 비교급과 최상급의 표현은 기본적인 내용만으로 문제 해결이 가능하다. 특히 기본 형태 문제 유형, 관용적 어구 문제 등이 많이 출제되므로 핵심포인트에 제시한 비교급, 원급비교, 최상급의 유형을 구별하여 학습한다.

UNIT 09

형용사 & 부사 & 비교급

P 061 형용사의 역할 1

POINT

★ 형용사가 명사를 수식하는 기본 용법을 익히고 어순에 맞게 적절히 선택할 수 있다.

★ 형용사가 보어로 기능하는 용법을 파악하여 적절한 형태의 단어를 고를 수 있다.

1 명사 수식 기능

형용사의 기본 기능은 명사를 수식하는 것이며, 일반적으로 명사 앞에서 수식한다. 그러나 때때로 -thing(something/anything), -body(somebody), -one (someone) 등의 경우 형용사가 뒤에서 수식하며, 2단어 이상이 하나의 의미 단위로 이용되는 형용사구의 경우에도 명사의 뒤에서 수식한다.

1. [형용사 + 명사] 어순
   ➡ [(관사) + (부사) + 형용사 + 명사] 형태의 어순 문제가 출제된다.
2. [명사 + 형용사 어구]의 형태로 제시되기도 한다.
   ➡ something/nothing/anything + 형용사
   ➡ somebody/nobody/anybody + 형용사
   ➡ 명사 + 형용사 어구

We finally found (**a good place** / a place good) to stay in the city. [관사 + 형용사 + 명사]

우리는 드디어 그 도시에서 머물 좋은 장소를 찾았다.

The road was (**an extremely dirty one** / an extreme one dirty). [관사 + 부사 + 형용사 + 명사]

그 길은 매우 더러운 길이었다.

I'd like to buy (special something / **something special**) for my family. [something + 형용사]

나는 내 가족들을 위해 무언가 특별한 것을 사고 싶다.

This book offers (**a lot of information available to biologists** / available biologists to a lot of information). [명사 + 2단어 이상의 형용사구]

이 책은 생물학자들에게 유용한 많은 정보를 제공한다.

[고 | 득 | 점 | T | I | P]

이런 단어들이 주로 형용사!

형용사는 대개 -able, -al, -ible, -ic, -tive, -ous, -ful, -y 등의 형태다.

ex) available, national, possible, dynamic, creative, curious, beautiful, guilty

[고 | 득 | 점 | T | I | P]

명사 수식 형용사 ➡ [형용사 + 명사]로만 이용, 보어로 올 수 없는 형용사는 다음과 같다.

chief, drunken, elder, entire, further, last, main, next, particular, previous, whole

1   A: May I help you, sir?

B: Well, I'd like to meet _____.

(a) for the delay responsible
(b) for responsible person the delay
(c) a person responsible for the delay
(d) a responsible person for the delay

2   Many substances used in the experiment are usually
useless, and most of them are _____ ones.

(a) extreme dangerous
(b) dangerously extreme
(c) extremely dangerous
(d) extremely dangerously

substance 물질 experiment 실험
useless 쓸모없는 extremely 매우, 심하게
dangerous 위험한

2 보어 기능

형용사는 연결동사(be동사), 감각동사, 상태동사, 외양동사 뒤에 위치하면서 주어
를 보충하는 보어 역할을 한다. 이때 부사가 아닌 형용사가 이용된다는 사실을 기
억해야 한다.

1.   [주어 + be동사 + 형용사 보어]
2.   [주어 + 감각동사(sound, feel, smell, taste) + 형용사]
3.   [주어 + 상태동사(remain, keep, stay) + 형용사]
4.   [주어 + 외양동사(look, seem, appear) + 형용사]

A vegetarian dish (not being available / **is not available**) here.

His suggestion sounds (**great** / greatly).

This product will remain (**competitive** / competitively) in the
marketplace.

Floating ice often looks (**safe** / safely) to walk on.

여기서는 채식 식사가 불가능하다.

그의 제안은 훌륭해 보인다.

이 제품은 시장에서 경쟁성 있는 상품으로
유지될 것이다.

물에 떠있는 얼음은 걷기에 안전해 보이는
경우가 종종 있다.

[고 | 득 | 점 | T | I | P]
명사 수식 불가 형용사 : 항상 보어 자리에만 오고 명사를 수식하는 용법으로 쓰지 않는 형용사는 다음
과 같다.

afraid, alive, alone, asleep, awake, aware, content, drunk, glad, ill, ready, well

1 A: This is Brian. May I speak to James?

B: Sorry, but he is _____ .

(a) not the moment at available
(b) at the moment not available
(c) available not at the moment
(d) not available at the moment

available 이용 가능한, 통화 가능한

2 A: I bought this bag for you yesterday.

B: Wow! It looks _____ . That's exactly what I wanted.

(a) nice   (b) nicely
(c) being nice   (d) to be nicely

exactly 정확히

POINT

★ 수와 양을 나타내는 여러 형태의 형용사의 의미와 용법을 익히고 알맞게 선택할 수 있다.

★ 여러 개의 형용사 또는 관사 등과 결합할 때 옳은 어순을 파악하고 적절히 배치할 수 있다.

1 형용사와 명사 수식

수와 양을 나타내는 형용사 유형은 뒤에 제시된 명사와의 관계를 통해 결정한다. 이때 many 등은 복수 명사와 함께 결합하며, much 등은 단수 명사와 결합하여 쓴다. 그리고 a lot of 등은 단수 명사 또는 복수 명사를 문맥에 따라 결정한다.

1. [many/few/a few/several + 복수 명사]
2. [much/little/a little + 단수 명사]
3. [a lot of/lots of/plenty of/a bundle of + 셀 수 있는 명사의 복수형]
4. [a lot of/lots of/plenty of/a bundle of + 셀 수 없는 명사의 단수형]

(**Few** / Little) of my friends still think that's good news.

I'd like to share (**a few** / a little) photographs I took yesterday.

There was (few / **little**) amount of water in the glass.

I'd like to give him (a few / **a little**) more time to finish his assignment.

그것이 좋은 소식이라고 믿는 내 친구들은 거의 없다.

나는 어제 내가 찍었던 사진을 공유하고 싶다.

그 유리잔에는 남은 물이 거의 없었다.

나는 그가 과제를 끝낼 수 있도록 시간을 좀 더 주고 싶다.

CHECK UP • • •

1 A: What's the purpose of the new tax policy?

B: The purpose is to raise _____ million dollars in addition to the existing tax.

(a) few   (b) a few   (c) little   (d) a little

tax policy 세금 정책 raise 거두다 existing 현재의, 현존하는

2 Unfortunately, the new tent will provide _____ protection against the chilly mountain air.

(a) few   (b) little   (c) many   (d) a few

unfortunately 불행하게도 protection 보호 chilly 추운

2 형용사의 어순

명사를 수식하는 형용사가 두 개 이상이 제시될 때, 형용사를 나열하는 어순 문제로 출제된다. 일반적으로 형용사의 어순은 외우기 쉽게 [지수성] – [의견과 사실] – [SCOMP] 로 기억한다.

1. **지수성** : 지시사[a/an/the/this/that] + 숫자[서수(first) + 기수(one)] + 특성
2. **의 사** : 의견 + 사실
3. **사 실** : SCOMP
[Size 크기 + Color 색깔 + Origin(nationality) 국적 + Material 재료 + Purpose 목적]
   *모양(shape) 또는 신구(old & new)의 개념은 색깔 앞이나 뒤에 제시되기도 한다.

Jenny asked me to buy (pink small three plates / **three small pink plates**) at the department store. [수 + 크기 + 색깔 + 명사]

There was (**a little white wooden house** / a white wooden little house) on the hill. [관사 + 크기 + 색깔 + 재료 + 명사]

He had (**long curly red hair** / red curly hair long).
[크기 + 모양 + 색깔 + 명사]

While visiting Italy, he bought (**an Italian silk jacket** / a silk Italian jacket). [관사 + 국적 + 재료 + 명사]

---

1. 지수성의 예
the first three interesting books 첫 번째 놓인 세 권의 흥미로운 책들

2. 의사의 예
poor Indian people 가난한 인도 사람들

3. 사실[SCOMP]의 예
[the first three good large white Italian leather outdoor jackets]

제니는 내게 백화점에서 작은 핑크색 접시를 3개만 사달라고 했다.

그 언덕에는 작고 하얀 나무 집이 하나 있었다.

그는 길고 곱슬 거리는 붉은 머리를 가지고 있었다.

그는 이태리를 방문하는 동안 이태리산 실크 재킷을 하나 구입했다.

CHECK UP • • •

1 A: What do you want to buy?

   B: The _____.

   (a) two cleaners the first on the left
   (b) on the left first two cleaners
   (c) first two on left cleaners
   (d) first two cleaners on the left

2 A: What are you looking for?

   B: I'd like to buy _____ to record my birthday party.

   (a) a video camera wireless tiny
   (b) a tiny wireless video camera
   (c) a wireless video tiny camera
   (d) a tiny camera wireless video

record 녹화하다 tiny 작은 wireless 무선의

3 관사/형용사/명사의 관계

[관사 + 형용사 + 명사]의 기본 어순에서 수식하는 형태의 수식어구를 따로 기억해야 하며, 각각 [a + 형용사 + 명사] 또는 [형용사 + a + 명사]의 형태로 구분된다. 이때 명사는 셀 수 있는 명사의 단수형을 말하며, 셀 수 없는 명사는 관사 a/an을 이용하지 않고, 복수형(-s/es)을 쓴다.

관사/형용사/명사를 수식하는 어구의 유형

1. [such/quite/rather/what + a + 형용사 + 명사]
2. [so/as/too/how + 형용사 + a + 명사]

It's (so / **such**) a beautiful day!

It will take you (**quite a long time** / quite long a time) to overcome the difficulties.

This room is (too a noisy place / **too noisy a place**) to stay.

He was (as a great musician / **as great a musician**) as ever lived.

날씨가 정말 좋군요! [such + a + 형용사 + 명사]

그 어려움들을 극복하는 데에는 꽤 오랜 시간이 걸릴 것입니다. [quite + a + 형용사 + 명사]

이 방은 지내기에 너무 시끄러운 곳입니다. [too + 형용사 + a + 명사]

그는 지금까지 없었던 위대한 음악가이다. [as + 형용사 + a + 명사]

[고 | 득 | 점 | T | I | P]

such와 quite의 명사 수식

such와 quite의 경우, 형용사가 없이도 [a/an + 명사]를 수식할 수 있다

My teacher was **such a gentleman**. 내 선생님은 매우 신사적인 분이었다.

The plan was **quite a success**. 그 계획은 매우 성공적이었다.

[고 | 득 | 점 | T | I | P]

so vs. such

[so + 형 + a + 명]의 규칙과 [such + a + 형 + 명]의 규칙은 접속사 유형에도 적용된다. 예를 들어, '너무 ~해서 …하다' 는 의미를 나타낼 때, so ~ that …의 구조와 such ~ that …의 구조를 이용할 수 있는데, 이때 위에 언급한 규칙대로 문장을 완성할 수 있다.

There was (**such** / as) a large rock on the street that it was very dangerous to drive.

The rock on the street was (such / **so**) large that it was very dangerous to drive.

도로에 그렇게 큰 바위가 있었기 때문에, 운전하는 것이 매우 위험했다.

CHECK UP • • •

1 A: How's your English class today?

B: Well, it's too hard. English seems to be _____ a difficult subject.

(a) way   (b) very   (c) quite   (d) much

subject 과목

2 It was _____ a terrible accident that hundreds of passengers were killed.

(a) such   (b) so   (c) very   (d) much

terrible 끔찍한 passenger 승객

POINT

★ 부사의 의미와 수식 관계를 파악하여 빠진 부분을 적절히 채울 수 있다.
★ 문맥에 부합하는 적절한 의미의 부사를 고를 수 있다.

부사 문제는 부사의 의미를 구분하여, 각각의 부사가 형용사 또는 부사를 수식하는 관계를 설명하도록 요구한다. 따라서 각각의 부사의 의미를 구분하고, 문장에서 이용하는 방식을 기억한다. [부사 + 형용사/부사]의 형태로 제시되며, 문장 해석을 통해 의미를 구분하는 문제로 출제된다.

[_____+형용사/부사]　　　　　➡ 해석 문제 유형

Cows are (**very** / far) useful animals.

It is (**quite** / much) cold this morning.

I'll be back (**pretty** / much) early this evening.

The film was (**too** / far) shocking for children to watch.

The brand new car was far (**too** / much) expensive.

He has been working (**much** / very) too hard.

The guests drank (**way** / quite) too much.

The product was sold (**well** / too) below the tag price.

I should do it (**right** / well) after his performance.

Her parents are (**so** / much) worried about their daughter's future.

I didn't expect to have to wait (**this** / much) long.

He is not paid (quite / **that**) much money.

Is it (ever / **any**) good?

I'm not (much / **any**) good at math.

How did she (**ever** / quite) pass the test?

He was (**all** / far) in tears.

The environmental pollution (**even** / quite) kills animals and human beings.

소는 매우 유용한 동물이다. (매우/꽤)

오늘 아침은 꽤 춥다. (매우/꽤)

오늘 저녁에 매우 일찍 돌아올게요. (매우/꽤)

그 영화는 아이들이 보기에는 너무 충격적이었다. (너무/매우)

그 새 자동차는 너무나도 비쌌다. (매우/꽤)

그는 너무 열심히 일을 해왔다. (매우/꽤)

그 손님들은 (술을) 너무 많이 마셨다. (매우/꽤)

그 제품은 가격표의 가격보다 훨씬 싸게 팔렸다. (매우/훨씬)

나는 그의 공연 바로 뒤에 해야 한다. (바로)

그녀의 부모님은 그들 딸의 미래에 대해서 매우 걱정하고 있다. (매우)

나는 이렇게 오래 기다리게 될 것이라고는 예상하지 못했다. (이렇게)

그는 그렇게 많은 돈을 받지는 않는다. (그렇게)

그것이 조금이라도 좋은 것인가요? (조금이라도)

저는 수학을 조금도 못합니다. (조금도)

그녀가 도대체 어떻게 그 테스트에 통과했나요? (도대체)

그는 온통 눈물에 젖어 있었다. (온통)

환경 오염은 심지어 동물과 인간도 죽이고 있다. (심지어)

very & much & 분사

very와 much가 분사를 수식하는 형태에서 현재분사와 형용사로 이용되는 과거분사는 very로 수식한다. 그리고 일반적인 수동태 구문에 이용되는 과거분사는 much로 수식한다.

This detective story is (very / much) amusing. 이 탐정 이야기는 매우 흥미롭다. [very + 현재분사]

I noticed a (very / much) satisfied look on his face. 나는 그의 얼굴에서 매우 만족한 표정을 알아차렸다. [very + 형용사화된 과거분사]

＊alarmed, amused, bored, disappointed, excited, frightened, interested, pleased, satisfied, shocked, surprised, tired 등은 형용사화된 과거분사이다.

Your assistance will be (very / much) appreciated. 당신의 도움에 매우 감사드립니다. [much + 일반 과거분사]

CHECK UP • • •

1 A: Why not buy the clothes at that store?

B: But they're far _____ expensive there.

(a) much   (b) well   (c) that   (d) too

expensive 비싼 far 너무

2 A: Please help me with my homework.

B: I'm not _____ good at linguistics.

(a) rather   (b) still   (c) far   (d) any

POINT

★ [형용사 + ly]의 형태로 부사가 되는 것 중 의미가 구분되는 부사를 숙지할 수 있다.

★ 부사의 적절한 어순을 익혀서 문장 속에서 바르게 나열할 수 있다.

1 부사의 형태

-ly의 유무에 따라 의미가 구분되는 단어들의 유형을 구분해야 한다. 예를 들어, hard는 '열심히' 라는 의미이지만, hardly는 '거의 ~이 아닌' 이라는 의미로 부정적 의미를 나타낸다. 대부분의 [형용사 + ly]가 부사의 의미를 갖지만, 다음에 제시한 단어들은 의미가 완전히 달라진다.

의미가 구분되는 부사들

1. near 근처에 – nearly 거의
2. hard 열심히 – hardly 거의 ~이 아닌
3. high 높게 – highly 상당히
4. most 대부분 – mostly 주로 – almost 거의
5. late 늦게 – later 나중에 – lately 최근에

His school is (**near** / nearly) the station.

그의 학교는 역 근처에 있다. (근처에)

(Near / **Nearly**) 100 people showed up at the concert.

그 콘서트에 거의 100명이 왔다. (거의)

He studied (**hard** / hardly).

그는 열심히 공부했다. (열심히)

I can (hard / **hardly**) believe you.

나는 너를 거의 믿을 수가 없어. (거의 ~이 아닌)

We should work (**late** / later) tonight.

우리는 오늘 늦게까지 일해야 해. (늦게)

What have you been doing (late / **lately**)?

너 최근에 뭐하고 지냈니? (최근에)

I'd like to use this computer (late / **later**).

나중에 이 컴퓨터를 이용하고 싶어요. (나중에)

The plane is flying (**high** / highly) in the sky.

그 비행기는 하늘 높이 날고 있다. (높이)

I think (high / **highly**) of you.

나는 너를 상당히 높이 평가하고 있어. (상당하게)

(**Most** / Mostly) students want to take the course.

대부분의 학생들은 그 수업을 받기를 원한다. (대부분)

They were discussing (most / **mostly**) about their pets.

그들은 주로 그들의 애완동물들에 대해 토론하고 있었다. (주로)

Our company has provided (most / **almost**) free furniture for the poor for decades.

우리 회사는 수십 년 동안 가난한 사람들에게 거의 무료로 가구를 제공해오고 있다. (거의)

❶ 형용사 형태 = 부사 형태

direct 직접적인/곧장   fast 빠른/빠르게   hard 어려운/열심히   late 늦은/늦게
loud 큰/크게   quick 빠른/빠르게   right 올바른/바로   straight 곧은/곧바로

❷ [명사 + ly = 형용사]

lively 활기 있는   friendly 친숙한   lovely 훌륭한   manly 남성다운
womanly 여성다운

[고 |특 |점 |T |I |P]

direct 곧장 − directly 직접적으로   wide 활짝 − widely 널리
full 가득한 − fully 전적으로   just 단지 − justly 정당하게
deep 깊이 − deeply 심당히   close 밀접한 − closely 밀접하게/빈틈없이
like 같은 − likely ~할 것 같은

[고 |특 |점 |T |I |P]

[형용사 + ly = 부사] : 대부분의 단어들이 이 유형에 속한다.

anxious 걱정하는 − anxiously 근심스럽게
accurate 정확한 − accurately 정확하게
biological 생물학적인 − biologically 생물학적으로
financial 재정적인 − financially 재정적으로
moral 도덕적인 − morally 도덕적으로

CHECK UP • • •

1 A: Are you finished the report I told you last week?
   B: Sorry, but I'll be done with it _____.
   (a) short   (b) shorter   (c) shortest   (d) shortly

2 The merger between the companies was _____ considered as the cause of the crisis.
   (a) wide   (b) wider   (c) widely   (d) widen

shortly 곧 be done with ~을 끝나다, 마치다

merger 합병

2 부사의 위치 관계

부사의 위치는 어순 문제로 출제되며, 부사의 종류에 따라 각각의 위치를 기억할 필요가 있다. 다음에 제시된 5가지의 어순 유형을 기억해두자.

1. [동사 + 형용사/부사]
2. [be동사/조동사 + 빈도부사] vs. [빈도부사 + 일반동사]
3. [동사 + 대명사 + 부사] : 대명사는 중간에 위치
4. [enough + 명사 + to부정사] vs. [형용사/부사 + enough + to부정사]
5. [too + 형용사/부사 + to부정사]

The information you sent us will be (**securely shared** / shared securely) with our partner.

당신이 우리에게 보내준 정보는 우리 파트너와 안전하게 공유될 것입니다. [부사 + 과거분사]

The baby (usually is / **is usually**) quite annoying.

그 아이는 보통 매우 짜증나게 한다.

They (take usually / **usually take**) a walk every morning.

그들은 보통 매일 아침 산책을 한다.

Your music is interrupting me every night, so I'd like you to (**turn it down** / turn down it).

당신의 음악은 매일 밤 저를 방해합니다. 그러니 소리를 좀 줄여주시기 바랍니다. [동사 + 대명사 + 부사]

The poor are receiving (assistance enough to help / **enough assistance to help**) themselves.

가난한 사람들은 스스로를 도울 수 있을 만큼 충분한 도움을 받고 있다.

He was (enough lucky to become / **lucky enough to become**) a lottery winner.

그는 복권에 당첨될 만큼 충분히 운이 좋았다.

Some people are (**too poor to buy** / poor too to buy) new computers or cars.

어떤 사람들은 너무 가난해서 새로운 컴퓨터나 자동차를 살 수도 없다.

[고|득|점|T|I|P]

1. [동사 + 부사] 어구의 명사 목적어 vs. 대명사 목적어
[동사 + 대명사 + 부사]
The radio was so loud that I (**turned it off** / turned off it).
라디오 소리가 너무 커서 나는 그것을 껐다.

[동사 + 명사 + 부사] = [동사 + 부사 + 명사]
I'd like you to **turn the light on**.
= I'd like you to **turn on the light**.
불을 좀 켜주세요. [동사 + 명사 + 부사 = 동사 + 부사 + 명사]

2. 빈도부사와 동사구 유형
빈도부사 유형
always 항상 **usually** 보통 **often** 가끔 **sometimes** 때때로 **occasionally** 때때로 **frequently** 빈번하게 **hardly** 거의 ~하지 않는 **rarely** 거의 ~하지 않는 **scarcely** 거의 ~하지 않는 **never** 결코 ~한 적 없는 **ever** ~한 적 있는

동사구 유형
give it up 포기하다 **pick it up** 집다/태워주다 **put it on** 입다 **take it off** 벗다 **try it on** 입어보다 **turn it off** 끄다 **turn it on** 켜다 **turn it down** 줄이다

*동사구 유형은 대명사 목적어를 넣어서 한꺼번에 익혀두자.

[고 | 득 | 점 | T | I | P]

부사와 동사의 위치 관계

1. [부사 + 일반동사]
His behavior **usually irritates** us. 그의 행동은 주로 나를 괴롭게 한다.

2. [be동사 + 부사]
He **is often** late for class. 그는 종종 수업에 늦는다.

3. [조동사 + 부사]
He **will surely** come back early. 그는 꼭 일찍 돌아올 것이다.

4. [be동사 + 부사 + p.p.]
This pie **is mainly made** from flour. 이 파이는 주로 밀가루로 만든다.

5. [have + 부사 + p.p.]
I **have already finished** all the work. 나는 이미 모든 일을 끝냈다.

6. [have + 부사 + been + p.p.]
The theory **has already been established** in science.
그 이론은 과학 분야에서 이미 확립되어 있다.
The theory **has already been well established** in science.
그 이론은 과학 분야에서 이미 잘 확립되어 있다.

7. [will + 부사 + be + p.p.]
The full list of teachers **will later be presented** in the website.
선생님들의 리스트를 이 웹사이트에서 나중에 볼 수 있을 것이다.

8. [will + 부사 + have + p.p.]
They **would already have changed** the plan. 그들이 그 계획을 이미 바꿨을 텐데.

CHECK UP • • •

1 A: It seems that it takes a long time to finish the paper.

   B: Don't worry. I'll submit _____ .

   (a) soon enough the perfect paper
   (b) the paper perfect enough soon
   (c) the perfect paper enough soon
   (d) the perfect paper soon enough

perfect 완벽한

2 High calorie food _____ to contribute to heart disease or other physical problems.

   (a) long has been known
   (b) has been know long
   (c) has long been known
   (d) has been long known

contribute 기여하다 heart disease 심장 질환 physical 신체적인

POINT

★ 원급비교의 기본 형태를 익히고 어순에 주의하여 빠진 부분을 적절히 채울 수 있다.

★ 원급비교의 다양한 관용표현을 익히고 의미에 맞게 적절히 선택할 수 있다.

1 원급비교의 기본 형태

'~만큼 …하다'는 의미를 나타내는 원급비교 구문은 문장의 형태와 어순을 묻는 문제로 출제된다. 또한 as … as 사이에 위치하는 단어들의 어순 등도 출제되므로 전체 형태를 기억할 필요가 있다.

1. [as … as …]
2. [as + 형용사 원급 + as] : as clean as
3. [as + 부사 원급 + as] : as cleanly as
4. [as + many/much + 명사 + as] : as much information as
5. [as + 형용사 + a + 명사 + as] : as patient a teacher as
6. [not + as(so) + 형용사/부사 + as] : not so accurate as

Susie is (smart / **as smart**) as her sister.

I could understand the word (faster as / **as fast as**) Mike.

His room is as (**clean** / cleanly) as mine.

He put away all sorts of items as (clear / **clearly**) as possible.

He collected (**as much information** / much as information) as possible.

He was (**as great a teacher** / as a great teacher) as I've ever met.

My mother is (**not so old** / not old) as she looks.

The professor was not so much a teacher (**as** / so) a scholar.

수지는 그녀의 언니만큼이나 똑똑하다.

나는 마이크만큼 빠르게 그 말을 이해할 수 있었다.

그의 방은 내 것만큼이나 깨끗하다.

그는 모든 종류의 물건들을 최대한 깔끔하게 치워버렸다.

그는 가능한 많은 정보를 수집했다.

그는 내가 만나본 선생님 중 가장 훌륭한 분이었다.

나의 어머니는 보기보다 나이가 많지는 않다.

그 교수는 선생님이기보다는 학자에 가까웠다.

[고 | 득 | 점 | T | I | P]

as … as 사이에 들어가는 형용사 vs. 부사

as … as 구문에서 비교되는 대상의 특성을 나타내는 표현으로 형용사와 부사를 이용할 수 있다. 이때 as와 as 사이에 들어가는 것이 형용사인지 부사인지를 묻는 문제가 출제되며, 특히 파트 3에도 대비할 수 있어야 한다.

His room was as (clean / cleanly) as his brother's. 그의 방은 형의 방만큼 깨끗했다.

He put away all the furniture as (clean / cleanly) as possible.
항상 그는 가능한 깨끗하게 모든 가구를 치웠다.

앞의 문장에서 clean인지 cleanly인지를 구별할 때, as와 as를 제거하고, His room was clean, He put away all the furniture cleanly로 만들어 구별하면 쉽게 접근할 수 있다.

1 A: What do you think of Robert as your colleague?

B: He is _____ as anyone I've met.

(a) as a patient person
(b) as patient a person
(c) a very patient person
(d) a person that is patient

colleague 동료 patient 인내심 있는

2 A: Many people think Brian is a good singer.

B: Yeah. I wish I could _____.

(a) as well as him sing
(b) as him sing well
(c) sing as well as he does
(d) sing as much as well he

2 원급비교 관용표현

as ... as를 이용한 관용표현으로, 각 조건에 따라 as ... as 사이에는 many, much, few, little를 쓸 수 있으며, 최상급의 개념으로서 as ... as possible 또는 as ... as can be의 형태를 쓸 수 있다. 또한 원급비교에서 배수사를 이용하는 방식은 [배수사 + as ... as]의 형태를 쓴다. 원급비교에서 최상급의 의미도 나타낼수 있는데, [as ... as]와 [any other + 단수 명사]의 형태를 결합하여 쓴다.

1. [as many as + 복수 명사](많은 수의) vs. [as much as + 단수 명사](많은 양의)
2. [as few as + 복수 명사](적은 수의) vs. [as little as + 단수 명사](적은 양의)
3. [as .... as + possible] = [as ... as + one can] : 가능한 ~한/하게
4. [as .... as + can be](현재) / [as ... as + could be](과거) : 가장 ~한/하게
5. [배수사 + as + ... + as](~배 …한)
6. [as ... as any other + 단수 명사] 또는 [as ... as + ever + 동사] : 최상급 개념

It is believed that children learn (**as many as** / as much as) 100 words before they reach the age of one. [as many as + 복수 명사]

They spent as (many / **much**) as 50% of their income on food. [as much as + 단수 명사(금액/거리/시간)]

(**As few as** / As little as) 10 companies in this country invest money in their research and development. [as few as + 복수 명사]

People can subscribe to our magazines and newspapers for (as few as / **as little as**) 40 cents each. [as little as + 단수 명사(금액/거리/시간)]

아이들은 한 살이 되기 전까지 단어를 100개나 습득한다고 알려져 있다.

그들은 음식을 사는 데 수입의 50% 정도를 썼다.

이 나라에서 겨우 10개의 회사들이 그들의 연구와 개발에 돈을 투자하고 있다.

사람들은 우리의 잡지와 신문을 각각 겨우 40센트에 구독할 수 있다.

I'll be back (**as quickly as possible** / as possible as quickly).
[as ... as possible]

난 최대한 빨리 올 것이다.

The dinner was (**as good as could be** / as good as could it be).
[as ... as can be / as ... as could be]

그 저녁식사는 최고였다.

His house is almost (**twice as large as** / as twice large as) mine.
[배수사 + as ... as]

그의 집은 내 것의 거의 두 배만큼 크다.

Mary is as tall as any other (**girl** / girls) in her class. [최상급 개념]

메리의 반에서 그녀가 가장 큰 아이다.

Shakespeare is considered as great a writer as ever (**lived** / living).

셰익스피어는 지금까지 살았던 가장 위대한 작가라고 여겨진다.

[고 | 득 | 점 | T | I | P]
기타 관용표현

as busy as a bee 몹시 바쁜   as cool as a cucumber 아주 침착한
as blind as a bat 소경이나 다름없는   as like as two peas 꼭 닮은

크기를 비교하는 표현으로 배수를 나타내는 여러 가지 방법을 익혀두자.

❶ [배수사 + the + 명사]

The animal grew to (**twice the size** / twice of the size) of normal animals.

그 동물은 일반 동물들의 두 배 크기로 성장 했다.

❷ [배수사 + as ... as]

Her income was (as twice much as / **twice as much as**) her husband's.

그녀의 수입은 남편의 수입의 두 배 많다.

❸ [배수사 + 비교급 + than]

The building was (**three times larger than** / larger than three times) the opposite one.

그 빌딩은 반대편에 있는 빌딩보다 3배나 크 다.

[고 | 득 | 점 | T | I | P]
최상급의 개념을 나타내는 [as ... as + any other + 단수 명사]는 다음과 같이 바꿔 쓸 수 있다.
Mary is **as tall as any other girl** in her class.
= **No other girl** in her class is **so tall as** Mary.
메리의 반에 그녀만큼 큰 여자 아이는 없다.

1   The information was as far from the truth _____ .

truth 진실

(a) it could be   (b) as could be
(c) it could be as   (d) as could be it

2   Some scientists believe that as _____ as 20 thousand people throughout the country may already have serious influenza viruses.

serious 심각한 influenza 독감

(a) more   (b) less   (c) many   (d) much

POINT

★ 기본적인 비교급 표현 형태를 익히고 강조를 나타내는 다양한 표현을 숙지할 수 있다.

★ 비교급을 표현하는 다양한 유형을 익히고 어순에 맞게 문장을 구성할 수 있다.

1 비교급 표현과 강조

비교급의 의미를 나타낼 때, 기본적으로 ① [비교급 + than], ② [less + 형용사/부사 + than], ③ [more A than B], ④ [superior + to]의 형태를 쓴다. ①은 일반적인 우위적 의미의 비교급 구문이며, ②는 열등한 의미를 나타내는 비교급 구문, ③은 같은 대상에 대한 특성을 비교하는 형태이며, ④는 than 대신에 to를 쓰는 라틴 비교급이다. 또한 비교급을 강조하는 다양한 표현을 기억해야 한다.

1. [비교급 + than]의 기본 구문 : later than/taller than/more important than
2. [less + 형용사/부사 원급 + than] : '더 ∼하지 않은', '덜 ∼한'
3. [more A(형용사) than B(형용사)] / [A rather than B] : 주어의 두 가지 특성 비교
4. [prefer A to B] & [superior/inferior + to] : than 대신 to 이용
5. [much/still/far/even/a lot/any + 비교급] : '훨씬 더 ∼한' 비교급 강조 의미
   *any는 의문문과 부정문에서 이용

The building was the American desire to build something (tall than / **taller than**) the tower. [비교급 + than]

그 빌딩은 그 탑보다 더 높은 것을 건축하고자 하는 미국의 욕망을 보여주었다.

It seems that you were (less luckier than / **less lucky than**) he was.

넌 그보다 덜 운이 좋았던 것으로 보인다.

Judging from his behavior, he is (moderator than conservative / **more moderate than conservative**).
[more A than B = A rather than B]

그의 행동을 보고 판단하자면 그는 보수적이기보다는 온건한 사람이다.

Some people prefer a part-time job (**to** / than) a permanent one.
[prefer A to B]

어떤 사람들은 지속적인 직업보다는 아르바이트를 더 선호한다.

My new computer is (quite / **still**) better than other models.

내 새 컴퓨터는 다른 모델들보다 더욱 좋다.

Do you feel (much / **any**) better these days?

요즘 기분이 조금이라도 나아졌니?

비교급 만들기

1. 1음절 형용사/부사

tall - taller - tallest
fast - faster - fastest

2. -y형 형용사/부사

happy - happier - happiest
early - earlier - earliest

3. 두가지 유형

pleasant - pleasanter/more pleasant - pleasantest/most pleasant
common - commoner/more common - commonest/most common

4. 3음절 이상

dangerous - more dangerous - most dangerous
quickly - more quickly - most quickly

5. -ful, -able, -less, -ous, -ive, -ing로 끝나는 형용사와 a-로 시작하는 형용사

useful - more useful - most useful
famous - more famous - most famous
afraid - more afraid - most afraid
alive - more alive - most alive
alone - more alone - most alone

6. 기타 표현

good/well - better - best
bad/ill/badly - worse - worst
many/much - more - most
little - less - least
far - farther/further - farthest/furthest
old - older/elder - oldest/eldest

기타 비교급 강조 표현

much, still, far 등 이외에 slightly, rather, a little, a great deal, a bit 등을 쓸 수 있다.

CHECK UP • • •

1 A: How's your sister? I heard she is in the hospital.

B: She became _____ better than before.

(a) much   (b) such   (c) pretty   (d) badly

2 The ideal time to start up a new company is _____ likely to be at the end of the next year than now.

(a) much   (b) more   (c) some   (d) as

ideal 이상적인 **start up** 시작하다, 개업하다

2 여러 가지 비교급 표현

비교급의 형태로, [비교급 and 비교급]은 '점점 더 ~한'이라는 의미이다. 비교급과 정관사 the의 용법으로, [the 비교급..., the 비교급], [the 비교급 of the two], [all the 비교급]의 표현이 있다. 또한 비교급을 이용한 최상급 구문에서는 [any other + 단수 명사]를 쓴다.

1. [비교급 and 비교급] : '점점 더 ~한' : faster and faster
2. [the + 비교급 + 주어 + 동사, the + 비교급 + 주어 + 동사] : '~하면 할수록, 더 ~하다' : The more, the more.
3. [the + 비교급 + of the two] : '둘 중 더 ~한' : the better of the two
4. [all the + 비교급] : '훨씬 더 ~한' : all the harder
5. [비교급 + than + any other + 단수 명사] : 최상급의 의미 : taller than any other student

Jennifer began to drive her car (fast and fast / **faster and faster**) in order to arrive on time. [비교급 and 비교급]

제니퍼는 제시간에 도착하기 위하여 그녀의 차를 점점 더 빨리 몰았다.

(Close / **The closer**) one comes to the ground, (the dense / **the denser**) the atmosphere becomes. [the 비교급, the 비교급]

땅에 가까우면 가까울수록 대기는 더욱 더 밀도가 높아진다.

I don't know which candidate is (better / **the better**) of the two. [the + 비교급 + of the two]

나는 둘 중에 어떤 후보자가 더 나은지 모르겠다.

She worked (the harder / **all the harder**) to get a scholarship. [all the + 비교급]

그녀는 장학금을 받기 위해서 훨씬 더 열심히 공부했다.

Susan is taller than (**any other girl** / any other girls) in her class. [비교급 + than + any other + 단수 명사]

수잔은 그녀의 반에서 다른 어떤 여자 아이보다도 키가 컸다.

He is greater than (**any other writer** / any other writers) that has ever lived. [비교급 + than + any other + 단수 명사]

그는 지금까지 없었던 위대한 작가이다.

[고 | 득 | 점 | T | I | P]
기타 표현

(It) Couldn't be better. (It is best. 가장 좋다) 이보다 좋을 순 없다.

I have **not more than** 10 dollars. (not more than = at most 많아봐야, 최대한) 나는 많아봐야 10달러 있다.

I have **not less than** 5 dollars. (not less than = at least 적어도, 최소한) 나는 적어도 5달러는 있다.

I have **no more than** 5 dollars. (no more than = only 단지) 나는 단지(오직) 5달러밖에 없다.

I have **no less than** 20 dollars. (no less than = as much as 그만큼) 나는 20달러만큼 있다.

1 A: How do you like the party?

B: It couldn't be _____ .

(a) better   (b) best   (c) good   (d) well

2 _____ about your plan as an employer, the more active your staff will be.

(a) The more you are open

(b) The more open you are

(c) You are the more open

(d) You are more open

employer 고용인 staff 직원 open 개방된

POINT

★ 최상급을 표현하는 기본적인 형태를 익히고 의미에 맞게 적절히 문장을 구성할 수 있다.

★ 최상급을 강조하는 다양한 표현을 익히고 문장에서 적절한 형태를 선택할 수 있다.

최상급 구문은 집단 내에서 '가장 ~한 것'이라는 의미를 나타낼 때 이용하며, 이 때 최상급은 주로 정관사 the와 함께 쓰인다. 단, 형용사의 최상급이 보어로 이용될 때는 정관사 the를 쓰지 않으며, 부사의 최상급에서는 정관사를 이용할 수도 있으나, 일반적으로 함께 사용하지 않는다.

1. [the + 형용사 최상급 + 명사] ➡ 집단 내에서의 최상급
2. [one of the + 형용사 최상급 + 복수 명사] ➡ '가장 ~한 것 중 하나'

In ancient times, many countries built fortification in (highest / **the highest**) position.

고대에 많은 나라들은 가장 높은 위치에 방어 시설을 지었다.

The wheel was (**one of the greatest devices** / one of the greatest device).

바퀴는 가장 위대한 장치 중에 하나였다.

[고 | 득 | 점 | T | I | P]

정관사 the를 이용하지 않는 최상급 개념

[주어 + be동사 + 형용사 최상급 보어]의 경우 관사 the를 이용하지 않는다.

Red wine is said to be **best** for health. 레드 와인은 건강에 가장 좋은 것으로 알려져 있다.

[고 | 득 | 점 | T | I | P]

정관사 the를 이용한 관용표현

[the + 최상급], [the + 서수], the only(유일한), the very(바로 그), the same(동일한)

He was **the tallest boy** in his class. 그는 반에서 제일 키가 큰 소년이었다.

He was **the second person** to find the fact. 그는 그 사실을 알게 된 두 번째 사람이었다.

It was **the only way** for him to meet her. 그것은 그가 그녀를 만날 수 있는 유일한 방법이었다.

He was **the very man** that deceived her. 그녀를 속였던 것이 바로 그 사람이었다.

We were in **the same situation** when we first met each other.

우리는 처음에 서로 만났을 때 같은 처지였다.

1 A: How was the movie you saw yesterday?

　B: It seemed good, but not ＿＿＿＿＿＿＿＿ one I've
　　 seen this year.

　(a) better 　　　(b) the better 　　(c) best 　　　(d) the best

2 We ensure that our new computer is ＿＿＿＿＿＿＿＿ .

　(a) in this country the finest one
　(b) in this country one of the finest
　(c) one of the finest in this country
　(d) one of finest in this country

ensure 보장하다

2 여러 가지 최상급 표현

비교급 강조 어구(much, still, far, even, a lot, any)가 비교급을 강조하듯이,
최상급 강조어구(much, far, by far, far and away, the very)는 최상급을 강
조한다.

1. [much/far/by far/far and away + the + 최상급] : 최상급 강조
2. [the/소유격 very + 최상급] : 최상급 강조

He is (the by far fastest / **by far the fastest**) runner in our
school.

He wanted to think of (**the very best way** / the very the best
way) to reach a proper conclusion.

그는 우리 학교에서 지금까지 가장 빠른 선
수이다.

그는 적절한 결론에 도달할 최고의 방법을
생각해내기를 원했다.

[고 | 득 | 점 | T | I | P]

기타 최상급 표현

He has **at most** 100 dollars. (최대한 / 많아봐야) 그는 많아봐야 100달러 있다.

He has **at least** 100 dollars. (최소한 / 적어도) 그는 최소한 100달러는 있다.

This is **the last** conference of this year. (마지막) 이것은 올해의 마지막 회의입니다.

She is **the last person** to tell a lie. (~할 사람이 아니다) 그녀는 거짓말을 할 사람이 아니다.

His car is **the latest** model. (최신) 그의 차는 최신 모델이다.

Students should enroll by March 20th **at the latest**. (아무리 늦어도)
학생들은 아무리 늦어도 3월 20일까지는 등록을 해야 한다.

I can't submit my report by this Friday **at the earliest**. (아무리 빨라도)
나는 아무리 빨라도 이번 주 금요일까지는 숙제를 제출할 수 없어.

1   A: When are you going to come back?

B: I'm not sure. But maybe before 6:30 p.m.

_____.

(a) the last
(b) the latest
(c) at the last
(d) at the latest

2   Recently Korean students record _____ percentage in enrolling colleges or universities in the country.

(a) the by far highest
(b) by far the highest
(c) the highest by far
(d) by the far highest

record 기록하다 percentage 비율 enroll 등록하다

1   Be careful. (A strict diet / A diet strict) can be harmful to your health.

2   Let's go have (cold something / something cold) to drink.

3   A: What kind of book do you want to read?
    B: Anything (is fine with me / fine is with me).

4   She came to the party (dressed in white velvet / dressed in velvet white).

5   The Eiffel Tower is (as a popular place as / as popular a place as) the Leaning Tower of Pisa.

6   His house is (right / well) on the beach.

7   I can (hard / hardly) wait for him to finish the work.

8   The radio was too loud, so I (turned it down / turned down it).

9   Those who are living in the southern part of Asia are (as likely to speak / more likely to speak) French as English.

10 Please return my books (as quickly as possible / as possibly quick as).

11 His speech was (passionate than persuasive / more passionate than persuasive).

12 Her school record of this year is (quite / much) better than that of last year.

13 The weaker you get, (the longer to recover it takes / the longer it takes to recover) from illness.

14 This is (one of the largest websites / one largest website) around the world.

15 I thought your paper was (as ever / by far) the best you've given.

ACTUAL TRAINING

PART I• Choose the answer for the blank.

1 A: How do you like David as a speaker?

B: He is _____ as anyone I have met.

(a) as a passionate speaker
(b) as passionate a speaker
(c) a very passionate speaker
(d) a speaker that is passionate

2 A: The article says that the police will change their service.

B: Yeah. They are planning a

_____ .

(a) fundamental service reformed
(b) fundamental reformed service
(c) fundamentally reformed service
(d) fundamentally service reformed

3 A: How was the movie last night?

B: It was great. I was _____ impressed.

(a) so
(b) much
(c) even
(d) rather

4 A: I think I've got weight these days.

B: Then from now on you should

_____ food all the time.

(a) much
(b) less
(c) few
(d) many

5 A: I heard Mr. and Mrs. Smiths are going to Europe during the vacation.

B: I wish I could _____ .

(a) had time and money as much as they
(b) as much time and money they do
(c) have as much time and money as they do
(d) have as much as time and money they do

PART II• Choose the answer for the blank.

6 According to a survey, the traffic accident is _____ of death.

(a) one of the major cause
(b) one of the major causes
(c) a major one cause
(d) major one causes

7 The management thought the product popular, for it was _____ successful as to make profit.

(a) very
(b) such
(c) so
(d) too

8 The politician _____ that the idea of liberty is abhorrent to the thoughts of most human beings.

(a) has long convinced
(b) long has convinced
(c) has long been convinced
(d) has been long convinced

9 Some of the children who experienced abuse in early childhood are

_____ to drugs than others.

(a) likelier to addict
(b) more likely to be addicted
(c) as likely to be addicted
(d) likely to being addicted

10 The newspaper report was as far from the truth _____ .

    (a) it could be

    (b) as could be

    (c) it could be as

    (d) as could be it

PART III • Identify the grammatical error in the dialouge.

11 (a) A: Are you going to the farewell party for Jim?

    (b) B: I'd like to, but I should meet a friend late.

    (c) A: How about taking her to the party?

    (d) B: I'm not sure if she wants to go.

12 (a) A: Did you ever see the ads for the oven on TV?

    (b) B: Yeah, it would probable be easier to cook with it.

    (c) A: You're right. It has a lot of convenient functions.

    (d) B: I'd like to buy it right now.

13 (a) A: Who wrote this budget report this time?

    (b) B: Fred did. What's the matter? Is there anything wrong?

    (c) A: I found so many typos in it.

    (d) B: That's strange. He has never made so a careless mistake.

PART IV • Identify the grammatical error in the passage.

14 (a) Some Canadian paleontologists announced they had unearthed the world's older shark fossil among the ones ever found around the world. (b) The fossil, which is 23 centimeters long, includes the fish's braincase and large fin spines. (c) It is a 400-million-year-old specimen of a primitive species. (d) Researchers estimate that the species only grew to 50 to 75 centimeters long, about half the size of a large lake trout.

15 (a) The Salton Sea has gone through an accelerated change because of lack of the inflow. (b) Variation in agricultural runoff causes fluctuations in the water level, and the relatively high salinity of the inflow has resulted in ever increasing salinity in the sea. (c) It was apparent that the salinity of the Salton Sea had been rising by the 1960s, jeopardizing some of the species in it. (d) The Salton Sea currently is 50% salty than seawater and many species of fish are no longer able to survive in the Salton Sea.

REVIEW TRAINING 3

PART I• Choose the answer for the blank.

1 A: Excuse me. Can I borrow a book in this library?

B: Sure. I'll get you _____.

(a) manual
(b) a manual
(c) the manual
(d) each manual

2 A: How often do you meet your friends?

B: Well, _____ two weeks or so. We're usually busy at work.

(a) each
(b) another
(c) other
(d) every

3 A: Why did you decide to buy this old house?

B: Well, there were very _____ vacant houses around this area.

(a) few
(b) little
(c) fewer
(d) lesser

4 A: What do you think of the new regulation on drunken driving?

B: I'm _____ in favor of it. No one should drive under the influence of alcohol.

(a) far
(b) all
(c) that
(d) ever

5 A: How about selecting Jane chairman of the committee?

B: That sounds good. She is _____ any other person.

(a) as good a person as
(b) as a good person as
(c) a good person as
(d) good person as

PART II• Choose the answer for the blank.

6 The Smiths' daughter was not getting along with her friends at school, so they wanted to meet her teacher to discuss _____.

(a) problem
(b) a problem
(c) the problem
(d) any problem

7 Some employees who want to be promoted by their intelligence are less likely to be promoted than _____ who work hard in silence.

(a) that
(b) those
(c) some
(d) any

8 Several supervisors _____ will soon be investigated by board members.

(a) responsible for the financial failure
(b) for the financial failure responsible
(c) the financial failure responsible for
(d) responsible the financial failure for

9 If you spend some time solving this math problem, you will be able to find _____.

(a) soon enough the right answer
(b) the answer right enough soon
(c) the right answer enough soon
(d) the right answer soon enough

10 When you look for an insurance policy, make sure the payment is _____.

(a) as it can be as stable
(b) as stable as it can be
(c) stable as can be it
(d) stable as it can

PART III• Identify the grammatical error in the dialouge.

11 (a) A: It's so cold and cloudy outside. It looks like snow soon enough.
(b) B: The weather forecast said that we will have a heavy snowfall today.
(c) A: It's terrible. I'd better take the subway.
(d) B: You're right. Driving a car is likely to be dangerous.

12 (a) A: Why are you such nervous this morning?
(b) B: Well, I have an important exam this afternoon.
(c) A: Don't worry. You will get a good result.
(d) B: Thanks a lot. I will do my best.

13 (a) A: You look healthy for your age, grandma.
(b) B: Well, I work out in a gym every other days.
(c) A: How long have you been exercising?
(d) B: I have been working out for more than 20 years.

PART IV• Identify the grammatical error in the passage.

14 (a) Arthritis usually has various causes during our lifetime. (b) Weakness of the bones in our body is one of the main causes. (c) People who don't exercise or don't take enough food with vitamins and iron are prone to suffer from pain. (d) However, any moderate repetitive use of legs and arms will decrease pain.

15 (a) In a recent study, scientists gathered information on people representing all levels of social hierarchy. (b) Being popular was highly prized by most of the people around them, while it also had several serious side effects. (c) For example, those who are popular among people are more likely to ignore their neighbors. (d) In addition, they were more probably to commit slight crimes unconsciously.

위아텝스
GRAMMAR

접속사는 두 개 이상의 의미 단위를 연결하는 고리 역할을 한다. 이때 등위접속사는 등위적 관계와 해석문제 유형으로 출제된다. 상관접속사는 기본적인 형태, 수일치, 그리고 등위적 관계를 묻는다. 따라서 등위접속사와 상관접속사의 기본적인 유형을 파악할 필요가 있다. 또한 종속접속사의 첫 번째 유형으로 제시되는 명사절 접속사는 that 과 what 의 유형으로 문장 구조에 따라 이용하는 방식이 다르다. that 과 what 이 이끄는 명사절은 명사 기능을 하며, that 절은 완벽한 문장과 결합하고 what 절은 불완전한 문장과 결합한다. 그리고 간접의문문의 유형은 주로 명사절로 이용할 수 있으며, 주로 문장의 어순을 묻는 문제이다. 따라서 간접의문문에서 제시하는 문장의 기본어순인 [의문사 + 주어 + 동사]의 관계를 파악한다.

UNIT 10

등위접속사 & 상관접속사 & 명사절

→ PATTERN TRAINING

P 068 등위접속사

POINT

★ 등위접속사의 기본적인 형태를 익혀서 빠진 부분을 적절히 채울 수 있다.

★ 등위접속사의 다양한 기타 용법을 익혀서 문장을 완성할 수 있다.

1 등위접속사 and, or

A and B와 A or B의 구조를 이용한 문제는 해석, 등위적 성질, 그리고 수의 일치라는 관점에서 문제를 풀어가야 한다. 의미 구분 문제는 해석을 통해 해결하며, 등위적 성질을 이용한 문제에서는 A/B의 조건을 구별하고, 수 일치 문제는 각각 단수 개념인지, 복수 개념인지를 구분한다.

> **A and B, A or B 문제 유형**
>
> 1. 해석 문제 : A and B(A 그리고 B), A or B(A 또는 B)
> 2. 등위 구조 문제 : A/B는 같은 성질[명사-명사, 형용사-형용사, 동사-동사, 동명사-동명사, 부정사-부정사, 분사-분사]
> 3. 수 일치 문제 : A and B – 일반적으로 복수 취급
>   A and B – 특정 의미일 때는 단수 취급
>   A or B – 동사와 가까운 것이 주어

After midnight, I turned off the television and (**went to bed** / going to bed).

자정 이후, 나는 텔레비전을 끄고 잠자리에 들었다. (등위적 성질)

How about going out to the theater or (go shopping / **going shopping**) to the department?

영화 보러 가실래요, 아니면 백화점에 쇼핑하러 가실래요? (등위적 성질)

The panda and the dragon (is / **are**) considered immortal animals in Asian countries.

팬다와 용은 아시아 나라들에서는 불멸의 동물로 간주된다. (복수 주어)

No demand or request (**was** / were) made by the passengers.

승객들로부터 어떤 요구나 부탁도 없었다. (request 주어 – 단수)

There (**is** / are) no bus service or bus stop at the village.

그 마을에는 버스도 버스 정류장도 없다. (bus 주어 – 단수)

[고|득|점|T|I|P]

1. A and B를 단수로 취급하는 표현

a black and white cow 얼룩소   a cup and saucer 컵과 받침대
a knife and fork 나이프와 포크   a needle and thread 바늘과 실
a watch and chain 체인 달린 회중시계   bread and butter 버터 바른 빵
curry and rice 카레라이스   the publisher and editor 출판업자이자 편집인(한 사람을 의미)

2. 명령문 + and/or

Eat less fast food, **and** you will lose weight. 패스트 푸드를 적게 먹으면 몸무게가 줄 것이다.

Hurry up, **or** we'll be late. 서둘러, 안 그러면 우린 늦을 거야.

3. 동격 표현 or

He has stage fright, **or** nervousness in front of people.
그는 무대 공포증 즉, 사람들 앞에서 긴장하는 경향이 있다.

1   A: It looks like you have lost weight. Do you exercise?

B: Yes, I've been running almost everyday and
_____ as well.

(a) swim

(b) swimmer

(c) swimming

(d) to swim

2   According to a recent research, couples with children live
longer, _____, and have less stress.

(a) feeling happier

(b) feel happier

(c) to feel happier

(d) happier

2 등위접속사 but, so, for

등위접속사 but, so, for는 해석 문제로 출제되므로, 문장 자체에 대한 해석에 유
념하면서 문제를 풀어간다. but은 '그러나'의 의미를 가지고 있으며, 때때로 yet
이 대신 나오기도 한다. so는 '그래서' 라는 의미로 인과관계를 나타내는 표현이
며, for는 '왜냐하면' 이라는 의미로 결과가 제시되고 난 후 원인을 말할 때 쓴다.

1. but(그러나 = yet = though) / so(그래서) / for(왜냐하면) : 해석 문제로 출제된다.
2. but은 때때로 등위 관계를 묻기도 한다.

Terry is believed to be a highly intelligent student, (**but** / so) he
doesn't do his best.

테리는 몹시 지적인 학생이라고 알려져 있
어. 하지만 그는 최선을 다 하지는 않아. (그
러나)

Some animals can't maintain the heat, (for / **so**) they hibernate
over the winter.

어떤 동물들은 열을 유지할 수가 없다. 그래
서 겨울 동안 동면한다. (그래서)

The plant was used as a medicine in China for the first time, (so
/ **for**) it was found to be an effective one.

그 식물은 중국에서 처음으로 약으로 이용
되었는데, 왜냐하면 그것은 효과적인 약으
로 밝혀졌기 때문이다. (왜냐하면)

but의 기타 유형들

He could do nothing **but** watch. (~을 빼고/제외하고) 그는 보는 것 말고는 아무것도 할 수 없었다.

It never rains **but** it pours. (반드시 ~하다) 비가 오는 것이 아니라 반드시 폭우가 쏟아진다.

That was **nothing but** a joke. (단지) 그것은 단지 농담일 뿐이었다.

They had **anything but** pizza for dinner. (결코 ~이 아닌)
그들은 저녁으로 피자가 아닌 다른 것을 먹었다.

He is **but** a child. (단지) 그는 단지 아이일 뿐이다.

There is no rule **but** has exceptions. (~이 아닌) 예외가 없는 규칙은 없다.

CHECK UP • • •

used car 중고차

1 A: I heard you bought a used car.

B: Yes, it's like new, _____ I paid only a few dollars for it.

(a) but   (b) so   (c) for   (d) or

hire 고용하다

2 Susie was not any good at accounting, _____ she was not hired.

(a) but   (b) so   (c) while   (d) since

POINT

★ 상관접속사의 다양한 형태를 익히고 의미에 맞게 문장을 구성할 수 있다.

★ 상관접속사와 명사의 유형이 주어로 나올 때 형태와 수의 일치를 고려하여 선택할 수 있다.

상관접속사는 각각의 형태를 묻는 질문과, and, but, or 등과 함께 등위적 성질을 묻는 문제로 출제된다. 그리고 상관접속사와 연결되는 명사가 주어로 나올 때, 각각 주어가 되는 형태와 동사의 수 일치 관계를 파악해야 한다.

1. 형태 및 구조 유형 : 상관된 단어의 쌍을 출제한다.

2. 등위적 성질 : 등위접속사 유형과 같이 A와 B의 등위적 관계를 출제한다.

3. 수 일치 문제 유형

both A and B	➡ 복수 취급
either A or B	➡ 동사와 가까운 것이 주어
neither A nor B	➡ 동사와 가까운 것이 주어
not only A but also B	➡ B가 주어
B as well as A	➡ B가 주어
not A but B = B and not A	➡ B가 주어

❶ **between A and B** A와 B 사이에

Freedom of the speech has been an important thing between people (**and** / or) their governments.

언론의 자유는 사람들과 그들의 정부 사이에서 중요한 것이었다.

❷ **both A and B** A와 B 둘 다

The medical operation for eyesight problems is both simple (**and** / or) effective.

시력 문제에 대한 의학 수술은 단순하면서도 효과적이다.

Both theft and robbery (is / **are**) reported to be increasing every year.

절도와 강도 사건이 모두 매년 증가하고 있는 것으로 보도되었다. (both A and B – 복수)

❸ **either A or B** A 또는 B

If any fault is found in the item, you can return it **either** by mail (and / **or**) in person with a printed receipt.

이 아이템에서 어떤 하자라도 발견이 된다면, (출력된) 영수증과 함께 우편이나 인편으로 반품하실 수 있습니다.

Either your father or your mother (have / **has**) to attend the parents' meeting tomorrow.

너희 아버지나 어머니 둘 중 한 분은 내일 있을 학부모 회의에 참석해야 한다. (either A or B – 동사와 가까운 것이 주어)

❹ neither A nor B A도 아니고 B도 아닌

Any medical treatment **neither** extends life (or / **nor**) prevents death.

어떤 의학 치료도 생명을 연장하거나 죽음을 막을 수는 없다.

Neither the professor nor his predecessors (**doubt** / doubts) the possibility of error in their research paper.

(neither A nor B – 동사와 가까운 것이 주어)

교수와 그의 선임자들 중 누구도 그들의 연구 논문에 잘못이 있을 가능성을 의심하지 않는다.

❺ not only A but also B A뿐만 아니라 B도

Compulsory education not only provides students with formal schooling but (**also** / only) allows them to experience common education.

의무 교육은 학생들에게 공식적인 학교 교육을 제공할 뿐만 아니라 그들에게 공통 교육을 경험하도록 해준다.

Not only Jack but also Fred (want / **wants**) to meet you sooner or later. (not only A but also B – B가 주어)

잭뿐만 아니라 프레드도 조만간에 당신을 만나고 싶어한다.

❻ B as well as A A뿐만 아니라 B도

The quality of the substance can be changed by other liquids (well / **as well**) as by water.

이 물질의 질은 물뿐만 아니라 다른 액체에 의해서도 변화할 수 있다.

With the development of agricultural technology, rice as well as barley (**is** / are) resistant to harmful insects. (B as well as A – B가 주어)

농업 기술의 발달로 인해서 보리뿐만 아니라 쌀 또한 해로운 곤충에 내성을 지니고 있다.

❼ not A but B A가 아니라 B

The position of the continents are not fixed (**but** / and) changed continuously.

대륙들의 위치는 고정된 것이 아니라 계속해서 변하고 있다.

It is not scholars but a common student that (**is** / are) believed to have established the theory.
= It is a common student and not scholars that (**is** / are) believed to have established the theory. (not A but B / B and not A – B가 주어)

이 이론을 정립한 사람들은 학자들이 아니라 평범한 학생이라고 믿어진다.

CHECK UP • • •

1 A: Do you have anyone coming to take you?

   B: Not only my father but _____ my mother will be here in a minute.

   (a) well   (b) only   (c) also   (d) either

in a minute 곧

2 In most countries, wood is used _____.

   (a) either fuel or building materials
   (b) either fuel or as building materials
   (c) as fuel or either building materials
   (d) as either fuel or building materials

fuel 연료 material 재료

P 070 명사절 접속사 that과 what

POINT

★ 명사절 접속사 that의 용법을 익히고 문장에 적절한 접속사를 선택할 수 있다.

★ 명사절 접속사 what의 용법을 익히고 문장에 적절한 접속사를 선택할 수 있다.

1 that vs. what

that과 what은 문장과 결합하는 접속사로, 문장 속에서 명사의 역할(주어, 보어, 목적어)을 한다. 그러나 that은 완전한 문장과 결합하는 반면에, what은 불완전한 문장과 결합한다.

1. that은 다음과 같이 완전한 문장과 결합한다.
   ➡ [주어 + 동사 + 목적어/보어]
   ➡ [주어 + be동사 + 과거분사 – 수동태]

2. what은 [주어 + 동사 + 목적어/보어]의 문장에서 주어/목적어/보어 중 하나가 생략된 다음과 같은 형태와 결합한다.
   ➡ [(주어 생략) + 동사 + 목적어/보어]
   ➡ [주어 + 동사 (목적어 생략)]
   ➡ [주어 + 동사 (보어 생략)]

The result of the research was (**that** / what) some creatures became endangered species in the country.

[that + 주어 + 동사 + 보어]

연구의 결과는 이 나라의 몇몇 생물들이 멸종 위기의 종이 되었다는 것이었다.

The result of the research was (that / **what**) people knew well due to long-term research.

[what + 주어 + 동사 (목적어 생략)]

연구의 결과는 장기간의 연구로 사람들이 잘 아는 것이었다.

[고|득|점|T|I|P]

명사절 접속사 that/what vs. 관계대명사

Teachers found **that** some comic books provided a good way for students to learn complicated ideas. (명사절 접속사 that – 선행사 없음)

선생님들은 어떤 만화책은 학생들이 복잡한 사고를 배울 수 있는 좋은 방법을 제공한다는 것을 발견했다.

The way they found is exactly **what** we want. (선행사 없음)

그들이 발견한 그 방법은 우리가 정말로 원하는 것이다.

According to a research, some **children who**(= that) live with their grandparents show more violent behavior. (관계대명사 that – 선행사 있음)

연구에 따르면, 조부모님들과 함께 사는 아이들이 더 폭력적인 행동을 보인다고 한다.

1 Most researchers believes _____ moderate drinking may be good for health.

    (a) that   (b) what   (c) which   (d) who

moderate 적절한

2 _____ customers want is to buy products at low prices.

    (a) That   (b) What   (c) Which   (d) Who

customer 고객 at a low price 낮은 가격에

2 명사절 접속사 that

that은 [주어 + 동사 + 목적어/보어]의 형태인 완전한 문장과 결합하며, 명사 역할을 한다. 주어로 쓰일 때는 문장 앞에 제시되고, 목적어와 보어로 쓰일 때는 동사 뒤에 나오며 that절이 목적어일 때, 목적보어와의 관계를 고려하여 가목적어 it을 쓴다. 또한 that절은 동격을 나타내기도 한다.

1. [_____ + 주어 + 동사 + 목적어/보어] + 동사 ...]
   : 주어 기능 ➡ 빈칸에 that

2. [주어 + 동사 + [_____ + 주어 + 동사 + 목적어/보어]
   : 목적어/보어 기능 ➡ that

3. [주어 + make/find/think + _____ + [that + 주어 + 동사 + 목적어/보어]
   : 가목적어 유형 ➡ it + 목적보어

4. [the fact/belief/idea/thought/claim/suggestion/wish + [that + 주어 + 동사 + 목적어/보어] : 동격

(**That a baby can read books** / What a baby can read books) without learning letters is impossible.

아기가 글자를 배우지 않고 책을 읽는 것은 불가능하다. (주어 기능)

The reason why people think the language difficult is (**that the spelling is different** / what the spelling is different) from its pronunciation.

사람들이 그 언어가 어렵다고 생각하는 이유는 철자가 발음과 다르다는 것이다. (보어 기능)

I don't agree (**that he should take the test** / what he should take the test).

나는 그가 시험을 봐야 한다는 것에 동의하지 않는다. (목적어 기능)

The development of computer technology has (**made it possible** / made possible) that people telecommute.

컴퓨터 기술의 발달은 사람들의 재택 근무를 가능하게 해주었다. (가목적어 구문)

America is called 'a melting pot' due to (**the fact that** / the fact which) it consists of various races and cultures.

미국은 다양한 인종과 문화로 구성되어 있다는 사실 때문에 '용광로'라고 부른다.(동격 구문)

1. 목적어로 기능하는 that절에서 that은 생략 가능하다. 따라서 [주어 + 동사 + 주어 + 동사 ...]의 기능을 가지고 있는 문장은 접속사 that이 생략되어 있다고 볼 수 있다.

I'll tell your parents (will you be late / **you will be late**). 네가 좀 늦을 것 같다고 너의 부모님께 말씀 드릴게.

2. make sure 구문
가목적어 구문과는 다르게, make sure의 형태는 가목적어를 쓰지 않는다. 일반적으로 '확인하다, 확실하게 하다' 는 의미로 사용되는 make sure 구문은 [make sure + (that) 주어 + 현재형 동사]의 형태로 쓰인다.

Make sure you (are / will be) home by 11. 11시까지는 반드시 집에 와야 한다.

I'll make sure I (**inform** / will inform) you of the result.
내가 확실하게 당신에게 그 결과를 알려드리겠습니다.

CHECK UP • • •

1 A: Mom, I'd like to go to Jane's birthday party.

B: OK. But make _____ by 10.

(a) it sure you're home
(b) sure you're home
(c) you're home sure
(d) surely you're home

2 _____ in his thirties will prevent him from joining the soccer team.

(a) No longer is David
(b) No longer David is
(c) That David is no longer
(d) That no longer David is

what은 주어나 보어 또는 목적어가 없는 불완전 문장과 결합하여 명사의 역할을 한다. 즉 [what + 동사 + 목적어/보어] 또는 [what + 주어 + 동사]의 형태로 what절 자체가 주어, 보어, 목적어, 또는 전치사의 목적어로 쓰인다.

1. [＿＿＿＿ + (주어) + 동사 + (목적어/보어)] + 동사] ➡ 주어 역할을 하는 what
2. [주어 + 동사 + ＿＿＿＿ + (주어) + 동사 + (목적어/보어)] ➡ 목적어/보어 역할을 하는 what

(That he said / **What he said**) yesterday doesn't make sense.

I'll do it if that's (that you want / **what you want**).

I can't understand (that was discussed / **what was discussed**) during the meeting yesterday.

On the basis of (that / **what**) was discussed yesterday, the board members decided to follow the plan.

그가 어제 말한 것은 말이 되지 않는다. (what절은 목적어 생략 불완전 구문 – 전체 문장의 주어 역할)

그게 네가 원하는 것이라면 하겠다. (what 절은 목적어 생략 불완전 구문 – 보어 역할)

나는 어제 회의 동안 논의되었던 것을 이해할 수 없다. (what절은 주어 생략 불완전 구문 – 목적어 역할)

어제 논의되었던 것에 근거하여, 이사들은 계획을 따르기로 결정했다. (what절은 주어 생략 불완전 구문 – 전치사의 목적어 역할)

[고 | 특 | 점 | T | I | P]

what을 이용한 관용표현

My son is very clever, and **what is better**, very courageous.
내 아들은 명석하다. 그리고 보다 좋은 점은 매우 용기가 있다는 것이다. (더 좋은 것은, 금상첨화)

I couldn't finish my assignment, and **what's worse**, I couldn't enjoy my trip because I was worried. 난 숙제를 끝마칠 수 없었다. 그리고 더 나쁜 것은 난 걱정이 되어 여행도 즐길 수 없었다는 것이다. (더 나쁜 것은, 설상가상)

You can purchase some rare furniture at our store. **What's more**, we are selling at extremely low prices. 당신은 우리 가게에서 희귀한 가구를 살 수 있습니다. 게다가 우리는 아주 낮은 가격에 그것들을 팔고 있습니다. (게다가, 더구나)

Many people sailed across the Atlantic Ocean to **what was called** the New World.
많은 사람들이 대서양을 건너서 새로운 세상이라고 불리는 곳으로 갔다. (= what they call = what we call 소위 말해서)

Reading **is to** the mind what exercise **is to** the body.
독서와 정신과의 관계는 운동과 몸의 관계와 같다. (A is to B what C is to D : A와 B의 관계는 C와 D의 관계와 같다)

My parents have made me **what I am today**. 나의 부모님은 오늘의 나를 만들었다. (오늘날의 나)

I'm no longer **what I used to be**. 나는 더 이상 과거의 내가 아니다. (과거의 나)

What with overwork and **what with** worries, he looked worn out.
과로와 걱정거리 때문에 그는 지쳐 보였다. (~ 때문에)

What by good fortune, he could finish the assignment.
운이 좋았던 덕분에, 그는 숙제를 마칠 수 있었다. (~덕분에)

I gave him **what money** I had at that time.
나는 그 때 가지고 있던 돈을 모두 그에게 주었다. (what + 명사 : 모든 것들)

1 A: Mr. and Mrs. Smith are going to visit Europe next month.

B: Wow, I envy them. That's _____ .

(a) what I really want   (b) which I really want

(c) that I really want   (d) of which I really want

envy 부러워하다

2 I don't care about _____ regarding my latest work.

(a) what other people think

(b) which other people think

(c) that other people think

(d) whose other people think

latest 최근의

P 071 간접의문문

POINT

★ 의문사형 간접의문문의 구조를 익히고 어순에 주의하여 문장을 구성할 수 있다.

★ whether/if 간접의문문 형태를 익히고 의미에 맞게 적절히 문장을 구성할 수 있다.

1 의문사형 간접의문문

직접의문문과는 다르게, 문장 내에서 의문문의 형태가 주어, 보어, 목적어 등으로 이용될 때 간접의문문으로 쓴다. 간접의문문은 주로 어순 문제로 출제되므로, [의문사 + 주어 + 동사] 형태로 또 다른 문장(주절)의 주어/목적어/보어/전치사의 목적어 역할을 한다는 것을 염두에 두고 문장 구조를 파악해야 한다.

1. 의문사 의미 구분 : who, what, how 등의 의미 구분

2. [의문사 + 주어 + 동사] 어순에 주의

3. [how + 주어 + 동사] 어순에 주의

4. [how + 형용사/부사 + 주어 + 동사] 어순에 주의

5. [의문사] + [do you think/guess/suppose/believe/imagine/say] + [주어 + 동사]의 형태에 주의

6. [의문사 + to부정사] 어순에 주의

The problem is (who / **when**) the book will be available.
[의문사 + 주어 + 동사 – 전체 문장의 보어 역할]

문제는 그 책이 언제 구할 수 있느냐이다.

(Where did she stay / **Where she stayed**) while in America is not known to her family. [의문사 + 주어 + 동사 – 주어 역할]

그녀가 미국에 있는 동안 어디에 머물렀는 지는 그녀의 가족에게 알려지지 않았다.

I can imagine (how will the result be / **how the result will be**)
[의문사 + 주어 + 동사 – 목적어 역할]

난 결과가 어떨지 상상할 수 있다.

Most smokers don't know (how smoking is serious / **how serious smoking is**). [how + 형용사 + 주어 + 동사 – 목적어 역할]

대부분의 흡연자들은 비흡연자들에게 흡연 이 얼마나 심각한 것인지 모른다.

(Do you think where the meeting / **Where do you think the meeting**) will be held? [의문사 + do you think + 주어 + 동사]

회의가 어디서 진행될 것 같니?

I didn't know what (for saying / **to say**) because I was so upset.
[의문사 + to부정사]

나는 너무 당황해서 무엇을 말해야 할지 몰 랐다.

1. [의문사 + do you think + 주어 + 동사 ...?] vs. [Do you know + 의문사 + 주어 + 동사 ...?]

(**Do you think where the meeting** / **Where do you think the meeting**) will be held?

회의가 어디서 진행될 것 같나? [의문사 + do you think + 주어 + 동사 ...?]

(**Do you know where the meeting** / Where do you know the meeting) will be held?

회의가 어디서 진행될지 알고 있나요? [Do you know + 의문사 + 주어 + 동사 ...?]

2. 의문사 = 주어

의문사가 주어 역할을 할 때, [의문사 + 동사]의 형태로 제시되기도 한다.

I don't know **who will be appointed president of my company**.

나는 누가 회사의 사장으로 지목될지 모른다. (who - 의문사절의 주어 역할)

I don't know **what is most important**.

나는 가장 중요한 것이 무엇인지 모른다. (what - 의문사절의 주어 역할)

CHECK UP • • •

1 A: Do you know what the name of that actor is?

B: Sorry, but I have no idea _____.

(a) who is the actor   (b) who the actor is

(c) the actor is who   (d) the actor who is

actor 배우

2 A: Sorry, I didn't call you yesterday.

B: That's all right. I understand _____ these days.

(a) how you are busy   (b) how are you busy

(c) how busy are you   (d) how busy you are

2 whether/if 간접의문문

whether와 if는 '~인지 아닌지' 라는 의미를 가지며, 의문사가 없는 의문문이 간접의문문의 형태로 나올 때 이용된다. whether가 이끄는 절은 주어, 목적어, 보어, 전치사의 목적어 역할을 할 수 있지만, if절은 주로 동사 뒤에서만 쓴다.

1. [_____ + 주어 + 동사 + 목적어/보어 + (or not)]
   ⇒ whether가 이러한 문장을 이끌어 whether절이 전체 문장의 주어, 목적어, 보어, 전치사의 목적어 역할을 한다.

2. [whether + to부정사]
   ⇒ whether 뒤에 동사의 형태가 제시될 때 to부정사를 쓴다.

3. [주어 + 동사(ask, doubt, know, see, wonder) + [_____ + 주어 + 동사 + 목적어/보어]]
   ⇒ if가 이끄는 문장이 앞 문장의 목적어 역할

(**Whether they smoke or not** / If they smoke or not) doesn't make any difference to me. (주어 역할)

The problem was (**whether** / because) we will invite him to the party (or not). (보어 역할)

We haven't decided (**whether** / that) we will give him another five minutes (or not). (목적어 역할)

They conducted experiments on (**whether** / if) fish can remember their experiences. (전치사의 목적어 역할)

They haven't decided whether (go / **to go**) shopping this evening.

He asked (that / **if**) what Brian said to me makes any sense. (목적어 역할 = whether 가능)

그들이 담배를 피우는지 안 피우는지는 나에게 아무런 차이도 없다.

그를 파티에 초대하느냐 마느냐가 문제였다.

우리는 그에게 추가로 5분을 줄지 않을지 결정하지 못했다.

그들은 물고기가 경험을 기억할 수 있는지 없는지에 대한 실험을 수행했다.

그들은 오늘 저녁에 쇼핑을 갈 것인지 아직 결정하지 못했다.

그는 브라이언이 나에게 한 말이 말이 되는지 물어보았다.

[고 | 득 | 점 | T | I | P]

whether vs. if

1. [_____ 주어 + 동사 + 목적어/보어 + or not + 동사 ...] : 주로 whether 이용
2. [주어 + see/ask/know/wonder/doubt + _____ + 주어 + 동사 ...] : 주로 if 이용
3. 전치사 뒤에는 whether 이용

CHECK UP • • •

1   A: The air cleaner in the living room seems to be out of order.

B: Really? Then I will see _____.

(a) what I can fix it   (b) if I can fix it
(c) can I fix it   (d) that I can fix

genetics 유전학 government 정부

2   The research project on genetics will continue _____ the researchers receive a government fund or not.

(a) though   (b) whether   (c) that   (d) what

1 The researchers studied the rates of cancers of the lung and (finding / found) considerably different rates among smokers and non-smokers.

2 Taoism originated in China, (so / yet) it spread to other regions by Chinese immigrants.

3 The students didn't prepare for the exam, (so / for) they really wanted the teacher to postpone the test.

4 Some scientists tried to invent the earthquake prediction system, (for / so) they believed that the earthquake could be predictable.

5 The holiday was an occasion of great celebration not only for the natives but (so / also) for immigrants.

6 It will be better neither to smoke (or / nor) to drink in order to keep healthy.

7 (That people with other backgrounds behave differently / What people with other backgrounds behave differently) is a point of view most researchers agree with.

8 (That colleges fear / What colleges fear) is that students avoid enrolling because of high tuition costs.

9 The result of the survey is (that the language is difficult / difficult is that the language) to master.

10 (That the celebrities finds most delighting / What the celebrities finds most delighting) is to provide poor people with financial assistance around the world.

11 A: Where is the City Hall near here?
B: Sorry, but I don't know (where is that / where that is).

12 I can't understand (how he finished / how did he finish) his assignment.

13 I understand (how you are busy / how busy you are) at school these days.

14 How many people will be here depends on (whether / that) Paul and his family will be here or not.

15 I'll see (if I can decode it / that I can decode it).

PART I• Choose the answer for the blank.

1 A: Is there anything interesting to do this Sunday?

B: No. I'd like to stay home and

_____.

(a) watch on TV movies
(b) watch movies on TV
(c) on TV movies to watch
(d) to watch on TV movies

2 A: What do you think of the history lecture this morning?

B: Frankly speaking, I didn't understand

_____.

(a) the professor said what
(b) what the professor said
(c) what did the professor say
(d) the professor what did say

3 A: Why were you late for the meeting?

B: The traffic was heavy, _____ I was on the road.

(a) so
(b) but
(c) for
(d) and

4 A: What is the name of the actor on TV?

B: Sorry, but I don't know _____ the actor is.

(a) whom
(b) who
(c) which
(d) that

5 A: I couldn't hear the professor since I was seated so far back.

B: _____ we should prepare for the test.

(a) That he said was what
(b) That what he said was
(c) What he said was that
(d) What was that

PART II• Choose the answer for the blank.

6 The student was very intelligent and

_____.

(a) a dealer with a good work
(b) a good dealing worker
(c) a good worker at dealing
(d) was good at dealing with the work

7 In ancient times, people wondered

_____ the universe.

(a) in what was
(b) in which was
(c) what was in
(d) which was in

8 Not only was the country the most brutal government on Earth, but it _____ was Machiavellian in its dealing with the outside world.

(a) so
(b) also
(c) well
(d) far

9 One of the issues discussed at the meeting was _____ into stocks right now.

(a) in that we should stop investing money
(b) in what we should stop investing money
(c) what we should stop investing money

(d) that we should stop investing money

10 _____ some cleaners produce harmful gas is controversial among scientists.

(a) What
(b) That
(c) Since
(d) Which

PART III •Identify the grammatical error in the dialouge.

11 (a) A: You don't know how old my grandmother is, do you?

(b) B: Hard to say, so she looks around 60.

(c) A: Actually, you are not even close. She's 72.

(d) B: Really? I can't imagine her being that old.

12 (a) A: I was just wondering why I could ask you a favor.

(b) B: Sure. What can I do for you?

(c) A: Could you lend me some money?

(d) B: Again? How much do you want this time?

13 (a) A: Do you know how it will take long to get tickets?

(b) B: I don't know. But the box office had some problems regarding the tickets yesterday.

(c) A: Then it might take long. They should have prepared something for the selling of the tickets.

(d) B: That's what I'm saying. It takes too long to get them.

PART IV •Identify the grammatical error in the passage.

14 (a) A paragraph is a series of sentences that are well organized and coherent. (b) Almost every piece of writing you do that is longer than a few sentences should be organized into paragraphs. (c) That is because paragraphs show readers where the subdivisions of an essay begin and end, help them understand the organization of the essay. (d) In addition, paragraphs can contain many different kinds of information.

15 (a) Some people know from childhood that we will be as adults. (b) They believe that they will be famous singers or guitarists and much more. (c) And now it is never too late to make those dreams come true. (d) As we grow old, our dreams mature along with our nterests.

위아텝스
GRAMMAR

관계대명사는 두 개의 문장을 연결하는 접속사 기능과 두 개의 문장에서 공통적으로 들어간 명사로서 선행사를 지칭하는 대명사의 기능을 한다. 두 문장에서 중복되는 명사를 선행사라고 하며, 관계대명사 앞에 위치한다. 관계대명사를 구별하는 기준은 사람 관계대명사와 사물 관계대명사의 구분, 관계대명사의 격 등을 통해 구분한다. 이때 관계대명사의 경우 선행사와의 관계뿐만 아니라, 뒷 문장의 불완전함을 구분해야 한다. 또한 관계부사의 경우에 등장하는 선행사의 유형의 문장 구조(완벽한 문장)를 파악해야 한다. 또한 복합관계대명사와 복합관계부사의 유형도 출제되는 유형이므로 구분하여 정리해야 한다. 특히 관계대명사와 관계부사는 문장구조로 접근하여 문제를 해결하는 훈련을 해야 한다.

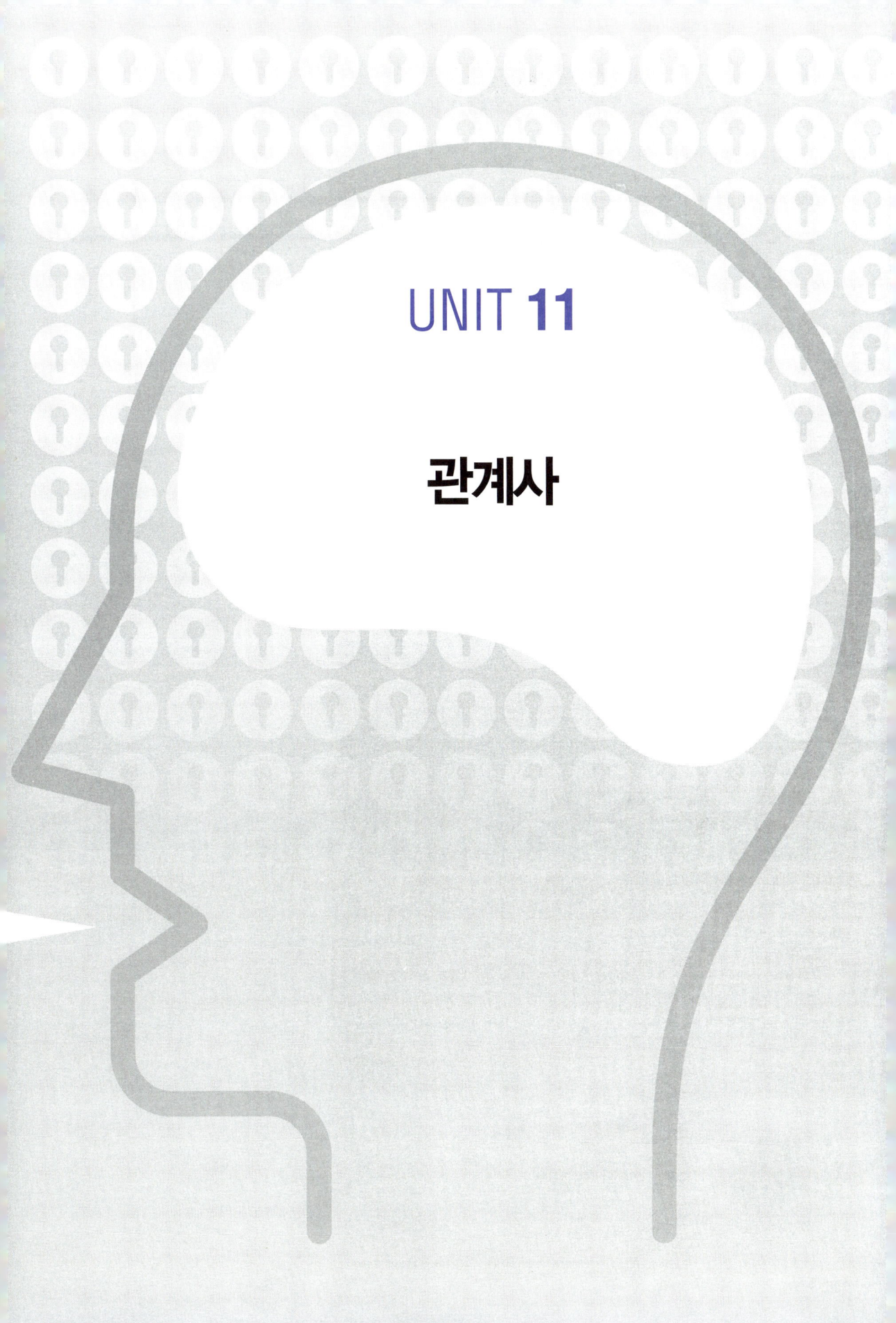

UNIT 11

관계사

P 072 관계사의 선택

POINT

★ 선행사가 사람/사물인 경우를 구분하여 적절한 형태의 관계사를 선택할 수 있다.

★ 관계사절에서 생략된 문장 성분을 알아내어 그에 맞는 관계사를 고를 수 있다.

1 관계대명사 who/whom/whose

선행사가 사람일 때, 관계대명사는 who, which, whose 중에서 선택하며, 관계사절에서 생략된 것이 주어, 목적어, 소유격의 형태일 때, 각각 who, whom, whose를 쓴다.

1. [선행사 사람 + ____ + 동사 + 목적어/보어]   ➡ who
2. [선행사 사람 + ____ + 주어 + 동사]   ➡ whom
3. [선행사 사람 + ____ + 명사 + (주어) + 동사 + (목적어/보어)] ➡ whose

Students (**who** / whom) eat breakfast seem to be more attentive and productive during the class. [사람 선행사 + 주어 생략 문장]

아침을 먹는 학생들이 수업 시간에 더욱 경청하며 더 생산적인 듯하다.

The woman (who / **whom**) we were going to hire was the director's daughter. [사람 선행사 + 목적어 생략 문장]

우리가 고용하려고 했던 여성은 과장의 딸이었다.

James is an intelligent student (whom / **whose**) performance has been outstanding. [사람 선행사 + 명사 연결]

제임스는 성적이 아주 뛰어난 총명한 학생이다.

The student (whom / **whose**) ideas we don't understand is always late for school. [사람 선행사 + 명사 연결]

우리가 이해할 수 없는 생각을 갖고 있는 그 학생은 늘 학교에 늦는다.

[고|득|점|T|I|P]

관계대명사 whose

문장 구조상 who와 whom은 쉽게 구별할 수 있지만, whose는 쉽지가 않다. 관계대명사를 요구하는 문장에서 빈칸 뒤에 명사가 제시될 때 '선행사의 명사'로 해석이 되면, whose를 쓸 수 있다.

This is the author **whose book** has become a bestseller recently. ('저자의 책으로 해석됨)

이 사람이 바로 그의 책이 최근에 베스트셀러가 된 작가이다.

1 A: What do you think of your team?

B: I like the people _____ I play with.

(a) who   (b) what   (c) which   (d) whom

2 A: What are you going to do this afternoon?

B: I've got to meet those investors _____ funds were lost.

(a) what   (b) whose   (c) for which   (d) which

investor 투자자 fund 기금

2 관계대명사 which

선행사가 사물일 때, 관계대명사는 which, whose 중에서 선택하며, 관계사절
에서 생략된 것이 주어와 목적어일 때 which, 소유격일 때 whose를 쓴다.

1. [선행사 사물 + ____ + 동사 + 목적어/보어]   ⇒ which
2. [선행사 사물 + ____ + 주어 + 동사]   ⇒ which
3. [선행사 사물 + ____ + 명사 + (주어) + 동사 + (목적어/보어)]   ⇒ whose

The society (**which** / what) lacks economic stability is
dangerous. [사물 선행사 + 관계대명사 + 주어 생략 문장]

경제적 안정이 없는 사회는 위험하다.

The clothes (**which** / what) he is wearing look worn out.
[사물 선행사 + 관계대명사 + 목적어 생략 문장]

그가 입고 있는 옷은 낡아 보인다.

The house (which / **whose**) roof is red was built a hundred
years ago. [사물 선행사 + 관계대명사 + 명사 연결]

지붕이 빨간 그 집은 100년 전에 지어진 것
이다.

[고 | 득 | 점 | T | I | P]

[whose + 명사]는 [the + 명사 + of which] 의 형태로 바꿔 쓸 수 있다.

We should submit a research paper **whose topic** we haven't dealt with.
= **the topic of which**

우리는 (아직) 다뤄본 적이 없는 주제에 대한 연구 논문을 제출해야 한다.

[고 | 득 | 점 | T | I | P]

[명사 + who + 동사 + 목적어]
[명사 + whom + 주어 + 동사]
[명사 + whose + 명사 + (주어) + 동사 + (목적어)]
[명사 + which + 동사 + 목적어]
[명사 + which + 주어 + 동사]
[명사 + whose + 명사 + (주어) + 동사 + (목적어)] ⇒ [whose = the 명사 of which]
[명사 + that + (주어) + 동사 + (목적어)] ⇒ 관계대명사 that
[명사 없음 + that + 주어 + 동사 + 목적어] ⇒ 명사절 접속사 that
[명사 없음 + what + (주어) + 동사 + (목적어)]

They thought **that** the result was not very favorable. (명사절 접속사 that)
그들은 그 결과가 그렇게 좋지 않다고 생각했다.

She recognized that James is the one **who** had tried to help her earlier. (관계대명사 who)
그녀는 제임스가 얼마 전에 그녀를 도와주려 했던 사람임을 깨달았다.

The way that they found is exactly **what** we want. (관계대명사 what)
그들이 발견했던 그 방법은 정확히 우리가 원하는 것이다.

CHECK UP • • •

1 The professor recommended the materials
_____ he found very useful.

(a) who   (b) what   (c) which   (d) where

2 The study has provided several remarkable results,
_____ are presented in this paper.

(a) which the details   (b) which of the details
(c) the details of which   (d) the details of them

recommend 추천하다 material 재료, 참고
자료

remarkable 현저한 detail 세부사항

POINT

★ 관계대명사 that이 쓰이는 경우를 익히고 문장에 적절히 채워 넣을 수 있다.

★ 목적격 관계대명사가 생략되는 경우를 알고 적절한 어순의 문장을 고를 수 있다.

1 관계대명사 that

관계대명사 that은 다른 관계대명사인 who, who, which를 대신하여 쓸 수 있다. 또한 선행사가 의문사, [사람 + 사물], 그리고 특정한 수식어구가 선행사를 수식할 때에도 that을 쓴다.

1. 관계대명사 who, whom, which를 대신하여 쓸 수 있다.
2. 의문사가 선행사일 때 관계대명사 that을 쓴다.
3. 선행사가 [사람 + 사물]일 때 관계대명사 that을 쓴다.
4. 특정 수식어구가 선행사를 수식할 때 관계대명사 that을 쓴다.
5. 콤머(,) 뒤에, 그리고 전치사 뒤에는 that을 쓰지 않는다.

The man (**that** / which) came into the living room was small and slender. (who 대신 이용)

거실로 들어온 그 남자는 작고 날씬했다.

The thing (**that** / whom) I really liked about the product was its size. (which 대신 이용)

그 제품에서 내가 정말 좋아했던 부분은 크기이다.

Who (which / **that**) saw the accident will not be in deep grief? (의문사가 선행사)

그 사건을 보고 깊은 슬픔에 잠기지 않을 사람이 누가 있을까?

He made a speech on the people and their life (**that** / what) he saw in the society. (선행사 – 사람 + 사물)

그는 그 사회에서 본 사람과 그들의 삶에 대한 연설을 했다.

Jane was the first girl (**that** / what) I met in the group. (특정 수식 어구)

제인은 그 그룹에서 내가 처음 만난 여자였다.

[고 | 특 | 점 | T | I | P]

특정 수식 어구

the+서수, the+최상급, the only, the very, the same, every, no, all, any 등

1 A: Why are you always playing with Clare?

   B: Well, she is the only girl in my class _____ I can get along with.

   (a) that   (b) what   (c) which   (d) whose

2 Just as most people have their own individual learning styles, teachers have teaching styles _____ work best for them.

   (a) that   (b) what   (c) of which   (d) for whom

individual 개인적인, 개별적인

2 관계대명사 생략

관계대명사 유형 중에서 목적격 관계대명사는 생략 가능하며, 텝스 문제에서는 생략된 상태에서의 문장 구조를 묻는 문제로 출제된다. 따라서 관계대명사가 생략된 상태의 문장 구조인 [선행사 + 주어 + 동사]의 형태를 제시하는 선택지를 선택해야 한다.

> [선행사 명사 + _____] ➡ 빈칸은 선택지에서 [주어 + 동사]의 형태로 제시된 것이 정답이다. 목적격 관계대명사는 생략되고 관계사절이 연결된 것이다.

The woman (yesterday met you / **you met yesterday**) lives next door. (whom 생략)

The hotel (we last summer visited / **we visited last summer**) is being renovated. (which 생략)

어제 네가 만난 그 여자는 우리 옆집에 산다.

작년 여름에 우리가 방문한 호텔은 개조되고 있다.

[고 | 특 | 점 | T | I | P]

관계대명사의 생략과 분사

[명사 + 현재분사/과거분사]의 형태와 관계대명사의 연관성을 살펴볼 필요가 있다. 현재분사와 과거분사는 각각 능동/진행 및 수동/완료의 개념으로 앞에 제시된 명사를 수식하는 형태인데, 관계대명사의 생략과도 밀접한 관련이 있으며, 이를 통해 의미를 보충할 수 있다.

The baby (**who is**) **sleeping** in the lobby is my brother's son.

로비에서 자고 있는 아기는 내 남동생의 아들이다.

The window (**which was**) **broken** by the children was very expensive.

그 아이들이 깬 그 창문은 매우 비싼 것이었다.

첫 번째 문장은 The baby who is sleeping in the lobby is my brother's son.으로 전환할 수 있으며, 두 번째 문장은 The window broken by the children was very expensive.로 전환할 수 있다. [명사 + 분사] 사이에 [관계대명사 + be동사]가 생략되어 있다고 볼 수 있다.

1 A: I can't understand why we have to pay before eating the meal.

B: But there's _____ because that's the rule here.

pay 지불하다

(a) about it nothing we can do   (b) nothing about it we can do

(c) it we can do nothing about   (d) nothing we can do about it

2 We decided to stay at the same hotel _____.

(a) stayed last week we at   (b) last week we stayed

(c) we stayed at last week   (d) last week staying we

POINT

★ 관계부사의 다양한 용법을 익혀서 문장에서 의미에 맞는 관계부사를 고를 수 있다.

★ 관계부사가 있는 문장의 구조를 파악하여 어순에 따라 바르게 문장 성분을 배치할 수 있다.

관계부사는 각각 시간, 장소, 이유, 방법의 의미를 나타내는 선행사와 결합하며, 관계사절에서 관계대명사가 대신해주는 주어/목적어/보어가 생략되는 경우와는 달리, 관계부사는 부사를 대신하는 것이므로 관계부사절에는 주요 문장 성분이 빠지지 않는다. 따라서 완전한 문장으로 보이는 것이다. 관계부사는 연결 구문에서 부사의 의미를 나타낸다.

1. [선행사 + 관계부사 + 주어 + 동사 + 목적어/보어]

    [the time + _____ + 주어 + 동사 + 목적어/보어]　　➡ when

    [the place + _____ + 주어 + 동사 + 목적어/보어]　➡ where

    [the reason + _____ + 주어 + 동사 + 목적어/보어]　➡ why

    [the way + _____ + 주어 + 동사 + 목적어/보어]　　➡ how
    the way how에서 way와 how는 함께 쓰지 않고 둘 중 하나를 생략한다. how
    는 [전치사 + which[in which/by which/through which] 형태로만 쓴다.]

2. 관계부사 구문에서는 부사가 생략되므로, 주어/목적어/보어의 주요 문장 성분이
    빠지지 않은 완전한 문장이다.

    [선행사 + 관계부사 + 주어 + 동사 + 목적어/보어]

    [선행사 + 관계부사 + 주어 + be동사 + 과거분사] – 수동태 구조

There was a time (**when** / where) adventurers explored unknown countries and landmass. [시간 명사 + 완전한 문장 연결]

모험가들이 알려지지 않은 나라와 땅을 탐험하던 시절이 있었다.

Williams retired from the company (when / **where**) he had worked for over 30 years. [장소 명사 + 완전한 문장 연결]

윌리엄은 그가 30년을 넘게 일하던 회사를 그만두었다.

That's the reason (**why** / how) he didn't show up at the party.
[이유 명사 + 완전한 문장 연결]

그것이 그가 파티에 나타나지 않은 이유이다.

Parents are looking for a way (where / **in which**) they persuade their children to get enough milk. [방법 명사 + 완전한 문장 연결]

부모는 그들의 자녀들이 충분한 우유를 섭취할 수 있도록 하는 방법을 찾고 있다.

1. 관계부사는 모두 that으로 대체하여 쓸 수 있다.

There was a time **that** adventurers explored unknown countries and landmass.

모험가들이 알려지기 않은 나라와 땅을 탐험하던 시절이 있었다.

2. 관계부사 및 선행사 둘 중 하나는 생략하여 쓸 수 있다.

There was a time **adventurers explored unknown countries and landmass.**

관계대명사와 관계부사 구조 정리

1. 관계대명사
[사람 선행사 + who(= that) + 동사 + 목적어/보어]
[사람 선행사 + (whom = that) + 주어 + 동사]
[사람 선행사 + whose + 명사 + (주어) + 동사 + (목적어/보어)]
[사물 선행사 + which(= that) + 동사 + 목적어/보어]
[사물 선행사 + which(= that) + 주어 + 동사]
[사물 선행사 + whose + 명사 + (주어) + 동사 + (목적어/보어)]
[whose + 명사 = the + 명사 + of which]

2. 관계부사
[시간 선행사 + when + 주어 + 동사 + 목적어/보어]
[장소 선행사 + where + 주어 + 동사 + 목적어/보어]
[이유 선행사 + why + 주어 + 동사 + 목적어/보어]
[방법 선행사 + in/by/through which + 주어 + 동사 + 목적어/보어]

CHECK UP • • •

1 A: Henry seems to be a little depressed today.

B: Well, middle age is the time _____ a man wants to change his routine.

(a) which   (b) where   (c) what   (d) when

2 A: I wonder how the hotel has grown so fast.

B: The methods _____ they sell rooms have been a mystery.

(a) which   (b) what   (c) of which   (d) by which

depressed 낙담한, 우울한 routine 일상

POINT

★ 관계부사가 [전치사+관계대명사]로 전환되는 구조를 익히고 문장을 적절히 구성할 수 있다.

★ [전치사 + whom/which] 구문에서 선행사를 보고 의미에 맞는 적절한 전치사를 고를 수 있다.

1 관계부사 = 전치사 + which

관계부사는 [전치사 + which]로 전환할 수 있으며, 시간(at/on/in 등), 장소 (at/on/in/under 등), 이유(for), 방법(in, by, through 등)과 관련된 전치사와 연결할 수 있다.

> 관계부사는 의미에 따라 [전치사 + which]로 대체할 수 있다.
>
> 1. when : in which, on which, at which
> 2. where : in which, at which, on which, under which
> 3. why : for which
> 4. how : in which, by which, through which

The Enlightenment is the movement (**in which** / of which) the new ideas changed people's way of thinking. (= where / in the movement)

계몽운동은 새로운 사상으로 인해 사람들의 생각하는 방식이 바뀌는 운동을 말한다.

We are living in an age (of which / **in which**) the energy resources can be the cause of war. (= when / in the age)

우리는 에너지 자원이 전쟁의 원인이 될 가능성이 있는 시대에 살고 있다.

He didn't have any particular reason (**for which** / in which) he was late for the meeting. (= why / for that reason)

그는 회의에 늦은 특별한 이유가 없었다.

The law provides a way (**by which** / for which) people paid their debts. (= how / by the way)

그 법은 사람들이 그들의 빚을 청산하는 방법을 제시한다.

CHECK UP • • •

1 Confucianism is believed to have been the fountain _____ the philosophy of Asian countries arose.

(a) that   (b) which   (c) of which   (d) from which

Confucianism 유교 fountain 분수, 근원

2 The planet we are living is called the Earth _____ various kinds of plants and animals are found.

(a) for which   (b) upon which   (c) which   (d) what

문장 구문에 따라 [전치사 + which/whom]을 쓸 수 있으며, 이때 전치사는 [전치사 + 선행사]로 전환하여 의미에 따라 결정한다.

1. 선행사 + [전치사 + whom] + 관계사절의 나머지 구조
2. 선행사 + [전치사 + which] + 관계사절의 나머지 구조

This is the man (in whom / **for whom**) I have been looking. (look for the man)

이 남자가 바로 내가 찾던 사람이다.

The food (**of which** / in which) the restaurant is most proud was developed by the head cook. (be proud of the food)

그 식당에서 가장 자랑하는 그 요리는 주방장에 의해서 개발된 것이다.

CHECK UP · · ·

1 The zoo has more than 100 kinds of animals, _____ the lion is considered the most precious one.

consider 생각하다 precious 소중한

   (a) which   (b) who   (c) of which   (d) for which

2 Those people _____ you decide to share your experience should promise not to reveal it.

share 공유하다

   (a) who   (b) whom   (c) with whom   (d) for whom

POINT

★ 복합관계대명사의 기본적인 형태와 용법을 익혀 문장에 적절히 채워 넣을 수 있다.

★ 복합관계부사의 기본적 형태를 알고 [no matter + 관계부사]의 문장으로 전환할 수 있다.

1 복합관계대명사

복합관계대명사는 whoever, whomever, whichever, whatever의 형태이며, 문장에 선행사가 존재하지 않는다. 그러나 관계사에 연결된 문장은 일반 관계대명사와 거의 유사하게 불완전한 구조를 갖게 된다. 대부분 복합관계대명사가 쓰이는 문장은 명사의 기능(주어/보어/목적어)을 하지만, whichever와 whatever는 명사를 수식하기도 한다.

[관계대명사 + ever]의 형태

1. 복합관계대명사는 선행사가 존재하지 않는다.

   [(선행사 X) + _____ + 동사 + 목적어/보어] ➡ whoever [누구든지]

   [(선행사 X) + _____ + 주어 + 동사] ➡ whomever [누구든지]

   [(선행사 X) + _____ one + (주어) + 동사 + (목적어/보어)]
   ➡ whichever '어느 것이든지' [특정한 것] [A or B / of the two]

   (선행사 X) + _____ + (주어) + 동사 + (목적어/보어)
   ➡ whatever '무엇이든지' [불특정한 것]

2. 부사 개념의 복합관계대명사는 [no matter + who/whom/what + 주어 + 동사]으로 전환할 수 있다.

❶ 복합관계대명사 – 명사 용법

I'd like to invite (who / **whoever**) wants to come to the party.

Give these books to (whom / **whomever**) you meet on your way home.

Drink (**whichever** / whatever) one you prefer.

I'd like to have (whichever / **whatever**) you have.

❷ 복합관계대명사 – 부사 용법

Don't let them in, (no matter are they who / **no matter who they are**).

(No matter your aim what is / **No matter what your aim is**), the most ideal way is to experiment something new.

난 누구든 파티에 오고 싶은 사람은 다 초대하고 싶다. (명사 기능 – 선행사 없음 + 주어 생략)

집에 가는 길에 누구든 만나는 사람에게 이 책들을 주세요. (명사 기능 – 선행사 없음 + 목적어 생략)

네가 더 선호하는 것으로 무엇이든지 마셔. (one 수식 – 특정한 것 – 선행사 무 + one 수식)

나는 무엇이든 네가 가진 것으로 할 것이다. (명사 기능 – 선행사 무 + 목적어 생략)

그게 누구든지 간에 안으로 들어오게 하지 말아라. (whoever = no matter who)

네 목적이 무엇이든지 간에 가장 이상적인 방법은 새로운 것을 실험하는 것이다. (whatever = no matter what)

관계대명사 vs. 복합관계대명사

1. who vs. whoever

I'd like to invite the people (**who** / whoever) want to come to the party.

나는 파티에 오고 싶은 사람을 초대하고자 한다.

I'd like to invite (who / **whoever**) wants to come to the party.

나는 파티에 오고 싶은 사람은 누구든지 초대하고자 한다.

2. whom vs. whomever

Give it to someone (**whom** / whomever) you meet on your way home.

네가 집에 가는 길에 만나는 사람에게 그것을 주어라.

Give it to (whom / **whomever**) you meet on your way to home.

네가 집에 가는 길에 만나는 사람 누구에게든지 그것을 주어라.

3. what vs. whatever

I'd like to have (**what** / whatever) you have. (당신이 가지고 있는 것)

나는 당신이 갖고 있는 것을 갖고 싶습니다.

I'd like to have (what / **whatever**) you have. (강조 : 당신이 가진 것은 무엇이든지)

나는 당신이 가진 것은 무엇이든지 갖고 싶습니다.

4. which vs. whichever

You can have anything (**which** / whichever) you want in the basket.

당신은 바구니에서 원하는 것을 어떤것이든지 가질 수 있습니다.

You can have (which / **whichever**) one you want in the basket.

당신은 바구니에서 원하는 것을 가질 수 있습니다.

5. whatever vs. whichever

You can choose (**whatever** / whichever) you want to buy. 사고 싶은 것은 무엇이든지 사세요.

You can choose (whatever / **whichever**) one you want to buy of the two.

둘 중에서 사고 싶은 것은 어느 것이든지 사세요.

CHECK UP • • •

1 A: I can't decide what to buy for my daughter.

   B: I'm sure she'll be delighted with _____ you buy.

   (a) whichever   (b) whatever   (c) which   (d) that

delighted 기쁜

2 A: I can't decide which to buy, the red or blue tie.

   B: _____ one you choose, it'll suit your father well.

   (a) That   (b) What   (c) Whatever   (d) Whichever

suit 어울리다

2 복합관계부사

복합관계부사는 [관계부사 + ever]의 형태이며, [no matter + 관계부사]의 형태로 전환할 수 있다. 이때 복합관계부사 뒤에는 [주어 + 동사 + 목적어/보어]의 완전한 문장 구조를 갖게 된다.

1. 복합관계부사는 [when/where/how + ever]의 형태이다.
2. 복합관계부사는 [no matter + when/where/how]의 형태로 나타낼 수 있다.

Don't worry. (**Wherever** / However) you are, I'll let you know the result of the test. (wherever = no matter where)

걱정하지마. 네가 어디 있든지 간에 시험의 결과를 네게 알려줄 것이다.

(**Whenever** / However) you visit on me, I will welcome you. (whenever = no matter when)

네가 언제 나를 방문하든지 간에 나는 너를 환영할 것이다.

(**No matter how he solved the problem** / No matter how did he solve the problem), I can't approve of it.

그가 어떻게 그 문제를 풀었던, 나는 그것을 인정할 수 없다.

(**No matter how hot it is** / No matter how it is hot), I like drinking hot coffee.

그것이 얼마나 뜨겁던지 간에 뜨거운 커피 마시는 것을 좋아한다.

[고 │ 득 │ 점 │ T │ I │ P]

[no matter how + 주어 + 동사] vs. [no matter how + 형용사/부사 + 주어 + 동사]
'아무리 ~하더라도'라는 의미를 나타내는 복합관계부사 no matter how는 문장 내에서 두 가지 형태로 제시된다. '어떻게 하더라도'라는 의미일 때는 [no matter how + 주어 + 동사]만 쓰지만, 문장에서 형용사 또는 부사를 수식할 때 [no matter how + 형용사/부사 + 주어 + 동사]의 형태로 쓴다.

No matter how he did it, it was very clever. 그가 그것을 어떻게 했든지, 그것은 매우 현명한 것이었다.
I will wait for you **no matter how long** it takes. 아무리 오래 걸리더라도, 나는 당신을 기다리겠습니다.

CHECK UP • • •

1. A: When is the right time to start up a new business?
   B: You can start _____ you like since the economy is improving.

start up 시작하다, 개업하다 improve 향상되다, 좋아지다

   (a) whenever   (b) wherever   (c) however   (d) whatever

2. _____ solving the problem, I can't seem to solve it.

   (a) No matter how I spend much time
   (b) No matter how much time I spend
   (c) No matter I spend how much time
   (d) I spend no matter how much time

POINT

★ 계속적 용법의 관계대명사/관계부사의 구조를 알고 문장에 따라 적절한 관계사를 고를 수 있다.
★ 집합 개념의 관계대명사의 용법을 익히고 문장에 맞게 whom/which를 선택할 수 있다.

1 계속적 용법의 관계사

콤머(,) 뒤에 관계대명사 또는 관계부사가 올 때, 계속적 용법이라 부른다. 콤머(,) 뒤에 관계대명사/관계부사를 묻는 문제는 관계대명사/관계부사를 선택할 때와 동일하게, 선행사와 뒤에 연결되는 문장 구조를 파악해 답을 결정한다. 앞 문장에서 특정 어구 또는 문장 전체가 선행사일 때는 반드시 [, which]만을 쓴다. 이때 that과 what은 쓸 수 없다.

1. 계속적 용법의 관계사 문제는 보통은 콤마(,)와 상관없이 제한적 용법과 동일하게 문제를 해결한다.
2. 앞 문장에서 하나의 어구 또는 문장 전체가 선행사일 때, 콤마(,) 뒤에 which를 쓴다.
3. 콤마 뒤에는 관계대명사 that과 what이 올 수 없다.

The old man (**who** / which) lives in this house is very rich.

이 집에 사는 나이 든 남자는 매우 부자이다.

The old man, (**who** / which) lives in this house, is very rich.

이 집에 사는 나이 든 남자는 매우 부자이다.

I finally found a small house (which / **where**) my friend lived.

나는 내 친구가 살고 있는 작은 집을 마침내 발견했다.

I finally found a small house, (which / **where**) my friend lived.

나는 오래된 커플이 살았던 그 작은 집을 드디어 찾았다.

Jennifer suddenly left the company, (**which** / where) surprised me.

제니퍼가 갑자기 회사를 떠났는데, 그것은 나를 매우 놀라게 했다. (선행사: 앞 문장 전체)

He was finally promoted, (**which** / that) I really had wanted him to be.

그는 드디어 승진이 되었는데, 나는 그가 승진하기를 정말 바랐었다. (선행사: 과거분사 promoted)

[고 | 득 | 점 | T | I | P]

1. 제한적 용법 vs. 계속적 용법

관계대명사 구문 [관계대명사 + (주어) + 동사 + (목적어)]이 콤마(,) 없이 앞의 선행사를 수식할 때 제한적 용법이라고 하며, 콤마가 들어간 문장을 계속적 용법이라고 부른다. 그러나 텝스 문법 및 독해에서는 제한적 용법과 계속적 용법을 구별하지 않는다.

The old man (**who** / whom) lives in this house is very rich.
The old man, (**who** / whom) lives in this house, is very rich.

두 문장에서 선행사는 the old man이며, 연결 문장(관계사절)에서는 주어가 생략되어 있는 구조이다. 따라서 콤마와 상관없이 관계대명사 who를 선택한다. 문장을 해석할 때 관계대명사는 직독직해 원리에 따라 동일하게 계속적 용법의 해석 방식을 따라 순차적으로 해석한다.

2. 앞 문장 전체를 받는 that(대명사) vs. which(관계사절)

앞 문장 전체를 받는 대명사 유형은 일반 대명사 that과 관계대명사 which가 있다.

We decided to help the homeless. (**That** / Which) satisfied all the attendees at the meeting.
We decided to help the homeless, (that / **which**) satisfied all the attendees at the meeting.
우리는 홈리스들을 돕기로 결정했다. 그것은 그 모임의 모든 참석자들을 만족시켰다.

두 문장은 같은 내용을 담고 있지만, 문장이 종결된 이후에 앞 문장 전체를 받을 때는 that을 이용하며,
반면에 콤마로 문장이 연결될 때는 접속사의 역할을 하는 관계대명사 which를 쓴다.

[고 │ 득 │ 점 │ T │ I │ P]

관계사와 수 일치

1. 관계대명사 뒤에 제시된 동사의 수는 선행사(명사)로 결정한다.
2. 앞 문장 전체를 받는 관계대명사 which는 단수 취급한다.

He couldn't understand the situation, which (**was** / were) concerned with the warning.
그는 그 상황을 이해할 수 없었는데, 그 상황은 경고와 관련된 것이었다. (the situation에 일치)

He couldn't solve the problems, which (was / **were**) concerned with the math.
그는 그 문제들을 해결할 수 없었는데, 그 문제들은 수학과 관련된 것이었다. (the problems에 일치)

He couldn't solve the problems, which (**was** / were) surprising news to me.
그가 그 문제들을 풀 수 없었는데, 그것은 나를 상당히 놀라게 했다. (앞 문장 전체를 받는 것이므로 단수 취급)

CHECK UP ● ● ●

1 A: Are you following the election?

B: Of course. The national nominating conventions,
_____ are held every four years, are really
interesting.

(a) that   (b) what   (c) whom   (d) which

election 선거 national nominating convention 전당대회

2 One of the problems with the virus is its mutability,
_____ means it can rapidly become resistant
to vaccines.

(a) of which   (b) in which   (c) which   (d) what

mutability 변형, 변종 resistant 저항력이 있는 vaccine 백신

2 집합 개념의 관계대명사

[all/most/some/any/one/none/many/much + of] 등이 관계대명사를 수
식할 때, 관계대명사는 whom 또는 which를 쓴다. 이때 [all/most of 등의 수
식어구 + 관계대명사]는 두 문장을 연결하는 접속사의 역할을 하므로, 따로 접속
사를 이용하지 않는다.

[선행사, all/most/some/any/one/none/many/much + of + ____]

1. 선행사가 사람일 때, whom
2. 선행사가 사물일 때, which

There are a lot of students in my class, and all of (**them** / whom) want to go abroad to study. [접속사 + 선행사 사람]

우리 반에는 학생들이 많은데 그들은 모두 공부하기 위해 외국으로 가기를 원한다.

There are a lot of students in my class, all of (them / **whom**) want to go abroad to study. [접속사 없음 + 선행사 사람]

We picked up our bags, but some of (**them** / which) had been damaged during the flight. [접속사 + 선행사 사물]

우리는 우리 가방들을 집어 들었다. 하지만 그 중 몇몇은 비행 도중 손상되었다.

We picked up our bags, some of (them / **which**) had been damaged during the flight. [접속사 없음 + 선행사 사물]

CHECK UP • • •

1 In European countries, civil wars resulted in numerous innocent victims, _____ were women and children.

civil war 내전 numerous 수많은 innocent 순진한, 무고한

(a) about three-quarters of whom
(b) about three-quarters of them
(c) three-quarters about whom
(d) three-quarters about which

2 Some products imported from other countries included coffee, sugar, and cotton, all of _____ were not available in the country.

import 수입하다 available 구할 수 있는

(a) them (b) which (c) whom (d) that

POINT

★ 관계대명사에 삽입되는 구문의 형태를 익히고 격에 따라 적절한 관계대명사를 고를 수 있다.
★ 유사관계대명사의 다양한 형태를 알고 의미에 맞게 문장을 구성할 수 있다.

1 관계대명사와 삽입구문

관계대명사로 두 문장을 연결할 때, 연결된 문장이 [주어 + think/suppose/believe/know]의 형태라면, 이를 삽입구문으로 판단하며, 삽입구문 다음에 동사가 나올 때는 주격 관계대명사를 쓰며, 삽입구문 다음에 to부정사가 제시될 때는 목적격 관계대명사를 쓴다.

1. [선행사 + _____ + 주어1 + think/suppose/believe/know/say + 동사]
   ➡ 주격 관계대명사 who 또는 which

2. [선행사 + _____ + 주어1 +think/suppose/believe/know/say + to부정사]
   ➡ 목적격 관계대명사 whom 또는 which

   * [주어1 + think/suppose/believe/know/say]를 삽입구문이라 부른다.

This is the man. + They think (that) he is rich.

➡ This is the man (**who** / whom) they think is rich. (he 생략)

This is the man. + They think him to be rich.

➡ This is the man (who / **whom**) they think to be rich. (him 생략)

이 남자가 그들이 부자라고 생각하는 그 남자다.

The coach will select anyone. + He thinks (that) he is helpful for the team.

➡ The teacher will select (**whoever** / whomever) he thinks is helpful for the team. (he 생략)

The teacher will select anyone. + He thinks him to be helpful for the team.

➡ The teacher will select (whoever / **whomever**) he thinks to be helpful for the team. (him 생략)

코치는 그 팀에게 도움이 된다고 생각하는 사람은 누구든지 선택할 것이다.

1 A: Is there anything new in the brochure?

B: Yeah. This phone, _____ they think is versatile, will be released next week.

(a) which   (b) who   (c) what   (d) that

brochure 소책자 versatile 다재다능한

2 The photographer approached the dancer, _____ he knew would make a great entertainer.

(a) which   (b) whom   (c) who   (d) what

entertainer 연예인

2 유사관계대명사

특정한 선행사가 제시될 때, 관계대명사 who/whom/which 등을 대신하여 쓰는 것을 유사관계대명사라 하며, as, but, than 등이 있다.

1. [as/such/the same + 선행사 명사 + _____] ⇒ as (비유적 개념)
2. [no + 명사 + _____]   ⇒ but (이중 부정)
3. [비교급 선행사 + _____]   ⇒ than (비교급)

As many students (**as** / than) came on time were given the tickets. (who 대신 이용)

제시간에 온 모든 학생들에게는 티켓이 주어졌다.

You should not get along with such people (**as** / that) flatter you. (who 대신 이용)

당신에게 아첨하는 사람과 같은 사람들과는 어울려서는 안 된다.

I thought it was the same watch (**as** / which) I had lost. (which 대신 이용 – 같은 종류)

나는 그것이 내가 잃어버린 것과 같은 것이라고 생각했다.

Linda was absent from school today, (**as** / for) is often the case with her. (which 대신 – 비유적 개념)

그녀에게는 자주 일어나는 일이듯, 린다는 오늘 학교에 결석했다.

He liked drinking alcohol, (**as** / such) is usual with sailors. (which 대신 – 비유적 개념)

선원들에게는 일상적인 일이듯, 그는 술 마시는 것을 좋아했다.

There is no rule (**but** / that) has exceptions. (that does not have exceptions – 이중 부정)

예외 없는 법칙은 없다.

Children had better not have more money (**than** / as) is needed. (which 대신 이용)

아이들에게 필요 이상의 돈은 없는 게 낫다.

as is usual with(흔히 그렇듯이) & as is often the case with(종종 그렇듯이)

유사 관계대명사 as는 때때로 앞 문장 전체 또는 구나 절을 선행사로 취하는 관계대명사 which를 대신하여 이용하기도 한다.

Alice was absent from the class today, **as is often the case with** her.

앨리스는 오늘 수업에 결석했는데, 그것은 그녀에게 흔히 있는 일이다.

CHECK UP • • •

1 A: Let's hire the same boat _____ Mr. and Mrs. Smith enjoyed last summer.

   B: But it's too expensive. Let's find another.

   (a) who   (b) what   (c) in which   (d) as

hire 빌리다; 고용하다

2 Williams has received job offers from many companies, _____ is often the case with talented workers.

   (a) as   (b) so   (c) that   (d) though

talented 능력 있는

1 It was Robert (who / whom) messed up the house.

2 The teacher (whom / whose) students are mostly immigrants has some problems.

3 This equipment has several defects (which / what) will cause me to pay much money for repair.

4 The new waterway (whose / that) the country made last year will be an important landmark.

5 I can't forget the rude things (what my friend told me / my friend told me).

6 Finding the altitude (which / where) the air is less dense is an important task for most airliners.

7 The island is an area near the Pacific coast (in which / in that) many rare species of animals have been found.

8 The product (of which / in which) our company is most proud was developed by an intern.

9 (Whoever / Whomever) drinks this kind of water will be thirsty again.

10 We can do (whatever / whichever) you want.

11 You should keep in mind that you should do your best (no matter what the outcome may be / what the outcome may be no matter).

12 He seems to come from India, (where / which) I know from his accent and behavior.

13 The organization interviewed 200 graduates, (most of them / most of whom) wanted to be involved in the arts and media.

14 We are publishing computer-related books, (all of them / all of which) are available for free download.

15 The boss will select a person (who / whom) he thinks is competent.

→ ACTUAL TRAINING

PART I• Choose the answer for the blank.

1 A: Do you know the _____ in South Asia?

B: No. What's wrong with Jane?

(a) controls new manager trade
(b) trade controls new manager
(c) new manager who trade controls
(d) new manager who controls trade

2 A: Jane, here's your book I borrowed from you last month.

B: Oh, I forgot lending it to you. That's the book _____ I have been looking for for a week.

(a) that
(b) what
(c) who
(d) whose

3 A: Who do you think is the best author I can quote?

B: _____ I recommend, you won't change your opinion.

(a) Who
(b) Whom
(c) Whoever
(d) Whomever

4 A: This power generator seems to have more benefits than any other one.

B: You're right. It is one of the most favorite _____ are sold online these days.

(a) who
(b) of which
(c) what
(d) that

5 A: Is there any good news today?

B: I've brought two newspapers. You can read _____ one you like.

(a) what
(b) that
(c) whichever
(d) whatever

PART II• Choose the answer for the blank.

6 There are some people _____ from their jobs for email they sent.

(a) to being fired
(b) who have been fired
(c) who having fired
(d) have been fired

7 Denver police station, _____ was established 3 years ago, is currently accepting applications for new police officers.

(a) that
(b) what
(c) where
(d) which

8 The spectacular scenery _____ the village is most famous is delighting visitors with charming scenes.

(a) which
(b) who
(c) of which
(d) for which

9 The major strategies set up by the university last year were considered wrong by experts, _____ prediction has proved true.

(a) what
(b) which

(c) whose

(d) that

10 A number of physicians are working near the medical colleges _____ they have graduated.

(a) in that

(b) what

(c) which

(d) from which

PART III • Identify the grammatical error in the dialouge.

11 (a) A: Joe's sister looks taller than I have expected.

(b) B: Is she here at the party?

(c) A: Yes, she's the one which brought a bunch of flowers.

(d) B: She seems to be quite unlike Joe.

12 (a) A: I have surprising news to you.

(b) B: I'm sure whichever you say won't be that bad.

(c) A: I'll be quitting my job next month.

(d) B: Why? Do you have any other plan to do?

13 (a) A: Whom were you meeting in front of the building this morning?

(b) B: He's my teacher for which class I couldn't attend yesterday.

(a) A: What did he say to you? Were you reprimanded?

(b) B: He said I should submit a statement of reasons.

PART IV • Identify the grammatical error in the passage.

14 (a) Some researchers have theorized that children are born with an innate biological 'device' for understanding the principles common to all languages. (b) According to this theory, the brain's 'language module' gets programmed to follow the specific grammar of the language what a child is exposed to at an early stage. (c) Yet the language rule and grammar children use in their speech often exceed the input to which they are exposed. (d) What could account for this discrepancy?

15 (a) Roman civilization was destructed in around 500 A.D., where many aristocrats were in political, social, and economic corruption. (b) Although there were a lot of natural resources throughout the country, the working class didn't have any rights to utilize them. (c) In addition, despite sufficient supplies imported from colonies, they were not fairly distributed to people. (d) Behind the seemingly rich society, most of the people were experiencing the socio-economic hardship, which influenced the fall of the Roman civilization.

위아텝스
GRAMMAR

두 개의 문장을 하나로 연결하는 기능을 하는 것이 부사절 접속사이다. 이때 부사절 접속사는 시간, 이유, 조건, 양보적 의미뿐만 아니라, 결과와 목적 등의 다양한 의미를 나타낸다. 이때 부사절 접속사는 해석의 유형으로 출제되고 있으므로, 문장의 구조보다는 문장 전체의 해석과 접속사의 해석에 초점을 맞추어 학습한다. 또한 시간의 의미에서 등장하는 도치문장(A하자마자 B하다)의 유형과 양보적 의미에서 등장하는 도치구문(형용사/명사 + as + S + V)의 구조를 파악한다.

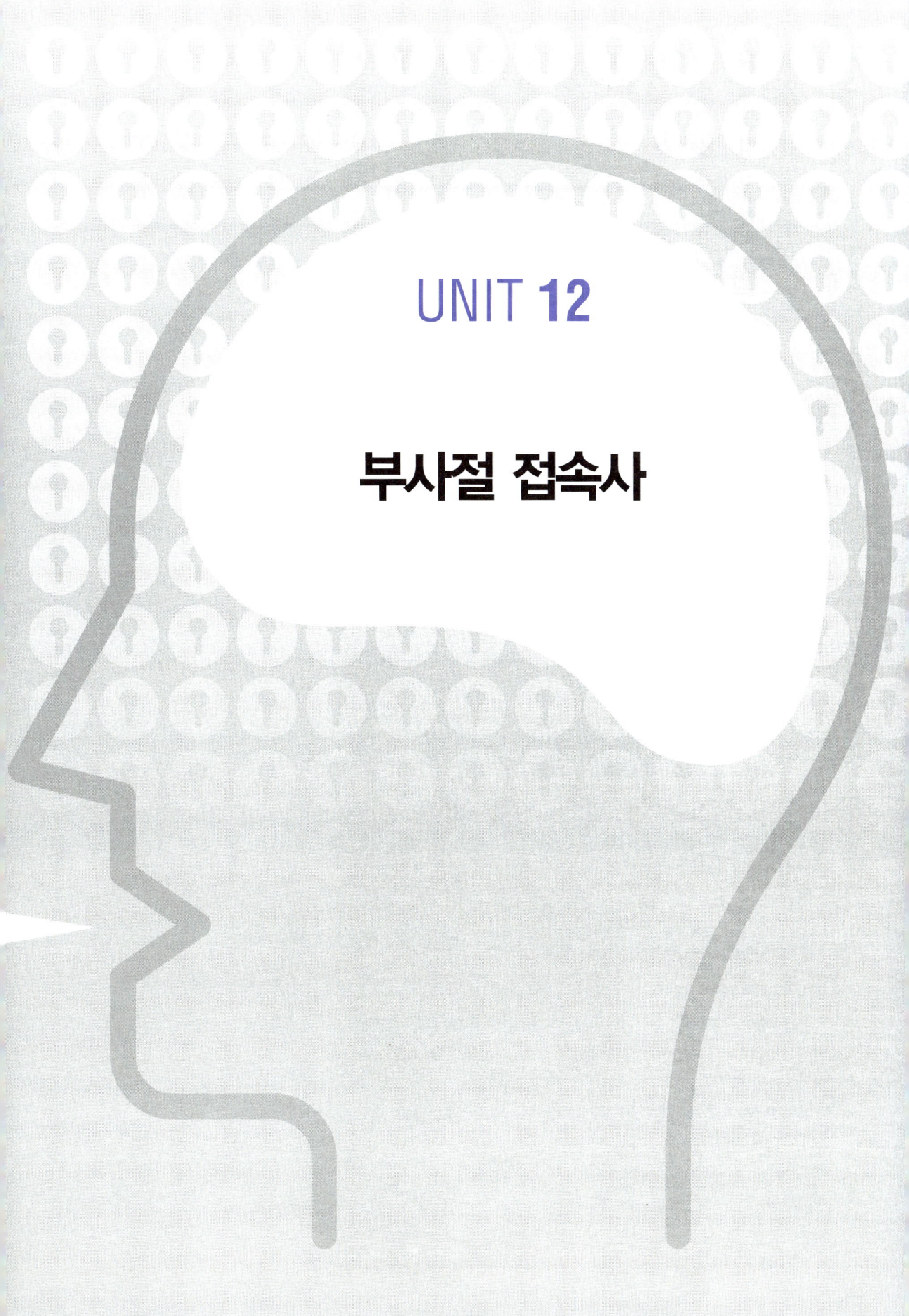

UNIT **12**

부사절 접속사

P 079   시간 부사절 접속사

POINT

★ 시간 부사절 접속사의 유형을 익혀 해석에 맞게 적절한 형태를 선택할 수 있다.

★ '~하자마자 …하다'는 의미를 가진 시간 부사절 표현을 알고 시제와 어순에 맞게 문장을 채울 수 있다.

1 시간의 부사절 접속사

시간의 의미를 나타내는 접속사에는 when, as, since, while, before, after, the moment, every time, each time, by the time, as soon as 등이 있다. 문맥상 적절한 시간 접속사를 선택하는 문제가 출제되므로 앞뒤 문장의 해석을 통해 적절한 의미의 접속사를 고르는 것이 핵심이며 각각 접속사의 의미와 쓰임을 잘 숙지하고 있어야 한다.

[____ + 주어 + 동사 ..., 주어 + 동사 ...]

➡ when, as, since, while, before, after, as soon as, by the time, the moment, every time, each time

When you meet him, please inform him of the result.
> 그를 만나면 결과를 그에게 알려주기 바란다. (~할 때)

I saw Peter **as** I was entering the building.
> 나는 그 빌딩에 들어서면서 피터를 보았다. (~하면서)

I haven't seen my family **since** I left my hometown.
> 나는 고향을 떠난 이래로 내 가족을 보지 못했다. (~한 이래로)

While she was asleep, her baby messed up the house.
> 그녀가 잠자는 동안 그녀의 아기는 집을 어질렀다. (~하는 동안)

John couldn't see Mary since he left the party **before** she got there.
> 존은 그녀가 파티에 도착하기 이전에 그곳을 떠났기 때문에 메리를 볼 수 없었다. (~하기 전에)

I finished the work right **after** he did.
> 나는 그가 끝마치자마자 그 일을 끝마쳤다. (~한 이후에)

I will call you **the moment** I get home.
> 나는 내가 집에 도착하는 순간에 네게 전화하겠다. (~한 순간에)

I stay at the hotel **every time** I visit the city. (= each time)
> 나는 그 도시를 방문할 때마다 그 호텔에 머물렀다. (~할 때마다)

He will have started his performance **by the time** we arrive.
> 그는 우리가 도착할 때쯤이면 공연을 시작할 것이다. (~할 때까지)

Children are advised to brush twice a day **until** they become at least six or seven.
> 아이들은 그들이 6살이나 7살이 될 때까지 하루에 두 번 이를 닦으라고 권고된다. (~까지)

As soon as she met her friends, she realized that there was something wrong.
> 그녀가 그녀의 친구들을 만나자마자 그녀는 뭔가 잘못되었다는것을 깨달았다. (~하자마자)

시간의 의미를 나타내는 접속사가 있는 부사절에서는 현재형 동사가 미래 의미를 대신한다.

When I **meet** him, I will inform him of the result.

내가 그를 만났을 때, 나는 그에게 그 결과를 알려주겠다.

이 문장에서 meet의 시점은 미래이지만, 현재형 동사를 썼다. when절이 시간 부사절이기 때문이다. 접속사 when 이외에도 before, after, by the time, as soon as 등도 이와 같이 쓴다.

CHECK UP • • •

1 A: Is Tommy the first one to submit the report?

B: No, John had submitted his paper _____ Tommy did.

(a) when   (b) before   (c) although   (d) since

summit 제출하다

2 All the people in the office had just exited from the burning building _____ the fire collapsed it.

(a) while   (b) if   (c) since   (d) when

exit 퇴장하다, 빠져나오다 collapse 붕괴하다

2 시간 부사절 표현

'~하자마자 …하다'는 의미를 나타내는 표현으로 No sooner A than B 또는 Hardly/Scarcely A when/before B의 형태를 쓴다. 이때 A는 [had + 주어 + p.p.]의 구조로 표현하며, B는 [주어 + 과거형 동사]의 형태를 이용하여 표현한다. B보다 A가 먼저 일어난 사건이므로 had p.p.의 과거완료시제가 필요하며, no sooner, hardly, scarcely가 부정어구 이므로, [동사 + 주어]의 형태로 도치시켜 쓴다.

1. [No sooner + had + 주어 _____ + than + 주어 + 과거형 동사]
   ➡ 빈칸은 과거분사(p.p.)

   [No sooner + had + 주어 + p.p. + than + 주어 + _____]
   ➡ 과거형 동사

2. [Hardly/Scarcely + had + 주어 + _____ + when/before + 주어 + 과거형 동사]
   ➡ 과거분사(p.p.)

   [Hardly/Scarcely + had + 주어 + p.p. + when/before + 주어 + _____]
   ➡ 과거형 동사

No sooner (**had he lain** / he had lain) on the floor than the phone rang.

= **Hardly/Scarcely** had he lain on the floor when/before the phone rang.

그가 바닥에 눕자마자 전화가 울렸다.

Hardly/Scarcely had he sat down when/before the phone (rings / **rang**).

= **No sooner** had he sat down **than** the phone rang.

그가 앉자마자 전화가 울렸다.

[고 | 득 | 점 | T | I | P]

'A 하자마자 B하다'는 의미를 나타낼 때, B의 형태가 현재형으로 제시되기도 한다.

No sooner **has he finished his novel** than he **becomes** famous.

그가 소설을 끝내자마자 유명해졌다.

CHECK UP • • •

1 A: How was Jane's party?

   B: It was great. _____ the door than we screamed 'Surprise.'

   (a) No sooner she had opened
   (b) No sooner had she opened
   (c) She no sooner had opened
   (d) She had opened no sooner

2 Hardly had she left for her office when it _____ to rain.

   (a) begin   (b) began   (c) has begun   (d) had begun

POINT

★ 조건 부사절 접속사의 다양한 형태를 익혀 해석을 통해 적절한 것을 고를 수 있다.

★ 이유 부사절 접속사가 문장의 형태에 따라 다양하게 해석됨을 알고 의미를 구분할 수 있다.

1 조건의 부사절 접속사

문장을 연결하는 과정에서, '만약 ~라면'의 의미를 가지고 있는 조건부사절의 접속사는 if, unless, in case, once, provided, providing, suppose, supposing 등이 있으며, 해석을 통해 해결한다.

[＿＿＿ + 주어 + 동사 ..., 주어 + 동사 ...]

➡ 빈칸에 if, unless, in case, once 등이 들어간다.

➡ provided (that), providing (that), suppose (that), supposing (that) 등을 if 대신 쓰기도 한다.

We will take a walk **if** it is fine this afternoon.

만약 오늘 오후에 날씨가 좋으면 산책을 할 것이다. (만약 ~한다면)

You cannot understand the meaning of the words **unless** you read them carefully.

만약 주의 깊게 읽지 않는다면, 당신은 그 말들의 의미를 이해하지 못할 것이다. (만약 ~하지 않는다면)

Take an umbrella **in case** it rains.

비가 올 경우를 대비하여 우산을 가져가라. (~할 경우를 대비하여)

The novelist will regain his popularity **once** his new novel is published.

그의 새로운 소설이 출판되면 그 소설가는 인기를 다시 얻을 것이다. (일단 ~하면)

You can join us, **provided** you pay for your own fee.

네가 스스로의 비용을 부담한다면 우리와 함께 가도 좋다. (만약 ~한다면, provided, providing, suppose, supposing (that))

[고|득|점|T|I|P]

If 등의 조건 부사절 접속사가 쓰일 때, 현재시제를 이용하여 미래의 의미를 나타낸다.

We **will take** a walk if it **is** fine this afternoon.

(주절에는 미래의 의미로 [will + 동사원형]을 썼지만 if절에는 현재시제를 써야 한다.)

CHECK UP •••

fever 열

1 A: I have a high fever and runny nose.

   B: ＿＿＿＿＿＿＿＿ that's the case, you'd better take a rest.

   (a) If   (b) Although   (c) Because   (d) Since

2 A: With what should I take the pill?

B: _____ your doctor specified a drink, you'd better ask him again.

(a) If   (b) As   (c) Since   (d) Unless

2 이유의 부사절 접속사

'~이기 때문에'라는 의미를 나타내는 접속사는 because, as, since, now that 등이다. 문장 유형에 따라 해석이 달라지므로, 각각의 의미를 구분하여 쓴다.

[_____ + 주어 + 동사 ..., 주어 + 동사 ...]
➡ because, as, since, now that 중에서 의미에 맞게 선택

We couldn't enjoy the party **because** few guests were present.

As it was getting late, we couldn't stay any more.

Since you couldn't help me yesterday, I had to find someone else.

Now that our children have grown up, we can do some things we have dreamed for a long time.

손님이 거의 없었기 때문에 우리는 파티를 즐길 수가 없었다. (~때문에)

시간이 늦어지고 있었기 때문에 우리는 더 이상 머무를 수가 없었다. (~때문에)

네가 어제 날 도와주지 못했기 때문에 나는 다른 사람을 구해야만 했다. (~때문에)

이제 아이들이 다 자랐기 때문에 우리는 오랜 시간 꿈꿔온 일들을 해나갈 것이다. (~때문에, ~이므로)

CHECK UP • • •

1 People are increasingly making phone calls through the Internet _____ it costs less than other calls.

(a) if   (b) unless   (c) because   (d) whether

make a phone call 전화하다 cost 비용이 들다

2 Our company can't send you the product you requested _____ your credit card has expired.

(a) even if
(b) since
(c) when
(d) unless

request 요청하다 expire 만료되다

POINT

★ 양보 부사절 접속사의 다양한 형태를 익혀 해석에 따라 적절한 접속사를 선택할 수 있다.

★ (al)though를 이용한 양보 부사절 표현을 익혀 어순에 주의하여 문장을 적절히 배치할 수 있다.

1 양보의 부사절 접속사

'비록 ~이지만, 비록 ~라 해도'라는 의미를 나타내는 접속사는 though, although, even though, even if 등이다. 각각의 의미 적용을 요구하는 문제이므로 해석을 통해 앞뒤 문장과 접속사의 연관성을 고려한다.

[____ + 주어 + 동사 ..., 주어 + 동사 ...]
⇒ though, although, even though, even if 등 이용

Although my grandmother is almost 80, she's still healthy and energetic.

우리 할머니께서 비록 거의 80세이지만, 그녀는 여전히 건강하시고 활기차시다. (비록 ~이지만/일지라도)

Though the technology has a positive effect, it sometimes raises negative issues and questions.

비록 그 기술이 긍정적인 효과를 지니고 있지만, 그것은 때때로 부정적인 결과와 이의를 계기하기도 한다. (비록 ~이지만/일지라도)

The scientists went ahead with the experiment **even though** they thought it was dangerous.

과학자들은 그 실험이 위험하다고 생각했지만 그 실험을 계속 진행하였다. (비록 ~이지만/일지라도)

Even if we didn't fully understand the problem, we could pass the test.

비록 우리가 그 문제를 완전하게 이해하지 못했지만, 우리는 그 시험을 통과할 수 있었다. (비록 ~이지만/일지라도)

CHECK UP • • •

1 A: I can't find Jane. Where is she?

   B: She went home early _____ she had a lot of things to do.

   (a) though   (b) but   (c) despite   (d) while

2 A: Did you inform Brian of the party?

   B: Not yet. But _____ he can't come, I will send him an invitation.

   (a) provided   (b) even if   (c) because   (d) when

inform 알리다 invitation 초대, 초대장

2 양보의 부사절 관용표현

'비록 ~이지만/일지라도'라는 의미를 나타낼 때, 접속사로 though 또는 although 형태를 이용하지만 문장에서 동사, 형용사, 또는 명사를 강조하기 위해 문장 앞에 제시할 수 있다. 이때 동사, 형용사, 명사가 도치될 때 접속사 though 또는 as를 이용하여 문장을 구성한다.

도치 문장의 어순에 주의

1. [Although/Though + 주어 + may/might + 동사원형, 주어 + 동사 ...]
   ➡ [동사원형 + as/though + 주어 + may/might, 주어 + 동사 ...]
2. [Although/Though + 주어 + be동사 + 명사, 주어 + 동사 ...]
   ➡ [명사 + as/though + 주어 + be동사, 주어 + 동사 ...]
3. [Although/Though + 주어 + be동사 + 형용사, 주어 + 동사 ...]
   ➡ [형용사 + as/though + 주어 + be동사, 주어 + 동사 ...]

(**Try as she might** / As she might try), she couldn't finish her work on time.

(**Popular as he is** / As he is popular), he doesn't think highly of himself.

(**Boy as he is** / As he is a boy), he has comprehensive knowledge.

노력해 보았지만, 그녀는 제시간에 일을 끝낼 수 없었다. (= Though she might try)

그는 인기가 있음에도 불구하고 자기 자신을 높게 평가하지 않는다. (= Though he is popular)

그는 어린아이임에도 불구하고 상당한 지식을 갖고 있다. (= Though he is a boy)

[고 | 득 | 점 | T | I | P]
명사가 강조되면서, 문두로 도치될 때는 관사를 쓰지 않는다.
Though he is a boy, he has comprehensive knowledge.
= **Boy as he is**, he has comprehensive knowledge.

CHECK UP • • •

1 A: How do you like your friend Clara?

   B: _____, she is always satisfied with her life.

   (a) Poor as is she   (b) Poor as she is
   (c) As she is poor   (d) As poor she is

2 _____, he couldn't get more votes than his opponents.

   (a) The politician was honest
   (b) The honest politician was
   (c) Honest as the politician was
   (d) Honest was the politician

politician 정치인 vote 투표 opponent 반대자

POINT

★ 목적의 의미를 나타내는 접속사를 긍정과 부정에 따라 나누어 적절한 형태를 고를 수 있다.

★ 결과를 나타내는 접속사 so와 such를 수식받는 문장 성분에 따라 선택하여 문장을 완성할 수 있다.

1 목적의 부사절 접속사

'~하기 위하여' 또는 '~하지 않도록 하기 위하여' 등의 목적의 의미를 나타낼 때, 긍정적 개념일 때는 so that 또는 in order that을 이용하며, 부정적 개념일 때는 lest 또는 for fear that을 쓴다.

1. [주어 + 동사 ... + _____ + 주어 + 동사 ...]
   ➡ ~하기 위하여 : so that, in order that 이용
2. [주어 + 동사 ... + _____ + 주어 + 동사 ...]
   ➡ ~하지 않도록 : lest, for fear that 이용

I wrote this book **so that** everyone can share my experiences.
(~하기 위하여 = in order that)

She left the party without any word **lest** others should see her.
(~하지 않도록 = for fear that)

나는 모든 사람들이 내 경험을 공유할 수 있도록 이 책을 썼다.

그녀는 다른 사람들이 그녀를 보지 않도록 아무런 말없이 파티를 떠났다.

[고|득|점|T|I|P]

1. 접속사 lest를 이용할 때, 조동사 should와 함께 이용할 수 있으며, 때때로 생략된 상태로 동사원형을 쓰기도 한다.

She left the party silently **lest** others see her. (~하지 않도록 = for fear that)
그녀는 다른 사람들이 그녀를 보지 않도록 조용하게 파티를 떠났다.

이 문장에서 see의 시점은 과거이지만, 동사원형을 썼다. 원래 should see의 형태였으나, should를 생략하여 이와 같이 동사원형만으로 표현할 수 있다.

2. so that ~ '~하기 위하여'라는 문장 형태에서 that이 생략되어 so만으로 의미를 나타내기도 한다.

They turned off the light **so** their baby can sleep. 그들은 아기가 잠들 수 있도록 불을 껐다.

so that their baby can sleep에서 that에서 '~하기 위하여'라는 의미는 동일하게 적용된다.

CHECK UP • • •

1 A: Call your parents _____ they won't worry about you.

B: Ok. I sure will.

(a) when   (b) once   (c) though   (d) so that

2 Please remind us of the meeting _____ we should forget.

(a) because   (b) lest   (c) though   (d) when

2 결과의 의미를 나타내는 접속사

접속사 유형 중에서, '너무 ~해서 …하다'는 의미를 나타낼 때, so ~ that…과 such ~ that…을 이용하게 되며, 각각 수식을 받는 단어가 형용사/부사/명사 중에서 어떤 것인가에 따라 so와 such를 선택하여 쓴다.

> [주어 + 동사 … + ____ + 형용사/부사/명사 + that + 주어 + 동사]
> ➡ so 또는 such를 선택
>
> 1. [_____ + 형용사/부사/many + 명사/much + 명사/형용사 + a + 명사]
>   ➡ so를 선택
> 2. [_____ + a + 명사] 또는 [_____ + a + 형용사 + 명사] ➡ such를 선택

I was **so** tired that I went to bed early. [so + 형용사]

나는 너무 피곤하여 잠자리에 일찍 들었다.

Everything happened **so** suddenly that I didn't know what to do. [so + 부사]

모든 일이 너무나 갑작스럽게 일어나서 난 어쩔 바를 몰랐다.

They have **so** much information that they could solve the problem easily. [so + much + 명사]

그들은 많은 정보를 가지고 있기 때문에, 쉽게 그 문제를 해결할 수 있을 것이다.

We had not met each other for **such** a long time that I couldn't recognize him. [such + a + 형용사 + 명사]

우리는 너무 오랫동안 서로를 보지 못하여 나는 그를 알아볼 수가 없었다.

The storm was **such** that it destroyed the whole city. [such + that + 주어 + 동사]

그 폭풍 때문에 도시 전체가 파괴되었다.

[고 | 득 | 점 | T | I | P]

[so + 형용사 + that + 주어 + 동사]
= [so + 형용사 + as to + 동사원형](~할 정도로 ~하다)

The movie was **so** popular **as to** attract many people.
그 영화는 많은 사람들을 끌어들일 정도로 매우 인기가 있다.

[고 | 득 | 점 | T | I | P]

[so + 형용사] 또는 such는 강조를 위해, 문장 앞으로 도치할 수 있으며, 이때 주어와 동사의 어순이 바뀐다.

The storm was so powerful that it destroyed the town.
➡ **So powerful was the storm** that it destroyed the town.
그 폭풍은 너무나 강력하여 마을을 파괴했다.

The storm was such that it destroyed the town.
➡ **Such was the storm** that it destroyed the town.
그 폭풍 때문에 도시 전체가 파괴되었다.

1 A: Why don't you have a coffee break for a while?

B: I have _____ that I can't stop working now.

(a) many things to do
(b) many things done
(c) so many things to do
(d) so many things done

2 Professor Smith was _____ that all the students wanted to take his class.

(a) so competent person
(b) so a competent person
(c) such competent a person
(d) such a competent person

POINT
★ 다양한 의미의 접속사를 의미에 맞게 골라 문장을 구성할 수 있다.
★ 양보와 이유를 나타내는 접속사와 전치사를 문장 구조를 파악하여 적절하게 선택할 수 있다.

시간, 조건, 이유, 양보 등의 기본적 의미를 나타내는 접속사와는 달리, 다양한 의미를 나타내는 접속사들이 있다.

[_____ + 주어 + 동사 ..., 주어 + 동사 ...]
[주어 + 동사 ... + _____ + 주어 + 동사 ...]
➡ 다양한 접속사 유형으로 출제되므로 문장 의미에 주의하여 정답을 선택한다.

As time goes by, things seem to get better.	시간이 지남에 따라 일들이 나아지는 것 같다. (~함에 따라)
Do **as** I told you yesterday.	어제 내가 말해준 것처럼 하여라. (~처럼)
As you sow, so will you reap.	씨를 뿌린 대로 거둘 것이다. (~한 대로)
You'd better leave things **as they are**.	물건들이 있었던 그대로 두는 것이 좋을 것이다. (그것 그대로)
Just as there were many mysterious things in his earlier novels, there are still strange things in his latest one.	그의 초기 소설들에서 신비한 것들이 많았던 것처럼, 그의 최근 소설에도 여전히 이상한 것들이 있다. (~처럼)
While the houses in the area have been preserved despite the explosion, those in the other parts haven't.	그 지역에 있는 집들은 폭발에도 불구하고 보존되었던 반면에, 다른 지역들의 집들은 그렇지 않았다. (반면에)
The system seemed quite complicated, **whereas** it was really simple.	그 시스템은 매우 복잡해 보였지만, 실제로는 매우 단순했다. (반면에, 그런데, 실은)
As far as I'm concerned, I can't agree with her.	내 생각에는, 난 그녀에게 동의할 수 없다. (나에 관한 한)
There aren't any parking lots here, **as far as** I know.	내가 아는 한, 여기에는 주차장이 전혀 없다. (내가 아는 한)
The used car was perfect **except** that it was a little expensive.	그 중고차는 조금 비싸다는 것을 제외하고는 완벽했다. (~을 제외하고)
The professor gave a lecture concerning biotechnology, **whereby** it is impossible to reproduce human beings within five years.	그 교수는 생명공학에 관한 강의를 했으며, 그에 따르면 5년 이내에 인간을 복제하는 것은 불가능하다. (그에 따라, 그것에 의하면)
I wrote to my parents as soon as I arrived; **otherwise** they would have worried about me.	나는 도착하자마자 부모님께 편지를 썼다. 그렇지 않았다면 그는 나에 대해 걱정했을 것이다. (그렇지 않았다면)
Whether the business prospects are discouraging or not, people will exchange goods and services continuously.	사업에 대한 전망이 좋든, 좋지 않든 사람들은 계속해서 물건과 서비스를 교환할 것이다.

as의 다양한 쓰임

1. Jane is **as** tall **as** her sister. (비교 구문) 제인은 여동생만큼 키가 크다.

2. Do **as** I told you. (~처럼/~대로) 내가 말했던 것처럼 하세요.

3. Leave it **as it is**. (~대로/~인 채로) 그것 그대로 내버려 두세요.

4. **As** time went by, they became tired. (~함에 따라) 시간이 감에 따라, 그들은 피로감을 느끼게 되었다.

5. The author, **as** I remember him, had some limitation. (~하는 한 = as far as)
   내가 기억하는 한 그 작가는 약간의 제한을 가지고 있었다.

6. He told me the truth **as** we took a walk at the park. (~할 때 = when)
   그는 우리가 공원에서 산책할 때 그 진실을 나에게 말했다.

7. **As** he is a liar, I don't trust him. (~이기 때문에 = because)
   그가 거짓말쟁이이기 때문에, 나는 그를 신뢰하지 않는다.

8. Liar **as** he is, I still trust him. (= Though he is a liar)
   그가 거짓말쟁이기는 하지만, 나는 여전히 그를 믿는다.

9. This is the same watch **as** I lost. (유사관계대명사) 이것은 내가 잃어버렸던 것과 같은 시계이다.

10. He looks **as if** he had seen a ghost. (as if 가정법 = as though)
    그는 마치 유령을 보았던 것처럼 보인다.

11. **As far as** I know, he is a kind man. (~하는 한) 내가 아는 한 그는 친절한 사람이다.

CHECK UP • • •

1 The airplane _____ we know it was not developed by a great inventor.

    (a) as   (b) since   (c) for   (d) so

2 _____ people are destroying the environment around the desert, the greatest threat to it is global warming.

    (a) If   (b) Unless   (c) While   (d) Since

destroy 파괴하다 environment 환경
threat 위협 global warming 지구온난화

2 접속사와 전치사

양보의 접속사와 이유의 접속사는 같은 의미를 가지고 있는 전치사 또는 부사들과 구별해서 써야 한다. 접속사는 [주어 + 동사]의 형태가 연결되지만, 전치사는 뒤에 명사 형태로 연결된다. 또한 접속사와 유사한 의미를 가지고 있지만 부사인 접속부사들은 의미상으로만 연결의 의미를 가질 뿐 문장을 구조적으로 접속시킬 수 없다. 따라서 의미 구별뿐만 아니라, 문장 구조를 통해 답을 결정해야 한다.

접속사/전치사 이후의 구조에 주의하여 정답 선택

1. [because + 주어 + 동사 ...] vs. [because of + 명사]

2. [although/though/even though/even if + 주어 + 동사 ...]

   vs. [despite/in spite of/notwithstanding + 명사]

   vs. [nevertheless/nonetheless, + 주어 + 동사 ...]

* nevertheless, nonetheless 등은 접속부사로, 문장과 문장을 연결해주지 못하며 독립된 문장 맨 앞에 쓴다

I decided not to go shopping **because** I had something to do.

He decided to stop studying **because of** his financial difficulty.

Though the digital camera is of high quality, it is too expensive.

Despite the bad weather, we continued to take a walk.

He is very rich. **Nevertheless**, he always tries not to wast money.

나는 할 일이 있었기 때문에 쇼핑하러 가지 않기로 했다. (because + 주어 + 동사)

그는 재정적 어려움 때문에 공부하는 것을 그만두기로 했다. (because of + 명사)

디지털 카메라가 질이 좋기는 하나 너무나 비싸다. (though + 주어 + 동사)

나쁜 날씨에도 불구하고 우리는 산책을 계속했다. (despite + 명사 = in spite of + 명사 = notwithstanding + 명사 : ~임에도 불구하고)

그는 매우 부자이다. 그럼에도 불구하고 그는 언제나 돈을 낭비하지 않기 위해서 노력한다. (nevertheless = nonetheless 그럼에도 불구하고)

[고 | 득 | 점 | T | I | P]

despite of의 함정

'~임에도 불구하고'라는 의미의 전치사 despite은 of와 함께 쓰지 않는다. [despite + 명사]의 구조를 그대로 쓴다. 시험에서는 일반적으로 despite of로 함정을 만드는 경향이 있다.

CHECK UP • • •

1. _____ the growing number of the elderly people, the social welfare for them was not considered at all.

   (a) Although   (b) Even though
   (c) Despite   (d) Because

   social welfare 사회복지

2. Many people had to leave their hometown _____ the civil war.

   (a) because   (b) because of
   (c) despite   (d) though

   civil war 내전

1 Tea had been used as a medicine in China (because / before) it became a beverage around the world.

2 No sooner had the baby seen his parents than he (burst / bursts) into tears.

3 (Hardly had they finished their experiment / Hardly they finished their experiment) when they realized that there was something wrong.

4 (While / Once) any landmass sustained environmental damage, it recovers slowly.

5 Yesterday the children couldn't eat dinner with their parents (if / because) they were late.

6 (Although / Since) you've been gone for a long time, I couldn't talk with you about the issue.

7 I will do my best to the end, (unless / even if) I can't win this game.

8 (Because / Although) he has been ill in hospital for three years, he is quite strong now.

9 (As I am hungry / Hungry as I am), I can't go out to eat now.

10 This library will be open for extended hours (unless / so that) more students can use its facilities.

11 Most people spend (so / such) much time watching TV that they can't do other activities.

12 There was (so / such) a long line at the gas station that I couldn't arrive on time.

13 The government should prevent people from smoking cigarettes in public places; (hence / otherwise) many people will suffer from second-hand smoking.

14 You should accept yourself (though you are / as you are).

15 It is easy to get a credit card issued, (while / since) it is difficult to get it reissued after the expiry.

ACTUAL TRAINING

PART I• Choose the answer for the blank.

1 A: I can't understand why the board members didn't accept the offer.

B: So it is critical that leaders see things _____, not as they hope they should be.

(a) as it is
(b) as they are
(c) as is it
(d) so are they

2 A: Where did you find my diary?

B: _____ the drawer when I found it.

(a) Hardly I had opened
(b) Hardly had I opened
(c) Hardly I opened
(d) I hardly opened

3 A: Did you meet Mike at the station this morning?

B: No, _____, he had already left the station.

(a) when arrived
(b) when I arrived
(c) I arrived
(d) I was arriving

4 A: What's the matter with your hand? Did you see a doctor?

B: Yeah. He told me that it will take more than a month _____ I could use it as usual.

(a) when
(b) before
(c) as
(d) although

5 A: Should I tell him her destination?

B: We'd better inform him of it _____ he can't meet her.

(a) provided
(b) even if
(c) because
(d) when

PART II• Choose the answer for the blank.

6 _____ it will rain heavily tomorrow, the football match won't be cancelled.

(a) When
(b) Unless
(c) Despite
(d) Although

7 _____ some drugs have a positive influence on the central nervous system, most hallucinogens distort our organs and feelings.

(a) While
(b) If
(c) Since
(d) When

8 _____ wild animals are protected properly, many species of them may become extinct within a few years.

(a) Although
(b) When
(c) Unless
(d) If

9 We are sending you next year's calendar hoping that it will remind you of our bookstore, _____ our calendar did in the past.

(a) just as
(b) because
(c) since
(d) so

10 _____ the animal's cubs only weigh less than 200 grams at birth, they weigh more than 103 kilograms after a few months.

(a) Once
(b) When
(c) While
(d) Because

11 You'll never understand the language _____ you study its grammatical structure carefully.

(a) because
(b) unless
(c) although
(d) if

12 Daily physical activity is beneficial to health _____ you can't lose your weight quickly.

(a) since
(b) as if
(c) even if
(d) if only

13 _____ there are many factors to endanger wild animals, the greatest threat to them is lack of sufficient food.

(a) If
(b) Unless
(c) While
(d) Since

14 _____ the scientists had gotten the result of the experiment, they were sure that it would bring a revolution in the field.

(a) If
(b) Although
(c) Provided
(d) Once

15 Scarcely had he set the table before the doorbell _____.

(a) rings
(b) rang
(c) had rung
(d) will ring

REVIEW TRAINING 4

PART I• Choose the answer for the blank.

1 A: Were you impressed while reading the novel?

B: Of course. _____ their thoughts was really interesting.

(a) The characters concealed
(b) That the characters concealed
(c) The characters that concealed
(d) That the characters concealing

2 A: The economy appears to be devastating again.

B: I think so. No one can predict

_____ .

(a) ever it when will be fine
(b) it ever will be fine when
(c) when it will ever be fine
(d) when will ever it be fine

3 A: Do you have any good friends in your classroom?

B: Sure. There are many students _____ at school.

(a) I can get along with best
(b) I get along with can
(c) best I can get along with
(d) best with I can get along

4 A: Can you find anyone in this photo, who struck you yesterday?

B: Yes. This man is _____ .

(a) who did it
(b) who it did
(c) the one who it did
(d) the one who did it

5 A: Many Korean students seem to go abroad to study.

B: _____ that's true, there's nothing we can do about it.

(a) As
(b) Since
(c) Unless
(d) Though

PART II• Choose the answer for the blank.

6 Most of the participants rapidly realized most of _____ they were required to do.

(a) which
(b) who
(c) what
(d) that

7 The environmental pollution _____ conservationists pay attention has become an important issue in today's society.

(a) which
(b) what
(c) to which
(d) of which

8 After reading two articles, the editor had to decide _____ could appeal to the public.

(a) that
(b) which
(c) whichever
(d) whomever

9 The novels written by the 'Lost Generation' were a response to the World War I, _____ more people died throughout history.

    (a) of which
    (b) in which
    (c) that
    (d) what

10 _____ the island than a heavy rainfall made traffic tied up.

    (a) The tourists had left no sooner
    (b) No sooner the tourists had left
    (c) Had the tourists left no sooner
    (d) No sooner had the tourists left

PART III•Identify the grammatical error in the dialouge.

11 (a) A: Jennifer looks like a different person from my expectation.
    (b) B: Jennifer? Where is she? Is she here at the party?
    (c) A: Yes, she's the one which is talking with Mike at the door.
    (d) B: Wow, you're right. I can't recognize her.

12 (a) A: It's a good decision to visit this lake.
    (b) B: You're right. But I wish I could have been here before.
    (c) A: Come on. You're a lucky person to be here before it is too late.
    (d) B: I understand. I've got many friends whose has never been here.

13 (a) A: Jean, could you lend me your note? I missed the history class this morning.
    (b) B: It might be useless. I didn't write anything what the teacher was saying.
    (c) A: Didn't you understand what the teacher explained?
    (d) B: No. He spoke too fast and was not clear.

PART IV•Identify the grammatical error in the passage.

14 (a) In the area, most of the residents spend several days at nearby lakes catching fish with nets. (b) But each year during the dry season, they hunt in the deep bush. (c) There are about sixty peoples, in which about ten peoples produce their traditional handicrafts. (d) Almost a third of the population is the Mossai people, who occupy the center of the country.

15 (a) As far as you are looking for creative new health programs, we have a lot of things for you to do. (b) These new health programs are really great, so I'd like you to experience them soon enough. (c) We sincerely understand that you want to do with them. (d) Undoubtedly you will be able to keep in shape and do what you want.

위아텝스
GRAMMAR

가정법은 실제 사실의 반대를 나타내는 표현으로 if 라는 종속접속사를 대동한 하나의 종속절 형태이다. 가정법 문제는 if를 출제하는 것이 아니라, 동사의 형태와 동사의 시제를 묻는 문제로 출제된다. 따라서 가정법에서 제시하는 실제 사실의 시점인 현재사실, 과거사실, 미래사실과 이때 제시되는 동사의 시제로서, 현재사실을 나타내는 과거동사, 과거사실을 나타내는 과거완료 시제 등을 학습해야 한다. 또한 미래적 의미를 나타낼 때 이용하는 should 와 were to를 이용해야 하며, if 가 생략된 도치의 유형도 기억해야 한다. 또한 I'd rather 나 it's time 의 가정법 유형도 출제되므로 각각의 용법을 기억해야 한다. 결국 가정법은 동사의 시제 문제이다.

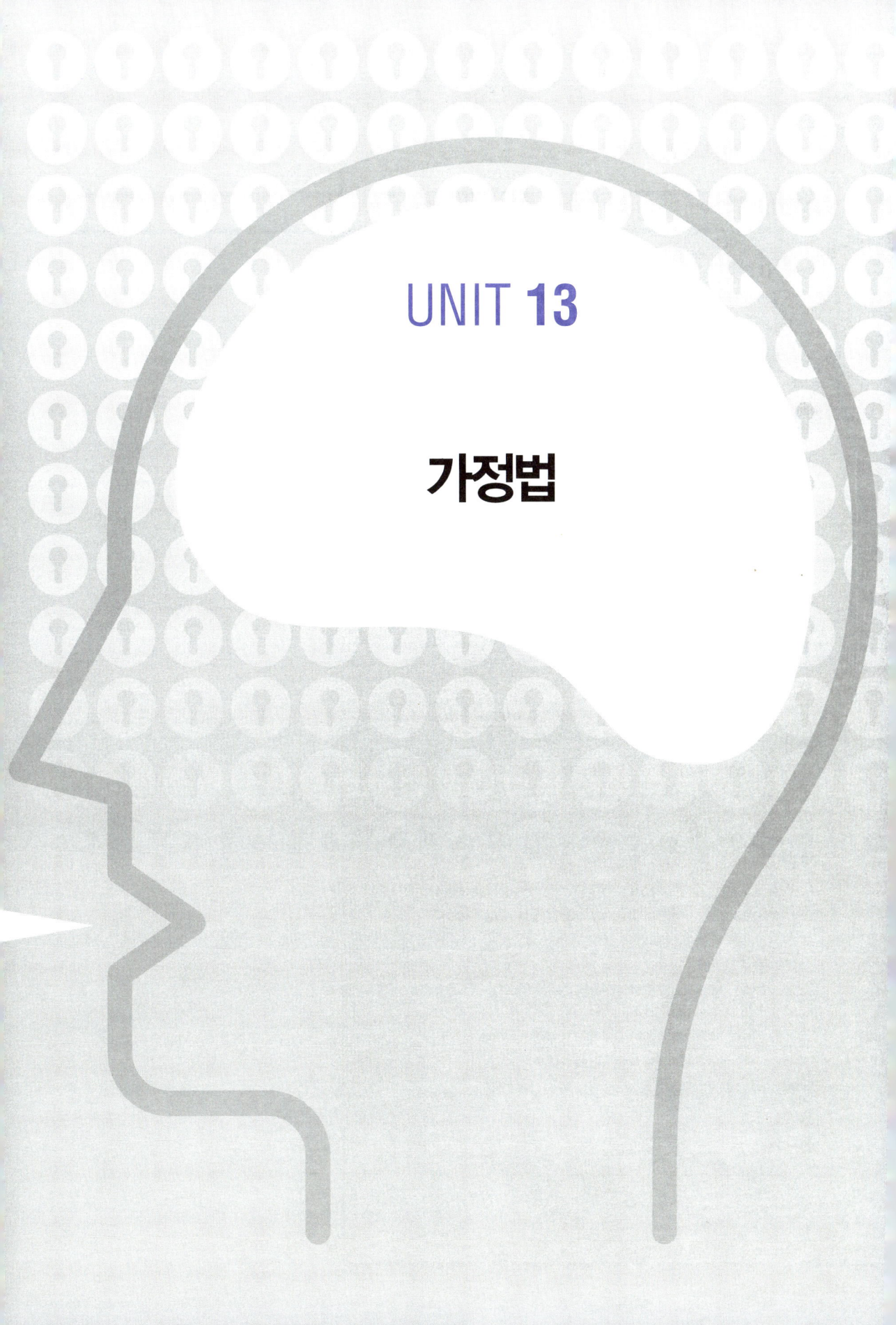

UNIT 13

가정법

P 084 가정법 미래

POINT

★ 가정법 미래의 의미를 파악하고 기본 구조를 익혀 문장을 완성할 수 있다.

★ should가 생략되어 동사원형이 오는 that절을 취하는 다양한 동사와 형용사를 익혀 적절한 형태를 고를 수 있다.

1 가정법 미래

가정법 미래는 불가능한 미래 사실이나 불확실한 미래 상황을 설명할 때 쓰는 표현이다. 가정법 미래 문장에서는 should 또는 were to가 If절에서 이용되며, 주절에는 [would + 동사원형]의 형태가 주로 쓰인다.

> 1. [If + 주어 + should + 동사원형 ..., 주어 + would + 동사원형 ...]
>   = [Should + 주어 + 동사원형 ..., 주어 + would + 동사원형 ...]
> 2. [If + 주어 + were to + 동사원형 ..., 주어 + would + 동사원형 ...]
>   = [Were + 주어 + to-동사원형 ..., 주어 + would + 동사원형]

If she (**should** / could) come here tomorrow, I would tell her the truth.

➡ (**Should** / Were) she come here tomorrow, I would tell her the truth.

그녀가 내일 여기 오면 난 그녀에게 사실을 말할 것이다.

If alcohol and tobacco (**were to** / would) be banned, the employees in the industries would lose their jobs.

➡ (**Were** / Should) alcohol and tobacco to be banned, the employees in the industries would lose their jobs.

만약 술과 담배가 금지되면, 그 산업에 종사하는 직원들은 그들의 직장을 잃을 것이다.

[고 | 득 | 점 | T | I | P]

should가 쓰이는 가정법 미래 구문에서는, 주절의 동사로 [would + 동사원형], [will + 동사원형] 형태를 쓰거나, 또는 명령문의 형태를 이용할 수도 있다.

If she **should come** here tomorrow, I **would tell** her the truth.

If she **should come** here tomorrow, I **will tell** her the truth.

If she **should come** here tomorrow, please **tell** her the truth.

1 A: _____ you have anything unusual, let me know immediately.

B: Don't worry. I will call you as soon as I find it.

(a) Would   (b) Should   (c) Were to   (d) Might

2 _____ the boss to appoint me manager of the department, I would do my best.

(a) If   (b) Although   (c) Should   (d) Were

unusual 특이한 immediately 곧바로

2 가정법과 should

주장, 제안, 요구, 명령의 의미를 가지고 있는 동사 또는 명사가 that절과 연결될 때, It is... that절 사이에 '중요, 필수, 필요, 당연' 등을 나타내는 형용사가 올 때, that절에는 should가 생략된 동사원형이 온다. 미래적 의미의 가정법에서나, '~해야 한다'는 당위 개념을 나타낼 때 should가 생략된 동사원형이 온다.

1. [주어 + 주장/요구/제안/명령 의미 동사 + (that) + 주어 + _____]
   ➡ 동사원형 자리
2. [It is + 중요/필요/당연/필수 의미 형용사 + that + 주어 + _____]
   ➡ 동사원형 자리

❶ 동사 유형

주장하다

insist   argue   claim   urge

요구하다

demand   ask   require   request

제안하다

suggest   propose   recommend   move

명령하다

order   command

His family suggested that he (stopped / **stop**) smoking and drinking.

His team members recommended that he (didn't go / **not go**) there.

그의 가족은 그가 흡연과 술 마시기를 중지해야 한다고 제안했다. (should stop)

그의 팀원들은 그에게 거기 가지 말라고 권고했다. (should not go)

❷ 형용사 유형

이성적 판단

important	essential	natural	necessary
compulsory	imperative	desirable	vital

감정적 판단

admirable	awful	curious	deplorable
regrettable	surprising		

It is important that every student (**have** / has) equal rights to be educated.

It is surprising that he (**do** / does) so foolish a thing.

모든 학생이 교육받을 권리를 평등하게 가지고 있어야 한다는 것은 중요하다. (should have)

그가 그렇게 바보같은 짓을 했다는 것은 놀라운 일이다. (should do)

[고 | 득 | 점 | T | I | P]

should를 쓰지 않는 경우

객관적인 사실을 말할 때, should의 의미가 포함되지 않으므로 should를 쓰지 않는다.

Opinion polls suggest that people **don't trust** the press any more.

설문조사는 사람들이 더 이상 언론을 믿지 않는다는 것을 보여주었다.

[고 | 득 | 점 | T | I | P]

[주장/제안/요구/명령 명사 + that + 주어 + _____]에서 빈칸은 동사원형 또는 [should + 동사원형]의 자리이며 앞에서 제시한 동사들과 마찬가지로 다음의 명사가 제시되면 이 구조를 떠올려야 한다.

– 주장 : assertion, claim
– 제안 : suggestion, proposal
– 요구 : demand, wish
– 명령 : order, command

The government accepted the **demand** that they (hired / **hire**) more health personnel.

정부는 보건 인력을 확충하라는 요구를 받아들였다. (should hire)

CHECK UP •••

1 A: What did the boss think of your plan?

B: He recommended that it _____ implemented as soon as possible.

(a) be   (b) has been   (c) will be   (d) were

2 It is important that every rider _____ his or her helmet every time they are on a bike.

(a) wear   (b) wore   (c) is wearing   (d) be worn

implement 실행하다

POINT

★ 가정법 과거가 나타내는 의미를 알고 적합한 시제의 동사를 고를 수 있다.

★ 가정법 과거를 나타내는 다양한 표현법을 익혀 문장을 구성할 수 있다.

1 가정법 과거: 현재 사실의 반대

현재의 상황 또는 사실을 가정할 때, if절과 주절에는 과거형 동사(be동사는 were)를 이용한다. if는 생략할 수 있으며, 이때 be동사의 were가 주어 앞으로 도치된다. 가정법 문장에서는 if절과 주절의 동사 형태를 비교하거나 문맥을 통해 동사의 시제를 연결하는 문제가 주로 출제된다.

1. [If + 주어 + _____ ..., 주어 + would + 동사원형 ...]

   ➡ 동사의 과거형 또는 were 선택

   ➡ If가 생략되면 [Were + 주어 + 보어 ..., 주어 + would + 동사원형 ...]

2. [If + 주어 + 동사의 과거형/were ..., 주어 + _____]

   ➡ 빈칸은 [would/could/might + 동사원형]

If I (had been / **were**) you, I wouldn't buy such an expensive car.

➡ (Had / **Were**) I you, I wouldn't buy such an expensive car.

> 내가 너라면 그렇게 비싼 차는 사지 않을 것이다.

If he were here right now, he (helped / **could help**) us.

➡ Were he here right now, he (helped / **could help**) us.

> 그가 만약 지금 여기 있다면 우리를 도와줄 텐데.

[고 | 득 | 점 | T | I | P]

If절에 일반동사의 과거형을 이용한 가정법 과거일 경우, if는 거의 생략되지 않는다. 가정법 과거에서 if 절에 주로 were가 나올 때 if가 생략된다.

If I were you, I wouldn't buy such an expensive car.

➡ Were I you, I wouldn't buy such an expensive car.

CHECK UP • • •

1 A: I don't know what to do this weekend.

B: If I were you, _____ a movie at home.

(a) I will watch   (b) I would watch

(c) I would have watched   (d) I had watched

2 A: Why are you so upset with Jennifer?

B: _____, you could understand me. She is always rude to me.

(a) You were in my shoes   (b) Were you in my shoes

(c) Were in my shoes you   (d) In my shoes were you

---

2 가정법 과거를 나타내는 표현

가정법 과거를 표현할 때, '~이 없다면' 의 의미를 갖는 If it were not for의 구조, '~라면 좋을 텐데' 라는 의미를 나타내는 I'd rather, '~할 때가 되었다' 는 It's time의 형태를 기억해두자.

> 1. [without / but for / if not for + 명사] : '~이 없다면' 의 의미
>   = [If it were not for + 명사, 주어 + would/could/might + 동사원형 ...]
>   = [Were it not for + 명사, 주어 + would/could/might + 동사원형 ...]
> 2. [I'd rather + 주어 + _____ ...] ➡ 동사의 과거형 또는 were
> 3. [It's (about/high) time + 주어 + _____ ...] ➡ 동사의 과거형 또는 were

(**If it were not for** / If it had not been for) your advice, I couldn't complete this project.

너의 조언이 없다면 나는 이 작업을 완성할 수 없을 거야.

= (**Were it not for** / Weren't it for) your advice, I couldn't complete this project.

I'd rather he (comes / **came**) with her.
[I'd rather + 주어 + 동사의 과거형]

그가 그녀와 함께 오면 좋을 텐데. (~라면 좋을 텐데 = I wish)

[비교] I'd rather (**go** / went) with her. [I'd rather + 동사원형 ...]

나는 차라리 그녀와 함께 가겠다. (차라리 ~ 하겠다)

It is (high/about) time (that) you (get / **got**) married.
[It's time + 주어 + 동사의 과거형]

너는 결혼 할 때가 되었다. (~할 때가 되었다)

[비교] It's time **for you to get** married. [It's time + to 부정사]

너는 결혼 할 때가 되었다. (~할 때가 되었다)

[고 | 득 | 점 | T | I | P]

'~이 없다면' 이라는 의미를 나타낼 때, without, but for, if not for 등을 쓸 수 있다.

If it were not for your advice, I **couldn't complete** this project.

= **Without** your advice, I couldn't complete this project.

= **But for** your advice, I couldn't complete this project.

= **If not for** your advice, I couldn't complete this project.

1 A: I'm so excited to go on a trip.

   B: But _____ here.

   (a) I would rather you stay

   (b) I would you rather stay

   (c) you would rather stayed

   (d) I would rather you stayed

   excited 흥분한

2 _____ it not for water and air, all the living plants and animals couldn't live.

   (a) If   (b) Be   (c) Was   (d) Were

POINT

★ 가정법 과거완료의 의미를 숙지하고 적절한 형태를 골라 문장을 완성할 수 있다.

★ 혼합 가정법의 의미를 알고 문맥을 파악하여 주절에서 과거시제와 현재시제를 구분할 수 있다.

1 가정법 과거완료

과거의 상황 또는 사실을 가정할 때, 가정법 과거완료를 쓴다. 이때 if절의 동사는 [had p.p.]이며, 주절에는 [would/could/should/might have p.p.]의 형태가 온다. 또한 '~이 없었더라면' 이라는 의미를 나타낼 때는 [If it had not been for] 또는 [Had it not been for]의 형태를 알아두자.

1. [If + 주어 + _____ ..., 주어 + would have p.p. ...]
   ➡ 빈칸은 had p.p.의 형태가 들어간다.
   ➡ If가 생략되면, [_____ ..., 주어 + would have p.p. ...]의 형태가 되며 빈칸
   은 [Had + 주어 + p.p.]의 형태가 들어간다.

2. [If + 주어 + had p.p. ..., 주어 + _____ ...]
   ➡ would/could/might have p.p.

3. [Without/but for/if not for + 명사..., 주어 + would have p.p. ...]
   ➡ '~이 없었다면' 의 의미
   ➡ [If it had not been for + 명사, 주어 + would have p.p. ...]와 같은 의미이며 If
   가 생략되면
   ➡ [Had it not been for + 명사, 주어 + would have p.p. ...]

If you (**had been** / were) at the party last night, you could have seen my father.

= (**Had you been** / Were you) at the party last night, you could have seen my father.

= If you had been at the party last night, you (**could have seen** / could see) my father.

어제 저녁에 네가 파티에 있었더라면, 나의 아버지를 볼 수 있었을 거야.

(**If it had not been for** / If it were not for) his advice, I couldn't have finished my assignment.

= (**Had it not been for** / Were it not for) his advice, I couldn't have finished my assignment.

그의 조언이 없었더라면, 나는 과제를 끝내지 못했을 거야. (= without/but for/if not for)

앞에서 '~이 없었더라면' 이라는 의미를 나타낼 때, without, but for, if not for 등을 쓸 수 있다는 것을 언급했다.

If it had not been for his advice, **I couldn't have finished** my assignment.

= **Without** his advice, **I couldn't have finished** my assignment.

= **But for** his advice, **I couldn't have finished** my assignment.

= **If not for** his advice, **I couldn't have finished** my assignment.

without, but for, if not for는 '~이 없다면'의 의미로 현재의 상황 또는 사실, 그리고 '~이 없었다면'의 의미로 과거의 상황 또는 사실을 동시에 나타낼 수 있다. 따라서 주절에 [would + 동사원형] 또는 would have p.p.의 형태와 비교하여 현재 사실의 반대인지 과거 사실의 반대인지를 판단한다.

[조동사 + have p.p.]와 가정법 과거완료

1. [should have p.p.] : ~해야만 했었는데
2. [could have p.p.] : ~할 수 있었을 텐데
3. [would have p.p.] : ~하려고 했는데, ~이었을 텐데

I had a traffic accident yesterday. At the intersection, I should have slowed down my car.
어제 교통사고가 났어. 교차로에서 자동차의 속도를 줄였어야 했는데.

I would have told him the truth, but he wouldn't hear of it.
나는 그에게 진실을 말하려고 했으나, 그는 들으려고 하지 않았다.

The country could have made peace with other countries, but they didn't come to an **agreement.** 그 나라는 다른 나라들과 평화를 이룰 수도 있었으나, 그들은 합의에 이르지 못했다.

CHECK UP • • •

1 A: How did you do your job at first?

B: I _____ it if I had continued studying in college.

(a) won't do   (b) won't have done

(c) wouldn't do   (d) wouldn't have done

continue 계속하다

2 _____ for the quick response, many victims might not have survived the flood last week.

(a) Had not been   (b) It had not been

(c) Had it not been   (d) If it not been

victim 희생자

2 혼합 가정법

'과거에 ~했었더라면, 지금은 ~일 텐데' 라는 의미나, '만약 현재 ~하다면, 과거에는 ~했었을 텐데' 라는 의미를 나타낼 때, 혼합가정법을 쓴다. 혼합가정법에서는 주절과 if절의 시제가 다르게 제시된다. 따라서 문맥을 통해 현재 사실에 대한 것인지, 과거 사실에 대한 것인지를 구분하여 이용한다.

1. [If + 주어 + had p.p. ..., 주어 + would + 동사원형... + now]
   ➡ [과거 사실] + [현재 사실]
2. [If + 주어 + 동사의 과거형[were] ..., 주어 + would have p.p. ... + in the past]
   ➡ [현재 사실] + [과거 사실]

If he (**had not left** / didn't leave) for the U.S., he would be my classmate now.

그가 만약 미국으로 떠나지 않았더라면, 그는 지금 내 학교 친구가 되었을 거야.

If I had worked harder when I was young, I (would have been / **would be**) a success now.

내가 어렸을 때 더 열심히 일했더라면, 지금은 성공했을지도 몰라.

If he were a kind person, he (would help / **would have helped**) the old lady yesterday.

만약 그가 친절한 사람이라면, 그는 어제 그 노부인을 도왔을 텐데.

CHECK UP • • •

1   If I had booked a room earlier, I _____ my vacation now, but all the rooms are fully reserved.

(a) may enjoy   (b) may have enjoyed
(c) might enjoy   (d) might have enjoyed

book 예약하다

2   Had it not been for proper measures, the country _____ in serious financial trouble this year.

(a) be   (b) would be
(c) were   (d) would have been

measure 수치

POINT

★ I wish 가정법의 기본 구조를 익히고 시점에 유의하여 알맞은 동사형을 고를 수 있다.

★ as if/as though 가정법의 기본 구조를 익히고 시점에 유의하여 알맞은 동사형을 고를 수 있다.

1 I wish 가정법

I wish와 I wished는 실제 상황 또는 사실을 가정하여 나타내는 표현으로, 앞에 제시된 wish 또는 wished와 비교하여 '같은 시점'을 나타낼 때 동사의 과거형 (were)이 오며, '먼저 일어난 사건'을 설명할 때 had p.p.가 온다. [I wish] + [주어 + _____]의 형태에서 동사의 시제를 묻는 문제가 출제된다. 'wish의 시점과 동사의 시점이 같은가?' 또는 '이전 상황인가?'를 비교해서 알맞은 동사형을 골라야 한다.

1. 현재 상황 : [I wish + 주어 + _____] ➡ 동사의 과거형
2. 과거 상황 : [I wish + 주어 + _____] ➡ had p.p.
3. 과거 상황 : [I wished + 주어 + _____] ➡ 동사의 과거형
4. 과거 이전 상황 : [I wished + 주어 + _____] ➡ had p.p.

I wish I (**were** / had been) as rich as my friend.

I wish you (were / **had been**) to the concert with me last night.

I wished I (**were** / had been) as rich as my friend.

I wished you (were / **had been**) to the concert with me the day before.

나는 내 친구만큼 부자였으면 좋겠다. (현재 상황을 지금 바라다)

어제 콘서트에서 네가 나와 함께 할 수 있었으면 좋았을 텐데. (과거 상황을 지금 바라다)

내가 내 친구만큼이나 부자였으면 좋겠다고 바랬어. (과거 상황을 과거에 바라다)

나는 전날 네가 나와 함께 콘서트에 갔으면 하고 바랬어. (과거 이전 상황을 과거에 바라다)

[고 | 득 | 점 | T | I | P]

실제 사실을 나타낼 때는 I wish 뒤에 현재형 동사를 쓸 수 있다.

I wish I can meet him at the party. 나는 파티에서 그를 만날 수 있기를 바란다.

CHECK UP • • •

1 A: I bought a new computer.

B: Really? I wish I _____ one like yours.

(a) had (b) have
(c) have had (d) had to have

2 A: I feel so bored when there aren't many customers.

B: Right. I wish we _____ home an hour ago.

(a) go   (b) went   (c) have gone   (d) had gone

2 as if/as though 가정법

as if는 실제 상황 또는 사실을 가정하여 나타내는 표현으로, 앞에 제시된 동사와 비교하여 '같은 시점'을 나타낼 때는 동사의 과거형(were)이 나오며, '먼저 일어난 사건'을 설명할 때는 had p.p.가 나온다. [주어 + 동사 + as if] + [주어 + _____]의 형태에서 동사의 시제를 묻는 문제가 출제되며 'as if 앞의 동사 시점과 뒤의 동사 시점이 같은가?' vs. '이전 상황인가?'를 비교해서 알맞은 동사형을 골라야 한다.

1. 현재 상황 : [주어 + 현재형 동사 + as if + 주어 + _____] ➡ 동사의 과거형
2. 과거 상황 : [주어 + 현재형 동사 + as if + 주어 + _____] ➡ had p.p.
3. 과거 상황 : [주어 + 과거형 동사 + as if + 주어 + _____] ➡ 동사의 과거형
4. 과거 이전 상황 : [주어 + 과거형 동사 + as if + 주어 + _____] ➡ had p.p.

He talks as if he (**knew** / had known) everything.

He talks as if he (were / **had been**) at the party last night.

He talked as if he (**knew** / had known) everything.

He talked as if he (were / **had been**) at the party the previous night.

그는 마치 그가 모든 것을 알고 있는 것처럼 말한다. (지금 알고 있듯이 말하다)

그는 마치 어젯밤에 파티에 있었던 것처럼 말한다. (과거에 거기에 있었던 것처럼 지금 말하다)

그는 마치 그가 모든 것을 알고 있었던 것처럼 말했다. (과거에 알고 있듯이 과거에 말했다)

그는 마치 그가 이전 날 파티에 있었던 것처럼 말했다. (말하는 시점인 과거보다 이전에 거기에 있었던 것처럼 말했다)

[고 | 득 | 점 | T | I | P]

as if 뒤에 현재형 동사가 올 수도 있으며, 실제 사실을 말하고자 할 때 쓴다.

Tom writes **as if** he is left-handed. 톰은 마치 그가 왼손잡이인 것처럼 글을 쓴다.

CHECK UP •••

1 A: How was your previous boss?

B: He gave orders to us as if we _____ part of a machine.

(a) be   (b) was   (c) were   (d) had been

2 The fire fighters looked very tired as if they _____ the previous night.

(a) don't sleep   (b) didn't sleep

(c) not sleep   (d) had not slept

1 If I (would / should) win a million dollars in the lottery, I would help the poor around the world.

2 My father suggested that (she buy a new bag / her to buy a new bag) since she didn't have any.

3 To improve productivity, it is vital that we (don't forget / not forget) what has already been achieved and what we can do in the future.

4 If I (had / have had) more money, I would buy those shoes displayed in the window.

5 If he taught our class this semester, all of the students (were / would be) glad.

6 (Were it not for / If he was not for) his creativity, we couldn't experience such technology.

7 I'd rather you (didn't / won't) smoke here.

8 If you (visited / had visited) Korea, you would have loved it.

9 (Had it not been for / Had not been for) the war, the country could have prospered.

10 If he (was / had been) informed of the meeting, he would stay at the office now.

11 Had it not been for excessive expenses, the budget balance (would remain / would have remained) stable now.

12 I wish my house (were / had been) as nice as yours.

13 I wish he (stayed / had stayed) home with me last night.

14 He talked as if he (knew / had known) exactly where I wanted to go.

15 All the students look very delighted as if they (got / had got) a good score on the exam they took yesterday.

ACTUAL TRAINING

PART I• Choose the answer for the blank.

1 A: Did you meet my sister at the party?

   B: No. If I had come earlier, I _____ her.

   (a) saw
   (b) could see
   (c) could have seen
   (d) had seen

2 A: Where were you yesterday?

   B: I was working out at the park. My doctor recommended I _____ a bike to stay healthy.

   (a) ride
   (b) rode
   (c) to ride
   (d) be ridden

3 A: I heard Robert has decided to major in chemistry.

   B: _____ another, instead.

   (a) I would rather his major
   (b) I would he majored rather
   (c) He would rather majored
   (d) I would rather he majored

4 A: I heard the company developed a convenient wheelchair.

   B: Yeah. It is important that each facility _____ accessible in order to provide an equal opportunity to people with disabilities.

   (a) be
   (b) is
   (c) was
   (d) will be

5 A: Have you finished your assignment?

   B: No, I haven't. If I _____ more material, I could finish it right now.

   (a) have
   (b) had
   (c) had had
   (d) have had

PART II• Choose the answer for the blank.

6 If people had a healthier lifestyle than ever, they _____ fewer health problems.

   (a) had
   (b) had had
   (c) would have
   (d) would have had

7 It is imperative that all the projects related to the national insurance _____ on time.

   (a) is completed
   (b) be completed
   (c) completes
   (d) complete

8 _____ the sudden accident last year, they would live in London now.

   (a) If it were not for
   (b) If it had not been for
   (c) Had not been for
   (d) Had they not been for

9 If they _____ the traffic rules, they would not have had such an accident.

   (a) keep
   (b) kept
   (c) has kept
   (d) had kept

10 Most employees require that the management _____ their workers through coaching and facilitating.

    (a) lead

    (b) leads

    (c) is lead

    (d) be lead

PART III • Identify the grammatical error in the dialouge.

11 (a) A: I wish I can come to your birthday party on Friday.

    (b) B: It's a shame you won't be able to make it.

    (c) A: Everyone has told me I'll be missing a good time.

    (d) B: That's right. I've planned a lot of fun things.

12 (a) A: If I have more money, I would probably invest in the stock market.

    (b) B: But stocks can be a risky investment. You have to be careful.

    (c) A: Yeah. I guess you're right. Then what kind of investment do you think is best?

    (d) B: I have just opened a savings account at my bank.

13 (a) A: Hello? This is James. Can I speak to Tom in Sales Department?

    (b) B: Sorry, but he is on the phone now. Would you like to leave a message?

    (c) A: Yes. I just want to request that he'll send me the list of the new products.

    (d) B: OK, I will deliver the message.

PART IV • Identify the grammatical error in the passage.

14 (a) The 'Good German' is the latest film of the incredible filmmaker Steven Soderbergh. (b) The ambitious Soderbergh, who this year released 'Bubble' in theaters, has shot a film in the simple style of the 1940s. (c) In 'Good German,' the director and writer Soderbergh has flawlessly recreated the filmmaking style of the 1940s. (d) Were it not for the contemporary cast, it has been hard to tell this from a genuine noir film.

15 (a) In a policy debate, an actor is an entity that enacts a certain policy action. (b) If a plan were to have a country send humanitarian aid to another country, then the actor is the former country. (c) Many times actors are subdivided into more specific agents. (d) The most common agents include the Supreme Court, the President, and Congress.

위아텝스
GRAMMAR

전치사 문제는 해석의 유형을 묻는 문제이다. 이때 기본적인 전치사의 의미를 구분해야 하며, 또한 관용적으로 이용하는 전치사의 문제(on condition of)도 기억해야 한다. 전치사는 우리말에 없는 표현이기 때문에 단순한 암기보다는 기본 개념을 이해하고, 많은 글을 읽는 과정에서 습득하는 것이 제일 중요하다. 그러나 텝스에서 주로 출제되는 유형이 존재하므로 교재에 제시된 전치사의 관용적 용법을 먼저 학습한 이후에 독해나 청해를 학습하는 과정에서 표현을 익숙하게 만드는 것이 중요하다.

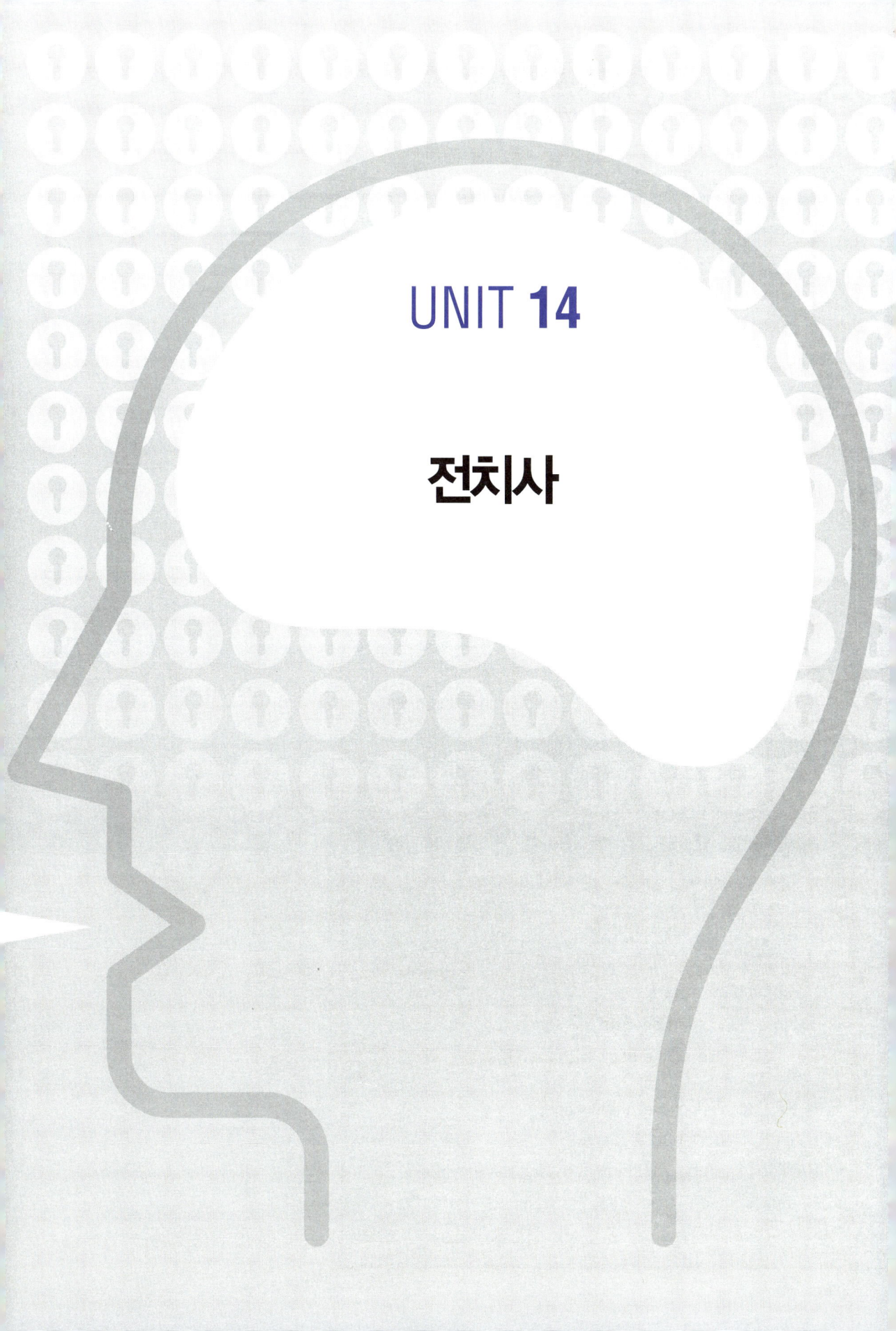

UNIT 14

전치사

P 088 시간 전치사

POINT

★ 시간과 관련된 다양한 전치사를 의미에 따라 구분하여 이용할 수 있다.

★ 해석과 관용적 의미에 유의하여 문장 속에서 적절한 시간 전치사를 고를 수 있다.

시간과 관련된 전치사 표현은 해석과 관용적으로 쓰는 용법에 따라 달라지므로 각각의 조건을 문장에 적용시켜 문제를 해결한다.

[전치사 + 명사]를 이루는 시간을 나타내는 전치사

at, on, in, within, after, before, for, during, over, throughout, since, from, until, by

❶ 전치사 at, on, in

Our school begins **at** 8:30 a.m.

at dawn, at night, at noon, at sunset, at midnight

at/in the beginning of the month, at the end of the month

The next meeting will begin **on** Friday.

The accident happened **on** September 15th.

Spring comes **in** March.

I was born **in** 1980.

in the morning, in the afternoon, in the evening (관용적 표현)

우리 학교는 오전 8시 반에 시작해. (시각: at)

다음 회의는 금요일에 시작될 거야. (요일, 날짜: on)

그 사고는 9월 15일에 일어났어. (요일, 날짜: on)

봄은 3월에 온다. (월, 연도, 계절 : in)

나는 1980년도에 태어났다. (월, 연도, 계절: in)

❷ 전치사 in, after, beyond, within

He will be home **in** an hour. (in / on)

He came back **after** a week.

The meeting lasted **beyond** the scheduled time.

Don't worry. He will be back **within** an hour.

그는 한 시간 후에 집에 도착할 거야. (말하는 시점부터 일정 시간 후에: in)

그는 일주일 후에 돌아왔다. (비교 개념 ~후에: after)

그 회의는 예정된 시간을 넘어서까지 지속되었다. (~을 넘어서: beyond)

걱정 하지 마. 그는 한 시간 이내에 돌아올 거야. (~이내에: within)

❸ 전치사 for, during, over, throughout

I have lived here **for** 10 years.

He didn't finish his assignment **during** the vacation.

He has learned English **over** the summer.

나는 여기에 10년 동안 살았다. [for + 구체적 시간(숫자)]

그는 휴가 기간 동안 그의 과제를 끝내지 않았다. [during + 기간]

그는 여름 동안에 영어를 공부했다. [over + 기간 – 기간이 지나서]

Most of the people had to stand **throughout** the conference.

While (he was) in college, he was interested in science.

❹ 전치사 since, from

I have lived here **since** 1980.

I worked for the company **from** 1986 to 2006.

❺ 전치사 until, till, by

You had better stay here **until** noon.

You should finish your report **by** noon.

[고 |득 |점 |T |I |P]

기타 관용 표현

as of today 오늘 날짜로

at the age of 16 16살에

in the age of computer science 컴퓨터 과학 시대에

in time 시간 내에

on time 제시간에

시간의 전치사를 이용하지 않는 시간 표현

this morning 오늘 아침	this afternoon 오늘 오후
this evening 오늘 저녁	next time 다음에
next week 다음 주에	last week 지난 주에
last year 작년에	tomorrow morning 내일 아침

CHECK UP···

1 A: How long can I use this cell phone?

B: You can use it _____ 24 hours without charge.

    (a) on   (b) during   (c) while   (d) for

2 Our shopping mall will remain open _____ the end of this year.

    (a) by   (b) until   (c) on   (d) of

대부분의 사람들은 회의 시간 동안 서있어야 했다. [throughout + 기간 → 기간 내내]

대학에 다니는 동안, 그는 과학에 관심을 갖고 있었다. [while + 주어 + 동사]

나는 여기서 1980년도 이래로 살았다. (완료 시제: ~이래로)

나는 1986년부터 2006년까지 그 회사에서 일했다. (A부터 B까지: from A to B)

너는 여기 정오까지 있는 게 낫겠다. (지속성/계속성: until ➡ remain, keep, stay, wait 등과 함께)

너는 정오까지 이 리포트를 끝내야 한다. (완료/종료: by ➡ finish, stop, submit, come back 등과 함께)

POINT

★ 위치와 관련된 다양한 전치사를 의미에 따라 구분하여 이용할 수 있다.

★ 해석과 관용적 의미에 유의하여 문장 속에서 적절한 장소 및 위치 전치사를 고를 수 있다.

장소 및 위치와 관련된 전치사 표현은 해석과 관용적으로 쓰이는 용법에 따라 달라지므로 각각의 조건을 문장에 적용시켜 문제를 해결한다.

[전치사 + 명사]를 이루는 위치를 나타내는 전치사

on, over, above, beneath, under, below, underneath, at, in, off, away from, behind, before, around, round, about, by, beside, next to, near, over, throughout

❶ 위치 관계 전치사 on, over, above, beneath, under, below, underneath

There is a computer **on** the desk.

The earth lay **beneath** the snow.

Our airplane is flying **over** the ocean.

My brother stands **under** the tree.

The mountain is 5,000 meters high **above** the sea level.

The window is 50 centimeters **below** the ceiling.

The researcher implanted a microchip **underneath** his pet's skin.

비교 You should find what is the truth **beneath** the joke.

책상 위에 컴퓨터가 있다. (맞닿은 위: on)	
눈 바로 아래 땅이 있다. (맞닿은 아래: beneath)	
우리 비행기가 바다 위를 날고 있다. (위쪽에: over)	
내 동생이 나무 아래에 서있다. (아래쪽에: under)	
그 산의 높이는 해발 5000미터이다. (위: above)	
그 창문은 천장에서 50cm 아래에 있다. (아래: below)	
그 연구원은 자신의 애완동물의 피부 아래에 마이크로칩을 삽입했다. (~아래에: underneath)	
당신은 농담 이면에 있는 진실이 무엇인지 알아야 한다. (~이면에: beneath)	

[고 | 득 | 점 | T | I | P]

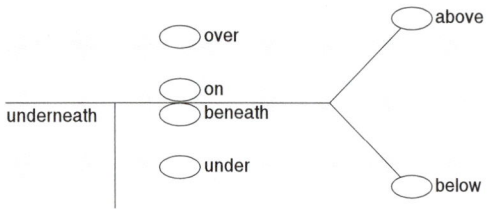

❷ 장소/공간 전치사 at vs. in

We stayed **in** LA.

We stayed **at** the village.

Our plane stopped **at** New York.

Let's meet **at** the bus stop.

They are discussing the issue **in** the room.

우리는 L.A.에 머물렀다. (면의 한 겹으로 생각되는 대도시 in - 장소)

우리는 마을에 머물렀다. (면의 한 겹으로 생각되는 마을이나 소도시는 at - 장소)

우리의 비행기는 뉴욕에 도착했다. (배나 비행기의 도착 지점은 at - 위치)

버스 정류장에서 만나자. (특정 지점을 나타내는 at - 위치)

그들은 그 문제를 방 안에서 의논하고 있다. (둘러싸여 있는 공간적 개념의 in - 공간)

❸ 분리 개념의 전치사 off, away from

Get your feet **off** the bed.

You should stay **away from** the water.

침대에서 발을 떼라. (~에서 떨어져서: off)

물에서 떨어져 있어야 한다. (~로부터 떨어져서: away from)

❹ 전후 장소 관계의 전치사 behind, before, in front of

He sat **behind** me.

He walked **before** me.

They looked at the scenery **in front of** the house.

그는 내 뒤에 앉았다. (뒤에: behind)

그는 내 앞에서 걸었다. (앞에 - 이동 개념: before)

그들은 집 앞의 경치를 보았다. (앞에 - 정지 개념: in front of)

❺ 위치 관계 전치사 around, round, about

All the members sat **around** the fire. (= round)

They found some evidence **about** the house.

모든 멤버는 모닥불 주변에 둘러 앉았다. (둘레에: around, round)

그들은 집 주변의 증거를 찾았다. (주변에: about)

❻ 위치 관계 전치사 by, beside, next to, near, throughout, beyond

You'd better sit **by** me.

My house is **near** the station.

They travelled **throughout** the country. (= over)

There is a village **beyond** the hill.

너는 내 옆에 앉는 것이 좋겠다. (옆에: by = beside = next to)

우리 집은 역 근처에 있다. (근처에: near)

그들은 전국을 여행했다. (전역에: throughout = over)

그 언덕 저편에 마을이 하나 있다. (~저편에: beyond)

CHECK UP • • •

1 A: What are you going to do _____ the amusement park this weekend?

B: We'll meet friends and have a good time.

(a) at   (b) on   (c) for   (d) about

2 Many people in some African countries have suffered from AIDS viruses spread _____ their countries.

(a) underneath   (b) beneath   (c) throughout   (d) against

suffer 고통받다 virus 바이러스 spread 확산시키다

POINT

★ 방향과 관련된 다양한 전치사를 의미에 따라 구분하여 이용할 수 있다.

★ 해석과 관용적 의미에 유의하여 문장 속에서 적절한 방향 전치사를 고를 수 있다.

방향과 관련된 전치사 표현은 해석과 관용적으로 쓰이는 용법에 따라 달라지므로 각각의 조건을 문장에 적용시켜 문제를 해결한다.

[전치사 + 명사]를 이루는 방향을 나타내는 전치사

through, across, along, to, at, on, toward(s), for, on, off, into, out of, up, down

❶ 방향 전치사 through, across, along

The river flows **through** the city.

Some people swim **across** the river.

We took a walk **along** the river.

그 강은 도시를 통과하여 흐른다. (~을 통과하여: through)

어떤 사람들은 강을 가로질러 수영한다. (~을 가로질러: across)

우리는 강을 따라서 산책했다. (~을 따라서: along)

[고 | 득 | 점 | T | I | P]

❷ 방향 전치사 to, at, on

At last they came **to** the conclusion.

The boy threw a ball **at** his friend.

He spent much money **on** books.

마침내 그들은 결론에 도달했다. (도달: on)

그 남자 아이는 자신의 친구에게 공을 던졌다. (목표: at)

그는 책에 돈을 많이 썼다. (대상: on)

❸ 방향 전치사 to, toward(s), for

They came **to** Seoul.

They walked **toward** the west.

He left Seoul **for** New York.

그들은 서울로 왔다. (도착 개념(~에): to)

그들은 서쪽을 향해서 걸었다. (방향 개념(~쪽으로): toward(s))

그들은 서울을 출발하여 뉴욕으로 향했다. (목적지 개념(~을 향하여): for)

❹ 방향 전치사 on(to), off, into, out of

He got **on** the bus there and got **off** at the next stop.

He got **into** the car and got **out of** the car 10 minutes later.

❺ 방향 전치사 down, up

Go straight **down** the hall.

They climbed **up** the mountain.

그는 거기서 버스를 타서 다음 정거장에서
내렸다. (버스 승차/하차: on/off)

그는 차에 타서 10분 후에 차에서 내렸다.
(자동차 승차/하차: into/out of)

흘을 따라 계속 가세요. (아래쪽으로:
down)

그들은 산을 올랐다. (위쪽으로: up)

CHECK UP···

1 A: Why did your cat run away?

B: Some children threw stones _____ it.

(a) on   (b) in   (c) onto   (d) at

throw 던지다

2 It took me more than 10 hours to finish the trip, but the landscape _____ the road was really fantastic.

(a) in   (b) under   (c) along   (d) across

landscape 풍경

P 091 기타 전치사

POINT

★ 다양한 의미를 지닌 기타 전치사를 의미에 따라 구분하여 이용할 수 있다.

★ 해석과 관용적 의미에 유의하여 문장 속에서 적절한 전치사를 고를 수 있다.

기타 표현의 전치사들은 시간, 위치, 방향의 개념 이외에도 다양한 의미를 가지고 있다. 따라서 각각의 의미뿐만 아니라 용법 개념도 이해해야 한다.

[전치사 + 명사]를 이루는 다양한 전치사

by, of, for, against, in, on, to, with, among, between, above, beyond, under, except, but

❶ 전치사 by 유형

While working for the company, I was paid **by** the hour.

[by the + 단위 : ~ 단위로] : by the hour, by the month, by the kilogram, by the yard, by the pound

회사에서 일하는 동안 나는 시간제로 보수를 받았다.

This line is longer than that one **by** five centimeters.

[by + 수치 : (수량 비교) ~만큼] : by 1.2 %, by $50, by 2 inches

이 줄이 저 줄보다 5cm만큼 더 길다.

He caught me **by** the arm.

[by the + 신체 부위] : by the hand, by the sleeve / on the head, on the shoulder / in the face, in the eye

그는 내 팔을 잡았다.

I usually go to school **by** bus.

[by + 교통 수단/연락 수단] : by bus, by car, by mail, by phone

나는 주로 버스를 타고 학교에 간다.

He finally finished his work **by** working with his sister.

[by -ing : ~함으로써]

그는 여동생과 함께 그의 일을 해서 드디어 끝냈다.

There's nobody in the office **by** that name.

이 사무실에는 그러한 이름을 가진 사람이 없습니다.

❷ 전치사 of 유형

They should try to protect the property **of** the government.

그들은 정부의 재산을 보호하려고 노력해야 한다. (소유 개념)

The professor was interested in the writings **of** Eliot.

교수는 엘리어트의 글들에 관심이 있었다. (주격 관계)

The meeting was for the exchange **of** ideas.

그 회의는 의견 교환을 위한 것이었다. (목적격 관계)

The Statue of Liberty is the symbol of the city **of** New York.

자유의 여신상은 뉴욕 시의 상징이다. (동격 관계)

Of five members, only he approved of his fault.

5명의 멤버 중에 단지 그만이 자신의 잘못을 인정했다. (~중에서 = among)

❸ 전치사 for & against 유형

The residents in the town voted **for** Mr. George.

The student was very smart **for** his age.

This car is **for** sale.

The author was awarded **for** his fiction.

The senators voted **against** the bill.

His behavior was **against** the law.

She was leaning **against** the door.

Violence **against** children and women is a crime under any circumstances.

마을의 주민들은 조지 씨에게 투표했다. (찬성하는)

그 학생은 자신의 나이에 비해 매우 똑똑했다. (~에 비해)

이 자동차는 판매를 위한 것입니다. (~을 위한: 목적)

그 작가는 자신의 소설에 대한 상을 받았다. (~때문에: 이유)

의원들은 그 의안에 반대했다. (반대하는)

그의 행동은 법을 어기는 것이었다. (~에 반하는/어기는)

그녀는 문에 기대어 서 있었다. (~에 기대어)

어떠한 경우에도 아이들과 여성들에 대한 폭력은 범죄이다. (~에 대한)

❹ 전치사 in 유형

She came to the party dressed **in** white velvet.

He is **in** a meeting now.

The victims are **in** danger.

➡ be in danger, be in trouble, be in debt (상태 개념의 in)

그녀는 흰색 벨벳 차림으로 파티에 참석했다. (옷을 입고 – 색깔/재료)

그는 지금 회의 중입니다. (~하는 중 – 모임)

희생자들은 위험에 처해있다. (~에 처한 – 상태)

❺ 전치사 on 유형

On arriving there, he informed me of his situation.

Have you finished the research **on** the subject?
➡ study on / research on

He is **on** the phone.

I got a good mark **on** the test.

거기 도착하자마자, 그는 나에게 그의 상황을 알렸다. (~하자마자)

이 주제에 대한 조사를 마쳤니? (~에 관한 = about)

그가 통화중이다. (~하는 중)

나는 시험에서 좋은 성적을 얻었다. (~에서)

❻ 전치사 to 유형

The criminal was sentenced **to** five years in prison.

To my surprise, she returned home earlier than expected.

➡ to my surprise, to my delight, to my sadness, to my satisfaction [to one's + 감정 명사 : ~하게도]

그 죄인은 5년 형에 처해졌다. (~형에 처해지다)

놀랍게도, 그녀는 내가 예상했던 것보다 일찍 집에 도착했다.

❼ 전치사 with 유형

You can enjoy food **with** various choices.

Season the fish **with** salt and pepper.

너는 다양한 선택 사항을 놓고 음식을 먹을 수 있다. (~을 통해)

소금과 후추를 가지고 생선을 양념해라. (~을 가지고)

❽ 전치사 among & between 유형

The researchers examined the difference of the nervous system **among** cell phone users.

There is a considerable economic gap **between** the rich and the poor.

❽ 전치사 above & beyond & under 유형

He is (on / **above**) telling a lie.

Health is (**above** / on) wealth.

The scenery from the hill was **beyond** description.

I have nothing to tell you **beyond** what I said to you.

Your proposal is **under** consideration.

They are destroying the forest **under** the name of development.

What name did you make a reservation **under**?

❾ 전치사 except & but 유형

I didn't know any person **except** Jane at the party.

He ate **nothing but** some bread.

He ate **anything but** some bread. (but / on)

CHECK UP • • •

1 A: How was the result of your test?

B: Unfortunately, I got a C _____ my exam.

(a) at   (b) to   (c) on   (d) with

2 Amazingly agile _____ their size, dinosaurs were predominant animals around the world.

(a) of   (b) in   (c) for   (d) by

1   A special internship program for the new employees will begin (on / at) January 1, 2009.

2   The man convicted of killing the children has been jailed (for / during) 10 years.

3   Some animals should eat something in advance in order to support their body (for / during) the hibernation period.

4   Our company will give you a discount of $50 if you buy the plane tickets (until / by) November 20 this year.

5   The Science Museum is (on / in) the other side of the river.

6   Electrons usually flow as water (at / through) a pipe.

7   If your product is out of order again, return it (at / to) where you bought it.

8   Human activities have a great effect (on / to) the natural environment.

9   Finally they returned (to / for) their hometown.

10 An unhealthy diet and lifestyle will reduce people's average life span (by / for) 2 years every year.

11 He was driving his car (beyond / under) the influence of alcohol.

12 They sell sugar (by / on) the pound at the store.

13 The tiger is very agile (for / in) its size.

14 Anne was dressed (in / on) black silk.

15 The company was granted a right to operate a distribution center (on / under) the new regulation.

ACTUAL TRAINING

PART I • Choose the answer for the blank.

1 A: What was the conclusion at the meeting?

B: Nothing. Both the opponents and supporters just argued _____ the project.

(a) against
(b) behind
(c) beneath
(d) below

2 A: Excuse me, I booked two seats for dinner.

B: _____ a reservation?

(a) What under name you made
(b) What name under did you make
(c) Under what name did you make
(d) Under what name you made

3 A: What's the admission regulation in this school?

B: Entrance is _____ examination.

(a) behind
(b) through
(c) above
(d) underneath

4 A: How can I access the web site?

B: Add an IP address _____ the list.

(a) with
(b) to
(c) of
(d) for

5 A: Where are you going to meet your mom?

B: I promised to see her _____ the station.

(a) at
(b) on
(c) for
(d) about

PART II • Choose the answer for the blank.

6 Regular six-month dental checkup is essential _____ our oral and dental health.

(a) at
(b) in
(c) of
(d) for

7 I'd like to let every member know about the legal changes that will be effective as _____ January 1, 2010.

(a) for
(b) by
(c) of
(d) in

8 His organs were of abnormal weight _____ his age except a small liver and lung.

(a) of
(b) in
(c) for
(d) by

9 Ernest Hemingway was an awarded author _____ his outstanding novels such as *The Old Man & The Sea* and *For Whom the Bell Tolls*.

(a) in
(b) for
(c) on
(d) with

10 Some words _____ similar meanings may help language learners build vocabulary more easily.

(a) on
(b) with
(c) about
(d) in

PART III •Identify the grammatical error in the dialouge.

11 (a) A: Welcome. Can I help you, ma'am?
(b) B: Well, I reserved seats for dinner.
(c) A: What name is under your reservation?
(d) B: Mary. My husband might be here.

12 (a) A: How can I help you, sir?
(b) B: Well, I'd like to rent an apartment.
(c) A: How long will you rent it?
(d) B: I want to use it in three months.

13 (a) A: Health insurance has become an important issue between elderly people.
(b) B: Why are they interested in the issue?
(c) A: Maybe that's because of their extended life expectancy.
(d) B: So they seem to be interested in the insurance policy.

PART IV •Identify the grammatical error in the passage.

14 (a) In some respects, human lives have been expressed in some ways. (b) Especially, literature and history have been the bases of human spiritual properties in that they can change mental and emotional assets into tangible remains. (c) For example, literary works have described the deep meanings at their short and long stories, poems, dramas, and essays. (d) Since ancient times, a lot of poets and writers have dealt with the public and individual lives and histories by sharing their opinions and imagination with readers.

15 (a) In order for a bird to fly it must obtain an upward force which is known as lift. (b) The construction of a bird's wing enables the bird to achieve lift. (c) A wing which is shaped to achieve lift is called an aerofoil. (d) The upper surface becomes more convexed than the lower surface along the flight.

위아텝스
GRAMMAR

특수구문의 유형은 대부분의 학습자들이 여러 과정에서 이미 학습한 표현과 밀접한 연관을 가지고 있다. 그러나 강조구문의 유형, 도치구문의 유형, 생략구문의 유형, 삽입구문의 유형, 동의구문의 유형, 일반 표현법 등 다양한 형태가 동시에 출제되고 있다는 것을 유념해야 한다. 강조구문에서도 각각의 단어를 강조하는 표현뿐만 아니라 문장의 형태가 달라지는 강조구문도 있으며, 도치구문에서도 부정어, only, 보어, 전치사구의 도치를 기억한다. 생략구문은 대부정사 유형과 조동사 유형으로 구분되며, 동의구문은 긍정문에 대한 동의표현과 부정문에 대한 동의표현을 구분하여 학습해야 한다. 이러한 특수 구문은 대부분 가장 기본적인 문장 구조에서 벗어난 유형이므로, 각각 기본 문장과 구별하여 학습해야 한다.

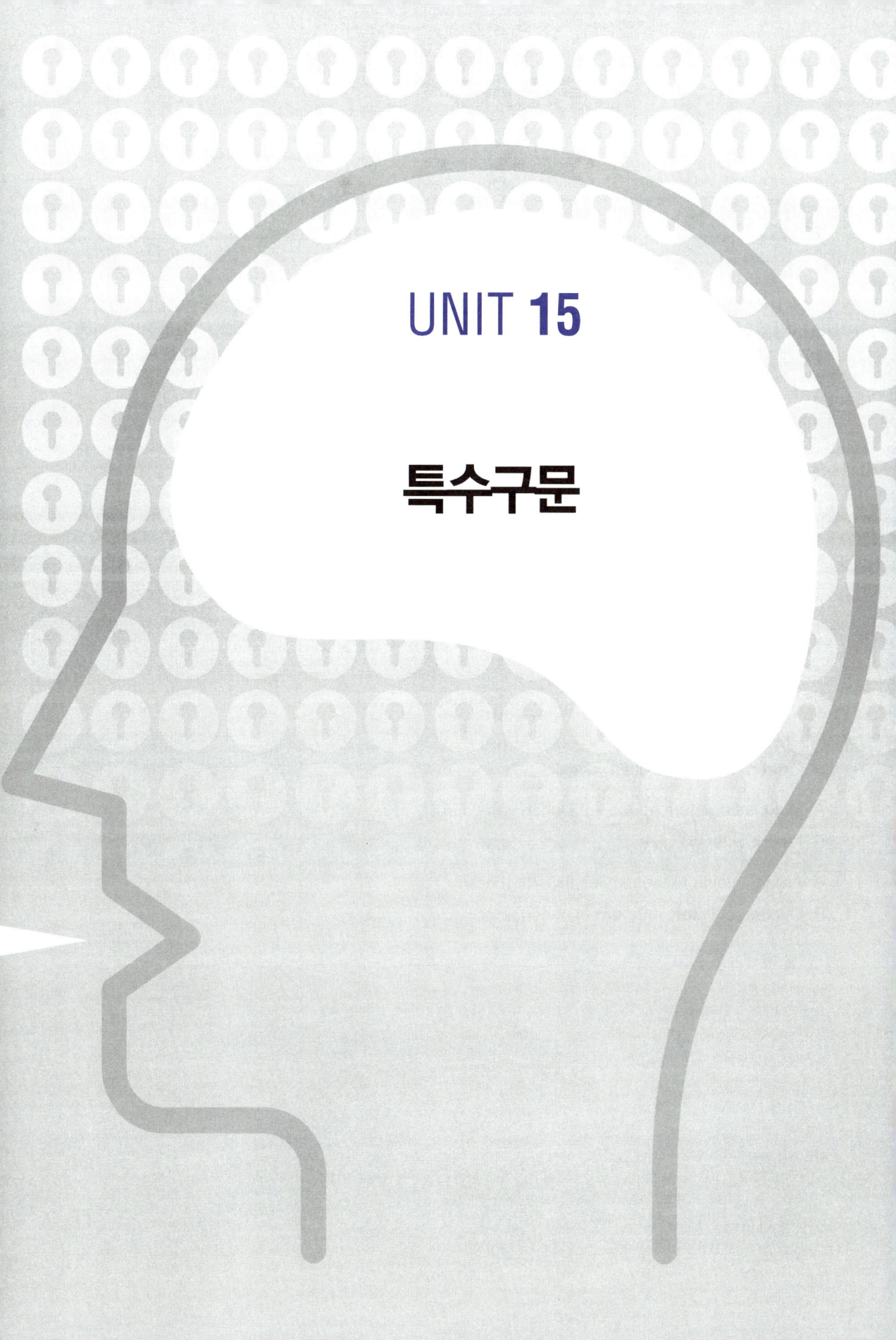

UNIT **15**

특수구문

PATTERN TRAINING

P 092 강조 구문

POINT

★ 동사를 강조하는 구문의 표현법을 익혀 어순에 맞게 문장을 구성할 수 있다.

★ 동사 이외의 어구를 강조하는 It is ... that 구문을 익혀 어순에 맞게 문장을 완성할 수 있다.

1 동사 강조 표현

강조 구문 중 동사를 강조할 때, [do/does/did + 동사원형], [really/certainly + 동사], 그리고 [sure + 조동사/be동사/대동사] 형태를 이용하여, 동사를 강조할 수 있다. 동사 강조 표현은 일반적으로 동사만으로 의미 전달이 가능한 경우로 다만 동사의 의미를 강조하기 위해 이용되는 것이다.

1. [do/does/did + 동사원형] 을 이용하여 동사 강조
2. [sure/certainly + 조동사/be동사/대동사]를 이용하여 동사 강조

He (want / **does want**) to work in another country.

A: Did you make it yourself?

B: I (**did make** / make) it for myself.

A: Make sure to turn off the light when you go out.

B: I (**sure will** / will sure).

A: Are you going to the movies this afternoon?

B: Of course, I (**certainly am** / am certainly).

그는 정말 다른 나라에서 일하고 싶어 한다. (wants 강조)

A: 그거 네가 직접 만든 것이나?

B: 응 내가 정말 직접 한 거야. (make 강조)

A: 나갈 때 꼭 불을 끄도록 해.

B: 응 꼭 그렇게 할게. [주어 + sure + 조동사]

A: 오늘 오후에 영화보러 갈 거니?

B: 물론이죠. 당연히 갈거예요. [주어 + certainly + be동사]

[고 |특 |점 |T |I |P]

sure의 위치 문제

일반적으로 부사의 위치는 be동사 및 조동사 뒤에 위치한다. 그러나 be동사와 조동사를 강조하는 sure 는 반드시 앞에 위치시킨다.

A: Make sure to turn off the light when you go out.

B: (**I sure will** / I will sure).

[고 |특 |점 |T |I |P]

강조 부사 어구

on earth(도대체), in the world(도대체), not at all(전혀 ~이 아닌), not in the least(조금도 ~이 아닌), whatsoever(조금도, 도대체), ever(도대체), any(조금도), all(완전히) 등

What **on earth** are you doing? 도대체 뭐하는 거니? (강조 표현 on earth)

The student is **not in the least** worried. 그 학생은 전혀 걱정하고 있지 않아. (강조 표현 not in the least)

She has no future goals **whatsoever**. 그녀는 미래에 대한 목표 같은 것은 없다. (강조 표현 whatsoever)

Are you **any** good at math? 수학을 꽤 잘 하시나요?

I'm not **any** good at math. 나는 수학을 조금도 못한다.

Why **ever** didn't you follow my advice? 도대체 왜 제 조언을 따르지 않으셨나요?

CHECK UP • • •

1 A: Where do you want to work?

B: I _____ in the accounting section.

(a) want really to work   (b) want to really work

(c) really want to work   (d) really work to want

2 A: How about going to the movie this weekend?

B: OK, _____ . What movie do you want to watch?

(a) I will surely   (b) I will sure

(c) I sure will   (d) I surely will

2 It is... that... 강조 구문

동사를 제외한 다른 어구를 강조할 때, It is ~ that...의 형태를 쓴다. 이때 강조되는 어구는 주어, 목적어, 보어, 전치사구 등 하나의 의미 단위이다. [It is + 강조 어구 + that...] 구문에서 강조되는 이외의 부분은 that 이하에 연결하면 된다.

[It is + _____ + that ...]

➡ 빈칸에 강조하고자 하는 어구가 들어가고 that 이하에 나머지 부분이 들어간다.

The employer emphasized the morale for the development of the company.

➡ **It was the employer that** emphasized the morale for the development of the company.

➡ **It was the morale that** the employer emphasized for the development of the company.

➡ **It was for the development of the company that** the employer emphasized the morale.

(**What is it that** / What is that) makes the school so different from others?

(**It was in the university that** / In the university it was that) I met my wife for the first time.

(**What was it that** / What was it) you wanted me to do yesterday?

어제 네가 나에게 하기를 원했던 것은 도대체 뭐였니?

[고 | 득 | 점 | T | I | P]

that과 관계대명사

It is ~ that ... 강조구문에서, that은 관계대명사와 연결하여 쓸 수 있다.

It was Peter that made such a careless mistake. 그러한 부주의한 실수를 저지른 것은 피터였다.
= It was Peter who made such a careless mistake.

It was Peter that I met last night. 어젯밤에 내가 만났던 사람은 피터였다.
= It was Peter whom I met last night.

[고 | 득 | 점 | T | I | P]

감탄문 구문

강조 어구 중에서 감탄문 구문을 쓸 수 있으며, what과 how를 이용한 감탄문이 있다. 감탄문은 어순에 주의하여 문제를 해결한다.

[What + a + 형용사 + 명사 + 주어 + 동사!]의 형태

You don't know what a lovely baby she is! 너는 그녀가 얼마나 사랑스러운 아이인지 모를 거야!

[How + 형용사/부사 + 주어 + 동사!]의 형태

You don't know how lovely the baby is! 너는 이 아기가 얼마나 사랑스러운지 모를 거야!

CHECK UP • • •

1 A: Did you mess up the house again?

B: No. _____ did it this time.

(a) It was that Robert   (b) It was Robert that

(c) Robert it was   (d) Robert was it that

mess up 더럽히다

2 _____ who are exposed to music show a positive attitude to almost everything.

(a) How surprising people

(b) How people surprising

(c) How surprising people that it was

(d) How surprising it was that people

surprising 놀라운 positive 긍정적인 attitude 태도

POINT

★ 다양한 형태의 도치구문을 익혀 적절히 문장을 구성할 수 있다.

★ 부정어구, only, 보어, 장소 부사 등의 도치구문을 어순에 유의하여 문장을 완성할 수 있다.

1 부정어구의 도치구문

부정어가 문장 앞에 제시될 때, 주어와 동사의 어순이 바뀐다. 부정어구를 이용한 도치 구문을 만들 때, [부정어구 + 조동사 + 주어 + 동사]의 형태를 쓴다.

[Never/Little/Not only/Nowhere/Hardly (ever)/Scarcely/Rarely/Seldom/At no time /On no account/In no way/Under no circumstances/Not until _____ + 주어 + 동사]

➡ 빈칸에는 [be동사/조동사 + 주어 + ...] 또는 [do/does/did + 주어 + 동사원형 ...] 의 구조가 들어간다.

(**Never have I met** / Never I have met) him before.
[부정어 + 동사 + 주어]

난 그를 전에 만난 적이 없어.

(**Little did I dream** / I little did dream) that I could meet my favorite singer. [부정어 + 동사 + 주어]

나는 내가 가장 좋아하는 가수를 만날 수 있을 것이라고는 꿈에도 생각하지 못했다.

Under no circumstances (the item will be / **will the item be**) refunded or exchanged. [부정어 + 동사 + 주어]

그 물건은 어떤 상황에서도 환불이나 교환이 안 된다.

Not until he was forty (**did the poet become** / the poet became) famous. [부정어 + 동사 + 주어]

40세가 되어서야 그 시인은 유명해졌다.

[고 | 득 | 점 | T | I | P]

not 구문

not이 주어를 강조할 때, 주어와 동사의 도치는 일어나지 않는다.

Not a student showed up at the party. 어떤 학생도 그 파티에 나타나지 않았다.

Not did a student show up at the party. (X)

1 A: Did you tell my teacher I did the work?

B: No, I didn't. Never _____ into my head.

(a) that has come even thought
(b) has even come that thought
(c) that thought even has come
(d) has that thought even come

2 Hardly _____ in time because of the traffic.

(a) do ever the police arrive
(b) the police arrive ever
(c) ever do the police arrive
(d) do the police ever arrive

hardly ever 거의 ~ 않다

2 only 도치 구문

only가 시간 부사, 전치사구, 부사절을 강조하며 도치될 때, 주어와 동사를 도치시킨다. only가 주어를 강조할 경우, 도치 구문의 유형과 상관없이 정상적인 문장 구조 [주어 + 동사 + 목적어/보어]를 취한다. [only + 시간 부사/전치사구/부사절]이 강조되어 문장 앞으로 오면, 주어와 동사가 도치된다.

[Only + 시간 부사[recently 등)/전치사구/부사절 + _____]

➡ 빈칸에는 [be동사/조동사 + 주어 + ...]
   또는 [do/does/did + 주어 + 동사원형 ...]

▪ 부사절이란 [if/when + 주어 + 동사] 등을 의미

Only recently (he realized / **did he realize**) the fact.
(시간부사 : recently, yesterday, today 등)

= He only realized the fact recently.

그가 그 사실을 알게 된 것은 바로 최근의 일이다.

Only in the conference (**did I find** / I found) his talent.
(전치사구 : in the room, on the desk 등)

= I only found his talent in the conference.

그 회의에서 나는 그의 재능을 발견했다.

Only if it is cracked (the item can be / **can the item be**) returned.
[부사절 : if + 주어 + 동사, when + 주어 + 동사 등]

= This item can be returned only if it is cracked.

물건이 환불이 되는 것은 오직 파손되었을 경우뿐이다.

CHECK UP • • •

1 Only today _____ my mind.

    (a) you can understand   (b) can you understand

    (c) understand you can   (d) your understanding

2 Only when we recognize the value of time _____
the importance of the time.

    (a) appreciated we   (b) we can appreciate

    (c) can we appreciate   (d) can appreciate we

> recognize 깨닫다, 인식하다 appreciate 인식하다

3 보어 도치 구문

[주어 + be동사 + 보어]로 구성된 문장 구조에서, 보어가 도치되면 주어와 동사의
위치가 전환된다. 일반적인 형용사 보어, 과거분사, [so + 형용사], such 등이 강
조되는 어구이며, 주어와 동사의 도치가 이루어진다. [주어 + be동사 + 보어] 구
문에서 보어를 강조하기 위해 도치했을 때의 어순이 출제되므로, 보어의 종류에
따른 도치 어순에 주의해서 알맞은 것을 골라야 한다 .

1. [주어 + be동사 + 형용사 보어]   ➡ [형용사 보어 + be동사 + 주어]
2. [주어 + be동사 + 과거분사(p.p.)]   ➡ [과거분사(p.p.) + be동사 + 주어]
3. [주어 + be동사 + so + 형용사 +that ...]➡ [So + 형용사 + be동사 + 주어]
4. [주어 + be동사 + such + that ...]   ➡ [Such + be동사 + 주어]

(**Worse still was the impact** / Worse still the impact was) of the
storm on the city.

> 도시에 미친 폭풍의 영향이 훨씬 더 심했다.
> * worse still: 훨씬 더한 것은 (관용어구)

= The impact of the storm on the city was still worse.

(**Enclosed was his letter** / Enclosed his letter was) in the
envelope.

> 그의 편지가 봉투 안에 동봉되어 있었다.

= His letter was enclosed in the envelope.

(So powerful the storm was / **So powerful was the storm**) that
everyone had to be evacuated.

> 그 폭풍은 너무나 강력하여 모두가 대피해
> 야 했다.

= The storm was so powerful that everyone had to be evacuated.

(Such the storm was / **Such was the storm**) that everyone had to be evacuated.

= The storm was such that everyone had to be evacuated.

그 폭풍 때문에 모든 사람들이 대피해야 했다.

CHECK UP • • •

1　A: I heard the company is going to expand their market.

　　B: Yeah. _____ that they decided to expand it.

　　(a) Their first successful store was so
　　(b) So their first store was successful
　　(c) So successful was their first store
　　(d) So successful their first store was

expand 확장하다

2　_____ that every customer wanted to buy it.

　　(a) Such was the wireless keyboard
　　(b) Such the wireless keyboard was
　　(c) The wireless keyboard such was
　　(d) The wireless keyboard being such

wireless 무선의

4 　장소 부사 도치 구문

[주어 + 동사 + 장소 부사(구)]의 형태를 나타내는 문장에서, 장소 부사(구)가 도치되면서 강조된다. 이때 주어가 명사일 경우, 주어와 동사의 도치가 일어나지만 주어가 대명사일 경우에는 주어와 동사의 위치가 바뀌지 않는다.

> [주어 + 동사 + 장소 부사] 구조의 장소 부사 도치는 두 가지 구조로 정리할 수 있다.
> 1. [장소 부사 + 동사 + 명사 주어]
> 2. [장소 부사 + 대명사 주어 + 동사]

Here (**comes the bus** / the bus comes).

Here (**he comes** / comes he).

On the roof of the house (**is a nest of doves** / a nest of doves is).

저기 버스가 온다.

저기 그가 온다.

그 집의 지붕 위에 비둘기 집이 있다.

1   A: Please hand me the salt.

   B: OK, _____ .

   (a) here you are   (b) here are you
   (c) you are here   (d) you here are

2   A: Where is my book?

   B: I have it. _____ .

   (a) Here the book is   (b) Here is the book
   (c) The book here is   (d) Here being the book

POINT

★ 긍정과 부정을 나타내는 동의구문의 형태를 익혀 어순에 맞게 문장을 구성할 수 있다.

★ 부가의문문의 4가지 형태를 알고 문장에 맞는 적절한 부가의문문을 완성할 수 있다.

1 동의구문

전자의 말에 대해 동의할 때, 긍정문과 부정문에 따라 동의하는 표현이 달라진다. 가장 간단한 표현법으로 Me, too.와 Me, neither.를 쓸 수 있으며, 일반적인 문장 구조에서는 긍정문에서 too를, 부정문에서는 either를 쓴다. 그리고 so와 neither를 이용한 동의구문에서는 전자의 문장에 제시된 동사(be동사, 일반동사, 조동사, 완료시제문장)에 따라 답변의 동사도 맞춰 쓴다.

1. 긍정문에 대한 동의 표현
   - Me, too.
   - 주어 + 동사 ..., too.
   - So am/do/can/have I.

2. 부정문에 대한 동의 표현
   - Me, neither. (Me, either.는 불가)
   - 주어 + not + 동사 ..., either.
   - Neither am/do/can/have I. (Either am/do/can/have I.는 불가)

* [주어 + 동사 ..., neither.]는 불가

A: I'd like to go there.

B: Me, (**too** / either). (긍정문)

A: 난 그 곳에 가고 싶어.
B: 나도.

A: I don't want to meet him.

B: Me, (either / **neither**). (부정문)

A: 나는 그를 만나고 싶지 않아.
B: 나도.

A: I feel chilly.

B: I feel chilly, (**too** / either). (긍정문)

A: 난 살짝 춥게 느껴진다.
B: 나도.

A: I didn't recognize him.

B: I didn't recognize him, (**either** / neither). (부정문)

A: 나는 그를 알아보지 못했어.
B: 나도 그를 못 알아봤어.
* I recognized him, neither. 불가.

A: I am going home for the vacation.

B: (I am so / **So am I**). (긍정문 – be동사)

A: 난 휴가를 보내러 집에 가.
B: 나도.

A: I am not going home for the vacation.

B: (I am neither / **Neither am I**). (부정문 – be동사)

A: 나는 휴가 때 집에 가지 않을 거야.
B: 나도 안 가.

A: I want you to join us for the party.

B: (**So do I** / So can I). (긍정문 – 일반동사)

A: 나는 네가 파티에 우리와 함께 했으면 좋겠어.
B: 나도.

A: I don't want you to join us for the party.

B: (Either do I / **Neither do I**). (부정문 – 일반동사)

A: I will go to the shopping mall this afternoon.

B: (**So will I** / I will so). (긍정문 – 조동사)

A: I won't go to the shopping mall this afternoon.

B: (**Neither will I** / I will neither). (부정문 – 조동사)

A: I have seen the movie.

B: (**So have I** / So do I). (긍정문 – 완료시제)

A: I haven't seen the movie.

B: (Neither do I / **Neither have I**). (부정문 – 완료시제)

[고 | 특 | 점 | T | I | P]

앞 문장을 확인하면서 강조할 때, so를 이용하는 구문의 유형은 [so + 주어 + 동사]의 유형을 쓴다. 또 한 앞 문장에서 제시한 주어와 동일한 주어를 이용할 경우에도 이와 같이 쓴다.

I told him that I would refuse his invitation, and **so I will**.
나는 그에게 그의 초청을 거부하겠다고 말했으며, 꼭 그렇게 할 것이다.

A: It is so cold today. 오늘 너무 추운데요.

B: **So it is**. 정말 그러네요.

CHECK UP • • •

1 A: I have seen the drama 'Prison Break' several times.

   B: _____ . I think it is really exciting.

   (a) I have so   (b) I so have   (c) So I have   (d) So have I

2 A: I don't like historic novels.

   B: I know what you mean. I _____ .

   (a) neither like them   (b) like them neither
   (c) not like them either   (d) don't like them either

A: 나는 네가 파티에 우리와 함께 오지 않았으면 좋겠어.

B: 나도.

A: 난 오늘 오후에 쇼핑몰에 갈 거야.

B: 나도.

A: 나는 오늘 오후에 쇼핑몰에 가지 않을 거야.

B: 나도.

A: 나는 이 영화를 봤어.

B: 나도.

A: 나는 이 영화를 안 봤어.

B: 나도.

historic 역사적인

부가의문문은 앞에서 언급한 내용을 확인하고자 할 때 쓰는 문장 구조이다. 일반적인 긍정문과 부정문에서는 긍정/부정을 반대로 질문하며, 명령문에서는 will you를, 제안하는 문장에서는 shall we를 쓴다.

부가 의문문의 4가지 형태

1. [긍정문 + 부정의문문?]
2. [부정문 + 긍정의문문?]
3. [명령문 + will you?]
4. [Let's 구문 + shall we?]

The steak was very delicious, (was it / **wasn't it**)?

He didn't go to work today, (he did / **did he**)?

Clean this room for yourself, (**will you** / shall we)?

Let's take a walk some time later, (will you / **shall we**)?

그 스테이크는 너무 맛있었어. 그치? [긍정문 + 부정 의문문?]

그는 오늘 직장에 안 나갔어. 그치? [부정문 + 긍정 의문문?]

이 방을 직접 청소해. 알았니? [명령문 + will you?]

우리 다음에 함께 산책하자. 알았지? [Let's 제안 + shall we?]

CHECK UP • • •

1 A: Let's go to the movies tonight, _____?

B: OK. I'll see you in front of the building at 7 o'clock.

(a) will you   (b) do you   (c) don't you   (d) shall we

2 A: The teacher didn't keep the promise, _____?

B: Yes, he did. He has already given us much information.

(a) did he   (b) didn't he   (c) he did   (d) he didn't

POINT

★ 삽입 구문의 다양한 형태를 익혀서 문장에서 적절한 구문을 고를 수 있다.

★ 다양한 형태의 생략 구문의 유형을 기억하여 적절한 생략 구문을 선택할 수 있다.

1 삽입 구문의 유형

삽입 구문은 일반 문장 내에서 강조를 나타내기 위한 구문으로, it seems, if any, if ever, 관계대명사 who/which 유형 등이 있다.

1. [It seems that + 주어 + 동사 ...]
   ➡ [주어 + 동사, it seems, ...] 구조로 전환 가능

2. [..., if any, + 명사] : '혹시 있다 해도'

3. [..., if ever, + 동사] : '혹시 있다 해도'

4. [선행사 명사 + _____ + 주어 + think/guess/suppose/know/say + 동사]
   ➡ 빈칸에는 who/which

5. [선행사 명사 + _____ + 주어 + think/guess/suppose/know/say + to부정사]
   ➡ 빈칸에는 whom/which

He is, (**it seems** / it seems that), very intelligent and diligent.

= It seems that he is very intelligent and diligent.

(It seems that + 주어 + 동사) ➡ [주어 + 동사, it seems, 목적어/보어]

There are, (if ever / **if any**), few mistakes in his paper.

She seldom, (**if ever** / if any), goes out without any friends.

That is the man (**who** / whom) I think will be our new boss.

= That is the man (who / **whom**) I think to be our new boss.

[선행사 + who + 주어 + think + 동사]

[선행사 + whom + 주어 + think + to부정사]

그는 매우 지적이고 부지런해 보인다.

이 논문에는 오류가 단지 몇 개 있다. [if any + 명사]

그녀는 친구 없이는 결코 잘 나가지 않는다. [if ever + 동사]

저 남자가 우리의 새로운 사장이 될 거라고 내가 짐작하는 사람이다.

CHECK UP • • •

1 This store isn't big enough, so it doesn't have, _____, digital cameras in it.

   (a) if any   (b) if ever   (c) so ever   (d) such as

2 Most of the subjects of the experiment couldn't,
_____, respond to the research properly.

(a) if any   (b) if ever   (c) so ever   (d) such as

subject 피실험자 experiment 실험
respond to ~에 반응하다 properly 적절하게

2 생략 구문의 유형

생략 구문은 정상적인 문장에서 앞에 제시된 구문을 반복하지 않기 위해서 생략시키는 것을 말한다. 일반적인 관용표현 7가지 유형, 대부정사 유형, 조동사 유형, 그리고 how come과 what if로 시작하는 유형을 기억해야 한다.

1. 생략구문 관용표현
   - I think so. ⇔ I don't think so. / I think not.
   - I hope so. ⇔ I hope not.
   - I'm afraid so. ⇔ I'm afraid not.

2. 대부정사 유형 : want to / would like to / be going to / be about to / need to

3. [조동사 + have] 유형 : should have / would have / could have

4. [How come + _____ ...?] 유형 : [주어 + 동사] 어순

5. [What if + _____ ...?] 유형 : [주어 + 동사] 어순

A: Do you think it will rain tomorrow?

B: **I think so.** = I think that it will rain tomorrow.
I hope so. = I hope that it will rain tomorrow.
I'm afraid so. = I'm afraid that it will rain tomorrow.
I don't think so. = I don't think that it will rain tomorrow.
= **I think not.** (예외적 인정)
I hope not. = I hope that it will not rain tomorrow.
I'm afraid not. = I'm afraid that it will not rain tomorrow.

A: How about going to a movie tonight?

B: I (would love / **would love to**), but I have a lot to do.

A: I didn't study hard for this test.

B: You (should / **should have**). I have told you several times.

How come (**you are late** / are you late)?

What if (**I forgot my passport** / did I forget my passport)?
= What would happen if I forgot my passport?

- I think so. 나는 그렇게 생각한다.
  ⇔ I don't think so. / I think not. 난 그렇게 생각하지 않는다.

- I hope so. 나는 그러기를 바란다.
  ⇔ I hope not. 나는 그러기를 바라지 않는다.

- I'm afraid so. 그럴 것 같다.
  ⇔ I'm afraid not. 그럴 것 같지 않다.

내일 비가 올 거라고 생각하니?

A: 오늘 밤 영화 보러 갈까?

B: 그러고 싶어. 하지만 할 일이 무척 많아. (I'd love to go to a movie에서 동사 이하 생략)

A: 나는 이 시험 공부를 열심히 하지 않았어요.

B: 열심히 했어야지. 내가 몇 번이나 말했잖아. (should have studied hard에서 동사 이하 생략)

왜 늦었니? (How come + 주어 + 동사 ...? : 왜 ~했니?)

어권을 깜빡 잊어버렸으면 어떡해야 합니까? [What if + 주어 + 동사...?](~라면 어떡하지?)

기타 생략 구문

First come, first served. 선착순.

The sooner, the better. 빠르면 빠를수록 좋다.

No pain, no gain. 노력이 없으면 얻는 것도 없다.

Easy come, easy go. 쉽게 들어오는 돈은 쉽게 쓰게 된다.

Out of sight, out of mind. 보지 않으면 멀어지게 마련이다.

So many men, so many minds. 사공이 많으면 배가 산으로 간다.

CHECK UP • • •

1 A: Will the management lay off some of the employees?

B: I certainly _____ .

(a) don't hope

(b) hope not

(c) not hope

(d) never hope

management 경영진 lay off 해고하다

2 A: Why didn't you inform that the meeting had been cancelled?

B: I _____ . But I couldn't contact you.

(a) would

(b) would have

(c) would have done

(d) would have done it

inform 알려주다 cancel 취소하다 contact 연락하다

POINT

★ what/how/why 용법을 구분하여 문장에서 적절한 형태의 의문사를 고를 수 있다.

★ 각각 의문사에 따른 관용표현과 문장 구조에 유의하여 형태와 의미를 구분할 수 있다.

1 의문사 & 표현법 구문

의문사 what/how/why 용법을 구분해두자. 관용표현들은 문장 구문과 의문사의 유형을 묻는 문제이다. 따라서 의문사에 따른 문장 구조와, 의문사들이 어떻게 이용되고 있는지를 파악해야 한다. 특히 what과 how의 개념이 문장 구조에 따라 다르게 쓰이므로 형태와 의미를 정확하게 구분해야 한다.

(**Why don't you try** / Why not you try) them on?

A: Can I borrow this book?

B: Sure, (**why not** / why you not)?

(**How** / What) is the weather? = (How / **What**) is the weather like?

(How / **What**) do you think of it? = (**How** / What) do you like it?

(**How** / what) should I say the term 'hot' in Korean?

(How / **What**) should I say in that situation?

(**How** / Why) about going out now?

= (**What** / Why) about going out now?

(**Why** / What) are you here? = (Why / **What**) are you here for?

한 번 입어보는 것이 어떠니?

A: 내가 그런 질문에 대답을 해야 하니?
B: 그러지 않아도 돼.

날씨가 어때요?

그것을 어떻게 생각하세요?

한국어로 'hot'을 어떻게 말하나요?
(부사 역할 : how)

그 상황에서 뭐라고 말해야 하죠?
(목적어 역할 : what)

지금 밖에 나가는 게 어때요?

여기 왜 오셨나요?

CHECK UP •••

1 A: I'm starving to death. How about eating something now?

   B: _____ ? Let's go out right now.

   (a) Why you not   (b) Why not
   (c) Not you why   (d) You don't why

starve to death 배고파 죽겠다

2 A: _____ this restaurant?

   B: It's fine except for the limited menu.

   (a) How do you think   (b) How do you think of
   (c) What do you think   (d) What do you think of

except for ~을 제외하고 **limited** 제한된

1. His new car (does look / does looks) good, but in fact it is not in good condition.

2. (It was that a computer program / It was a computer program that) I designed with my friends over the summer.

3. (What strange a coincidence / What a strange coincidence) it was that you couldn't pass the exam like me.

4. (She little did realize / Little did she realize) that play provided children with several ways to learn through various activities.

5. On no account (should you be / you should be) absent tomorrow.

6. (So successful the business was / So successful was the business) that the number of employees has increased a lot.

7. (Not only the fruit has / Not only does the fruit have) vitamins and minerals, but it also has a substance that cures some diseases.

8. (Only recently have scholars realized / Only recently scholars have realized) that there was much scientific advancement in Greek society.

9. A: Would you mind closing the window?
   B: Of course not. (I feel chilly, too / So I feel chilly).

10. My father can speak Japanese and English, and (my mother can so / so can my mother).

11. Let's have dinner tonight, (will you / shall we)?

12. The technology of modern times is, (it seems that / it seems), more precious than that of ancient times.

13. There is little, (if any / if ever), difference between the two books.

14. A: Did you buy any juice at the store?
    B: I (would / would have), but I couldn't because I didn't have any money.

15. (What / Why) do you need the money for?

→ ACTUAL TRAINING

PART I · Choose the answer for the blank.

1 A: How's the reaction of other participants?
   B: Nowhere _____ about it.
   (a) we actually did hear
   (b) did we actually heard
   (c) did we actually hear
   (d) we actually heard

2 A: Who messed up the kitchen again?
   B: It was Mike _____ did it.
   (a) what
   (b) that
   (c) which
   (d) as

3 A: I have read the novel several times. It is so interesting.
   B: _____. It's my favorite.
   (a) So I have
   (b) So have I
   (c) Neither I have
   (d) Neither have I

4 A: Are you expecting him to return early?
   B: _____.
   (a) I hope so
   (b) So I hope
   (c) I do so hope
   (d) So hope I

5 A: Jason regrets not watching the play.
   B: I understand him. _____.
   (a) I didn't watch it, neither
   (b) I didn't watch it, either
   (c) I did watch it, either
   (d) I did watch it, neither

PART II · Choose the answer for the blank.

6 Only after the doctor indicates that it will provide medical benefits to patients _____ to treat them.
   (a) should be used ultrasound
   (b) should ultrasound be used
   (c) ultrasound should be used
   (d) ultrasound should use

7 She didn't want to be depressed herself, _____ her children to grow up discouraged by a fat mother.
   (a) she nor did want
   (b) nor did she want
   (c) nor she wanted
   (d) she did nor wanted

8 Not until they understood their long-term problems _____ to look for other ways to solve them.
   (a) they did begin
   (b) they began
   (c) began they
   (d) did they begin

9 Most of all, _____ that made him decide to go to the medical school.
   (a) his parents' support was
   (b) it his parents' support
   (c) it his parents' support was
   (d) it was his parents' support

10 With the help of protective devices, at no time _____ any risk of brain damage from the procedure.
   (a) there has been
   (b) has there been
   (c) there been has
   (d) has been there

11 (a) A: It was great that your class won the game.

(b) B: Well, we just did our very best.

(c) A: Never I have seen you play so greatly.

(d) B: Thanks a lot. I'm so glad to win the championship.

12 (a) A: You should eat two apples for your health every day.

(b) B: But I don't like them. Why is it good for?

(c) A: I heard apples contain a lot of nutrients good for health.

(d) B: OK, then, I will try to eat them.

13 (a) A: I'm going to Hong Kong during the vacation.

(b) B: Really? What a coincidence! So I am.

(c) A: What are you going to do there?

(d) B: I'm not sure yet. But maybe I will see around the downtown.

PART IV・Identify the grammatical error in the passage.

14 (a) The Washington school district has seen a huge increase in Asian enrollment over the past five years. (b) Nowhere this increase is more evident than in this district. (c) Last year the district reported an enrollment that was 4.5% of Asian students. (d) As schools in the district have good reputations, more Asian students are entering the schools in this district.

15 (a) According to paleontological research, many organisms went extinct because of several reasons. (b) The majority of the researchers saw climate changes as to blame for the extinction. (c) The environment changed from a warm, mild one in the Mesozoic to a cooler, more varied one in the Cenozoic. (d) The cause of this climate change is one of the major concerns of many scientists.

REVIEW TRAINING 5

PART I · Choose the answer for the blank.

1 A: Is there any error in my paper, professor?

B: Well, I recommend that you _____ more statistics to prove your theory.

(a) had employed
(b) employed
(c) employs
(d) employ

2 A: How was the movie last night?

B: I _____ it much better if a person behind us hadn't made a noise.

(a) had enjoyed
(b) can have enjoyed
(c) could have enjoyed
(d) have enjoyed

3 A: Why are you so depressed today?

B: Well, I'm not _____ good condition.

(a) in
(b) on
(c) with
(d) along

4 A: How did you start your job at first?

B: I decided to become a teacher _____ the influence of my father.

(a) on
(b) with
(c) under
(d) over

5 A: Jenny is as patient a worker as any other person.

B: You're right. _____ about the company.

(a) She grumbled not once
(b) She once not grumbled
(c) Not once did she grumble
(d) Not once she grumbled

PART II · Choose the answer for the blank.

6 It is imperative that scientists conducting experiments related to cloning _____ approved by the government in advance.

(a) are
(b) is
(c) be
(d) to be

7 _____ a new research technique, our company might have emerged as a forerunner on the market.

(a) The management had innovated
(b) Had innovated the management
(c) Had the management innovated
(d) If had innovated the management

8 Most people around the world have a preference _____ American movies because of their large-scale scenes.

(a) with
(b) on
(c) to
(d) for

9 Many people are investing more money into real estate _____ speculation about profits on the sale of real property.

(a) amid
(b) against
(c) forward
(d) above

10 It was the new employee's passion that the interviewers _____.

(a) highly thought of
(b) thought highly of
(c) thinking highly of
(d) of thinking highly

PART III • Identify the grammatical error in the dialouge.

11 (a) A: I'm going to visit America to learn English this summer.

(b) B: Really? What a coincidence! So I am.

(c) A: How long are you going to stay there?

(d) B: I'm not sure yet. But maybe I will be there for about a year.

12 (a) A: You seem to have lost a lot of weight. What's up?

(b) B: I've been on a diet for a long time.

(c) A: Really? How much have you lost?

(d) B: More than 10 kg. I learned how to lose weight by a book.

13 (a) A: Linda, could you help me with my homework?

(b) B: Sorry, but I should finish my work right now.

(c) A: Please. It's only one. And I can't finish it in time.

(d) B: You wouldn't have to ask me to help you if you didn't play this afternoon.

PART IV • Identify the grammatical error in the passage.

14 (a) The economy around the world is recovering faster than expected according to some data. (b) The volume of international trade has grown by more than 6% this year. (c) And many countries are circumventing an international financial crisis. (d) This growth is expected to continue, and experts are expecting economic stability at next year.

15 (a) Paradoxically, those who are living in underdeveloped countries have a healthy lifestyle because of their vegetable-based diet. (b) Many people living in developed countries are suffering from illness caused by their wrong diet. (c) Along with meat-eating diet, people in advanced countries don't have lots of activities. (d) If they have a healthy diet and more activities, they wouldn't have most of the diseases happening to them.

위아텝스
GRAMMAR

파트 3, 4의 학습법은 따로 정리된 것이 없는 실정이므로, 정확하게 방향을 잡고 학습해야 한다. 파트 3, 4는 모든 문법 사항을 통합적으로 정리하여 출제하는 것이 특징이지만, 자주 출제되는 유형이 존재한다. 따라서 교재에 제시된 학습 방향과 출제 패턴을 정확하게 숙지해야 한다. 주로 출제되는 동사의 유형편에서는 문장구조, 수일치, 시제, 수동태, 분사, 부정사 동명사, 조동사 등이 대부분 출제되는데, 모든 영역이 출제되기 보다는 반드시 출제되는 포인트를 정리해야 한다. 또한 품사편에서는 명사와 관사의 관계, 형용사와 부사의 비교, 비교급과 최상급의 용법, 절을 유도하는 접속사의 형태, 가정법의 시제 표현, 전치사의 용법 등이 출제된다. 역시 품사편에서도 주로 출제되는 유형이 있기 때문에 각각의 문제의 유형을 파악해야 한다.

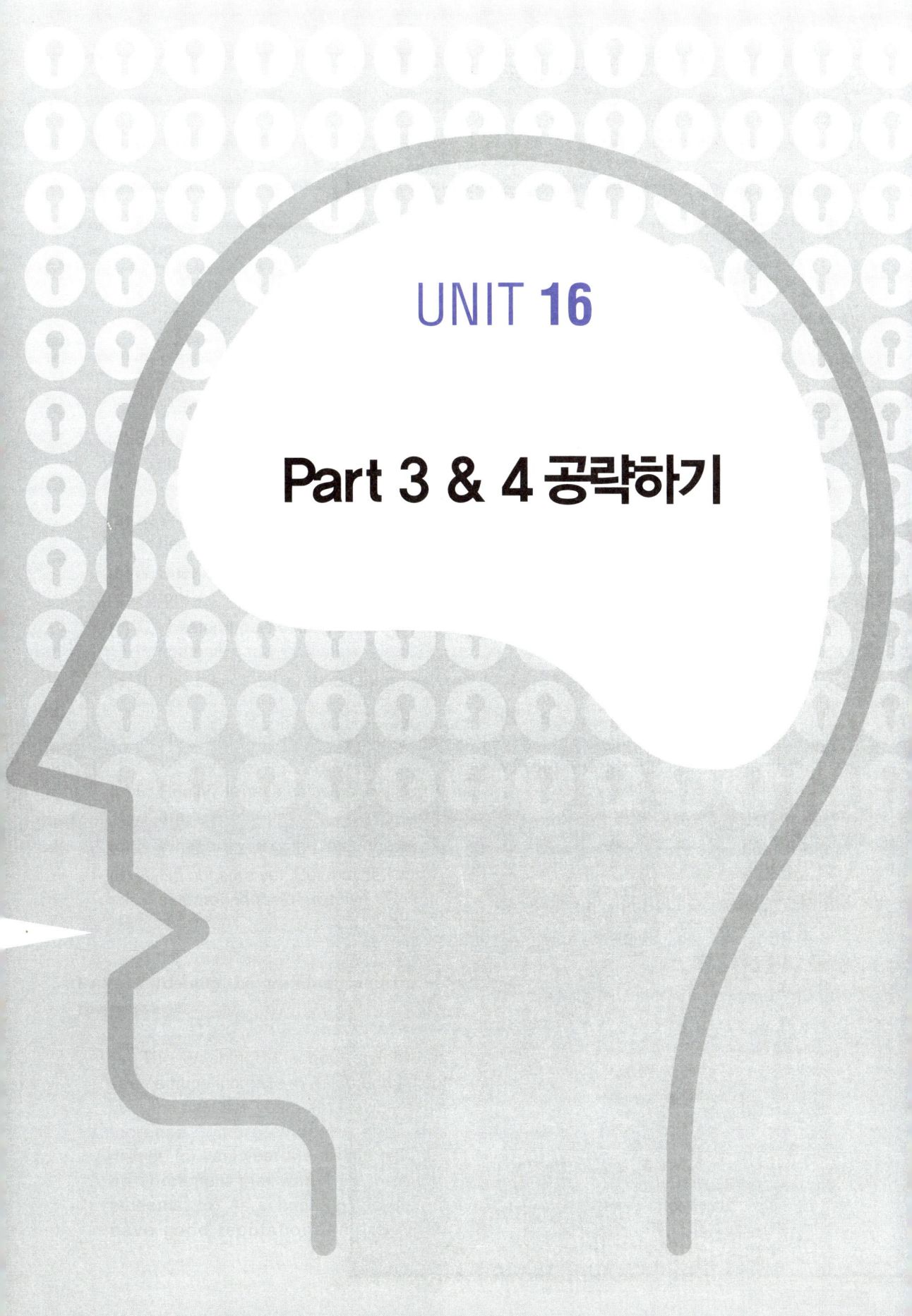

UNIT **16**

Part 3 & 4 공략하기

P 097 동사 유형편

POINT

★ 다양한 형태의 동사 유형을 고려하여 문장을 구성할 수 있다.

★ 동사의 수와 시제, 수동태, 가정법에 유의하여 적합한 동사의 형태를 고를 수 있다.

1 수 일치

❶ [주어 + (수식어구) + 동사] 구조에서 수의 일치(단수 vs. 복수)를 고려한다.

The first book he had published were unprecedented. (were ➡ **was**)

The people who make important contributions to society is generally not those who improve their own life. (is ➡ **are**)

❷ [선행사 명사 + who/which/that(주격 관계대명사) + 동사] 구조에서 수의 일치(단수 vs. 복수)를 고려한다.

No reward has been offered for information which help the police to find missing children. (help ➡ **helps**)

This journal displays an overview of the books which contains the comments of critics. (contains ➡ **contain**)

❸ 수 일치 부분을 참고하여 주어의 단수/복수 유형을 파악한다.

(a) A: Unfortunately, my books were damaged while being delivered.

(b) B: Then you should demand refund.

(c) A: But complaining about the damaged products are never easy for me.

(d) B: Were I you, I would immediately.

(a) [my books + were] – 수 일치(복수형 주어) ➡ (O)
　　[my books + were damaged] – 수동태(수동 관계) ➡ (O)
　　while being delivered – 수동태(수동 관계) ➡ (O)

(b) should – 조동사(~해야 한다) ➡ (O)
　　refund – 명사(셀 수 없는 명사) ➡ (O)

(c) complaining – 동명사(동사형 주어) ➡ (O)
　　the damaged products – 관사 & 명사(지정된 것) ➡ (O)
　　damaged products – 분사 [과거분사 + 명사](파손된 제품들) ➡ (O)
　　[complaining about the damaged products + are] – 수 일치 (동명사 주어 – 단수형) ➡ (X) are를 is로 수정

(a) A: 불행하계도, 책들이 배달되는 동안 파손되었어요.

(b) B: 그렇다면, 환불을 요구해야죠.

(c) A: 하지만, 파손된 제품에 대해 불평하는 것이 쉽지는 않아요.

(d) B: 제가 당신이라면, 바로 할 텐데요.

(d) Were I you – 가정법 (If 생략 도치 구문) ⇒ (O)
  I would – 가정법 과거(동사 시제 일치) ⇒ (O)

(a) Stress has played an important role in the human society and has been a natural part of our lives. (b) However, too much stress can have a negative effect on our physical and emotional health. (c) What matters most are not the number of stressful situations we are exposed to but the type of stress involved. (d) Also, our subjective interpretation of what constitutes stress is a crucial factor in determining how well we cope with it.

(a) 스트레스는 인간 사회에서 중요한 역할을 해왔으며, 우리 삶의 자연스러운 부분이 되었다. (b) 그러나, 너무 많은 스트레스는 우리의 신체적, 정신적 건강에 부정적인 영향을 미칠 수 있다. (c) 가장 중요한 것은 우리가 노출되어 있는 스트레스가 있는 상황의 수가 아니라, 연관된 스트레스의 유형이다. (d) 또한, 스트레스를 구성하는 것에 대한 주관적 판단이 우리가 얼마나 잘 대처하는지를 결정할 때 중요한 요소이다.

(a) Stress has played
 and has been – 시제(현재완료) & 수 일치(단수 주어) ⇒ (O)

(b) have a negative effect on – 동사구(전치사) (effect on) ⇒ (O)

(c) what matters most – [관계대명사 what + 동사] – 주어 생략 ⇒ (O)
  what matters most are – 수 일치(명사절 주어 – 단수) ⇒ (X) are를 is로 수정
  situations we are exposed to – 관계대명사(목적적 관계대명사 생략 – 전치사 유지) ⇒ (O)
  the type of stress involved – 분사 [명사 + 과거분사] (관련된 스트레스의 유형) ⇒ (O)

(d) our subjective interpretation ... is – 수 일치 [단수 주어 + is] ⇒ (O)
  what constitutes stress – 관계대명사 what [what + 주어 생략 구문] ⇒ (O)
  in determining – 전치사의 목적어 [전치사 + 동명사] ⇒ (O)
  how well we cope with it – 간접의문문 [how + 부사 + 주어 + 동사] ⇒ (O)

2 시제 일치

❶ 문장 전체 구조에서 시제를 비교한다.

A: How was the party yesterday?

B: It is cancelled because Jane was ill. (is ⇒ **was**)

You were not required to furnish any information which is prohibited by law. (were ⇒ **are**)

❷ 전체 문맥상 시제와 비교하여, 구분되는 시제를 찾아낸다.

(a) A: How was the sports meeting last week?

(b) B: It is cancelled because of bad weather.

(c) A: That's too bad. It could have been a lot of fun.

(d) B: I think so. Therefore, we have decided to reschedule it.

(a) A: 지난 주 운동회 어땠나요?
(b) B: 날씨가 나빠서 취소되었어요.
(c) A: 안됐네요. 정말 재미있었을 텐데요.
(d) B: 나도 그렇게 생각해요. 그래서 일정을 다시 잡기로 했어요.

(a) was ... last week – 시제(과거시제) ⇒ (O)
  How – 의문사(상태에 대한 질문) ⇒ (O)
  the sports meeting – 관사 & 명사(지정된 것) ⇒ (O)

(b) It – 대명사(sports meeting 대신 사용) ⇒ (O)
  is cancelled – 시제(지난 주 운동회 취소) ⇒ (X) 과거 사실이므로 is를 was로 수정
  because of bad weather – 접속사 & 전치사 [because of + 명사] ⇒ (O)

(c) could have been – 조동사 (~이었을 텐데 – 가능성) ➡ (O)

(d) I think so. – 관용어구(나도 그렇게 생각해.) ➡ (O)
    have decided – 시제(현재완료) ➡ (O)
    have decided to reschedule – 부정사 [decide + to R] ➡ (O)

(a) Early Egyptian expeditions were dispatched to Mesopotamia, and the Greeks explored the Mediterranean region. (b) And a Phoenician expedition is said to have sailed around Africa. (c) The conquests of Alexander the Great brought the West in closer relationship with the East, and the Romans extended the limit of geographical knowledge. (d) Thus, it is a period of great exploration and expansion, both in land and sea.

(a) 초기 이집트의 탐험대들이 메소포타미아로 파견되었으며, 그리스인들은 지중해 지역을 탐험했다. (b) 그리고 페니키아 탐험대는 아프리카 지역을 항해했다고 전해진다. (c) 알렉산더 대왕의 정복은 서구 세계가 동양과 더 밀접한 관계를 맺게 했으며, 로마인들은 지리와 관련한 지식의 한계를 확장시켰다. (d) 따라서 이 시기는 육지에서와 바다에서, 위대한 탐험과 확장이 진행되었던 시기였다.

(a) Early Egyptian expeditions were – 수 일치(복수 주어) ➡ (O)
    expeditions were dispatched – 수동태(수동 관계) ➡ (O)
    the Greeks explored – 시제 일치(과거시제) ➡ (O)

(b) a Phoenician expedition is said – 수동태(수동 관계) ➡ (O)
    is said to have sailed – 시제 일치(to have p.p. – 이전 사실) ➡ (O)

(c) brought – 시제 일치(과거시제) ➡ (O)
    extended – 시제 일치(과거시제) ➡ (O)
    the limit of – 관사 & 명사(~의 한계 – 지정) ➡ (O)

(d) it is a period – 시제 일치(과거시제 – ~한 시기였다) ➡ (X) 과거 사실을 말하므로 is를 was로 수정

3 수동태

❶ 자동사는 수동태로 나타낼 수 없으므로 자동사가 [be + p.p.] 구조이면 잘못된 문장이다.

The crime of violence was occurred on a crowded street. (was occurred ➡ **occurred**)

❷ 타동사는 목적어가 없을 때, 수동태 형태로 제시되어야 한다.

The state has actually been received more federal assistance. (has actually been received ➡ **has actually received**)

❸ ask, advise, allow, encourage, estimate, expect 동사 유형은 목적어가 없을 때, 수동형으로 제시되어야 한다.

[주어 + be asked/advised/allowed/encouraged/estimated/expected + to부정사] ➡ (O)

[주어 + ask/advise/allow + to부정사] ➡ (X)

The agricultural industry estimates to grow by 5% this year.
(estimates ➡ **is estimated**)

(a) A: Do you think Prof. Robert is a good supervisor?

(b) B: I don't know. You'd better find someone to talk to about it.

(c) A: Well, I just want to get more opinions.

(d) B: Just think about it for yourself, since you know what you're looked for.

(a) think ... is ... – 시제 일치(현재시제) ➡ (O)
a good supervisor – 관사 & 명사(한 사람) ➡ (O)

(b) someone to talk about it – 부정사(이야기할 수 있는 사람) ➡ (O)

(c) want to get – 부정사 [want + to + 동사원형] ➡ (O)
more opinions – 명사(더 많은 의견들) ➡ (O)

(d) think about it – 동사 유형(그것에 대해 생각하다 – think about) ➡ (O)
for yourself – 대명사(스스로 – 재귀대명사) ➡ (O)
what you're looked for – 관계사(목적어 생략 – what) ➡ (O)
what you're looked for – 수동태(찾고 있는 것은 you) ➡ (X) 능동 관계이므로 you're looked for를 you're looking for로 수정.

(a) Even if humankind stops producing greenhouse gases today, global warming will continue for decades. (b) The latest research suggests that the global mean temperature will have been 1 to 2 degrees higher by 2030. (c) If this prediction is correct, the precipitation will be 3% higher and sea levels will rise by 20 centimeters or more. (d) Extreme weather events such as floods, droughts, and storms expect to increase.

(a) Even if .... – 접속사(~한다 해도) ➡ (O)
stops producing – 동명사 [stop + 동명사] ➡ (O)
continue – 수동태(수동태 불가 동사) ➡ (O)

(b) suggests ... will have been – 일반동사(가정법 아님) ➡ (O)
will have been ... by 2030 – 시제(미래완료) ➡ (O)

(c) If .... is – 시제(조건 부사절) ➡ (O)
by 20 centimeters or more ➡ 전치사(수량 비교) ➡ (O)

(d) expect to increase ➡ 수동태 [expect + 목적어 + to + 동사원형] ➡ (X) 수동태로 수정되었을 때 [be expected to + 동사원형]으로 수정되어야 하므로, are expected to increase가 옳다.

4 가정법

❶ 가정법 유형(If/I wish/as if)이 제시될 때, 동사의 시제를 비교한다.

If it were not for his help, I could not have succeeded last year. (were not for ➡ **had not been for**)

I wish I can afford a new computer. (can ➡ **could**)

Her mother behaved as if nothing didn't happen. (didn't happen ➡ **hadn't happened**)

❷ 가정법 항목을 참고하여 동사의 시제 유형을 익힌다.

(a) A: If I have more money, I would invest in the stock market.

(b) B: But investment in stocks can be a risky thing. You have to be careful.

(c) A: You're right. By the way what kind of investment do you think is best?

(d) B: I think I'd just open a deposit at my bank.

(a) If I have more money – 가정법(가정법 과거) ➡ (X) 현재 사실의 반대 사실을 말하는 가정법은 과거시제. have를 had로 수정

(b) a risky thing – 관사 & 명사(위험한 일 – a thing) ➡ (O)
　　have to – 조동사(~해야 한다) ➡ (O)

(c) what kind of investment do you think is best – 간접의문문 [의문사 + do you think + (주어) + 동사] ➡ (O)

(d) would open a deposit – 조동사(의지/고집 would) ➡ (O)

(a) A: 돈이 조금 더 있다면, 주식 시장에 투자할 텐데요.

(b) B: 하지만 주식 투자는 위험한 일일 수도 있어요. 조심하셔야 해요.

(c) A: 당신 말이 맞아요. 그런데 어떤 투자가 가장 좋을 거라 생각하세요?

(d) B: 저라면 은행에 예치할 거예요.

(a) Rural residents usually have a healthy lifestyle through a vegetable-based diet and lots of activities. (b) However, those who are living in urban areas have an unhealthy lifestyle. (c) They usually look older for their real age and suffer from age-related diseases. (d) If they have a healthier lifestyle, they would overcome most of these diseases.

(a) Rural residents have – 수 일치(복수형) ➡ (O)
　　through – 전치사(~을 통하여) ➡ (O)

(b) those who – 대명사 / 관계대명사(~한 사람들) ➡ (O)
　　those ... have – 수 일치(복수형) ➡ (O)

(c) look older – 형용사 [look + 형용사] ➡ (O)
　　for their real age – 전치사(~에 비해) ➡ (O)
　　age-related – 분사 [p.p. + 명사] ➡ (O)

(d) If they have a healthier lifestyle – 가정법(현재 사실 – 과거시제) ➡ (X) 현재 사실을 말하고 있으므로, if절에서 과거시제. 따라서 have를 had로 수정

(a) 시골 사람들은 보통 채식 식단과 많은 활동을 통하여 건강한 삶의 방식을 가지고 있다. (b) 그러나 도시 지역에 살고 있는 사람들은 건강하지 못한 삶의 방식을 가지고 있다. (c) 그들은 실제 나이에 비해 더 나이가 들어 보이며, 나이와 관련된 질병으로 고통받고 있다. (d) 그들이 더 건강한 삶의 방식을 가지고 있다면, 대부분의 이러한 질병을 극복할 수 있을 것이다.

POINT

★ 분사구문은 명사와 관계가 수동/능동인지 여부에 따라 적절한 형태를 고를 수 있다.

★ 부정사/동명사 여부는 유형 파악을 통해, 조동사의 선택은 해석에 의해 해결할 수 있다.

1 분사구문

❶ [-ing/p.p. + 명사] ➡ 능동 vs. 수동 관계를 확인한다.

Some parents, teachers, and other concerning individuals are dedicated to creating a safe and healthy world for children. (concerning ➡ **concerned**)

We have had a lot of excited changes in the past few months. (excited ➡ **exciting**)

❷ [명사 + -ing/p.p.] ➡ 능동 vs. 수동 관계를 확인한다.

They proposed a new model founding on social network theory. (founding ➡ **founded**)

They were taking photographs reflected our world's beauty. (reflected ➡ **reflecting**)

❸ [-ing/being p.p./having p.p./having been p.p. ..., 주어 + 동사 ...] ➡ 주어와 관계가 있는지를 확인한다.

Working intensely without a break, it took a few hours for us to finish the report. (Working ➡ **Although we worked**)

❹ [-ing/being p.p./having p.p./having been p.p. ..., 주어 + 동사 ...] ➡ 주어와 능동 vs. 수동 관계를 확인한다.

Moved independently, their eyes can see everything in almost 360-degree vision. (Moved ➡ **Moving**)

❺ [주어 + 동사 ..., -ing/p.p. ...] ➡ 주어와 능동 vs. 수동 관계를 확인한다.

Many people visited the city, spent a lot of money at the stores. (spent ➡ **spending**)

(a) A: Growing up, my mother advised me to learn to play the piano.

(b) B: Did you specialize in music then?

(c) A: No. I learned how to play it as a hobby.

(d) B: I can play the piano, too. How about playing together later?

(a) Growing up, my mother – 분사(동사와 주어의 일치) ⇒ (X) 자라는 것은 '나' 이므로, my mother와 관계없음. 따라서 When I grew up으로 수정

(b) Did you specialize – 시제(과거시제) ⇒ (O)

(c) I learned – 시제(과거시제) ⇒ (O)
　　how to play – 간접의문문 [의문사 + to부정사] ⇒ (O)

(d) [How about + -ing] – 동명사 [전치사 + 동명사] ⇒ (O)

(a) A: 내가 자랄 때, 어머니는 내가 피아노를 연주하는 것을 배우도록 하셨어요.

(b) B: 그럼 음악을 전공하신 건가요?

(c) A: 아니요. 그저 취미로 배웠을 뿐이예요.

(d) B: 저도 피아노를 연주할 수 있어요. 나중에 함께 연주해 보는 것 어때요?

(a) On a typical summer day, the City of Hannibal is full of visitors and locals enjoying arts and music festivals and other attractions. (b) Every year tourists flock there, spend millions of dollars at local stores. (c) This year, however, the street is nearly empty, and shopkeepers stare out the window. (d) If the flood had not surged through downtown, many stores would be full of tourists now.

(a) is full of – 시제(현재시제 – 반복적인 일) ⇒ (O)
　　visitors and locals enjoying – 분사 [명사 + -ing – 능동] ⇒ (O)

(b) spend millions of dollars – 분사구문 [주어 + 동사 ..., -ing/p.p.] ⇒ (X) 분사구문이 되어야 하고 관광객들이 소비하는 것이므로, spending으로 수정

(c) the street is – 수 일치 [단수 주어 + is] ⇒ (O)
　　shopkeepers stare – 수 일치 [복수 주어 + stare) ⇒ (O)

(d) If ... now – 가정법(혼합 가정법 과거완료 : 과거 사실 + 현재 사실) ⇒ (O)

(a) 보통의 여름날, 한니발 시는 예술과 음악 축제, 그리고 다른 즐길 거리를 즐기는 방문객들과 지역민들로 가득하다. (b) 매년 관광객들은 거기에 모여서, 그 지역의 가게에서 수백만 달러를 소비한다. (c) 그러나 올해에, 도로는 한산하며, 가게 주인들은 창밖을 바라보고 있을 뿐이다. (d) 만약 시내에 홍수가 밀려오지 않았더라면, 많은 가게들이 지금 관광객들로 가득 차 있을 텐데.

2 부정사 & 동명사

❶ 부정사 & 동명사 문제는 주로 파트 3에서 출제된다.

❷ [동사 + to부정사] 유형을 점검한다

He stopped eating because he was very hungry. (eating ⇒ **to eat**)

❸ [동사 + -ing 동명사] 유형을 점검한다.

He didn't mind to meet my friend. (to meet ⇒ **meeting**)

(a) A: Finally, today is Friday! How about having a drink tonight?

(b) B: I'd like to, but I've decided not to drink anymore.

(a) A: 드디어, 금요일이다! 오늘 저녁에 한 잔 하는 것 어때?

(b) B: 그리고 싶긴 하지만, 더 이상 술을 마시지 않기로 했어.

(c) A: Are you sure? I'm so surprised you've given it up completely.

(d) B: Well, it's for my health. I'm going to quit smoke, too.

(a) How about having – 동명사 [전치사 + -ing] ➡ (O)
   have a drink – 관사 & 명사(a drink) ➡ (O)

(b) I'd like to – 부정사(대부정사) ➡ (O)
   I've decided – 시제(현재완료) ➡ (O)
   decided not to drink – 부정사 [decide + to부정사] ➡ (O)

(c) I'm so surprised – 부사 & 분사 [so + 분사] ➡ (O)
   give it up – 동사구 [동사 + 대명사 + 부사] ➡ (O)

(d) for my health – 전치사(~을 위해 : for) ➡ (O)
   quit smoke – 동명사 [quit + 동명사] ➡ (X) quit은 동명사 목적어를 취하므로, smoking으로 수정

(c) A: 정말이야? 네가 완전히 술을 끊었다니 너무 놀라운데.

(d) B: 다 건강 때문이야. 또한 담배도 끊으려고 해.

(a) A: We have studied a lot to prepare for the final exam today.

(b) B: You're right. I'd like to go home now.

(c) A: Would you mind to drop me off on your way?

(d) B: OK. Your home is not away from mine.

(a) have studied – 시제(현재완료) ➡ (O)
   prepare for the final exam) – 전치사(~을 위해 : for) ➡ (O)

(b) would like to go – 부정사 [would like to + 동사원형] ➡ (O)

(c) mind to drop – 동명사 [mind + 동명사] ➡ (X) mind는 동명사를 목적어로 취하므로, dropping으로 수정
   drop me off – 동사구 [동사 + 대명사 + 부사] ➡ (O)

(d) Your home is not away from mine. – not away from(~로부터 멀지 않은) ➡ (O)

(a) A: 오늘 기말고사 준비하려고 너무 열심히 공부한 것 같아.

(b) B: 맞아. 이제 집에 가려고 해.

(c) A: 가는 길에 나를 좀 내려주지 않을래?

(d) B: 좋아. 너의 집이 우리 집에서 멀지 않잖아.

3 조동사

❶ 조동사는 주로 파트 3에서 출제된다.

❷ 해석에 유의한다.

(a) A: Have you decided how to invest your money?

(b) B: I'm going to invest into some companies in China.

(c) A: I think that's a brave decision. You should've done a lot of research.

(d) B: No. I just follow what my financial advisor suggested.

(a) Have you decided – 시제(현재완료) ➡ (O)
   how to invest – 간접의문문 [의문사 + to부정사] ➡ (O)

(b) I'm going to – 시제(미래) ➡ (O)

(c) a brave decision – 명사 & 관사 (a decision) ➡ (O)
   should have done – [조동사 + have + p.p.](~이었음에 틀림없다) ➡ (X) ~임에 틀림없다는 의미를 나타내는 표현은 must have p.p.이므로, should를 must로 수정

(a) A: 돈을 어디에 투자할지 결정하셨나요?

(b) B: 중국에 있는 몇몇 회사에 투자하기로 했어요.

(c) A: 정말 용감한 결정이라고 생각해요. 많은 연구를 하셨나봐요.

(d) B: 아니요. 단지 재경 전문가가 제안했던 것을 따르고 있을 뿐이에요.

(d) what my financial advisor suggested – 관계사(what) ➡ (O)

(a) A: My family have decided to adopt a baby.

(b) B: What a wonderful news it is! How could your daughters react when you told them?

(c) A: They were delighted with the idea of a new brother or sister.

(d) B: Well, I hope your family will be better after that adoption. Let me know the situation later.

(a) My family have – 수 일치(my family – 복수) ➡ (O)
　　have decided – 시제(현재완료) ➡ (O)
　　decided to adopt – 부정사 [decide + to부정사] ➡ (O)

(b) What a wonderful news it is! – 감탄문 [what a + 형용사 + 명사 + 주어 + 동사!] ➡ (O)
　　could – 조동사(일반 의문문) ➡ (X) 의문문의 유형에서 '어떻게 반응했느냐' 라는 의미를 나타내고 있으므로, could를 did로 수정

(c) were delighted – 수동태(be p.p.) ➡ (O)

(d) will be – 시제(미래시제) ➡ (O)
　　let me know – 동사(사역동사) ➡ (O)
　　later – 부사(나중에) ➡ (O)

(a) A: 우리 가족은 아이를 입양하기로 했어요.

(b) B: 정말 멋진 소식이에요! 당신이 딸들에게 말했을 때, 어떻게 반응하던가요?

(c) A: 새로운 동생을 갖게 된다는 생각에 너무 기뻐했어요.

(d) B: 입양 후에 당신 가족이 더 좋아지길 바래요. 나중에 상황을 알려주세요.

P 099 | 품사 구분편

POINT

★ [관사 + 명사] 유형은 a(an)와 the의 용법 구별을 통해, 대명사 선택 유형은 수의 일치에 유의하여 해결할 수 있다.

★ 형용사/부사의 구별은 문장 구조상의 위치에 따라, 전치사는 의미를 파악하여 해결할 수 있다.

1 관사 & 명사

❶ [관사 + 명사]의 유형에서, 부정관사 a/an과 정관사 the의 용법을 구별한다.

❷ 명사 유형에서, 관사가 나오지 않았을 때, 관사가 필요한지를 판단한다.

(a) A: Well, you don't seem to be worried about your interview.

(b) B: The result will be good. I am the only one they are looking for.

(c) A: Well, it looks like you're sure of outcome.

(d) B: Of course. I'm convinced that I will be chosen.

(a) A: 당신은 인터뷰에 대해서 전혀 걱정하고 있는 것 같지 않네요.

(b) B: 결과가 좋을 거예요. 저는 그들이 찾고 있는 유일한 사람이거든요.

(c) A: 당신은 그 결과에 대해 확신하고 있나 봐요.

(d) B: 물론이죠. 제가 선택될 거라 확신해요.

(a) be worried – 수동태(be p.p.) ➡ (O)

(b) The result – 관사 & 명사 [the + 명사] ➡ (O)
the only one they are looking for – 관계대명사 생략(that 생략) ➡ (O)

(c) it looks like you're – 문장 구조 [it looks like + 주어 + 동사] ➡ (O)
outcome – 관사 & 명사 [the + 명사] ➡ (X) 인터뷰의 결과로 한정된 것이므로 the outcome으로 수정

(d) I'm convinced – 수동태(be p.p.) ➡ (O)
I will be chosen – 수동태(be p.p.) ➡ (O)

(a) Manhood does not come from our mothers. (b) We can be nurtured, comforted, educated, and nursed by our mothers. (c) But mothers cannot teach us how to be men. (d) Rites of the growth process take place at important moments in a person's life such as when a boy enters into a manhood.

(a) 남성성은 어머니에게서 오는 것이 아니다. (b) 우리는 어머니에게 양육받고, 편안함을 느끼고, 교육받고, 보호를 받을 수 있다. (c) 그러나 어머니는 우리가 남성이 되는 것을 가르쳐 줄 수는 없다. (d) 성장 과정의 의식은 소년이 성인기에 접어드는 것과 같은 한 사람의 삶의 중요한 순간에 발생한다.

(a) Manhood – 명사(셀 수 없는 명사) ➡ (O)

(b) be nurtured ... nursed – 수동태(be p.p.) ➡ (O)

(c) how to be men – 간접의문문 [의문사 + to부정사] ➡ (O)

(d) Rites of ... take – 수 일치(복수 명사) ➡ (O)
take place – 수동태(자동사 – 수동태 불가) ➡ (O)
enter into – 동사구(시기에 접어들다/들어서다) ➡ (O)
a manhood – 명사(셀 수 없는 명사) ➡ (X) 셀 수 없는 명사이므로 관사를 이용하지 않음. 따라서 a를 삭제하고, manhood로 수정

2 대명사

❶ 대명사 유형은 주로 파트 3에서 출제된다.

❷ 앞에 제시된 명사와의 일치 관계를 고려한다. (동일 대상)

❸ 앞에 제시된 명사와의 수의 일치 관계를 고려한다. (단수 명사 – 단수 대명사)
(복수 명사 – 복수 대명사)

(a) A: Martin. Could you lend me some cash today?

(b) B: How much do you need and what do you need them for?

(c) A: I just need $50 to pay for my textbook for the history class.

(d) B: Well, I don't have that much, but I can lend you a few dollars.

(a) cash – 명사(셀 수 없는 명사) ➡ (O)

(b) them – 대명사(cash – it) ➡ (X) cash는 셀 수 없는 명사이므로 복수형을 이용할 수 없으므로, it으로 수정

(c) pay for ... – 전치사(~에 대한) ➡ (O)

(d) that much – 부사(그렇게 많이) ➡ (O)
a few dollars – 형용사 [a few + 복수 명사] ➡ (O)

(a) A: Jenny, do you have Jack's phone number?

(b) B: No. I can't remember it right now.

(c) A: Oh, no. I have to call him right away. It's urgent.

(d) B: Then, just look him up on the phone book.

(a) do you have – 의문문 ➡ (O)

(b) it – 대명사(단수 명사 대신) ➡ (O)

(c) him – 대명사(단수 명사 대신) ➡ (O)

(d) him – 대명사(his phone number) ➡ (X) 찾아야 하는 것은 '그'가 아니라 '그의 전화번호'이므로, him을 his phone number로 수정

3 형용사 vs. 부사

❶ 형용사 위치에 부사가 들어간 오류 문장을 찾아낸다.

❷ 부사 위치에 형용사가 들어간 오류 문장을 찾아낸다.

(a) A: Where are the dresses on sale in this shop?

(b) B: I'm really sorry. They were all sold out complete.

(c) A: Really? I came here to buy them from another city.

(a) A: 마틴. 오늘 돈을 좀 빌려줄 수 있겠니?

(b) B: 얼마나 필요한데? 그리고 무엇 때문에 필요한데?

(c) A: 역사 수업을 위한 교재 때문에 50달러가 필요해.

(d) B: 그렇게 많이는 없는데, 몇 달러는 빌려줄 수 있어.

(a) A: 제니. 잭의 전화번호 가지고 있니?

(b) B: 아니. 지금 기억나지 않아.

(c) A: 안 되는데. 지금 그에게 전화해야 하는데. 급한 일이야.

(d) B: 그럼 전화번호부에서 찾아보도록 해.

(a) A: 이 가게에서 세일하는 드레스들이 어디에 있나요?

(b) B: 정말 죄송해요. 모두 완전히 팔렸는데요.

(c) A: 정말요? 그것들을 사려고 다른 도시에서 왔는데요.

(d) B: But we also have other kinds you can choose.

(a) are the dresses – 수 일치(복수 명사 – are) ➡ (O)

(b) were all sold out – 수동태(be p.p.) ➡ (O)
    complete – 형용사 & 부사(부사) ➡ (X) '완전히' 라는 의미이므로, completely로 수정

(c) them – 대명사(dresses 대신) ➡ (O)

(d) other kinds you can choose – 관계사(목적격 관계대명사 생략) ➡ (O)

(a) Leigh House is grand and has been completely refurbished by the present owners with beautiful decoration in each room. (b) It stands in an imposing position among symmetrical gardens. (c) The rooms are beautiful decorated with high ceilings. (d) The front door has a pillared portico and the stone paving is terraced to overlook the gardens.

(a) has been ... refurbished – 수동태(be p.p.) ➡ (O)
    completely – 부사 ➡ (O)
    beautiful decoration – 형용사 [형용사 + 명사] ➡ (O)

(b) an imposing position – 형용사 [형용사 + 명사] ➡ (O)
    among symmetrical gardens – 전치사 [among + 복수 명사] ➡ (O)

(c) are ... decorated – 수동태(be p.p.) ➡ (O)
    beautiful – 부사(아름답게) ➡ (X) '아름답게' 라는 의미이므로, beautifully로 수정

(d) a pillared portico – 분사 [과거분사 + 명사] ➡ (O)
    is terraced – 수동태(be pp) ➡ (O)

4 전치사

❶ 전치사는 문맥을 따져 의미로 결정한다.

(a) A: Shall we go to the park this weekend?

(b) B: Well, that's not what I planned during the weekend.

(c) A: Do you have anything to do?

(d) B: No, but actually I want to take a rest.

(a) Shall we – 조동사(~할까요?) ➡ (O)
    go to the park – 전치사(~에) ➡ (O)

(b) what – 관계대명사(~라는 것) ➡ (O)
    during the weekend – 전치사(~을 위해) ➡ (X) '~을 위해' 라는 의미이므로, during을 for로 수정

(c) anything – 명사(의문문 – anything) ➡ (O)
    to do – to부정사(명사 수식) ➡ (O)

(d) want to take – 부정사 [want + to + 동사원형] ➡ (O)

(d) B: 하지만, 당신이 선택할 수 있는 다른 종류의 옷들도 있어요.

(a) 레이 하우스는 웅장하며, 현재 주인들에 의해 각 방마다 아름다운 장식을 갖추도록 완전히 개장되었습니다. (b) 그것은 균형 잡힌 정원들 사이에 인상적인 위치에 자리하고 있습니다. (c) 방들은 높은 천장으로 아름답게 장식되어 있습니다. (d) 정문은 기둥이 있는 포치가 있으며, 돌로 만들어진 바닥은 정원을 조망할 수 있도록 테라스가 설치되어 있습니다.

(a) A: 이번 주말에 공원에 가는 것 어때요?
(b) B: 주말을 위해 계획했던 것이 아닌데요.
(c) A: 다른 하실 일이 있으세요?
(d) B: 아니요, 사실은 좀 쉬고 싶어서요.

(a) Ireland's economy is growing faster than expected according to official data. (b) Its gross domestic product grew by 5.7% this year. (c) And in terms of gross national product, the economy grew by 6.5%. (d) This growth is expected to continue, and the central bank is expecting the growth of 8.5% at next year.

(a) faster than – 비교급 [비교급 + than] ➡ (O)

(b) by 5.7% – 전치사(수치 비교 – by) ➡ (O)

(c) by 6.5% – 전치사(수치 비교 – by) ➡ (O)

(d) is expected to continue – 수동태(be expected to) ➡ (O)
    the growth of 8.5% – 전치사(~의 – of) ➡ (O)
    at next year – 전치사(내년에) ➡ (X) '내년에' 라는 의미는 next year를 이용하므로 at을 삭제

POINT

★ 등위접속사와 부사절 접속사는 각각의 접속사의 의미를 구분하여 선택할 수 있다.

★ 관계대명사와 관계부사는 각각 의미에 맞게 적절한 것을 고를 수 있다.

1 등위접속사

❶ 문장 구조 유형과 연관되어 출제되며, 문장을 연결하는 접속사가 생략되어 출제된다.

❷ 등위접속사 and, but, so 등의 의미를 구별하여 이용한다.

(a) A: I'm so nervous about going to the dentist.

(b) B: Don't be. The dentist will make sure it is painless.

(c) A: I guess you're right. Anyway having a tooth pulled out has become a common procedure.

(d) B: That's right, but you don't need to be worried about it.

(a) so nervous – 부사 [so + 형용사] ➡ (O)

(b) make sure it is – 시제 [make sure + 주어 + 현재형 동사] ➡ (O)

(c) having a tooth pulled out has – 수 일치(동명사 – 단수형) ➡ (O)
having a tooth pulled out has – 사역동사 [have + 목적어 + p.p.] ➡ (O)
a common procedure – 관사 & 명사(셀 수 있는 명사) ➡ (O)

(d) but – 접속사(그래서) ➡ (X) '그래서'라는 의미이므로, but을 so로 수정

(a) Salt enhances flavor, that is why it is in so many food products. (b) It is an ingredient in so many recipes, including sweet ones, because food often tastes bland without it. (c) It performs many other functions in recipes, like regulating the fermentation of yeast in breads and preserving meats. (d) It is known as the world's oldest food additive.

(a) Salt enhances flavor, that is why – 접속사(문장 연결) ➡ (X) 문장을 연결해야 하므로, and를 써야 함
so many food products – 부사 [so many + 명사] ➡ (O)

(b) including – 분사(~을 포함하여 – 능동) ➡ (O)

(c) like regulating ... preserving – 동명사 [전치사 + 동명사] ➡ (O)

(d) is known as – 수동태(be p.p.) ➡ (O)

ⓐ A: 치과에 가는 것이 너무 걱정돼요.

ⓑ B: 걱정하지 마라. 의사 선생님이 고통 없이 해줄 거야.

ⓒ A: 맞아요. 어쨌든 이를 뽑는 것은 일상적인 과정이 되었으니까요.

ⓓ B: 맞아. 그래서 그것에 대해 걱정할 필요 없어.

ⓐ 소금은 맛을 강화시켜주며, 그래서 많은 음식물에 존재하는 이유이다. ⓑ 그것이 없다면 음식이 맛이 없기 때문에, 그것은 단 것들을 포함하여, 많은 조리법에서 하나의 요소이다. ⓒ 그것은 빵에서 효모의 발효를 막거나 고기를 보존하는 것과 같이 조리법에서 많은 다른 기능을 수행한다. ⓓ 그것은 세계에서 가장 오래된 음식 첨가물로 알려져 있다.

2 부사절 접속사

❶ 부사절 접속사의 의미를 구별하여 적절한 접속사를 선택한다.

(a) A: I bet you don't know how old my grandmother is.

(b) B: It is hard to say although she looks that young for her age.

(c) A: Actually, she will be 72 next month.

(d) B: Really? I have never guessed that.

(a) how old my grandmother is – 간접의문문 [의문사 + 주어 + 동사] ➡ (O)

(b) It is hard to say – to부정사 ➡ (O)
   although – 접속사(~이기 때문에) ➡ (X) '~이기 때문에' 라는 의미는 because를 이용해야 하므로, although를 because로 수정

(c) will be ... next month – 시제(미래시제) ➡ (O)

(d) have never guessed – 시제(현재완료) ➡ (O)

(a) According to a news report, the police received a call last week saying that a robbery had taken place. (b) An old man entered the bank and gave a teller a note saying he would blow up the bank. (c) After an hour, the police found the suspect carrying a bag with money inside. (d) He was sentenced to 5 years in prison until being identified by bank tellers.

(a) received ... last week – 시제(과거시제) ➡ (O)
   a call ... saying – 분사 [명사 + 현재분사 – 능동] ➡ (O)
   had taken place – 시제 & 수동태(과거완료 & 능동) ➡ (O)

(b) entered ... gave – 시제(과거시제) ➡ (O)

(c) carrying – 분사 [find + 목적어 + 현재분사] ➡ (O)

(d) was sentenced – 수동태(be p.p.) ➡ (O)
   until – 접속사(~한 이후에) ➡ (X) '~한 이후에' 라는 의미를 나타내므로, until을 after로 수정
   being identified – 동명사 & 수동태 [전치사 + 동명사 / be p.p.] ➡ (O)

3 관계대명사 & 관계부사

❶ 관계대명사 who, whom, which, whose, that, what 등의 쓰임을 구별한다.

❷ 관계부사 when, where, why, how 등을 구별한다.

(a) A: Joan's brother looks taller than I have expected.

(b) B: Is he here at the party?

(c) A: Yes, he's the one which stands still in front of the big cake.

(d) B: You're right. He seems to be quite unlike Joan.

(a) A: 우리 할머니가 연세가 어떻게 되는지 전혀 모를걸.

(b) B: 할머니가 연세에 비해 어려 보이셔서 말하기 어려워.

(c) A: 실제로 다음 달이면 72세가 되서.

(d) B: 정말이야? 전혀 예상도 못했어.

(a) 뉴스에 따르면, 지난 주 경찰이 강도 사건이 일어났다는 전화를 받았다. (b) 한 노인이 은행에 들어가서, 은행원에게 그가 은행을 폭파시키겠다는 메모를 전달했다. (c) 한 시간 후에, 경찰은 용의자가 돈이 든 가방을 들고가는 것을 발견했다. (d) 그는 은행 직원에게 확인을 받은 후에 5년형에 처해졌다.

(a) A: 조안의 오빠는 내가 예상했던 것보다 더 키가 큰 것 같아.

(b) B: 그가 파티에 있니?

(c) A: 응. 그는 케이크 앞에 가만히 서있는 사람이야.

(d) B: 그렇구나. 그는 조안과 상당히 달라 보이는데.

(a) looks taller – 형용사 [look + 형용사] ➡ (O)
   taller than – 비교급 [비교급 + than] ➡ (O)
   I have expected – 시제(현재완료) ➡ (O)

(b) Is he here – 문장 구조(의문문) ➡ (O)

(c) the one which stands – 관계대명사(주격 관계대명사) ➡ the one이 사람이며, 주어
   가 생략된 형태이므로, 관계대명사는 who를 이용. 따라서 which를 who로 수정

(d) seems to be – 동사 유형 [seem + to부정사] ➡ (O)

(a) When your vision is clear, you become motivated by the passion it produces. **(b)** Passion is the fuel what awakens your soul and provides energy for living. **(c)** Passion reignites your imagination and as you imagine the impossible, enthusiasm in the journey comes. **(d)** It causes you to direct your efforts in a diligent, focused way.

(a) become motivated – 수동태 [become + p.p.] ➡ (O)
   the passion it produces – 관계대명사(목적격 관계대명사 생략) ➡ (O)

(b) the fuel what awakens – 관계대명사 [선행사 + which] ➡ (X) 선행사 the fuel이
   존재하며, 주어가 생략되어 있으므로, what을 which로 수정

(c) as – 접속사(~하면서) ➡ (O)
   the impossible – 관사 & 명사 [the + 형용사] – '불가능' 이라는 의미 ➡ (O)

(d) in a diligent, focused way – 관사 & 명사 [a + 셀 수 있는 명사] ➡ (O)

ⓐ 통찰력이 분명하다면, 당신은 그것이 유발하는 열정에 의해 동기를 부여받게 된다. ⓑ 열정은 당신의 영혼을 일깨우는 연료이며, 삶의 에너지를 제공한다. ⓒ 열정은 당신의 상상력을 불러일으키며, 당신이 불가능을 상상할 때, 그 과정에서 강한 흥미가 유도된다. ⓓ 그것은 당신이 당신의 노력을 부지런하고 집중력 있는 방식으로 이끌도록 한다.

위아텝스
READING

문제 유형편 · 주제편

TEPS

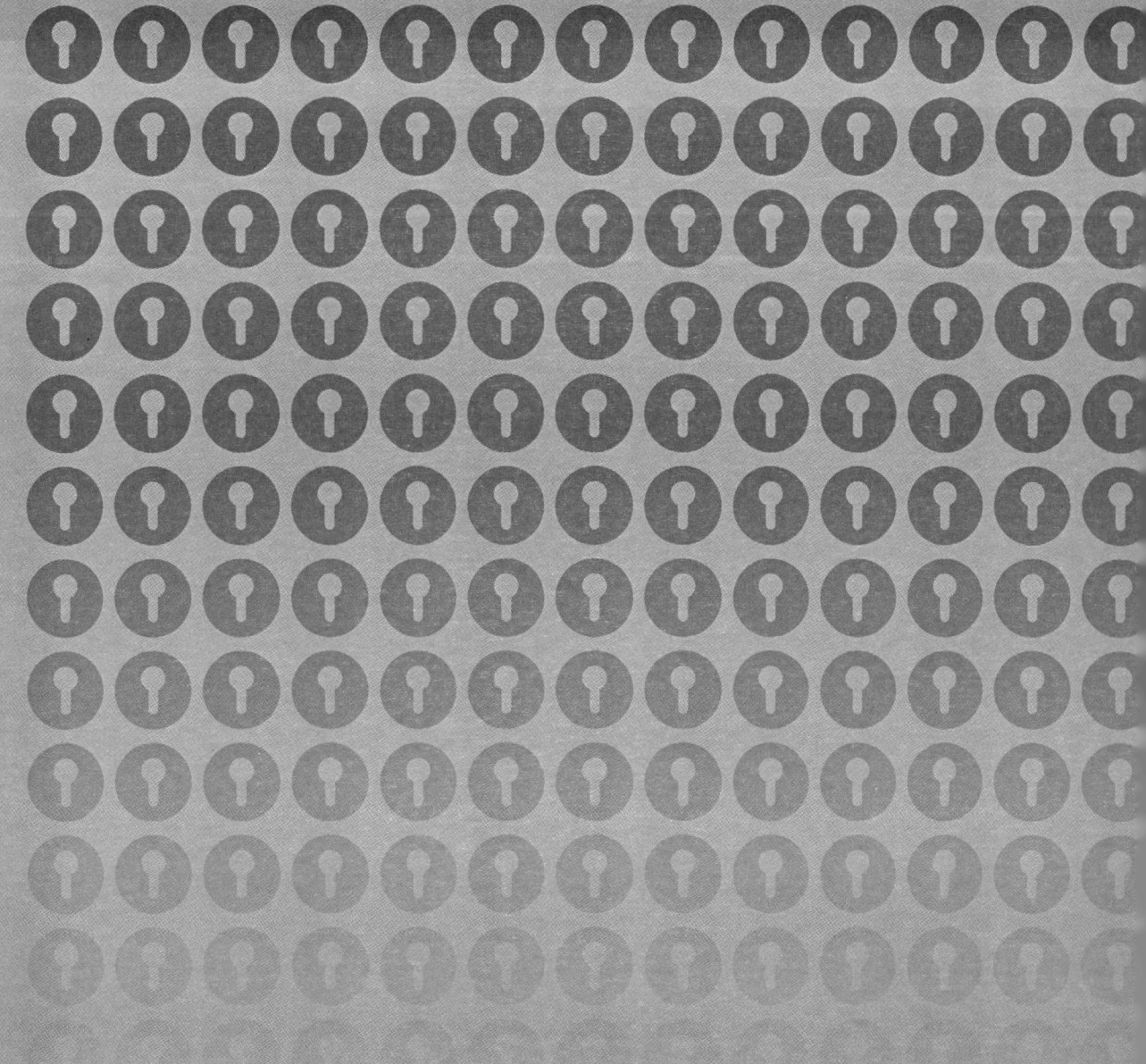

위아텝스
READING

빈칸 채우는 문제도 결국 주제 문제와 밀접한 연관을 갖는다. 많은 수험자들이 빈칸의 어려움을 호소하는 것은 글의 주제를 정확하게 인식하고 있지 못하기 때문이다. 실제 빈칸 채우기 문제는 60% 이상은 글의 주제가 빈칸으로 이어지는 경향이 강하다. 따라서 독해 영역의 앞부분을 풀 때에는 빈칸이 곧 주제라는 생각으로 문제를 풀 필요가 있다. 또한 글의 전체적인 summary를 통해 주제를 압축하여 추론하고, 이를 빈칸 및 선택지와 연결하여 해결해야 한다. 결국 중요한 것은 빈칸도 결국 주제형 문제라는 사실이다.

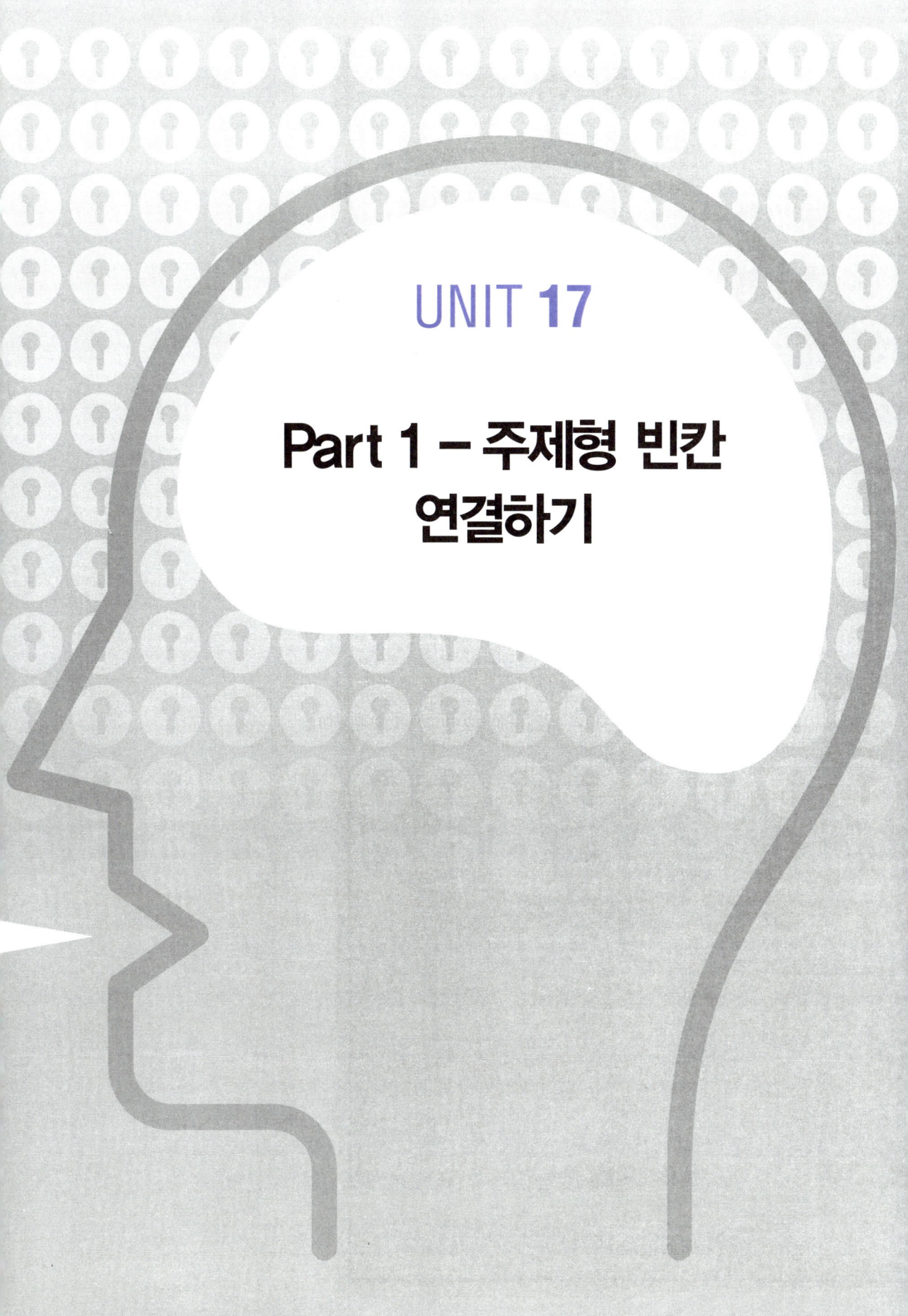

UNIT 17

Part 1 – 주제형 빈칸 연결하기

P 001 빈칸 연결하기 – 주제형

POINT

★ 난이도 중/하의 유형으로, 빈칸에 들어갈 내용은 글의 주제를 내포한다.

★ 전체 문제 중 8~10문제 정도로 출제되며, 주로 1~10번에서 출제된다.

★ 글의 흐름을 따라 읽으면서, 글의 주제를 찾아 문제를 해결한다.

❶ 문제 해결 방식

- 선택지 (a), (b), (c), (d)를 읽으면서, 글의 내용을 추론해본다.
  ➡ 반복적으로 등장하는 키워드를 통하여 글의 전체 내용을 유추한다.

- 첫 번째 문장과 두 번째 문장을 통하여 주제를 추론한다.

- 선택지 → 지문의 첫 번째 문장 → 빈칸을 연결하여, 주제를 추론하고 정답을 선택한다.

❷ 출제 유형별 해결 방식

- 첫 번째 문장이 빈칸인 경우
  ➡ 100% 주제를 물어보는 문제 유형이다.
  ➡ 두 번째 문장은 주제를 보충 설명하는 문장이므로, 두 번째 문장에서 정답을 유추한다.

- 중간 문장이 빈칸인 경우
  ➡ 첫 번째 문장은 도입 부분에 해당하므로, 글의 중간 부분을 주제로 이해한다.
  ➡ 역접 관계 접속사 또는 however가 있으면, 앞문장과 대조적인 관계를 나타내는 의미를 추론한다.
  ➡ 중간에 제시된 빈칸 다음 문장에서, 주제를 보충하는 내용이 제시된다.

- 마지막 문장이 빈칸인 경우
  ➡ 쌍괄식 구조: 첫 번째 문장의 주어를 보충 설명하는 문제 유형이다.
  ➡ 미괄식 구조: 마지막 문장 전까지는 글의 도입 부분과 예시를 말하는 것이며, 마지막 문장이 주제를 제시하는 유형이다.
  ➡ 글의 전체 내용을 빠르게 읽으면서, 주제를 추론하고, 전체 내용을 요약하는 것을 정답으로 도출한다.

❸ 접속사 유형 해결 방식

- 대조 유형
  ➡ 빈칸을 중심으로 앞 혹은 뒤에 while 혹은 however가 제시되는 유형이다.
  ➡ 정답이 되는 문장과 앞/뒤에 제시된 문장은 대조 관계이므로, 대조적 의미를 통해 문제를 해결한다.

- 예시 유형
  ➡ 빈칸 뒷문장에 for example이 제시되는 유형이다.
  ➡ 빈칸 문장은 글의 주제를 제시하는 유형이므로, 맥락을 정리하고, for example 뒤에 제시된 내용을 종합적으로 정리하여 정답을 유도한다.

1 Formed in response to the popularity of fast-food and fast-moving lifestyle, the Foundation for the International Slow Food Movement aims to _____ that seem to have been gobbling up traditional dining culture. The movement is committed to promoting a diverse and healthy diet among people and to teaching people to relish the whole dining experience. One of the most common critiques on the Slow Food movement is that it is elitist, filled with rich folks who have enough wealth to buy expensive organic foods. The challenges for the Slow Food Movement, therefore, are to attract more middle-and lower-class adherents who are often affected by limits of time and money.

(a) counteract fast food and fast life
(b) promote healthful food
(c) criticize healthy style of living
(d) produce clean, good, fair food

in response to ~에 대응하여 popularity 인기, 평판 **aim** 목표삼다, 노리다 **gobble up** 닙적 받아먹다 **diverse** 다른 종류의, 다른 **relish** 즐기다, 맛보다 **critique** 비판, 비평 **elitist** 엘리트주의자 **adherent** 지지자 **counteract** 거스르다, 방해하다, 중화하다

1 Formed in response to the popularity of fast-food and fast-moving lifestyle, the Foundation for the International Slow Food Movement aims to _____ that seem to have been gobbling up traditional dining culture. The movement is committed to promoting a diverse and healthy diet among people and to teaching people to relish the whole dining experience. One of the most common critiques on the Slow Food Movement is that it is elitist, filled with rich folks who have enough wealth to buy expensive organic foods. The challenges for the Slow Food Movement, therefore, are to attract more middle-and lower-class adherents who are often affected by limits of time and money.

(a) counteract fast food and fast life
➡ 국제 슬로우푸드 운동의 목적을 설명한다.

(b) promote healthful food
➡ 전통 식문화를 없애는 것은 건강 음식이 아니다.

(c) criticize healthy style of living
➡ 전통 식문화를 없애는 것은 건강한 생활 습관이 아니다.

(d) produce clean, good, fair food
➡ 전통 식문화를 없애는 것은 건전한 음식이 아니다.

[해 | 설]

International Slow Food Movement 재단의 설립 목적과 활동 목적을 설명하는 글이다. 이 운동은 전통적인 식문화를 없애는 현대 사회의 빠른 삶의 속도와 패스트푸드를 반대하는 것을 목적으로 한다.

[정 | 답 | 의 | K | E | Y]

International Slow Food Movement 재단의 목적을 설명하고 있으며, 관계대명사 that 다음의 문장이 '전통적인 식문화를 없애는 것' 이라는 의미를 나타내고 있으므로 '패스트푸드와 생활 방식' 과 '이것을 반대한다' 는 내용을 제시하는 문장이 정답이다.

패스트푸드의 인기에 대응하여 형성된 '국제 슬로우푸드 운동(International Slow Food Movement) 재단' 은 이태리 전통 식문화를 사라지게 하는 것 같았던 패스트푸 드와 바쁜 생활에 대항하려는 목적을 갖고 있다. 이 운동은 다양하고 건강에 좋은 음식을 장려하고 사람들에게 그 전체적인 식사 체험을 즐기는 법을 가르치는 데 최선을 다하고 있다. 슬로우푸드 운동에 대한 일반적인 비판은 그것이 비싼 유기농 식품을 구입할 수 있는 부를 가지고 있는 부유한 사람들로 가득 찬 엘리트주의자적이라는 것이다. 그러므로 슬로우푸드 운동이 도전해야 할 것은 시간과 비용에 의해 제한을 자주 받는 중·하층 지지자들의 관심을 더 많이 끌어내는 것이다.

(a) 패스트푸드와 바쁜 생활에 반대한다.

(b) 건강한 음식을 장려한다.

(c) 건강한 생활 습관을 비판한다.

(d) 깨끗하고, 맛있고, 적절한 음식을 생산한다.

❶ 분사구문의 해석 방식

[과거분사 ..., 주어+동사] ➡ '~하게 된 주어'

Formed ..., the Foundation for the International Slow Food Movement ...

~하기 위해 형성된, 국제 슬로우푸드 운동 재단

❷ 관계대명사의 해석 방식

[선행사+관계대명사+동사] ➡ '선행사 / 그 사람은(그것은) ~이다'

fast-food and fast life / **that** seemed to be gobbling up traditional Italian dining culture.

패스트푸드와 바쁜 생활 / 그것들은 이태리 전통 식문화를 먹어치우는 것 같다

Formed in response to the popularity of fast-foods, / the International Slow Food Movement aims to counteract fast-food and fast life / that seemed to be gobbling up traditional Italian dining culture.

패스트푸드의 인기에 대응하여 형성된 '국제 슬로우푸드 운동 재단'(International Slow Food Movement)은 이태리 전통 식문화를 사라지게 하는 것 같았던 패스트푸드와 바쁜 생활에 대항하려는 목적을 갖고 있다.

Purpose of ISFM 국제 슬로푸드 운동의 목적

➡ refuse fast food & fast life 패스트푸드와 바쁜 생활 방식 반대

· promote a diverse and healthy diet 다양한 건강식 장려
· teach people relish whole dining experience 건강한 식사 경험을 즐기도록 교육

동사 특성에 따른 해석 – 1/2/3 형식 문장

❶ [주어+동사] : 주어가 ~하다

The politician **appeared** / on the cover of the *New York Times* / three times last month.

그 정치인은 등장했다 / 〈뉴욕타임즈〉 표지에 / 지난 달에 세 번

❷ [주어+동사구] : 주어가 ~하다

Tuition fees around the country / **have gone up** / drastically / despite the revolutionary announcement by the Ministry of Education.

전국적으로 수업료가 / 증가했다 / 급격하게 / 교육부의 개혁적인 발표에도 불구하고

❸ [주어+동사+보어] : 주어가 보어가 되다

Only some of the students / who took the class / **stayed the same**, / while all of the other students got worse.

단지 몇 명의 학생들만이 / 그 수업을 들었던 / 동일한 상태였다 / 반면에 다른 모든 학생들은 더 나빠졌다.

❹ [주어+동사+보어] : 주어가 보어처럼 보이다

This new green velvet dress **looked right** / on her / after she lost a lot of weight.

이 새로운 녹색 벨벳 드레스는 좋아 보였다 / 그녀에게 / 그녀가 살을 뺀 이후에

❺ [주어+동사+목적어] : 주어가 목적어를 하다

For new employees, / high expectations **accompany the first day of the workday**.

신입직원들에게 / 높은 기대가 출근 첫 날 동반된다.

It is widely believed that / the author **approached symbolism** in his novels.

광범위하게 믿어지고 있다 / 그 작가가 소설에서 상징주의에 도달했다고

❻ [주어+동사+전치사+목적어] : 주어가 목적어를 하다

Helen's parents never **approved of their daughter's marriage** / to a foreigner.

헬렌의 부모님들은 딸의 결혼을 결코 인정하지 않았다 / 외국인에게

According to a research on the medical industry, / European countries **account for more than half the increase** / in medical and pharmaceutical revenue.

의학 산업에 대한 연구에 따르면, / 유럽 국가들이 증가분의 절반 이상을 차지한다 / 의료 및 의약품 수익금의

❼ [주어+동사+that절] : 주어가 that절을 하다+that절 이하 해석

The recent study of diabetes **shows that** / intensive glucose control can reduce a variety of serious complications.

당뇨에 대한 최근 연구는 (that절을) 보여준다 / 강도 높은 포도당의 관리가 다양한 심각한 합병증을 줄일 수 있다는 것을

1 Most consumers _____ for a long time. Some advertisements only show the name of products in specific places, while others show famous singers, actors, and models. Nowadays, however, we can see various advertisements in unconventional places, such as on elevator doors or on building walls.

(a) have asked companies to pay more attention to customers' needs
(b) have been encompassed by various kinds of advertisements

2 In spite of the announcement that the water supply is large enough, several scientists are worried about the shortage of water in the near future. Because of this concern, _____ effectively. For example, many government buildings are designed to collect rainwater in tanks for daily use. These kinds of efforts will help solve the water shortage problem in the future.

(a) they are developing the method to convert saltwater into freshwater
(b) they are asking people to collect and use rainwater

3 A research recently released shows that drinking too much coffee may cause a lot of problems in people, such as headaches, insomnia, high blood pressure, and even high levels of cholesterol in the blood. Therefore, scientists have warned people of the hazardous effects of coffee and people have begun to _____ they drink in a daily life.

(a) pay more attention to the amount of coffee
(b) disregard scientists' recommendation

4 A High Altitude Platform Station (HAPS), which uses sunlights as an energy source, is a quasi-stationary aircraft which provides means of delivering services to a large area and is designed to operate at a very high altitude. The HAPS is _____ than any other method. For example, it is much cheaper to operate than any other communications device. Furthermore, because it is floating above the clouds, it will be able to use the power it needs directly from the sun.

(a) more effective in several aspects
(b) cheaper and more convenient to use

1 Role models are necessary especially for children since _____. They serve as guides who help in moulding children's behavior and attitude towards different aspects of life. Through their maturity, consistency, concern, and ability to solve children's life challenges, they make the children feel that they themselves are important and cared for. Role models in a society are usually their parents and their school teachers. They are the people who would accompany the children as they grow, and then it is imperative that they show and teach them appropriate conducts.

(a) they eliminate the fears and anxieties of children
(b) they play significant roles in children's life
(c) they provide examples as to how to be successful
(d) children are very vulnerable and weak

2 Walking 4 kilometers a day _____ for people over 60, according to a study recently released. Last month several scientists showed their results in a journal issued by the American Heart Association. According to one of the scientists, encouraging elderly people to walk every day could have health benefits, especially in patients suffering from heart attack. In particular, walking can be easily be incorporated into people's everyday lifestyle and daily routine. Therefore, walking can be one of the most effective ways to maintain health.

(a) will increase the risk of health problems
(b) will increase the level of the blood pressure
(c) can reduce the risk of heart attack
(d) can be important regarding weight loss

3 Indeed technology has been continuously advancing and developing. The advent of personal computers (PC) has been one of the most significant technological innovations throughout history; however, some experts predict that personal computers could _____. For example, the "smart house" is said to be one of the threats to personal computers. Imagine that your house appliances are interactively interconnected in a domestic web through high speed wireless connection. This could let your refrigerator record what you have eaten this week then it would automatically send grocery orders to the supermarket. In addition, this technology promises to be user-friendly, stylish and very functional.

(a) still continue to rise above any recent discoveries
(b) still be enhanced into a more efficient device
(c) no longer surpass expectations of the users
(d) lose its supremacy in information technology

4 Unknown to some people is a type of banking system called a private banking system which pertains to financial services for those having investable assets of over $1 million. The private banking system is divided into domestic and foreign sectors. Domestic sector refers to investments made domestically while foreign sector refers to investments done outside the country or residence of the depositor. Several advantages of offshore banking system include _____, low or no taxation, and unrestricted legal regulations. However, analysts are doubtful if offshore banking system can sustain its growth as it is being criticized for being a venue for money laundering.

(a) the probability to lose the investment in a foreign country
(b) greater privacy and protection against local political instability
(c) the government's intervention in the financial procedures
(d) absolute surveillance by international banks and companies

5 Home schooling, education at home as the primary educational base for children rather than at public or private schools, has been intriguing more and more support from parents. Many experts think that home schooling can be an effective learning tool because it provides a way for parents to control the content and environment of their children's education. Despite the popularity of home schooling, there is still a strong argument that formal education at school is more effective for children, especially in the development of children's social skills. Home schooling does not have as many opportunities for _____.

(a) interaction between parents and children
(b) developing creativity among children
(c) establishing social relationships
(d) creating a positive learning environment

6 Reductionism is an established scientific approach in studying facts or phenomena. Proponents of this point of view such as Plato and Newton believed that a complex system can be understood by reducing it to its fundamental parts. However, in studying very complex structures such as culture, scientists have adopted the holistic approach which concentrates on the interrelatedness of different phenomena such as physical, biological, social, and cultural ones. Unlike _____ in reductionism, the holistic perspective puts focus on the changes, formations, and interactions to fully understand the dynamics of the culture.

(a) exploring the individual compositions of culture
(b) dealing with he totality of a cultural system
(c) believing on one single source of reality
(d) creating interrelations with other phenomena

위아텝스
READING

빈칸 채우는 문제에서 내용 일치 및 추론의 내용을 유도하는 문제이다. 글의 주제를 파악한 이후 summary를 통해 주제를 정리했다면, 다음으로 해야 할 것은 빈칸의 앞뒤 문장을 통해 주제를 재구성하는 것이다. 이러한 문제 유형은 주제에서 크게 벗어나지 않는 상태에서 세부 사항을 찾아내고 추론하는 문제이다. 따라서 평소 주제를 정확하게 제시한 상황에서 주제를 설명하는 방식을 찾는 연습이 중요하다. 난이도는 높은 편이지만, 글의 주제에서 크게 벗어나지 않고, 글의 주제 및 내용과 밀접한 관련성이 있다는 점을 유념하면서 문제를 해결해야 한다.

UNIT 18

Part 1 내용일치 및 추론형 빈칸 연결하기

P 002 빈칸 연결하기 – 내용 추론형

POINT

★ 난이도 중/상의 유형으로, 빈칸에서 요구하는 것은 내용을 통한 추론이다.

★ 전체 문제 중에서 4~6문제 정도로 출제되며, 주로 9번 이하에서 출제된다.

★ 글의 흐름을 따라 읽으면서 추론할 수 있는 내용을 정답으로 선택한다.

❶ 문제 해결 방식

- 선택지 (a), (b), (c), (d)를 읽으면서, 글의 내용을 추론해본다.
  ➡ 반복적으로 등장하는 키워드를 통하여 글의 전체 내용을 유추한다.

- 첫 번째 문장과 두 번째 문장을 통하여 주제를 추론한다.

- 글의 주제와 연관된 내용 중에서, 글의 전체 흐름을 통해 추론할 수 있는 내용을 선택한다.

❷ 문제 출제 유형 별 해결 방식

- 글의 주제뿐만 아니라 전체적인 내용의 흐름을 판단하는 것이 중요하다.

- 글의 행간을 읽는 연습을 통하여, 스스로 주제와 내용을 재구성하는 연습이 필요하다.

- 과도한 추론이 아니라, 글의 내용상에서 요구하는 세부사항 혹은 추론 문장을 선택한다.

- 추론 문제라 하더라도 글의 내용에서 벗어난 내용은 정답으로 출제되지 않는다.

1   What's the difference between wisdom and intelligence? Some people say that wisdom is traditionally associated with age, while others claim that intelligence is something we are born with. That's why ancient people used the term 'a wise old man' or 'an intelligent young man.' However, having met many people over the years, people can recognize that age doesn't actually lead to wisdom, and intelligence can be cultivated with good education. In particular, only in rare cases is age closely related to wisdom, which can be reinforced by intelligence. Therefore, it might be better to say that age and wisdom can be related only in those who _____ and the ability to learn from their past.

(a) have lived in a poor educational environment
(b) have met many wise older people and read their books
(c) have the intelligence to utilize their experiences
(d) have the wisdom accumulated throughout history

difference 차이, 차별 wisdom 지혜, 현명함 intelligence 인지, 총명함 traditionally 전통적으로 associate 관계를 맺다 claim 주장하다 recognize 인지하다, 깨닫게 되다 actually 실제로 cultivate 개발하다, 개간하다 in particular 특히 reinforce 강화하다 closely 밀접하게 relate 관계시키다

1 What's the difference between wisdom and intelligence? Some people say that wisdom is traditionally associated with age, while others claim that intelligence is something we are born with. That's why ancient people used the term 'a wise old man' or 'an intelligent young man.' However, having met many people over the years, people can recognize that age doesn't actually lead to wisdom, and intelligence can be cultivated with good education. In particular, only in rare cases is age closely related to wisdom, which can be reinforced by intelligence. Therefore, it might be better to say that age and wisdom can be related only in those who _____ and the ability to learn from their past.

(a) have lived in a poor educational environment
➡ 교육 환경과는 상관없다.

(b) have met many wise older people and read their books
➡ 현명한 사람들을 만나는 것이 나이와 지혜와의 관계를 설명할 수는 없다.

(c) have the intelligence to utilize their experiences
➡ 지혜를 강화하는 것은 총명함이다.

(d) have the wisdom accumulated throughout history
➡ 역사적 지혜와의 관계가 아니다.

[해 | 설]
글의 내용으로 볼 때, 지혜와 총명함의 관계를 설명하면서, 두 가지 사항이 차별화된 것이 아니라 서로 보완적 관계라는 것을 알 수 있다. 특히 나이와 지혜의 관계를 설명하는 과정에서, 지혜는 총명함에 의해 강화될 수 있다고 했으므로, 총명함을 가지고 활용할 수 있는 사람들이 나이가 들었을 때 지혜로울 수 있다.

[정 | 답 | 의 | K | E | Y]
'지혜는 나이와의 특정한 경우에만 밀접하게 연관될 수 있는데, 특히 총명함으로 강화될 수 있다' 는 내용을 통해 정답을 유추한다. 그리고 '과거로부터 배울 수 있다' 는 것은 경험의 활용이라는 측면으로 이해할 수 있다.

지혜와 총명함의 차이는 무엇인가? 어떤 사람들은 지혜가 전통적으로 나이와 연관되어 있다고 말하며, 반면에 다른 사람들은 총명함은 우리가 가지고 태어나는 것이라고 주장한다. 그것이 고대 사람들이 '지혜로운 노인' 혹은 '총명한 어린 아이' 라는 말을 이용했던 이유이다. 그러나 오랫동안 많은 사람들을 만나는 과정에서, 사람들은 나이가 실제로 지혜를 유도하지 못하고, 총명함이 좋은 교육에 의해 개발될 수 있다는 것을 깨닫게 된다. 특히, 드문 경우에만 나이는 지혜와 밀접하게 연관되며, 이때 지혜는 총명함에 의해 강화될 수 있다. 따라서 나이와 지혜는 그들의 경험을 이용할 수 있는 <u>총명함</u>과 그들의 <u>과거로부터 배울 수 있는 능력</u>을 가진 사람들에게서만 서로 연관될 수 있다.

ⓐ 열악한 교육 환경에서 살았다.

ⓑ 많은 지혜로운 노인들을 만나고 그들의 책을 읽어왔다.

ⓒ 그들의 경험을 활용할 수 있는 총명함을 가지고 있다.

ⓓ 역사적으로 축적된 지혜를 가지고 있다.

❶ 접속사 while

[주어+동사 ..., while+주어+동사 ...] ➡ '반면에'

Some people say that wisdom is traditionally associated with age, **while** others claim that intelligence is something we are born with.

어떤 사람들은 지혜가 전통적으로 나이와 연관되어 있다고 말하며, 반면에 다른 사람들은 총명함은 우리가 가지고 태어나는 것이라고 주장한다.

❷ 관계대명사 which

[명사 선행사, which+동사 구조 ...] ➡ '명사, 그리고 그것은 ~'

wisdom, which can be reinforced by intelligence

지혜, 그것은 총명함에 의해 강화될 수 있다

difference between wisdom and intelligence 지혜와 총명함의 차이

➡ relationships between age and wisdom 나이와 지혜의 관계

➡ wisdom reinforced by intelligence 총명함으로 강화될 수 있는 지혜

→ READING TRAINING

동사특성에 따른 해석 – 4/5 형식 문장

❶ [주어+수여동사+A+B] : A에게 B를 주다

Since almost every students didn't submit their assignments, / the teacher **gave them a space of three days** / to complete them.

거의 모든 학생들이 과제를 제출하지 않기 때문에, / 선생님은 그들에게 3일간의 여유를 주었다 / 과제를 끝내는 데

❷ [주어+동사+B+전치사+A] : A에게 B를 하다

Consumers sometimes lose confidence / in their purchase of products, / so companies should **explain to customers** / **why they should buy their products**.

소비자들은 때때로 확신을 잃는다 / 제품을 구매할 때 / 그래서 회사들은 고객들에게 설명해야 한다 / 왜 그들이 그들의 제품을 구매해야 하는지를

❸ [주어+동사+A+전치사+B] : A에게 B를 하다

Most experts have **warned people of the dangers** / of speaking to strangers / on the net.

대부분의 전문가들은 사람들에게 위험성에 대해 경고해왔다 / 낯선 사람들에게 말하는 것의 / 인터넷상에서

❹ [주어+동사+A+B] : A를 B라고 생각하다

People in every culture / tend to **consider marriage sacred** / because they can make a new relationship / with another group.

모든 문화권의 사람들은 / 결혼을 신성한 것으로 여기는 경향이 있다 / 그들이 새로운 관계를 형성하기 때문에 / 다른 집단과

❺ [주어+동사+목적어+to부정사/p.p.] : 목적어가 ～하도록 하다

The disparity in character **forced him** / **to break** up with her.

성격상 차이가 그에게 강요했다 / 그녀와 헤어지도록

❻ [주어+사역동사+목적어+동사원형/p.p.] : 목적어가 ～하게 시키다

Since the classroom was so messy, / I **made students spruce** it up / as soon as possible.

교실이 너무 어지럽혀져 있었기 때문에, / 나는 학생들에게 그것을 깨끗하게 치우도록 시켰다 / 가능한 빨리

❼ [주어+지각동사+목적어+동사원형/-ing/p.p.] : 목적어가 ～하는 것을 보다/듣다

I **saw him walking** / along slowly at night, / since he was a sleepwalker.

나는 그가 걷는 것을 보았다 / 밤에 천천히 / 그가 몽유병 환자였기 때문에

❽ [주어+keep+목적어+-ing/p.p.] : 목적어가 ～하게 하다

Although Peter looked worn out, / his father **kept him driving** the car.

피터가 피곤해 보였지만 / 그의 아버지는 그가 계속 자동차를 운전하게 했다

1 Artists usually pursue aesthetic interests rather than social and political protests. However, artist Fishbone turned his interests into social issues and used a fairly new medium _____. One day, he piled a lot of bananas in front of the Central Bank to show the economic condition of his nation whose economies depend on one major resource, that is, banana and is swayed by developed nations.

(a) so as to protest against global economic dependency
(b) in order to express the aesthetic beauty of bananas

2 I am writing as to your job opening to find part-time instructors in your community center. I am majoring in physical education in Main College and am able to work five days a week except for the weekend. I don't have any former experience in a fitness center, but I have a lifeguard certificate and have been working at a swimming pool run by the city. So I'm convinced that _____. I am available for an interview any day after 5 p.m.

(a) you can find a competent instructor instead of me
(b) I can do a good job in your fitness center

3 As the number of missing children has increased, a lot of countries have distributed pamphlets, with advertisements of products, carrying photographs of boys or girls who have disappeared or of a child's alleged abductor. But after a few years, a photo taken before a child's disappearance doesn't help the police find the child. Fortunately, with the development of technology, the police have developed a technique called 'age progression' and can _____.

(a) update the matured images of missing children
(b) find the missing children and their abductors with ease

4 In some research recently released, some researchers criticized American dependency on fast food. They argued that fast food is causing a serious health problem, obesity. Many American adults and children eat fast food almost everyday, but they don't know where the food comes from and what is really in it. In the present situation, _____ such as brushing our teeth and breathing.

(a) fast food has converted into healthful food
(b) fast food has become our daily routine

1 Which must be the basis of employee promotion, seniority or performance? The main advantage of seniority, length of service, is its objectivity, unlike the performance basis which is subjective or hard to measure. Seniority system would ensure _____ However, experience does not always equate with excellent performance which is more necessary for the job. Seniority seems to be an insufficient basis although more experience will also provide more opportunities to learn and improve performance which would contribute to the success of company.

(a) credibility and reliability of the promotion system
(b) enough experience necessary to handle higher position
(c) loyalty of the employee on the company or institution
(d) more promotion opportunities for young employees in the company

2 Discipline must be instilled to children at an early age because this will affect their social and emotional development. Parents usually use different strategies to discipline their children. Praise, a positive reinforcement, is one of the most effective ways to reinforce good behavior since children thrive better when adults have affection and interest in what they do. However, some parents _____ in the form of punishment in order to reduce children's undesirable acts. Ignoring and removing privileges are some of the subtle ways to punish a child. Physical punishment is a questionable technique that is actually no more effective than other methods.

(a) tolerate misbehavior of children
(b) discipline a child appropriately
(c) also use positive reinforcement options
(d) employ negative reinforcement

3 The voting procedure is an important and crucial aspect of election. A famous example is the plurality voting system which resembles the winner-take-all scheme since a candidate wins by having more votes than any other individual opponent. A candidate who only has 40% of total votes can win the tight contest among several candidates. Although 60% of the voters are against the winner, it's not considered. This implies that _____. Nevertheless, many countries use this voting system since it gives equal importance to the votes of every individual, regardless of ethnicity or social status.

(a) this system creates close election contests
(b) people can only vote for one candidate
(c) this type of voting system must be changed
(d) the will of the majority is not reflected

4 Euthanasia, the deliberate killing of a person, has been one of the most debated topics for a long time. At the heart of the ethical arguments over euthanasia are the different ideas that people have of the meaning and value of human existence. Religious opponents of euthanasia believe that life is given by God, and only God should decide when to end it. On the other hand, _____ argue that a civilized society should allow people to die in dignity and without pain, and should allow others to help them do so if they cannot manage it on their own.

(a) advocates of pro-life movement
(b) those who are in favor of euthanasia
(c) modern thoughts about euthanasia
(d) medical doctors and health practitioners

5 Geologist Dr. Philip Right's discovery of the alleged smallest known living organisms in an ancient sandstone has sparked controversy on the nature and origin of living creatures. Dubbed nanobes, the forms will present a major riddle if they really are living organisms. The major argument is that the sheer smallness of the nanobes, only a tenth of the size of the smallest known bacteria, is unable to contain cells needed for organic life. Dr. Philip Right, however, claims that nanobes contain genetic materials probable to sustain life. The research will be a major contribution to the controversial debate about _____ .

(a) the origin of life on Earth
(b) the real size of an organic bacteria
(c) genetic composition of living organisms
(d) the composition of plants and animals

6 When people appreciate the natural qualities of their environment, they are increasingly taking steps in each of their communities to conserve what makes their land unique. People nowadays are aware that their nation loses about two million acres to development sprawl each year. With this in mind, an increasing number of non-profit organizations are _____ , which are undeniably parts of their national heritage. Private lands conservation is an innovative tactic that leverages the increasing interest of private sectors to take part in land conservation by buying parcels of land earmarked for logging or development.

(a) supporting land conservation programs
(b) joining environment protection organizations
(c) realizing the need to protect lands
(d) making efforts to save barren lands

위아텝스
READING

접속사 문제도 전략이다. 2문제 밖에 출제되지 않는다는 이유로 주로 무시되어 왔던 문제이다. 그러나 이 2문제도 결국 고득점을 유도하는 핵심 사항이다. 특히 접속사 문제를 단순히 해석이 된다고 해서 풀 수 있는 문제는 아니다. 주제에 대한 정리, 주제를 설명하는 방식, 접속사 고유의 의미 구분 등이 선행되어야 한다. 빈칸에 연결되는 접속사는 결국 글의 주제를 설명해가는 과정에서 부연설명, 역접설명, 예시설명, 인과설명 등으로 구분하여 볼 수 있는데, 각각의 접속사에 대한 1차 인식, 그리고 문장의 주제에 대한 2차 인식, 그리고 마지막으로 빈칸이 앞 문장과 뒤 문장 사이에서 어떤 역할을 하는지 고려하여야 한다.

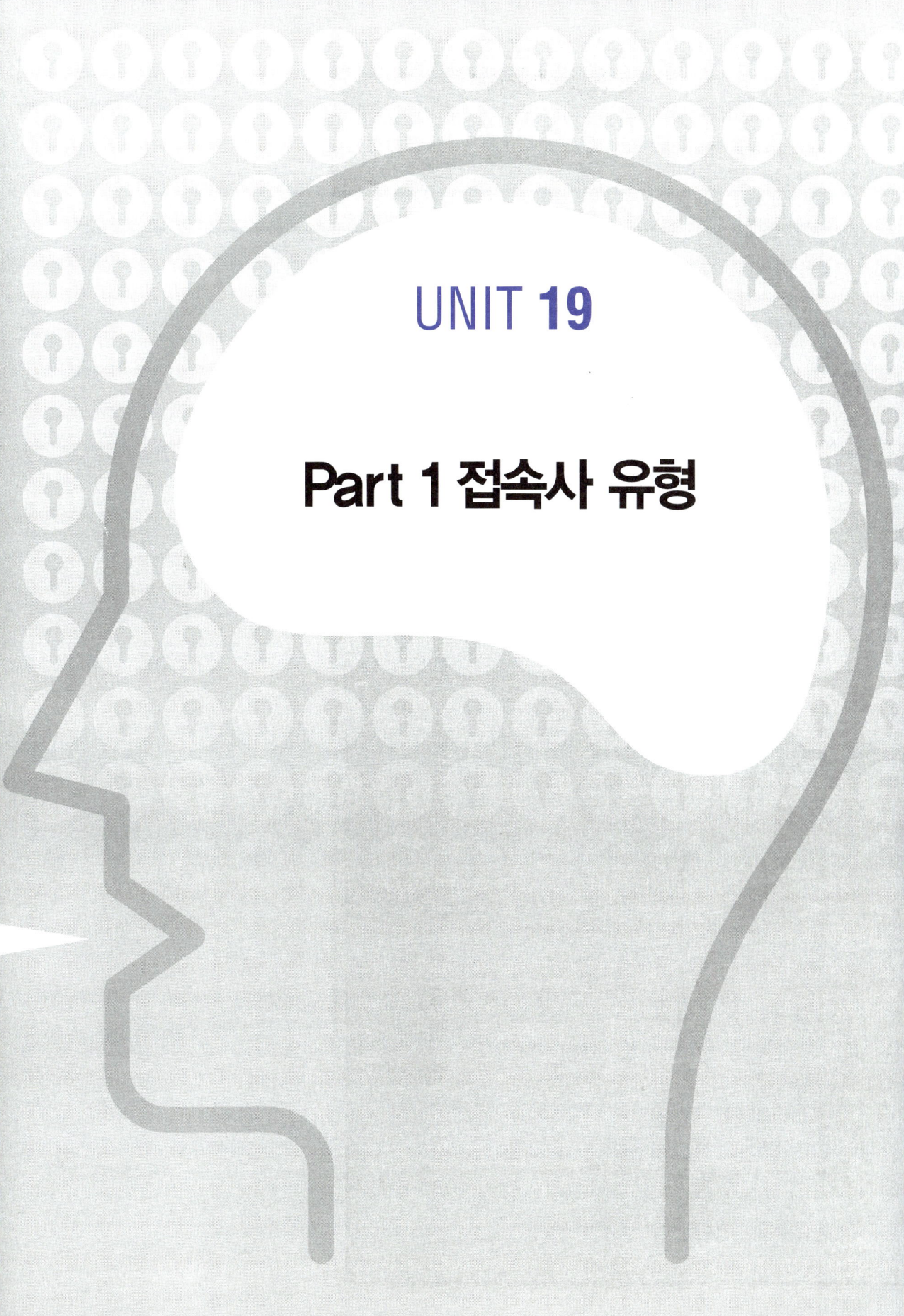

UNIT 19

Part 1 접속사 유형

P 003 빈칸 연결하기 – 접속어 유형

POINT

★ 난이도 중/하의 유형으로, 글의 흐름을 연결하는 접속사를 찾는 문제이다.

★ 파트 1에서 15~16번 문제로 출제된다.

★ 글의 흐름을 따라 읽으면서, 글에 알맞은 접속사를 찾는다.

❶ 문제 해결 방식

• 첫 번째 문장을 통해 글의 주제를 판단하고, 글의 흐름을 이해한다.

• 글의 전개 과정에서 필요한 글의 구조를 이해하고, 연결 관계를 파악하여 정답을 선택한다.

❷ 출제 유형 및 해결 방식

• 주제를 판단하여, 글의 전개 과정을 이해하는 것이 중요하다.

• 접속사가 들어가는 빈칸 앞문장과 뒷문장의 관계를 파악한다.

• 평소 글을 읽을 때 접속사가 들어가는 유형을 파악하는 연습을 한다.

• 접속어 유형에 따라 주제를 설명하는 방식에 주의한다.

   1. 나열 형식: in addition   2. 대조 형식: however

   3. 예시 형식: for example   4. 인과 형식: therefore

❸ 접속사 유형

• 나열 형식

  ⇒ besides, moreover, furthermore, in addition, what is more (게다가, 더구나)

  ⇒ in addition to, besides, along with, together with+명사 (~이외에도)

  ⇒ first of all, above all, to begin with (무엇보다도, 우선)

• 대조 형식

  ⇒ however, yet (그러나) / in contrast, on the contrary (대조적으로) / on the other hand (반면에) / whereas, while (반면에)

  ⇒ nevertheless, nonetheless (그럼에도 불구하고) / instead of, in place of (~대신에) / otherwise (그렇지 않다면)

  ⇒ in spite of, despite, notwithstanding (~에도 불구하고) / as a matter of fact, in fact, actually, indeed (사실, 실제로)

• 예시 형식

  ⇒ for example, for instance (예를 들면)

• 인과 형식

  ⇒ subsequently, and then (따라서) / therefore, thus, accordingly, consequently, for this reason, thereby (따라서)

  ⇒ in brief, in short, in sum (요약하자면) / as a result, in conclusion, in consequence (결과적으로)

  ⇒ in the end, in the long run, finally (마침내)

1 Creativity is the faculty of the mind that allows us to express feelings and emotions, reveals our inner states of mind, and helps us communicate with each other. In a real sense, creativity serves as a channel for human beings' deepest hopes, fears and insights. Therefore it is very important to encourage children to cultivate creativity.

_____, creative opportunities of children are sometimes discouraged and devalued. It is important to note that creative expression depends not only on talent alone, but also on motivation, interest, effort, and opportunity. Therefore, children have to be granted the freedom to have their interests and abilities affirmed and nurtured because creative expression is crucial to their holistic development.

(a) Moreover
(b) However
(c) Furthermore
(d) Consequently

faculty 능력, 재능 humanity 인간성 discourage 좌절시키다, 방해하다 devalue 평가 절하하다 depend on ~에 의존하다 talent 재능, 소질 motivation 자극 grant 주다, 수여하다 affirm 주장하다, 확인하다 nurture 양육하다, 기르다 holistic 전체주의, 전체론의

1 Creativity is the faculty of the mind that allows us to express feelings and emotions, reveals our inner states of mind, and helps us communicate with each other. In a real sense, creativity serves as a channel for human beings' deepest hopes, fears and insights. Therefore it is very important to encourage children to cultivate creativity. _____, creative opportunities of children are sometimes discouraged and devalued. It is important to note that creative expression depends not only on talent alone, but also on motivation, interest, effort, and opportunity. Therefore, children have to be granted the freedom to have their interests and abilities affirmed and nurtured because creative expression is crucial to their holistic development.

(a) Moreover
(b) However
(c) Furthermore
(d) Consequently

[해 | 설]

아이들의 창의성을 설명하는 글이다. 글의 내용대로, 창의성은 인간 내면의 희망, 공포, 통찰력의 통로 역할을 수행하지만, 때때로 방해받거나 평가 절하되는 경우도 있다. 글의 흐름으로 볼 때, 두 가지 내용이 대조적인 관계라는 것을 알 수 있다.

창의력은 우리의 감정과 마음을 표현하고 심적 상태를 표출하며 서로간의 의사소통에 도움을 주는 마음의 능력이다. 실제로, 창의력은 인간성 가장 깊은 곳의 희망, 두려움, 그리고 식견을 보여주는 통로로 역할을 한다. 따라서 아이들에게 창의성을 기르도록 격려하는 것이 중요하다. 그러나 어린이들의 창의적 기회는 가끔 방해 받고 평가 절하된다. 창의적인 표현은 개인적 재능뿐만 아니라 자극, 흥미, 노력, 그리고 기회에 달려 있다는 점을 유념하는 것이 중요하다. 그러므로 어린이들은 그들의 관심과 능력을 확인받고 키울 수 있는 자유를 부여받아야 한다. 왜냐하면 창의적인 표현이 어린이들의 전인적 발전에 중요하기 때문이다.

(a) 게다가
(b) 그러나
(c) 게다가
(d) 결과적으로

❶ [not only A but also B 상관접속사] : A뿐만 아니라 B도

not only on talent alone, but also on motivation

재능뿐만 아니라, 동기부여까지도

It is important to note that / creative expression depends / not only on talent alone, / but also on motivation, interest, effort, and opportunity.

창조적인 표현은 개인적 재능뿐만 아니라 자극, 흥미, 노력, 그리고 기회에 달려 있다는 점을 유념하는 것이 중요하다.

CHECK UP 주제 및 세부사항

Creativity : faculty of the mind 창의성 : 마음의 능력

➡ express feelings and emotions, reveals inner states of mind, communicate with each other
감정과 마음을 표현하고, 심적 상태를 드러내며, 서로간에 의사소통을 하게 도와준다

➡ channel for human being's deepest hopes, fears and insights
인간 가장 깊은곳의 희망, 두려움, 그리고 식견을 보여주는 통로 역할을 한다

➡ discouraged and devalued creative opportunities 방해받거나 평가 절하된 창의적 기회

➡ important to the holistic development of children 아이들의 전인적 발달에 중요하다

→ READING TRAINING

수동태 문장의 해석

❶ [주어+be동사+p.p.] : 주어가 ~이 되다

Greenpeace **was originally founded** / in 1971 / to protect the global environment.

그린피스는 원래 세워졌다 / 1971년에 / 세계 환경을 보호하기 위해

❷ [주어+be동사+p.p.] : 주어가 ~이 되다

Most experts **were concerned** that / the new economic policy would disturb the flow of the trade / and harm local businesses.

대부분의 전문가들은 우려했다 / 새로운 경제 정책이 무역의 흐름을 교란시킬 것이라고 / 그리고 지역의 회사들에 해를 끼칠 것이라고

❸ [주어+be동사+p.p.+A] : 주어가 A를 받다

Most of the employees **were offered adequate compensation** / for many years of unemployment. 대부분의 직원들은 적절한 보상을 받았다 / 수년 동안의 실업에 대한

❹ [주어+be동사+p.p.+전치사+B] : 주어가 B를 받다

Our teacher **was informed of** our decision / in regard to our going on a weekend field trip.

우리 선생님은 우리 결정에 대해 들으셨다 / 주말 현장 학습을 가는 것과 관련하여

❺ [주어+be동사+p.p.+명사/형용사] : 주어는 ~라고 여겨지다

Unlike today's widespread thought, / until the 1940s / pink **was considered appropriate** / for boys. 오늘날의 보편적 생각과는 다르게, / 1940년대까지 / 핑크색은 적절한 것으로 여겨졌다 / 남성들에게

❻ [주어+be동사+p.p.+to부정사] : 주어가 ~하도록 되다

After a few attempts, / three representatives **were allowed to enter** the region / to conduct humanitarian projects.

몇 번의 시도 끝에 / 세 명의 대표자들이 그 지역에 들어가도록 허락받았다 / 인도주의적인 프로젝트를 수행하기 위해

❼ [주어+be동사+p.p.+to부정사] : 주어가 ~하도록 되다

Because of the announcement of Ministry of Education, / young children **are made to stay** on at school / longer than before. 교육의 발표 때문에, / 어린 학생들은 학교에 머물러야 한다 / 예전보다 더 오래

❽ [It is+p.p.+that] : ~라고 되다

It is widely believed that / restructuring will boost productivity / by creating jobs for the high skilled. 널리 믿어지고 있다 / 구조조정이 생산성을 늘릴 것이라고 / 고도의 숙련공들을 위한 직업을 만들어냄으로써

1 In order to protest against economic globalization, the artist placed five tons of grapes on the street. People carried off armfuls within an hour without knowing the messages he wanted to convey. He now wants to make a real grape sculpture somewhere in the United States. _____ he is also looking for other locations. He wants his audience to understand his message of the dangers of globalization.

(a) Nonetheless
(b) In addition

2 The Foundation for Missing Children's Registry is requiring parents with missing children to carry their photos. The foundation is trying to produce an up-to-date image of missing children. Some experts then harness computers to manipulate those pictures to generate images to connect the gap between early childhood and adolescence. The number of children who returned to their parents is not significant. _____, the technology has helped the recovery of an estimated 500 children until now.

(a) Therefore
(b) However

3 Despite the protest of retailers, the opening of large-scale supermarkets around the country is welcomed by general shoppers. They have had to put up with high prices and restricted shopping hours for years. Unlike the conventional small stores, large-scale chain supermarkets lowered their prices and extended the shopping hours. _____, in the popular shopping area in the district, new stores are advertising their late night shopping, which lasts until 11:00 p.m.

(a) For instance
(b) However

4 New technologies may be used to change judicial proceedings within a few years. The courtroom has reminded us of the presence of defendants, witnesses, and attorneys. But the Supreme Court is considering a video conferencing trial using electronic media. Each can state their views through the screen. _____ defendants, witnesses, and attorneys don't have to attend the courtroom anymore.

(a) Therefore
(b) Nevertheless

1   For parents, what experience is worse than having a child with illnesses pain and not being able to make it go away? Doctors now recommend the use of fantasy novels and plays to help children better cope with pains during difficult medical procedures. These kinds of activities will keep children from thinking of their pains through several distractions like reading a book, drawing a picture or playing a game. _____ to the use of medicines which only relieve physical pains, fantasy novels and plays can reduce both physical and emotional pains. Through them, children are more likely to find painful medical procedures to be less traumatic.

(a) For example
(b) In contrast
(c) In addition
(d) In effect

2   The Galapagos Island, described by Charles Darwin as "a little world within itself," was a paradise of remarkable and rare plant and animal populations. The animal species had developed in isolation from any terrestrial predators and human interference. _____, nowhere else were these species found in the world. According to Darwin's popular theory of evolution, their characteristics could only be explained by a gradual transformation of the various species. The species that helped Darwin arrive at this theory were the finches. These finches probably descended from one type of ancestor and then, due to several environment-specific factors, evolved into different types of finches.

(a) In addition
(b) For example
(c) In comparison
(d) First of all

3   Good day, shoppers! What are you waiting for? Make the most of our Weekend Grand Sale. We are offering special discounts in almost all our items. All our bedroom and dining-room furniture are 50% off. As you hear it right now, they are all half the original price! There are more! All our pillows, bed sheets and other accessories are on a "Buy One, Take One" promo! The stocks are limited and the promotions will be only good while the supplies last. _____ hurry up or you will miss this rare shopping experience.

(a) Consequently
(b) However
(c) In addition
(d) By the way

4 Paleontologists hold two opposing views when it comes to the evolution of feathers. One theory maintains that feathers evolved from the carnivorous dinosaurs and they served purposes other than flight such as attracting potential mates and maintaining body temperature. This theory assumes that feathered dinosaurs were the ancestors of modern birds. Other paleontologists hold that the evolution of modern feathers and the ability to fly happened simultaneously. Small reptiles living in trees, _____, were believed to have developed feathers in order to jump quickly away from predators. These opposing theories, still, do not provide solid evidence the public has been led to believe.

(a) conversely
(b) in addition
(c) for instance
(d) by contrast

5 An estimated 800,000 shoplifting cases are reported in the U.S. alone. Unfortunately, academic and criminological theories fail to offer a convincing explanation of their prevalence, but instead offer excuses that protect privilege, keeping middle-and upper-class white folks, especially women, from being defined as criminals. To provide an explanation for the high rate of women who shoplifted, it has been coined in the 1960s via the diagnosis of kleptomania, a disorder in which one can't resist the temptation to steal something. Interestingly, experts say that consumer capitalism is what really explains why shoplifting is so common and easy. _____ they say that shopping has become America's national pastime and that the trend is closely related to the shoplifting.

(a) However
(b) In particular
(c) For example
(d) Besides

6 Ireland boasts a vibrant, globalized economy, with an annual GDP growth of almost 6 percent. Many businesses around the world find Ireland an attractive location to manufacture products. Ireland's membership in the European Union has probably been the most important reason why Ireland is an economic power. Nevertheless, as with other rich and powerful countries of the world, economic progress seems to paralyze Irish rich culture. _____, traditionalists lament the erosion of respect for the church authority. In many ways, Ireland's continuous growth and development show a controversial aspect of modernity versus tradition.

(a) For example
(b) By contrast
(c) In comparison
(d) On the other hand

1 Definitely, the media has an important role in _____ . Its primary task is to serve and inform the public in order to improve their life. However, this task is expanding such as when media tries to speak for the public. The media has the power to decide what and how to report, which really influences the nature and extent of information reaching the public. It is also being criticized for avoiding some controversial issues and depriving the public of important information.

(a) criticizing wrong doings
(b) shaping public opinion
(c) exaggerating conflicts
(d) reporting everything

2 After the Second World War, economists began to borrow insights from psychologists _____ . This involves the use of mathematics and science, far removed from the influences of emotion and instinct. A rational man who uses reason is expected to be always deciding on his advantage, taking the option with the highest expected 'utility.' The term 'utility' was used by nineteenth century philosopher John Stuart Mill to describe general contentment. Loss aversion, or the tendency for people to prefer avoiding losses over acquiring equivalent gains, is a more-cited psychological concept receiving more and more attention in economic analysis.

(a) because their fields are interrelated
(b) who were popular during the post-war years
(c) to describe rationality in economics
(d) who prioritizes reason over emotion

3 Africa is rich in cultural traditions, especially wedding and marriage rituals. (부연) There are many different wedding traditions in the African continent and no two are exactly alike. Weddings can be very elaborate, involving feasting and dancing for days within a community. On the other hand, they can often be very simple, or they can even be performed in huge marriage ceremonies involving many different couples. Today, the old traditional weddings are changing and are becoming more like the Western-style church weddings. However, there are some cultures that still live after the old traditions and are _____ .

(a) trying to keep weddings as simple as possible
(b) throwing up their traditional wedding ceremonies
(c) performing the traditional wedding ceremonies
(d) adopting Westernized marriage rituals

4 As handwriting comes from the unconscious, it contains a great deal of information which can be _____ . Sir William Herschel who founded the system of identification through fingerprints, stated that handwriting revealed character in the same way that fingerprints reveal identity. Today, handwriting analysis, called graphology, is an accepted and increasingly used technique for assessment of people's characteristics in different areas of life. The technique is mainly popular in selecting personnel for key positions and in finding a compatible partner.

(a) useful for interpreting one's character
(b) beneficial in determining someone's past life
(c) helpful in revealing someone's hidden identity
(d) important in deciding what career to take

5 Many large ensembles, representing all kinds of musical styles and aesthetics, have adopted the name 'orchestra' as opposed to the classical 'band' or 'ensemble' in early twentieth century. The 20th century orchestra improved a lot, was better funded, and was larger than ever before. In effect composers could compose larger and more ambitious works. This paved the way for the _____ . Meanwhile, errors in musical performances were easy to fix with the birth of recording during the same period. Moreover, orchestral music was added to silent films, which gave rise to the establishment of motion pictures in the entertainment market.

(a) popularity of young composers
(b) creation of great musical compositions
(c) decline of several recording industries
(d) renewed focus on classical music

6 To keep up with the recent technological innovations dominated by computers, the students of the twenty-first century have to learn the skills crucial to keeping them competitive. Schools have to equip their students with technical literacy; that will provide them with a firm grounding in math and science. _____ , teachers have to encourage their students to take up courses and degrees related to computer technology. A lot of workplaces nowadays rely on computers and the growth of computer-controlled industries is expected to upsurge in the coming years.

(a) For example
(b) On the other hand
(c) In fact
(d) In addition

위아텝스
READING

글의 제목찾기는 모든 문제 유형의 기본이다. 글의 제목을 파악할 수 없다면 모든 텝스 독해 공부를 다시 시작해야 한다. 글의 제목을 찾는 것은 해석과는 완전히 다른 것이다. 따라서 글을 읽을 때는 항상 글에 대한 세부 요약과 더불어 글의 제목을 떠올리는 전략을 세울 필요가 있다. 특히 주제문을 구의 형태로 전환하여 요약 설명하는 것이 제목찾기 문제이므로, 글의 주제를 선별한 다음에는 반드시 패러프레이즈된 명사로 제시되는 유형을 구별해야 한다. 또한 각 문장이 구의 형태로 요약되는 과정을 미리 학습할 필요가 있다

UNIT **20**

Part 2 제목 찾기

P 004 제목 찾기

★ 난이도 중/하의 유형으로 글의 제목을 찾는 문제 유형이다.

★ 글의 전체적인 주제를 제목으로 제시한다.

★ 17번~22번 문제로, 전체 문제 중에서 3문제 정도로 제시된다.

What is the best title of the passage?

❶ 문제 해결 방식

• 선택지 (a), (b), (c), (d)를 읽으면서, 글의 내용을 추론한다.

➡ 반복적으로 등장하는 키워드를 통하여 글의 내용을 추론한다.

• 첫 번째 문장과 두 번째 문장을 통하여 주제를 추론한다.

• 선택지 → 첫 번째 문장 → 중심 문장으로 통하여 주제를 유도한다.

❷ 문제 출제 유형 및 해결 방식

• 첫 번째 문장 주제 유형

➡ 두 번째 문장은 주제를 보충 설명하는 문장이므로, 두 번째 문장에서 정답을 유추한다.

• 중간 문장 주제 유형

➡ 첫 번째 문장은 도입 부분에 해당하므로, 글의 중간 부분을 주제로 이해한다.

➡ 역접 관계 접속사(however)가 있으면, 앞 문장과 대조적 관계를 나타내는 의미를 추론한다.

• 마지막 문장 주제 유형

➡ 쌍괄식 구조 : 첫 번째 문장의 주어를 보충 설명하는 문제 유형이다.

➡ 미괄식 구조 : 마지막 문장 전까지는 글의 도입 부분과 예시를 말하는 것이며, 마지막 문장이 주제를 제시하는 유형이다.

➡ 글의 전체 내용을 빠르게 읽으면서, 주제를 추론하고, 전체 내용을 요약하는 내용을 정답으로 도출한다.

• 대조 접속사 유형

➡ 문장의 주요 내용을 중심으로 while 혹은 however가 제시되는 유형이다.

➡ 정답이 되는 문장과 앞/뒤에 제시된 문장은 대조 관계이므로, 대조적 의미를 통해 문제를 해결한다.

• 예시 접속사 유형

➡ 문장 중간에 for example이 제시되는 유형이다.

➡ 글의 맥락을 정리하고, for example 뒤에 제시된 내용을 종합적으로 정리하여 정답을 유도한다.

1 According to recent findings of a long-term study on aging, it is not true that aging is an inevitable process of rapid decline in every aspect of physical and psychological state. Contrary to popular belief, the process of aging, researchers claim, is not a disease. There are several key findings of this research. First of all, personality does not change with age. Second, memory and reasoning skills may weaken over time, but vocabulary continues to grow as someone gets older. In addition, through this study, the popular myth that everyone ages at the same rate should be reconsidered.

Q. What is the best title of the passage?

(a) Truth Behind the Normal Aging Process
(b) Aging and the Risk of Memory Loss
(c) Physiological Changes Related to Aging
(d) Popular Stereotypes about Aging

longitudinal 장기적인 inevitable 피할 수 없는 reasoning 추리, 추론, 논증 weaken 약해지다 popular 항간의, 통속적인 myth 통념

1 According to recent findings of a long-term study on aging, it is not true that aging is an inevitable process of rapid decline in every aspect of physical and psychological state. Contrary to popular belief, the process of aging, researchers claim, is not a disease. There are several key findings of this research. First of all, personality does not change with age. Second, memory and reasoning skills may weaken over time, but vocabulary continues to grow as someone gets older. In addition, through this study, the popular myth that everyone ages at the same rate should be reconsidered.

Q. What is the best title of the passage?

(a) Truth Behind the Normal Aging Process
(b) Aging and the Risk of Memory Loss
(c) Physiological Changes Related to Aging
(d) Popular Stereotypes about Aging

노화에 관한 장기간에 걸친 연구의 최근 결과들에 따르면, 노화가 육체적 상태와 심리적 상태의 모든 면에서 피할 수 없는 빠른 쇠퇴의 과정이라는 것은 사실이 아니라고 한다. 일반적인 생각과는 반대로 연구원들이 주장하기를 노화 과정은 병이 아니라고 한다. 이 연구에서 몇 가지 중요한 발견이 있다. 첫째로, 성격은 나이가 들어도 변하지 않는다는 것이다. 두 번째로 기억력과 추리력은 시간이 지남에 따라 약해질 수는 있지만 어휘력은 나이가 들면서 계속 증가한다. 또한, 이 연구를 통해서 모든 사람이 같은 속도로 나이가 든다는 항간의 통념은 재고되어야 한다.

Q. 이글의 제목으로 적당한 것은?

(a) 일반적인 노화 과정 이면의 진실
(b) 노화와 기억 상실의 위험
(c) 노화와 관련된 생리학적 변화
(d) 노화에 대한 항간의 통념

[해 | 설]
노화 과정에 대한 새로운 발견이 있었다는 내용의 글이다. 노화 과정은 일반적인 통념과는 달리 질병이 아니며, 새로운 연구 결과에 따르면 성격, 기억력, 추론 능력, 어휘력 측면에서 흥미로운 사실이 발견되었다는 내용이다. 따라서 노화가 통념과 다른 측면을 가지고 있다는 것을 제목으로 볼 수 있다.

❶ [contrary to+명사] : 명사와는 다르게, 반대로

Contrary to popular belief, the process of aging, researchers claim, is not a disease.

일반적인 믿음과는 반대로, 연구원들이 주장하기를 노화 과정은 질병이 아니다.

❷ [명사(belief/fact/myth)+that+주어+동사] : ~라는 믿음/사실/신화

the popular myth that everyone ages at the same rate should be reconsidered.

모든 사람이 같은 속도로 나이가 든다는 항간의 통념은 재고되어야 한다.

recent findings on aging 노화에 대한 새로운 발견

⟹ not a disease 질병이 아니다

⟹ personality 인격, 성격

⟹ memory & reasoning & vocabulary 기억력 & 사고력 & 어휘력

→ READING TRAINING

분사 해석 방법

❶ [-ing+명사] / [명사+-ing(현재분사)] : ~하고 있는 명사

In the current economic conditions, / most of the businesses around the world / could face **increasing risks** / in their financial security.

현재의 경제 상황에서 / 전 세계의 대부분의 회사들은 / 증가하는 위험에 직면할 수도 있다 / 그들의 재정적 안정성에서

❷ [p.p.+명사] / [명사+p.p.] : ~이 된 명사

With the development of technology, / **gathered information** will be processed / through clearly defined procedures.

기술의 발달로, / 수집된 정보는 처리될 것이다 / 분명하게 규정된 절차를 통해서

❸ [주어+be동사+-ing] : 주어가 ~하고 있다

The performance was so delighting, / so it attracted more and more audience.

그 공연은 매우 즐거웠다 / 그래서 그것은 점점 더 많은 관객들을 끌어들였다.

❹ [주어+be동사+p.p.] : 주어가 ~이 되다

Most of the worshipers were very disappointed / when they were not allowed / to pay their respects to the late president.

대부분의 참배객들은 매우 실망했다 / 그들이 허락받지 못했을 때 / 고인이 된 대통령에게 존경심을 표현하도록

❺ [주어+동사+목적어+-ing] : 주어가 ~하면서 …하다

The new plan is expected / to boost wages and increase profits / **stimulating** economic activity / among companies.

그 새로운 계획은 예상되고 있다 / 임금을 높이고 이익을 증가시킬 것이라고 / 경제 활동을 자극하면서 / 회사들 사이에서

❻ [주어+동사+목적어+p.p.] : 주어가 ~이 된 상태로 …하다

The workers couldn't do anything / **exhausted** / after the difficult internship program.

그 직원들은 아무 것도 할 수 없었다 / 지쳐서 / 힘든 인턴 프로그램 이후에

❼ [주어+동사+목적어+-ing] : 목적어가 ~하고 있는 것을 …하다

No sooner had she arrived at the meeting / than **she found several members quarrelling** / with one another.

모임에 도착하자마자 / 그녀는 몇몇 회원들이 싸우고 있는 것을 알게 되었다 / 서로간에

❽ [주어+동사+목적어+p.p.] : 목적어가 ~되도록 …하다

Although the man was intimidated into revealing the results, / **he left all the things undiscovered**. 그 사람은 그 결과들을 밝히도록 협박을 받았지만 / 그는 모든 것을 밝히지 않은 채로 두었다.

1   A company is developing several devices such as video cameras, automatic speech transcription, and photo-realistic 3D recreation. Its aim is to record and broadcast the entire trial proceedings. Though there are some technical faults that need to be corrected, the company has expected that the technology can speed up the proceedings and lower costs. In addition, many courtrooms around the world is going to adopt this technology after testing it.

    Q. What is the best title of the passage?

    (a) Introduction of a new technology used for trial proceedings
    (b) Problems to be solved while developing devices for trial

2   Human beings have charged land mines for several military purposes. Every year land mines have caused a lot of problems all around the world and have killed and maimed a number of humans. However, people aren't the only creatures who suffer from these terrible weapons. They are harming thousands of animals in many regions, too. For example, elephants in Thai are attacked by land mines. Many domesticated elephants are injured while working in forest but are left untreated.

    Q. What is the best title of the passage?

    (a) Negative effects of land mines on animals
    (b) Land mines killing and injuring human beings

3   In many European countries, the population has grown rapidly every year. Nonetheless, according to the statistics in many developed nations, the birth rate has declined by 2 % a year over the past ten years. Such a situation has caused many serious problems as closures of schools or fewer jobs in educational sectors. That means some children living in areas with low population density should go to a distant school.

    Q. What is the best title of the passage?

    (a) Several problems in many Western countries
    (b) The problems caused by the decline of birth rate

1 Computopians and dystopians represent two opposing views on technological advancement. Utopians believe that technology promises great things: the ability to connect themselves with anybody anywhere instantly; the equality through which anybody can publish their work on a global scale; and democracy where information is passed freely around the world. Technology, for computopians, can improve the lives of people in countless ways. Dystopians, on the other hand, emphasize the potential of technology to promote oligopoly because the emergence of a global market gives way to the domination of large corporations. Our technology, dystopians say, has over-reached humanity, and should be viewed with a critical eye.

Q. What is the best title of the passage?

(a) The Advantages of Modern Technology   (b) Benefits and Risks of Modern Technology
(c) The Future of Global Technology   (d) The Role of Technology in Society

2 Most people usually trust or respect their family therapists. However, sometimes they are confronted with a situation where they face a second medical opinion from another doctor. They hesitate to seek other advice from someone other than their own doctor. Such hesitation may cause serious side effects and complications. Therefore, patients should actively seek other alternatives when they have a doubt about their doctor's diagnosis. Although their doubt may offend their therapist, their attempts will give them positive medical results.

Q. What is the best title of the passage?

(a) Pros and cons of a second medical opinion
(b) Side effects and complications of patients
(c) Blind trust or respect for a family therapist
(d) Finding a solution about a second medical opinion

3 As technology advanced, a lot of companies offered customers many complicated and multi-functional gadgets. Several devices such as computers and cellular phones have been equipped with various functions. However, people aren't splurging on these kinds of devices as eagerly as they were a few years ago. Even if technology has saved us a lot of time, it also takes away our time. In fact, many consumers spend a lot of time figuring out how electronic appliances work. Even after that time, we can hardly figure out all of the functions. The past desire for convenience and multi-function causes us to seek the past inconvenience and simple function now.

Q. What is the best title of the passage?

(a) Development of technology and its effects   (b) Problems of complicated devices
(c) Changes of electronic appliances   (d) Convenience of complicated appliances

4 Some people say that in a consumer society marriage is considered as consumer goods like cars and refrigerators. That means that people think of divorce, ending of a marriage, as a common thing in their life. Consequently, to prevent teenage students from thinking that this phenomenon is common, some school districts are planning to begin marriage education. In several states such as Florida, marriage classes have become a mandatory requirement for graduation. Experts claim that these kinds of marriage classes will decrease the divorce rate of the course takers in the future. That's because while being married, people should have certain skills to last their marriage life.

Q. What is the best title of the passage?

(a) Potential dangers in a family with divorced parents
(b) A new educational program to lower the divorce rate
(c) A mandatory requirement for marriage between teenagers
(d) Marriage as one of the important consumer goods

5 Bats usually use their radar to navigate the sky and to detect their prey. Their high-pitched cries bounce off objects and echo back to their sensitive ears. When the echoes arrive at their ears, they can recognize how far away the objects are. However, some insects which are the bat's prey use some effective ways to escape the bat's radar. For example, some moths often deceive the bats and even send out their own signals. These signals are mainly used to confuse approaching bats. Disrupted by the moth's signals, bats abandon the chase.

Q. What is the best title of the passage?

(a) Bats' distinctive ways to captivate preys
(b) Insects' survival methods from bats
(c) Disrupting signals of navigating bats
(d) The ways to communicate between bats and insects

6 In spite of the development of the medical technology, doctors still depend on prescription drugs. Since many kinds of drugs become available, it is more likely for us to use them in any cases of illness. However, overmedication by doctors has become a social issue to date. Every year the number of the cases has increased. In particular most of these drugs are prescribed to the elderly people. A number of people over 70 have been hospitalized as a result of the dangerous side effects of overmedication. Therefore health care experts or doctors should pay attention to the prescription drugs and patients should also monitor the medicines offered by doctors.

Q. What is the best title of the passage?

(a) Serious problems of overmedication
(b) Development of the medical technology
(c) Side effects of prescription drugs
(d) Tension between doctors and patients

위아텝스
READING

글의 주제찾기는 글의 제목을 문장화하는 방식과 유사하다. 그러나 선택지의 길이기 글의 제목에 비해 길기 때문에 얼마나 빠르게 글의 내용을 요약하고 정리하여 문장으로 연결할 수 있을 것인가가 관건이다. 때때로 주제 문제는 선택지의 혼동으로 인해 문제의 함정에 빠질 수 있으므로 선택지에 대한 학습이 병행되어야 한다. 또한 글의 제목에서는 단어들의 나열로 핵심 단어를 찾아내고 적용하는 것이 쉽지만, 문장으로 제시되는 주제찾기는 핵심 키워드를 연결하기가 쉽지 않다. 따라서 문제를 풀어나가는 과정에서 글의 주제 요약 훈련뿐만 아니라 선택지에 등장하는 4개의 문장에서 핵심 키워드를 빠르게 찾는 연습이 병행되어야 한다.

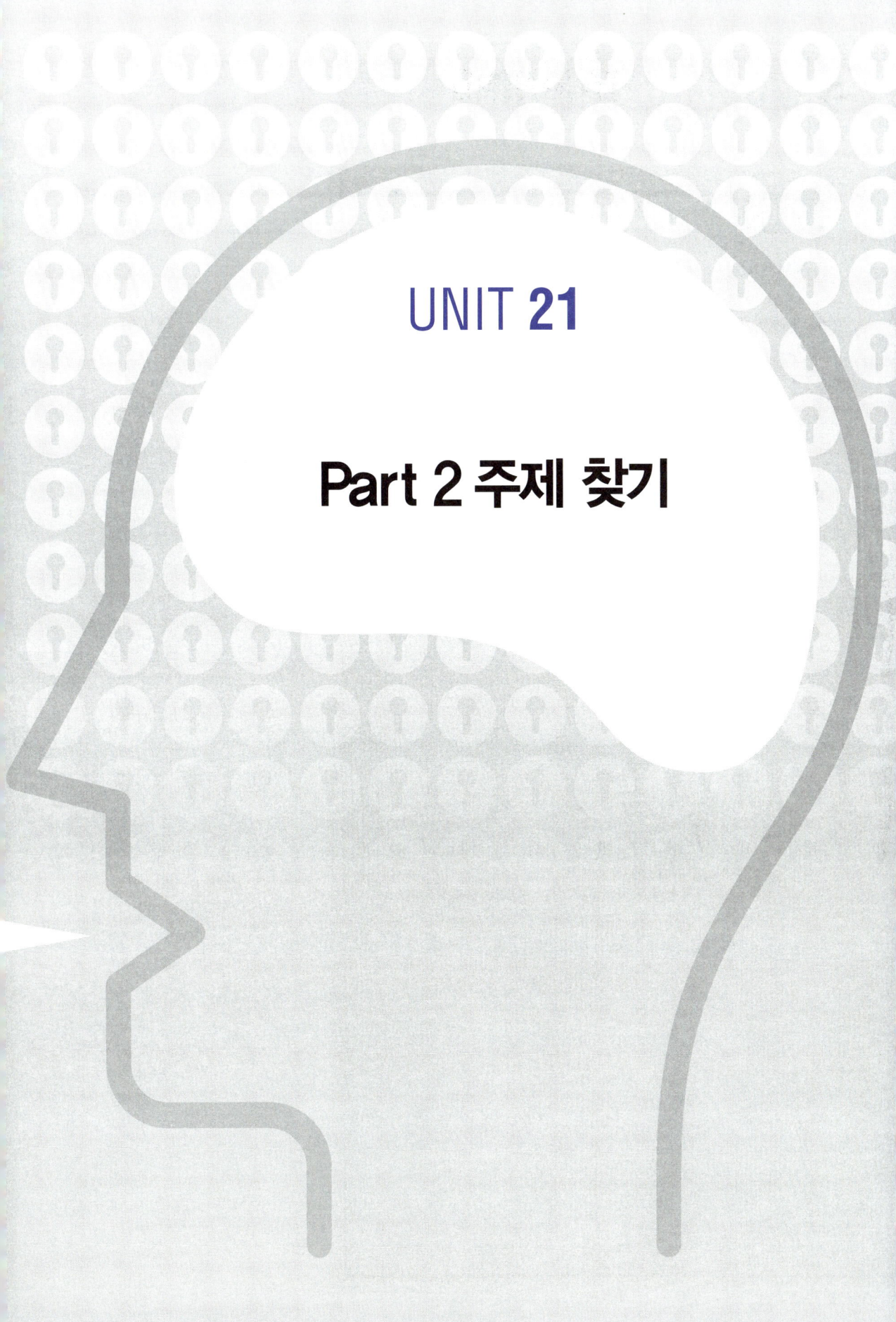

UNIT 21

Part 2 주제 찾기

P 005 주제 찾기

POINT

★ 난이도 중/하의 유형으로 글의 주제 및 작가의 의도를 찾는 문제유형이다.

★ 글의 전체적인 주제를 문장으로 제시하는 유형이다.

★ 17번~22번 문제로, 전체 문제 중에서 3문제 정도로 제시된다.

What is the main idea of the passage?

What is the main point of the writer?

❶ 문제 해결 방식

• 선택지 (a), (b), (c), (d)를 읽으면서, 글의 내용을 가추론한다.

➡ 반복적으로 등장하는 키워드를 통하여 글의 내용을 추론한다.

• 첫 번째 문장과 두 번째 문장을 통하여 주제를 추론한다.

• 선택지 → 첫 번째 문장 → 중심 문장으로 통하여 주제를 유도한다.

❷ 문제 출제 유형 및 해결 방식

• 첫 번째 문장 주제 유형

➡ 두 번째 문장은 주제를 보충 설명하는 문장이므로, 두 번째 문장에서 정답을 유추한다.

• 중간 문장 주제 유형

➡ 첫 번째 문장은 도입 부분에 해당하므로, 글의 중간 부분을 주제로 이해한다.

➡ 역접 관계 접속사(however)가 있으면, 앞 문장과 대조적 관계를 나타내는 의미를 추론한다.

• 마지막 문장 주제 유형

➡ 쌍괄식 구조 : 첫 번째 문장의 주어를 보충 설명하는 문제 유형이다.

➡ 미괄식 구조 : 마지막 문장 전까지는 글의 도입 부분과 예시를 말하는 것이며, 마지막 문장이 주제를 제시하는 유형이다.

➡ 글의 전체 내용을 빠르게 읽으면서, 주제를 추론하고, 전체 내용을 요약하는 내용을 정답으로 도출한다.

1 Most people confine the word "extinction" to animals such as dinosaurs and dodo birds. But can you believe that a majority of fruits and vegetables has become extinct? The Ansault pear, for example, described as better than any other pear, will never be tasted again. Today, there are only 32 types of beans from 578 in the 1950s, and only one kind of asparagus from 46 varieties in the 1970s. The diversity of crops started to decrease when farmers started growing only the varieties that have a high yield growth and resistance to pests and do not require huge amounts of fertilizer for their survival.

Q. What is the main idea of the passage?

(a) Our ancestors were responsible for the loss of crop diversity.
(b) We have lost many valuable crops without recognizing the fact.
(c) Loss of Ansault pear was influenced greater than any other fruit.
(d) To avoid extinction of crops, farming techniques have to be improved.

confine ~에 국한하다 extinction 멸종
dodo 도도새 majority 대다수 diversity
다양성 resistance 저항, 반대 pest 해충,
균 fertilizer 비료

1 Most people confine the word "extinction" to animals such as dinosaurs and dodo birds. But can you believe that a majority of fruits and vegetables has become extinct? The Ansault pear, for example, described as better than any other pear, will never be tasted again. Today, there are only 32 types of beans from 578 in the 1950s, and only one kind of asparagus from 46 varieties in the 1970s. The diversity of crops started to decrease when farmers started growing only the varieties that have a high yield growth and resistance to pests and do not require huge amounts of fertilizer for their survival.

Q. What is the main idea of the passage?

(a) Our ancestors were responsible for the loss of crop diversity.
➡ 조상들의 책임을 묻는 내용이 아니다.

(b) We have lost many valuable crops without recognizing the fact.
➡ 공룡 등과 달리 식물과 야채의 멸종에 대해 잘 알려지지 않은 현상을 설명하고 있다.

(c) Loss of Ansault pear was influenced greater than any other fruit.
➡ 안솔트 복숭아가 가장 큰 영향을 받은 것은 아니다.

(d) To avoid extinction of crops, farming techniques have to be improved.
➡ 멸종을 피하기 위한 대안은 언급되어 있지 않다.

[해 | 설]

공룡 및 도도새의 멸종처럼 동물에 대한 멸종에 대해서는 많이 알고 있지만, 우리가 잘 모르고 있는 과일과 야채의 멸종에 대해 새롭게 제시하는 글이다. 안솔트 배, 콩, 그리고 아스파라거스도 높은 산출량을 가지거나 해충에 대한 저항력이 높은 특정 종만을 생산하게 되면서 멸종하게 되었다는 글의 내용이다.

대부분의 사람들은 '멸종'이라는 단어를 공룡과 도도새 같은 동물들에 국한한다. 그러나 많은 수의 과일과 야채도 현재는 멸종되었다는 것을 믿을 수 있는가? 예를 들면 그 어떤 배보다도 맛있다고 하는 안솔트 배는 이제는 다시 맛을 볼 수 없을 것이다. 1950년대에 578종이었던 콩은 현재 32종만이 남아 있으며, 1970년대에 46종류나 됐던 아스파라거스는 이제 한 종류만이 남아있다. 작물의 다양성은 농부들이 산출량이 높고 해충에 저항력을 가지고 있으며 생존을 위해 많은 양의 비료가 필요하지 않는 종류만을 재배하면서 줄어들기 시작했다.

Q. 이 글의 주제는 무엇인가?

(a) 우리 조상들은 작물의 다양성을 잃어버린 것에 대한 책임이 있었다.

(b) 우리는 그러한 사실을 깨닫지도 못한 채로 많은 중요 작물을 잃었다.

(c) 안솔트 배의 멸종은 다른 어떤 과일에 비해 가장 큰 영향을 주었다.

(d) 작물을 멸종시키지 않기 위해서는 농업기술이 향상되어야 한다.

1 [명사+과거분사(p.p.)] : ~하게 된 명사

The Ansault pear, for example, described as better than any other pear, will never be tasted again.

예를 들면 그 어떤 배보다도 맛있다고 하는 안솔트 배는 이제는 다시 맛 볼 수 없을 것이다.

2 [명사+주격관계대명사+동사...+and+동사...] : ~한 명사

the varieties that have a high yield growth and resistance to pests and do not require huge amounts of fertilizer

산출량이 높고 해충에 저항력을 가지고 있으며, 많은 양의 비료를 필요로 하지 않는 품종

Extinction of fruits and vegetables 과일과 야채의 멸종

➡ Ansault pear, bean, and asparagus 안솔트 복숭아, 콩, 그리고 아스파라거스

➡ because of high yield growth and resistance to pests 높은 산출량 및 해충에 대한 저항력 때문에

분사구문 해석 방법

❶ [-ing ...+주어+동사] : …하면서, 주어가 ~하다

Investigating cancer risks, / some researchers found that / unhealthy diet could increase the risks. 암의 위험성을 조사하면서, / 몇몇 연구자들은 알게 되었다 / 건강하지 못한 식습관이 위험성을 증가시킬 수도 있다는 것을

❷ [being p.p. ...+주어+동사] : …이 되면, 주어가 ~하다

Being influenced by the mountain system, / the climate can be changed / by the ocean as well. 산악 체계에 의해 영향을 받고 있지만, / 기후는 변할 수도 있다 / 바다에 의해서도

❸ [having p.p. ...+주어+동사] : …했기 때문에/했지만/한 후에, 주어가 ~하다

Having established a proper program, / school districts should promote the program / and recruit students. 적절한 프로그램을 확립한 이후에, / 학교 지구들은 프로그램을 세우고 / 학생들을 모집해야 한다

❹ [having been p.p. ...+주어+동사] : …되었기 때문에/되었지만/된 후에, 주어가 ~하다

Having been imprisoned / in a secret place for two weeks, / the spy couldn't inform his supervisor of his condition.
감금되어 있었기 때문에 / 2주 동안 비밀 장소에 / 그 스파이는 상사에게 그의 상황을 알릴 수가 없었다.

❺ [주어+동사(A) ..., –ing(B)] : 주어가 A하고, 그리고 B하다

Many people are concerned that / **the merger** between the two banks **will have** high operation costs, / **resulting in** excessive service charges.
많은 사람들은 우려하고 있다 /. 두 은행의 합병이 높은 운영비를 가지게 될 것이며 / 과도한 서비스 비용을 유발할 것이라고

❻ [주어+동사(A) ..., p.p.(B)] : 주어가 A하고, B하게 되다

Our company is one of the largest international airlines, / **exceeded** by only two airline companies. 우리 회사는 가장 거대한 국제 항공사들 중의 하나이며 / 단지 두 개의 항공사들만이 우리보다 앞선다

❼ [접속사+-ing ...+주어+동사] : …하면서, 주어가 ~하다

While discussing natives and pilgrims, / the teacher attempted to explain the history of immigration to his students. 원주민과 이주자들에 대해 논의하면서, / 선생님은 학생들에게 이주의 역사를 설명하려고 했다

❽ [접속사+p.p. ...+주어+동사] : …이 되면, 주어가 ~하다

Once completed, / this budget report should be revised / and presented to all the board members. 완성이 되면, / 이 예산 보고서는 수정되어야 하며 / 모든 이사진들에게 제공되어야 한다

❾ [with+A+-ing] : A가 ~하고 있는 상황에서 / [with+A+p.p.] : A가 ~된 상황에서

With more people using their cell phones / for various purposes, / it is more difficult / to meet the needs of customers.

1 Despite various detrimental factors, cars have become more comfortable means of transportation. In particular, in the countryside with few bus or train systems, it is necessary to have cars. Furthermore, most of the people in the city have become dependent on cars, too. If we make cars which are environmentally friendly, run on electricity, and use renewable sources of energy such as hydrogen or solar power, they will benefit human beings without any harmful effect.

Q. What is the main point of the passage?
(a) We don't have to find any alternative since the present cars are proper.
(b) Cars have more advantages in spite of several environmentally bad effects.

2 A lot of animals in many countries have been slaughtered by human beings and many endangered species are now at risk of extinction. That's why we established Help Animals Around the World three years ago. We have attempted to care for animals in danger thanks to donations from all around the world. Many famous pop stars and actors are helping us rehabilitate injured animals. With the help of some charities for animals, our organization has born full fruit.

Q. What is the main point of the passage?
(a) Help Animals Around the World has contributed to the well-being of animals.
(b) Many animals are endangered and are likely to be extinct in a few years.

3 With the development of medical technology, the average life expectancy has increased a lot. And the current rate of population aging is expected to last continuously. However, the increase of the average life expectancy will cause tax-related problems. The number of taxpayers will not be sufficient to support the number of pensioners. Although the pension system is not a crisis yet, the government should consider reforming the pension system.

Q. What is the passage mainly about?
(a) The change of the life expectancy will cause the population to increase continuously.
(b) The increase of the life expectancy is causing problems in the national pension system.

4 Communicating through the Internet is cheaper than the conventional phone calls. You just have to pay less than the cost of a local phone call or monthly subscription to newspapers. In addition, the Internet offers you the opportunity to understand various people and their cultures from all around the world. You can get a great amount of information posted by organizations or individuals in other cultures. Likewise, the Internet has many advantages in communications and has changed people's way of living.

Q. What is the passage mainly about?
(a) The Internet costs less than the conventional phone calls because of the accessibility.
(b) The communication through the Internet has a positive effect on our lives.

1 The Tuaregs are nomadic people who used to sell and trade products across the Sahara Desert. However, due to a series of severe droughts in the late 1990s that killed many of their camels and the emergence of cars and trucks that replaced their role as caravanners, Tuaregs were forced to give up their nomadic way of life. Most of the Tuaregs started to settle down in a place and resorted to cultivating lands for their survival. Because cultivating lands made a lot more money than caravanning, most of the Tuaregs have completely forsaken nomadic life and will never return to their old desert way of living.

Q. What is the main idea of the passage?

(a) Tuaregs were resentful of the changes in their lifestyle.
(b) Tuaregs will someday return to their nomadic ways.
(c) Tuaregs shifted from a nomadic to agricultural way of life.
(d) Turages were the earliest traders in Sahara Desert.

2 Machine translation, the application of computers to the task of translating texts from one natural language to another, has caused tremendous problems. That's because of the virtually infinite diversity and complexity of language. A person can express facts and circumstances in various ways and it is only the very rare case that the language is as clear and concise as a digital system that is based on ones and zeros. Words with more than one meaning, word order and other grammatical problems cause translation software to stumble. People possess practical world knowledge and machines do not have such knowledge.

Q. What is the main idea of the passage?

(a) Machine translation has been hampered by the inherent complexity of human language.
(b) Machine translation has shown skeptics that automatic translation is effective in all applications.
(c) Machine translation technology has proven unreliable when translated in a foreign language.
(d) Machine translation produces the output which is of sufficient quality in a number of domains.

3 Famous author Eric Benet has written a book discussing the drawbacks of American patronage on fast foods. According to him, the growth of fast food chains also implies increased cases of obesity and other health problems. Eric Benet also mentioned that American adults have developed the habit of eating in fast food chains even though they are unaware of how the food is processed and prepared. In regard to that, he advised Americans to observe proper diet by being conscious of the food they eat and observing the basics of proper nutrition.

Q. What is Benet's main point?

(a) Fast food is a developing capitalist industry.
(b) It is proven that fast foods have detrimental effects to children.
(c) Good nutrition also involves engaging in physical activities.
(d) Poor health due to fast food is becoming an alarming issue in America.

4   The women's liberation movement, also called feminist movement is a social campaign that promotes the rights of women and aims to eliminate any form of oppression based on gender. The movement also aims to pursue equal economic and social rights for both men and women. Capitalism is seen as the major source of women's oppression and the problem might also be solved if capitalism would be overthrown. Overthrow of capitalism is impossible as long as women are subject to exploitation and social and political repression.

Q. What is the main idea of the passage?

(a) Feminist movement supports women's rights.
(b) Capitalism is the root of all forms of oppression.
(c) Men and women experience the same privileges in society.
(d) Exploitation of women in society is unavoidable.

5   The goal of attaining world peace seems to be improbable. The entire history of mankind offers a very strong evidence that people keep on finding ways to divide and fight with each other. The major obstacles of the world peace are explained by social identity theory. According to this, people have the tendency to identify themselves with a certain group to which they share similar characteristics such as race, nationality, religion, and ideology. People then perceive their own group as better than others, thus creating conflicts. Furthermore, more wars are expected in the future as the population continues to increase while resources are reduced.

Q. What is the main point of the passage?

(a) Social identity theory explains the path to world peace.
(b) Grouping of people should be prevented nowadays.
(c) Population increase is the reason for depletion of resources.
(d) Conflicts between and among people seems to be inevitable.

위아텝스
READING

글의 내용일치 문제가 하나만으로 구성되어 있다는 편견을 버려야 한다. 구체적인 세부 사항을 묻는 내용일치 문제가 있으며, 글의 전체적인 흐름보다는 질문에서 의도한 세부적인 사항에 초점을 맞추어 문제를 해결해야 한다. 대부분의 세부사항 문제는 문제의 전체적인 글의 흐름보다는 세부적인 사항에서 정답이 도출되는 경우가 많으므로, 먼저 문제의 핵심을 파악하고, 글을 읽는 과정에서 그 핵심적인 사항과 연결할 수 있는 부분을 정답으로 도출시켜야 한다.

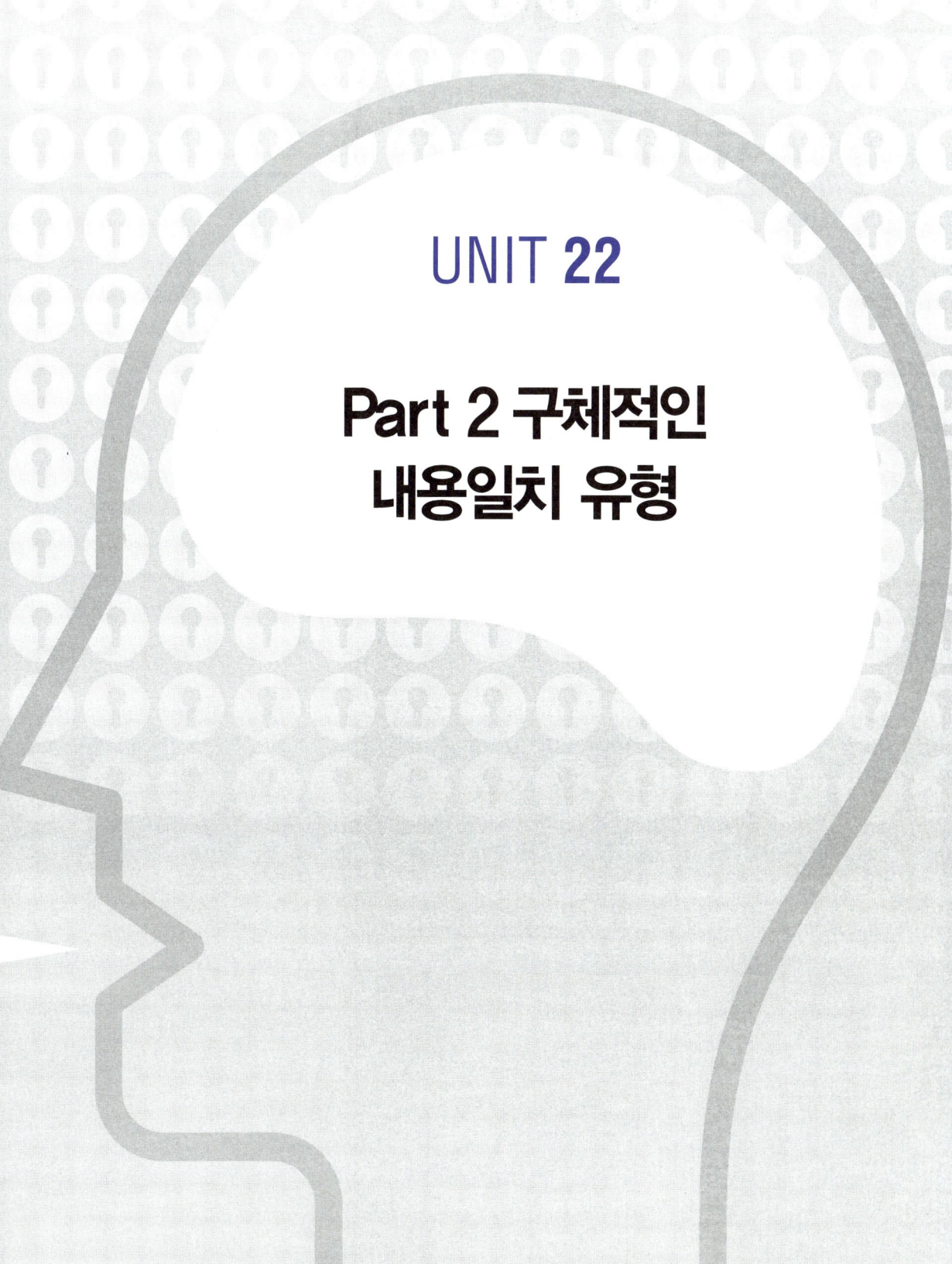

UNIT 22

Part 2 구체적인 내용일치 유형

P 006 | 구체적인 내용 일치

POINT

★ 내용 일치 유형 중에서, 특정 사실을 묻는 문제 유형이다.

★ 본문 내 전체 내용을 이해하거나 설명하기보다는, 특정 주제 및 특정 내용을 묻는 문제이다.

❶ 문제 해결 방식

• 질문에서 글의 주제나 내용에 대한 추론 근거가 제시되며, 본문에서 질문과 같은 내용 혹은 문장을 찾는다.

• 문제가 제시하는 내용을 본문에서 언급한 문장 및 특정 단어와 일치시켜 찾는다.

• 특정 단어 혹은 문장을 패러프레이즈(paraphrase)한 문장을 찾는다.

❷ 문제 출제 유형 및 해결 방식

• 글의 전체 내용 및 주제와 상관없는 문장일 수도 있다.

• 구체적인 내용을 질문에서 찾아서, 문장과 연결하여 제시한다.

• 선택지에서 패러프레이즈한 문장을 찾아낸다.

• 문제 출제 유형은 다음과 같다.

➡ 문제 출제 의도와 주제는 이미 문제(Question)에 제시되어 있으므로, 주제를 생각하면서, 그 주제에 맞는 내용을 중심으로 글을 읽고 정리하는 연습을 한다.

Q. Which of the following is correct about the archaeological findings according to the passage? 고고학적 발견에 대해 올바른 것은 무엇인가?

◑ 발견물(findings)에 초점을 맞춰 본문을 정리하고, 문제를 해결한다.

Q. Which of the following is correct about Dopha-medicine according to the advertisement? 도파-약물에 대해 올바른 것은 무엇인가?

◑ 도파-약물(Dopha-medicine)에 초점을 맞춰 본문을 정리하고, 문제를 해결한다.

1 With the onset of modernization, environmentalists claim that natural resources are running out, the population is ever growing, species are becoming extinct and forests are disappearing. In reality, environmental standards today are improving. Natural resources and food have become more abundant to feed and support the growing population. Only about 0.7% of species are expected to disappear in the next 50 years. Yet, surveys show that many people believe that the environment is getting worse. That's because media often exaggerate the news that leads to the distortion of perception. This creates an impression that more problems exist than is the case.

Q. According to the passage, why do many people think environmental conditions are declining?

(a) Because scientific research mainly goes to the areas with most problems

(b) Because media mainly provides the public with negative images

(c) Because food and natural resources today are not enough to sustain the population

(d) Because governmental institutions reinforce a pessimistic attitude

modernization 근대화, 현대화 claim 주장하다 extinct 멸종의 abundant 풍부한 exaggerate ~을 과장해서 말하다 distortion 왜곡 perception 인식 impression 영향, 효과

1 With the onset of modernization, environmentalists claim that natural resources are running out, the population is ever growing, species are becoming extinct and forests are disappearing. In reality, environmental standards today are improving. Natural resources and food have become more abundant to feed and support the growing population. Only about 0.7% of species are expected to disappear in the next 50 years. Yet, surveys show that many people believe that the environment is getting worse. That's because media often exaggerate the news that leads to the distortion of perception. This creates an impression that more problems exist than is the case.

Q. According to the passage, why do many people think environmental conditions are declining?

(a) Because scientific research mainly goes to the areas with most problems

(b) Because media mainly provides the public with negative images

(c) Because food and natural resources today are not enough to sustain the population

(d) Because governmental institutions reinforce a pessimistic attitude

---

[해 | 설]

근대화의 병폐로 나타난 환경 문제에 대한 왜곡된 인식을 다루는 글이다. 이 글에서 환경 문제가 존재하고 있지만, 실제 환경의 기준이 향상되고 있으며, 실질적인 문제가 크지 않지만, 언론의 왜곡과 과장에 의해 대중은 문제가 더 커지고 있는 것으로 인식하고 있다고 지적하고 있다. 질문과 답변이 글 속에 제시되어 있다.

근대화가 시작되면서, 천연자원이 사라지고 있고, 인구가 계속하여 증가하고 있고 생물들이 멸종하고 있으며 산림이 없어지고 있다고 환경보호론자들은 주장합니다. 실제로는 오늘날 환경 기준은 향상되고 있습니다. 천연자원과 음식은 증가하는 인구가 먹고 버틸 수 있을 정도로 더욱 풍부해졌습니다. 생물의 0.7%만이 앞으로 50년 뒤에 사라질 것이라고 생각됩니다. 그러나 여러 조사에 따르면 많은 사람들이 환경이 더욱 나빠지고 있다고 믿는다고 합니다. 그것은 언론이 종종 뉴스를 과장하기 때문이며, 이는 왜곡된 인식을 일으킵니다. 이것은 실제보다 더 많은 문제들이 존재한다는 느낌을 만들어냅니다.

Q. 이 글에 따르면, 왜 많은 사람들이 환경 조건들이 악화되고 있다고 생각하는가?

(a) 과학적 연구가 주로 대부분의 문제가 있는 지역에서 진행되기 때문에

(b) 언론이 주로 대중들에게 부정적인 이미지를 제공하기 때문에

(c) 오늘날 음식과 천연자원이 사람들이 쓰기에 충분하지 않기 때문에

(d) 정부 기관들이 비관적인 태도를 강화하고 있기 때문에

❶ with the onset of : ~이 시작될 때

with the onset of modernization

근대화가 시작되면서

With the onset of Industrial Revolution, human beings began to damage the natural environment the most.

산업혁명이 시작되면서 인간은 자연환경에 가장 큰 해를 끼치기 시작했다.

❷ than is the case : 실제보다

This creates an impression that more problems exist than is the case.

이것은 실제보다 더 많은 문제들이 존재한다는 인상을 만들어냅니다.

CHECK UP 주제 및 세부사항

➡ **popular beliefs on worsening environment** 악화되는 환경에 대한 일반적인(대중적인) 믿음

➡ **exaggeration of media & distortion of perception** 미디어의 과장과 인식의 왜곡

→ READING TRAINING

부정사 해석 방식

❶ [It is+보어+to부정사] : ~하는 것이 …하다

With such a short period of time available, / **it is important** / **to get** help from other members / to begin the legal process.

짧은 시간만을 이용할 수 있는 상황에서 / 중요하다 / 다른 회원들로부터 도움을 구하는 것이 / 법적 절차를 시작하기 위하여

❷ [It is+보어+for+목적격+to부정사] : 목적어가 ~하는 것이 …하다

It was a great tragedy / **for them to lose** their only son. 큰 비극이었다 / 그들의 외아들을 잃은 것은

❸ [주어+동사+to부정사] : 주어가 ~할 것을 하다

We are **expecting to receive** his letter / in a few weeks.

우리는 그의 편지를 받을 것을 예상하고 있다 / 몇 주 후에

❹ [주어+remember+to부정사] : 주어가 ~할 것을 기억하다

You should **remember to claim** the telephone excise tax refund / when you go back.

당신은 전화 소비세 환급을 요청해야 하는 것을 기억해야 한다 / 되돌아올 때

❺ [주어+regret+to부정사] : 주어가 ~해야 하는 것이 유감이다

We **regret to inform** you that / we no longer produce the item / you have ordered.

당신에게 통보하게 되어 유감입니다 / 우리가 더 이상 그 제품을 생산하지 않는다는 것을 / 당신이 주문했던

❻ [주어+동사+목적어+to부정사] : 목적어가 ~하도록 하다

The new solar energy system **has encouraged people** / **to live** a more eco-friendly life.

새로운 태양광 에너지 시스템은 사람들에게 장려해 왔다 / 더 환경 친화적인 삶을 살도록

❼ [명사+to부정사] : ~할 수 있는 명사

A new blood test will improve **the ability** / **to diagnose** congestive heart failure / in patients with shortness of breath. 새로운 혈액 테스트는 능력을 향상시킬 것이다 / 심부전을 진단할 수 있는 / 호흡이 가쁜 환자들의

❽ [주어+동사+목적어/보어+(in order) to부정사] : ~하기 위하여

The organization agreed to hold **a regular formal meeting** / **to improve** relations with the voluntary sector. 그 단체는 정기적인 공식 회의를 개최하는 데 합의했다 / 자원봉사 부문과의 관계를 향상시키기 위하여

❾ [주어+be동사+보어+to부정사] : 주어는 ~하기에 …하다

Although the prime minister promised to implement his campaign promises, / **his**

1   The development of the Internet has made a new kind of information. In the past, only media organizations such as TV or radio stations, newspapers, and magazines could make information for people. However, nowadays ordinary people can make their own homepages, express their views, and obtain world-wide readerships. The Internet is producing various information and bringing the people of the world together.

Q. What is the main characteristic of the Internet compared with conventional media?

(a) It has contributed to the development of traditional media organizations.
(b) It has become a source of information made by general people around the world.

2   As the globalization spread, many advanced nations realized that global cooperation would be more important than before. This kind of recognition has made developed nations help developing countries, poor countries. Large amounts of money have been provided for the poor countries under the name of financial aid. However, the poor nations have had huge debts they should repay. The debts have devastated the economy of the poor countries rather than helped improve their own infrastructures.

Q. Which is correct about the result of financial aid to the poor countries?

(a) The financial aid has helped the poor countries establish their own infrastructures.
(b) The financial aid has made the developing countries be in debt.

3   Conflicts or wars have been with human beings throughout history. It is said that these kinds of conflicts won't disappear in the human society. Whenever people have something different from their own interests, they are trying to find plausible excuses for wars. In addition, they attempt to identify themselves with race or nationality, political ideology, or religious beliefs. These factors have contributed to escalating misunderstandings among individuals.

Q. Which is correct about the wars in the human society?

(a) They have been caused by misunderstandings among people.
(b) They will be the remains of the past in the near future.

1   Today, lasers are the most common method to remove tattoos. They work by targeting the ink with pulses of highly concentrated light that break the ink into tiny fragments, which are then cleared away by the bloodstream. However, this isn't all done with just one treatment. The more treatments you have, the more the laser can penetrate to destroy the ink. Yet, the more treatments you have, the more damage you do to your skin, causing painful blisters that can eventually lead to scarring. The most disheartening limitation is that this procedure does not guarantee complete removal of the tattoo.

Q. According to the speaker, what is the biggest drawback of laser tattoo removal?

(a) It is very expensive to remove tattoos with laser.
(b) Scar is usually left after the treatment.
(c) Tattoo may not be completely eliminated.
(d) The process is incredibly painful.

2   Most parents have different opinions on how to educate their children. The social and technological advancement causes them to prepare several different alternatives. Most of all, children should understand how the future will be changed technologically. That's because the future world will be dominated by computers, worldwide communications, and global technological cooperation. In particular, modern technological innovations will make students think that they should earn a living in a field that doesn't exist today. New job opportunities will appear and children should qualify themselves for those kinds of job opportunities.

Q. What is the main difference between the modern job opportunities and the future ones?

(a) The present educational system is sufficient for the future job opportunities.
(b) Parents should make new job opportunities for their children in the future.
(c) Technological advancement will make children prepare for new job opportunities
(d) Students will make a living in the present occupational fields.

3   At the present time, most of the workplaces around the world use computer technology. Included are medical surgery, oil exploration, car assembly plants, etc. In addition, mechanics will fix their machines by using their computer programs, lawyers will use a lot of databases in their supercomputer, and scientists will utilize various information gathered around the world. Though computer users have used their computers to gather information to date, they will extend the usage to the application of the information. Moreover, computer technology will be used to decide what kind of information will be needed in the next generation.

Q. According to the passage, how will the computers be used in the future?

(a) Present workplaces will never be influenced despite the development of computers.
(b) Computers will be used to collect and apply the present information.
(c) Scientists will continue to gather information from all over the world.
(d) The application of the gathered information will be restricted in a hospital.

4 In spite of bioethical controversy, many scientists are trying to use cloning so as to improve health problems. Especially, therapeutic cloning is considered as an effective means as a source of organs for people in need of transplants. However, at present, cloning and using the cloned body are violating the positive law and human rights. Furthermore, the morality of cloning has become a matter of great concern. Human beings cannot be something to be cloned in the laboratories. Bioethical regulations should be established to limit the experiments in the field of human cloning.

Q. Which of the following is correct about the human cloning?

(a) It has caused several bioethical controversies despite its positive aspects.
(b) It will not be an effective means in the medical field in the future.
(c) The moral aspects of human cloning are not the object of controversy.
(d) The experiments for human cloning will be prohibited for any reasons.

5 Most experts say that one of the most important roles of the media is to inform the public of the public opinions fairly. In turn, the honest and fair delivery of the media is expected to improve people's quality of life. However, in reality, the media often ignore the public opinions and serve for their own interests. Since the reports the media want to deliver definitely influence the nature and range of information, many people argue that the media reflect the fair and real facts. Nevertheless, in the reports related to political issues, the media only provide the public with short and dramatic remarks announced by politicians. They don't reflect the public opinions on the political issues.

Q. Which of the following is correct about the problems of the media?

(a) The media has reported all the facts fairly and honestly.
(b) The public opinions on all the issues have been reflected in the media.
(c) Politicians have trusted the media because of their positive comments.
(d) The media doesn't always reflect all the fair and real public opinions.

6 Gambling has become one of the most serious social problems around the world. Though some people acknowledge that gambling is dangerous to people, just as the addiction to alcohol and drugs, others think gambling is a favorite pastime. Rather, they don't think gambling to be dangerous, unhealthy, or wrong. In addition, compulsive gamblers are causing dangerous and serious consequences in their life and family. For example, the increasing rate of divorce, incidences of domestic violence, and child abuse are the major concerns in a family with compulsive gamblers. Moreover, their children are more susceptible to drug and alcohol abuse.

Q. Which of the following is correct about gambling?

(a) Most of the people around the world have acknowledged the positive aspects of gambling.
(b) The addiction to gambling is quite different from that of alcohol and drugs.
(c) Compulsive gamblers are the major sources to cause serious problems in their family.
(d) The growth of children and the family environment are never related to gambling.

위아텝스
READING

가장 난이도가 높은 문제유형 중의 하나이다. 구체적 내용일치문제는 글의 주제나 키워드가 미리 제시되는 경우가 많기 때문에 예측적 읽기가 가능했다. 그러나 일반적인 내용일치 문제는 처음부터 끝까지 글의 내용을 요약해야 하며, 세부적인 사항까지 세세하게 구별하고 인지할 필요가 있다. 이러한 내용일치 문제는 글의 본문을 패러프레이즈한 유형이 많이 있기 때문에 독해 지문들을 접할 때마다 본문에 제시된 문장의 의미와 선택지에서 본 문장의 의미를 구별하여 학습해야 한다.

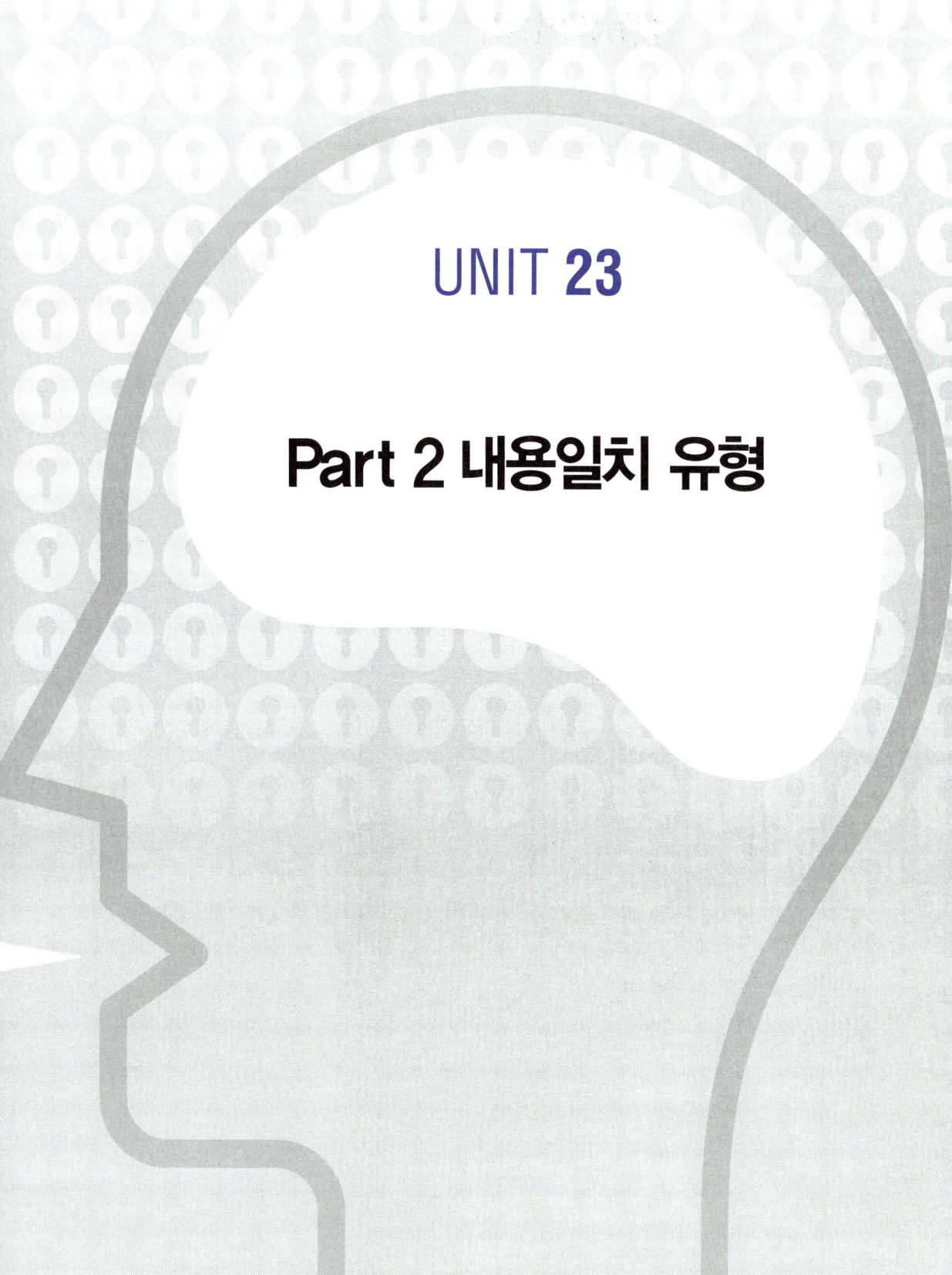

UNIT 23

Part 2 내용일치 유형

PATTERN TRAINING

P 007 내용 일치

POINT

★ 글의 전체적인 내용 파악을 통해, 세부적인 사항을 물어보는 문제이다.

★ 주제나 추론과는 달리, 세부적인 사항을 자세하게 질문한다.

Which is correct according to the passage?

---

❶ 문제 해결 방식

• 글의 내용을 최대한 자세하게 기억하면서 문제를 풀어간다.

• 선택지에서 제시될 내용에 대해 유추하면서 본문을 파악한다.

❷ 문제 출제 유형 및 해결 방식

• 글의 전체적인 흐름을 이해하면서, 구체적인 사항에 대해 정확히 인지한다.

• 본문을 읽어가는 과정에서 밑줄을 그으면서, 키워드를 기억하고, 선택지에서 제시될 내용을 유추한다.

• 밑줄 그어진 키워드와 선택지를 비교하여 정답을 유추한다.

• 정확한 밑줄 긋기 연습을 통해 최대한 단시간에 정답을 도출하도록 한다.

• 선택지에서 글의 내용을 구체적으로 제시하면서, 패러프레이즈한 내용이 정답이다.

• 다음과 같은 오답 구별 요령을 익혀둔다.

　➡ 확실하게 주제에서 벗어난 문장은 먼저 배제한다.

　➡ 문장에서 언급된 키워드가 나오는 선택지는 본문에 제시된 키워드가 있는 문장과 1:1 대응관계로 해결한다.

　➡ 부정어나 한정어(mainly, most) 등이 제시되면 본문에 그 단어가 있는지를 확인한다.

1   As long as human beings have deceived each other, scientists have tried to develop techniques for determining truth. In the 20th century, lie detection took on scientific aspects with the development of machines that use physiological responses as indicators of deception. Polygraph, one of the best known lie-detecting machines, measures the changes in blood pressure, pulse rate and rate of breathing of subjects questioned. However, its reliance to emotional responses in detecting lies is highly questionable since human beings' emotion varies from one person to another. Polygraph, admittedly, fails to take the complexities of lying into account.

Q. Which is correct according to the passage?

(a) Alternative methods have to be explored to substitute for the polygraph.
(b) Polygraph is a reliable method to test a subject's guilt or innocence.
(c) Polygraph is criticized because of its reliance to emotional responses.
(d) Polygraph confirms the complexities of lying and deception

human being 인간 deceive 속이다 determine 결심하다, 정하다 detection 탐지 aspect 관점, 국면 indicator 계기 deception 속임, 사기 polygraph 거짓말 탐지기 pulse rate 맥박 수 reliance 신용, 신뢰 detect 발견하다, 간파하다 questionable 의심나는 vary 다양하다 admittedly 일반적으로 take into account ~을 고려하다, 참작하다

1 As long as human beings have deceived each other, scientists have tried to develop techniques for determining truth. In the 20th century, lie detection took on scientific aspects with the development of machines that use physiological responses as indicators of deception. Polygraph, one of the best known lie-detecting machines, measures the changes in blood pressure, pulse rate and rate of breathing of subjects questioned. However, its reliance to emotional responses in detecting lies is highly questionable since human beings' emotion varies from one person to another. Polygraph, admittedly, fails to take the complexities of lying into account.

Q. Which is correct according to the passage?

(a) Alternative methods have to be explored to substitute for the polygraph.
➡ 위 글에서는 거짓말 탐지기의 한계를 지적하고 있지만, 대안을 찾아야 한다는 것은 언급되지 않았다.

(b) Polygraph is a reliable method to test a subject's guilt or innocence.
➡ 논쟁의 여지가 남아 있으므로 확실한 방법이라 할 수는 없다.

(c) Polygraph is criticized because of its reliance to emotional responses.
➡ 신뢰성의 한계 때문에 비판받고 있다는 내용이 있으므로 정답으로 볼 수 있다.

(d) Polygraph confirms the complexities of lying and deception
➡ 거짓말 탐지기는 거짓말을 탐지하는 것이며, 거짓말의 복잡성을 확인하는 데는 실패했다는 내용이 있으므로 정답이 될 수 없다.

[해 | 설]
진실을 파악하기 위한 거짓말 탐지기의 발달과 한계에 대한 내용이다. 이 글에서는 사람들의 다양한 감정 때문에, 그리고 거짓말의 복잡성을 밝혀내지 못하는 한계 때문에 현재의 거짓말 탐지기(폴리그래프)가 불완전하다는 내용을 밝히고 있다.

인간이 서로를 속이려고 해왔던 만큼, 과학자들은 진실을 파악하기 위한 기술을 개발하려고 노력했다. 20세기에, 속이는 것에 대한 표시로 생리학적 반응을 이용하는 기계의 발달로 인해 거짓말 탐지는 과학적 측면을 띄게 되었다. 가장 잘 알려진 거짓말 탐지기 중 하나인, 폴리그래프는 질문을 받는 피실험자의 혈압, 맥박 수, 그리고 호흡수의 변화를 측정한다. 그러나 감정은 사람마다 다양하기 때문에 거짓말을 탐지할 때 정서적 반응에 의존하는 것은 많은 의구심을 갖게 한다. 거짓말 탐지기는, 의심할 여지없이, 복잡한 거짓말은 측정할 수 없다.

Q. 이 글에 따르면 올바른 것은?

(a) 폴리그래프를 대체할 다른 방법을 검토해야 한다.

(b) 폴리그래프는 용의자의 유무죄를 확인하는 확실한 방법이다.

(c) 폴리그래프는 감정적 반응의 신뢰성 때문에 비판받고 있다.

(d) 폴리그래프는 거짓말과 속임수의 복잡성을 확인해 준다.

❶ [As long as+주어+동사..., 주어+동사...] : ~하는 한, ~만큼

As long as human beings have deceived each other, scientists have tried to develop techniques for determining truth.

인간이 서로를 속이려고 해왔던 만큼, 과학자들은 진실을 파악하기 위한 기술을 개발하려고 노력했다.

❷ fail to부정사 : ~하는 데 실패하다, ~하지 못하다

Polygraph, admittedly, fails to take the complexities of lying into account.

거짓말 탐지기는, 의심할 여지없이, 복잡한 거짓말은 측정할 수 없다.

CHECK UP 주제 및 세부사항

Techniques for determining truth : Polygraph 진실을 밝히기 위한 기술: 거짓말 탐지기

➡ measure the changes in blood pressure, pulse rate, and rate of breathing
혈압, 맥박 수, 그리고 호흡 수의 변화를 측정한다.

➡ questionable reliance : various kinds of emotion & failure on the complexities of lying
의문시되는 신뢰성: 다양한 감정과 거짓말의 복잡성 탐지 실패

→ READING TRAINING

동명사 해석 방식

❶ [동명사 주어+동사] : 동명사 하는 것이 …이다

Raising infected pets / could be very dangerous / since they can pass the disease to their owners. 감염된 애완동물을 기르는 것은 / 매우 위험할 수 있다 / 그들이 질병을 주인들에게 옮길 수 있기 때문에

❷ [주어+동사+동명사] : 주어가 동명사 하는 것을 …하다

According to court documents, / the suspect **admitted to committing** the robbery.
법원 자료에 따르면, / 그 용의자가 강도 사건을 저질렀다는 것을 인정했다

❸ [주어+동사+소유격/목적격+동명사] : 주어는 누군가 동명사 하는 것을 …하다

We couldn't **imagine his choosing** the books / over a computer / as a present.
우리는 그가 책을 선택할 거라고 상상할 수 없었다 / 컴퓨터가 아니라 / 선물로서

❹ [주어+동사+동명사] : 주어가 동명사 했던 것을 …하다

Most people won't **forget buying** their first bicycle / since it's a cherishable memory.
대부분의 사람들은 그들의 첫 번째 자전거를 산 것을 잊지 못할 것이다 / 왜냐하면 그것은 귀중한 기억이기 때문에

❺ [주어+make/find+동명사구+목적보어] : ~하는 것이 …라는 것을 알게 되다

We **found** / **meeting the needs of customers around the world** / **difficult**.
우리는 알게 되었다 / 전 세계의 고객들의 요구를 충족시키는 것이 / 어렵다는

❻ in -ing : ~함에 있어서, ~할 때

The country has made great progress / **in implementing** the plan / to reduce the poverty rate. 그 나라는 큰 진전을 이루었다 / 그 계획을 실행함에 있어서 / 빈곤율을 줄이기 위한

❼ by -ing : ~함으로써

They started the interview process / **by conducting** an in-depth assessment / of new patients' medical conditions.
그들은 인터뷰를 시작했다 / 심도있는 평가를 수행함으로써 / 새로운 환자들의 의학적 상태에 대한

❽ [feel like+-ing] : ~하고 싶어하다

While staying in this city, / I **feel like experiencing** something new / and **having** a good time. 이 도시에 머무는 동안 / 나는 새로운 것을 경험하고 싶고 / 그리고 재미있는 시간을 보내고 싶다

1 Many developing countries have tried to cultivate long-term and sustainable industries. Because they have sufficient natural resources such as timber and oil, they might make more advanced industrial foundations. However, they have several serious obstacles to overcome. Most of all, they are suffering from the political and economic corruption within their own governments. Corrupt politicians siphon off money from the government into their own pockets.

Q. Which of the following is correct according to the passage?

(a) Many developing nations will overcome several political obstacles such as corruption.
(b) Political corruption has become obstacles to the economic development in developing countries.

2 Last year the United Nations held a conference so as to identify the causes of wars and find the methods of settlement. During the conference, many researchers suggested that there were a lot of reasons to contribute to wars. Especially, as the world's population increases, human beings will suffer from lack of natural resources. That might be one of the main causes of wars. For example, in the near future most of the countries around the world will experience lack of water and they will fight for water supplies.

Q. Which of the following is correct according to the passage?

(a) No one knows what will be the causes of wars around the world.
(b) Natural resources such as water might cause the wars among countries.

3 While traveling in Rome, we stayed at the Roman Hotel which has outstanding views of the dignified mountains. Built in the 1850s, the hotel possesses historical charms with antique furniture and a fireplace in each room. Most of the rooms have their distinctive features, especially individual themes. However, the hotel doesn't have enough parking spaces and the restaurant doesn't accommodate a number of guests. Nonetheless, the hotel is worth staying in Rome.

Q. Which of the following is correct according to the passage?

(a) The parking lot in the hotel can accommodate a lot of cars at a time.
(b) Individual rooms have their distinctive themes with historical charms.

1   Studies show that the majority of people involved in criminal activities experienced physical and psychological abuse by their parents during their childhood. It seems then that children who are badly treated during their childhood are most likely to become juvenile delinquents. The primary reason why many adults abuse their children is because they were also abused themselves when young. In effect, the cycle continues and lasts for generations. Juvenile delinquency is usually dealt with by sending delinquents to prison but this is rather weak and inadequate to settle the problem.

Q. What is correct according to the passage?

(a) The best way to solve juvenile delinquency is crime prevention programmes.
(b) Children's behaviour is the result of genetic, social and environmental factors.
(c) The problem of juvenile delinquency is becoming worse in different nations.
(d) Children's exposure to abuse influences the likelihood of juvenile delinquency.

2   How do you deal with nightmares? Experts have different theories regarding the meaning and role of dreams. An American specialist suggests that we should not disregard the memory of our bad dreams since they are actually a subconscious way to help us solve our personal dilemmas. This is related to Sigmund Freud's theory that the content of dreams is rooted in our fears, anxieties and desires. On the other hand, a doctor in Harvard Medical School supports Aristotle's theory explaining that dreams are not emotional in nature since they are responses when the brain is cleaning up its memory bank.

Q. Which is correct according to the passage?

(a) The American specialist supports the theory of Aristotle.
(b) According to research, dreams have no basis in real life.
(c) Doctors around the world don't believe in emotions.
(d) Experts have contrasting views about the nature of dreams.

3   Business leaders and economists have recognized the need for a world currency. With a single world currency, prices all over the world would be kept equal. This would reduce a significant cost and risk of doing business internationally, like trade. Yet, some experts fear that a single world currency would be an economic disadvantage to developing countries whose workers are paid salaries equivalent to only a few dollars, compared to several hundred dollars earned by workers in the United States. This would allow rich countries to dominate and control the world market even more than they do now.

Q. Which is correct according to the passage?

(a) The single world currency will boost trade between countries.
(b) When prices all over the world are equal, trade would be more difficult.
(c) A loophole of a single world currency is the domination of developing countries.
(d) A single world currency, at all respects, is beneficial to the global market.

4 The terms country, state, and nation are often used interchangeably among people. A country is a geographical entity under a single government. A nation, in contrast, is a culturally homogeneous group of people, who share a common language, religion, and historical experience. Lastly, a state is a political institution that has sovereignty over a definite territory within a country or a nation, such as the states of the United States of America. When a nation has a country of its own, it is called a nation-state. The United States is also referred to as a nation-state because of the shared American "culture."

Q. Which is correct according to the passage?

(a) Country, nation, and state are differentiated from each other.
(b) Nation, country and state share a common meaning.
(c) Definition of nation, country and state varies from country to country.
(d) The term nation should be used interchangeably with country and state.

5 An extraordinary young man named Craig Kielburger has done a great contribution to the international society. Inspired by the story of a Pakistani boy who had been one of the victims of child labor, he set up a worldwide organization even during his teenage years. The organization is called "Free the Children," which has a noble mission of helping the victims of child labor. It has built 250 schools and provided $ 2 million for medical supplies and schoolbooks of 100,000 children in developing nations.

Q. Which is correct according to the passage?

(a) Craig was encouraged to think creatively during his childhood.
(b) Craig was exposed to child labor even at a young age.
(c) Craig was rich enough to build an organization.
(d) Craig was stimulated by child exploitation in developing countries.

6 Snoring is a prominent sleep condition caused by breathing obstructions in airways of the sufferer. Factors that cause obstructions include poor muscle tone in tongue and throat, excessive bulkiness of throat tissue due to obesity, sleep-inducing drugs, or just a very deep sleep. It doesn't only cause noise that irritates people, but it can also lead to more serious health problems like sleep apnea or stoppage of breathing. This can also lead to high blood pressure and enlarge the heart. Since anti-snoring aids were found to be ineffective in treating snoring, some resort to costly surgery and injection of snore-plasty.

Q. Which is correct according to the passage?

(a) People who snore already have poor health.
(b) Snoring could lead to serious health conditions.
(c) Snoring is a certain implication of obesity.
(d) People who snore take sleep-inducing drugs.

위아텝스
READING

구체적 추론문제 유형은 구체적 내용일치 유형과 유사하다. 즉 질문의 의도에서 이미 글의 주제, 세부 항목, 작가의 의도 등이 문제로 제시된다. 특히 이와 같은 구체적 추론 유형은 집중력이 상당 부분 요구되고 있는 분야이므로, 독해 고득점을 노린다면 글의 제목과 주체찾기, 글의 내용일치 문제들을 토대로 학습 계획을 잡아야 한다.

UNIT **24**

Part 2 구체적인 추론 유형

P 008 구체적 추론

POINT

★ 일반적인 추론 문제와는 다르게, 구체적인 사항을 물어보는 문제이다.

★ 글의 전체적인 내용을 통해 글의 분위기나 어조 등을 묻기도 한다.

❶ 문제 해결 방식

• 문제 유형의 특성을 이해해야 하며, 전체 내용 추론과는 달리 구체성을 띤 문제 유형을 먼저 이해한다.

• 글을 읽어나가는 과정에서 전체적인 의미 파악보다는 문제와 연관된 부분을 이해한다.

❷ 문제 출제 유형 및 해결 방식

• 구체적인 사항을 통해 추론하는 문제이므로, 문제를 읽는 과정에서 글의 흐름을 이해하고, 글을 읽는 과정에서 핵심 사항에 밑줄을 긋는 연습을 한다.

• 밑줄을 그은 부분과 선택지를 연결하여 정답을 도출한다.

• 문제 출제 유형은 다음과 같다.

➡ 문제 출제 의도와 주제는 이미 문제(Question)에 제시되어 있으므로, 주제를 생각하면서, 그 주제에 맞는 내용을 중심으로 글을 읽고 정리하는 연습을 한다.

Q. What can be inferred about the controversy on the use of pets in scientific experiments? 과학적 실험에서 애완동물의 이용에 대한 논쟁에 대해 추론할 수 있는 것은 무엇인가?

◐ 과학 실험에서 애완동물을 이용하는 것에 대한 논쟁이 진행되고 있다는 내용이 제시되어 있으므로, 그 논쟁에서의 찬성과 반대 의견을 중심으로 글을 정리한다.

Q. Which of the following is most likely to follow the passage?

다음 글에 이어질 내용으로 가장 알맞은 것은?

◐ 글의 주제와 세부 사항을 읽으면서, 글의 목적과 전반적인 내용을 1차적으로 정리하고, 마지막 문장을 통해 글에 이어질 내용을 선별한다. 특히 마지막 문장과 주제를 연결하는 연습을 한다.

1 Gambling has become prominent in today's society. While it is impossible to describe all the repercussions associated with gambling, the following issues help illustrate why gambling is so undesirable. Compulsive gamblers, those who are addicted to gambling, have the highest rate of suicide of any other addiction. Children of compulsive gamblers are often victims of abuse and neglect. As a result, these children perform poorly in school, are more prone to drug and alcohol abuse and are more likely to suffer from depression. Lastly, gamblers are often more likely to engage in criminal activities, suggesting a positive correlation between crime and gambling.

prominent 주목을 끄는 repercussions 반향 illustrate …을 설명하다 compulsive 강박적인 prone (~하기) 쉬운 correlation 상관 (관계)

Q. How does the writer think about gambling?

(a) Compulsive gambling is the worst form of addiction.
(b) Gambling is caused by its popularity.
(c) Gambling is beneficial to gamblers at some points.
(d) Gambling is destructive to both gamblers and their families.

1 Gambling has become prominent in today's society. While it is impossible to describe all the repercussions associated with gambling, the following issues help illustrate why gambling is so undesirable. Compulsive gamblers, those who are addicted to gambling, have the highest rate of suicide of any other addiction. Children of compulsive gamblers are often victims of abuse and neglect. As a result, these children perform poorly in school, are more prone to drug and alcohol abuse and are more likely to suffer from depression. Lastly, gamblers are often more likely to engage in criminal activities, suggesting a positive correlation between crime and gambling.

Q. How does the writer think about gambling?

(a) Compulsive gambling is the worst form of addiction.
(b) Gambling is caused by its popularity.
(c) Gambling is beneficial to gamblers at some points.
(d) Gambling is destructive to both gamblers and their families.

[해 | 설]
도박에 대한 작가의 태도를 보여주는 글로서, 도박꾼들의 문제점을 지적하고 있다. 특히 도박꾼 자신에게도 문제가 되지만, 그 자녀들에게도 영향을 준다는 내용의 글이다.

도박이 오늘 날 사회에서 주목을 끌고 있다. 도박과 관련된 모든 반향을 설명하는 것은 불가능하지만, 다음에 제시된 문제들은 왜 도박이 그토록 바람직하지 않은지를 설명하는 데 도움을 준다. 도박에 중독된 강박적인 도박꾼들은 다른 중독들 중에 가장 높은 자살률을 보이고 있다. 강박적인 도박꾼들의 아이들은 종종 학대와 방치의 희생자들이다. 결과적으로 이러한 아이들은 학업 성취도가 낮으며 마약과 알코올 남용을 하는 경향이 더 있으며, 우울증을 앓는 경향이 높다. 마지막으로 도박꾼들은 때때로 범죄 행위에 관여하는 경향이 더 강한데, 이는 범죄와 도박 사이에서 명백한 관계를 보여주는 것이다.

Q. 저자는 도박에 대해서 어떻게 생각하는가?

(a) 강박적 도박은 중독의 형태 중에서 가장 나쁜 것이다.

(b) 도박은 그것의 대중성 때문에 발생하는 것이다.

(c) 도박은 어떤 면에서 도박꾼에게 이익이다.

(d) 도박은 도박꾼과 그들의 가족 모두에게 파괴적이다.

❶ [While+주어+동사 ..., 주어+동사 ...] : ~인 반면에

While it is impossible to describe all the repercussions associated with gambling, the following issues help illustrate why gambling is so undesirable.

도박과 관련된 모든 반향을 설명하는 것은 불가능 하지만, 다음에 제시된 문제들은 왜 도박이 그토록 바람직하지 않은지를 설명하는 데 도움을 준다.

❷ be more likely to부정사 : 더 ~인 것 같다

gamblers are often more likely to engage in criminal activities

도박꾼들은 때때로 범죄 행위에 관여하는 경향이 더 강한 것 같다.

CHECK UP 주제 및 세부사항

Gambling : undesirable one 도박 : 바람직하지 않은 활동

➡ highest rate of suicide 가장 높은 자살률을 기록

➡ children: victims of abuse and neglect 도박꾼의 아이들 : 학대와 방치의 희생양

➡ engage in criminal activities 범죄 행위에 관여

→ READING TRAINING

조동사 해석 방식

❶ wouldn't : (의도, 고집) ~하려고 하지 않다

We advised her to take the math course / offered by the Information Center, / but she **wouldn't** take our advice.

우리는 그녀에게 수학 과정을 들으라고 조언했다 / 정보 센터에서 제공되는 / 그러나 그녀는 우리의 조언을 들으려고 하지도 않았다

❷ could : (조건, 가정, 가능성) ~할 수도 있다

It was reported that / the author is going to give up writing, / and that **could** be true.

보도되었다 / 그 작가가 절필할 것이라고 / 그리고 그것은 사실일 수도 있다

❸ should have p.p. : ~했어야만 했다

We **should have expected** such harsh comments / on our new online game.

우리는 그런 가혹한 비판을 예상했어야만 했다 / 우리의 새로운 온라인 게임에 대한

❹ could have p.p. : ~할 수도 있었다

The development of the innovative radar system / **could have saved** thousands of victims / from tsunami. 혁신적인 레이더 시스템의 개발은 / 수천명의 희생자들을 구할 수 있었을 텐데 / 쓰나미로부터

❺ would have p.p. : ~하려고 했는데, ~이었을 텐데

After last year's economic crisis, / she **would have sold** all of her stocks, / but she didn't / because of some financial experts' recommendation.

작년 경제 위기 이후에 / 그녀는 모든 주식을 팔려고 했었다 / 그러나 그녀는 그러지 않았다 / 몇몇 금융 전문가들의 권고 때문에

❻ must have p.p. : ~이었음에 틀림없다, ~했었음에 틀림없다

My friend Mike **must have informed** my parents / of the result of my final exam.

내 친구 마이크가 내 부모님께 알렸음에 틀림없다 / 기말고사의 결과를

❼ might have p.p. : ~이었을지도 모른다

Without a compass and a lantern, / they **might have lost** their way in a forest.

나침반과 랜턴이 없었더라면, / 그들은 숲에서 길을 잃었을지도 모른다

❽ couldn't have p.p. : ~이었을 리가 없다

Most of the judges believe that / the suspect **couldn't have been** at the murder scene.

대부분의 배심원들은 믿고 있다 / 그 용의자가 살인 현장에 있었을 리가 없다고

1 The term stuffing, dressing, first appeared in English in 1538. It was originally known as farce in the Middle Ages. Farce was a brief, lighthearted play stuffed in between lengthy religious performances to keep the audience from being bored. Then it became a term referring to a spiced chopped meat mixture. But the term stuffing began to be referred to as dressing by Victorian upper class. Nowadays, the terms stuffing and dressing are used interchangeably.

Q. What can be inferred about the stuffing according to the passage?

(a) Ancient people originally made the stuffing, farce, as a snack to prevent people from being bored.

(b) The Victorian upper class wanted to use the term dressing rather than stuffing.

2 These days most of the people around the world have become interested in anti-aging medicines. The products related to anti-aging medicine are expected to become a billion-dollar industry in the future. Many companies are making and promoting their products. However, they deliver a negative image of the aging process and emphasize negative images of older people. Moreover, they don't have convincing evidence that their products actually work.

Q. What can be inferred about the marketing of the companies producing anti-aging medicines?

(a) They are conveying negative thoughts of aging to customers.

(b) They have already shown customers reliable evidence of their products.

3 Scientists have tried to find out the way animals communicate with each other, but they have had difficulty identifying their communication ability. Recently, however, several scientists have developed a new way to discover their ability by listening to their calls. They employed some communications engineers who have tried to decode the communications of whales and elephants. By using microphones installed in animal habitats, they made important discoveries.

Q. What is more likely to be suggested in the following?

(a) What did the scientists find about animals' communication ability?

(b) How did the scientists install the microphones in animal habitats?

1   Many pet owners have thought of their pet as a valuable family member because of its psychological value. A lawsuit recently filed in the United States is expected to cause several controversies on the value of pets. A pet owner hospitalized his puppy for treatment of chronic seizures. Veterinarians treated him through blood transfusions and radiation, but he died despite all of their attempts. The pet owner accused the veterinarians of malpractice and lawyers said that he had sufficient grounds in this case. This lawsuit appeals to pet owners, making veterinarians concerned that their malpractice insurance and cost of raising pets will increase rapidly.

Q. What do veterinarians think of the lawsuit related to the malpractice?

(a) The treatment of chronic illnesses will be successful after the lawsuit.
(b) The cost of raising pets and insurance will skyrocket sooner or later.
(c) All of the attempts to treat pets will be ignored because of the malpractice.
(d) All the pets should be considered one of the valuable family members.

2   Although many experts insist on the negative influence of home schooling, a lot of parents are turning to home-based education. The number of children who are experiencing home-schooling has increased rapidly in the 2000s. There are a lot of advantages suggested by parents, who have succeeded in home-schooling. The parents can control the content of their children's education, don't depend on the schools, and don't have to make their children experience physical or emotional problems at school. However, recent reports and researches are raising a question on the effectiveness of home-schooling.

Q. Which of the following is most likely to follow the passage?

(a) Home-schooling is the most effective method to educate children.
(b) Home-schooling has negative effects on children despite its popularity.
(c) Conventional schools should not approve of any form of home-schooling.
(d) Parents are convinced that home-schooling will be a good alternative in the future.

3   As members of the United Nations, it is our duty to maintain international peace and security and promote international development and cooperation among states. As members of the UN, we all have to ensure that the 21st century is far better than the past. To make this happen, efforts should be made to uphold the purposes and principles of the Charter of the United Nations. It is essential to ensure to all Member States of the United Nations the right to equal participation in international affairs and the rights and interests of the developing countries should be safeguarded.

Q. What is the attitude of the writer?

(a) Persuasive   (b) Emotional
(c) Critical   (d) Defensive

4 When people retire form their jobs, they may be confused. They don't know what to do and how to spend their remaining time. Their physical condition worsens and they easily become depressed. Their family members also suffer from stress and financial insufficiency. Therefore, some experts have attempted to provide people with a bright future after retirement. They encourage people who are going to retire to prepare alternatives such as volunteering for their future. That means the pursuit of a new interest or career. That kind of thing will provide them with comforts and pleasures for their creative retirement.

Q. What can be inferred about successful retirement according to the passage?

(a) Retirement are likely to provide people with less stress.
(b) Retired workers should find similar jobs to their former jobs.
(c) Retired workers should find creative alternatives such as volunteering.
(d) The family of retired workers usually feel comfortable and happy.

5 The influence of peer groups in the development of children has been one of the most controversial aspects in juvenile education. Some parents want to introduce their child to the peer group, while others want their child to be involved in getting along with other playmates. In another case, most parents don't want their child influenced by companions who are excessively boisterous, aggressive, or defiant. Then how can parents help their child make positive social relationships with their peer group?

Q. What can be inferred about parents' opinions on peer groups of their children?

(a) Many parents don't want their children to have a friend with negative characteristics.
(b) The development of children is not influenced by who becomes their friend.
(c) Most parents all agree with their children's estimation on their friends.
(d) Boisterous, aggressive, or defiant friends have a positive impact on children.

6 Dear Charles Allan,

After the repair on our patio last week, I already called you about it. But you haven't suggested any alternative for your mistakes. So I am writing to complain about the work carried out by your firm and to ask you to re-do the work again. Your work last week was not up to my satisfaction. Large cracks have already appeared in the concrete area and the paved part are not stable. Most of all, the area is very dangerous to walk on. Please send your repairmen to see around and re-do the work as soon as possible. If you don't take steps immediately, I will withhold my payment.

Q. What can be inferred about the condition of the patio according to the letter?

(a) The repair carried out Allan's company was perfect.
(b) The patio is unstable and dangerous to walk on.
(c) The writer is very satisfied with the condition of the patio.
(d) The writer is going to pay for the perfect repair.

위아텝스
READING

내용추론 문제는 독해 영역에서 파트 1, 2 그리고 실전 유형에 숙달된 이후에 구체적인 학습 계획을 잡아야 한다. 추론 유형의 특징은 얼마나 구체적인 내용의 주제와 세부 항목들을 빠르게 정리하느냐에 달려있다. 내용추론 문제 유형은 글의 주제 설명 방식, 세부항목들의 나열 등이 제시되므로 글의 주제와 함께 세부적인 사항들을 정리해야 하며, 글의 패러프레이즈가 어떻게 제시되고 있는지를 판단해야 한다. 추론 유형의 문제이지만 글의 전체적인 주제와 내용에서 벗어나서는 안된다.

UNIT 25

Part 2 추론 유형

P 009 추론 유형

POINT

★ 글의 전체적인 내용 파악을 통해, 추론을 통해 해결하는 문제이다.

★ 세부적인 사항뿐만 아니라, 글의 이면의 의미를 파악하라는 유형이다.

What can be inferred from the passage?

Which statement would the writer more likely agree with?

❶ 문제 해결 방식

• 글의 주제 및 내용 일치 유형과 유사하면서, 그 이면의 의미를 묻는 경향이 강하므로, 추론에 근거한 문제 풀이 방식을 고려한다.

• 글의 주제 및 내용 일치 문제와 유사한 문제도 있으므로, 글의 주제 및 세부사항 파악은 기본이다.

• 구체적인 사항들에 대해, 각각의 문장이나 구문이 갖는 의미를 판단한다.

❷ 문제 출제 유형 및 해결 방식

• 글의 주제 및 내용 일치 문제를 푸는 방식과 유사한 방식으로 문제를 해결한다.

• 주제를 제시하고, 내용을 전개하는 작가의 의도를 판단하면서 문제 해결 방식을 고민한다.

• 본문을 읽는 과정에서 밑줄을 그으면서, 키워드를 기억하고, 선택지에서 제시될 내용을 유추한다.

• 밑줄 그어진 키워드와 선택지를 비교하여 정답을 유추한다.

• 정확한 밑줄 긋기 연습을 통해 최대한 단시간에 정답을 도출하도록 한다.

• 선택지 중에서, 글의 내용을 구체적으로 제시하면서 패러프레이즈한 내용이 정답이다.

• 문제에 따라 정답 추론이 어려울 때 소거법도 고려한다.

1 Europe is known to be a continent of elegant and industrialized countries. However, it is reported that Europe's forests and woodlands have been destroyed by logging, pollution, urbanization, calamities, and disease. More than 70% of the remaining trees are said to be at risk of dying. In addition, the European Commission departments concerned were poorly coordinated and have failed to implement the necessary forestry policies. Environmentalists suggest that reforestation or restoration ecology programs could reverse the disaster and play a significant role in fighting against environmental damage and restoring biological diversity.

Q. What can be inferred from the passage?

(a) Europe is facing serious environmental problems.
(b) The logging industry is very prevalent in Europe.
(c) Reforestation would be an insufficient remedy.
(d) Europe is the most polluted continent in the world.

continent 대륙 elegant 우아한, 품위 있는 urbanization 도시화 calamity 큰 재난 coordinate 조정하다 implement 수행하다 environmentalist 환경 보호론자 reforestation 다시 나무를 심다 ecology 생태학, 환경보전 disaster 재해, 재앙 significant 중요한, 소중한 restore 재건하다, 복구하다 diversity 다양성, 변화 prevalent 널리 행해지는 remedy 구제책

1 Europe is known to be a continent of elegant and industrialized countries. However, it is reported that Europe's forests and woodlands have been destroyed by logging, pollution, urbanization, calamities, and disease. More than 70% of the remaining trees are said to be at risk of dying. In addition, the European Commission departments concerned were poorly coordinated and have failed to implement the necessary forestry policies. Environmentalists suggest that reforestation or restoration ecology programs could reverse the disaster and play a significant role in fighting against environmental damage and restoring biological diversity.

Q. What can be inferred from the passage?

(a) Europe is facing serious environmental problems.
(b) The logging industry is very prevalent in Europe.
(c) Reforestation would be an insufficient remedy.
(d) Europe is the most polluted continent in the world.

[해 | 설]
유럽에서 발생하고 있는 삼림 파괴 현상을 다루고 있는 글이다. 현재 발생하고 있는 문제점과 그 대안을 제시하고 있다. 전반적으로 '유럽의 환경 문제'를 다루고 있으므로 (a)를 정답으로 고를 수 있다.

유럽은 격조 있고 산업화된 나라들로 구성된 대륙으로 알려져 있다. 그러나 유럽의 숲과 삼림은 벌목, 오염, 도시화, 재난, 그리고 질병으로 파괴되어 왔다고 보고되었다. 남아있는 나무의 70% 이상이 죽을 위험에 처해있다고 한다. 게다가, 유럽 위원회의 관계 부서들은 거의 협력하지 못하고 있으며, 필수적인 삼림 정책 수행에 실패했다. 환경 보호론자들은 재조림 또는 생태 보존 프로그램이 재난을 막고 환경적 피해에 대항하고 생물학적 다양성을 복구하는 데 큰 역할을 수행할 수 있을 것이라고 한다.

Q. 이 글에서 추론할 수 있는 것은?

(a) 유럽은 심각한 환경 문제에 직면해 있다.

(b) 유럽에서 벌목 산업은 매우 널리 퍼져 있다.

(c) 재조림 사업은 구제책으로 불충분할 것이다.

(d) 유럽은 세계에서 가장 오염된 대륙이다.

❶ be said to부정사 : ~하다고 말해지다

More than 70% of the remaining trees are said to be at risk of dying.

남아있는 나무의 70% 이상은 죽을 위험에 처해 있다고 한다.

❷ [명사+concerned] : 관련되어 있는 명사

the European Commission departments concerned were poorly coordinated and have failed to implement the necessary forestry policies.

유럽 위원회의 관계 부서들은 거의 협력하지 못하고 있으며, 필수적인 삼림 정책 수행에 실패했다.

CHECK UP 주제 및 세부사항

destruction of European forests and woodlands 유럽 숲과 삼림의 파괴

➡ logging, pollution, urbanization, calamities, and disease 벌목, 오염, 도시화, 재난, 그리고 질병

➡ poor coordination and failure of forestry policies 협력 부족과 삼림 정책 실패

➡ necessity of reforestation or restoration ecology programs 재조림 생태 보존 프로그램의 필요성 제기

➡ reverse the disaster, cope with climate change, restore biological diversity
재앙을 막을 수 있다, 기후변화에 대처할 수 있다, 생물학적 다양성을 회복할 수 있다.

비교급 해석 방식

❶ [형용사+명사] / [명사+형용사구] : ~한 명사

Each state has enacted a law / that reduces **the acceptable amount of alcohol** / people can consume / before driving a car.

각각의 주는 법을 제정했다 / 허용 알콜의 양을 줄이는 / 사람들이 소비할 수 있는 / 자동차를 운전하기 전에

❷ [as ... as possible] : 가능한 한 ~한/하게

You should clean your apartment / **as quickly as possible** / by removing all the trash.

당신은 당신의 아파트를 청소해야 한다 / 가능한 빨리 / 모든 쓰레기를 버리면서

❸ [as ... as (it) can[could] be] : 가장 ~한/하게

Since the police didn't have any evidence, / his witness was **as important as could be**.

경찰은 어떠한 증거도 가지고 있지 않기 때문에 / 그의 증언은 정말 중요했다

❹ [not so much A as B] : A라기보다는 B

Many companies are selecting outside directors / **not so much for their experience as for their expertise**.

많은 회사들은 외부 이사들을 선택하고 있다 / 그들의 경험 때문이라기 보다는 그들의 전문적 지식 때문에

❺ [비교급+than] : ~보다 더 …한

Most people have realized that / time is **more precious than** any other thing.

대부분의 사람들은 깨닫고 있다 / 시간이 어떤 것보다 더 중요하다는 것을

❻ [more A than B] : B라기보다는 A한

Many of the teachers in our school / are **more lenient than strict**.

우리 학교의 많은 선생님들은 / 엄격하기보다는 관대하시다

❼ [the 비교급 ..., the 비교급 ...] : ~하면 할수록, 더 …하다

The more I come into contact with wealthy people, / **the more** I believe that / they look upon their money as an instrument.

내가 부유한 사람들과 접촉하면 할수록, / 나는 더 믿게 되었다 / 그들이 그들의 돈을 도구로 생각한다는 것을

❽ [the+최상급+명사] : 가장 ~한 것

Some people criticize the fact that / some illusions are **the most precious part** of religions.

어떤 사람들은 그 사실을 비판한다 / 환상이 종교의 가장 귀중한 부분이라고

❾ [one of the 최상급+복수 명사] : 가장 ~한 것 중의 하나

The National Museum will show / **one of the finest collections** of Chinese art.

국립 박물관은 보여줄 것이다 / 중국 예술의 가장 훌륭한 작품들 중 하나를

1 Because of the potential danger of the appendix, it was usually removed or discarded during any kind of abdominal surgery. The purpose of this type of surgery was to prevent any potential attack from happening in one's life. A considerable health hazard made people think that the appendix was an unnecessary organ. However, now the tissue of the appendix often helps doctors use it for a variety of reconstructive surgeries. And it nearly disappears after the age of 60.

Q. What can be inferred from the passage?

(a) The appendix has continuously been disregarded by doctors because of its potential dangers.

(b) In the past doctors eliminated the appendix from patients' body to prevent its dangers.

2 Today many households are called double-income family. The term 'double-income family' refers to the family where both the husband and wife have full-time jobs. There are numerous disadvantages in this kind of double-income family. First of all, in order to raise children, they should hire a babysitter or enroll their children in a daycare center. Second, they don't have enough time to enjoy with their family. Finally, they don't spend many hours doing household chores such as cooking, cleaning, and washing.

Q. What can be inferred from the passage?

(a) Despite many disadvantages, a double-income family should be thought of as a family model in the society.

(b) In double-income families, parents can't nurture their children by themselves.

3 Longevity research has become a major interest in science. Scientists have conducted a lot of experiments on aging, and have obtained good results. Nevertheless, unlike pharmaceutical companies, the government resolutely hesitates to invest money into anti-aging medicines. Rather, the health care officials in the government suggest another proven way to increase one's life span. Eating less and exercising more will be keys to leading to a healthy lifestyle.

Q. What can be inferred from the passage?

(a) The government should invest more money into making anti-aging medicines to increase people's life expectancy.

(b) Some pharmaceutical companies and scientists are not reluctant to demonstrate the effect of anti-aging medicines.

1　Criticisms have flooded the World Trade Organization because of its participation in the agreement for the protection of property rights of pharmaceutical companies. The protection of pharmaceutical patents is perceived to limit poor people's access to medicine since the agreement allows drug companies to charge high prices for medicines. However, people must also consider that the income of pharmaceutical companies is used to conduct research for the development of new drugs. Unfortunately, underdeveloped countries are not used as venue for research since poor people are not profitable market. As a result, the diseases of the poor people are almost left untreated.

Q. What can be inferred from the passage?

(a) The World Trade Organization is definitely doing a great job.
(b) People must realize that not all companies are after profit.
(c) The agreement works to the disadvantage of poor countries.
(d) All countries will benefit from the agreement in the long run.

2　Nutritionists over the decades have been designing numerous diet fads to stay healthy, yet the most effective has remained elusive. Recently, a number of nutritionists suggest that we return to the old-fashioned food habits of our ancestors. Our ancestor's diet, according to them, maintains the right balance of nutrients. Modern humans, whose genetic make-up remained the same, are also physically programmed for a hunter-gatherer lifestyle as our ancestors: lots of exercise, large quantities of lean meat, and small amounts of fat. Adopting the traditional health habits in the modern times is a breakthrough in understanding human health and nutrition.

Q. What can be inferred from the passage?

(a) Our ancestor's diet could be the most effective diet plan.
(b) We must avoid eating in fast food chains nowadays.
(c) People must also incorporate heavy workout programs.
(d) Modernization definitely leads everyone to unhealthy lifestyle.

3　There are several theories on the functions of sleep. Sleep is believed to have direct relationship to physical and mental health. One theory states that the major function of sleep is to conserve our energy. Another suggests that sleep provides protective mechanism since the hunger mechanism is suppressed during sleep and food supplies are conserved. Evolutionary perspective explains that people are weakest in time of darkness but sleep makes them less vulnerable to predators. Sleep has restorative function for the brain and body. It gives the brain a chance to reorganize and also helps the body to recuperate physically.

Q. What can be inferred from the passage?

(a) Sleep insomnia is developed by stressed people.
(b) Lack of proper sleep could lead to medical complications.
(c) The weak people should increase their sleeping hours.
(d) Too much sleep hours could contribute to obesity.

4 The United States has been called a melting pot, a cultural term which expresses a huge immigration wave in the country. Since the founding of the country, the U.S. has attracted a lot of immigrants every year. Especially, during the 2000s, many American citizens were born outside of the U.S. Many American immigrants come from Latin America, Africa, Asia, and the Middle East as well as European countries and have a lot of cultural diversity. This trend of immigration has also caused linguistic problems. Many citizens in most major U.S. cities speak a native language other than English. The influx of foreigners has not always brought about smooth assimilation, unlike the term melting pot.

Q. What can be inferred from the passage?

(a) The number of immigrants in the U.S. increased most in the 2000s.
(b) There are few immigrants from European countries these days.
(c) The U.S. government expects immigrants to assimilate to the society smoothly.
(d) The term melting pot doesn't seem to be valid at the present time any more.

5 Using animals in scientific experiments has been opposed for a long time though it has a positive impact on the improvement of human health. Nonetheless, few people object to tests using rodents such as rats or mice since they are considered to be irritating household pests. They don't have any human-like qualities, different from pets such as dogs and cats, but have many genes in common with those of human beings. The experiments using them have excellent research results. That's because people allow scientists to use rodents in experiments over generations.

Q. What can be inferred from the passage?

(a) Pets such as dogs and cats are not likely to be laboratory animals.
(b) Scientists haven't had remarkable results while using animals in experiments.
(c) It seems that people will object to the use of rodents in scientific experiments.
(d) The genes of rats are quite different from those of human beings.

1 "Faustus" or "The Tragical History of Doctor Faustus", a play by Christopher Marlowe, is about a man who sold his soul and made a pact with Lucifer in exchange for power and knowledge. It was first published in 1604, eleven years after the author's death and twelve years after the first performance of the play. Two versions of the play exist: the 1604 quarto by Valentine Simmes and the 1616 quarto by John Wright. Scholars agreed that no other play has created more controversy than "Dr. Faustus."

Q. What is the best title of the passage?

(a) Tragical Life of Christopher Marlowe
(b) Global Popularity of "Faustus" in Europe
(c) Introduction and Estimation of "Faustus"
(d) First Performance of "Faustus"

2 During the Middle Ages and Renaissance, the act of marriage involved two things: performing rituals for couples to be recognized as husband and wife and knowing other sexual relationship outside marriage that are socially acceptable and binding. During the Middle Ages, Western European cultures recognized more than one form of union between men and women. In early medieval society, both legal marriage and concubinage were considered legitimate relationships. The concubine was recognized in addition to the lawful wife. Formal contracts involving agreements of support obligations were drawn up between partners.

Q. Which of the following is the best title of the passage?

(a) Marriage Customs in Medieval Times
(b) Marriage Traditions in Different Countries
(c) The Evolution of Marriage
(d) The Role of Women in the Middle Ages

3 New York's Rose Center for Earth and Space created a controversy when they put up a display of the solar system which excluded Pluto from the list of planets. Pluto, was contested to be an asteroid rather than a planet. However, Pluto's status as a planet has been continually defended by the International Astronomical Union. Although its size and elliptical orbit do differ from those of the solar system's other planets, these criteria are arbitrary traits that do not discount its status as a planet. This had finally appeased the thousands of astronomers who were outraged by Rose Center's claim.

Q. Which of the following is correct according to the passage?

(a) Rose Center agreed that Pluto is a planet.
(b) Pluto's planetary status was retained.
(c) Pluto was discovered by Rose Center for Earth and Space.
(d) Pluto is the biggest asteroid discovered.

4 Two months after the continuous attack of Ottoman Empire, the Battle of Vienna happened on September 12, 1683 ending the plan of the empire to advance into Europe. Their defeat was caused by the interference of the Holy League's troop comprised of armed from Austria, Germany and Poland. A total of 20000 men with the Polish king in front of heavily armed winged Polish lancer hussars broke the lines of the confused and tired Ottomans. In less than three hours after the cavalry attack, the Christian Forces had won the battle and saved Vienna from capture.

Q. Which of the following is correct according to the passage?

(a) Ottoman Empire captured Vienna after two months.
(b) The Holy League saved Vienna in the battle.
(c) The Ottoman soldiers were wiped out by the Holy League.
(d) The battle happened after the Ottoman advanced to Europe.

5 An Englishman named Adrian Nicholas was the first person to use a parachute designed and sketched by the great Renaissance artist and inventor Leonardo da Vinci in a notebook in 1483. Assisted by his Karen Olsen, his partner in the project, they constructed the parachute using only materials that would have been available in Leonardo's time. It was a much smoother and slower ride than expected. As Nicholas stated after his achievement, "All the experts agreed it wouldn't work-it would tip over or fall apart or spin around and make you sick-but Leonardo was right all along."

Q. Which statement would the writer more likely agree with?

(a) Leonardo's parachute design was really feasible.
(b) The parachute should be made of modern materials
(c) Leonardo da Vinci constructed the first parachute in 1483.
(d) Adrian Nicholas made changes on the design.

6 Unnoticeably every day you observe rules of personal space. According to anthropologist Edward Hall, Americans have four special zones for social interaction; the closest being the intimate zone, is restricted to lovers or parents with infant children. The next zone is the personal zone, is for intimate conversations with close friends. The third zone is the social consultive zone, which most daily conversation and business occur. The public zone begins at about three meters and continues to about eight meters. However, every culture defines its own rules of proximity.

Q. What can be inferred from the passage?

(a) The public zone for Americans is limited for lovers.
(b) The intimate zone is recommended for business conversations.
(c) Personal space rules are not the same for every culture.
(d) Everybody observe personal space consciously.

위아텝스
READING

파트 3의 일관성 문제는 글의 내용을 어떻게 전개해 나가는가를 측정하는 문제이다. 글의 주제가 미리 첫 번째 문장에서 제시되기 때문에 글의 주제를 정확하게 인식하고, 그 주제에 따라 글의 내용을 예측 하는 훈련이 필요하다. 대부분의 문제는 글의 주제에서 벗어난 하나의 문장을 제시하므로 글의 주제에 서 완전히 벗어난 문장을 찾는 것이 중요하다. 그러나 대부분 주제에서 벗어난 문장이라 하더라도 키워 드의 형태는 유사하게 제시되므로 각각의 문장에서 키워드가 설명되는 방식을 고려하여 문제를 해결해 야 한다.

UNIT **26**

Part 3 내용에서
어긋난 것 찾기

P 010 ┃ 내용에서 벗어난 유형 찾기

POINT

★ 글의 주제에서 벗어난 문장을 찾는 문제이다.

★ 글의 전체적인 흐름과 주제와 다르게 제시된 문장을 선택해야 한다.

❶ 문제 해결 방식

• 문장 전체의 주제 및 공통적인 키워드를 판별한다.

• 글의 설명 방식에 초점을 두고, 무엇에 관해 설명하고자 하는지를 이해한다.

❷ 문제 출제 유형 및 해결 방식

• 주제와 완전히 다른 키워드가 있을 때, 정답으로 유추할 수 있다.

• 모든 문장에 공통적인 키워드가 등장할 때는, 키워드 자체보다는 문장 각각의 의미를 판단하는 것이 중요하다.

• 키워드를 언급한 이유 혹은 그 키워드를 설명하는 방식에 초점을 두고 글을 읽는다.

• 문제 유형별 분류 방식은 다음과 같다.

(1) 주제에서 벗어난 문장 찾기

   ◐ 패턴 10에 해당하는 대부분의 문제가 이 유형에 속한다. 정답이 되는 것은 글의 주제에서 벗어난 문장이다. 따라서 Part III의 문제를 풀 때는 첫 번째 문장을 통해 글의 주제를 요약하고, 선택지 (a), (b), (c), (d)를 읽는 과정에서 주제에서 벗어난 문장을 찾는다. 핵심적인 키워드는 유사한 단어가 제시되므로, 키워드가 아닌 문장별 주제를 요약하는 연습을 한다.

(2) 선택지에서 벗어난 문장 찾기

   ◐ 문제 출제 의도는, 주제와는 직접적인 연관성이 있지만, 선택지 사이의 연관성이 떨어지는 문장을 찾는 유형이다. 이러한 유형의 문제들은 주제와의 관계보다는 선택지 사이의 내용 정리와 주제 정리가 선행되어야 한다. 따라서 글을 읽어나가는 과정에서 주제와의 연관성은 있지만, 선택지 사이의 연결 관계가 불완전한 부분을 정답으로 선택한다.

1 As fitness becomes a very important concern of many people, people now engage in fitness activities like weight training, but there are also lots of fitness fallacies. (a) One famous example of these is spot reduction which states that we can reduce fat in a specific spot such as abdomen. (b) Strengthening the abdominal muscles is important for proper posture. (c) The reality is that body fat cannot be reduced at only one specific body part. (d) Doing even a thousand crunches per day would not promise flat abs.

engage (시간을)보내다 fitness 피트니스, 건강 fallacy 그릇된 생각, 허위 abdomen 배, 복부 proper 알맞은, 적당한, 적절한 posture 자세, 마음가짐 crunch 크런치 〈복부 운동의 한 종류〉 flat 평평한, 납작한 abs 복부

1 As fitness becomes a very important concern of many people, people now engage in fitness activities like weight training, but there are also lots of fitness fallacies. (a) One famous example of these is spot reduction which states that we can reduce fat in a specific spot such as abdomen. (b) Strengthening the abdominal muscles is important for proper posture. (c) The reality is that body fat cannot be reduced at only one specific body part. (d) Doing even a thousand sit-ups per day would not promise flat abs.

몸매 관리가 많은 사람들의 중요한 관심사가 되면서, 사람들은 현재 웨이트 트레이닝과 같은 몸매 관리 활동에 관여하고 있다. 그러나 몸매 관리와 관련된 오해들도 많다. (a) 한 가지 유명한 예로 복부와 같이 한 부위의 지방을 감소시킬 수 있다고 말하는 부분 감소를 들 수 있다. (b) 복부 근육 강화는 올바른 자세를 위해 중요하다. (c) 체내의 지방이 특정한 한 부위에서만 감소될 수 없다는 것이 현실이다. (d) 심지어 하루에 천 번의 윗몸 일으키기를 해도 평평한 복근을 보장할 수는 없을 것이다.

[해 | 설]

몸매 관리와 관련하여 복부 운동의 효과성에 대한 의문을 다루는 글이다. (a), (c), (d)는 몸매 관리를 위해 복부 운동을 하더라도 특정 부위의 지방을 제거하는 것이 어려울 수 있다는 내용이다. (b)에서도 복부 근육 강화 운동이라는 키워드가 제시되어 있지만, 몸매 관리가 아닌 올바른 자세와의 연관성을 언급하고 있다.

❶ -ing(동명사) 주어 : ~하는 것

Strengthening the abdominal muscles is important for proper posture.

복부 근육을 강화하는 것은 올바른 자세를 위해 중요하다. (strengthening ... : ~을 강화하는 것)

Doing even a thousand sit-ups per day would not promise flat abs.

심지어 하루에 천 번의 윗몸 일으키기를 하는 것도 평평한 복근을 보장할 수는 없을 것이다. (Doing ... : ~하는 것)

CHECK UP 주제 및 세부사항

fitness fallacies 몸매 관리에 관한 오해들

➡ spot reduction 부위별 감소가 가능하다는 오해가 있다.

➡ not reduced at one specific body part 특정 부위에서 감소되지 않는다.

➡ not promise flat abs 복부 근육의 강화를 보장하지 못한다.

명사절 해석 방식

❶ [That절+동사] : That 이하 하는 것이 …이다

That our thoughts can change the structure and function of our brains/ is the most important part of the research.

우리의 생각이 두뇌의 구조와 기능을 바꿀 수 있는 것은 / 그 연구의 가장 중요한 부분이다

❷ [주어+be동사+that절] : 주어는 that 이하 하는 것이다

What impressed me most/ **was that/** my friend Jonathan was not passive anymore.

나에게 가장 인상 깊었던 것은 / 이었다 / 내 친구 조나단이 더 이상 수동적이 아니라는 것

❸ [주어+동사+the fact/belief/idea that절] : 주어는 ~라는 사실/믿음/생각을 …하다

Our organization is trying to promote **the belief that/** everyone deserves to live on a healthy planet. 우리 단체는 그 믿음을 증진시키기 위해 노력하고 있다 / 모든 사람들이 건강한 행성에서 살 가치가 있다는

❹ [주어+동사+what절] : 주어가 what절을 하다

At last the researchers got/ **what they had wanted** for a long time.

마침내 연구자들은 얻어냈다 / 그들이 오랫동안 원해 왔던 것을

❺ [how+주어+동사] : 어떻게 ~하는지

All of the board members couldn't understand/ **how the president succeeded** in the contract. 모든 이사진들은 이해할 수 없었다 / 사장이 어떻게 그 계약에 성공했는지

❻ [how+형용사/부사+주어+동사] : 얼마나 ~한지

All of us know / **how imperative it is /** to improve the social welfare system.

우리 모두는 알고 있다 / 얼마나 중요한지 / 사회 복지 시스템을 향상시키는 것이

❼ [whether+주어+동사+보어/목적어+or not] : ~인지 아닌지

In this paper, we should confirm/ **whether** Marijuana should be legalized or not.

이 논문에서 / 우리는 확증해야 한다 / 마리화나가 합법화되어야 하는지 그렇지 않은지

❽ [주어+ask/doubt/see/wonder+if절] : ~인지 아닌지 묻다/의심하다/알아보다/궁금해하다

I was **wondering** / **if** you had the time / to show me around this exhibition.

나는 궁금했다 / 너에게 시간이 있는지 / 나에게 전시 안내를 해줄

1   In the near future, the satellites are expected to be launched from the ocean, not from the land. (a) A satellite manufacturer has decided to utilize an ocean-based launch platform. (b) Since the ocean is full of many natural resources, the company will use it for scientific research. (c) Some scientists in the company think that the sea will make a perfect location for launching satellites. (d) While land-based launch platforms are regulated by laws such as environmental laws, an ocean-based launch service is free from the regulations since the sea is not confined in a country.

2   Undoubtedly, many species of animals have naturally become extinct on the Earth throughout history. (a) Human beings should take responsibility for the extinction of rare animals. (b) Dinosaurs are one of the most remarkable examples in the natural extinction. (c) Though there wasn't any convincing evidence, thousands of dinosaurs disappeared on the Earth naturally. (d) In addition, other species such as mammoth became extinct several thousand years ago.

3   Many experts suggest that we consider several factors as to when people should retire from their work. (a) Determining the time to retire is not an easy task because of these factors such as workplace and working conditions. (b) Working conditions are one of the most important things in workers deciding their job. (c) For example, if a person works in a factory, he or she has to be physically agile. (d) However, if he or she is a teacher or a professor, he or she should be mentally sound to teach their students.

4   Many economic experts have claimed that the countries around the world have a common currency. (a) That's because whenever exchanging the currency in any country, people should pay a commission of some percent. (b) In particular, many companies suffer in a similar way when they import or export their products. (c) Therefore, the single European currency is expected to be an alternative in this situation. (d) Several European countries such as Britain are reluctant to choose Euro as their common currency.

1   Providing motivations, considered one of the most vital responsibilities of a manager, is a proven tool to enhance work performance. (a) Psychologist Frank Hartford believes that people are wholly motivated by self interest. (b) He called this the "what's-in-it-for-me" principle and considered it to be very much reliable. (c) Everybody wants to be successful in whatever field of work they are in. (d) Giving rewards in the form of salary increase, commission, or offering extra holidays would definitely motivate a person.

2   When it comes to the implementation of age restrictions in workplace, there are several factors considered such as types of workplace, types of jobs, and physical condition of individual. (a) Factories and hospitals, for instance, would require workers to be physically and mentally agile. (b) Therefore, old people are not usually expected to work in such places. (c) We must also consider that there are a lot of young people unemployed. (d) However, fields such as research, teaching and entrepreneurship would be an advantage to older people since these areas require more years of expertise.

3   As an important part of marketing scheme, a strong brand would really make a difference to the consumer when faced with several choices. (a) Advertisements have flooded the media and billboards in highways, and strong marketing scheme helps make a famous brand like Pepsi or Coca-Cola be a generic term. (b) The culture, history and values of the target consumers are good considerations of product sales. (c) Different approaches in brand marketing are used by companies to create a positive impression. (d) The effectiveness of an approach leads to the patronage of the target consumers.

4   In the modern society, most young people are moving from their hometown in the countryside to large metropolitan areas. (a) They want to have more modern lifestyles which are only available in large cities. (b) This kind of migration has posed a threat to longstanding rural traditions. (c) Rural traditions have been considered the most important social value in any society. (d) The traditional values and beliefs have been replaced by faith in the convenience in urban areas.

5 Most of the countries around the world encourage their people to spend more money in order to boost the domestic economy. (a) They believe that spending more money and buying more products will stimulate the manufacturing industry, creating more jobs in their country. (b) In particular, as some experts have stated, encouraging housewives to buy new goods continuously is vital to their economy. (c) However, most people hesitate to spend their money when they feel financially unstable. (d) Social stability is the key to the improvement of the economy in any country.

6 Despite the development of technology, the environment concerns people most in recent years. (a) The destruction of coral reefs has been one of the major concerns among environmentalists. (b) The number of the holes in the ozone layer has increased rapidly at a similar rate of the technological development. (c) The holes allow ultra-violet rays to penetrate the earth's atmosphere and damage living creatures. (d) For example, because of the ultra-violet rays, modern people get more skin cancer than ever.

1   Cocaine is one of the most commonly abused drugs, so there is a clear need for an effective treatment due to the high relapse rate. (a) Doctors at Oxford University are reported to have succeeded in developing a vaccine called TA-CD to fight against cocaine addiction. (b) The vaccine is designed to suppress the "high" addicts from taking cocaine. (c) Most cocaine addicts should be protected and treated in drug rehabilitation centers. (d) TA-CD does not take away the craving for cocaine, but the antibodies it generates block the reinforcement of the craving over time.

2   About 1,100 private pilots across the U.S. are now members of a non-profit organization called Air Life Line. (a) These pilots are volunteering their time and their planes to help financially-needy people get the medical care they need no matter how far away that care might be. (b) They offer scholarship to deserving students and livelihood programs to unfortunate families. (c) Started by a US businessman and pilot in 1978, the organization now transports patients requiring medical travel they cannot afford on missions all across the United States. (d) Air Life Line helps people obtain equal access to health care by coordinating free air transportation.

3   Having hit the market since 1998, e-books or electronic books reshape the way people read books with several distinctive qualities. (a) First of all, books in electronic formats are handy that you can read on any small portable reading device. (b) The new world of the Internet has made e-books a popular commodity and they continue to gain popularity. (c) Because e-books exist in digital format, the reader can easily adjust the size of the file to accommodate individual needs and preferences. (d) Since e-Books are sold online, they are available at your convenience - anywhere and anytime.

4   Many sociologists have pointed out people's strong expectations of marriage as one of the causes of high divorce rate in marriage. (a) Many people want their spouse to be a friend, a counselor, a career person, and a good parent as well rather than just a husband or a wife. (b) The gap of the income a husband and a wife earn makes marriage life difficult for both of them. (c) According to some people recently surveyed, they get disappointed with unrealistic marriage life different from their expectations. (d) The family life many people have expected before marriage is said to be just a myth.

5   As the global economy emphasizes the transparence in business, many corporations around the world have established their own ethics codes. (a) These codes function as an instruction to employees when encountering ethical issues such as accepting or refusing bribery from suppliers and hiring family members or relatives. (b) Several laws such as environmental laws are sometimes very similar to these ethics codes. (c) All the multinational companies should keep these laws to expand foreign markets in other countries. (d) Many laws and ethical codes are being put into effect to protect the most effective method in the business world.

6   Until the mid 19th century, most Russians lived in serious poverty, but Alexander II ascended to the throne in 1855. (a) As soon as he became the ruler, he was determined to improve the lives of his people. (b) In particular, he tried to change the social structures such as the removal of press censorship and freedom of travel. (c) In addition, he forced the rich landowners to liberate the slaves and serfs. (d) Many Russians lived quite a different life from that of people in other European countries.

위아텝스
READING

실용문은 편지글, 공지문, 광고문, 신문기사, 에세이, 영화나 책에 대한 리뷰 등을 담고 있다. 실용문의 유형은 첫 번째 문장을 통해 그 유형을 판단할 수 있기 때문에, 각각의 첫 번째 문장을 통해 글의 유형을 판단하고, 그 유형에 따라 문제를 풀어나가는 원칙을 기억해야 한다. 예를 들어 편지글의 경우, 편지를 쓰는 목적을 정확하게 판단하면 문제가 요구하는 정답을 쉽게 찾아낼 수 있다. 각각의 실용문은 파트 1, 2, 3에서 골고루 출제되고 있기 때문에 어느 한 영역에서만 적용되는 것은 아니다. 따라서 글의 주제를 고려하여 문제가 배치되는 관계를 확인하고, 각 영역에서 출제되는 문제의 구조와 연관지어 학습할 필요가 있다.

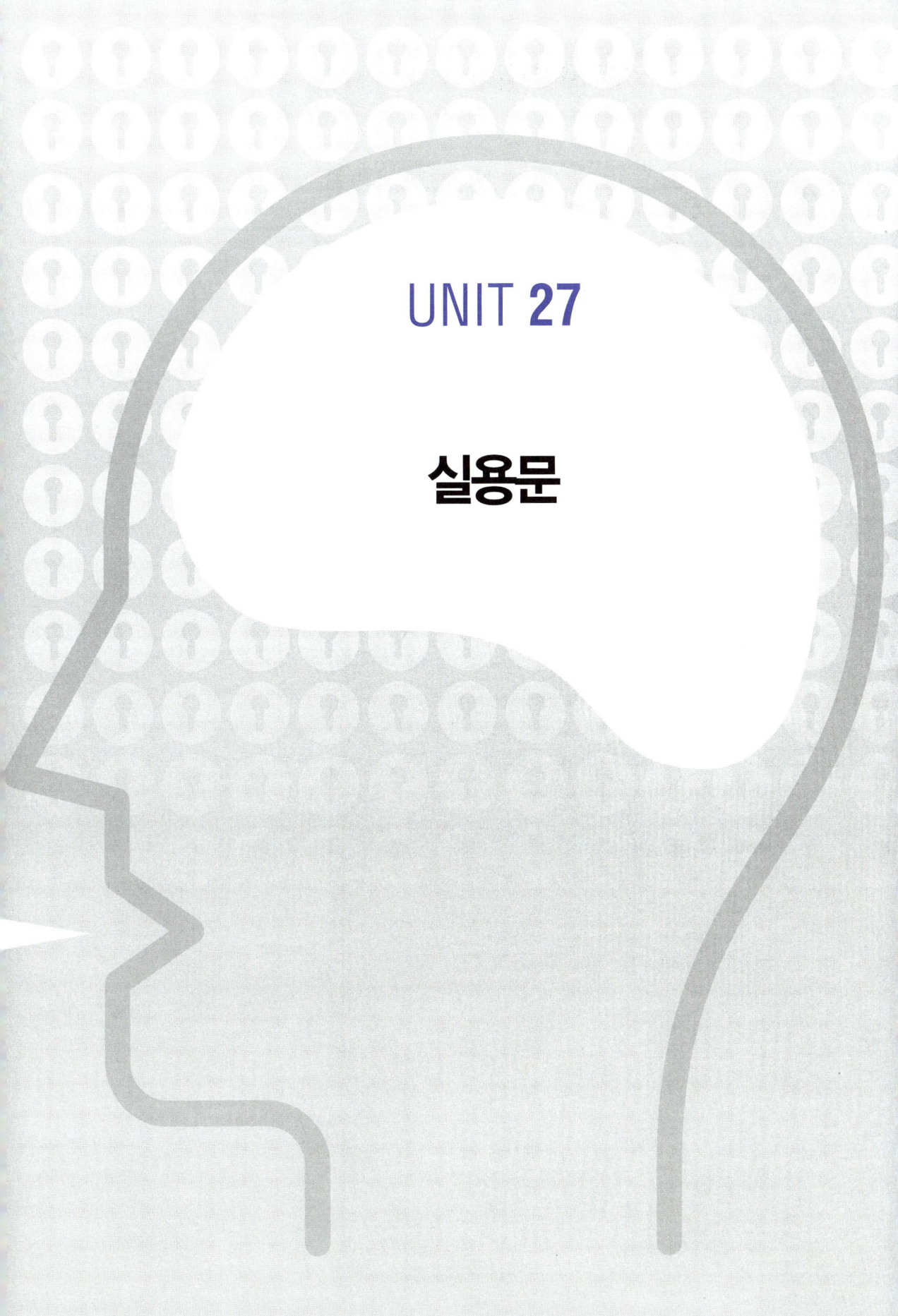

UNIT 27

실용문

PATTERN TRAINING

P 011 | 실용문

POINT
★ 편지글, 공지문, 광고문, 에세이, 영화 및 책에 대한 리뷰, 신문기사 등이 실용문으로 출제된다.
★ 실용문의 형태는 공적인 글의 유형도 있지만, 사적인 내용도 동시에 포함되어 있으므로, 글의 의도를 판단하는 것이 중요하다.

❶ 지문 유형 및 해결 방식

- 편지글
  ➡ 편지글은 편지를 쓰는 목적을 판단하여 글의 내용을 추론하고, 문제에 적용한다.
  ➡ 편지를 쓰는 사람과 받는 사람의 관계를 통해, 글의 내용을 유추할 수 있다.

- 공지글
  ➡ 공지하는 사항에 대한 구체적인 내용을 파악한다.
  ➡ 행사 안내, 새로운 정책 발표 등이 주를 이루므로, 공지를 하는 목적과 그에 대한 일시, 장소 등의 구체적인 사항을 파악한다.

- 광고문
  ➡ 광고하고자 하는 물건 및 내용을 파악한다.
  ➡ 광고하는 내용물의 구체적인 장점과 특성을 파악한다.

- 에세이
  ➡ 개인적인 글이 주를 이루므로, 글을 쓰는 이유를 판단한다.
  ➡ 글을 통해 전달하고자 하는 내용을 파악한다.

- 영화/책 리뷰
  ➡ 어떤 영화/책인지를 파악한다.
  ➡ 영화 및 책의 특성과 그에 대한 비평가의 입장을 파악한다.

- 신문 기사
  ➡ 신문 기사의 제목으로 언급할 수 있는 내용을 파악한다.
  ➡ 구체적인 사건의 내용과 원인, 결과를 파악한다.

1 Dear Ms. Stevenson,

_____ upon seeing your classified advertisement in searchjobs.com regarding job opening for part-time instructors. I am a college student pursuing a degree in physical education who can work for five days a week preferably at night. Although I don't have working experience in fitness club, I am confident that I can make significant contributions to your company since I have worked as a life guard every summer. Attached here is my resume for your review and I can come for interview any day after 4 p.m.

Yours sincerely,

Ana Smith

(a) I was actually doubtful
(b) I was really interested
(c) I regret to inform you
(d) I am appropriate

classify ~을 분류하다 pursue ~을 뒤쫓다 preferably 되도록 이면 significant 중대한, 주목할 만한 contribution 기여, 조력 beyond ~이후에

1 Dear Ms. Stevenson,

_____ upon seeing your classified advertisement in searchjobs.com regarding job opening for part-time instructors. I am a college student pursuing a degree in physical education who can work for five days a week preferably at night. Although I don't have working experience in fitness club, I am confident that I can make significant contributions to your company since I have worked as a life guard every summer. Attached here is my resume for your review and I can come for interview any day after 4 p.m.

Yours sincerely,

Ana Smith

(a) I was actually doubtful
(b) I was really interested
(c) I regret to inform you
(d) I am appropriate

스티븐슨 씨께

아르바이트 강사를 구하는 일자리와 관련해서 searchjobs.com에 당신이 올린 안내 광고를 보자마자 매우 관심이 있었습니다. 저는 체육 교육과 학생인데 저녁 시간이면 좋을 것 같고 주당 5일 근무가 가능합니다. 비록 제가 헬스 클럽에서 일해본 경험은 없지만 여름마다 인명 구조원으로 근무했었기 때문에 이 회사에 큰 도움이 될 자신이 있습니다. 여기에 동봉한 것은 저의 이력서인데 검토해 보시기 바랍니다. 그리고 저는 오후 4시 이후 어느 때나 인터뷰하러 갈 수 있습니다.

(a) 사실 의심스러웠습니다.

(b) 매우 관심이 있었습니다.

(c) 이런 소식을 전하게 되어 유감입니다.

(d) 저는 적합합니다.

[해 | 설]

구인 광고에 대해 필자가 관심을 가지고 있다는 내용으로 편지의 목적은 구직 문의이다. 첫 번째 문장에서 구인 광고를 보자마자 나올 수 있는 필자의 반응을 나타내는 표현으로, 본인의 관심을 표명하는 I was really interested가 정답이다.

❶ be confident that절 : 'that절을 확신하다'

I am confident that I can make significant contributions ...

큰 도움이 될 자신이 있습니다(확신합니다).

❷ [주어+동사 ... since+주어+동사 ...] ➡ '~이기 때문에 …하다'

Although I don't have working experience in fitness club, / I am confident that I can make significant contributions to your company / since I have worked as a life guard every summer.

비록 제가 헬스 클럽에서 일해본 경험은 없지만 여름마다 인명 구조원으로 근무했었기 때문에 이 회사에 큰 도움이 될 자신이 있습니다.

classified advertisement 안내 광고

➡ job opening for part-time instructors 아르바이트 강사 구인

관계대명사 해석 방식

❶ [선행사+who/whom+(주어)+동사+(보어/목적어)] : 선행사+그 사람은 ~하다

The family of the victims / who had drowned in the sea / asked the authorities to recover the bodies / from the bottom of the sea.

희생자들의 가족들 / 그들은(희생자들은) 바다에서 익사했는데 / 당국자들에게 사체를 인양해 달라고 요청했다 / 바다 바닥에서

❷ [선행사+which+(주어)+동사+(보어/목적어)] : 선행사+그것은 ~이다

The authorities wanted to build **the tower, / which** people would refer to / as a symbol of **their city.** 당국자들은 그 탑을 건설하기를 원했다 / 그것은 사람들이 언급하게 될 것이었다 / 그들 도시의 상징으로서

❸ [선행사+whose+명사+(주어)+동사+(보어/목적어)] : 선행사+그 사람의 명사는 ~이다

For some reasons, / the door to **the ruined building / whose interior was outstanding was locked.** 몇 가지 이유 때문에 / 버려진 빌딩의 문은 / 그것의 인테리어가 뛰어났으며 / 잠겨져 있었다

❹ [선행사+that+(주어)+동사+(보어/목적어)] : 선행사+그 사람/그것은 ~이다

The transformation of educational system is **the process / that simultaneously takes place /** with economic and social reforms.

교육 시스템의 변화는 그 과정이다 / 그것은 동시에 발생한다 / 경제적 사회적 개혁과 함께

❺ [관계대명사 생략 : 선행사+주어+동사] : 선행사+그 사람/그것을 주어가 ~하다

The products / he has developed / will be the basis of the company's future success.

그 제품들은 / 그가 개발한 것으로 / 그 회사의 미래의 성공의 근거가 될 것이다

❻ [선행사+,+where+주어+동사+보어/목적어] : 선행사+거기에서 주어가 ~하다

The universities in the city are committed to creating **an environment / where students and staff members are supported /** in a way that can meet individual needs.

그 도시에 있는 대학들은 환경을 만들기 위해 노력하고 있다 / 그 환경에서 학생들과 교수진들이 도움을 받을 수 있는 / 개인적인 요구를 충족시켜주는 방식으로

❼ [선행사+전치사 which+주어+동사+보어/목적어] : 선행사+그러한 방법으로+주어가 ~하다

What impressed me the most about Korea / was **the way / through which parents discipline their children.**

한국에 대해 가장 인상적이었던 것은 / 그 방법이었다 / 그 방법을 통해서 부모들이 아이들을 훈육시키는

❽ no matter where/when/how : 어디든지/언제든지/어떻게든지

No matter how much storage space my home has, / there never seems to be enough.

우리 집이 아무리 많은 저장 공간을 가지고 있다 해도 / 충분하지 않은 것 같다

1 편지글 유형

Dear Representative John Milton,

Recently the government has decided to dispatch more troops to Afghanistan. But I am writing to _____ for the country. The military assistance have caused a lot of problems in the country to date. Many soldiers have committed crimes against humanity, but haven't contributed to the social security of the country. Therefore, I'd like you to support the renewal of existing insufficient restrictions on Foreign Military Financing in the next fiscal year. I really look forward to your response soon.

Sincerely,

Howard Rhine in Chicago

A. Fill in the blank in the passage.

(a) urge you to oppose the military assistance
(b) advise you to advocate the military dispatch

B. What is the purpose of the letter?

(a) The writer wants the John Milton to oppose the governmental decision.
(b) The writer wants the government to support the financial assistance for Afghanistan.

2 광고문 유형

Our online education program is providing effective online courses to obtain a certificate for a licensed tax accountant. As soon as you register any of our online courses, you will be offered ID and password information _____. You can use the materials with your own pace and study and review them when you are comfortable. Your online courses will be valid for 2 months after you register. Once you start your first class, then you won't receive a refund.

A. Fill in the blank in the passage.

(a) to access our course materials
(b) to download a guidebook for the course

B. Which of the following is correct according to the advertisement?

(a) Students can obtain a certificate after completing the courses.
(b) After the completion of the courses, you can receive a full refund.

3 공지문 유형

_____ the next workshop on Tuesday, October 21, 2009, from 11:00 a.m. to 1:00 p.m. at the auditorium on the first floor. This workshop will deal with the strategies for the expansion of the business markets. Decision-makers in all the departments in the company will be there. The materials related to the agenda will be distributed before the workshop. More information for the workshop is available at the Business Planning Section.

A. Fill in the blank in the passage.

(a) You are invited to participate in
(b) You can refuse to take part in

B. What is the main point of the notice?

(a) To deal with a special agenda
(b) To invite to a workshop

4 에세이 유형

Our perception of time can be influenced by psychological factors: time flies when we're busy, but really drags when we're waiting. These are generally short term experiences, but what about long periods such as years? There is a hypothesis asserting that our lives are not running in a linear, clocklike fashion. We perceive the length of a year according to our total lifespan. To a twenty-year-old, two years seem to pass as quickly as one year seems to a ten-year-old. Hence, the older we become _____, or conversely, the shorter the years seem to be.

A. Fill in the blank in the passage.

(a) the more we become conscious of time
(b) the faster we seem to age

B. What can be inferred from the passage?

(a) All the people have a similar perception of time.
(b) If you are older, you are likely to feel the time goes faster.

5 영화/도서 리뷰형

The book *Catastrophism: Asteroids, Comets and Other Dynamic Events in Earth History* written by Richard Huggett deals with only the philosophy of catastrophism. _____ asteroids, comets, and other dynamic events in the subtitle. The writer deals with outdated theories related to the influence of catastrophies on the Earth. If you want more history and references of the Earth, you probably will be satisfied with the book.

A. Fill in the blank in the passage.

(a) It covers a wide range of
(b) It has nothing to do with

B. Which of the following is correct according to the passage?

(a) No reader will be satisfied with the book.
(b) This book deals with the past theories.

6 신문 기사형

The number of cases of the new influenza virus is steadily increasing in Korea, with the medical authorities reporting 9 deaths from the flu and more than 3,000 patients suffering from it as of today. Medical experts and the government said that there are various indefinite reasons of actual deaths and incidence. Therefore, it is very important to understand how influenza kills people and _____.

A. Fill in the blank in the passage.

(a) what we should do to protect patients from the disease
(b) how the influenza virus penetrate to the body of animals

B. What can be inferred from the passage?

(a) Medical experts have already found the reason of the influenza.
(b) It is vital to find the causes and solutions of the influenza.

1   Thousands of people are suffering and dying every year because of landmines. Making the problem worse, even thousands of endangered animals such as Thai elephants, bears, gorillas, and leopards are also becoming victims of this industry. In response to these alarming incidents, a charity called Animals in Need is established _____. This charity was actually able to build hospitals for the rehabilitation of the affected animals. In cooperation with other anti-landmine charities, they continue to promote animal protection and global ban for the killer landmines.

(a) to promote animal welfare
(b) to provide food for animals
(c) to conserve energy sources
(d) to punish landmine owners

2   Want to spend a special holiday in outer space? The phenomenon of space vacation is approaching faster than most people think. The idea seems unbelievable to some but this is not far out fantasy now, according to NASA and some private corporations. Yet, for space tourism, there is no free ride. Space technology is complex to operate, thus very expensive, mounting to almost $90,000. People, _____, seem very willing to take advantage of this blossoming industry; a surprising 250 bookings have already been recorded since 2002. Surely, space vacation will eventually spread outward, available for those craving a true getaway.

(a) however
(b) consequently
(c) furthermore
(d) in spite of

3   Many animals are used in scientific and medical research. Animal experimentation activists are working toward the complete eradication of animal testing. Animal experimentation is cruel; humans have no right to put innocent animals in torture. Results are unreliable because animals and humans are genetically different. It is fair, however, to consider that animal testing has played a vital role in major medical advancements. In using animals to find cure for diseases, we can say that the ends justify the means. We should think twice, though, in situations when chemicals are force-fed to animals in order to test new cosmetics.

Q. What is the main point of the passage?

(a) Animal experimentation should be banned.
(b) Animal testing has both good and bad effects.
(c) Man should devise other methods that will not use animals.
(d) Animal research is a proven hazard to human health.

4 This is Metropolitan Traffic Advisory bringing you the latest updates on the major highways. Major pile-up of vehicles is happening on Highway 101 due to turning over of a large trailer heading to Exit 6. Fire trucks and ambulances for rescue have blocked all southbound lanes and this heavy traffic is expected to last for two hours. Drivers heading south on Highway 101 are suggested to take MJ Expressway as an alternative route to avoid being stacked up. This traffic report is brought to you by Kuala Tires.

Q. Which is correct about the problem on Highway 101?

(a) There is a huge truck heading Exit 6
(b) There is a heavy traffic on Lawrence Expressway
(c) A large trailer turned over causing heavy traffic
(d) Drivers are angry due to two hours of traffic

5 Dear Ms. Ohara,
We received your e-mail and we apologize for the problems you encountered on the order option of our website. Error messages are sent due to failure of our system to recognize Japanese mailing addresses such as yours. Our staff is currently resolving the problem and we will just inform you through e-mail when our system is restructured. By the way, you can also fax your orders to 043-980-1419. Again, we apologize for the inconvenience and we are looking forward to serving you better.
Sincerely, Ralph Wilson, Gifts Enterprises

Q. Which is correct according to the letter?

(a) Ralph Wilson is complaining about the services.
(b) Ralph Wilson is apologizing for problems in their services.
(c) Ms. Ohara is a satisfied customer of Gifts Enterprises.
(d) Ms. Ohara is asking for a refund.

6 Hungry for a taste of exquisite cuisine while enjoying the superb ambiance prefect for a fine dining? Then, engage yourself in San Francisco's newest restaurant, Vesuvius! The elegant restaurant, which opened last week, offers impeccable service that set the mood for amazing neo-Neapolitan-inspired dishes. The array of thin, crisp crust pizza and roast chicken flavored with lemon and olive are all a delight for the senses. The desserts? The mouth-watering crepes are carefully crafted and served with flair of sweetened mascarpone cream and orange-infused caramel. Without a doubt, Vesuvius offers food you simply cannot find in San Francisco, as well as prices that offer much greater value than similar upscale dining state-side. So what are you waiting for?

Q. What can be inferred about the restaurant from this critique?

(a) It has many satisfied customers over the years.
(b) It re-opened with improved menus and services.
(c) It is a fine-dining restaurant that serves inexpensive dishes.
(d) It is a newly-opened restaurant that offers exquisite cuisines.

인문과학 유형의 독해 지문은 사회문화적 현상, 예술적 경향과 작품, 작가에 대한 비평, 문학적 작품과 작가에 대한 비평, 언어학의 기원과 발달, 인류학의 현상, 그리고 고고학적 발견에 대한 평가 등을 다루는 내용이다. 따라서 글의 전체적인 흐름이 전문적인 지식을 요구하기도 한다. 특히 인문과학적 소양에 대한 지식을 묻는 경향이 강하기 때문에 평소 독서량을 늘리면서 인문학적 소양을 쌓는 것이 중요하다.

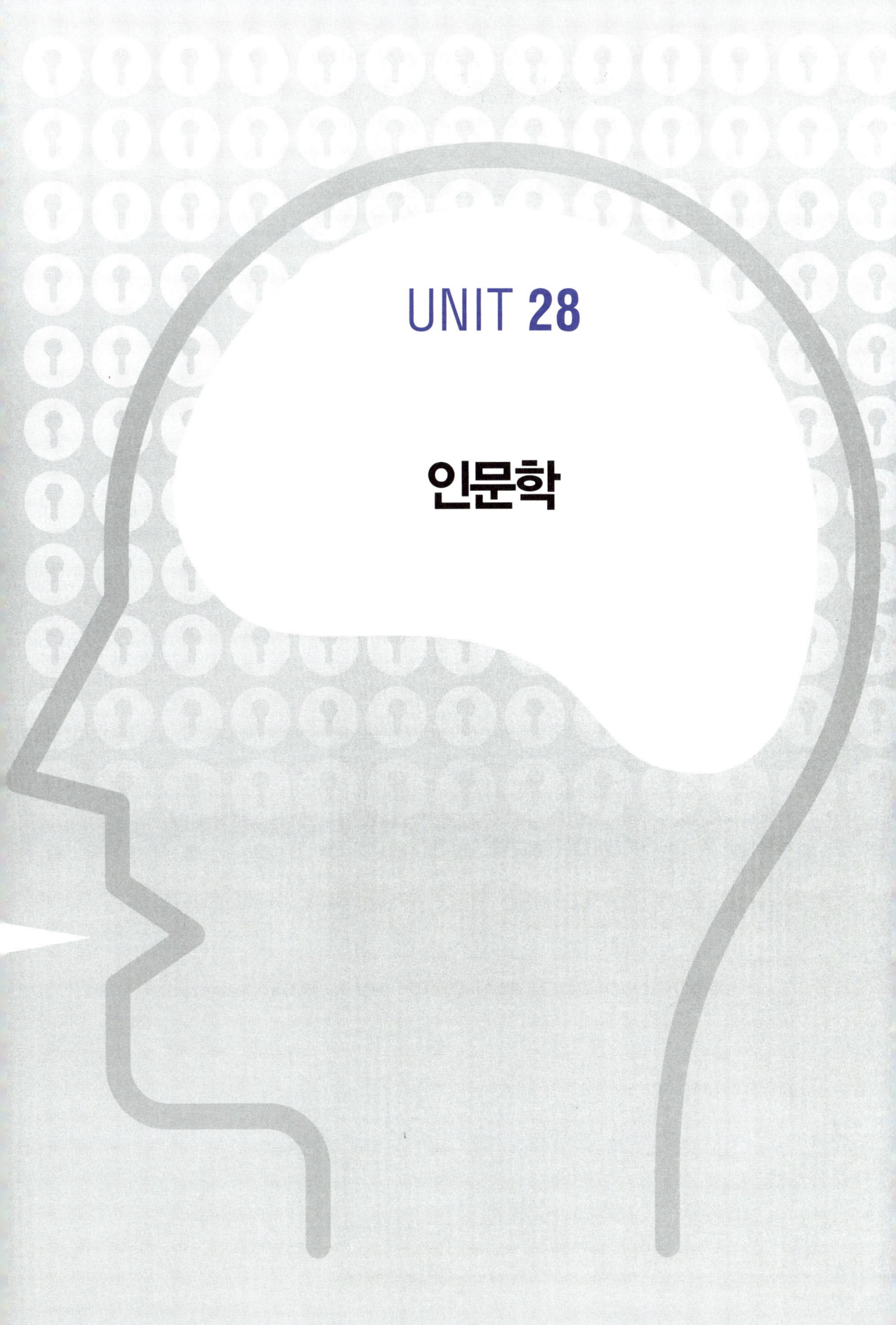

UNIT 28

인문학

P 012 인문학

POINT

★ 인문과학 유형은 자연과학을 전공하거나 다양한 인문학적 지식을 쌓지 않은 수험자들에게는 어려운 주제 영역이다.

★ 주로 문화, 예술, 문학, 언어, 인류학, 고고학 등의 전문적인 주제와 연관되어 있다.

★ 심오한 주제라기보다는 단편적인 내용을 주로 다룬다.

★ 평소 다양한 주제의 글들을 가볍게 읽으면서 다양한 지식을 축적하는 연습이 필요하다.

❶ 지문 유형 및 해결 방식

• 문화

➡ 문화적 현상에 대한 설명이 제시되므로, 무엇에 관한 것인지를 판단하고, 그와 관련된 구체적인 사항들을 파악한다.

➡ 문화적 전통 및 사회적 현상을 설명한다.

• 예술

➡ 예술 비평과 각 작품의 특성을 설명하는 글이므로, 작가와 작품에 대한 개관과 구체적인 평가를 파악한다.

➡ 음악의 장르 및 작가의 생애와 작품 경향을 다룬다.

➡ 미술의 장르 및 작가의 생애와 작품 경향을 다룬다.

• 문학

➡ 작가 및 그들의 작품에 대한 평가가 주를 이루므로, 어떤 작품에 대한 설명인지, 그 작품과 작가에 대한 평가를 어떻게 하고 있는지를 파악한다.

• 언어

➡ 언어의 확산, 멸종 등에 대한 설명이 주를 이루므로, 언어학적 프로젝트가 어떻게 진행되고 있는지를 파악한다.

➡ 영어의 확산과 세계 언어로 발전하는 모습을 설명하기도 한다.

• 인류학

➡ 인류학적 관점에서 본 현상과 구체적인 내용들이 언급되므로, 연구 주제가 무엇인지, 어떤 관점에서 접근하고 있는지를 파악한다.

• 고고학

➡ 고고학적 유적과 새로운 발견에 대한 내용이 주를 이루므로, 새롭게 발견된 고고학적 유물과 유적이 무엇인지, 어떤 가치를 가지고 있는지를 파악한다.

1 More and more couples today find it impractical to go through the conventional wedding ceremony. A recent study conducted by the U.S. Census shows that over 4 million households consist of unmarried couples. This figure is surprisingly eight times the number of unwed, cohabiting couples in 1970. Traditionally, a luxurious and tedious church wedding was every couple's dream. Practicality is seen as the primary reason why couples are no longer bothered to get married since organizing a formal church wedding is _____ .

(a) traditionally unnecessary
(b) expensive and time-consuming
(c) an added burden to families
(d) not feasible nowadays

impractical 현실에 어두운, 실천력이 없는, 비현실적인 **conventional** 전통적인, 틀에 박힌 **conduct** 행동하다, 처신하다, 지휘하다, 이끌다, 수행하다 **figure** 형태, 형상, 수치 **surprisingly** 놀랄 만큼, 대단히 **unwed** 미혼의, 독신의 **cohabit** 동거하다, 공동생활 하다 **traditionally** 전통적으로 **luxurious** 사치스러운, 호화로운 **tedious** 지루한, 지겨운 **practicality** 실용적임, 실지적임, 실용성 **bother** 괴롭히다, 고민하다

1 More and more couples today find it impractical to go through the conventional wedding ceremony. A recent study conducted by the U.S. Census shows that over 4 million households consist of unmarried couples. This figure is surprisingly eight times the number of unwed, cohabiting couples in 1970. Traditionally, a luxurious and tedious church wedding was every couple's dream. Practicality is seen as the primary reason why couples are no longer bothered to get married since organizing a formal church wedding is _____.

(a) traditionally unnecessary
(b) expensive and time-consuming
(c) an added burden to families
(d) not feasible nowadays

오늘날의 점점 더 많은 커플들이 전통 혼례를 하는 것은 비실용적이라고 생각한다. 미국 인구 조사에서 최근 수행한 연구는 4백만 세대 이상이 미혼 부부로 이루어져 있다는 것을 보여준다. 놀랍게도 이 수치는 1970년의 동거 커플들 수보다 8배가 많은 수치이다. 전통적으로는 호화롭고 지루한 교회 예식이 모든 커플들의 꿈이었다. (오늘날의) 커플들이 더 이상 결혼을 하지 않으려고 하는 가장 큰 이유는 실용성인 것으로 보인다. 왜냐하면 형식적인 교회 결혼식을 하는 것은 비싸고 시간이 많이 들기 때문이다.

(a) 전통적으로 불필요한
(b) 비용이 많이 들고 시간이 많이 걸리는
(c) 가족들에게 더해진 부담
(d) 요즘엔 실행 가능하지 않은

[해 | 설]
현대인들은 실용성의 이유 때문에 전통적인 결혼식을 하지 않고 동거를 택하고 있다는 내용이다. 실용성의 측면에서 볼 때, 형식적인 교회 결혼식을 하는 것은 귀찮은 일이 되고 있다는 의미이므로, 비용과 시간적인 측면을 고려한 것으로 볼 수 있다.

❶ no longer : 더 이상 ~이 아니다

couples are no longer bothered to get married

커플들이 더 이상 결혼을 하지 않으려고 한다

❷ [동명사 구문+동사] : ~하는 것은 …이다

Practicality is seen as the primary reason / why couples are no longer bothered to get married / since organizing a formal church wedding is expensive and time-consuming.

(오늘날의) 커플들이 더 이상 결혼을 하지 않으려고 하는 가장 큰 이유는 실용성인 것으로 보인다. 왜냐하면 형식적인 교회 결혼식을 하는 것은 비싸고 시간이 많이 들기 때문이다.

CHECK UP 주제 및 세부사항

Impracticality of conventional wedding ceremony 전통적 결혼의 비실용성

➡ **luxurious** 사치스러운

➡ **tedious** 지루한

READING TRAINING

부사절 해석 방식

❶ [before+S+V ~, S+V ...] : ~하기 전에 …하다

Finish all of your assignment / **before** you leave the office, / and you can minimize the chances / of something going wrong.

모든 과제를 끝내도록 하라 / 사무실을 떠나기 전에 / 그러면 그 가능성을 최소화할 수 있을 것이다 / 무언가가 잘못되는

❷ [because+S+V ~, S+V ...] : ~이기 때문에 …하다

Most of the elderly people are complaining / **because** they can't get an increase / in Social Security benefits from next month.

대부분의 노인들은 불평을 하고 있다 / 그들이 증가분을 받을 수 없기 때문에 / 다음 달부터 사회 안전 보장 혜택에서

❸ [once+S+V ~, S+V ...] : 일단/한번 ~하면 …하다

Some people believe that / they will be happy / **once** they reach some specific goals.

어떤 사람들은 믿고 있다 / 그들이 행복해질 거라고 / 그들이 몇 가지 특정한 목표에 도달하면

❹ [unless+S+V ~, S+V ...] : ~하지 않는다면 …할 것이다

The new testing technique will not improve literacy results / **unless** teachers are taught / how to interpret the data properly.

새로운 테스트 기법은 읽고 쓸 수 있는 능력에 대한 결과를 향상시켜주지 못할 것이다 / 선생님들이 배우지 않는다면 / 데이터를 적절하게 해석하는 법을

❺ [although+S+V ~, S+V ...] : 비록 ~이지만 …이다

Although freedom of movement is often recognized as a civil right, / the freedom only applies to movement / within national borders.

운동의 자유는 시민권으로 인식되고 있지만, / 그 자유는 운동에만 적용된다 / 국가 내에서

❻ [주어+동사+so ~ that ...] : 너무 ~해서 …하다

The new technology developed by the company / is so accurate **that** / it will meet the needs of other developers. 그 회사가 개발한 새로운 기술은 / 너무 정확해서 / 그것은 다른 개발업자들의 요구를 충족시킬 것이다

❼ [just as+주어+동사 ~, 주어+동사 ...] : 마치 ~인 것처럼 …하다

If you are planning to visit the country / **just as** you visited other countries for the first time, you should prepare some information / related to the region.

만약 당신이 그 지역을 방문하고자 한다면 / 당신이 처음으로 다른 나라들을 방문했던 것처럼 / 당신은 몇 가지 정보를 준비해야 한다 / 그 지역과 관련된

❽ [주어+동사 ~, otherwise+주어+동사 ...] : 그렇지 않으면

The new product must be good; / **otherwise** they would not increase the price of it.

그 새로운 제품은 분명히 좋을 것이다 / 그렇지 않으면 그들이 그것의 가격을 높이지 않을 것이다.

1 문화 영역

Traditionally, it was the father who led and controlled a family in China. Although in modern times much has changed regarding the family make-up and control, the father still remains the strong family leader and decision maker. The father and husband exerts absolute control in a family and their control even extends to the selection of marriage partners of his sons and daughters. In addition, children often _____ .

A. Fill in the blank of the passage.

(a) select their career fields under the influence of their father
(b) choose their occupation depending on its popularity and income

B. What is the main point of the passage?

(a) As time goes by, the father will lose their control in his family.
(b) The father's power in his family has still remained the same.

2 예술 영역

Music _____ around the world since ancient times. It has also been described as one of the main characteristics of human life. In recent years, we can listen to high-quality music in any places such as on trains, buses, and cars with the development of technology and music industry. In the meantime, we can do several boring tasks with ease with the help of music; while listening to music and favorite things, cleaning and exercising have become more interesting things. Music brings joy and vitality to our lives and helps us escape from the stresses of our life.

A. Fill in the blank of the passage.

(a) has been considered differently among cultures
(b) has played an important role in every culture

B. What is the best title of the passage?

(a) Development of technology and music industry
(b) Importance of music in a person's daily life

3 문학 영역

Rudyard Kipling is the 1907 Nobel Prize winner, being _____. Born in India in 1865, he was educated in England but worked as a writer in India in his twenties. In addition to The Jungle Book, one of his most famous works, he wrote many novels and poetry, most of which were based on his life and experiences in India. Despite his outstanding literary works, however, he has been widely criticized as a supporter of the British imperialism, while some critics defend him saying that he should be recognized as an remarkable interpreter of how imperialism influences individual lives.

A. Fill in the blank of the passage.

(a) a writer who contributed to promoting the amity between England and India
(b) one of the controversial novelists regarding the description of imperialism

B. Which of the following is correct according to the passage?

(a) Most of his literary works is believed to have been based on his life in India.
(b) Rudyard Kipling won the Nobel Prize for Literature thanks to his great poems.

4 언어 영역

A number of linguists are concerned that many minority languages are disappearing around the world. In particular, it is said that one language has become extinct every other week. Fortunately, however, some linguists and scientists are trying to preserve these vanishing languages. With the help of technology, they have recorded the languages digitally and stored them on the web. They think of those languages as a means of communication in small communities. In addition, they are considered to contain _____ that are hard to replace in the future.

A. Fill in the blank of the passage.

(a) a unique human history and a profound meaning
(b) the ground of the world's linguistic origin

B. Which of the following is correct according to the passage?

(a) The world's extinct languages don't have any values to human beings.
(b) Several scientists have succeeded in preserving minority languages digitally.

5 인류학

The Ainu people are a race who is living in Hokkaido, northern island of Japan. Among their unique external features was the tattooing on the lips and mouth of young women. Until 1920s young single women had been tattooed with broad blue bands which were similar to men's mustaches. They got this tattooing between the ages of 11 and 21. Although the government legally banned the tattooing in the 17th century, the Ainu people didn't follow this law and _____.

A. Fill in the blank of the passage.

(a) continued to do this traditional ritual
(b) gave up their traditional tattooing ceremony

B. What can be inferred from the passage?

(a) The purpose of the tattooing was to distinguish themselves from other tribes.
(b) The Ainu people still kept following the tattooing tradition in the 1700s.

6 고고학

For the first time, several scientists have unearthed a fossilized dinosaur which has its complete heart. It is believed that this discovery will help _____ which has lasted for centuries. The anatomy of the heart in the dinosaur was analyzed through a scanning technique. The result of the scanning shows that the soft tissue is a four-chambered, double-pump heart with a single systematic aorta, which is more like the heart of a mammal or a bird than a reptile. This discovery will challenge some of the most influential theories regarding how dinosaurs evolved.

A. Fill in the blank of the passage.

(a) recover the traditional original image of mammals
(b) overturn the old image of a cold-blooded reptile

B. According to the passage, why is the new discovery significant?

(a) Mammals with a four-chambered heart have never been found before.
(b) The new founding is different from the view that dinosaurs are reptiles.

1 "The Strange Case of Dr. Jekyll and Mr. Hyde" is written by Robert Stevenson during the Victorian era. During this period, technology progressed and European power dominated the world. Stevenson realized the potential of Western culture in corrupting people's religious morality. "The Strange Case of Dr. Jekyll and Mr. Hyde" is a reflection of Stevenson's pessimism. It concerns the way in which an individual is made up of contrary emotions and desires: some good and some evil. In his book, he targets the danger of _____ because he believed it would reinforce human evilness.

(a) embracing Western culture
(b) being an activist and a writer
(c) writing a book
(d) having innate goodness

2 Three scientists were part of a research project tasked to make a thorough investigation of 22 mummies found in Guanajuato, Mexico. Using the latest technological devices and forensic knowledge, the scientists found out that the mummies, believed to be members of a working class silver-mining community, died between 1850 to1950. A fetal mummy, a newborn boy, a man who supposedly hanged and a woman who was rumoured to be buried alive were some of the interesting cases investigated. _____ is first in history.

(a) Preservation of fossils of people who have buried for 200 years
(b) Thorough investigation of 22 mummies in just one assignment
(c) Photographing 22 mummies in the research
(d) Discovery of fossils of 22 mummies in the research

3 I'm Cheryl Anderson and I welcome you to NBN's Movie Review. The featured movie for today is *Sister Planet*, the newest movie release this summer. The plot of this movie revolves around the concept that our planet Earth has a sister planet where our nearly identical counterparts live. The first 20 minutes of the movie was really interesting but there's nothing more beyond that. The movie ran short for being fully developed. I will give the movie a rating of 1 star for the unique idea of the movie-makers, nothing more, nothing less.

Q. What is the main idea of the movie?

(a) Evolution of our planet Earth
(b) Life forms on other planets
(c) Existence of our counterparts in another planet
(d) Space research has discovered life on other planet

4 The contributions of Native Americans in the development of their lands had long been overlooked by people. Unlike what most people assume, Geographer William Gardner believes that Native Americans had significant contributions to their natural landscape through burning forests, farming tracts of lands, building roads, and mining. These activities were necessary for them to sustain life. Burning forests forced the animals to go to open field, paving the way for easy hunting and it also made way for villages and agricultural areas. Nevertheless, it is actually the developments in the modern world that destroys the American natural landscape.

Q. Which is correct according to the passage?

(a) Native Americans have an effect on the development of American landscape
(b) Discrimination of Native Americans was prominent in history
(c) William Gardner is a Native American activist
(d) Modernization started the construction of roads and buildings

5 Paula Cole, an American singer, songwriter and pianist popular for her song "Where Have All the Cowboys Gone," was born on April 5, 1968 in Rockport, Massachusetts. Because of unwavering love to music, Paula Cole earned a degree in music, which motivated her to persevere in writing songs. Her efforts were rewarded in 1992 when she recorded her first album "Harbinger" with Imago Records, but Imago soon went out of business. Luckily, her career was rekindled when she signed a deal with Warner Bros. Up until now, Paula is still gracing the American music industry.

Q. Which is correct according to the passage?

(a) Paula Cole joined theatrical performances when she was a child.
(b) Paula Cole's first album is entitled "Where Have All the Cowboys Gone."
(c) Paula Cole is not only a singer, but also a renowned actress.
(d) The deal with Warner Bros revived Paula Cole's career as a singer.

사회과학을 주제로 하는 글의 유형은 역사적 사건에 대한 평가와 현대적 의의, 아동 교육과 아동 발달, 여성 문제에 대한 사회적 편견과 평등성 문제, 심리적 현상과 사회적 관계, 경제적 현상과 향후 전망, 정치적 현상과 사회적 편견, 법률적 현상 등을 주로 다루는 글들이다. 따라서 사회속에서 접할 수 있는 실제적인 문제들이 대부분이므로 경험론에 근거한 독해 방식이 필요하다. 배경지식을 통해 문제를 친숙하게 만드는 것도 중요하지만, 평소 사회적 현상에 관심을 갖고 다양한 시사적인 주제에 익숙해져야 하며, 문제에서 요구하는 글읽기는 주로 논리적 관계파악이 중요하므로, 평소 글의 논리적 연관성을 고려하면서 문제를 해결해야 한다.

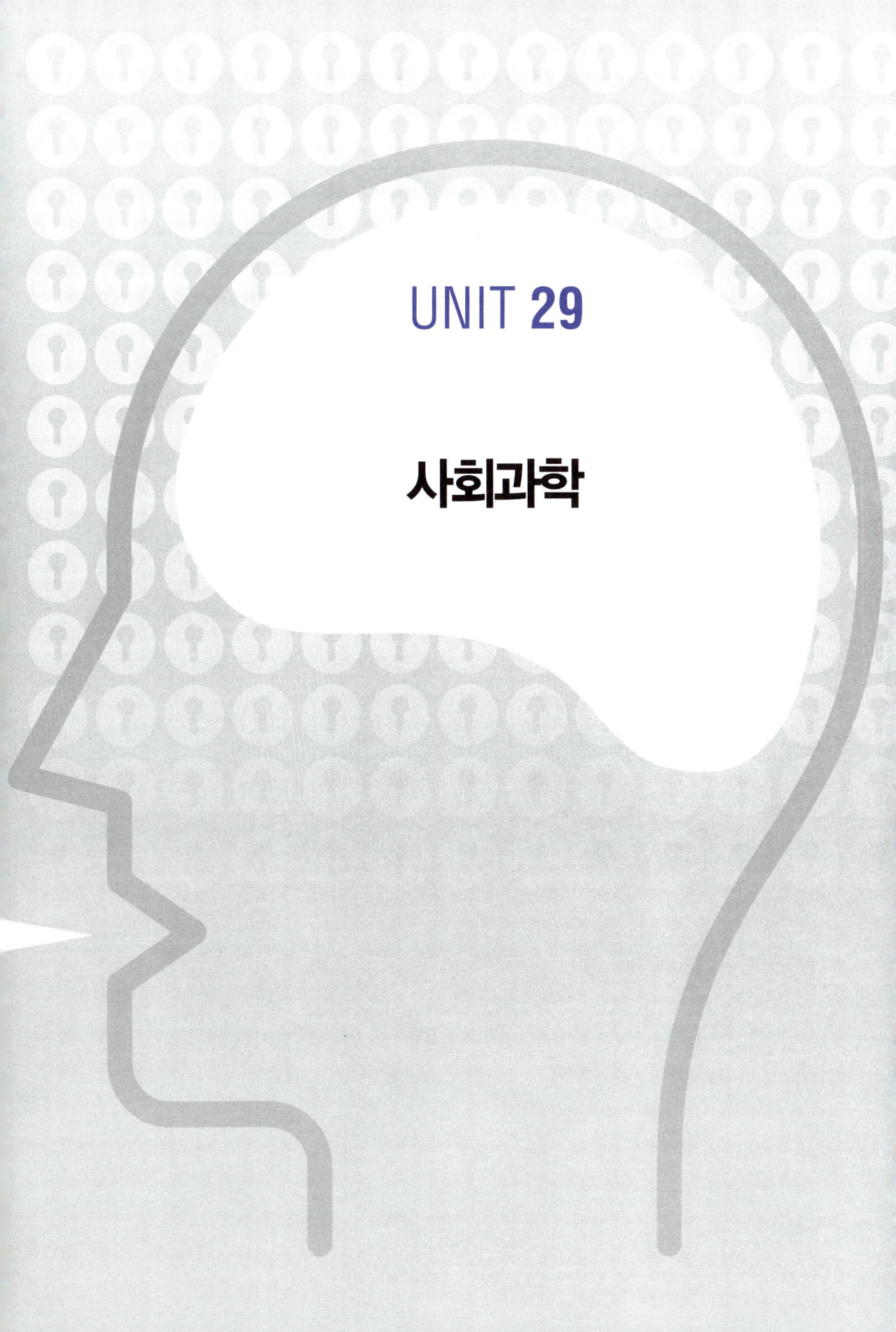

UNIT 29

사회과학

→ PATTERN TRAINING

P 013 | 사회과학

POINT

★ 사회과학의 학문적 발달과 사회적 현상에 대한 관심의 증가로 인해 텝스 독해 영역에서도 사회과학과 관련된 글이 자주 등장한다.

★ 역사적 사건, 아동의 발달과 교육 문제, 여성의 사회적 지위와 평등 문제, 심리적 실험과 현상, 경제적 현상과 모델, 정치적 사건과 결과, 그리고 법적인 문제를 둘러싼 사회적 현상 등이 등장한다.

❶ 지문 유형 및 해결 방식

• 역사

  ➡ 역사적 사건에 대해 평가하는 글의 유형이므로, 글에서 언급하고 있는 역사적 사건은 무엇인지, 그에 대한 평가는 어떤 것인지를 파악한다.

• 아동 및 교육

  ➡ 아동 교육과 아동 발달에 관한 사항이므로, 아동 발달 과정 중에서 어떤 면을 이야기하는지, 이 내용을 어떻게 판단하고 있는지를 파악한다.

  ➡ 교육 이론 및 교육 과정에서 발생하는 실질적인 내용을 다루므로, 핵심적으로 언급하는 교육적 측면과 평가를 파악한다.

• 여성

  ➡ 여성의 정치 · 사회 · 경제적 평등을 주로 다루며, 유리천장(glass ceiling)과 같은 사회 문제를 비판적으로 제시한다.

• 심리

  ➡ 심리적 현상 및 심리 연구와 관련된 연구 결과 등이 주요 내용이므로, 어떤 연구가 진행되었는지, 그 원인과 결과가 무엇인지를 파악한다.

• 경제

  ➡ 경제적 현상과 결과를 주로 다루는 내용이므로, 본문에 언급되고 있는 경제적 현상과 그에 대한 대안을 중심으로 글의 내용을 판단한다.

• 정치

  ➡ 정치적 현상 및 정치가, 그리고 정치 이론에 대한 설명이 주를 이루므로, 본문에서 언급하는 정치 현상, 인물, 이론 등의 내용과 더불어 그에 대한 평가를 파악한다.

• 법학

  ➡ 새롭게 제정된 법률적 내용을 파악하는 글이 대부분이므로, 다루고 있는 법률이 무엇인지, 제정 목적 및 결과에 대한 평가를 파악한다.

1 The litigation in America is considered to be _____. A student can accuse his school teacher of sexual harassment for patting her back. The frequency of these unreasonable accusations leading to filed charges has become a problem. This is because value judgment or the assessment that is heavily based on personal view has become a considerable tool in judging lawsuits. Since this method reveals the subjective estimate of the judge more than reality, innocent people could easily get prosecuted. This, furthermore, leads to loss of people's confidence on the legal proceedings.

(a) reducing the rights of authority
(b) developing as a crisis
(c) improving substantially
(d) decreasing its clients

litigation 소송, 기소 consider 숙고하다, ~이라고 생각하다 crisis 위기, 고비 accuse 고발(고소)하다, 비난하다 sexual harassment 성희롱 pat 톡톡 가볍게 치다, 토닥거리다 frequency 자주 일어남, 빈번, 빈발 unreasonable 이성적이 아닌, 불합리한 accusation 고발, 고소, 죄, 비난 file charge 소송을 제기하다 value judgment 가치판단 assessment 평가, 사정, 할당금 based on ~을 기본으로, 근거로 하여 personal 개인의, 자신의, 사적인 considerable 상당한, 적지 않은 lawsuit 소송, 고소 reveal 드러내다, 적발하다 estimate 견적, 평가, 추정 innocent 순진한, 결백한, 죄 없는 prosecute 기소하다, 공소하다, 수행하다 furthermore 더욱이, 게다가 confidence 신임, 신용, 신뢰, 자신, 비밀 legal 법률(상)의, 합법의 proceeding 진행, 행동, 처리 authority (법) 판례

1 The litigation in America is considered to be
_____. A student can accuse her school
teacher of sexual harassment for patting her back. The
frequency of these unreasonable accusations leading to
filed charges has become a problem. This is because value
judgment or the assessment that is heavily based on
personal view has become a considerable tool in judging
lawsuits. Since this method reveals the subjective estimate
of the judge more than reality, innocent people could easily
get prosecuted. This, furthermore, leads to loss of people's
confidence on the legal proceedings.

(a) reducing the rights of authorities
(b) developing as a crisis
(c) improving substantially
(d) decreasing its clients

[해 | 설]

소송과 관련하여 미국에서 일어나고 있는 상황을 설명하는 내용이다. 이 글에서는 첫
번째 문장에서 주제를 제시하면서, 두 번째 문장부터 구체적인 예를 제시하고 있다.
따라서 소송이 쉽게 제기되고 있고, 신뢰성의 문제가 발생하고 있다는 내용을 통해,
소송이 사회적 문제이며, 위기로 치닫고 있다는 (b)가 정답이다.

미국에서의 소송이 위기로 발전하고 있는
것으로 간주된다. 학생은 학교 선생님이
등을 토닥여준 정도만 가지고도 성희롱으
로 고소할 수 있다. 빈번히 일어나는 이러
한 불합리한 고소들이 재판 소송으로 이
어지는 것이 문제가 되고 있다. 이것은 재
판 소송에 있어서 개인적인 견해에 기초
한 가치 판단 또는 평가가 너무 중요한 잣
대로 작용하고 있기 때문이다. 이런 방법
은 현실보다는 판결의 주관적인 평가로
나타나기 때문에, 죄 없는 사람들이 쉽게
기소를 당할 수 있게 된다. 게다가 이점은
법률 절차에 대한 사람들의 신뢰성을 떨
어뜨리고 있다.

(a) 당국의 권리를 감소시키고 있는 것으
로
(b) 위기로 발전하고 있는 것으로
(c) 상당한 발전이 이뤄지고 있는 것으로
(d) 의뢰인을 감소시키고 있는 것으로

❶ (This/That) is because+주어+동사 ...] : 이/그것은 ~때문이다

This is because value judgment or the assessment (that is heavily based on personal view) has become a considerable tool in judging lawsuits.

이것은 재판 소송에 있어서 개인적인 견해로 인한 가치 판단 또는 개인적 관점에 의한 평가가 너무 중요한 잣대로 작용하고 있기 때문이다.

We had to cancel the wedding ceremony. That's because the bride insisted on her impractical opinions.

우리는 결혼식을 취소해야만 했다. 그것은 신부가 비실용적인 의견을 고수했기 때문이다.

litigation in America 미국에서의 소송 문제

unreasonable accusations ➡ a problem 비합리적인 고발 → 사회적 문제

→ READING TRAINING

가정법 해석 방식

❶ [If+S+were to부정사 ~, S+would+동사원형 ...] : ~라면 …할 텐데

If they **were to** receive such a suggestion early next week, / they **would decide** as quickly as possible / whether or not they will do it.

만약 그들이 다음 주 초에 그런 제안을 받게 된다면 / 그들은 가능한 빨리 결정할 텐데 / 그것을 할지 안 할지

❷ [If+S+과거동사(were) ~, S+woud+동사원형 ...] : ~라면 …할 텐데

If they **accepted** him as a colleague, / he **would do** his best.

그들이 그를 동료로 받아들여준다면, / 그들은 최선을 다할 텐데

❸ [If+주어+had p.p. ~, 주어+would have pp ...] : ~했더라면 …했을 텐데

If people **had accepted** him as their king, the kingdom **would have been established**/ earlier than expected. 만약 사람들이 그를 그들의 왕으로 받아들였더라면 / 그 왕국은 확립되었을 것이다 / 예상보다 더 일찍

❹ [If+주어+had p.p. ~, 주어+would+동사원형 ...] : ~했더라면 …할 텐데

If they **had adopted** the system, / they **could finish** the work in time now.

그들이 그 시스템을 채택했더라면 / 그들은 지금 제시간에 그 일을 끝낼 수 있을 텐데

❺ [If it were not for+명사, 주어+would+동사원형 ...] : ~이 없다면 …할 텐데

If it were not for the inventions and discoveries of the humans/ who were contributed to them, / we **would be** living a life of drudgery.

사람들의 발명품들과 발견물들이 없다면 / 그것들에 기여한 / 우리는 힘든 삶을 살고 있을 텐데

❻ [If it had not been for+명사, 주어+would have p.p. ...] : ~이 없었더라면 …했을 텐데

If it had not been for the discontent of some people/ who had not been satisfied with their conditions, / we **would have lived** in caves by now.

몇몇 사람들의 불편이 없었더라면 / 그들의 환경에 만족하지 못하는 / 우리는 지금까지도 동굴에서 살고 있을 텐데

❼ [I wish+주어+과거동사/had p.p.] : ~라면 좋겠는데

I wish my teachers **had taught** me these things / at an early age.

내 선생님들이 나에게 이런 것들을 가르쳐주었으면 좋았을 텐데 / 어린 나이에

❽ [주어+동사+as if+주어+과거동사/had p.p.] : 마치 ~인 것처럼 …하다

The researcher treated the signals / **as if** they **were** always steady and periodic.

그 연구자는 신호들을 처리했다 / 마치 그것들이 꾸준하면서 주기적인 것처럼

1 역사 영역

The American Civil War is one of the most important events in the history of the United States. It was caused by _____ between the northern states and the southern states. Proponents of the pro-slavery ideology emphasized the maintenance of the slavery system arguing that slavery was a positive good. On the contrary, those who insisted on the abolition of the slavery system claimed that the system was inhumane social structure. In the course of the continuous controversy on the system, a number of secessionists claimed that their unique culture could only be protected by securing independence.

A. Fill in the blank of the passage.

(a) controversial points of view on independence
(b) a fundamental disagreement around slavery

B. What is the best title of the passage?

(a) Direct cause of the American Civil War
(b) Ramifications of the American Civil War

2 아동 영역

According to psychologist Jean Piaget, babies younger than nine months had no inherent knowledge of the outside world. He insisted that they didn't know that there were objects outside their range of vision. However, several developmental studies challenged his theory in the 1980s. Some researchers found that infants did have _____, using several elaborate devices. Watching some situations on a screen, babies concentrated on the situations that ignored basic physical concepts like gravity and solidity.

A. Fill in the blank of the passage.

(a) an inherent imagination different from the outside world
(b) an innate understanding of the outside world

B. What is the main point of the passage?

(a) The researches conducted in the 1980s were designed to reaffirm Piaget's notion.
(b) Young babies is likely to have the ability to understand the outside world.

3 여성 영역

Despite continuous social efforts for women's equal rights in each society, women still have difficulty _____ . In particular, after they get married, they are expected to fulfill several roles such as wife, housewife, mother, and even working woman simultaneously. Mainly doing similar work to that of their male colleagues, women are just poorly paid. Moreover, there is also so called 'glass ceiling' to discourage women from entering management positions. Although a lot of efforts have been made for the equal opportunities, the reality is quite different and much should be done to achieve true equality.

A. Fill in the blank of the passage.

(a) making up a stable and happy family unit
(b) finding job and obtaining social equality

B. Which of the following is correct according to the passage?

(a) Most women are asked to stay home and run her household well.
(b) Women might not be promoted easily because of social prejudices.

4 교육 영역

All over the world, one of the most significant phenomena in education in the early 20th century was _____ . The number of government-sponsored schools increased, which resulted in the increase of the number of children and adults attending schools. In addition, the curriculum began to range from the basics of mathematics and language to sciences and arts. This kind of development in education was the product of either conflict or consensus in the process of social change and revolution which were prevalent in the late 19th and early 20th century.

A. Fill in the blank of the passage.

(a) the introduction and expansion of public school system
(b) the improvement of scientific research on education itself

B. Which of the following is correct according to the passage?

(a) In the early 20th century, the curriculum began to include various areas of subjects.
(b) Curricular variation in public school system had nothing to do with social development.

5 경제

The number of crimes to counterfeit currency, which have negatively influenced the national and international economy as well as individual businesses, is increasing with the help of technological development. In the past, currency counterfeiting required expensive equipment and experts who possessed special techniques. However, the recent digital revolution has enabled anyone to duplicate bills using photocopying machines. For this reason, most governments around the world has tried to re-make most of its denominations to make them more difficult to counterfeit. Though the production of new designs costs a lot, _____.

A. Fill in the blank in the passage.

(a) the number of criminals who counterfeit currency will increase rapidly
(b) the changes are more important than the instability of the currency system

B. What can be inferred according to the passage?

(a) It will be more difficult to forge bills in the future.
(b) At present times, only experts can duplicate currency.

6 정치/사회/법

In order to reduce traffic accidents in shopping districts, the city authorities is planning to implement the de-cluttering policy to clear away street structures such as signposts and traffic lights. Some experts believe that drivers who pay attention to the traffic signposts and lights can't see pedestrians, which results in more traffic accidents. Proponents of the plan suggest that the improvement of attention will decrease traffic accidents, while opponents criticize that the removal of traffic lights will _____. In addition, many people, fearing an increase in traffic accidents, are warning that they will take legal actions against the authorities if they experience any accident.

A. Fill in the blank of the passage.

(a) mar the appearance of the streets
(b) confuse drivers into traffic accidents

B. What can be inferred from the passage?

(a) Most of the people in the city agree with the policy because of the positive effect of the removal.
(b) Signposts and traffic lights are believed to have caused more traffic accidents in shopping areas.

1 On the 1st of December 1955, Mrs. Rosa Parks, an African-American seamstress, was arrested in Montgomery, Alabama for not standing and letting a white bus rider take her seat. It was a rule at that time that African-American riders had to sit at the back of the bus and to surrender their seat to a white bus rider if needed. _____ sparked a protest which lasted over a year. This marked the emergence of Martin Luther King Jr. to national prominence as a civil right leader in American Society.

(a) The African-American bus boycott in Montgomery
(b) The racial discrimination and the arrest of Mrs. Parks
(c) The dedicated effort of the U.S. government
(d) The abolition of racial discrimination

2 Surveys reveal that more women are enrolling in and graduating from college compared to men. This doesn't imply, however, that the number of men who holds a bachelor's degree is decreasing. It is actually increasing, but at a slower rate than that of women. Sadly though, while women are apparently gaining higher educational attainment than men, they are not still outstanding in professional degrees _____, such as law, medicine and doctorates. Women are heavily concentrated in psychology and education, fields that are traditionally considered for females.

(a) requiring technical skills
(b) with minimal qualifications
(c) where only men excel
(d) traditionally associated with men

3 .In the 1950's, Alexander Thomas and Stella Chess pioneered a research on infant temperament. The researchers found that infant's behavioral characteristics were present at birth and continued to influence the child's future personality. It is important to recognize individual differences in temperament, especially when a child has learning or attention problems. Awareness of these individual differences in temperament provides a positive way to prevent and manage problems that could lead to ADHD (Attention Deficit Hyperactivity Disorder) among children. Using parenting styles tailored to a child's personality can improve _____.

(a) quality of our daily lives
(b) interaction among peers
(c) a child's unwanted behaviors
(d) one's learning and developmental problems

4 Child-rearing is one of the most significant responsibilities of parents. Different parents use different approaches on raising their child. Unfortunately, some parents are being criticized by the National Family and Parenting Institute (NFPI) for ineffective child-rearing practices. Working mothers who send their children to childcare at an early age are held liable for impeding their children's early learning and development. Aiming to improve the well-being of children and families, the NFPI emphasizes the value of parental care in building a strong parent-child bond _____ .

(a) as opposed to child punishment
(b) which is essential for child's development
(c) leading to good academic performance
(d) towards child's dependency

5 E-commerce (Electronic commerce) is the buying and selling of goods and services on the Internet, especially the World Wide Web. Internet technology has made millions of people worldwide feel comfortable buying online. The growing popularity of e-commerce is understandable considering the time and hassle involved in running from store to store, taking valuable time and energy. One study in 1999 shows that 42% of people use the Internet at home shops online either regularly or occasionally, from 31% in 1998. So it appears that e-commerce is _____ .

(a) a risky business to engage in
(b) conducted over the Internet
(c) a booming industry today
(d) expected to be replaced by traditional stores

6 Without a doubt, developed nations must provide more help to the developing countries. Developed countries could provide financial aids not in the form of debts that usually cause additional burden to the developing nations. They must encourage the less developed countries to establish long-term, sustainable and environment-friendly industries that could improve their economic status. Added support is essential to resolve problems such as the substantial depletion of natural resources. _____ , the biggest obstacle for the development of developing countries lies within their government. The prevalence of corruption aggravates the problems of nations and worsens the difficulties of people.

(a) In effect
(b) However
(c) Furthermore
(d) In addition

위아텝스
READING

자연과학을 주제로 다루는 글에서는 화학, 생물, 물리와 같은 기초 과학 분야에서 제기되고 있는 문제들을 다루고 있다. 또한 과학기술의 발달과 이로 인한 환경오염의 문제, 그리고 의학적 발견과 인간 생활에 미치는 결과 등을 다루기도 한다. 따라서 공학 및 과학 분야의 전문성을 요구하는 글읽기가 필요하다. 대부분의 글에서 등장하는 전문용어(cardiovascular 심장혈관의) 등에 대해서도 어느 정도 대비해야 하는데, 주제별 어휘 등을 학습하면서 대비해야 한다. 그러나 자연과학을 다루는 글의 대부분이 현상적인 부분에 머무는 경우가 많으므로 주제에 대한 막연한 두려움 보다는 새로운 과학적 사실에 대한 지식을 쌓는다는 느낌으로 문제에 접근할 필요가 있다.

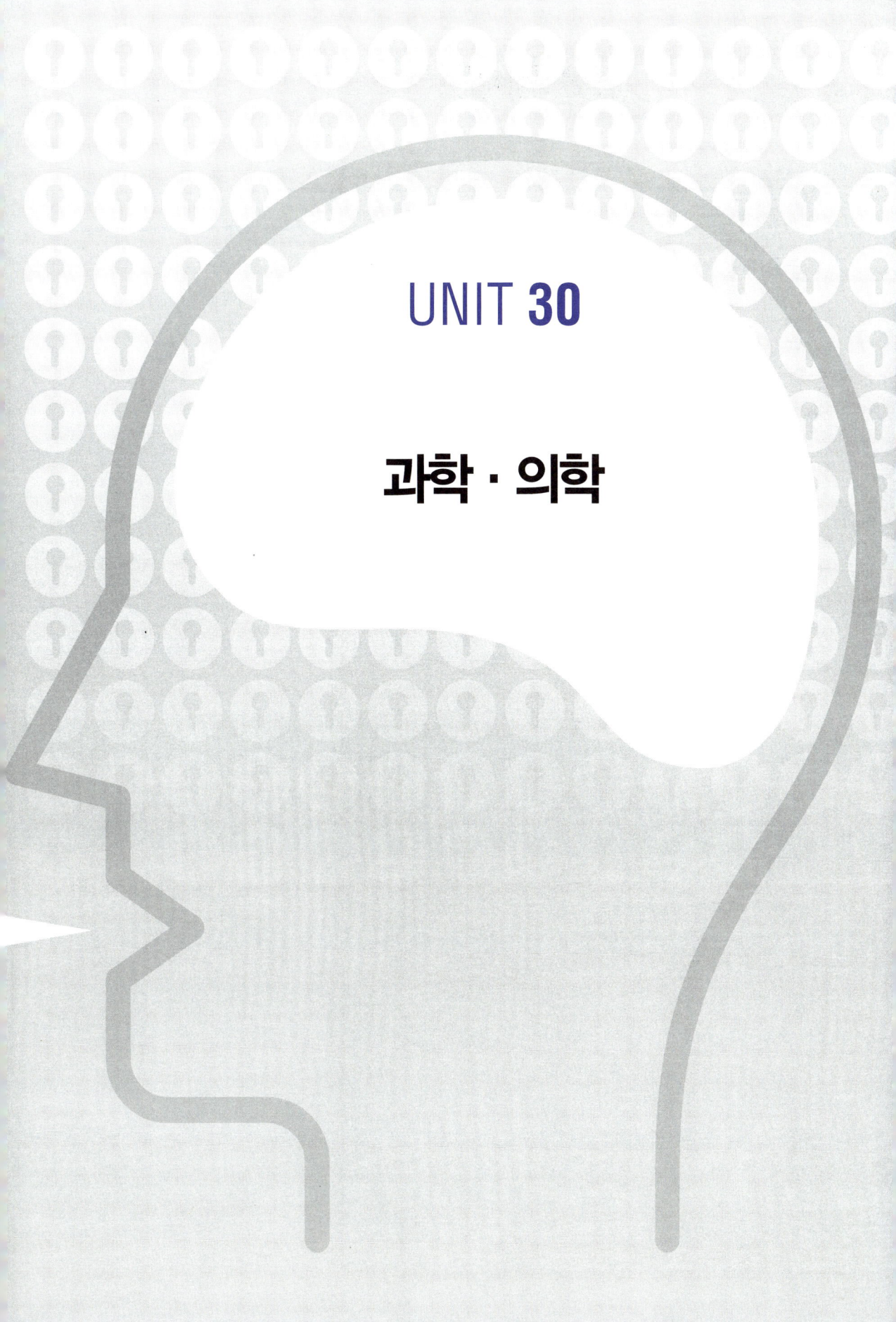

UNIT **30**

과학 · 의학

PATTERN TRAINING

P 014 자연과학

POINT

★ 전문 용어가 등장하므로 난이도 상의 유형으로 대부분의 텝스 수험자들이 가장 어려워하는 영역이다.

★ 화학, 생물, 물리, 기술적 발달, 의학, 환경 문제 등을 다루면서 전문적인 영역이 출제된다.

❶ 지문 유형 및 해결 방식

• 화학

➡ 화학 이론 및 화학적 현상에 대한 설명을 다루는 글이다. 내용이 어렵게 제시되는 반면 문장 구조는 간단하므로, 고유명사 개념으로 등장하는 화학적 현상보다는 전체 내용을 판단하는 데 초점을 맞춘다.

• 생물

➡ 생물학적 현상과 연구에 대한 내용이 주를 이루므로, 어떤 현상과 연구에 관한 글인지를 판단한다. 전문적인 어휘에 대한 것보다는 내용 파악에 주력한다.

• 물리

➡ 물리적 현상 및 연구에 대한 평가를 다루는 글이므로, 어떤 현상을 다루는지를 파악한다. 전문적인 어휘보다는 내용 전체를 파악한다.

• 기술

➡ 과학 기술의 발달과 사회적 영향 및 효과를 다루는 글이므로, 어떤 기술에 대한 설명인지, 과학 기술이 갖는 효과가 어떤 것인지를 파악한다.

• 의학

➡ 의학적 발달과 질병에 대한 내용을 다루는 글이므로, 어떤 의학적 발달의 결과를 다루는지, 어떤 질병에 대한 연구이며 결과는 어떤지를 파악한다.

• 환경

➡ 환경 오염과 인간의 관계를 파악해야 하는 글의 유형으로, 환경오염 중에서 어떤 측면을 다루는지, 그리고 인간 생활에 어떤 영향을 미치고 있는지를 파악한다.

1 During the 1990s, while technology is continuously developing, an interesting prediction was stated by Doug Lenat. He foresaw that in the 21st century, all software would possess artificial intelligence such as ability to reason and use common sense. He also believed that computers would be able to communicate with people, read books, and even enhance their intelligence by themselves. Lenat pioneered a project called Cyc, which aims to provide common sense to computers. Unfortunately, his project and his prediction failed to materialize. He then realized that artificial intelligence is _____.

(a) really an interesting field for study and research
(b) just causing problems to the software developers
(c) the greatest innovation of the century
(d) more complicated than what he previously thought

continuously 계속해서, 연속적으로 state 말하다, 확신하다, 진술하다 foresee 예견하다, 내다보다 possess 소유하다, 가지다 artificial intelligence 인공지능 common sense 상식 enhance 높이다, 강화하다 intelligence 지능, 이해력, 사고력, 정보 pioneer 개척하다, 개설하다, 개척자 aim 겨냥하다, 목표삼아, 뜻하다 fail to 실패하다 materialize 구체화하다, 실현되다 complicate 복잡하게하다

1 During the 1990s, while technology is continuously developing, an interesting prediction was stated by Doug Lenat. He foresaw that in the 21st century, all software would possess artificial intelligence such as ability to reason and use common sense. He also believed that computers would be able to communicate with people, read books, and even enhance their intelligence by themselves. Lenat pioneered a project called Cyc, which aims to provide common sense to computers. Unfortunately, his project and his prediction failed to materialize. He then realized that artificial intelligence is _____.

(a) really an interesting field for study and research
(b) just causing problems to the software developers
(c) the greatest innovation of the century
(d) more complicated than what he previously thought

1990년대, 과학 기술이 계속해서 발전하고 있을 때, 도우 레닛은 흥미로운 예측을 했다. 그는 21세기엔 모든 소프트웨어가 추리할 수 있고 상식을 이용하는 인공지능을 탑재할 것으로 내다봤다. 또한 컴퓨터가 사람들과 의사소통을 할 수 있고, 책을 읽고 심지어 스스로 지능을 향상시킬 수 있을 것이라고 믿었다. 레닛은 컴퓨터에 상식을 입력할 목표로 Cyc라는 프로젝트를 개설하였다. 안타깝게도, 그의 프로젝트와 예견은 실현되지 못했다. 그런 후에 그는 인공지능이 자신이 이전에 생각했던 것보다 더 복잡하다는 것을 깨달았다.

(a) 연구하고 탐구하기 정말 흥미로운 분야
(b) 소프트웨어 개발자들에게 문제를 야기시키고 있는
(c) 세기 최고의 혁신
(d) 그가 이전에 생각했던 것보다 더 복잡한

[해 | 설]

인공지능을 통해 컴퓨터가 의사소통을 할 수 있고, 책을 읽으며, 스스로 지능을 향상시킬 것이라는 레닛의 예측이 틀렸다는 것을 말하는 내용이다. 따라서 이러한 예측이 실패했을 때 레닛이 깨닫게 된 것은 인공지능이 자신의 생각보다 더 복잡하고 실현하기 힘들다는 내용이므로 (d)가 정답이다.

❶ [A, B, and C] : A, B, 그리고 C

He also believed that computers would be able to communicate with people, read books, and even enhance their intelligence by themselves.

또한 컴퓨터가 사람들과 의사소통을 할 수 있고, 책을 읽고 심지어 스스로 지능을 향상시킬 수 있을 것이라고 믿었다.

❷ [fail + to부정사] : ~하는 데 실패하다, ~하지 못하다

His project and his prediction failed to materialize.

그의 프로젝트와 예측은 실현되지 못했다.

a project by Doug Lenat 레낫에 의한 프로젝트

➡ artificial intelligence 인공지능

➡ complicated process 복잡한 과정

READING TRAINING

특수 구문 해석 방식

① It is ... that 강조 구문 : ~한 것은 바로 …이다

It was only the result **that** / many people are most interested in.

단지 그 결과였다 / 많은 사람들이 가장 관심을 가지는 것은

② 부정어 도치구문 : 결코 ~이 아니다

Not once did they complete their assignment properly.

한 번도 그들이 그들의 과업을 제대로 완수한 적이 없었다.

③ only 도치구문 : ~해서야 …하다

Only if a new buyer is willing to make a meaningful investment / **can we install** facilities.

새로운 구매자가 의미있는 투자를 하겠다고 할 때에야 / 우리는 설비를 갖출 수 있다

④ [So+형용사+동사+주어+that ...] : 너무 ~해서 …하다

So competent were the players that / we expected our team to win the game.

선수들이 매우 뛰어났기 때문에 / 우리는 우리 팀이 그 경기에서 이길 것이라고 예상했다

⑤ [Such+동사+주어+that ...] : 너무 ~해서 …하다

Such was the success of the tour that / the company made a lot of profit.

그 여행의 성공이 대단했기 때문에 / 그 회사는 많은 수익을 거두었다

⑥ [과거분사+be동사+주어] : 주어가 ~이 되다

Enclosed was a copy of his latest novel. 그의 최근 소설 한 권이 동봉되어 있다

⑦ [How+형용사+주어+동사 ...!] : 얼마나 ~한가!

How astounding it was / that the archaeologists found the undiscovered tombs!

얼마나 놀라운가 / 고고학자들이 발견되지 않았던 무덤들을 발견한 것은

⑧ [What+a+형용사+명사+주어+동사 ...!] : 얼마나 ~한가!

I didn't realized **what a surprising insight he had**.

그가 그렇게 놀라운 통찰력을 가지고 있다는 것을 나는 깨닫지 못했다.

⑨ [How come+주어+동사 ...] : 왜 ~했니?

How come you went home so early last night? 어젯밤에 왜 그렇게 일찍 집에 갔니?

⑩ [What if+주어+동사 ...] : ~라면 어떻게 하지?

What if there were no light on the street? 거리에 불빛이 없으면 어떻게 하지?

1 화학 영역

According to the laws of thermodynamics, the chemical reaction of reactants can change their energy state. As the reaction proceeds, the number and strength of chemical bonds change and that changes the energy. In the course, the reaction results in heat, which is evolved or absorbed during the chemical reaction. When _____, the reaction is called an exothermic reaction, while the reaction of the heat absorbed while transforming reactants into products is called an endothermic reaction.

A. Fill in the blank in the passage.

(a) the heat is released during a chemical transformation
(b) the heat disappears regardless of a chemical reaction

B. What is the best title of the passage?

(a) Change of reactants' energy state during a chemical reaction
(b) Release and absorption of heat in a chemical transformation

2 생물 영역

Frankly speaking, the evolution of plants _____. They have evolved in their favor and for their survival in the natural environment. As the law of natural selection states, plants have evolved in a way that optimizes their own chance of survival. For example, some of them often contain toxic chemicals to prevent people or animals from eating them. The more harmful and poisonous they are, the more chance of survival they have. So recognizing whether they are poisonous or not has been one of the most important things in human history.

A. Fill in the blank of the passage.

(a) has little to do with the benefits of human beings
(b) has been determined by way of human efforts

B. What is the main point of the passage?

(a) Most plants are poisonous and harmful to protect themselves in the environment.
(b) Plants have evolved to acclimatize themselves to a new natural environment.

3 물리 영역

The quantum theory, the study of the interactions of matter and radiation, was formulated by the collaborative effort of some of the most brilliant physicists in the early 20th century and was quite a unique theory. Some scientists contributed to the mathematical foundation for quantum mechanics, and this theory has successfully supported a number of experiments for a long time. At present, most of the scientific experimental results can be explained by the principles of quantum theory. While Einstein established the theory of relativity using several classical concepts such as time, position, velocity, and mass, the quantum theory _____ which had no pre-existing counterparts.

A. Fill in the blank of the passage.

(a) transformed several classical ideas
(b) adopted new concepts and ideas

B. Which of the following is correct about the introduction of quantum theory?

(a) Einstein contributed to the establishment of the quantum theory.
(b) Many experimental results have owed their success to the quantum theory.

4 기술 영역

While investigating criminal suspects, criminal investigators and forensic specialists have used DNA analysis for a long time. But the DNA test takes longer and costs a lot to gain results. Therefore, several experts have suggested examining human antibodies found in blood, saliva, and other body fluids. They say that antibodies will be useful in identification because they are unique to each individual. The antibody test will likely _____ compared with DNA tests. However, this test will be limited for the time being because of the lack of a national antibody database.

A. Fill in the blank of the passage.

(a) increase the cost and time to get more accurate results
(b) decrease the number of DNA tests and save time and money

B. Which of the following is correct according to the passage?

(a) Despite several limitations, forensic experts will be likely to use antibody analysis.
(b) DNA tests are using body liquids such as blood and saliva in human bodies.

5 의학 영역

To replace the present imperfect bone substitute, several doctors are experimenting with carbon nanotubes, which are 100,000 times smaller than the thickness of human hair but are strong, elastic, and lightweight. According to their hypothesis, if carbon nanotubes were implanted into a bone fracture, new bone material could form and grow along the tubes. That's because the carbon nanotubes are similar in nature to collagen, which gives bones their structure. Though their experiments have not been confirmed to date, their breakthrough research _____.

A. Fill in the blank of the passage.

(a) will be ignored by doctors because of their faults
(b) will offer hope to many patients with broken bone

B. What can be inferred about the carbon nanotubes according to the passage?

(a) Carbon nanotubes have been used as a perfect bone replacement for a long time.
(b) Scientists haven't succeeded in confirming the medical availability of carbon nanotubes.

6 환경 영역

The natural environment as well as human life has considerably been influenced by the global warming and climate change throughout history. Included are rapidly increasing global temperature, increasing sea levels, and decreasing snow cover as the direct effects of them. In addition, most of the meteorological experts warn that human beings will experience further global warming, sea level rise, and extreme weather phenomena. Fortunately, most of the countries, whether advanced, developing or underdeveloped, around the world, are _____ together so as to reduce the fluctuating climate changes in the future.

A. Fill in the blank of the passage.

(a) trying to reduce their greenhouse gas emission
(b) giving up international climate-related agreements

B. What can be inferred according to the passage?

(a) Scientists haven't recognized the evidence of the global warming and climate change.
(b) To prevent global warming, many countries have implemented international collaboration.

1   Animal extinction has been one of the biggest environmental issues over the years. People are continuously warned that extinction of animals such as apes and monkeys would happen soon if humans will continue to degrade the environment and destroy animal sanctuaries. There are many ways _____. Some experts suggest breeding the endangered animals in captivity then releasing the offspring to the natural habitat. The government could also help in the preservation of animal habitat through enforcing firm logging and mining restrictions.

   (a) to prevent environmental pollution
   (b) to do scientific research on animal behavior
   (c) to prevent this to happen
   (d) to stop killing of animals

2   Why is REM (Rapid Eye Movement) sleep important? REM stimulates the brain regions used in learning. The brain is engaged in consolidating learning acquired during the waking hours and committing it to the long-term memory. REM nurtures and strengthens memory, learning, attention and concentration. One of the theories about sleep is that smarter animals spend longer periods in REM sleep. This notion was challenged by a research about dolphins and whales, some of the smartest mammals. These mammals have the lowest amounts of REM sleep and may go without REM sleep for extended period of time. Therefore, previous theory _____.

   (a) is even strengthened
   (b) is universally accepted
   (c) has to be further explained
   (d) can be misleading

3   The discovery of antibiotics in the early twentieth century marked a dramatic breakthrough in the field of modern medicine. Antibiotics are drugs derived from certain micro organisms and have emerged as therapeutic leaders in the fight against bacterial infections over the last fifty years. When _____, life expectancy of people in developed countries rose as a result. The medical community now faces new challenges. With the overuse and misuse of these drugs, some bacteria have evolved to become resistant to the medication, resulting in treatment failure.

   (a) people overused the medicines
   (b) these so-called miracle drugs were discovered
   (c) scientists began to research these drugs
   (d) people began to have the growing interest in the drugs

4 Scientists had established that there is actually an optimal location for life in some solar systems. This region is called the circumstellar habitable zone (CHZ) which has a galactic counterpart called galactic habitable zone (GHZ). The GHZ is a ring-like region that is situated neither too near nor too far from the galactic center. To be favorable for existence of life, this region must be free from collisions and radiation bursts. As one gets near to the galactic center, the high density of stars increases the exposure to collisions with asteroids and gamma-ray explosion.

Q. Why are life forms less likely to exist as one approaches the galactic center?

(a) The giant planets would push the smaller planets out of the solar system.
(b) The heat from suns near this region would boil away the water forms of planets.
(c) There is a greater risk of life-destroying cosmic collisions.
(d) This region is unable to provide atmospheric conditions suitable for life existence.

5 Music has therapeutic qualities which can be used to influence and bring about positive changes in human health. The therapeutic power of music was first recorded in the 1700s and was even reinforced during the global war in the twentieth century. War-front hospitals turned to music therapy because it was the only affordable way to temporarily relieve patients who were undergoing trauma, waiting to be treated by the limited number of doctors. Today, music therapists use music to effect positive changes in the psychological, physical, cognitive, and social functioning of individuals with health illnesses and behavioral problems.

Q. According to the passage, why did war-front hospitals use music therapy?

(a) Because medicines were very expensive and inaccessible.
(b) Because it was considered as the only treatment for trauma
(c) Because it soothed patients while waiting to be attended by doctors
(d) Because based on religious beliefs, music has the power to drive away evil spirits

6 The primary source of world's energy supply is fossil fuels. The problem is fossil fuels are non-renewable. They are limited in supply and will one day be depleted. Moreover, the fossil fuels, which formed hundreds of millions of years ago, are buried way underneath the Earth's surface. As we drain the most easily accessible fossil fuel supplies, we will be left with only the most inaccessible ones. The bottom line is that we are going to run out of fossil fuels and that we have no choice but to develop renewable energy sources, since human demands for energy will not decrease.

Q. Which is correct according to the passage?

(a) The side effects of using fossil fuels cause all of the problems.
(b) There is a huge need to develop alternative energy sources.
(c) Fossil fuel is the sole supplier of the world's energy resources.
(d) The world runs out of fossil fuels because these energy sources are inaccessible.

1 It is said that almost half of the world's languages _____ . Derived mostly in the area from Europe to India, a lot of similar languages in this family have a lot in common especially in grammar, pronunciation, and vocabulary. Therefore, many linguists think that the languages originated from one common language. According to some linguistic research, several subfamilies such as Germanic, Indo-Iranian, Italic, and Slavic were derived from Indo-European language. In addition, the subfamilies are respectively classified into the present various languages in many countries around the world.

(a) were spoken in a region in ancient times
(b) had different characteristics in pronunciation and spelling
(c) came from one common language, an Indo-European language
(d) originated from a common tribe in a wide range of regions

2 Many people believe that bats are scared animals because of its vampire image in novels, movies, and television shows. But bats usually have a variety of diets such as flowers, vegetables, insects, and fish. Their favorite foods are quite different from those in horror movies. Nevertheless, they do seem to live on blood of some animals except for that of human beings. They usually get their food from sleeping domestic animals. Under the cover of darkness, they drink blood from livestock with their razor-sharp teeth. They are so skillful at drinking blood that they usually get their food _____ .

(a) with sleeping animals feeling painful
(b) with human beings recognizing bats' attacks
(c) without waking the sleeping animals
(d) without killing sleeping human beings

3 When it comes to becoming an effective leader, some psychologists have been concerned with Pygmalion effect. According to the theory, group members may succeed or fail in their performance in terms of the expectations set by their supervisors. The most successful leaders usually set higher standards in productivity and expect their members to follow them. As long as a leader believes his members will succeed in their work, they will be able and more likely to succeed. On the contrary, if a leader expects his members to fail, they won't usually reach the standards.

Q. What is the main idea of the passage?

(a) How to teach an effective leader
(b) How to become an effective leader
(c) Success and failure in a company
(d) Psychological state of a successful leader

4 As the Internet gets its popularity in many countries, many people have begun to be concerned about the violation of people's rights to privacy. Many local, state, and federal governments have posted public records on the Internet and disserviced people's human rights. Some information such as registration records, property tax rolls, and court records has become too public online. It is not easy to keep confidential personal information any longer. Therefore, governments should prevent people's sensitive records by not putting them online.

Q. Which is correct according to the passage?

(a) It is quite difficult to obtain personal information on the Internet.
(b) Each government is keeping property tax rolls secret thoroughly.
(c) The spread of Internet has contributed to the possibility of leakage of secrets.
(d) Most governments are concerned with people's rights to privacy.

5 It is very important to preserve coral reefs in order to protect the ocean natural environment. They function as key factors such as providing a habitat for many organic creatures in the sea. However, many coral reefs all over the world are being threatened by human activities and its resulting environmental pollution. In particular logging and dynamite fishing around coral reefs have destroyed a significant number of coral reefs around the world. Although there are many negative influences caused by the destruction of coral reefs, the most significant and serious influence is on the tourist industry.

Q. Which statement would the writer most likely agree with?

(a) Coral reefs have nothing to do with the destruction of the natural environment.
(b) Tourist industry is most likely to be affected by the change of coral reefs.
(c) Human activities contributed to the destruction of coral reefs the most.
(d) No organisms can live in coral reefs because of the polluted condition.

6 Choose the most inappropriate sentence in the passage.

Many mushrooms are said to be beneficial to human beings, not to attack them.

(a) Even touching poisonous mushrooms doesn't make any harmful effect on a person.
(b) Of the thousands of mushroom species, only a few are known to be dangerous and deadly.
(c) Several kinds of mushrooms often cause people to experience serious illness and toxication.
(d) Rather most of them are edible, and some of them look exceptionally beautiful.

MEMO

MEMO

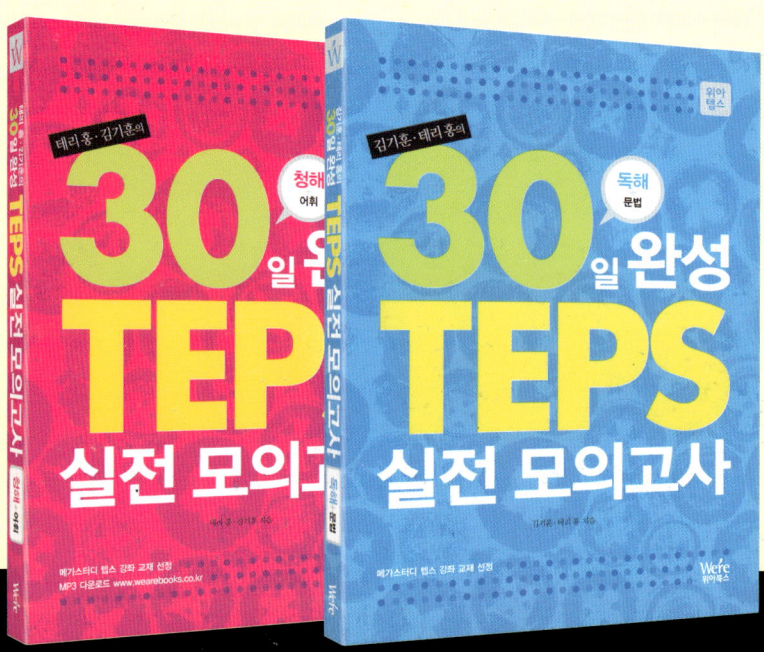

위아
텝스

위아
텝스
RC

RC 전문가가 만든
적중률 99.9%
실전형 기본서

정일상 지음

해설집

- 문법 16회, 독해 4회, 최고의 유형으로 엄선된 총 1,024문제

- 1년 여의 베타테스트, 수천 명의 피드백으로 다듬은 단단한 기본서

- 단순 패러프레이징이 아닌, 완성도 100%의 문제만으로 구성

TEPS

We're
위아북스

위아텝스 해설집

RC

TEPS

정일상 지음

We're
위아북스

UNIT 01 문장구조 & 동사

P001 문장 어순 잡기

1 기본 문장 구조

1 A: 이 산에 오기를 참 잘한 것 같아요.
B: 맞아요. 아름다운 봄의 색깔을 볼 수 있으니까요.

◎ 문장 구조 유형으로 [주어 + ____]의 경우, 동사와의 연관성을 찾는 문제이다. 따라서 [조동사 + 동사 + 목적어]의 구조와 all the pretty spring colors의 결합형이 정답이다.

정답 (b)

2 A: 이 박사가 그 환자를 진단했나요?
B: 네, 그런데 어떠한 증상도 그녀의 몸에서 발견되지 않았어요.

◎ not a symptom이 주어이므로 동사로 연결되어야 한다. 전치사구 in her body는 문장 종결 이후에 나와야 한다.

diagnose 진단하다, 규명하다 **symptom** 징조, 징후, 증상

정답 (b)

2 문장 구조의 확장 – 수식어구

1 그들은 몇 장의 오래된 사진을 보고 기뻐했다.

◎ [see(동사) + photos(목적어)]의 기본 구문에서, 수식어인 some old가 목적어 photos를 수식하는 구조. some과 같은 지시적 의미를 나타내는 단어는 old와 같이 상태를 나타내는 단어보다 앞서 나온다.

정답 (a)

2 그녀는 그의 성공 소식을 듣고 매우 기뻐하는 것처럼 보였다.

◎ [주어 + 동사 + 보어]의 기본 구조가 형성되어야 하므로, looked happy 형태가 온다. happy는 '그녀'의 상태를 설명하며 extremely와 같은 부사는 형용사를 수식하는 기능을 한다. 부사가 형용사를 수식할 때 형용사 앞에 위치하는 것이 특징이다.

정답 (b)

P002 문장의 변형 : 명령문 & 의문문

1 명령문과 부정 명령문

1 A: 나도 파티에 가고 싶어요.
B: 좋아. 그럼 12시까지는 반드시 집에 돌아와야 해.

◎ 명령문 유형에서, 동사구의 형태인 make sure가 먼저 오며, make sure 뒤에 [주어+동사]의 일반 문장 구조(you're home)를 추가한다.

정답 (b)

2 A: 내 안경을 찾을 수가 없어요.
B: 책상 밑을 보세요.

◎ 명령문의 구조로 동사가 제시되며, under the desk의 전치사구가 추가된 문장 유형이다.

정답 (c)

2 의문문과 답변

1 A: 충치가 있는 것 같아요.
B: 진짜? 그러면 치과에 가서 검사를 받아보는 게 좋겠어.

◎ 실제 질문은 Do you have a cavity?이므로, 줄여서 Do you?의 형태로 질문한다.

정답 (b)

2 A: 내 형제들을 전에 만나본 적이 있나요?
B: 네, 그래요.

◎ 의문문 유형과 답변 유형에서, Have you ~?의 형태로 질문할 때, 그에 대한 답변은 [주어 + have]의 유형으로 답변한다. 따라서 Yes, I have.가 정답이다.

정답 (d)

3 부정문

1 그녀는 전 남편을 파티에서 볼 것이라고 예상하지 못했기 때문에 그를 보고 깜짝 놀랐다.

◎ 주어가 제시되어 있으므로 동사 형태로 문장이 연결된다. 부정문을 만들 때 not은 be동사 혹은 조동사와 연결되어 나오므로 선택지 중에서는 never가 적절하다.

정답 (b)

2 그 회사는 그들의 실수에도 불구하고, 파손된 제품에 대해 절대 책임지지 않았다.

⊙ 부정어 in no way는 be동사와 조동사 뒤에 제시되며, 일반동사 앞에 제시된다. 따라서 be responsible for에서 in no way는 be동사 뒤에 나온다. 따라서 was in no way responsible이 정답이다.

정답 (b)

P003 자동사 유형

1 수동적 의미의 자동사

1 A: 회계 보고서 작성 끝내셨나요?
B: 죄송합니다. 갑자기 컴퓨터가 고장이 나서요.

⊙ 기계류 혹은 약물 등이 '작동하다, 효과가 있다'는 의미를 나타낼 때, 동사 work를 쓴다.

정답 (c)

P004 동사와 보어의 유형

1 become 동사류

1 어제 그녀를 보자마자, 그의 얼굴이 창백해졌다.

⊙ '창백해지다'라는 의미를 나타낼 때, turn pale을 쓴다.

정답 (c)

2 경제 위기에 대한 전문가들의 예상이 현실화되었다.

⊙ '현실화되다'는 의미를 나타내는 표현은 come true다. 이때 come은 become 동사 유형이며, 형용사와 결합한다.

정답 (a)

2 감각/상태/외양 동사

1 A: 무슨 일 있니? 오늘 목소리 이상하게 들리는데.
B: 다시 감기 걸린 것 같아요.

⊙ '이상하게 들리다'는 의미로 [sound + 형용사]를 쓴다.

정답 (a)

2 조지아 대학으로부터 입학 허가서를 받았을 때, 메리는 매우 행복해 보였다.

⊙ '~하게 보이다'는 의미로 look을 쓸 때, [look + 형용사] 구조를 갖는다.

정답 (a)

P005 타동사 vs. 자동사

1 자동사로 혼동하기 쉬운 타동사

1 A: 브라이언에게 무슨 일 있니? 요즘 기분이 좋은 것 같아.
B: 사실은, 지난 달에 마침내 오랫동안 사귀던 애인과 결혼했어.

⊙ '결혼하다'는 의미는 marry 혹은 get married to를 쓴다.

정답 (a)

2 위원회는 다음 회기의 재정 정책을 어떻게 바꿀지에 대해 논의했다.

⊙ 동사 유형 중에서 '~에 대해 논의하다'는 의미는 [discuss + 목적어]를 쓴다. 이때 discuss는 전치사를 쓰지 않는다는 점에 주의해야 한다.

정답 (a)

2 동사구 유형 : 동사 + 전치사

1 A: 새로운 학교 정책에 대해 어떻게 생각하니?
B: 절대 인정할 수 없어.

⊙ '~에 대해 인정하다'는 의미는 approve of이며, not at all에서 at all은 마지막에 위치한다.

정답 (b)

2 A: 그 남자에게 무엇을 말했나요?
B: 나는 그에게 시청에 가는 법을 말해 주었어요. 그게 다예요.

⊙ '~에게 …에 대해 말하다'는 의미를 나타낼 때 talk to A about B의 형태를 쓴다. 따라서 talk the man about something에서 something을 의문사 what으로 표현한 문장이다.

정답 (b)

3 동사구 유형 : 동사 + 부사

1 A: 존, 라디오가 너무 큰 것 같아.
B: 죄송해요, 엄마. 소리를 좀 줄일게요.

⊙ 동사 유형 중에서 '소리를 줄이다'는 의미로 turn down을 쓰며, 대명사가 있을 때 [turn + 대명사 + down]의 형태로

온다.

loud (소리가) 큰 turn down (소리를) 줄이다, 낮추다

정답 (d)

2 A: 왜 쓰레기를 버리지 않았니?
B: 미안해요. 잊었어요. 오늘 오후에 버리도록 할게요.

💿 '버리다'는 의미는 put away를 이용하며, 이때 대명사 it
은 put away 중간에 온다. 따라서 put it away가 된다. 조동
사 뒤에는 동사 유형이 필요하므로 동명사나 부정사를 쓰지
않는다.

정답 (b)

P006 수여동사 vs. 일반동사

1 수여동사 기본 문형

1 A: 당신의 펜을 좀 빌려 주시겠어요?
B: 미안하지만, 저도 가지고 있지 않네요.

💿 'A에게 B를 빌려주다'는 의미는 [lend + A + B] 혹은
[lend + B + to + A]의 형태를 쓴다.

정답 (a)

2 A: 여기서 컴퓨터를 구매하는 게 더 싼가요?
B: 물론이죠. 500달러를 절약할 수 있을 거예요.

💿 '~에게 비용을 절약하게 해주다'라는 의미로, [save + 사
람 + 돈]의 형태를 쓴다.

정답 (d)

2 일반동사 + A + 전치사 + B

1 나는 그들에게 이해시키려 했던 것을 설명하려고 노력했다.

💿 '누군가에게 어떤 내용을 설명하다'는 의미일 때, [explain
+ 내용 + to + 사람] 혹은 [explain + to + 사람 + 내용(구
혹은 절)]으로 쓴다.

정답 (a)

2 정부는 관광객들에게 그 지역의 잠재적 위험성을 경고했다.

💿 'A에게 B에 대해서 경고하다'는 의미를 나타낼 때, warn
A of B의 형태를 쓴다. 따라서 warned tourists of the
potential danger가 정답이다.

정답 (b)

P007 목적보어

1 목적보어 – 명사/형용사

1 A: 이번 주말에 자전거 타러 가는 거 어때?
B: 좋아. 나도 자전거 타기가 좋은 야외 스포츠라고 생각해.

💿 'A를 B라고 여기다'는 의미로 [목적어 + 목적보어]의 어
순으로 제시되는 문형이다.

정답 (b)

2 A: 새로운 관리자 맘에 안 들어요.
B: 나도 그래. 이사들이 그를 매니저로 임명할 줄은 생각지도
못했어.

💿 'A를 B로 임명하다'는 appoint A B의 형태로 쓴다.

정답 (c)

2 목적보어 – to부정사 vs. 분사

1 A: 그녀가 왜 그렇게 열심히 운동하고 있니?
B: 의사가 그녀에게 더 많은 운동을 하라고 조언했대.

💿 'A가 ~하도록 조언하다'는 의미는 [advise + A + to부
정사] 형태를 쓴다. 이때 부정사는 목적어인 A의 행위나 동작
을 말한다.

정답 (b)

2 태양빛에 과도하게 노출되면 피부 노화를 유발할 수 있기 때문
에, 태양빛을 피하는 것이 좋다.

💿 'A가 ~하는 것을 유발하다'는 [cause + A + to부정사]
의 형태로 쓴다.

정답 (c)

3 자동사의 목적보어

1 지난 주에, 나는 케이트가 콘서트홀에서 바이올린을 연주하는
것을 들었다.

💿 '듣다'는 의미의 hear가 있을 때 목적보어는 동사원형이
나 현재분사를 쓴다. 능동이면서 진행의 의미를 강조하므로
현재분사를 쓴다.

정답 (a)

4 사역동사의 목적보어

1 A: 여보세요. 제 방에 뭔가 잘못된 것 같아요.
B: 정말이요? 직원이 즉시 점검해 보도록 하겠습니다.

◎ '시키다'의 의미인 have가 사역동사로 이용되고 있으므로 목적보어로 동사원형을 쓴다.

---

employee 직원 right away 지금 즉시

정답 (a)

5 find/keep의 목적보어

1 잡지들을 읽다보면, 그것들 대부분이 다양한 전자 제품을 광고하고 있다는 것을 알게 될 것이다.

◎ '그것들 대부분이 광고하고 있다'는 내용이므로 현재분사를 이용하여 목적어를 설명한다.

정답 (d)

→ BASIC TRAINING

1 The company will **invest more money in R & D**.

그 회사는 R & D 분야에 더 많은 돈을 투자할 것이다.

2 People **never acknowledge their mistakes**.

사람들은 그들의 실수를 결코 인정하지 않는다.

3 The bread **cuts easily**.

그 빵은 잘 잘린다.

4 They **discussed** the core concept of the argumentation theory.

그들은 논증 이론의 핵심 개념에 대해 토론했다.

5 Deeper recession will **lead to** financial crime wave.

심한 경기 침체는 금융 범죄의 증가를 유발할 것이다.

6 Due to the bad weather, we **called it off**.

날씨가 좋지 않아서, 우리는 그것을 취소했다.

7 He looked **nice** with those clothes.

그가 그 옷을 입은 모습은 정말 좋아 보였다.

8 The charity **offered huge amounts of money to poor people**.

그 자선단체는 가난한 사람들에게 많은 돈을 제공했다.

9 A recent survey found **reading people's main pastime**.

최근 조사에 따르면, 독서가 사람들의 주요 여가 시간이라고 한다.

10 We expected the boss to allow us **to take** a rest.

우리는 사장님이 우리가 휴식을 취하는 것을 허락해 줄 것이라 예상했다.

11 Let's get the play **started** right now.

지금 당장 공연을 시작하도록 합시다.

12 They found **it difficult to take** her advice of listening and speaking for the general idea.

그들은 전반적인 사고를 위한 듣기와 말하기에 대한 그녀의 조언을 받아들이기가 어렵다는 것을 알게 되었다.

13 I saw **her study** at the library.

나는 그녀가 도서관에서 공부하는 것을 보았다.

14 The customer had his rent car **delivered** to the city.

그 고객은 렌트카가 그 도시로 전달되도록 시켰다.

15 I found them **growing** some plants around their house.

나는 그들이 집 주변에서 식물을 기르고 있는 것을 알게 되었다.

→ ACTUAL TRAINING

1 A: 현재 경제 상황에 대해 어떻게 생각하시나요?

B: 사람들이 말하는 것처럼 좋아질 거라고 생각하지 않아요.

◎ '~라고 생각하지 않다'는 의미로 [주어 + don't/doesn't think + 주어 + 동사] 구조를 쓴다. 따라서 [I don't think + it's getting]이 정답이다.

---

economic situation 경제 상황

정답 (b)

2 A: 모임에 많이 늦으셨네요. 무슨 일인가요?

B: 미안해요. 하지만 투자자와 중요한 약속이 있었어요.

◎ 문장 구조의 기본 유형으로 [주어 + 동사 + 목적어] 형태가 필요하다. 따라서 [I have an important appointment + with an investor]가 결합된 문장이 정답이다.

---

appointment 약속 investor 투자자

정답 (b)

3 A: 승진 축하드려요.

B: 고마워요. 사실 그 모든 것은 제 동료들 덕분이에요.

◎ 'B를 A의 덕분이라 생각하다'는 의미를 나타낼 때, owe B to A의 구조를 쓴다. 따라서 owe it all to my colleagues 가 정답이다.

promotion 승진 colleague 동료

정답 (b)

4 A: 이상하게도, 모든 학생들이 교실에 앉아 있네요. 그들은 보통때는 늦는데요.

B: 선생님이 그들에게 시간을 잘 지키라고 말씀하셨거든요.

💧 '목적어에게 ~하도록 요청하다' 라는 의미를 나타낼 때, [ask + 목적어 + to부정사] 유형을 쓴다. 따라서 asked them to be의 구조가 정답이다.

be seated 앉아 있다 punctual 시간을 잘 지키는

정답 (b)

5 A: 그가 자금과 관련하여 당신의 조언을 받아들였나요?

B: 아니요. 그의 계획을 단념시키도록 노력했지만, 그는 저의 조언을 전혀 들으려고 하지 않아요.

💧 wouldn't는 '들으려하지 않다' 라는 의미로 고집을 의미하며, at all은 문장 뒤에 쓴다. 따라서 wouldn't hear my advice at all이 정답이다.

fund 자금

정답 (b)

6 그 시집은 유명한 시인들이 쓴 100편의 영시로 구성되어 있다.

💧 '~로 이루어지다/구성되다' 라는 의미는 consist of를 쓴다. 또한 be composed of 혹은 be made up of로 쓸 수도 있다.

anthology 시집 poem 시 poet 시인

정답 (c)

7 정부는 대부분의 사람들이 동의하지 않는 새로운 보안 정책을 시행하려고 했다.

💧 '동의하다' 는 의미를 나타낼 때 agree with를 쓰며, 목적격 관계대명사는 생략 가능하다.

government 정부 implement 시행하다. 실행하다 security 보안 measure 정책. 조치

정답 (c)

8 그 나라들은 발생할 수 있는 군사적 재앙들에 대해 논의했으며, 잠재적 적들로부터의 핵 공격에 대처하는 것을 계획했다.

💧 문장 구조 유형으로 and 뒤에는 discussed와 등위 관계를 형성하는 동사의 유형이 제시되어야 한다. 이때 plan 뒤에는 to부정사가 오며, cope with가 '대처하다' 는 의미를 나타낸다. 따라서 planned to cope with a nuclear attack이 정답이다.

possible 발생할 수 있는 military 군사적인 disaster 재앙 cope with ~에 대처하다 nuclear 핵의 potential 잠재적인

정답 (c)

9 일기예보에 근거하여. 그 리조트는 관광객들에게 허리케인의 접근에 대해 경고했다.

💧 문장 구조 유형으로 'A에게 B에 대해 경고하다' 는 의미로 warn A of B의 유형을 쓴다. 따라서 [the resort + warned + tourists + of hurricane's approach]가 정답이다.

forecast 예보 resort 리조트 approach 접근

정답 (c)

10 이 TV세트를 사시면 집까지 배달해 드려요.

💧 텔레비전 세트는 배달되는 것이므로, 과거분사를 이용하여 목적어를 설명한다.

television set 텔레비전 세트 deliver 배달하다

정답 (b)

11 A: 너 수학 중간고사 결과를 알고 있니?

B: 응, 그렇지만 불행하게도, 아무리 공부하는 데 많은 시간을 투자해도, 테스트에서는 잘 하지 못해.

A: 그러면 내가 너라면 정보 센터에서 제공하는 특별 수업을 들을 텐데.

B: 정보 센터? 그것에 대해 들어본 적이 없는데.

💧 '정보 센터에서 제공하는 특별 강좌' 라는 의미로서, some special courses와 offered by the Information Center가 결합된 문장이 되어야 한다. 따라서 offered의 위치를 바꿔야 한다.

mid-term exam 중간고사 unfortunately 불행하게도 special 특별한

정답 (c)

12 A: 어디를 다치셨나요? 통증이 있으신가요?

B: 오른쪽 눈에 심각한 통증이 있어요.

A: 얼마나 오랫동안 이렇게 아프신가요?

B: 일주일도 넘었어요. 무슨 문제인가요?

💧 '얼마나 오랫동안 이렇게 아프신가요?' 라는 의미로 의문문의 유형을 묻는 문제이다. 따라서 [How long + have you been feeling]의 형태가 되어야 한다.

hurt 다치다 serious 심각한

정답 (c)

13 A: 제가 그 웹사이트에 어떻게 접속하죠?

B: 등록 양식을 제출하기 전에 ID하고 패스워드를 기입해주

세요.
A: 어디를 채워 넣어야 할지를 모르겠어요.
B: 그 종이 위에 빈 공간에 기입하세요.

❂ 동사구의 형태인 [동사 + 부사]에서 대명사의 위치를 묻는 문제이다. 따라서 write them down의 형태로 전환하여 쓴다.

정답 (d)

14 (a) 출판 비용이 얼마인지에 대한 논란이 뜨겁다. (b) 이 비용을 이해하기 위해, 당신의 책을 여러 가지 분리된 출판 작업으로 나누고, 그 작업과 작업 비용에 대해 설명하도록 하겠다. (c) 이 제 당신도 알다시피, 책을 출판하기 위해서는 17단계를 거쳐야 한다. (d) 이러한 17단계는 5가지 주요 단계로 이루어져 있다. 리서치, 집필, 페이지 디자인, 인쇄 원본 완성, 그리고 최종적 으로 인쇄의 5단계이다.

❂ '책이 출판되도록 하다'는 의미는 [get + 목적어 + 과거분 사] 형태로 쓴다. '책'이 출판되는 것이므로 수동적 의미이다. 따라서 published가 되어야 한다.

정답 (c)

15 (a) 다음 섬은 사우러스였으며, 우리는 거기에서 더러워 보이 고 매력이 없을 것 같던 중심지에 당도했다. (b) 우리는 갈리사 비치로 향하는 버스를 보았으며, 그래서 그것을 타고 한 시간 후에 좋은 숙박시설을 갖춘 멋진 지역에 도착했다. (c) 우리는 더블룸에 25달러를 지불했으며, 내 아들도 자신의 방을 가질 수 있었다. (d) 그 해변은 우리 가이드에 따르면 매우 훌륭했으 며, 그 지역의 음식 또한 뛰어났다.

❂ '~에 대해 비용을 지불하다'는 의미로 [pay + 돈 + for + 상품]의 구조를 쓴다. 따라서 paid for a double room about 25 dollars를 paid about 25 dollars for a double room으로 바꿔야 한다.

unappealing 매력이 없는 **accommodation** 숙박시설 **excellent** 뛰어난

정답 (c)

UNIT 02 수일치

P008 수일치 : 명사 주어 유형

1 아이스크림은 유제품으로서 오랜 역사를 가지고 있으며, 손수 만든 가정용 제품에서 산업용 제품으로 발전해왔다.

○ ice cream은 단수형이므로, 동사 형태도 단수형을 취한다. 과거분사 evolved와 결합하여 완료형을 만드는 조동사는 have 혹은 has이므로, 정답은 has이다.

정답 (c)

2 노화와 건강을 유지하는 것과 관련된 면들은 다양한 분야를 포괄한다.

○ the aspects는 복수형 명사이며, 동사형도 복수 형태를 쓴다. 그리고 cover 뒤에 목적어가 제시되어 있으므로 수동태로 나타내지 않는다. 따라서 cover가 정답이다.

정답 (a)

P009 명사 : 단수 명사 vs. 복수 명사

1 단수 명사

1 그 남자가 그 보석을 훔쳤다는 증거가 그의 집 주변에서 어제 발견되었다.

○ evidence가 주어이며, evidence는 항상 단수로 취급하는 추상명사이다.

정답 (c)

2 A: 제 차례가 되려면 오랫동안 줄서서 기다려야 하나요?
B: 아니요. 10분이면 됩니다. 잠시만 기다려 주세요.

○ 10 minutes는 시간의 단위를 나타내는 말이므로 단수 취급한다. 따라서 is를 쓸 수 있다.

정답 (a)

3 형용사형 복수 명사

1 현재 살인 사건을 조사 중인 경찰은 증거 부족으로 어려움을 겪고 있다.

○ the police는 복수형으로 쓰는 명사이므로, 동사도 복수형을 쓴다.

정답 (b)

2 A: 내가 부자라면 좋겠어.
B: 하지만, 부자라고 해서 항상 재정적 어려움이 없는 것은 아니야.

○ the rich는 '부자들'이라는 의미로 복수 의미이다. 따라서 복수 취급하며, 현재 상황을 말하고 있으므로 aren't가 정답이다.

정답 (d)

P010 주어로 쓰인 구와 절

1 A: 나는 그가 왜 그것을 했는지 이해할 수 없어.
B: 나도 그래. 그의 의도를 이해하는 것이 어려운 것 같아.

○ 동명사가 주어로 나올 때 단수 취급하므로 단수 동사형이어야 하며, 의미상 be동사가 필요한 문장이다.

정답 (a)

2 비누와 흐르는 물로 손을 씻는 것은 질병을 예방하는 가장 효과적인 방법 중에 하나이다.

○ Washing hands with soap and running water가 동명사 유형이므로 단수 취급한다. 또한 의미상 be동사 필요하다. running은 water를 꾸며주는 현재분사이다.

정답 (a)

P011 관계사절 동사의 수 일치

1 다이어트를 하는 사람들은 먹은 음식의 종류와 양을 일지로 적어야 한다.

○ 선행사로 이용되는 people이 복수이므로, 동사형도 복수형이 나와야 하며, 의미상 be동사가 필요하다.

정답 (b)

2 사고가 났을 때 호텔 안에 있던 사람은 존과 존의 아버지였다.

○ that 이하의 동사의 주어는 John and his father이므로 복수이며, 시제는 과거이다.

정답 (d)

P012 접속사로 연결된 주어와 수 일치

1 등위접속사 and와 수 일치

1 기획, 가격 책정, 그리고 판촉은 중요한 마케팅 전략이다.

💬 A, B, and C의 경우, 예외적인 경우가 아니면 복수 취급한다.

정답 (b)

2 A: 다른 것들을 드시고 싶으세요?
B: 아니요, 괜찮아요. 버터 바른 빵이 제가 가장 좋아하는 아침식사예요.

💬 '버터 바른 빵'을 의미하는 bread and butter는 단수 취급하는 표현이다. 따라서 be동사일 때 is를 쓴다.

정답 (a)

2 등위접속사 or와 수 일치

1 A: 당신 데리러 오는 사람 있어요?
B: 예, 아버지 아니면 어머니가 오실 거예요.

💬 A or B가 주어일 때, 동사와 가까운 것이 주어이다. 따라서 my mother가 주어이며, 의미상 미래 개념이므로 is coming으로 미래 의미를 나타낸다.

정답 (a)

2 전쟁 동안 그 지역 주변에는 파괴와 폭격이 전혀 없었다.

💬 A or B의 유형에서, 동사와 가까운 것이 주어이므로 destruction이 주어이며 단수이다. 그리고 과거분사와 결합하여 현재완료 의미를 나타낼 때, [have/has + p.p.]를 쓰므로 단수형 has가 정답이다.

정답 (c)

3 상관접속사와 수 일치

1 금과 기름도 국가 경제의 궁극적 대안이 아니다.

💬 neither A nor B의 형태에서, 주어는 동사와 가까운 것이다. 따라서 oil이 주어이므로 단수 취급한다.

정답 (a)

2 A: 당신 과제를 도와줄 사람이 있나요?
B: 네, 제 친구들이나 누나가 저를 도와줄 거예요.

💬 either A or B의 유형에서, 동사와 가까운 것이 주어이다. 따라서 my sister가 주어이며, be going to의 구조와 연결되

어 있으므로, is가 정답이다.

정답 (a)

P013 대명사/형용사의 수 일치

1 단수형의 대명사 & 형용사 표현

1 모든 위원회 구성원들은 그들의 견해를 발표할 수 있는 동일한 자유를 보장받았다.

💬 [all the + 복수 명사(셀 수 있는 명사)]의 형태이며, 복수로 제시되어 있으므로, 복수형 동사로 연결한다.

정답 (d)

2 A: 테드가 어떤 옷을 갖고 싶어 하는지 아세요?
B: 어떤 것이 그한테 더 나은지 잘 모르겠네요.

💬 의문사 which의 형태는 단수로 취급한다. 의미상 '어울리다'의 의미로 이용되고 있으므로 goes를 쓴다. is going은 미래적 의미로 '갈 것이다'라는 의미가 된다.

정답 (b)

P014 형용사 표현의 수 일치

1 비록 인터넷 사용자가 점점 더 많아지고 있지만, TV 시청자들은 증가하고 있다.

💬 [the number of + 복수 명사 + 단수 동사] 유형이며, increase는 주어가 '증가하고 있다'는 의미일 때 be increasing을 쓴다.

정답 (b)

2 이 학교 학생들은 대부분이 현재 아시아계 미국인들이다.

💬 [most of + 복수 명사 + 복수 동사] 유형이며, 일반 사실을 말할 때는 현재 동사를 쓴다.

정답 (b)

→ BASIC TRAINING

1 The police officer **was** here yesterday to search the neighborhood.

그 경찰은 인근 지역을 조사 하려고 어제 여기에 왔었다.

2 The people whose stories you will see on this site

are leaders of their field.

이 사이트에서 당신이 보게 될 이야기를 가지고 있는 사람들은 그들 분야의 시도자들이다.

3 Hiring new talented employees **is** one of the main concerns in most companies.

유능한 새 직원들을 고용하는 것은 대부분의 회사에서 중요한 관심사 중의 하나이다.

4 Each of the members **was** present at the meeting.

각각의 회원들이 그 모임에 참석했다.

5 Neither of the students **seems** to know the answer.

그 학생들 중 누구도 그 대답을 알지 못하는 것 같다.

6 There **are** some new challenges to solve.

해결해야 할 몇 가지 새로운 난제들이 있다.

7 It was social welfare issues that **were** discussed during the conference.

그 회의 동안 논의되었던 것은 사회 복지 문제들이었다.

8 Idea and belief **are** the things that most researchers have debated for a long time.

사상과 신념은 대부분의 연구자들이 오랜 기간 동안 검토해온 것들이다.

9 Starvation or overwork during the period **was** one of the most serious economic problems.

그 기간 동안 기아 혹은 초과 노동은 가장 심각한 경제적 문제들 중의 하나였다.

10 Either Robert or Johnson **has** to leave the town before someone gets hurt.

로버트 혹은 존슨 둘 중 한 명이 누군가 다치기 전에 그 마을을 떠나야 한다.

11 Neither Jane nor her friends **are** going to the party next week.

제인도 그녀의 친구들도 다음 주에 그 파티에 가지 않을 것이다.

12 The number of the service users **has** been on the sharp rise since its start-up.

서비스 이용자들의 수는 시작된 이후로 급격히 증가해왔다.

13 A number of employees **have** been laid off because of the economic crisis.

경제적 위기 때문에 많은 직원들이 해고되었다.

14 Most of the readers of this book **are** graduate students.

이 책의 대부분의 독자들은 대학원생이다.

15 Nearly 10 % of companies **have** hired new employees this year.

거의 10%의 회사들이 올해 새로운 직원들을 고용해왔다.

→ ACTUAL TRAINING

1 A: 교수이자 세 아이의 아빠로서 어려운 점이 있습니까?
B: 음, 어려움 중에 하나는 강의 준비하는 것과 아이들과 놀아줄 시간을 찾는 것입니다.

◐ [one of + 복수 명사 + 단수 동사]의 형태를 이용하며, 현재까지의 어려움을 말하는 것이므로 현재완료를 쓴다.

difficulty 어려움

정답 (c)

2 A: 너의 어머니께 무엇을 사드릴 거니?
B: 어머니에게 뭐가 잘 어울릴지 모르겠어.

◐ 간접의문문의 형태로 의문사 what이 주어이므로 단수 취급한다.

become ~에 어울리다

정답 (b)

3 A: 이 넥타이와 저 것 중에서 어느 것을 더 좋아하세요?
B: 그것들 중 하나도 저에게 좋아 보이지 않네요.

◐ [neither of + 복수 명사] 유형은 단수 취급한다. 따라서 neither of them이 단수이므로 is가 정답이다.

정답 (a)

4 A: 실험하는 동안 특이한 것이 있었나요?
B: 네. 치과 질병에 영향을 미치는 유전적 요소들이 있었어요.

◐ there is/are의 구조에서 be동사의 수를 결정하는 것은 뒤에 제시된 명사의 단수 혹은 복수형이다. 따라서 genetic factors가 주어이므로 were가 정답이다.

unusual 특이한 experiment 실험 genetic 유전적인 factor 요소 influence 영향을 미치다 dental 치과의 disease 질병

정답 (b)

5 A: 왜 그 회의에 쓸 의자를 더 준비하지 않았죠?
B: 참석한 사람들의 수가 저희가 추정했던 것보다 많았습니다.

◐ [the number of + 복수 명사 + 단수 동사] 유형이며, 의미상 be동사가 필요하다.

prepare ~을 준비하다 present 참석한

정답 (a)

6 유전공학 발전 덕분에 기능과 유전 성질 간의 관계가 명확해진다.

💧 the connection이 주어이므로 단수이며, 의미상 be동사가 필요하다.

genetic engineering 유전공학 intelligence 지능
nature 성질, 천성, 본성

정답 (a)

7 영어 발음을 향상시키기를 원하는 사람들은 r과 l 소리를 구별하는 법을 배워야 한다.

💧 those가 주어이므로 복수 의미이며, 능동적 의미이므로 need가 정답이다.

improve ~을 개선하다, 향상시키다 distinguish
between A and B A와 B를 구별하다

정답 (a)

8 일본에 있는 아이누 부족 사람들은 일본의 최북단의 주요 섬인 후카이도에 살고 있는 집단으로 알려져 있다.

💧 people은 복수형 명사이며, '~라고 알려져 있다' 는 의미일 때 be known as를 쓴다. 따라서 are가 정답이다.

indigenous 고유한, 원주민의 northernmost 최북단의

정답 (b)

9 헌법에 대한 10번째 수정안은 1930년대 이래로 여성들에게 투표할 권리를 부여하고 있다.

💧 The 10th Amendments는 '10번째 수정안' 이라는 의미로 단수형이며, 1930년대 이래로 현재까지의 사실을 말하고 있으므로 현재완료시제를 쓴다. 따라서 has given이 정답이다.

amendment 수정안 Constitution 헌법

정답 (d)

10 미국의 과학자들 가운데 단지 6%만이 그들 스스로를 그 정당의 지지자로 인정하고 있다.

💧 ~ percent of의 구조가 나올 때, 뒤에 제시된 명사에 따라 단수 혹은 복수가 결정된다. 따라서 the America's scientists가 제시되어 있으므로 복수 취급한다. 이때 identify 뒤에 목적어가 제시되어 있으므로 능동 구조이다. 따라서 identify가 정답이다.

identify 밝히다 supporter 지지자

정답 (a)

11 (a) A: 내 책들이 배달 과정에서 손상을 입었어요.
(b) B: 그러면 환불을 요구하거나 새로운 책으로 교환하도록 해.
(c) A: 하지만 환불을 요구하는 것이 쉽게게 쉬운 일이 아니에요.
(d) B: 내가 너라면, 당장 서비스에 불만을 제기할 텐데, 그렇게 소심하게 있지마.

💧 '환불을 요구하다' 는 의미로 사용된 demanding refund 는 동명사형 주어로 단수 취급한다. 따라서 are를 is로 바꿔야 한다.

damage 손상시키다 deliver 배달하다 refund 환불
exchange 교환하다 complain 불평하다 intimidated 소심해진

정답 (c)

12 (a) A: 당신이 벌써 맥주를 4병이나 마셨다니 믿을 수가 없네요.
(b) B: 네, 하지만 맥주 맛이 너무 좋아서요. 한 병만 더 마시고 싶네요.
(c) A: 안 돼요. 4병이면 이미 충분해요. 그리고 취하신 것 같은데요.
(d) B: 아니에요, 게다가, 집까지 걸어갈 거거든요.

💧 (c)에서 제시된 four는 four bottles of beer이지만, 이 문장에서는 4병의 맥주가 충분하다는 의미로, 단위적 개념이다. 따라서 단수 취급하므로, are를 is로 바꿔야 한다.

정답 (c)

13 A: 파티에 뭐 입고 갈 거야?
B: 아직 결정하지 못했어. 지난 주에 입었던 옷이 너무 야해서. 너는?
A: 비공개 파티니깐 청바지를 입고 갈까해.
B: 그러면 나는 이 새 바지 중에 하나를 골라야지.

💧 the clothes는 복수형 명사이며, 동사도 복수형이 제시되어야 한다. 따라서 are를 is로 바꿔야 한다.

private party 비공개 파티 choose 선택하다, 고르다

정답 (b)

14 (a) 세계에서 가장 인기 있는 스낵 가운데 하나인, 포테이토칩은 '줄무늬 칩' 이라고 불리는 질병에 의해 위협받고 있으며, 그것은 최근에 널리 확산되었다. (b) 새로운 박테리아 종이 감자의 심각한 질병들과 관련하여 발견되었다. (c) 그 질병은 포테이토칩의 산출과 품질을 줄임으로써 상당한 경제적 손실을 유발해 왔다. (d) 이러한 새로운 유형의 질병은 이 새로운 박테리아의 병원균이라고 강하게 의심받고 있다.

💧 관계대명사 which 뒤에 제시되는 동사의 수는 선행사에 의해 결정된다. 따라서 a disease가 선행사이므로, which 뒤에 have를 has로 바꿔야 한다.

snack 스낵, 가벼운 식사 threaten 위협하다
widespread 확산된, 퍼진 bacterial 박테리아의 serious
심각한 significant 의미있는, 중요한, 상당한 reduce 줄이
다 yield 산출 quality 품질 suspect 의심하다 vector 병
원, 매개 bacterium 박테리아

정답 (a)

15 (a) 일부 내과 의사들과 치과의사들은 전기 진단 장치를 사용
해서 그들이 처방하는 치료를 선택하는 데 도움을 받는다. (b)
이 기사에 설명된 장치는 육안으로는 확인하기 어려운 건강상
의 문제들을 진단하는 데 쓰이고 부적절한 치료를 골라내는 데
도 쓰인다. (c) 그러나 그 장치를 사용하는 의사들은 환자들을
현혹하고 부정직하다. (d) 이 장치들을 압수해야 하고 의사들
을 고소해야 한다.

⊘ described in this article은 수식어구이며, the devices
가 주어이므로 is를 are로 바꿔야 한다.

physician 내과 의사 electro-diagnostic 전기 진단의
device 장치 prescribe 처방하다 describe 서술[기술]하
다, 묘사하다 inappropriate 부적당한 practitioner 개업
의 delusive 현혹시키는 dishonest 부정직한, 불성실한
confiscate ~을 몰수[압수]하다 prosecute ~을 기소[고
소]하다

정답 (b)

UNIT 03 시제

1 현재시제 – 일반적 사실

1 A: 몇 시에 백화점에 들어갈 수 있나요?

B: 잠시만 기다리면 돼요. 보통 9시에 문을 열어요.

💬 일반적 사실로서, '보통 문을 연다'는 의미이므로, 현재시제를 쓴다. 따라서 opens가 정답이다.

정답 (a)

2 몇몇 과학자들에 따르면, 내년부터 지구 온난화가 빠르게 해수면을 높일 것이라고 예상되고 있다.

💬 '~할 것으로 예상되다'는 의미를 나타낼 때, be expected to부정사의 형태를 쓰며, 내년부터 증가하지만, 현재 예상되고 있는 것이므로 현재시제를 쓴다. 따라서 is expected가 정답이다.

정답 (c)

3 that절의 내용에 따라

1 A: 지금 제 과제하는 것을 도와주실래요?

B: 미안해요, 지금은 안 돼요. 제가 좀 한가해지면 도와드릴게요.

💬 시간 부사절에서는 현재시제가 미래 의미를 나타낸다.

정답 (a)

2 A: 퇴근 전에 일을 끝내도록 하세요. 알았나요?

B: 그럼요. 그때까지 꼭 끝내 놓을게요.

💬 [make sure + 주어 + 현재형 동사]의 유형을 기억하여 해결한다.

정답 (b)

1 동사의 과거시제

1 A: 어젯밤 너의 생일 파티는 정말 즐거웠어.

B: 고마워. 네가 즐거웠다니 나도 기쁘다.

💬 지난 밤의 파티에 대한 말이므로 과거시제를 쓴다.

정답 (b)

2 A: 나폴리에 오래 있었나요?

B: 아니요. 한 일주일 동안 있었어요.

💬 과거의 사실을 말하고 있으므로 과거시제를 쓴다. for about a week는 과거에 머물렀던 일주일을 말한다.

정답 (b)

2 조동사의 과거시제

1 A: 우와! 이 동물원에 이국적인 동물들이 많구나.

B: 맞아. 내가 어렸을 때는 더 많았어.

💬 과거의 사실을 말할 때는 [used to + 동사원형]을 쓴다.

정답 (b)

2 작년에 몇몇 전문가들은 경제적 위기가 곧 일어날 것이라고 우리에게 경고했다.

💬 '~일 것이다'라는 의미를 나타낼 때, be going to를 이용하며, 과거 시점에서 미래적 의미를 나타낼 때, was/were going to를 쓴다.

정답 (b)

1 A: 오늘 오후에 쇼핑하러 가는 게 어때요?

B: 좋아요. 그럼 3시에 쇼핑몰에서 만나요.

💬 '오후 3시에 만나자'라는 의미로 미래적 의미를 나타내므로, will see가 정답이다.

정답 (c)

2 그 섬이 많은 사람들에게 매력을 줄 정도로 인기 있는 곳은 아니지만, 그 섬으로 휴가를 가보면 당신에게 그 섬에 대한 다른 관점을 제공해주게 될 것이다.

💬 '현재까지 인기 있지는 않지만, 앞으로 다른 관점을 제공해줄 것이다'라는 의미이므로, 미래적 개념이 필요하다. 따라서 will give가 정답이다.

정답 (c)

P018 진행 시제

1 A: 지난 주에 우리 어디까지 애기했죠?
B: 시장을 확장하기 위한 전략에 대해 토론하고 있었죠.

⚬ '지난 주에 대화를 중단할 때 전략을 논의하고 있었다' 는 의미로 과거의 동작 상태 및 사실을 말하고 있으므로 과거진행형을 쓴다.

정답 (b)

2 A: 오늘 오후 6시 전에는 보고서를 보낼 수 없습니다.
B: 알았어요. 그러면 그 때 기다리고 있도록 하지요.

⚬ '6시 정도에 기다리고 있겠다' 는 의미로 미래의 동작 상태 및 사실을 설명하고 있으므로 미래진행시제를 쓴다.

정답 (b)

P019 현재완료시제

1 A: 주말 동안 뭐 하실 거예요?
B: 아직 결정하지 못했어요. 아내와 함께 이야기해 볼게요.

⚬ 결정되지 않은 사실이 현재까지 지속되고 있을 때 현재완료형을 쓴다.

정답 (b)

P020 과거완료시제

1 A: 어젯밤에 본 영화 어땠어요?
B: 재미있었어요. 그런데 기대했던 만큼은 아니었어요.

⚬ 영화를 보았던 시점은 어젯밤이며, 그 이전에 이미 예상하고 있었다는 의미이므로, 과거 이전의 사건을 설명하는 과거완료시제를 쓴다.

정답 (c)

2 남편이 20년 동안 일을 너무 많이 해왔기 때문에, 그녀는 남편에게 잠깐 휴가를 내라고 말했다.

⚬ 과거 시점 이전의 상황을 설명하는 것이므로 과거완료시제를 쓴다.

정답 (a)

P021 미래완료시제

1 A: 둘이 함께 한 지 얼마나 됐지요?
B: 다음 주면 결혼한 지 5년이 됩니다.

⚬ 특정 미래 시점까지의 사건의 지속과 종결을 설명할 때 미래완료시제를 쓴다.

정답 (d)

2 우리가 여름 휴가에서 돌아올 때까지는, 독감이 우리 지역에서 사라지고 없을 것이라고 믿는다.

⚬ '휴가에서 돌아올 때까지 사라지고 없다' 는 의미로 미래 시점에 종결되는 상황을 설명할 때 미래완료를 쓴다. 따라서 will have disappeared가 정답이다.

정답 (d)

P022 완료진행시제

1 A: 어젯밤 파티는 어땠나요?
B: 끔찍했어요. 내가 거기 갔을 때, 사람들이 한 시간 동안이나 싸우고 있었어요.

⚬ 과거 이전부터 과거 시점까지의 상황의 지속성을 설명할 때 과거완료진행형을 쓴다.

정답 (d)

2 모든 이사진들은 매니저들이 결론에 도달할 때까지 2시간 이상 동안 그 결과를 기다리고 있을 것이다.

⚬ '2시간 이상 동안 미래 시점까지 기다리고 있을 것이다' 라는 의미로 미래 종결 시점과 진행 상황이 결합되어 있을 때 미래완료 진행시제를 쓴다. 따라서 will have been waiting 이 정답이다.

정답 (d)

→ BASIC TRAINING

1 I **am looking** forward to the pleasure in Paris in the near future.

나는 곧 파리에서 갖게 될 즐거움을 기대하고 있다.

2 We will start the meeting as soon as all the members **arrive**.

모든 회원들이 도착하자마자 우리는 모임을 시작할 것이다.

3 In ancient times, beer **was** not sold, but exchanged for barley.

고대에는, 맥주가 판매되지 않고 보리와 교환되었다.

4 When I called him, he **was** going to leave the office.

내가 그에게 전화했을 때, 그는 사무실을 나가려던 참이었다.

5 If you take this course, you **will be** able to speak English well next year.

당신이 이 수업을 듣게 되면, 내년이면 영어를 잘 말할 수 있을 것입니다.

6 You can't talk with Jane because she **is taking** a shower.

제인이 샤워를 하고 있기 때문에 당신은 그녀와 이야기를 할 수 없습니다.

7 When you called me this morning, I **was reading** a book.

오늘 아침에 네가 전화했을 때, 나는 책을 읽고 있었어.

8 Jennifer **will be having** dinner when we get to the restaurant.

우리가 식당에 도착하면, 제니퍼가 저녁을 먹고 있을 거야.

9 Our organization **has offered** advanced e-mail solutions to date.

우리 조직은 오늘날까지 향상된 이메일 솔루션을 제공하고 있다.

10 Since the family **had forgotten** to lock the door, the thief simply broke into the house.

그 가족이 문을 잠그는 걸 잊었기 때문에, 도둑은 쉽게 집에 들어왔다.

11 By next month, I **will have been married** for 10 years.

다음 달이 되면, 난 결혼한 지 10년이 된다.

12 When I got home, my father's hair was still wet because he **had been swimming** in the pool.

내가 집에 도착했을 때, 아버지는 수영장에서 수영을 하고 계셔서 머리가 여전히 젖어 있었다.

13 She **has been studying** English for three years in the U.S.

그녀는 미국에서 3년 동안 영어를 공부하고 있다.

14 I **will have been waiting** for him for 5 hours by 5 o'clock.

5시까지 나는 그를 5시간 동안 기다리게 될 것이다.

15 He had finished his second book before the publisher **asked** him to write another novel.

그는 출판사에서 그에게 다른 소설을 써 달라고 요청하기 전에

두 번째 책을 끝냈다.

→ ACTUAL TRAINING

1 A: 미안하지만, 잠시 이야기 좀 할 수 있나요?
　 B: 괜찮아요. 지금 단지 신문을 읽고 있을 뿐인걸요.

　 ✿ '현재 신문을 읽고 있다'는 의미를 나타낼 때 현재진행형을 쓸 수 있다. 따라서 am just reading이 정답이다.

for a while 잠시 동안

정답 (b)

2 A: 지금 사무실을 떠나는 것이 어때요?
　 B: 좋아요. 저도 방금 전 모든 서류 정리를 끝냈어요.

　 ✿ '방금 끝냈다'는 의미를 나타낼 때, 현재완료시제를 쓴다. 따라서 I've already finished가 정답이다.

necessary 필요한, 필수적인 **paperwork** 서류 정리

정답 (c)

3 A: 왜 너는 문 앞에서 나를 봤을 때 그렇게 당황해했니?
　 B: 네가 들어오려고 할 때 막 나가려고 하던 참이었거든.

　 ✿ 과거 시점에서 '막 ~하려고 했다'는 의미로 [be about to + 동사원형]에 과거시제를 결합한 형태이다.

embarrassed 당황한, 난처한 **be about to** 막~하려고 하다

정답 (c)

4 A: 너의 와이프는 요즘 왜 그렇게 운동을 하니?
　 B: 가족 주치의가 아내에게 살을 빼라고 권유했거든.

　 ✿ 현재 운동하는 것은 과거에 조언을 받았기 때문이므로, 과거시제를 쓴다.

lose weight 살을 빼다

정답 (b)

5 A: 제인, 리포트를 끝냈니?
　 B: 아직. 오늘 오후에 더 많은 연구 자료를 수집해야 해.

　 ✿ '~해야 한다'는 의미는 have to를 이용하며, '현재 ~해야 한다'는 의미이므로 현재시제를 쓴다. 따라서 have to collect가 정답이다.

research materials 연구 자료

정답 (a)

6 그 시스템을 바꾼 이후에, 이 도시의 교통 시스템은 예전만큼 믿음직스럽지 않다.

◐ '예전만큼'이라는 의미로 과거 상황을 설명하고 있으므로, 과거 사실을 나타내는 it used to be가 정답이다.

transportation system 교통 체계 reliable 믿음직스러운
정답 (c)

7 이 달 말까지, 우리 회사는 고객들의 요구에 부응하기 위해 200명 이상의 직원들을 고용하게 될 것이다.

◐ '이번 달 말까지'라는 의미로 미래 종결 시점이 제시되어 있으며, 그때까지 고용이 완료되어 있다는 의미이므로 미래완료시제를 쓴다. 따라서 will have employed가 정답이다.

meet the needs 요구에 부응하다
정답 (d)

8 일부 선생님들은 이중 언어 사용자들을 위해 개발되었던 그 방법이 그들의 학생들에게 효과가 없었다는 것을 발견했다.

◐ '효과'를 이야기할 때, 이미 개발되었던 것이므로 과거완료시제가 필요하다. 따라서 had been developed가 정답이다.

bilingual 이중 언어의 effective 효과적인
정답 (b)

9 지난 회의 동안, 하원은 무료 병원을 건립하겠다는 새로운 법안을 승인했다.

◐ '지난 회의'라는 의미로 명확한 과거시제를 나타내는 표현이 제시되어 있으므로, 과거형 동사를 쓴다.

conference 회의 session 회기, 개정기 House of Representatives 하원 approve 승인하다 bill 법안 clinic 병원
정답 (c)

10 식사를 마칠 때까지 그들은 그 논의를 재개하지 않을 것이다.

◐ until과 같은 시간의 부사절 접속사가 이용될 때, 현재 동사가 미래적 의미를 대신한다. 따라서 finish가 정답이다.

resume 재개하다 discussion 토론, 논의 meal 식사
정답 (a)

13 A: 너의 형은 석사 학위를 마쳤니?
B: 네, 작년에 대학원을 졸업했어요.
A: 그럼 지금은 무엇을 하고 있니?
B: 그는 다른 대학에서 박사 학위 과정에 있어요.

◐ '작년에 졸업하다'는 의미이기 때문에 과거시제가 이용된다. 따라서 graduates를 graduated로 전환한다.

complete 끝내다, 완수하다 degree 학위 graduate from 졸업하다 enroll 등록시키다 doctoral course 박사 과정
정답 (b)

12 A: 안녕, 전 샘이에요. 토요일에 갈 여행에 대해 전화했어요.
B: 조금 나중에 전화해도 될까요? 이제 막 저녁을 먹기 위해 자리에 앉았거든요.
A: 아 죄송해요. 지금쯤이면 이미 식사를 마쳤을 거라고 생각했어요.
B: 오늘 늦게 집에 와서, 이제 식사를 시작했어요.

◐ '지금쯤 식사를 마쳤을 것'이라는 의미로 과거에서 본 미래 시점과 완료 개념이 결합되어 있다. 따라서 have finished를 would have finished로 바꿔야 한다.

a bit later 조금 후에
정답 (c)

13 A: 로빈이 휴가를 위해 온두라스를 방문할 예정이라고 들었어요.
B: 맞아요. 그것은 수년 동안 그가 계획해왔던 것이에요.
A: 하지만, 왜 그가 거기를 가기를 원하는지 궁금해요. 거기에는 즐길 만한 일이 없거든요.
B: 아니에요. 걷기 동안에는 스쿠버 다이빙을 즐길 수 있어요.

◐ '수년 동안 계획해왔던 것'이라는 의미로 현재완료시제이다. 따라서 he was planning을 he has been planning으로 바꿔야 한다.

scuba diving 스쿠버 다이빙
정답 (b)

14 (a) 이집트의 유적과 역사적 유물들은 2천년 동안 약탈을 당해왔다. (b) 19세기 산업화의 맹공격과 함께, 많은 이집트의 유적지와 유물들은 심한 손상을 입었거나 완전히 파손되었다. (c) 하지만 이집트의 탐험가들이 고대 이집트 역사를 재발견했을 때, 많은 유물이 파괴되어있고, 세티 1세의 무덤이 유럽의 광적인 유물 수집가들에 의해 파괴된 주요 본보기가 된다는 것을 알게 되었다. (d) 다행히도, 최근 유물 수집가들과 현대 고고학자들 사이의 고고학적 사상에 많은 변화가 생겼다.

◐ 19세기의 과거를 말하고 있으므로 과거시제를 이용해야 한다. 따라서 many of Egypt's sites and monuments were severly damaged or completely destroyed로 바꿔야 한다.

monument 기념비, 기념물 achievement 업적, 공적, 위업 loot ~을 약탈하다, 강탈하다 onslaught 맹공격, 맹습 tomb 무덤 zealous 열중한, 열광적인 prime 가장 중요한, 주된, 주요한 archaeological 고고학적인, 고고학상의

15 (a) 2001년, 피사의 사탑이 10년 동안 폐쇄된 후 다시 대중에게 공개되었다. (b) 이는 보수 공사와 기울임 방지 공사를 하기 위함이었다. (c) 다시 피사의 사탑이 기울더라도, 적어도 200년 간은 넘어질 위험이 없을 것이다. (d) 현재는 관광객들이 15유로를 내고 유명한 역사적 유물인 피사의 사탑을 다시 오를 수 있을 것이다.

◉ '비록 ~이지만'의 의미이면서, 미래에 발생할 사실에 대한 설명이므로 the tower is going to begin의 형태로 바꿔야 한다.

reopen 재개하다, 다시 시작하다 **shutdown** (공장 따위의) 일시 휴업[폐쇄] **tilt** 기울다 **topple** 쓰러지다, 흔들거리다

정답 (c)

UNIT 04 수동태

P023 문장 형식에 따른 수동태

1 예전 공장은 무너졌고 새로운 공장이 같은 장소에 지어졌다.

> ⊙ demolish는 '파괴시키다' 라는 의미이며, 공장은 파괴된 것이므로 수동태로 쓴다.
>
> 정답 (d)

2 유럽 최초의 대학은 원래 종교적 목적으로 세워졌다.

> ⊙ '세워지다' 는 의미를 나타낼 때 수동태이므로 be established의 형태를 이용하며, 부사 originally는 be동사와 과거분사 사이에 위치시킨다. 따라서 was originally established가 정답이다.
>
> 정답 (c)

2 4형식 문장의 수동태

1 A: 우와, 너의 스포츠 자동차 멋진데.
B: 지난 주에 아버지한테서 받았어.

> ⊙ '받았다' 라는 의미를 나타내고 있으므로, be given의 수동태 구문을 쓰며, 과거시제이므로 was given을 쓴다.
>
> 정답 (d)

2 대부분의 학생들은 지난 주에 제안 받았던 계획들을 수용하는 것을 거부했다.

> ⊙ '제안 받았다' 는 의미는 수동적 개념이며, 과거시제이므로, were offered가 정답이다.
>
> 정답 (c)

3 5형식 문장의 수동태

1 발견된 지 100년 뒤에야 그 신대륙은 아메리카라고 불려졌다.

> ⊙ 신대륙의 명칭이 붙게 된 것이므로 수동태로 쓴다.
>
> 정답 (c)

2 A: 어젯밤에 너의 아이가 왜 울고 있었니?
B: 혼자 남겨져 있었기 때문이에요.

> ⊙ '홀로 남겨지다' 는 의미로 수동의 개념이므로 be left의 구조가 필요하며, 과거시제이므로, was left가 정답이다.
>
> 정답 (d)

P024 수동태와 목적보어의 활용

1 5형식 동사의 수동태 유형

1 A: 로버트가 시력에 문제가 생겼어요.
B: 네. 병원에서 정밀 검사를 받아보라고 했어요.

> ⊙ [advise + 목적어 + to부정사]가 수동태로 전환될 때, [be advised to + 동사원형]의 형태가 된다.
>
> 정답 (d)

2 이런 경제 환경 아래에서, 정부는 세금을 완화하라고 압박을 받고 있다.

> ⊙ [force + 목적어 + to부정사] 형태가 수동태로 전환될 때, [be forced to부정사]의 형태가 된다.
>
> 정답 (d)

2 지각동사 및 사역동사의 수동태

1 A: 어젯밤에 왜 파티에 오지 않았니?
B: 미안해. 나가기 전에 과제를 끝내라는 명령을 받았거든.

> ⊙ '~하라는 명령을 받다' 는 의미를 나타낼 때, [be made + to부정사]의 유형을 쓴다. 따라서 to finish가 정답이다.
>
> 정답 (b)

2 두 명의 경쟁자들이 그 문제를 함께 논의하는 것이 들렸다.

> ⊙ '~하는 것이 들리다' 는 의미를 나타낼 때, [be heard + to부정사] 유형을 쓴다. 따라서 to discuss가 정답이다.
>
> 정답 (b)

3 분사형 목적보어와 수동태

1 몇 종의 희귀한 식물들이 그 나라에서 자생하고 있는 것이 발견되었으며, 세계적으로 환경적인 이슈가 되었다.

> ⊙ [find + 목적어 + 현재분사]의 형태가 수동태로 전환될 때, 현재분사는 그대로 둔다. 식물들이 자라고 있는 것이 발견된 것이므로 능동적 의미의 현재분사를 쓴다.
>
> 정답 (c)

2 수백 권의 책들이 폐가의 다락방에 감춰져 있는 것이 발견되었다.

🔵 '감춰진 것이 발견되다' 라는 의미로 주어와 수동 관계이므로 과거분사 hidden이 정답이다.

정답 (d)

P025 동사구의 수동태

1 동사구의 수동태 (1)

1 A: TV에서 광고하는 컴퓨터 중에 하나를 사고 싶은데요.
B: 죄송하지만, 컴퓨터가 모두 팔렸어요.

🔵 '다 팔리다' 의 의미는 sell out이며, 수동태로 전환될 때에도 be sold out의 형태를 유지한다.

정답 (c)

2 새로운 프로젝트는 다섯 명으로 구성된 그 팀이 하게 될 것이다.

🔵 carry out이 수행하다는 의미이며, 수동태로 전환될 때 be carried out의 형태로 전환된다.

carry out 수행하다 **consist of** 이루어지다, 구성되다

정답 (b)

2 동사구의 수동태 (2)

1 A: 조사 결과를 알고 계시나요?
B: 아직은요. 하지만 내일 그것을 알게 되요.

🔵 inform A of B의 동사구가 수동태로 전환될 때, be informed of의 형태로 전환된다.

정답 (c)

2 대부분의 학생들은 능력 있고 총명한 학생으로 여겨지기를 원했다.

🔵 '~라고 여겨지길 원하다' 는 의미로, be thought of as의 형태를 쓴다. to부정사 뒤에 제시된 형태이므로 be동사의 원형을 쓴다. 따라서 be thought of as가 정답이다.

정답 (c)

P026 명사절의 수동태

1 최초의 중국 이민자들은 오랫동안 자신들의 모국어를 계속 사용했다고 믿어진다.

🔵 '~라고 믿어지다' 라는 의미는 it is believed that의 형태

를 쓴다.

정답 (b)

2 그 스포츠카는 세계에서 가장 유명한 자동차 중에 하나라고 말해진다.

🔵 It is said that the sports car is one ~의 형태가 수동태로 전환되면 The sports car is said to be ~가 된다.

정답 (b)

P027 수동태 & 시제 & 수 일치

1 A: 과자가 다 없어졌네.
B: 죄송해요. 제 아이들이 다 먹어 버렸어요.

🔵 '누군가에 의해 사라지다/없어지다' 라는 의미로 be gone의 형태를 이용하며, 사라지고 없다는 의미로, 현재의 의미이므로 현재시제를 쓴다.

정답 (a)

2 대륙 중에서 아프리카는 풍부한 천연 자원 때문에 지금까지 가장 많이 개발되었다.

🔵 '개발되다' 라는 의미로 be exploited를 쓰며, 현재까지의 의미가 포함되어 있으므로 현재완료시제를 쓴다.

정답 (d)

P028 수동태와 전치사

1 A: 제임스가 미혼인가요, 기혼인가요?
B: 그는 메리와 결혼한 지 1년 되었어요.

🔵 '~와 결혼한' 상태를 말할 때 be married to를 쓰며, 현재까지의 의미이므로 현재완료시제이다.

정답 (d)

2 남아프리카에서 살고 있는 몇몇 부족들은 네덜란드어와 관련 있는 그들만의 언어를 쓴다.

🔵 '~와 관련 있다' 는 말은 be related to이다.

정답 (d)

→ BASIC TRAINING

1 Many kinds of products **are made** in the region.

많은 종류의 상품들이 그 지역에서 생산되고 있다.

2 Forests **are being destroyed** because of the great demand to fuel in developing countries.

개발도상국에서는 연료에 대한 강한 요구 때문에 숲이 파괴되고 있다.

3 Some students **were offered** tickets to the performance.

일부 학생들이 그 공연 티켓을 받았다.

4 The region **was named** Coopers after the discoverer.

그 지역은 발견자의 이름을 따 쿠퍼스라는 이름이 붙여졌다.

5 I **was asked** to get out of the room while it's being cleaned.

나는 방이 청소되는 동안 밖에 나가달라고 요청받았다.

6 Politicians are advised **to use** words that can touch their audience.

정치인들은 청중들을 감동시킬 수 있는 말을 이용하도록 조언을 받는다.

7 He was made **to finish** his assignment before going out.

그는 나가기 전에 과제를 끝내야 했다.

8 Hundreds of books were found **hidden** in the attic of the rundown house.

수백 권의 책들이 폐가 다락방에 감춰져 있는 것이 발견되었다.

9 Some people were found **driving** on the frozen road.

몇몇 사람들이 얼어붙은 도로에서 운전하고 있는 것이 발견되었다.

10 My son **was brought up** by my mother.

나의 아들은 나의 어머니가 길렀다.

11 The people **were deprived of** their rights by the nobility.

사람들은 귀족들에게 그들의 권리를 빼앗겼다.

12 **It is considered** that the rabies infection occurs due to direct contact with infected animals.

광견병은 감염된 동물들과의 직접적인 접촉 때문에 일어난다고 여겨진다.

13 The man accepted the job that he **was offered** by a company based on England.

그 사람은 영국에 본사를 둔 회사에서 제시한 직업을 받아들이기로 했다.

14 What **will be discussed** tomorrow?

내일은 무엇이 논의될까요?

15 The author is known **for** his first novel.

그 저자는 그의 첫 소설로 알려져 있다.

→ ACTUAL TRAINING

1 A: 다음 달에 새 소설을 발표할 거예요.
B: 나는 당신이 성공한 작가로 여겨지길 바랍니다.

○ '~로 여겨지다'는 의미를 나타낼 때, be thought of as의 구조를 쓰며, 미래적 개념일 때 will을 적용한다. 따라서 will be thought of가 정답이다.

release 내보내다, 발표하다 **successful** 성공적인

정답 (b)

2 A: 그가 왜 그렇게 갑자기 그의 컴퓨터를 바꿨나요?
B: 그것이 낡고 오래되었기 때문에 그것을 바꿀 수밖에 없었어요.

○ '어쩔 수 없이 ~하게 되다'는 의미를 나타낼 때, be forced to부정사 형태를 쓴다. 따라서 to change가 정답이다.

suddenly 갑자기 **out-dated** 오래된

정답 (c)

3 A: 나는 그 조사 결과를 받아들일 수 없어요.
B: 하지만, 나는 그것이 당신의 마음을 바꾸도록 당신을 확신시키기를 바랍니다.

○ '확신시키다'는 의미의 convince는 뒤에 목적어가 제시되므로 수동태가 될 수 없다. 따라서 will convince가 정답이다.

survey 조사 **convince** 확신시키다

정답 (a)

4 A: 제롬이 왜 미국에 가려고 하나요? 그는 거기에 가족이나 친구가 없는데요.
B: 그가 제안받은 일생의 기회가 있기 때문이에요.

○ '그가 제안 받았다'는 의미이므로 he was offered가 이용되며, 관계대명사가 생략되어 있다. 따라서 he was offered가 정답이다.

lifetime 일생의 **opportunity** 기회

정답 (b)

5 A: 그 회사가 위기에 놓여 있다고 들었어요.
B: 네, 그래서 이사진들 중 한 명이 기밀 정보를 누출한 것 때문에 고발당한 상태예요.

💧 accuse A of B가 수동태로 전환될 때 A be accused of B의 형태로 쓴다.

accuse 고발하고소하다, 비난하다 leak 누출, 누설

정답 (c)

6 많은 임시직원들이 정규 직으로 그들의 계약을 전환할 것을 요구받을 것이라고 노동 전문가들은 말한다.

💧 '~하도록 요청받다'는 의미는 be asked이며, 미래적 개념이므로 will be asked가 정답이다.

temporary 일시적인, 임시의 switch 전환하다, 바꾸다
contract 계약 permanent 영구적인

정답 (c)

7 어떤 연구에 따르면, 패스트푸드 음식을 먹는 것은 비만의 원인이라고 보통 믿어지고 있지만, 때때로 비만과 관련되어 있지 않다.

💧 '~와 관련되어 있다'는 의미는, be linked to이며, 부정어 not은 be동사 뒤에 쓴다. 따라서 is not linked to obesity이다.

obesity 비만 occasionally 때때로 link 관련시키다

정답 (b)

8 지구 온난화를 막기 위해, 오늘날 전 세계의 몇몇 독립 단체들은 자연 환경을 보호하기 위해 노력하고 있다.

💧 '~하는 데 헌신하다'는 의미를 나타낼 때, be committed to이며, 이때 to는 전치사이다. 현재시제를 나타내고 있으므로 are committed가 정답이다.

prevent 막다 global warming 지구 온난화
independent 독립적인 organization 단체 commit 저지르다, 맡기다 preserve 보호하다 natural environment 자연환경

정답 (b)

9 경찰에 따르면, 그 배우의 시체가 그의 차 트렁크에서 발견되었다.

💧 '사체가 감춰져 있었다'는 수동의 의미이므로 과거분사를 이용하여 설명한다.

hide 감추다 trunk 차 트렁크

정답 (d)

10 19세기에, 그 동물의 종은 석기 시대 이후로 멸종되었다고 믿어졌다.

💧 '~라고 믿어졌다'는 의미이므로 was believed이며, 멸종된 것은 석기시대 이후부터이므로 과거보다 이전부터라는 의미가 연결된다. 이때 [be believed + to have p.p.]의 구조를 쓴다. 따라서 was believed to have gone이 정답이다.

species 종 extinct 멸종된 Stone Age 석기시대

정답 (b)

11 A: 우리는 식료품을 사기 위해서 오후 시간을 대부분 보냈어.
B: 그랬어요? 얼마나 시간을 보내셨는데요?
A: 약 2시간 정도예요.
B: 오, 참 힘드셨겠군요!

💧 '시간을 쓰다/소비하다'는 능동적 개념이므로 we spent most of the afternoon으로 바꿔야 한다.

spend 시간을 쓰다, 소비하다 terrible 끔찍한

정답 (a)

12 A: 피아노를 연주하실 수 있나요?
B: 음, 대학 다닐 때 배웠어요.
A: 와, 부럽네요. 저도 배우고 싶어요.
B: 원하신다면, 도와드릴게요.

💧 내가 배웠다는 의미이므로 수동적 개념이다. 따라서 I was taught로 바꿔야 한다.

정답 (b)

13 A: 메리, 우리 더 이상 만나지 않는 게 좋겠어.
B: 왜? 왜 그런 소리를 하는데?
A: 넌 너무 심각한 것 같아.
B: 네가 날 그렇게 생각하는지 몰랐어.

💧 그렇게 생각하다는 의미의 능동적 개념이므로 I didn't know you felt that way로 바꿔야 한다.

정답 (d)

14 (a) 치솟는 가격을 제외하고도, 공장형 농장을 넘어서는 건강 문제에 의해 가열된 유기농 음식에 대한 갈망은 사람들이 실행 가능한 대안으로서 그들 자신의 음식을 기르도록 촉구하고 있다. (b) 가정의 2%만큼이 그들 자신의 계란 공급처를 가지고 있는 것으로 평가된다. (c) 지난 10년간에 걸쳐서 음식의 가격은 최고 13.7% 증가했다. (d) 지난 달 국립 통계청에 의해 발표된 수치에 따르면, 고기의 가격은 16.3% 증가했으며, 치즈와 계란은 19% 증가했다.

💧 '~인 것으로 평가되다'는 의미를 나타낼 때, be estimated to의 형태를 쓴다. 따라서 now estimated to have를 are now estimated to have로 바꿔야 한다.

apart from ~을 제외하고도 soaring 치솟는, 증가하는 desire 갈망, 열망 organic 유기적인 fuel 가열시키다, 촉구하다 viable 실행 가능한 alternative 대안 household 가정 estimate 평가하다 fresh 신선한 record 기록적인, 최고의 figure 수치 release 발표하다, 내보내다

정답 (b)

15 (a) 공룡의 멸종은 아직도 지구 역사의 주요 수수께끼다. (b) 공룡 멸종에 대한 많은 공상적인 이론들이 존재한다. (c) 이것들 가운데, 일부 고생물학자들은 여전히 화산에 의한 이론을 믿고 있다. (d) 여전히 다른 사람들은 서서히 발생한 기후 변화에 공룡이 적응하지 못했다는 주장도 한다.

💧 '일어나다' 혹은 '발생하다' 의 의미를 가지고 있는 occur는 수동태로 전환되지 않는 동사이다. 따라서 were occurred를 occurred로 전환한다.

dinosaur 공룡 extinction 멸종 enigma 수수께끼 imaginative 상상의 theory 이론, 학설 volcanic 화산의, 화산 작용에 의한 paleontologist 고생물학자 claim 주장하다, 요구하다 gradually 차차, 차츰 adjust 조절하다, 조정하다, 맞추다, 바로잡다

정답 (d)

→ REVIEW TRAINING 1

1 A: 직업 인터뷰에서 실패할까봐 너무 걱정돼요.
   B: 걱정하지 마세요. 당신에게 그런 일은 일어나지 않을 거예요. 당신은 최선을 다했잖아요.

💧 '누군가에게 일어날 일이다/그렇지 않다' 는 의미를 나타낼 때 that is the case 또는 that isn't the case의 형태를 쓴다. 미래시제이므로 will과 함께 쓴다. 따라서 that won't be the case with you가 적당하다.

failure 실패 case 사례, 경우

정답 (c)

2 A: 대부분의 사람들은 이렇게 시골 마을에 사는 것이 지루하다고 느끼는 것 같아.
   B: 그것은 내가 동의할 수 없는 너만의 의견일 뿐이야.

💧 '동의하다' 는 의미를 나타낼 때, agree with를 쓴다. 이때 목적격 관계대명사 which 또는 that은 생략 가능하므로, [명사 + 주어 + 동사]의 구조를 쓰며, agree with를 함께 쓴다. 따라서 I can't agree with가 정답이다.

bored 지루한 opinion 의견, 견해 agree with 동의하다

정답 (c)

3 A: 이 학교는 너무 규모가 커서 학생들 중에서 아들을 못 찾겠

어요.
   B: 맞아요. 여기 학생들의 수가 3천 명을 넘거든요.

💧 '~의 수' 를 나타내는 the number of를 쓸 때 단수형을 쓰며, 문장의 의미상 단수형이므로 is가 적절하다.

정답 (a)

4 A: 오늘 아침 모임에 왜 그렇게 늦으셨나요?
   B: 제가 집을 떠날 때 딸이 학교에 데려다 달라고 저를 기다리고 있었어요.

💧 과거의 특정한 시점에 '기다리고 있었다' 는 의미이므로, 과거진행형을 쓴다. 따라서 was waiting이 정답이다.

pick up 데려다주다

정답 (b)

5 A: 와, 이 옷들이 너무 싸네. 그것들을 삽시다.
   B: 절대 안 돼요. 상품의 가치는 가격에 영향을 받는다는 것을 기억하셔야 해요.

💧 '상품의 가치가 가격에 영향을 받다' 라는 의미를 나타내므로 수동태를 쓴다. 그리고 현재 사실을 말하고 있으므로 is influenced가 정답이다.

cheap 값싼 remember 기억하다 value 가치 influence 영향을 미치다

정답 (b)

6 그 섬으로의 여행이 너무 피곤해서, 모든 관광객들은 집으로 돌아오기 위해 출발하자마자 빠르게 잠에 빠져들었다.

💧 '여행이 피곤해서' 라는 의미로 [주어 + 동사 + 보어]의 기본 문장 구조가 필요하다. 따라서 [the trip to the island + was + so tiring]의 구조가 정답이다.

fall asleep 잠에 빠져들다 rapidly 빠르게, 재빠르게

정답 (b)

7 그 이론이 왜 잘못된 것인지 질문을 받았을 때, 교수는 학생들에게 몇 가지 문제들을 설명했다.

💧 'A에게 B를 설명하다' 는 의미는 explain B to A를 쓴다.

theory 이론 explain 설명하다

정답 (b)

8 전국의 대부분의 사람들에게 건강한 생활과 관련이 있는 것은 의학적인 치료가 아니라 더 많은 운동이다.

💧 not A but B 또는 B and not A의 구조에서 주어가 되는 것은 B의 형태이다. 따라서 more exercise and not medical care에서 more exercise가 주어이므로 that절의

동사는 is를 쓰며, 의미상 수동태이므로 is related가 정답이다.

medical care 의학적 치료 healthy life 건강한 삶

정답 (c)

9 오늘 날 그런 종류의 건물은 과거만큼 그렇게 거대하지 않다.

　🔵 '과거의 모습'이라는 의미이므로 it once was를 쓴다.

enormous 거대한, 큰

정답 (b)

10 몇 명의 공무원들은 그 지역에 있는 사람들을 괴롭힐 의도는 없었다고 말하면서, 그들의 부주의한 실수를 사과했다.

　🔵 사과한 것은 과거이므로, '의도했던/의도하지 않았던' 내용은 과거 이전의 사실이다. 따라서 과거완료 시제를 쓴다. 그리고 내용상 능동의 구조이므로 hadn't intended가 정답이다.

several 몇몇의, 몇 개의 official 공무원 apologize 사과하다 careless 부주의한 error 실수, 잘못 intend ~할 의도이다 bother 괴롭히다

정답 (b)

11 (a) A: 당신이 여름 휴가를 위해 유럽에 갈 거라고 들었는데요.
　(b) B: 맞아요. 사실은 딸들이 그들의 데려고 다니지 않는다고 계속 불평해 왔거든요.
　(c) A: 거기 방문하는 동안 할 좋은 계획이 있나요?
　(d) B: 아직 아무 것도 결정하지 못했어요. 하지만 아내가 여행사와 함께 계획을 세우고 있어요.

　🔵 '사람을 데리고 나가다'는 의미를 나타낼 때 take out을 쓰며, 이때 대명사가 나오면 동사와 부사 사이에 써야 한다. 따라서 take out them을 take them out으로 수정해야 한다.

summer vacation 여름 휴가 complain 불평하다 travel agency 여행사

정답 (b)

12 (a) A: 당신이 벌써 롤빵 5개를 먹었다니 믿을 수가 없는데.
　(b) B: 이것들이 너무 맛있어요. 하나를 더 먹을 수도 있어요.
　(c) A: 5개면 벌써 충분하지 않니?
　(d) B: 전혀요. 게다가 당신과는 달리, 저는 다이어트 하고 있는 것도 아니거든요.

　🔵 '다섯 개의 롤빵'은 원래 복수형이지만, 이 문장에서는 양(amount)을 나타내는 단위의 의미이므로 단수 취급한다. 따라서 five are more than enough를 five is more than enough로 전환한다.

roll 롤 빵 delicious 맛있는 not at all 전혀 ~이 아니다

furthermore 게다가, 더구나 be on a diet 다이어트 중이다

정답 (c)

13 (a) A: 지난 주말 그 숲으로 갔던 여행 어땠나요?
　(b) B: 심한 강우 때문에 취소되었어요.
　(c) A: 그것 참 유감이네요. 거기서 참 재미있었을 텐데요.
　(d) B: 저도 그렇게 생각해요. 그래서 다시 일정을 잡기로 했어요.

　🔵 강우 때문에 일정이 취소된 것은 과거의 일이므로 it is cancelled를 it was cancelled로 바꿔야 한다.

forest 숲 cancel 취소하다 heavy rainfall 강우 reschedule 예정 변경을 하다

정답 (b)

14 (a) 모든 고객들은 우리의 편리하면서 번거롭지 않은 온라인 서비스에 만족하고 있습니다. (b) 우리는 모든 제품이 아름답게 포장되어 완벽한 상태로 배달될 것이라고 확신합니다. (c) 우리 카탈로그에서 당신이 원하는 것을 선택하시면 2시간 이내에 주문을 확인해 드리겠습니다. (d) 만약 어떠한 확인도 받지 못하시면, 제 시간에 제품을 받기 위해 다시 저희에게 전화를 주세요.

　🔵 '선택하면 확인해 보겠다'는 의미를 나타내므로 미래의 의미이다. 따라서 we are confirming을 we will confirm으로 전환한다.

customer 고객 satisfy 만족시키다 be satisfied with ~에 만족하다 convenient 편리한 hassle-free 귀찮지 않은 ensure 보장하다 wrap 포장하다 in perfect condition 완벽한 상태로 catalog 카탈로그 confirm 확인하다

정답 (c)

15 (a) 19세기 동안 뉴잉글랜드에서는 얼음 채취가 큰 사업이 되었다. (b) 1805년에 뉴잉글랜드에서 미국의 대규모 얼음 상업이 탄생하면서 시작되었다. (c) 얼음은 뉴잉글랜드에서 배로 서인도 제도와 미국의 다른 주로 운송되었다. (d) 얼음 채취 사업이 성장하고 발전하면서, 보통의 집 주인들이 얼음을 집에 보관하기 위해 아이스 박스를 소유하는 것이 점점 일반화되어 갔다.

　🔵 Part IV 유형의 문제는 동사들의 유형을 중심으로 먼저 판단한다. (a)의 경우에는 harvest가 동명사로 이용되고 있는 구문이다. (b)에서 begin은 자동사로 이용되고 있으며, (c)는 얼음이 '선적시키다, 운반하다'는 의미를 가지고 있는 ship과 어떤 관계인가를 질문하고 있다. 이때 얼음은 운반하다가 아니라, 운반된다는 수동의 의미를 나타낸다. 따라서 shipped가 아니라, was shipped로 전환해야 한다. 또한 (d)에서 동사 grew와 developed는 자동사로 쓰여 수동태를 이용하지 않아도 된다. 전체 문제 유형에서 동사들의 수동태 유형을 물

어볼 때는, 자동사와 타동사를 반드시 구별해야 한다.

harvesting 수확 commercial 상업상의, 영리적인 West
Indies 서인도 제도 common 공통의, 사회일반의 average
평균, 보통 homeowner 자택 소유자

정답 (C)

UNIT 05 분사

P029 명사 수식 구조

1 현재/과거분사 + 명사

1 많은 은행들이 대출에 까다로워지면서, 점점 많은 소규모 회사 소유주들이 다른 대출 회사로 이동하고 있다.

◉ '증가하는 수'라는 의미이다. 수가 증가하고 있다는 의미로 increase의 현재분사형을 쓴다. 따라서 increasing이 정답이다.

정답 (c)

2 A: 그 종이 멸종 위기에 놓인 유인원들 가운데 하나인 것을 알고 계시나요?
B: 아니요. 그것들이 어떤 것들인지 잘 몰라요.

◉ '멸종 위기에 처한' 종의 의미로 수동이므로 과거분사를 쓴다.

정답 (d)

P030 분사의 후치수식

1 아시아의 북쪽으로부터 부는 유별나게 추운 바람이 올해 나라 전체에 심각한 피해를 주었다.

◉ 바람이 불고 있다는 의미이므로 현재분사를 쓴다.

정답 (d)

2 우리는 위에서 설명한 상품이 일시적으로 매진된 것을 유감으로 생각한다.

◉ 상품들이 위에 설명되었다는 의미이므로 과거분사를 쓴다. to be described는 미래적 의미를 갖는다.

정답 (b)

P031 보어로 쓰이는 분사

1 A: 무슨 일이야? 너 지쳐 보이는데.
B: 오늘 아침 퀴즈를 준비하느라 밤을 샜거든.

◉ 퀴즈를 준비하면서, 밤을 샜다는 말로 주어의 동작 상태를 설명하는 말이므로 현재분사를 쓴다. 따라서 preparing이 정답이다.

정답 (b)

2 A: 파티가 어떠세요?
B: 매우 재미있어요. 여기 오게 되어 너무 기뻐요.

◉ '매우 기쁘다'는 의미로, '내가 기쁘게 된' 것이므로 [be + 과거분사] 구조를 쓴다. 따라서 be delighted가 정답이다.

정답 (d)

P032 목적보어로 쓰이는 분사

1 신문들을 보면 아파트 광고가 실린 페이지들을 많이 볼 것이다.

◉ [목적어 + 목적보어]의 유형으로, 많은 페이지들이 광고를 보여주고 있다는 내용이므로, 현재분사를 통해 목적어를 보충 설명한다.

정답 (d)

2 그 남자의 마음을 다치게 하지 않으려면 너는 그 비밀을 말하지 않는 게 좋을 거다.

◉ '비밀을 말하지 않고 남겨두다'라는 의미로, 목적어와 목적보어의 관계가 수동 관계이므로 과거분사가 적절하다.

정답 (c)

P033 전치 분사구문

1 A: 너 어디 불편해?
B: 사실, 버스에서 내리다 넘어졌어.

◉ 내리는 과정에서는 넘어진 것이므로, 능동 관계이면서 동시 상황이므로 현재분사를 쓴다.

정답 (c)

2 A: 그 칼럼을 쓸 건가요?
B: 그 단체에서 부탁을 받은 거라서 틀림없이 쓸 겁니다.

◉ 도움을 받았다는 것이므로, 주어와 수동 관계이면서, 먼저 일어난 사건이므로 having been p.p.가 적절하다.

정답 (a)

3 어려운 수술을 성공적으로 끝낸 이후에, 그 의사는 지쳐서 수술실을 떠났다.

◎ 일을 끝마치고 난 이후이므로, 능동 관계이면서 앞선 사건은 having p.p.가 적절하다.

operation 수술

정답 (d)

4 약한 지반에 세워진 그 빌딩은 무너질 확률이 높다고 전문가가 말했다.

◎ 건물은 지어진 것이므로, 수동 관계이다. 이때 having been은 생략 가능하다.

정답 (d)

P034 후치 분사구문

1 이 새로운 장치는 모든 일을 자동으로 할 것이며 당신이 다른 업무에 집중할 수 있게 해줄 것이다.

◎ 새로운 장치가 당신에게 허용해준다는 의미이므로 능동 관계로서 현재분사를 쓴다.

정답 (a)

P035 분사구문과 접속사

1 새로운 집을 선택할 때 당신은 몇 가지 조건들을 매우 주의 깊게 고려해야 한다.

◎ 주어와 능동 관계를 형성하고 있으므로 현재분사를 쓴다.

condition 조건

정답 (c)

2 그 새로운 노트북은 사용하지 않고 20분을 켜두면 자동적으로 꺼집니다.

◎ 주어와 수동 관계를 형성하고 있으므로 과거분사를 쓴다.

turn off 끄다 automatically 자동으로 on 켜진 상태

정답 (c)

P036 with 분사구문

1 그들은 너무 열심히 일한 후 지쳐서, TV를 켜 놓은 채로 잠자리에 들었다.

◎ 'TV를 켜 놓은 채' 라는 의미로 on은 형용사 개념이다. 따라서 with the TV on의 형태를 쓴다.

straight 곧바로

정답 (b)

2 새로운 교칙에 반대하는 학생들 때문에 학교는 계획을 변경해야 했다.

◎ 학생들이 반대하고 있다는 의미를 포괄하고 있으며, 이때 '~에 반대하는'의 의미는 in opposition to이다. 따라서 in opposition to the new policy가 some students를 수식하는 구문이다.

modify ~을 변경하다, 수정하다

정답 (b)

3 내일은 온도가 영하 10도까지 떨어져 눈이 올 확률이 50%입니다.

◎ 온도가 떨어진다는 의미이므로 능동 관계이다. 따라서 현재분사가 적절하다.

temperature 온도, 기온 degree 정도, 온도

정답 (c)

4 A: 이 사진에서 너의 오빠가 누구니?
B: 앞줄에서 눈을 감고 있는 사람이 우리 오빠야.

◎ '눈을 감은 채로' 라는 의미이므로, eyes와 close는 수동 관계이다. 따라서 과거분사를 쓴다.

정답 (d)

P037 독립분사구문

1 A: 제니퍼는 정말 공손한 것 같아.
B: 맞아. 제니퍼의 나이를 고려하면 정말 어른스러워 보여.

◎ '~을 고려할 때' 라는 의미로 독립분사구문 considering을 쓴다.

정답 (c)

2 A: 선거에서 누가 이길 것 같니?
B: 조사 결과를 고려하면 누구도 그 결과에 대해 확신할 수 없어.

◎ '~을 고려할 때' 라는 의미로 독립분사구문 given을 쓴다.

정답 (b)

→ BASIC TRAINING

1 Human beings have been acclimated to the **changing** natural environment for a long time.

인간은 오랫동안 변화하는 자연 환경에 적응해 왔다.

2 The road is an electric road **producing** its own electricity, conserving fuel and reducing air pollution.

그 도로는 자체적으로 전기를 생산하여, 연료를 절약하고 공해를 줄이는 전기 도로이다.

3 The software programs **developed** by students are now being tested on campus.

학생들이 개발한 소프트웨어 프로그램들이 대학에서 현재 테스트되고 있다.

4 I tried to memorize all the details, but I kept **forgetting** them.

나는 모든 세부사항을 암기하려고 노력했지만, 자꾸 잊어버리게 되었다.

5 After the test, I have been **worried** about the result of the test.

그 시험 이후에, 나는 시험 결과에 대해 걱정하고 있다.

6 They found the man **burying** something on a hillside.

그들은 그 남자가 언덕에 무엇인가를 묻고 있는 것을 발견했다.

7 **Wanting** to raise fund for remodelling, the staff are trying to gain assistance from members.

리모델링을 위한 기금을 조성하기를 원하고 있기 때문에, 직원들이 회원들에게 도움을 얻기 위해 노력하고 있다.

8 **Worried** about their financial condition, the students are not inclined to go shopping.

재정 상태에 대해 우려하고 있는 학생들은 쇼핑을 가지 않으려 한다.

9 **Having seen** the musical three times, I refused his invitation.

그 뮤지컬을 세 번이나 보았기 때문에 나는 그의 초청을 거절했다.

10 **Having been asked** to attend the conference, I sure will go there.

회의에 참석해 달라는 요청을 받았기 때문에, 나는 분명히 거기에 갈 것이다.

11 The population increase mounts up to more than 2,000 each year, **making** the state the fastest growing one in the country.

인구 매년 2,000명 이상으로 증가하면서, 그 나라에서 인구가 가장 빨리 증가하는 주가 되었다.

12 A new vehicle was shown to the public, **chosen** as the best around the world.

새로운 자동차가 대중에게 공개되었으며, 전 세계에서 가장 좋은 것으로 선택되었다.

13 When **seated** at the restaurant, they ordered a cup of coffee, fries and dessert.

식당에서 자리를 잡고 앉았을 때, 그들은 커피 한 잔, 튀김, 그리고 디저트를 주문했다.

14 The country has dispatched around 2,000 soldiers in the area, with most of them **stationed** in peaceful regions.

그 국가는 그 지역에 2000명 정도의 군인들을 파견했으며, 그들 대부분은 평화 지대에 주둔하고 있다.

15 **Living as they do** in the U.S., my parents won't be able to attend my graduation ceremony.

미국에 살고 계시기 때문에, 내 부모님은 졸업식에 참석하실 수 없을 겁니다.

→ ACTUAL TRAINING

1 A: 오, 이런. 강의가 너무 헷갈렸어, 그렇지 않니?
B: 그러게. 나도 그랬어. 그냥 포기할까 봐.

🔘 강의가 혼동을 주었다는 의미이므로 현재분사를 쓴다.

---

rather 오히려, 차라리

정답 (c)

2 A: 성적을 받은 후에 모든 학생들이 무엇을 하던가요?
B: 그들은 시험 결과에 만족해서 집으로 돌아갔어요.

🔘 '~에 만족한 상태에서' 라는 의미를 나타내고 있으므로, 과거분사형을 쓴다. 따라서 satisfied가 정답이다.

정답 (b)

3 A: 존이 요즘에 영어가 상당히 향상된 것 같아.
B: 맞아요. 매일 영어로 일기를 쓰고 있기 때문에, 좋은 결과에 도달한 것 같아요.

🔘 '매일 일기를 쓰고 있다' 는 의미로 주어와 능동 관계이며, 현재 시점을 말하고 있으므로 현재분사 형태를 쓴다. 따라서 Writing이 정답이다.

---

improve 향상시키다

정답 (c)

4 A: 네가 너의 형에게 전화했을 때 그가 무엇을 하고 있었니?
　　B: 그는 텔레비전을 보면서 저녁을 먹고 있었어요.

　◎ '~하면서' 라는 의미를 나타내고 있으므로, 주어와 능동 관계이다. 따라서 현재분사 형태를 쓴다. 정답은 watching이다.

　　　　　　　　　　　　　　　　　　　　정답 (c)

5 A: 그 실험의 결과는 어떤가요?
　　B: 조사를 받았던 사람들 중 3분의 1만이 그 약에 만족했다고 답했어요.

　◎ '조사를 받은' 이라는 의미로 surveyed와 같은 과거분사 형태를 쓴다.

　experiment 실험 survey 조사하다

　　　　　　　　　　　　　　　　　　　　정답 (d)

6 그 결과는 수백 번의 실험 이후에 얻어진 것이었으며, 많은 다른 과학자들에 의해 재확인되었다.

　◎ '실험의 결과가 재확인되었다' 는 의미이므로, 주어와 reconfirm은 수동 관계이다. 따라서 과거분사 reconfirmed가 정답이다.

　gain 얻다, 획득하다 reconfirm 재확인하다, 증명하다

　　　　　　　　　　　　　　　　　　　　정답 (d)

7 몇 명의 어부들이 지금까지 기록된 것 중에서 가장 거대한 민물 고기였다고 믿어진 물고기를 잡았다고 보고되었다.

　◎ '물고기가 믿어지다' 는 의미이므로 수동 관계이며, '가장 큰 물고기였다' 는 것은 그 이전부터의 사건이므로 과거 이전의 시점이다. 따라서 believed to have been이 정답이다.

　freshwater 민물 record 기록하다

　　　　　　　　　　　　　　　　　　　　정답 (a)

8 이 논문에서 이용된 단어 혹은 어구들은 다르게 정의되지 않는다면, 그들이 일반적으로 이 분야에서 이용되는 것과 같은 의미로 해석될 것이다.

　◎ '다르게 정의되지 않는다면' 이라는 의미로, 접속사 unless가 이용되며, define이 주어와 수동 관계이므로 과거분사가 이용된다. 따라서 unless defined otherwise가 정답이다.

　phrase 어구 interpret 해석하다 usage 이용 define 정의하다 otherwise 그렇지 않으면, 다르게

　　　　　　　　　　　　　　　　　　　　정답 (c)

9 1970년대에 개발된 그 컴퓨터 프로그램은 많은 사람들이 그들의 최초의 개인 컴퓨터를 구매하도록 확신시켰다.

　◎ '컴퓨터 프로그램' 이 주어이며, '개발되었다' 는 의미이므

로 수동 관계이다. 이때 과거분사의 수식을 받는 명사형으로 쓸 수 있다. 따라서 [the computer program + developed]가 된다.

　develop 개발하다 convince 확신시키다 personal 개인적인

　　　　　　　　　　　　　　　　　　　　정답 (c)

10 5년 동안 결혼한 상태이지만, 나는 남편을 이해할 수 없다.

　◎ '결혼한 상태다' 라는 의미는 be married를 이용하며, 5년 동안 지속된 것이므로 완료 개념이 포함되어 있다. 따라서 Having been married가 정답이다.

　　　　　　　　　　　　　　　　　　　　정답 (d)

11 A: 모든 곳에 거대한 체인을 가진 가게들 때문에 큰 문제가 있어요.
　　B: 나에게는 상관없어요. 나는 다양한 제품들과 할인이 좋아요.
　　A: 체인점들의 수가 늘어날수록, 작은 가게들은 더 많은 어려움을 겪게 되거든요.
　　B: 당신 말이 맞는 것 같아요. 이곳 주변에도 가족들이 운영하는 가게는 단지 몇 개만이 있을 뿐이에요.

　◎ '가족이 소유한' 이라는 의미는, 수동 관계이므로, family-own을 family-owned로 비꿔야 한다.

　large scale 거대한 discount 할인

　　　　　　　　　　　　　　　　　　　　정답 (d)

12 A: 내 새로운 룸메이트 제임스 어때? 너랑 같은 반이잖아.
　　B: 그 사람이 없는 자리에서 험담 하는 것은 안 좋은 거야.
　　A: 그런데, 룸메이트랑 잘 지내기 위해서 좀 알고 싶어.
　　B: 글쎄. 너의 전 룸메이트랑 비교하면 좀 더 이기적이야.

　◎ '~와 비교해볼 때' 라는 의미로 compared with로 바꿔야 한다.

　get along with ~와 친하게 지내다 selfish 이기적인 compare with ~와 비교하다 previous 이전의

　　　　　　　　　　　　　　　　　　　　정답 (d)

13 A: 안녕하세요, 선생님. 무엇을 도와드릴까요?
　　B: 아들한테 줄 선물을 사려고 하는데요. 오늘이 생일이거든요.
　　A: 네, 이 펜은 어떠세요?
　　B: 하지만 학생이라서, 이렇게 비싼 것은 원하지 않아요.

　◎ 학생이기 때문이라는 말로, 기본적인 분사구문이다. 따라서 being a student로 바꿔야 한다.

　　　　　　　　　　　　　　　　　　　　정답 (d)

14 (a) 여성들은 남자들보다 예방 치료를 위한 의사들의 즉각적인 치료를 받지 못하는 것 같다. (b) 예를 들어, 여성의 심장병에 대한 과소평가된 예방법은 의사들 대부분이 하고 있으며 그 결과로 인해 예방의 관심이 적다. (c) 이런 치료의 차이는 여성들의 발병률이 낮다고 생각하는 의사들의 오해 때문이다. (d) 그러나, 최근 조사에 따르면 실제 여성들의 발병률은 남자와 같은 것 같다.

◐ 과소평가된 예방이 더 낮은 비율의 예방 치료라는 결과를 낳는 것이므로 능동적 관계이다. 따라서 resulting in으로 전환한다. result in/from은 수동태로 제시할 수 없으므로 항상 현재분사가 이용된다.

receive 받다 immediate 즉각의, 직접의 preventive 예방적인 therapy 요법, 치료 underestimate 과소평가하다 conduct 이끌다, 수행하다 gap 틈, 구멍, 간격 misperception 오인, 오해

정답 (b)

15 (a) 70세인 톰 크리스토퍼는 인공 심장을 이식하는 수술 이후에 병원에 입원 중이다. (b) 그는 노스 세인트 병원의 중환자실에서 회복중이다. (c) 크리스토퍼에 대한 시술은 두 명의 외과의에 의해 수행되었으며, 그들은 톰의 가슴에 인공 심장을 이식했다. (d) 특별 치료에서 회복하고 있는 동안, 그의 의사들은 인공 심장이 결함없이 기능하고 있다고 말한다.

◐ '회복하고 있는' 것은 톰이기 때문에 주어인 his surgeons와 연결되지 않는다. 따라서 he(= Tom)를 주어로 써줘서 recovering을 While he is recovering으로 바꿔야 한다.

surgery 수술 implant 이식하다 artificial 인공의 intensive 강화의, 특별한 procedure 절차, 과정 perform 수행하다 flawlessly 결함 없이

정답 (d)

UNIT 06 부정사 & 동명사

P038 to부정사/동명사 주어

1 즉시 고객들의 요구를 충족시키는 것은 대중들의 신뢰를 얻는 데 필수적이다.

🔵 문장 앞에서 제시되는 동사 유형의 주어는 동명사이다.

정답 (b)

2 사업에서 적절한 전략 없이 부를 얻는 것은 불가능하다.

🔵 동사 유형이 주어로 제시될 때 부정사를 주어로 쓸 수 있으며, 이때 가주어 it을 쓴다. (a), (b)는 동사가 존재하지 않으며, (d)는 문법적으로는 가능하지만, 진주어로는 부정사를 우선적으로 쓴다.

정답 (c)

P039 to부정사/동명사 보어

1 그 연극의 목적은 군사 정권의 불법적 행위를 부각시키는 것이었다.

🔵 '~하는 것' 이라는 의미로 동사형이 보어의 역할을 할 때 부정사 혹은 동명사를 쓴다.

정답 (a)

2 양식을 작성하는 동안에 모든 세부 사항은 빠져서는 안 된다.

🔵 '~해서는 안 된다' 는 표현은 should not을 쓰지만, [be동사 + not + to부정사] 유형도 쓸 수 있다. 따라서 '빠져서는 안 된다' 는 의미로 is/are not to be missed를 쓴다.

정답 (c)

P040 to부정사/동사원형 목적보어

1 동사 유형 목적보어

1 A: 회사 앞에서 태워드릴까요?
B: 오, 대단히 감사합니다.

🔵 [would like + 목적어 + to부정사] 유형이며, pick up의 목적어가 대명사일 때 [pick + 대명사 + up]의 형태로 쓴다.

정답 (b)

2 대기의 압력이 낮기 때문에, 높은 산에서 물을 끓이는 데 더 적은 열만 있어도 된다.

🔵 사역동사 make가 있으므로, 목적보어는 동사원형을 쓴다.

정답 (a)

2 [가목적어 + 목적보어 + 진목적어] 구문

1 A: 잠시 쉬는 게 어때요?
B: 저도 그러고 싶지만, 지금은 휴식을 갖는 게 어려울 것 같아요.

🔵 부정사가 목적어로 나올 때, 가목적어 it을 쓴다.

정답 (c)

2 그러한 합의는 공무원들이 그 나라에 있는 모든 사람들을 설득하는 것을 어렵게 만들 것이다.

🔵 부정사가 목적어 유형이기 때문에 가목적어 it을 쓴다. for officials는 부정사의 의미상의 주어로 to persuade와 결합된다.

정답 (d)

P041 to부정사/동명사를 목적어로 취하는 동사

1 A: 영국에 얼마나 머물 예정이신가요?
B: 일주일 동안 머무르기로 했어요.

🔵 [decide + to부정사] 유형으로, 부정사를 목적어로 쓴다.

정답 (a)

2 A: 저희 어머니는 다음 달에 40세가 되십니다.
B: 정말요? 그렇게 젊으시다니 믿기지 않는군요.

🔵 [imagine + 동명사] 유형으로, 의미상의 주어는 소유격 혹은 목적격이다.

정답 (c)

P042 to부정사/동명사 목적어의 의미 구분

1 A: 퇴근 후에 바로 집에 오시나요?
B: 일주일에 두 번 정도는 운동하기 위해 체육관에 들려요.

🔵 '~하기 위해서' 라는 의미로 to부정사를 쓴다.

정답 (b)

2 수표가 내게 돌아왔을 때, 난 수취인의 이름을 적지 않았다는 것을 알았다.

🔵 '~해야 할 것을 잊어버리다'는 의미일 때, [forget + to부정사]를 쓴다.

정답 (d)

P043 to부정사의 형용사적 기능

1 A: 내일 콘서트 보러 가실래요?
B: 죄송해요. 해야 할 일이 많네요.

🔵 '해야 할 일들'이라는 의미로 부정사를 이용하여 명사를 수식한다.

정답 (b)

2 그 나라가 현재 핵무기를 개발할 능력을 가지고 있다고 보고되고 있다.

🔵 '~할 수 있는 능력'이라는 의미를 나타낼 때, 부정사가 명사를 수식한다. 따라서 to develop이 정답이다.

nuclear weapon 핵무기

정답 (b)

P044 to부정사의 부사적 기능

1 부사적 용법의 기본 의미

1 자연 환경을 보호하기 위하여, 전 세계의 대부분의 국가들은 이산화탄소 배출량을 줄이기 위해 노력하고 있다.

🔵 '~하기 위하여'라는 의미를 나타낼 때, 부정사를 쓴다. 따라서 to protect가 정답이다.

정답 (b)

2 나는 가능한 빨리 회의에 도착했으나, 다른 이사회 임원들이 이미 떠나버렸다는 것을 알게 되었다.

🔵 '~했으나 결국 …하다'의 의미를 갖는 것은 only to부정사이다.

board members 이사진

정답 (d)

---

2 too … to 용법 & enough to 용법

1 전문가들은 이런 상황에서 경제가 너무 어려워서 새로운 사업을 시작할 수 없다고 말한다.

🔵 '너무 ~해서 …할 수 없다'의 유형은 too … to를 쓴다.

정답 (c)

2 과학 기술의 발전에도 불구하고, 인공위성을 통한 네비게이션 기술이 그것을 대체할 만큼 믿을 수 있는 것은 아니기 때문에 등대는 여전히 유용한 도구라고 여겨지고 있다.

🔵 '~하기에 충분히 …한'이라는 의미를 나타낼 때, enough가 형용사 혹은 부사를 수식한다면, [형용사 + enough + to 부정사] 유형을 쓴다. 따라서 reliable enough to replace it이 정답이다.

정답 (c)

---

3 형용사 수식

1 일부 사람들은 서울은 살기 위험하다고 말한다.

🔵 It is dangerous to live in Seoul의 유형에서, Seoul을 강조하기 위한 문장 유형이다.

정답 (b)

2 A: 당신 노트를 좀 빌려주세요. 제가 다른 정보를 드릴게요.
B: 당신 말을 믿기 어려워요.

🔵 I found it hard to believe that에서 that을 강조하기 위해 목적어로 제시한 문장 유형이다.

정답 (d)

P045 to부정사/동명사의 특수 용법

1 대부정사 유형

1 A: 파티 어땠어? 어제 파티 갔었지?
B: 가고 싶었는데 못 갔어. 할 일이 너무 많았어.

🔵 대부정사 구문으로서, I wanted to go to the party에서 동사구가 생략되고, to가 남는 유형이다.

정답 (b)

2 A: 파티에 격식을 갖춘 옷을 입고 가야 하나요?
B: 아니요, 그러실 필요 없어요.

🔵 대부정사 유형으로서, you don't need to wear a

formal dress의 유형에서 동사구가 생략된 유형이다.

정답 (b)

3 부정사/동명사의 수동태 표현

1 다음 단계는 당신이 발견한 것의 특성과 유용함을 평가하는 것이라고 믿어지고 있다.

○ '~하는 것으로 믿어지다'는 의미로서, [be believed to + 동사원형]의 형태이며, 현재 시점으로 제시되면서 주절의 동사와 같은 시점을 말하므로 [to + 동사원형]의 형태를 쓴다. 따라서 to evaluate이 정답이다.

정답 (c)

2 그 지역에 살고 있는 대부분의 사람들은 베서 비우스 산의 다음 폭발의 잠재적 영향에 대해 오랫동안 저평가해왔던 것처럼 보였다. 왜냐하면 그들은 그 재앙을 준비하고 않았었기 때문이다.

○ '오랫동안 저평가되어 왔다'는 의미를 통해, 주절의 동사보다 앞선 사건을 설명하는 것을 알 수 있다. '~인 것 같다'는 의미의 seem to의 형태에 추가하여, 앞선 사건을 설명할 때, to have p.p.의 구조를 쓴다. 따라서 to have underestimated가 정답이다.

정답 (b)

P046 부정사 / 동명사의 관용표현

1 A: 영국에 가봤어요?
B: 아니요. 하지만 이번 여름에 가기를 기대해요.

○ 동명사의 표현법으로서, [look forward to + -ing] 형태로 이용된 구문이다.

정답 (b)

2 요리가 질려서 어젯밤에는 먹고 싶지 않았어요.

○ '~하고 싶어하다'라는 의미로 feel like -ing의 형태이다.

정답 (c)

→ BASIC TRAINING

1 **Driving** a car is much more dangerous than it seems.

자동차를 운전하는 것은 보이는 것보다 훨씬 더 위험하다.

2 I think it will be better **to make** an early decision.

빠른 결정을 내리는 것이 더 나을 것이라고 생각해.

3 Greenhouse gases might cause the global warming **to accelerate**.

온실 가스가 지구 온난화를 가속화시킬 수도 있다.

4 Since I had an accident last week, my parents made me **walk** to school.

지난 주에 사고가 났기 때문에, 부모님은 내가 학교에 걸어 다니도록 하셨다.

5 I believed **it hard to accept his proposal** at that time.

나는 그 당시에 그의 제안을 받아들이는 것이 어렵다고 믿었다.

6 The country couldn't afford **to send** more troops to the island.

그 나라는 그 섬에 더 많은 군대를 보낼 여유가 없었다.

7 These days I've enjoyed **reading** long stories.

최근 나는 장편 소설을 읽는 것을 즐기고 있다.

8 Studies show that global warming is likely **to cause** big changes around the world.

연구에 따르면, 지구 온난화가 전 세계적으로 많은 변화를 유발하고 있는 것 같다.

9 Don't forget **to mark** the answers to your questions.

질문에 대한 답을 표시하는 것을 잊지 마라.

10 Some anthropologists found that the tribe had the technological ability **to make** a fire within 5 seconds.

일부 인류학자에 따르면 그 부족은 5초 안에 불을 피울 수 있는 기술적 능력이 있었다고 한다.

11 **To obtain** more information, the teacher has worked in the library.

더 많은 정보를 얻기 위하여, 그 선생님은 도서관에서 연구하고 있다.

12 I found **his proposal hard to accept**.

나는 그의 제안이 받아들이기 어려운 것임을 알게 되었다.

13 I kept silent **so as not to** interrupt him.

나는 그를 방해하지 않기 위해서 조용히 있었다.

14 A: Why not go to the concert with us?
B: Even if I **want to**, I can't. My parents won't allow me to go out at night.

A: 우리와 함께 콘서트에 가보는 것 어때?

B: 가고 싶기는 못가, 부모님이 밤에는 나가지 못하게 하시거든.

15 I don't feel like **watching** the movie with them.

나는 그들과 그 영화를 보고 싶지 않다.

→ ACTUAL TRAINING

1 A: 예방법에 대해 의사가 무엇을 말했나요?

B: 그는 피부암을 예방하는 가장 좋은 방법은 직접적인 태양에 대한 노출을 제한시키는 것이라고 말했어요.

💠 '예방하는 가장 좋은 방법'이라는 의미로, 명사를 수식하는 동사의 유형이 필요하며, '~할 수 있는'이라는 의미일 때 부정사를 쓴다. 따라서 to protect가 정답이다.

prevention 예방법 **skin cancer** 피부암 **limit** 제한하다 exposure 노출 direct 직접적인 **sunlight** 태양빛

정답 (b)

2 A: 왜 그 결과를 말하지 않았나요?

B: 제가 알게 되자마자 말하려고 했으나, 확신이 들지 않았어요.

💠 '~하려고 하다'는 의미일 때, [be about to부정사]의 형태를 이용하며, 앞 문장에서 제시된 동사형과 동일한 내용이 반복될 때 생략하면서, 대부정사를 쓴다. 따라서 was about to가 정답이다.

정답 (b)

3 A: 그가 손수 그 케이크를 왜 만들었나요?

B: 왜냐하면 그는 그 장비가 작동하기에 어렵다고 생각했기 때문이에요.

💠 '장비가 작동시키기에 어렵다'는 의미로 [thought + the device + difficult to operate]의 구조이다. It was difficult to operate the device.의 형태가 The device was difficult to operate.의 구조로 전환되며, he thought 뒤에 연결되는 구문이다. 따라서 the device difficult to operate 이 정답이다.

device 장비 operate 작동시키다

정답 (c)

4 A: 가능한 빨리 모든 쓰레기를 치웠으면 좋겠어요.

B: 알겠어요. 그것을 치우는 것을 절대 잊지 않을게요.

💠 '~할 것을 잊어버리다'는 의미를 나타낼 때, to부정사 유형으로 연결되며, [동사 + 부사] 유형에서 대명사는 중간에 위치한다. 따라서 to put it aside가 정답이다.

stuff 물건, 폐물 **put aside** 치우다

정답 (a)

5 A: 그의 기말 논문에서 도달한 결론이 잘못되었다는 것을 알게 되었어요.

B: 나는 그가 그의 논문에서 그런 실수를 저지를 거라고는 상상도 못했어.

💠 '~할 것을 생각하다/상상하다'는 의미일 때, imagine 뒤에는 동명사가 이용되며, 동명사의 의미상의 주어는 소유격 혹은 목적격을 쓴다. 따라서 his making such a mistake이 정답이다.

conclusion 결론 **reach** 도달하다 **term paper** 기말 논문

정답 (b)

6 사람들은 종종 이웃들이 그들의 애완동물을 가장 많이 공격한 것이라고 우려한다.

💠 '~일 것 같다'는 의미를 나타낼 때, [be likely to부정사]의 형태를 쓴다. 따라서 to attack이 정답이다.

attack 공격하다

정답 (c)

7 한국의 일부 전문가들은 10년간의 실험 이후에 성장하고 있는 개를 복제하는 데 성공했다고 주장한다.

💠 '~했다고 주장하다'는 의미일 때, claim 뒤에는 to부정사를 이용하며, 이미 성공한 사실을 말하므로, to have p.p.의 구조를 쓴다. 따라서 claim to have cloned가 정답이다.

expert 전문가 **claim** 주장하다 **clone** 복제하다 experiment 실험

정답 (b)

8 일부 연구자들은 수입된 식료품과 농산물을 구별할 수 있는 능력을 개발하기 위해 노력하고 있다.

💠 '~할 수 있는 능력'이라는 의미로 [the ability to부정사] 유형을 쓴다. 따라서 [develop + the ability + to identify] 가 정답이다.

researcher 연구자 **identify** 밝히다

정답 (b)

9 대부분의 학생들은 할 일이 너무 많기 때문에 기한을 맞추는 것이 매우 불가능하다는 것을 알게 되었다.

💠 '기한을 맞추는 것'이라는 의미로, 동사 유형이 목적어 역할을 할 때, 동명사나 to부정사를 쓴다. 이때 to부정사가 목적어라면 가목적어 it을 쓴다. 동명사는 가목적어를 쓰지 않고 쓸 수 있다. 따라서 meeting이 정답이다.

meet the deadline 기한을 맞추다

정답 (c)

10 채식주의자들은 더 건강한 식습관을 가지고 있을지도 모르지만, 그들은 식습관 장애를 가지게 될 위험성이 높다.

○ '~할 위험성'이라는 의미로 전치사 of 뒤에는 동명사의 형태를 쓴다. 따라서 having이 정답이다.

vegetarian 채식주의자 **eating disorder** 식습관 장애

정답 (c)

11 A: 나 아직 보고서 끝내지 못했어.
B: 내일까지잖아. 리 씨는 시간을 더 주지 않아.
A: 나도 알아. 하지만 완벽하게 하고 싶어서.
B: 음, 그렇다면 시간을 좀 더 연장해달라고 해봐.

○ avoid는 동명사를 목적어로 취하므로, avoid making any errors로 전환한다.

정답 (c)

12 A: 점심에 무엇을 먹고 싶어요?
• B: 스파게티하고 피자 먹는 게 어때요?
A: 그러면 이탈리아 식당에 가요. 거기 음식 맛있어요.
B: 오늘 할 일이 많으니깐 든든하게 먹어야겠어요.

○ '할 일이 많다'는 의미이므로, a lot of things to do로 전환한다.

정답 (d)

13 A: 드디어 만났군요. 여행은 어떠셨나요?
B: 나쁘지는 않았어요. 감사합니다. 당신을 만나기를 정말 기대하고 있었어요.
A: 가방들은 어디 있나요? 이것이 당신의 모든 짐인가요?
B: 네, 여기서 필요한 물건들을 사기 위해 짐을 간소화했어요.

○ '~할 것을 기대하다'는 의미일 때, [look forward to + 동명사]의 형태를 쓴다. 따라서 to meet을 to meeting으로 바꿔야 한다.

look forward to ~을 기대하다 **lighten** 간소화하다. 간단하게 하다 **necessary** 필요한, 필수적인

정답 (b)

14 (a) 현대 사회에서는 많은 사람들이 컴퓨터와 네트워크 시스템을 사용해서 정보를 얻는다. (b) 정보의 홍수 속에서 사람들은 어떤 검색 엔진을 사용할지를 결정해야 한다. (c) 다행인 것은 대부분의 사람들이 사람들 사이의 상호작용으로 높은 질의 정보를 선택하는 것에 익숙해져 있다는 것이다. (d) 여러 종류의 검색 엔진뿐만 아니라 사람들은 많은 정보를 다른 유저들과 공유한다.

○ '~하는 데 익숙해져 있다'는 의미로 be used to를 쓸 때, 뒤에 동명사를 취한다.

amidst ~의 한복판에; ~이 한창일 때에

정답 (c)

15 (a) 암 치료에 있어서 의학 혁명이 있을 것이라고 기대된다. (b) 국립 암센터에 연구원들은 폐암의 전이를 돕는 열쇠인 단백질을 확인했다고 한다. (c) 이 발견은 암의 진행을 늦추거나 멈추게 하는 약들을 개발하는 데 잠재적인 목표가 될 수도 있다. (d) 그러나, 들리는 바에 의하면 그 기술이 시장에 나오기 전에 몇 가지의 장애물들이 남아 있다고 한다.

○ '~에 대한 핵심'이라는 의미를 나타내는 a key가 전치사 to와 결합될 때, [a key to + 동명사]의 유형이다. 따라서 a key to helping으로 바꿔야 한다.

innovation 혁신, 쇄신 **identify** 확인하다 **potential** 잠재적인 **aim at** ~를 겨누다 **deploy** 배치하다

정답 (b)

UNIT 07 조동사

P047 조동사 do/does/did

1 A: 존은 요즘 돈을 너무 많이 쓰는 것 같아.

B: 음, 예전에는 지금보다 더 많이 썼었어.

⊙ more than he spends money now라는 구문의 대동사 유형이므로 does를 쓴다.

정답 (b)

2 나는 그가 그렇게 무모하고 간인할지는 꿈도 꾸지 못했어.

⊙ 부정어구 강조로 인한 도치구문이므로, 일반동사를 대신하여 did가 주어 앞에 나오는 구문이다.

정답 (a)

P048 조동사 will/would/could

1 조동사 will & would

1 A: 논문 끝내셨나요?

B: 아니 아직은요. 하지만 할 거예요.

⊙ '~하겠다' 는 의미이므로 will을 쓴다.

정답 (d)

2 몇몇 의사들이 사람들에게 독감의 확산에 대해 경고했지만, 사람들은 그들의 지시사항을 따르려고 하지 않는다.

⊙ '~하려고 하지 않다' 는 의미로, 주어의 의지를 나타낼 때, would 또는 wouldn't를 쓴다. 따라서 wouldn't가 정답이다.

정답 (c)

2 조동사 can & could

1 인터넷의 이점은 무선으로나 유선으로 세계에 모든 컴퓨터를 연결할 수 있다는 것이다.

⊙ '~할 수 있다' 는 의미이므로, can을 쓴다.

정답 (c)

2 고대에는 단지 소수의 사람들만이 정치적 권리를 가질 수 있었다.

⊙ '~할 수 있었다' 와 같이 과거의 능력을 말할 때, could를

쓴다.

정답 (a)

P049 조동사 shall/should/must/may/might

1 조동사 shall & should

1 A: 이번 주 일요일에 스키 타러 가실래요?

B: 좋아! 재미있을 것 같은데.

⊙ '~할까요?' 라는 제안의 의미를 나타낼 때, Shall we ~? 의 형태를 쓴다.

정답 (d)

2 교수님이 기말 시험에 중요한 자료를 줄 것이기 때문에 학생들은 마지막 수업을 빼져서는 안 된다.

⊙ '~해서는 안 된다' 는 의미로 ought not to를 쓴다.

정답 (c)

2 조동사 must

1 대부분의 병원들은 고객들의 수요를 충족시키기 위해 더 많은 의사들과 간호사들을 고용해야 한다.

⊙ '~해야 한다' 는 의미를 나타낼 때, must를 쓴다.

정답 (c)

2 A: 나 다음 주에 제니스와 결혼해.

B: 뭐? 농담이지!

⊙ '농담임에 틀림없다' 는 의미로 You must be kidding.을 쓴다. Are you kidding? 또는 No kidding.을 쓸 수도 있다.

정답 (c)

3 조동사 may & might

1 A: 이번 주 금요일에 파티에 가실 수 있나요?

B: 확실하지는 않아요. 하지만 부모님과 함께 있을 거예요.

⊙ '확실하지는 않지만, ~일 것이다' 는 의미는 불확실성을 내포하는 추측이다. 이때 may 또는 might을 쓴다. 따라서 may가 정답이다.

정답 (b)

2 이런 유형의 일은 일반적으로 흔한 일은 아니지만, 많은 나라들에서 일어날지도 모른다.

○ 추측의 개념으로 이용되면서, 불확실성을 의미할 때, may 또는 might를 쓴다. 따라서 might가 정답이다.

정답 (d)

P050 조동사 + have p.p.

1 과거의 후회를 나타내는 표현

1 A: 왜 잘못된 정보를 준 거야?
B: 정말 미안해. 내가 그것을 다시 점검했어야 했는데.

○ '~했어야만 했다'는 의미로 should have p.p.를 쓴다.

정답 (d)

2 어젯밤 파티에서 캐시를 봤으면 좋아겠지만 내가 다른 손님들을 만나고 있었기 때문에 볼 수 없었다.

○ '~이었을 텐데'라는 의미로, would have p.p.를 쓴다.

정답 (d)

2 과거의 추측을 나타내는 표현

1 A: 제니가 아파서 누워 있다고 들었어요.
B: 정말 아픈가 봐요. 오늘 학교에 결석했거든요.

○ '~이었음에 틀림없다'는 의미로 must have p.p.를 쓴다.

정답 (a)

2 그녀는 그 시간에 나랑 여기 있어서 도서관에 있었을 리가 없어.

○ '~할 수가 없었다'또는 '~이었을 리가 없다'는 의미로 could not have p.p.를 쓴다.

정답 (c)

P051 기타 조동사

1 A: 오늘 저녁에 콘서트 보러 가는 게 어때요?
B: 존이 우리를 방문할 계획이기 때문에 우리는 나가지 않는 것이 좋겠어요.

○ '~하지 않는 게 좋겠다'는 의미는 [had better not + 동사원형]을 쓴다.

정답 (c)

---

2 너는 막 시작했고 완성하기 위해 앞으로도 많은 시간이 있기 때문에 지금 당장 완벽할 필요는 없다.

○ '~할 필요가 없다'는 의미는 [don't need to + 동사원형] 또는 [need not + 동사원형]을 쓴다.

정답 (d)

→ BASIC TRAINING

1 A: We need more money to buy that house.
B: My family **does**, too.

A: 우리는 그 집을 사려면 더 많은 돈이 필요해요.
B: 우리 가족도 그래요.

2 He **will** announce the economic impact of the game in the next conference.

그는 다음 회의에서 그 경기의 경제적 효과를 발표하게 될 것이다.

3 A: It's too cold. Shall I close the window?
B: Yeah, if you **wouldn't** mind.

A: 너무 추운 것 같아요. 창문 닫아도 될까?
B: 그래, 네가 괜찮다면.

4 The patient **wouldn't** hear of his doctor's advice in desperation.

그 환자는 자포자기해서 의사의 충고를 듣지 않았다.

5 You **can** save time doing more important things by using this tool.

이 장비를 사용해 더욱 중요한 것을 하면서 시간을 절약할 수 있다.

6 Global warming **could** gradually damage fisheries and coastal economies.

지구 온난화가 수산업과 해안 경제에 점차적으로 피해를 줄 수 있다.

7 To keep your teeth healthy, you **should** brush your teeth every day.

이를 건강하게 유지하기 위해서, 당신은 매일 이를 닦아야 한다.

8 A: This piece of cake tastes really good.
B: Really? You **must** be hungry. It tastes awful.

A: 이 케이크 정말 맛있다.
B: 정말? 너 배고프구나. 정말 맛없는데.

9 Last year, because of lack of staff, the rest of the employees **had to** spend time doing everything.

작년에 직원이 부족해서 나머지 직원들이 모든 것을 해야 했다.

10 It **might** help give them the courage to confront their enemy.

적과 대면하는 것이 그들에게 용기를 줄 수도 있다.

11 With more information, they **could** have done better during the last presentation.

더 많은 정보가 있었다면, 그들은 지난 발표 동안 더 잘할 수 있었을 텐데.

12 He is too talkative. You **shouldn't** have talked about our plan.

그는 너무 말이 많아. 너는 우리 계획을 말하지 말았어야 했어.

13 She **must** have felt a lot of pressure as a young girl.

그녀는 어린 시절 많은 압박을 느꼈음에 틀림없다.

14 Generally speaking, student health centers **need not** provide students with specialized services and aids.

일반적으로 말해서, 학생 보건 시설은 학생들에게 전문 서비스와 치료를 해줄 필요가 없다.

15 I **would rather not** eat out tonight.

오늘밤에는 외식을 하지 않는 게 나을 거야.

→ ACTUAL TRAINING

1 A: 지난 주 개봉된 영화에 대해 어떻대요?
B: 아직 보지는 못했지만, 분명 지루할 거예요. 대부분의 사람들이 시작하자마자 졸기 시작했다고 들었거든요.

◐ '~임에 틀림없다'는 의미로 해석될 때, must를 쓴다.

release 개봉하다 nod 졸다

정답 (b)

2 A: 너의 보고서에 오류가 좀 있는 것 같다.
B: 걱정하지 마세요. 곧 수정할 거예요.

◐ '~할 것이다'라는 의미를 나타낼 때, will을 쓴다.

error 오류, 결함 revise 수정하다, 교정하다

정답 (a)

3 A: 이런 날씨에 긴팔 셔츠와 긴바지를 입어야 하는 것이 참 귀찮은 것 같아요.
B: 내 말이 그 말이에요. 그렇지 않으면, 모기를 쫓기 위해서

방충제를 발라야 하기든요.

◐ '~해야 한다'는 의미를 나타낼 때, should를 쓴다.

annoying 귀찮은 sleeve 소매 otherwise 그렇지 않으면 apply 바르다 repellent 방수제, 방충제 mosquito 모기 approach 다가오다

정답 (d)

4 A: 어제 그녀는 왜 치과에 가지 않았나요?
B: 그녀를 몇 번이나 설득하려고 했지만, 그녀는 그렇게 하려고 하지를 않았어요.

◐ '~하려고 하지 않다'는 고집의 의미를 나타낼 때, would/wouldn't를 쓴다.

persuade 설득하다

정답 (c)

5 A: 어제 벽에서 공지를 보지 못했어요.
B: 정말요? 누군가가 분명히 떼어낸 것 같아요.

◐ '~한 것임에 틀림없다'는 과거의 의미를 나타낼 때, must have p.p.를 쓴다.

notice 공지 tear off 떼어내다

정답 (b)

6 케이블 연결 없이도, 사람들은 디지털 카메라로부터 컴퓨터로 사진을 직접 전송할 수 있다.

◐ '~할 수 있다'는 의미를 나타낼 때, 조동사 can을 쓴다.

cable 케이블, 연결선 connection 연결

정답 (a)

7 새로운 도시 관광 버스 시스템 덕분에, 관광객들은 도시 주변을 걸어다닐 필요가 없다.

◐ '~할 필요가 없다'는 의미를 나타낼 때, [need not + 동사원형] 혹은 [don't need to + 동사원형]의 형태를 쓴다. 따라서 need not이 정답이다.

정답 (c)

8 공화국의 무차별한 확장에 감히 누구도 반대하지 못했기 때문에 로마인들은 알려진 세계의 많은 곳을 정복할 수 있었다.

◐ '감히 ~하다'는 의미를 나타낼 때, dare to를 이용하며, 시제가 과거이므로 dared to를 쓴다. few가 주어로 제시되면서 부정적 의미이므로 not을 쓰지 않는다.

relentless 무차별한, 잔인한 conquer 정복하다

정답 (c)

9 그는 지난 달에 그 회의에 갔었어야 했다. 그는 훌륭한 전문가들을 만날 좋은 기회를 잃었다.

○ '~했어야만 했다'는 의미를 나타낼 때, should have p.p. 혹은 ought to have p.p.를 쓴다.

prestigious 훌륭한

정답 (b)

10 다행히도 그 어부는 폭풍에서도 살아남았다. 훨씬 더 나빠질 수 있었다.

○ '~일 수도 있었다'는 과거의 상황에 대한 가능성을 나타낼 때, could have p.p.를 쓴다.

정답 (d)

11 A: 존 그리샴의 새로운 베스트셀러를 구할 수 있나요?
B: 〈더 어소시에이트〉요? 죄송하지만, 아직 시판되지 않았는데요.
A: 언제쯤 시판될 것이라고 생각하시나요?
B: 확실하지는 않지만, 이번 주 주말이면 구하실 수 있을 거예요.

○ '확실하지는 않지만, ~할 것이다'라는 의미로 불확실한 추측을 말할 때 조동사 may 혹은 might을 쓴다. 따라서 It is available을 It might be available로 바꿔야 한다.

available 구할 수 있는

정답 (d)

12 A: 돈이 더 많았으면 좋겠는데, 사야 할 것들이 너무 많아요.
B: 하지만 한 번에 모든 돈을 쓰지는 않는 것이 좋겠어.
A: 알고 있어요. 하지만 수업을 위한 물건도 충분히 살 수가 없어요.
B: 힘들긴 하겠지만, 지금부터 돈을 낭비해서는 안 된다.

○ '~하지 않는 것이 낫겠다'는 의미를 나타낼 때, [had better not + 동사원형]의 형태를 쓴다. 따라서 should better not을 had better not으로 바꿔야 한다.

정답 (b)

13 A: 제인이 다음 달에 결혼한다고 하던데.
B: 정말? 지금 분명 행복할거야!
A: 응, 약혼자에게서, 반지와 목걸이도 받았어. 그것들이 매우 비싸다고 하더라구.
B: 우와, 그 남자 분명히 부자일거야.

○ '~임에 틀림없다'는 의미를 나타낼 때, must를 쓴다.

정답 (d)

14 (a) 고고학적 발견의 입장에 따르면, BC 10,000년 전까지 거슬러 올라가는 이 돌들은 구슬로 이용되었다. (b) 이 돌들에 난 완벽한 구멍들은 특히 눈에 띈다. (c) 이러한 구멍들은 돌로 물체를 내리쳤을 때 생겨나는 것이 아니다. (d) 철로 만든 도구들이 이렇게 단단한 돌에 완벽하게 규칙적인 구멍들을 만드는데 이용되었음에 틀림없다.

○ '~이었음에 틀림없다'는 의미를 나타낼 때, must have p.p.의 구조를 쓴다. 따라서 should have been used를 must have been used로 바꿔야 한다.

in the light of ~의 견지에서, 입장에서 archaeological 고고학적인 date back to ~로 거슬러 올라가다 bead 구슬, 유리알 noteworthy 주목할 만한, 눈에 띄는

정답 (d)

15 (a) 나머지를 위해 당신은 한 가지 목표만은 마음에 새겨야 한다. 바로 논문의 완성이다. (b) 이 국면에 끝에는 반년만이 남았기 때문에 논문에 대한 모든 실용적인 작업이 끝나야 한다. (c) 더구나 그 시기에 불필요한 스트레스를 피하기 위해서는 논문의 세 장을 끝내야 한다. (d) 가능하면, 이 모든 장들이 과학 잡지에 제출되어야 한다.

○ '~해야 한다'는 의미이므로 should be submitted로 바꿔야 한다. should have p.p.는 '~했어야 했다'는 의미로 과거의 일에 대한 후회를 나타내므로 미래의 의미를 나타내지 않는다.

completion 완료, 완성 phase 시기, 국면 practical 실용적인 thesis 논문

정답 (d)

→ REVIEW TRAINING 2

1 A: 왜 그렇게 화가 나셨나요? 무슨 일이 있었나요?
B: 길거리에서 저를 귀찮게 하는 여성이 있었어요.

○ '귀찮게 하는'이라는 의미로 '~하고 있는'이라는 의미를 나타낼 때, 현재분사 -ing를 쓴다. 따라서 teasing이 정답이다.

tease 귀찮게 하다, 괴롭히다

정답 (b)

2 A: 그 공장의 직원들이 또 파업하고 있대요.
B: 새로운 노동 정책에 반대하면서, 그들이 파업에 들어가기로 결정했다고 하더군요.

○ '~에 반대하면서'라는 의미로, 문맥상 분사구와 주절의 주어가 일치하고 주어와 능동 관계이며, 동시 상황을 나타내므로 현재분사 -ing 형태의 분사구문이다. 따라서 Opposing이 정답이다.

be on strike 파업하다 oppose ~에 반대하다 labor 노동

정답 (b)

3 A: 요즘 왜 운동하지 않니?

B: 네, 지난 주에 다리를 다쳐서요. 부모님이 운동을 하지 말라고 조언하셨어요.

💡 '~하지 말라고 조언하다'는 의미에서 advised me not to work out이며, 이때 work out이 생략되는 대부정사 유형이다. 따라서 not to가 정답이다.

work out 운동하다 **injure** 부상 입히다

정답 (b)

4 A: 오늘 낚시 가는 것 어때요?

B: 이렇게 추운 날씨에 밖에 나가는 것은 좋은 생각이 아니야.

💡 '밖에 나가는 것'이라는 의미로 동사형을 주어로 할 때 동명사를 쓴다. 따라서 going이 정답이다.

정답 (a)

5 A: 더 이상 잭을 믿지 못하겠어요. 어제 저를 속였거든요.

B: 그렇게 했을 리가 없어요. 그는 그럴 사람이 아니거든요.

💡 '~이었을 리가 없다'는 의미를 나타낼 때, couldn't have p.p.의 형태를 쓴다. 따라서 could가 정답이다.

deceive 속이다

정답 (c)

6 몇 가지 발견에 따르면, 심장병을 치료하는 데 이용되는 몇 가지 유명 약품들이 고혈압의 가능성을 증가시키고 있다고 한다.

💡 '~하는 데 이용되는'이라는 의미로 drugs를 수식하는 수동적 의미이다. 따라서 과거분사를 쓴다.

brand-name 유명한 **heart attack** 심장병 **high blood pressure** 고혈압

정답 (b)

7 어떠한 명확한 증거도 발견하지 못했기 때문에 경찰은 그 강도를 잡는 것을 포기했다.

💡 '발견하지 못했다'는 의미로 주어인 the police와 능동관계이며 동시상황을 나타내고 있으므로 현재분사를 쓴다. 이때 부정문의 유형에서 not은 -ing 앞에 이용된다.

conclusive 결정적인, 명확한 **evidence** 증거

정답 (b)

8 다른 학생들을 방해하지 않도록 하기 위해 도서관에서 공부할 때 소음을 내서는 안 된다.

💡 '~하지 않도록'이라는 의미는 so as not to부정사를 쓴

다. 따라서 so as not to bother가 정답이다.

advisable 권장할 만한 **make a noise** 소음을 내다 **bother** 괴롭히다

정답 (b)

9 대부분의 사람들은 어떤 단체를 지원할 지 결정하는 것이 매우 중요하다는 것을 알게 되었다.

💡 '결정하는 것'이라는 의미로 find의 목적어 역할을 하는 동사형은 동명사이다. 이때 deciding which organization to support가 목적어이며, very important가 목적격 보어이다.

organization 단체, 조직 **support** 지원하다, 지지하다

정답 (c)

10 많은 상원의원들은 그들이 세금 개혁과 관련하여 승인하지 않겠다고 우리에게 말했다.

💡 '~할 것이다' 또는 '~하지 않겠다'는 의미로 주어의 의지를 나타내는 조동사는 would이다.

senator 상원의원 **express one's approval** 승인하다 **regarding** ~와 관련하여 **tax reform** 세금 개혁

정답 (c)

11 (a) A: 어제 지하실에서 몇 장의 오래된 사진을 발견했어요.

(b) B: 그것들을 전에 본적이 없었나요?

(c) A: 전혀요. 상자 안에 감춰져 있어서, 그것들이 거기에 있는지 몰랐어요.

(d) B: 그것들이 귀중한 것인지 부모님께 여쭤보는 게 좋겠네요.

'감춰져 있다'는 의미에서 감춰져 있는 것은 사진이며, 주어인 I와 상관없다. 따라서 Because they were hidden으로 바꿔야 한다.

basement 지하실 **realize** 깨닫다, 알다 **precious** 귀중한

정답 (c)

12 (a) A: 마침내 여기서 당신을 만나게 되네요. 뉴욕 여행은 어떠셨나요?

(b) B: 대단했어요. 감사합니다. 당신을 만나기를 고대했었어요.

(c) A: 그런데 짐은 어디에 있나요? 이것이 다인가요?

(d) B: 네, 여기서 필요한 물건을 사려고 많은 것들을 준비하지 않았거든요.

💡 '~을 고대하다, 기대하다'는 의미를 나타낼 때 look forward to -ing를 쓴다. 따라서 see를 seeing으로 바꿔야 한다.

look forward to ~을 기대하다, 고대하다 luggage 짐, 수
하물 prepare 준비하다 necessary 필요한, 필수적인

정답 (b)

---

13 (a) A: 많은 학생들이 독감 때문에 고생하고 있는 것 같아.
(b) B: 나도 그렇게 생각해. 내 주위의 몇몇 학생들도 감기에
걸렸어.
(c) A: 앨리스 선생님도 감기에 걸렸다고 들었어.
(d) B: 그렇게 놀랍지도 않아. 나도 감기 증상을 앓고 있거든.

○ '그렇게 놀랍지 않다' 는 의미는 조동사의 의미가 들어갈
필요 없이 '놀라지 않다' 는 단순 사실의 전달이므로, can\'t를
빼고 I'm not surprised that much로 전환해야 한다.

suffer from ~로 고생하다 symptom 증상

정답 (d)

---

14 (a) 손톱과 발톱은 단단하게 결합된 죽은 세포들로 구성되어
있다. (b) 점점 더 많은 죽은 세포들이 뿌리에 추가될수록, 이
미 쌓여진 것들은 손가락과 발가락의 끝으로 밀려나간다. (c)
이것은 손가락과 발가락의 끝을 보호해 주는 매우 단단한 딱지
를 만든다. (d) 그것은 본질적으로 죽은 세포이지만, 그러한 특
성들은 손톱과 발톱이 특정한 균에 감염되기 쉽게 만든다.

○ '죽은 세포들이 단단하게 결합되는 것' 이므로 앞에 제시된
명사 dead cells와 동사 combine은 수동 관계이다. 따라서
combine을 과거분사 combined로 전환한다.

fingernail 손톱 toenail 발톱 be composed of ~로 이
루어지다, 구성되다 combine 결합하다 tightly 단단하게
root 뿌리 pile up 쌓다 plate 판, 딱지 essentially 본질
적으로 feature 특징, 특성 susceptible 민감한, ~하기 쉬
운 colonization 감염 fungi(fungus 의 복수형) 균

정답 (a)

---

15 (a) 킹 야생 보호구역은 북부 캘리포니아의 킹 야생 국립 보존
지구 내에 연방에서 야생 지역으로 지정된 42,585 에이커에
달하는 지역이다. (b) 그 지역은 2006년의 북부 캘리포니아 해
안 야생 구역 보호법의 통과로 지정되었다. (c) 국토관리부가
책임을 지고 있는 기관이며, 현재 킹 야생 보호구역을 위한 관
리 계획을 집행하고 있다. (d) 캘리포니아 해안의 이 지역은
'로스트 코스트' 로 알려져 있으며, 이 지역은 고속도로 건설을
하기에는 너무 바위투성이인 지역이다.

○ '야생 지역으로 지정된' 이라는 의미를 나타낼 때, '지역은
지정된 것' 이므로 수동의 의미이다. 따라서 designating을
designated로 바꿔야 한다.

wilderness 야생 federally 연방에 의해 designate 지정
하다 conservation 보존, 보호 set aside 옆에 두다, 챙겨
놓다 passage 길, 통과 heritage 유산 bureau 국, 담당
부서 management 관리 responsible 책임을 지고 있는
act 법 rugged 울퉁불퉁한, 어려운

정답 (a)

UNIT 08 명사 & 관사 & 대명사

P052 명사 기본 용법

1 셀 수 있는 명사 vs. 셀 수 없는 명사

1 A: 오늘 저녁에 뭐 할 거야?
B: 가족들과 함께 산책할 거야.

◎ 명사 및 관사 유형 문제. '산책하다' 는 take a walk를 쓴다.

정답 (b)

2 A: 당신 돈을 얼마나 상환했나요?
B: 대출금 중 일부만을 갚았어요.

◎ 명사 및 관사 유형 문제. '~의 일부' 라는 표현을 쓸 때, a portion of를 쓴다.

정답 (a)

2 단수 명사 vs. 복수 명사

1 A: 올해 그 부서는 잉여 재정을 어떻게 쓸 건가요?
B: 저는 그들이 사무실을 위한 기구를 많이 살 것이라고 들었습니다.

◎ 단수 명사 유형. equipment는 단수 명사로 이용하며, 관사 a/an 또는 복수형을 쓰지 않는다. a lot of 뒤에는 정관사 the를 쓰지 않는다.

정답 (d)

2 이 포괄적인 규정은 학교 직원과 학부모들이 안전한 학습 환경을 조성할 수 있도록 하기 위해서 고안된 것이었다.

◎ 복수 명사 유형. personnel은 그 자체로 복수형으로 이용하며, 관사 a/an 또는 복수형을 따로 쓰지 않는다.

정답 (a)

P053 부정관사와 명사

1 관사 유무에 따른 의미 구분

1 모든 아이들은 그들의 건강을 유지하기 위해 철분을 흡수해야 한다.

◎ '철분' 이라는 의미를 나타낼 때, 관사를 쓰지 않으며 또한

특정한 명사를 나타내는 것이 아니므로 관사 the를 쓰지 않는다. 따라서 iron이 정답이다.

정답 (a)

2 A: 인사부입니다. 무엇을 도와드릴까요?
B: 네, 내일 매니저와 약속을 잡고 싶습니다.

◎ '~와 약속을 잡다' 는 의미일 때, make an appointment 를 쓴다.

정답 (b)

2 추상적 개념 vs. 일반 명사

1 그들은 컴퓨터나 자동차와 같은 사치품들에 돈을 지불할 수 없었다.

◎ 명사 및 관사 유형 문제. '사치스러운 물품/일' 이라는 의미를 나타낼 때, a luxury 또는 luxuries를 쓴다.

정답 (c)

2 지난 주 그의 데뷔는 며칠이나 이어진 재앙과 같은 일이었다고 말해졌다.

◎ 명사 및 관사 유형 문제. '재앙과 같은 일' 이라는 의미를 나타낼 때, a disaster를 쓴다.

정답 (b)

P054 정관사와 명사

1 지정된 것/언급된 것을 나타내는 정관사 the

1 A: 나는 수잔이 매일 밤 너무 열심히 일한다고 들었어.
B: 응, 그녀에게 삶의 목표는 자기 분야에서 최고가 되는 것이야.

◎ 명사와 정관사 문제 유형. 수잔의 '삶의 목적' 이라는 의미로, [the + 명사]를 쓴다.

정답 (c)

2 A: 오늘 너무 머리가 아파요.
B: 만약 그렇다면, 휴식을 취하는 것이 좋겠다.

◎ 명사와 정관사 문제 유형. '만약 그렇다면' 라는 의미로, If that's the case를 쓴다.

정답 (b)

2 정관사 the의 관용적 용법

1 A: 수지가 몇 살인지 아니?
B: 우리는 동갑이야. 그러니 그녀는 22살이야.

◐ 명사와 정관사 문제 유형. '같은 ~'라는 의미로 [the same + 명사] 형태로 쓴다.

정답 (b)

2 이번 학기의 첫 날에 나는 대부분의 학생들에게 그들이 현장 학습을 가고 싶은지 물어보았다.

◐ 명사와 정관사 문제 유형. [the + 서수]의 형태로 명사를 수식한다.

정답 (b)

P055 관사 생략의 조건

1 A: 넌 스페인어를 잘 하는 것처럼 보인다.
B: 글쎄, 아직 유창함에서는 어려움을 겪고 있어.

◐ 무관사 문제. '~에 어려움이 있다'는 의미일 때, have difficulty with를 쓴다.

정답 (a)

2 A: 신용카드에 대해서 신문에서 뭐라고 그러니?
B: 각각의 가정은 그것 때문에 빚이 있다고 해.

◐ 무관사 문제. '빚을 지고 있는 상태'의 의미일 때, be in debt을 쓴다.

정답 (a)

P056 명사의 관용표현

1 명사와 소유격

1 A: 여기 의사의 처방이 있습니다.
B: 잠시만 기다리세요. 제가 조제해드리겠습니다.

◐ 소유격 유형 문제. '의사의 처방전'이라는 의미로 사람의 소유격은 's를 이용하여 표현한다.

정답 (c)

2 그 예술가는 그의 그림 중 한 점으로 금메달을 수상했다.

◐ 소유격 및 소유 대명사 유형 문제. '그의 그림들 중 한 점'이라는 의미로 a painting of 뒤에는 소유 대명사를 이용하여

표현한다.

정답 (c)

2 명사와 전치사

1 A: 모임은 어떠셨나요? 새로운 것이 있었나요?
B: 아니요. 모든 논점들이 중요하지 않았어요.

◐ '중요한'이라는 의미를 나타낼 때, of importance를 쓸 수 있으며, 반대로 '중요하지 않은'이라는 의미를 나타낼 때 of no importance를 쓸 수 있다.

정답 (b)

2 선생님들은 학생들을 가르치는 동안, 흥미와 열정을 가지고 가르쳐야 한다.

◐ [전치사 + 명사] 유형 문제. '관심과 열정을 가지고'라는 의미는 with interest and enthusiasm을 쓴다.

정답 (d)

P057 인칭대명사 & 지시대명사

1 A: 안녕하세요. 무엇을 도와드릴까요?
B: 제임스를 찾고 있어요. 그와 이야기를 하고 싶어요.

◐ 인칭대명사 유형 문제. 제임스와 이야기를 하고 싶다는 의미로, James를 대신하면서 전치사 뒤에 목적격을 쓴다. 따라서 him이 정답이다.

정답 (c)

2 A: 아이들을 찾을 수가 없네요.
B: 공원에서 그들을 보았어요.

◐ 인칭대명사 유형 문제. '아이들'을 말하는 것이므로, 복수 개념의 them이 정답이다.

정답 (d)

2 지시대명사 & 지시형용사

1 그 학생의 생각은 마치 훨씬 어린 아기의 생각과 같았다.

◐ 지시대명사 유형 문제. 두 가지 대상 사이의 '생각'을 비교하는 구문으로, idea를 대신하여 쓸 수 있는 대명사로 that을 쓴다.

정답 (c)

2 아즈텍족은 피라미드 사원들이 있는 거대한 도시를 건축했다. 이것들은 마야족의 피라미스 사원들과 비슷하다.

◎ 지시대명사 유형 문제. 두 가지 대상 사이의 '피라미드 사원들'을 비교하는 구문으로, pyramid temples를 대신하여 쓸 수 있는 복수형 대명사로 those를 쓴다.

Aztec 아스텍족 pyramid 피라미드 temple 사원 Mayan 마야족

정답 (d)

P058 부정대명사 & 부정형용사 1

1 it / one / ones

1 A: 아니! 내 펜이 또 안 나오네.
  B: 여분의 펜을 빌려도 돼, 여기 있어.

◎ 부정대명사/형용사 유형 문제. '여분의 것'이라는 의미로 불특정한 단수 명사를 대신하는 대명사는 one을 쓴다.

정답 (c)

2 A: 어제 받은 선물은 맘에 드니?
  B: 그것이 매우 좋다고 생각해.

◎ 부정대명사/형용사 유형 문제. '그 선물'이라는 의미로 특정한 명사를 대신하는 대명사는 it을 쓴다.

정답 (a)

2 some vs. any

1 A: 올해 휴가 기간이 있니?
  B: 우린 작년에는 약간 있었어. 하지만 올해는 너무 바빠.

◎ 부정대명사/형용사 문제 유형. '약간의 휴가 기간'이라는 의미로, some vacation time에서 vacation time이 생략되면서, some을 대명사로 이용하는 구문이다.

정답 (d)

2 우리는 이것을 정부로부터 어떤 도움도 받지 않고 해냈다.

◎ 부정대명사/형용사 유형 문제. '어떠한/아무런'이라는 의미로 사용되는 부정대명사/형용사는 any를 쓴다.

정답 (b)

P059 부정대명사 & 부정형용사 2

1 A: 우리가 영화를 볼 수 있을 거라고 생각하니?
  B: 걱정하지 마. 우리는 30분이 더 있어.

◎ 부정대명사/형용사 유형 문제. '30분의 시간이 남아 있다'는 의미로 '또 다른 30분'과 같은 의미이므로, another를 쓴다.

정답 (a)

2 어떤 실험실들은 대학에 근거하고 있지만, 다른 것들은 회사와 개인들에 의해 운영된다.

◎ 부정대명사/형용사 유형 문제. 일부와 다른 일부를 구별할 때, some과 others를 쓴다.

정답 (c)

P060 부정대명사와 부정형용사 3

1 all & none

1 A: 지난 주에 출판된 그 책들을 읽어보셨나요?
  B: 네, 그것들 모두를 읽어보았어요. 정말 좋았어요.

◎ 부정대명사/형용사 유형 문제. '그것들 모두'라는 의미를 나타낼 때, all을 쓴다.

publish 출판하다

정답 (d)

2 그는 어떤 확고한 근거를 요구했으나, 나는 그에게 어떠한 것도 말할 수 없었다.

◎ 부정대명사/형용사 유형 문제. '아무 것도 없다'는 의미이므로 none을 쓴다.

정답 (c)

2 every & each

1 A: 당신의 연구 보고서에는 실수가 좀 있습니다.
  B: 죄송합니다. 각각의 행을 하나씩 검토하겠습니다.

◎ 부정대명사/형용사 유형. '각각의 행'이라는 의미를 나타낼 때, each를 쓴다. 이 문장에서는 every line, all the lines의 형태도 사용 가능하다.

정답 (d)

2 독서 방식을 향상시키고 싶다면, 60초마다 300단어 이상씩 읽는 연습을 해야 한다.

◎ 부정대명사/형용사 유형 문제. '60초마다'라는 의미를 나타낼 때, every 60 seconds를 쓴다.

정답 (c)

3 either & neither

1 A: 당신의 두 아들이 어젯밤에 교통사고를 당했다고 들었어
요.

B: 다행히도 아무도 다치지 않았어.

◎ 부정대명사/형용사 유형 문제. '아이들 둘 다 다치지 않았
다' 는 의미를 나타낼 때, [neither + 단수 명사] 형태를 이용
하며, 단수 취급한다.

정답 (a)

2 이사진들은 힘든 결정을 내려야만 했다. 왜냐하면 어떤 선택도
회사의 발전에 위험을 초래할 수 있었기 때문이다.

◎ 부정대명사/형용사 유형 문제. 단수 명사를 수식하는 것은
either밖에 없으므로 either가 정답이다.

정답 (d)

→ BASIC TRAINING

1 If you find **an error** in my own writing, please let
me know as soon as possible.

내 글에서 잘못된 것을 찾으면 최대한 빨리 제게 알려주십시
오.

2 My teacher told all of us to write an essay **a week**
on any topic of our choice.

선생님께서 우리 모두에게 우리가 선택한 주제로 일주일에 한
편의 에세이를 쓰라고 하셨다.

3 A growing number of consumers have switched
from red meat to **poultry**.

점점 더 많은 소비자들이 붉은 육류로부터 가금류로 전환하고
있다.

4 A: I have an important exam today.

B: Good luck to you. Let me know **the result** as
soon as you find out.

A: 나는 오늘 중요한 시험이 있어.
B: 잘 하길 바래. 결과를 알게 되면 바로 나에게 알려줘.

5 All the part-time workers in this company are paid
by the hour.

이 회사의 모든 시간제 근로자들은 시간 단위로 급여를 받고
있다.

6 **Most of the ingredients** of the product import
from the United States.

그 제품의 대부분의 성분들은 미국에서 수입된다.

7 A: Would you mind putting my books in your bag?

B: Sorry, but I don't have **room** for them.

A: 내 책 좀 네 가방에 넣어도 될까?
B: 미안해, 내 가방에 그것들을 넣을 공간이 없어.

8 A: Did you enjoy the play last night?

B: No. Actually, I'm not interested in **that type of
thing**.

A: 지난 밤 연극 즐겁게 보았니?
B: 아니, 사실 나는 그런 종류의 연극에 흥미가 없어.

9 The organization is helping **those** who are
homeless or at risk of becoming homeless.

그 단체는 홈리스 혹은 홈리스의 위기에 놓인 사람들을 돕고
있다.

10 A: I'd like to buy a computer.

B: Here you go. We have several different **ones** to
choose from here.

A: 전 컴퓨터를 하나 구입하고 싶습니다.
B: 이쪽으로 오세요. 저희는 여기서 고를 수 있는 몇 가지 다른
것들(컴퓨터)이 있습니다.

11 Were there **any** messages while I was in the
meeting?

제가 회의 하는 동안 어떤 메시지라도 있었나요?

12 What is helpful to one person may not be helpful
to **another**.

한 사람에게 도움이 되었던 것이 다른 사람에게는 도움이 되지
않을 수도 있다.

13 Every judge thought that **all** contestants were very
talented.

모든 심사위원들은 모든 참가자들이 유능하다고 생각했다.

14 Most people believe that **each** of us can change
the world.

대부분의 사람들은 우리 각자가 세계를 바꿀 수 있다고 믿는
다.

15 It looks like neither of the devices **is** working.

그 장비들 중 어떤 것도 작동하고 있는 것 같지가 않다.

→ ACTUAL TRAINING

1 A: 왜 정부에서는 호주로 여행하는 것을 피하라고 말하나요?
B: 거기에서 전염병의 많은 증거가 있는 것 같아요.

◎ evidence는 단수형 명사로, 관사 a/an을 쓸 수 없으며,
복수형도 쓸 수 없다. 그리고 a lot of와 결합하는 명사는 the
를 쓰지 않는다.

government 정부 avoid 피하다 epidemic 전염병

정답 (d)

2 A: 그 호텔에서 방 요금이 얼마인가요?
B: 아마도 하룻밤에 50달러일 거예요.

💬 '하룻밤에'와 같이 시간의 단위 개념이 포함될 때 관사 a/an을 쓴다.

rate 요금

정답 (b)

3 A: 어제 왜 그렇게 화가 났나요?
B: 이웃들이 파티에서 너무 큰 소음을 냈어요. 전 그런 것을 참을 수가 없거든요.

💬 '그런 종류의 일'이라는 의미를 나타낼 때 that kind of의 형태를 이용하며, 이때 명사는 관사 a를 쓰지 않는다.

stand 참다, 견디다

정답 (a)

4 A: 옷감을 어떻게 판매하시나요?
B: 야드 단위로 판매하고 있어요.

💬 단위를 나타낼 때, [by + the + 단위]의 형태를 쓴다.

cloth 옷감 yard 야드(길이의 단위)

정답 (b)

5 A: 이 상자 좀 들어주세요. 너무 무거워요.
B: 잠깐만 기다려 주세요. 지금 통화중이거든요.

💬 '통화중'이라는 의미는 on the phone을 쓴다.

help A with B A가 B하는 것을 돕다

정답 (c)

6 그 소설의 플롯은 실제 내용만큼 뛰어나다고 여겨졌다.

💬 '소설의 실제 내용'이라는 의미로 특정한 내용을 말하고 있으므로 정관사 the가 필요하다.

plot 플롯, 구조 excellent 뛰어난 actual 실제의 content 내용

정답 (d)

7 인간 활동은 식물 및 동물 종을 빠른 속도로 위태롭게 해왔다.

💬 '빠른 속도'라는 의미는 at an alarming rate을 쓴다. 이때 at high speed를 이용하기도 한다.

endanger 위태롭게 하다, 위험에 빠뜨리다 species 종

정답 (b)

8 대부분의 아이들에게, 학교의 첫날을 최고의 날로 만드는 것은 매우 중요하다.

💬 '첫날'이라는 의미로 이용하는 서수 first의 경우, [the + 서수 + 명사]의 어순을 취한다. 따라서 the first day가 정답이다.

정답 (b)

9 대부분의 학생들은 지난 학기에 그들 성적에 아무런 문제가 없었다.

💬 '대부분의 학생들'이라는 의미는 most students 혹은 most of the students를 쓴다.

score 성적 semester 학기

정답 (a)

10 다문화 사회에서, 한 집단은 문화적 다양성을 공유함으로써 다른 집단의 관습과 언어를 이해하도록 노력해야 한다.

💬 '다른 집단'이라는 의미를 나타내면서, 단수형 group을 수식하는 단어는 another이다. either는 해석상으로 맞지 않으며, other는 복수형과 결합하고, a few도 복수형과 결합한다.

multi-cultural 다문화의 custom 관습 share 공유하다 diversity 다양성

정답 (a)

11 (a) A: 제니, 데이비드의 집 주소를 알고 있니?
(b) B: 아니, 지금은 기억나지 않는데.
(c) A: 오, 안 되는데. 지금 당장 그를 만나야 하는데.
(d) B: 그러면, 신상 명세서에서 그의 주소를 찾아보지 그래?

💬 신상 명세서에서 찾아야 하는 것은 '그(him)'가 아니라 '그의 집 주소'이므로, him을 his home address로 바꿔야 한다.

personal information form 신상 명세서 right away 지금 당장 look up 찾아보다

정답 (d)

12 (a) A: 돈 좀 빌려주시겠어요?
(b) B: 얼마나 필요하신데요? 그리고 무엇 때문에 필요하신가요?
(c) A: 엄마 선물을 사기 위해 20달러가 필요해요.
(d) B: 그렇게 많이는 없는데요. 단지 몇 달러만 있을 뿐이에요.

💬 현금을 의미하는 money는 단수로만 이용하는 명사이다. 명사를 대신하는 대명사를 쓸 때, money는 it으로 나타낸다.

따라서 them을 it으로 바꿔야 한다.

cash 현금 present 선물

정답 (b)

13 (a) A: 엄마, 제 역사책 어디 있어요?
　(b) B: 책상 위에 있어서, 내가 치워 놓았어.
　(c) A: 도대체 어디에 두셨나요? 찾을 수가 없어요.
　(d) B: 책꽂이를 찾아봐. 바닥에서 두 번째 선반이야.

　○ 바닥에서 두 번째 선반을 말할 때, 지정된 장소를 말하므로 정관사 the를 쓴다. 따라서 the second shelf from bottom을 the second shelf from the bottom으로 바꿔야 한다.

on earth 도대체 exactly 정확히 bookcase 책꽂이 shelf 선반 bottom 바닥

정답 (d)

14 (a) 개인주의에 대한 관심이 더 보편화된 것은 낭만주의 시기였다. (b) 문학에서의 바이런과 음악에서의 베토벤은 낭만적 개인주의의 예였다. (c) 그러나 19세기 동안 개인주의의 가장 영향력 있는 전형은 창의적인 예술가가 아니라, 군인이었던 나폴레옹 보나파르트였다. (d) 그가 귀족들의 의견을 무시하고 새로운 스타일, 취향, 그리고 심지어 법까지 만들었던 극적인 방식은 당대 사람들을 매혹시켰다.

　○ '~을 무시하고'라는 의미를 나타내는 표현은 with disregard for를 쓴다. 따라서 with a disregard for를 with disregard for로 바꿔야 한다.

Romantic period 낭만주의 시기 individualism 개인주의 widespread 보편적인 influential 영향력 있는 exemplar 표현, 전형, 모범 military 군사의 dramatic 인상적인, 효과적인 taste 취향 disregard 무관심, 무시 aristocratic 귀족적인 fascinate 매혹시키다

정답 (d)

15 (a) 19세기 동안, 지리적 탐구와 지도 제작의 초점은 북극으로 전환되었다. (b) 북극으로 항해했던 많은 탐험가들은 아시아와 유럽 사이의 허구적인 북서항로를 찾고 있었다. (c) 그들 중에서 가장 유명한 사람들 중 한 명은 북극으로 수차례 항해를 했던 윌리엄 페리라 불리우는 영국 선원이었다. (d) 그의 북해로의 항해는 북극 탐험의 역사에서 가장 중요한 것 중 하나로 여겨진다.

　○ '선원'을 나타내는 sailor는 셀 수 있는 명사로서, 한 명의 선원을 말할 때 관사와 함께 이용해야 한다. 따라서 British sailor를 a British sailor로 바꿔야 한다.

focus 초점 geographical 지리적인 exploration 탐험 mapping 지도 제작 the Arctic 북극 fabled 허구적인, 만들어낸 voyage 항해 Archipelago 군도

정답 (c)

UNIT 09 형용사 & 부사 & 비교급

P061 형용사의 역할 1

1 명사 수식 기능

1 A: 무엇을 도와드릴까요?
B: 지연에 대해 책임이 있는 사람을 만나고 싶습니다.

  💬 책임있는 사람을 만나고 싶다는 의미로 a person과 responsible for the delay가 결합된 문장이다.

정답 (c)

2 그 실험에서 이용된 많은 물질들은 보통 쓸모없는 것이며 한 가지는 매우 위험한 것이다.

  💬 '매우 위험한 물질들' 이라는 의미를 나타낼 때, 부사형인 extremely, 형용사형 dangerous가 명사 ones를 수식하는 형태이다. 따라서 extremely dangerous ones가 정답이다.

정답 (c)

2 보어 기능

1 A: 브라이언입니다. 제임스와 통화할 수 있을까요?
B: 죄송합니다. 그는 지금 자리에 없는데요?

  💬 형용사 보어 문제. '통화 불가' 를 나타낼 때, he is not available의 형태로 쓰며, 현재라는 의미로 at the moment를 쓴다.

available 이용 가능한, 통화 가능한

정답 (d)

2 A: 어제 당신을 위해 이 가방을 샀어요.
B: 오! 좋아 보이는데요. 제가 정말 원했던 것이에요.

  💬 '좋아 보이다' 는 의미로 look을 쓸 때, 동사 look 뒤에는 형용사를 쓴다. 따라서 looks nice가 정답이다.

exactly 정확히

정답 (a)

P062 형용사의 역할 2

1 형용사와 명사 수식

1 A: 새로운 세금 정책의 목적이 뭔가요?
B: 그 목적은 현재 세금에 추가하여 수백만 달러를 더 거두기 위한 것이에요.

  💬 '수백만 달러' 라는 의미로 million dollars를 수식하는 것은 a few이다. 따라서 a few million dollars가 되어야 한다.

정답 (b)

2 불행하게도 그 새로운 텐트는 추운 산악의 공기에 대해 거의 보호해 주지 못할 것이다.

  💬 '보호를 해주지 못하는' 이라는 의미로, protection이 셀 수 없는 명사이므로, little로 수식한다.

정답 (b)

2 형용사의 어순

1 A: 무엇을 사고 싶니?
B: 왼편에 있는 첫 번째랑 두 번째 클리너요.

  💬 형용사 어순 문제. 수의 의미를 가진 형용사를 나열할 때 [서수 + 기수]의 어순이며, on the left와 같은 전치사구는 명사 뒤에 위치한다.

정답 (d)

2 A: 무엇을 찾고 계시나요?
B: 제 생일 파티를 녹화할 수 있는 작은 무선 비디오 카메라를 사고 싶어요.

  💬 '작은 무선 비디오 카메라' 라는 의미로 명사형인 video camera를 형용사가 수식하는 형태이다. a tiny wireless video camera가 정답이다.

정답 (b)

3 관사/형용사/명사 관계

1 A: 오늘 영어 수업 어땠니?
B: 너무 어려웠어요. 영어는 정말 어려운 과목인 것 같아요.

  💬 '너무 어려운 과목' 이라는 의미로, [a + 형용사 + 명사]의 어순을 수식하는 것은 quite이다. 따라서 quite이 정답이다.

정답 (c)

2 그 사고는 너무 끔찍한 사고여서, 승객 수백 명의 목숨을 앗아갔다.

❂ 형용사/관사/명사 어순 문제. '너무 ~해서 …하다' 는 의미로 so ~ that … 또는 such ~ that …의 형태를 이용하며, 이때 [a + 형용사 + 명사]의 어순은 such가 수식한다.

정답 (a)

P063 부사의 의미 구분

1 A: 저 가게에서 옷을 사는 것이 어때?
B: 하지만 저기는 너무나 비싸.

❂ 부사 의미 구분 문제. '매우 비싼' 이라는 의미를 나타낼 때, too expensive를 쓴다.

정답 (d)

2 A: 나 숙제 좀 도와줘.
B: 난 언어학은 조금도 아는 것이 없어.

❂ 부사 의미 구분 문제. '조금도' 라는 의미로, 부정/의문/조건을 나타내는 문장에서 any를 쓴다.

정답 (d)

P064 부사의 형태와 위치 관계

1 부사의 형태

1 A: 내가 지난 주에 말했던 리포트 끝내셨나요?
B: 죄송해요, 하지만 곧 끝낼 거예요.

❂ 부사 형태 문제. '곧' 이라는 의미로 shortly를 쓴다.

정답 (d)

2 그 회사들 간의 합병이 위기의 원인이라고 널리 여겨지게 되었다.

❂ 부사 형태 문제. '보편적으로, 널리' 라는 의미를 나타낼 때, widely를 쓴다.

정답 (c)

2 부사의 위치 관계

1 A: 그 논문을 끝내는 데 시간이 오래 걸리는 것 같은데요.
B: 걱정하지 마세요, 곧 완벽한 논문을 제출하도록 할게요.

❂ '논문을 제출하다' 는 의미는 submit the perfect paper

이며, '곧' 이라는 의미로 soon과 enough을 쓸 때, soon enough가 된다. 따라서 the perfect paper soon enough 가 정답이다.

정답 (d)

2 칼로리가 높은 음식은 심장 질환이나 다른 신체적 문제들에 기여하는 것으로 오랜 기간 알려져 왔다.

❂ 부사 위치 문제. long과 같은 부사는 be동사 및 조동사 뒤, 일반동사 앞에 온다. 따라서 조동사 has 뒤에 오는 것이 정답이다.

정답 (c)

P065 원급비교

1 원급비교의 기본 형태

1 A: 동료로서 로버트는 어때?
B: 그는 지금까지 내가 만난 사람 중에 가장 인내심이 강한 사람이야.

❂ 원급비교 문제. '~만큼 …하다' 는 의미로 as … as를 쓰며, 그 사이에 [형용사 + a + 명사]의 어순을 쓴다.

정답 (b)

2 A: 많은 사람들이 브라이언이 훌륭한 가수라고 생각해.
B: 응, 나도 그 만큼 노래를 잘 했으면 좋겠어.

❂ 원급비교 문제. 조동사 뒤에 동사를 쓰며, '~만큼 잘' 이라는 의미로 as well as를 쓴다.

정답 (c)

2 원급비교 관용표현

1 그 정보는 진실과는 정말 달랐다.

❂ 원급비교 문제. '가장 ~한' 이라는 의미로 원급비교를 이용하여 최상급의 의미를 나타낼 때, as ~ as can be 또는 as ~ as could be를 쓴다.

정답 (b)

2 몇몇 과학자들은 전국적으로 2만 명 정도의 사람들이 심각한 독감 바이러스를 보유하고 있다고 믿는다.

❂ '2만 명 정도의 사람들' 이라는 의미로, as ~ as 사이에는 셀 수 있는 명사의 복수형을 받는 people과의 관계를 따져 many를 쓴다.

정답 (c)

P066 비교급

1 비교급 표현과 강조

1 A: 네 여동생은 어떠니? 병원에 있다고 들었는데.
B: 전보다 많이 좋아졌어.

○ 비교급 강조 표현 문제. '훨씬 더 좋은'이라는 의미로 비교급을 강조할 때, much를 쓴다.

정답 (a)

2 새로운 회사를 개업할 이상적인 시기는 지금보다는 내년 말이 될 가능성이 훨씬 크다.

○ 비교급 구문 문제. [비교급 + than]의 구조를 형성하는 비교급 구문 유형이다. 비교를 나타내는 접속사 than이 뒤에 있으므로, 앞에는 비교급을 써야 한다.

정답 (b)

2 여러가지 비교급 표현

1 A: 파티 어떠니?
B: 이보다 더 좋을 순 없는 것 같아.

○ 비교급 표현 문제. '더 이상 좋을 수 없다'는 의미로 It couldn't be better를 쓴다.

정답 (a)

2 고용인으로서 당신의 계획을 더 개방하면 할수록 당신의 직원들은 더욱 더 활동적이 될 것입니다.

○ 비교급 표현 문제. '~하면 할수록, 더 …하다'는 의미를 나타낼 때, [the 비교급 ~, the 비교급 …] 구문을 쓴다. 이 문장에서 open이 비교구문으로 제시되어야 하므로, [the more open + 주어 + 동사] 구문으로 제시된다.

정답 (b)

P067 최상급

1 A: 어제 본 영화 어땠니?
B: 괜찮은 것 같았어. 하지만 올해 내가 본 것 중에서 최고는 아니었어.

○ 최상급 표현 문제. '현재까지 본 영화 중 최고'라는 의미이므로 the best를 쓴다.

정답 (d)

2 우리의 새로운 컴퓨터가 이 나라에서 가장 좋은 것 중 하나라

고 보장할 수 있습니다.

○ 최상급 구조 문제. '가장 ~한 것 중 하나'라는 의미를 나타낼 때, [one of the 최상급 + 복수 명사]의 형태를 이용하며, 이 문제에서는 computers가 생략된 one of the finest 구조이다.

정답 (c)

2 여러가지 최상급 표현

1 A: 넌 언제 돌아올 거니?
B: 확실하진 않아. 하지만 아마 아무리 늦어도 6시 반 이전에는 올 거야.

○ 최상급 표현 문제. '아무리 늦어도'라는 의미는 at the latest를 쓴다.

정답 (d)

2 최근에 한국 학생들은 그 나라에서 전문 대학이나 종합 대학에 등록한 학생들 중에서 가장 높은 비율을 기록하고 있다.

○ 최상급 강조 표현 문제. 최상급을 강조할 때 by far를 쓸 수 있으며 [the + 최상급] 앞에서 쓴다.

정답 (b)

→ BASIC TRAINING

1 Be careful. **A strict diet** can be harmful to your health.
조심해. 심한 다이어트는 네 건강에 해로울 수 있어.

2 Let's go have **something cold** to drink.
가서 시원한 것 좀 마시자.

3 A: What kind of book do you want to read?
B: Anything **is fine with me**.
A: 어떤 종류의 책을 읽기 원하니?
B: 난 아무거나 다 괜찮아.

4 She came to the party **dressed in white velvet**.
그녀는 하얀 색의 벨벳 옷을 입고 파티에 왔다.

5 The Eiffel Tower is **as popular a place as** the Leaning Tower of Pisa.
에펠탑은 피사의 탑만큼 인기 있는 관광 명소이다.

6 His house is **right** on the beach.
그의 집은 해변가에 맞닿아 있다.

7 I can **hardly** wait for him to finish the work.

나는 그가 그 일을 끝내는 것을 기다리지 못하겠다.

8   The radio was too loud, so I **turned it down**.

라디오 소리가 너무 커서, 나는 그것의 소리를 줄였다.

9   Those who are living in the southern part of Asia
are **as likely to speak** French as English.

아시아 남부 지역에 살고 있는 사람들은 영어만큼이나 불어를
할 줄 아는 것 같다.

10 Please return my books **as quickly as possible**.

가능한 빨리 책을 돌려주세요.

11 His speech was **more passionate than
persuasive**.

그의 연설은 설득력이 있다기보다는 열정적인 것이었다.

12 Her school record of this year are **much** better
than that of last year.

올해 그녀의 학업 성적은 작년의 그것(성적)보다 훨씬 낫다.

13 The weaker you get, **the longer it takes to
recover** from illness.

당신이 약해지면 약해질수록, 질병에서 회복하는 데 더 오래
걸린다.

14 This is **one of the largest websites** around the
world.

이것은 세계에서 가장 거대한 웹사이트 중 하나이다.

15 I thought your paper was **by far** the best you've
given.

네 논문이 네가 지금까지 제출했던 논문 중에서 최고라고 생각
했어.

→ ACTUAL TRAINING

1   A: 데이비드를 연설가로서 어떻게 생각하시나요?
B: 그는 제가 만나보았던 사람들 중에서 가장 열정적인 연설
가예요.

◯ 접속사 as와 결합하는 것은 등위 관계를 나타내며, 이때
[as + 형용사 + a + 명사]의 어순을 취한다.

passionate 열정적인

정답 (b)

2   A: 신문 기사에 따르면, 경찰이 서비스를 바꿀 거라고 해요.
B: 맞아요. 그들은 완전히 개혁된 서비스를 계획하고 있대요.

◯ '완전히 개혁된 서비스' 라는 의미로 [부사 + 형용사 + 명
사]의 어순으로 제시된다. 따라서 fundamentally reformed

service가 정답이다.

article 신문기사 fundamentally 근본적으로 reformed
개혁된

정답 (c)

3   A: 어젯밤 영화 어땠나요?
B: 훌륭했어요. 너무 감동받았어요.

◯ '매우 감동받다' 는 의미는, so impressed를 쓴다.

impressed 감동받은

정답 (a)

4   A: 요즘 살이 찐것 같아요.
B: 그럼 지금부터 항상 음식을 더 적게 먹도록 하세요.

◯ '더 적은' 이라는 의미는 less를 쓴다. 이때 few와 many
는 복수 명사와 결합하므로, food와 함께 쓸 수 없다.

weight 살, 몸무게

정답 (b)

5   A: 스미스 부부가 휴가 동안 유럽에 갈 거라고 들었어요.
B: 나도 그들만큼 많은 시간과 돈이 있었으면 좋을 텐데요.

◯ '~만큼' 의 의미를 나타내고 있으므로 as much time
and money as가 필요하며, could 조동사 뒤에는 동사원형
이 필요하다. 이때 as ~ as 사이에는 [much + 명사]가 가능
하므로 as much time and money as가 가능하다.

vacation 휴가

정답 (c)

6   조사에 따르면, 교통사고는 사망의 주요한 원인 중의 하나이
다.

◯ '~중의 하나' 라는 의미를 나타낼 때, [one of the + 복수
명사]의 형태를 쓴다. 따라서 one of the major causes가
정답이다.

survey 조사, 연구 traffic accident 교통 사고 major 주
요

정답 (b)

7   경영진은 그 제품이 인기 있다고 생각했다. 왜냐하면 그것은
수익을 거둘 정도로 매우 성공적이었기 때문이다.

◯ '~할 정도로 매우 …하다' 는 의미를 나타낼 때, [so + 형
용사/부사 + as to + 동사원형]의 형태를 쓴다. 따라서 so가
정답이다.

management 경영진 product 제품 popular 인기 있는

successful 성공적인 profit 수익, 이익

정답 (c)

8 그 정치가는 자유에 대한 사고가 대부분의 인간의 사고와는 다르다고 오랫동안 확신해왔다.

　🔵 '확신하다'는 의미를 나타낼 때, be convinced를 이용하며, '오랫동안'의 의미를 나타내는 long은 조동사 has 뒤에 쓴다. 따라서 has long been convinced를 쓴다.

politician 정치가 convince 확신시키다 abhorrent 상반된, 반대되는

정답 (c)

9 어린 시절에 학대를 경험했던 아이들 중 일부는 다른 아이들보다 약물에 중독될 가능성이 더 높다.

　🔵 '~일 것 같다'는 의미는 [be likely to부정사]를 이용하며, 접속사 than과 함께 이용하는 표현은 비교급이다. 따라서 more likely to be addicted를 쓴다.

experience 경험하다 abuse 학대, 남용 addict 중독시키다

정답 (b)

10 그 신문기사는 진실과는 완전히 거리가 멀었다.

　🔵 원급비교를 이용한 최상급의 개념으로 '가장 ~한'이라는 의미를 나타낼 때, 현재시제 개념으로 as ~ as can be를 이용하며, 과거의 시점을 나타낼 때 as ~ as could be를 쓴다. 이때 as it could be에서 it이 생략된 구문이다.

정답 (b)

11 (a) A: 짐을 위한 송별회에 가실 건가요?
　　(b) B: 그렇게 하고 싶지만, 나중에 친구를 만나야 해요.
　　(c) A: 파티에 그를 데려오는 것은 어때요?
　　(d) B: 그녀가 가기를 원할지 모르겠어요.

　🔵 '나중에'라는 의미를 나타낼 때 later를 쓴다. 따라서 late을 later로 바꿔야 한다.

farewell party 송별회

정답 (b)

12 (a) A: TV에서 그 오븐 광고를 보셨나요?
　　(b) B: 네, 그것으로 요리하면 아마도 훨씬 더 쉬울 것 같아요.
　　(c) A: 맞아요. 많은 편리한 기능도 있더라고요.
　　(d) B: 그것을 당장 사고 싶네요.

　🔵 '아마도'라는 의미를 나타낼 때 probably를 쓴다. 따라서 probable을 probably로 바꿔야 한다.

ad 광고 probably 아마도 convenient 편리한 function

기능

정답 (b)

13 (a) A: 이번에 이 예산 보고서를 누가 작성했나요?
　　(b) B: 프레드가 했어요. 무슨 일인가요? 잘못된 것이라도 있나요?
　　(c) A: 보고서에서 너무 많은 오타가 발견되었어요.
　　(d) B: 이상하네요. 그런 부주의한 실수를 저지른 적이 없는데요.

　🔵 '그렇게 부주의한 실수'라는 의미에서 [a + 형용사 + 명사]의 어순을 수식하는 어구는 such, quite, rather의 유형이다. 따라서 so를 such로 바꿔야 한다.

budget report 예산 보고서 typo 오타 strange 이상한 careless 부주의한 mistake 실수

정답 (d)

14 (a) 몇몇 캐나다 고생물학자들은 그들이 세계에서 지금까지 발견된 것들 중에서 가장 오래된 상어의 화석을 발견했다고 발표했다. (b) 그 화석은 23센티미터의 크기로, 상어의 두개골과 거대한 지느러미뼈를 포함하고 있다. (c) 그것은 원시종의 4억만 년된 표본이다. (d) 연구자들은 그 종이 50에서 75센티미터로, 거대한 호수의 송어의 절반 크기까지 성장했다고 평가한다.

　🔵 '세계에서 가장 오래된 상어의 화석'이라는 의미를 나타낼 때, 최상급의 개념을 쓴다. 따라서 older를 oldest로 바꿔야 한다.

paleontologist 고생물학자 unearth 발견하다, 발굴하다 shark 상어 fossil 화석 braincase 두개골 fin 지느러미 spine 뼈, 척추 specimen 표본 primitive 원시적인 species 종 researcher 연구자 estimate 평가하다 trout 송어

정답 (a)

15 (a) 살톤 해는 유입수의 부족 때문에 가속화된 변화를 겪어왔다. (b) 농업 용수의 변화는 해수면의 변화를 유발했으며, 유입수의 상대적으로 높은 염도는 지속적으로 증가하는 염도를 유발해왔다. (c) 1960년대까지 살톤 해의 염도가 증가하고 있었으며, 여러 종들을 위험에 처하게 했다는 것은 명백했다. (d) 현재 살톤 해는 바닷물보다 50% 정도 더 소금을 함유하고 있으며, 많은 물고기 종들이 더 이상 살톤 해에서 살 수가 없다.

　🔵 '소금기가 더 많은'이라는 의미로 비교급의 개념을 의미할 때, saltier than을 쓴다. 따라서 salty than을 saltier than으로 바꿔야 한다.

go through 경험하다 accelerate 가속화하다 inflow 유입, 유입물 variation 변화 agricultural 농업의 runoff 빗물, 유출수 cause 유발하다 fluctuation 변화 relatively 상대적으로 salinity 염분, 염도 apparent 명백한, 분명한 jeopardize 위험에 처하게 하다 species 종 currently 현재 survive 살아남다

정답 (d)

→ REVIEW TRAINING 3

1 A: 실례합니다. 이 도서관에서 책을 빌릴 수 있을까요?
B: 물론이지요. 제가 안내책자를 가져다 드릴게요.

◎ '안내책자' 를 나타내는 manual은 셀 수 있는 명사이며,
'하나의 안내책자' 라는 의미이므로 a manual을 쓴다.

manual 안내책자, 소책자

정답 (b)

2 A: 얼마나 자주 친구들을 만나시나요?
B: 네, 2주 정도에 한 번이요. 보통은 직장에서 바쁘거든요.

◎ '2주일에 한번' 이라는 의미를 나타낼 때 every two
weeks를 쓴다.

or so ~ 정도

정답 (d)

3 A: 왜 이렇게 낡은 집을 사기로 결심하셨나요?
B: 이 지역 인근에서 빈 집이 거의 없었거든요.

◎ '~이 거의 없는' 이라는 의미를 나타내면서 houses라는
복수 명사를 수식하는 것은 few이다. fewer는 very와 함께
쓸 수 없다.

vacant 비어있는

정답 (a)

4 A: 음주운전에 대한 새로운 규칙에 대해 어떻게 생각하세요?
B: 전적으로 그것에 대해 찬성해요. 누구도 술 취한 상태로 운
전해서는 안 돼요.

◎ '전적으로' 라는 의미의 부사는 all이다.

regulation 규정, 규칙 **drunken driving** 음주운전 **in
favor of** ~에 찬성하는 **under the influence of** ~의 영향
하에

정답 (b)

5 A: 제인을 위원회 의장으로 선출하는게 어때요?
B: 좋아요. 그녀는 다른 누구보다 좋은 사람이거든요.

◎ '~보다 더 나은, ~만큼 좋은' 이라는 의미는 as ... as이
원급비교를 이용하며, 이때 as 뒤에는 [형용사 + a + 명사]의
구조가 따라 온다. 따라서 as good a person as 가 정답이
다.

select 선출하다 **chairman** 의장 **committee** 위원회

정답 (a)

6 스미스 씨 부부의 딸이 학교에서 친구들과 잘 어울리지 못하고
있었기 때문에, 그들은 그 문제를 논의하기 위해 선생님을 만
나기를 원했다.

◎ '친구들과 잘 사귀지 못하는 그 문제점' 이라는 의미이므로
앞에 언급된 내용과 연관된 명사를 쓸 때 the를 쓴다.

get along with ~와 어울리다

정답 (c)

7 총명함으로 승진하기를 원하는 직원들은 묵묵히 열심히 일하
는 직원들보다 승진할 가능성이 더 낮다.

◎ '~한 사람들' 이라는 의미를 나타낼 때 those who를 쓴
다. 특히 앞에 언급된 some employees와 비교하여 쓸 때
복수형은 those이다.

promote 승진시키다 **intelligence** 지능, 총명 **be likely
to** ~할 가능성이 있다 **in silence** 묵묵히

정답 (b)

8 재정적 실패에 책임이 있는 몇몇 감독관들이 이사진들에게 곧
조사를 받을 것이다.

◎ '~에 대해 책임이 있는' 이라는 의미로 명사를 수식하는
형용사구 responsible for를 쓴다.

supervisor 감독관, 상사 **responsible for** ~에 책임이 있
는 **financial** 재정적인 **investigate** 조사하다 **board
member** 이사진

정답 (a)

9 만약 당신이 이 수학 문제를 풀기 위해 시간을 좀 낸다면, 당신
은 곧 올바른 답변을 알 수 있을 것이다.

◎ '올바른 답변' 이라는 목적어와 '충분히 곧' 이라는 부사 표
현의 결합을 묻는 문제이다. find 동사 뒤에는 the right
answer라는 목적어가 연결되며, '충분히 곧' 이라는 의미는
soon enough이다.

정답 (d)

10 보험을 고를 때는, 지불이 가장 안전한지를 확인하셔야 합니
다.

◎ '가장 안정적인' 이라는 의미로 원급비교를 이용한 최상급
의 의미는 as ... as (it) can be를 쓴다. 따라서 as stable
as it can be가 정답이다.

insurance policy 보험 **make sure** 확인하다 **payment**
지불

11 (a) A: 밖이 매우 춥고 구름이 많은데요. 곧 눈이 올 것 같아요.

(b) B: 일기예보에 따르면 오늘 강설이 있을 거래요.

(c) A: 저런. 지하철을 타는 것이 좋겠네요.

(d) B: 맞아요. 자동차를 운전하는 것은 매우 위험할 수 있어요.

◑ '지하철을 타다' 는 의미를 나타낼 때 take a subway를 쓴다. subway는 지정된 것이 아니기 때문에 the를 쓰지 않는다. 따라서 the subway를 a subway로 바꿔야 한다.

outside 밖 weather forecast 일기예보 snowfall 강설 dangerous 위험한

정답 (c)

12 (a) A: 오늘 아침 왜 이렇게 불안해하세요?

(b) B: 오후에 중요한 시험이 있거든요.

(c) A: 걱정하지 마세요. 좋은 결과가 있을 거예요.

(d) B: 고마워요. 최선을 다할게요.

◑ '매우 불안해하는' 이라는 의미에서 형용사 nervous를 수식하는 것은 so이다. 따라서 such를 so로 바꿔야 한다.

nervous 불안한

정답 (a)

13 (a) A: 할머니, 나이에 비해 너무 건강해 보이세요.

(b) B: 2일에 한 번씩 체육관에서 운동을 하거든.

(c) A: 얼마나 오래 운동하신 거예요?

(d) B: 20년 이상 동안 운동을 하고 있단다.

◑ '이틀에 한 번' 이라는 의미를 나타낼 때 every other day를 쓴다. 따라서 days를 day로 바꿔야 한다.

work out 운동하다 gym 체육관 exercise 운동하다

정답 (b)

14 (a) 관절염은 우리가 살아가는 동안 다양한 원인으로 발생한다. (b) 우리 신체의 뼈의 약화가 주요한 원인 가운데 하나이다. (c) 운동을 하지 않거나 비타민과 철분이 든 음식을 충분히 섭취하지 않는 사람들이 통증을 겪을 가능성이 높다. (d) 그러나 다리와 팔을 적절하게 반복적으로 이용하면 그 통증을 줄일 수 있다.

◑ 앞에서 언급된 '통증' 은 the pain이다. 따라서 pain을 the pain으로 바꿔야 한다.

arthritis 관절염 various 다양한 cause 원인 weakness 약화 suffer from ~로 인해 고통받다 moderate 적절한, 적당한 repetitive 반복적인 decrease 줄이다

정답 (d)

15 (a) 최근 연구에서, 과학자들은 모든 사회적 계층을 대표하는 사람들에 대한 정보를 수집했다. (b) 인기가 있는 것은 주변의 대부분의 사람들에게 높게 평가 받았지만, 반면에 그것은 심각한 몇 가지 부작용을 가지고 있었다. (c) 예를 들어, 사람들 사이에 인기가 있는 사람들은 이웃들을 무시하는 경향이 있었다. (d) 또한 그들은 무의식적으로 사소한 범죄를 저지르는 경향이 강했다.

◑ '~할 가능성이 있다' 는 의미이므로 be probable to를 쓴다. 이때 be동사 뒤에 쓰는 형용사 probable이 온다. 따라서 probably를 probable로 바꿔야 한다.

gather 모으다. 수집하다 represent 대표하다. 대리하다 hierarchy 위계 prize 높이 평가하다 side effect 부작용 ignore 무시하다 commit a crime 범죄를 저지르다 unconsciously 무의식적으로

정답 (d)

UNIT 10 등위접속사 & 상관접속사 & 명사절

P068 등위접속사

1 등위접속사 and, or

1 A: 너 살이 빠진 것처럼 보인다. 운동하니?
B: 응, 난 거의 매일 뛰었어. 그리고 수영도 했어.

◎ 등위접속사 유형 문제. running과 대칭 구조를 이루기 위해 swimming을 쓴다.

정답 (c)

2 최근 연구에 따르면, 아이들이 있는 부부들이 더 오래 살고, 더 행복감을 느끼며, 스트레스도 더 적다.

◎ '더 행복을 느끼다'는 의미로, 빈칸 앞에 제시된 live longer, 그리고 빈칸 뒤에 제시된 have less stress와 일치시키기 위해 feel happier를 쓴다.

정답 (b)

2 등위접속사 but, so, for

1 A: 난 네가 중고차를 구입했다고 들었어.
B: 응, 마치 새 것 같아. 하지만 몇 달러 밖에 지불하지 않았어.

◎ 등위접속사 유형 문제. '새것처럼 보이지만, 많은 비용이 들지 않았다'는 내용이므로 대조 관계를 나타내는 접속사 but을 쓴다.

정답 (a)

2 수지는 회계는 전혀 모른다. 따라서 그녀는 고용되지 않았다.

◎ 등위접속사 유형 문제. '그래서'라는 의미를 나타내며 인과관계를 나타내고 있으므로, so를 쓴다.

정답 (b)

P069 상관접속사

1 A: 널 데리러 오는 사람이 있니?
B: 우리 아빠뿐 아니라 엄마도 금방 여기 도착할 거야.

◎ 상관접속사 유형 문제. 'A뿐만 아니라 B도'라는 의미를 나타낼 때, not only A but also B의 형태를 쓴다.

정답 (c)

2 대부분의 나라들에서 나무는 연료나 건축 재료로 사용된다.

◎ 상관접속사 유형 문제. '~로 이용되다'는 표현은 be used as를 이용하며, 'A 또는 B'라는 의미는 either A or B의 형태로서, 등위적 성질을 포함해야 한다.

정답 (d)

P070 명사절 접속사 that과 what

1 that vs. what

1 대부분의 연구자들은 적절한 음주는 건강에 좋다고 믿는다.

◎ '~라는 것'이라는 의미로 believe의 목적어 역할을 하고 있으며, 연결 문장이 완벽하므로 접속사 that을 쓴다.

정답 (a)

2 고객들이 원하는 것은 제품들을 낮은 가격에 사는 것이다.

◎ '고객들이 원하는 것'이라는 의미로 연결하는 문장이 불완전할 때 접속사 what을 쓴다.

정답 (b)

2 명사절 접속사 that

1 A: 엄마, 저 제인의 생일 파티에 가고 싶어요.
B: 그래. 하지만 10시까지는 꼭 집에 와야 한다.

◎ 명사절 유형 문제. '~을 확실하게 하다'는 의미를 나타낼 때, make sure를 이용하며, [make sure + 주어 + 현재형 동사]의 형태로 나타난다.

정답 (b)

2 데이빗은 더 이상 삼십대가 아니라 그가 축구팀에 참가하는 것이 어려워질 것이다.

◎ 명사절 유형 문제. '~라는 것'이라는 의미를 나타내며, 문장을 연결하고 있으므로 접속사 that이 필요하며, that절은 [주어 + 동사 + 목적어/보어]의 형태를 나타내야 한다.

정답 (c)

3 명사절 접속사 what

1 A: 스미스 부부는 다음 달에 유럽에 방문할 것이다.

B: 와! 정말 부럽다. 그것이 내가 진짜로 원하는 것이야.

◎ 명사절 유형 문제. '내가 진정으로 원하는 것'이라는 의미로, want의 목적어가 생략된 구문으로 명사의 역할을 하고 있으므로 what을 쓴다.

정답 (a)

2 나는 내 최근의 작업에 대해서 다른 사람들이 어떻게 생각하는지 상관하지 않는다.

◎ 명사절 유형 문제. '다른 사람들이 생각하는 것'이라는 의미로, think의 목적어가 생략된 형태로, about의 목적어 역할을 하는 명사절이므로 what을 쓴다.

정답 (a)

P071 간접의문문

1 A: 저 배우의 이름이 뭔지 아니?
B: 미안해. 하지만 누군지 모르겠어.

◎ 간접의문문 유형 문제. '그 배우가 누구인지'라는 의미로 [의문사 + 주어 + 동사]의 어순을 쓴다.

정답 (b)

2 A: 미안해. 어제 전화를 못 걸었어.
B: 괜찮아. 네가 요즘 얼마나 바쁜지 난 이해해.

◎ 간접의문문 유형 문제. '당신이 얼마나 바쁜지'라는 의미로 [how + 형용사 + 주어 + 동사] 어순으로 쓴다.

정답 (d)

2 whether/if 간접의문문

1 A: 거실에 있는 공기 정화기가 고장난 것 같아요.
B: 정말? 그럼 내가 고칠 수 있는지 한 번 볼게.

◎ 간접의문문 유형 문제. '내가 그것을 고칠 수 있는지 알아보다'라는 의미로, 의문사가 없을 때 [whether/if + 주어 + 동사] 어순을 쓴다.

정답 (b)

2 유전학에 대한 연구 프로젝트는 연구자들이 정부의 보조금을 받든 그렇지 않든 계속될 것이다.

◎ '~이든 아니든'이라는 의미를 나타낼 때, 간접의문문을 연결하는 접속사로 whether를 쓴다.

정답 (b)

→ **BASIC** TRAINING

1 The researchers studied the rates of cancers of the lung and **found** considerably different rates among smokers and non-smokers.

연구자들은 폐암에 대한 비율을 연구했으며, 흡연자와 비흡연자 사이의 비율이 상당히 다르다는 것을 발견했다.

2 Taoism originated in China, **yet** it spread to other regions by Chinese immigrants.

도교는 중국에서 기원했으나, 중국 이민자들에 의해 다른 지역으로 확산되었다.

3 The students didn't prepare for the exam, **so** they really wanted the teacher to postpone the test.

그 학생들은 시험 준비를 하지 않았기 때문에, 그들은 선생님이 시험을 연기해 주기를 진정으로 원했다.

4 Some scientists tried to invent the earthquake prediction system, **for** they believed that the earthquake could be predictable.

몇몇 과학자들은 지진 예상 체계를 발명하고자 노력했다. 왜냐하면 그들은 지진이 예상 가능하다고 믿었기 때문이다.

5 The holiday was an occasion of great celebration not only for the natives but **also** for immigrants.

그 휴일은 원주민들뿐만 아니라 이민자들에게도 굉장한 축하 행사였다.

6 It will be better neither to smoke **nor** to drink in order to keep healthy.

건강을 유지하기 위해 흡연과 음주를 하지 않는 것이 좋을 것이다.

7 **That people with other backgrounds behave differently** is a point of view most researchers agree with.

다른 배경을 지닌 사람들이 다르게 행동한다는 것은 대부분의 연구자들이 동의하는 관점이다.

8 **What colleges fear** is that students avoid enrolling because of high tuition costs.

대학들이 두려워하는 것은 학생들이 비싼 수업료 때문에 등록하는 것을 기피하는 것이다.

9 The result of the survey is **that the language is difficult** to master.

그 조사의 결과는 그 언어를 터득하는 것이 어렵다는 것이다.

10 **What the celebrities finds most delighting** is to provide poor people with financial assistance around the world.

그 유명인사들이 가장 기쁘게 생각하는 것은 전 세계의 가난한 사람들에게 재정적인 도움을 제공하는 것이다.

11 A: Where is the City Hall near here?

B: Sorry, but I don't know **where that is**.

A: 여기 근처에 시청이 어디 있습니까?

B: 죄송합니다. 하지만 어디 있는지 모릅니다.

12 I can't understand **how he finished** his assignment.

나는 그가 어떻게 그의 과제를 끝냈는지 이해할 수 없다.

13 I understand **how busy you are** at school these days.

나는 네가 요즈음 학교에서 얼마나 바쁜지 이해한다.

14 How many people will be here depends on **whether** Paul and his family will be here or not.

얼마나 많은 사람이 올 건지는 폴과 그의 가족이 오느냐 그렇지 않느냐에 달려있다.

15 I'll see **if I can decode it**.

내가 그것을 해독할 수 있는지 한번 보겠다.

→ ACTUAL TRAINING

1 A: 이번 주 일요일에 재미있는 할 일이 있으세요?

B: 아니요. 집에 있으면서 TV에서 영화 보려고요.

◐ 등위 관계를 나타내는 문장으로, would like to 뒤에 stay와 등위적 관계를 나타내는 동사는 watch 형태이다. 따라서 watch movies on TV를 쓴다.

정답 (b)

2 A: 오늘 아침 역사 강의에 대해 어떻게 생각하세요?

B: 솔직히 말해서, 교수님이 무엇을 말씀하셨는지 이해할 수 없었어요.

◐ '교수가 무엇을 말했는지' 라는 의미로 간접의문문의 형태를 나타내며, 간접의문문의 어순은 [의문사 + 주어 + 동사]의 형태를 쓴다.

lecture 강의 **frankly speaking** 솔직히 말해서 **professor** 교수

정답 (b)

3 A: 회의에 왜 늦게 오셨나요?

B: 교통이 너무 막혀서, 도로에 서 있었어요.

◐ 해석을 요구하는 등위접속사 문제로, '그래서' 라는 의미는 so를 쓴다.

traffic 교통

정답 (a)

4 A: TV에 나오는 저 배우의 이름은 무엇인가요?

B: 죄송하지만, 저도 그 배우가 누구인지 몰라요.

◐ 간접의문문의 해석을 묻는 문제로, 의문사의 의미를 선택하는 문제이다. '누구' 라는 의미를 나타내는 의문사는 who이다.

actor 배우

정답 (b)

5 A: 너무 뒤쪽에 앉아 있어서 교수님의 말을 들을 수가 없었어요.

B: 우리가 시험에 준비해야 한다고 말씀하셨어요.

◐ '그가 말했던 것' 을 나타내는 표현은 what he said이며, 문장이 보어 역할을 할 때 접속사 that을 쓴다. 따라서 what he said was that이 정답이다.

seat 앉히다 **prepare** 준비하다

정답 (c)

6 그 학생은 매우 지적이었으며, 그 일을 다루는 데 뛰어났다.

◐ 등위접속사의 등위 관계를 제시하는 문제이며, and를 중심으로 [be + 형용사]의 구조를 쓴다. 따라서 was intelligent와 was good을 결합한다.

intelligent 지적인 **deal with** 다루다, 처리하다 **be good at** ~을 잘하다

정답 (d)

7 고대에, 사람들은 우주에 무엇이 있는지 궁금해했다.

◐ 간접의문문의 형태를 묻는 문제로, [의문사 + 주어 + 동사]의 어순이며, 이때 what이 주어의 역할을 할 때, [what + 동사]의 구조를 쓸 수 있다.

in ancient times 고대에 **universe** 우주

정답 (c)

8 그 나라는 지구상에서 가장 잔인한 정부이며, 외부 세계를 다루는 데 있어서 마키아벨리즘의 형태였다.

◐ 'A뿐만 아니라 B도' 라는 의미를 나타낼 때, not only A but also B의 형태를 이용하므로, also를 쓴다.

brutal 잔인한 **Machiavellian** 마키아벨리즘의 **outside** 외부의

정답 (b)

9 그 회의에서 논의되었던 문제들 중 하나는 우리가 지금 당장 주식에 투자하는 것을 멈추어야 한다는 것이었다.

💫 문장[주어 + 동사]이 be동사의 보어가 되면서, '~라는 것'이라는 의미를 나타낼 때 that절을 쓴다. 이때 that 뒤에는 [주어 + 동사]의 어순이다.

issue 문제, 초점 invest 투자하다 stock 주식 right now 지금 당장

정답 (d)

10 몇몇 세제들이 해로운 가스를 유발한다는 것은 과학자들 사이에 논쟁이 되는 내용이다.

💫 '~라는 것'이라는 의미를 나타내며, [주어 + 동사 + 목적어]와 같은 완전한 문장과 결합하는 접속사는 that이다.

cleaner 세제, 표백제 harmful 해로운 controversial 논쟁이 되는

정답 (b)

11 (a) A: 제 할머니 연세가 어떻게 되시는지 모르시죠?
(b) B: 말하기는 어렵지만, 60세 정도로 보이네요.
(c) A: 실제로, 근접하지도 않았어요. 72세예요.
(d) B: 정말요? 그렇게 연세가 많으신지 상상도 못했어요.

💫 등위접속사 해석 문제로, '그러나'의 의미를 말할 때 but을 쓴다. 따라서 so를 but으로 바꿔야 한다.

close 근접한 imagine 상상하다, 생각하다

정답 (b)

12 (a) A: 저를 도와주실 수 있는지 궁금했어요.
(b) B: 물론이죠. 무엇을 도와드릴까요?
(c) A: 저에게 돈을 좀 빌려주시겠어요?
(d) B: 또요? 이번에는 얼마나 필요하신데요?

💫 간접의문문의 해석을 묻는 문제로서, '~인지 아닌지 궁금해하다'는 의미를 나타낼 때, if를 쓴다. 따라서 why를 if로 바꾼다.

favor 호의, 도움, 은혜

정답 (a)

13 (a) A: 티켓을 구하는 데 얼마나 오래 걸릴지 아세요?
(b) B: 모르겠어요. 하지만 티켓과 관련해서 어제 매표소에 문제가 있었어요.
(c) A: 그럼 오래 걸릴지도 모르겠네요. 티켓 판매에 대해 무언가를 했어야 했는데요.
(d) B: 내 말이 그 말이에요. 티켓을 구하는 데 너무 오래 걸리거든요.

💫 간접의문문의 어순을 묻는 문제로, how와 형용사가 함께 제시되는 문장에서는 [how + 형용사]의 형태를 취한다. 따라서 how it will take long을 how long it will take로 바꿔야 한다.

box office 매표소 regarding ~와 관련하여

정답 (a)

14 (a) 하나의 문단은 잘 조직화되고 일관성있는 일련의 문장들이다. (b) 당신이 작성하는 몇 개의 문장 이상인 긴 모든 글들은 문단으로 조직화되어야 한다. (c) 그것은 문단들은 독자들이 에세이의 세부 항목들의 어디에서 시작하고 끝나는지를 보여주며, 독자들이 에세이의 구조를 이해하도록 도와주기 때문이다. (d) 또한, 문단은 많은 다양한 정보를 포함할 수 있다.

💫 등위접속사의 유형을 묻는 문제로, 두 문장을 연결할 때 접속사가 필요하다. 따라서 paragraphs show readers where the subdivisions of an essay begin and end와 help them understand the organization of the essay를 연결할 때 and를 써야 한다.

paragraph 문단 sentence 문장 organized 조직화된 coherent 일관성있는 subdivision 세부항목

정답 (c)

15 (a) 어떤 사람들은 어린 시절부터 우리가 성인일 때 무엇이 될지를 알고 있다. (b) 그들은 그들이 유명한 가수 혹은 기타리스트 그리고 그 이상의 무엇인가가 될 것이라고 믿는다. (c) 그리고 지금 그러한 꿈을 실현하는 것이 너무 늦은 것은 아니다. (d) 우리가 나이가 들면서, 우리의 꿈도 관심사와 함께 성숙한다.

💫 명사절 접속사 유형으로, '무엇이 될지'라는 의미이므로 의문사 what을 쓴다. 따라서 that을 what으로 바꿔야 한다.

childhood 유아기 mature 성숙하다

정답 (a)

UNIT 11 관계사

P072 관계사의 선택

1 관계대명사 who/whom/whose

1 A: 너희 팀에 대해 어떻게 생각하니?

B: 나는 내가 함께 경기하는 사람들이 좋아.

💠 관계대명사 유형 문제. 선행사가 사람이며, 뒷문장에서는 전치사 with의 목적어가 생략되어 있으므로 목적격 관계대명사 whom을 쓴다.

정답 (d)

2 A: 오늘 오후에 뭐 할 거니?

B: 나는 기금 손실을 입은 그 투자자들을 만나야 해.

💠 관계대명사 유형 문제. '투자자들의 기금이 손실을 입었다'는 내용으로, 선행사가 사람이며, 관계대명사가 명사 funds를 수식하는 형태이므로, 소유격 관계대명사 whose를 쓴다.

정답 (b)

2 관계대명사 which

1 그 교수는 참고 자료를 추천해 주었는데, 그는 그것들이 매우 유용하다고 생각했다.

💠 관계대명사 유형 문제. 선행사가 the materials로 사물이며, 뒷문장에서 found의 목적어가 생략되어 있으므로 which를 쓴다.

정답 (c)

2 그 연구는 몇몇 주목할 만한 결과를 제공했는데, 그에 대한 세부사항은 이 논문에 제시되어 있다.

💠 관계대명사 유형 문제. 선행사는 results이며, '그 결과들의 세부사항'이 표에 제시되어 있다는 의미로, 소유격의 의미를 나타낸다. 이때 whose details도 가능하지만, the details of which로도 나타낼 수 있다.

정답 (c)

P073 관계대명사 that과 생략

1 관계대명사 that

1 A: 넌 왜 항상 클레르와 함께 노니?

B: 글쎄. 그녀는 우리 반에서 내가 유일하게 함께 어울릴 수 있는 여자애야.

💠 관계대명사 유형 문제. 선행사가 the only girl이며, 뒷문장에서 with의 목적어가 생략되어 있으므로 관계대명사 that을 쓴다.

정답 (a)

2 대부분의 사람들이 자신만의 개인적인 학습 방식을 가지고 있는 것처럼. 선생님들은 그들에게 가장 잘 어울리는 교습 방식을 가지고 있다.

💠 선행사가 teaching styles이며, 뒷문장에 주어가 생략되어 있을 때 관계대명사 which를 쓸 수 있으며, which를 대신하여 that을 쓴다.

정답 (a)

2 관계대명사 생략

1 A: 나는 우리가 식사하기 전에 돈을 내야 하는 이유를 이해할 수 없어.

B: 하지만 그게 여기의 규칙이기에 우리가 할 수 있는 것이 없어.

💠 관계대명사 유형 문제. [There is/are + 명사 주어]가 되기 위해 There's nothing의 구조를 만들며, nothing that we can do에서 목적격 관계대명사 that이 생략된 구조이다.

정답 (d)

2 우리는 지난 주에 우리가 머물렀던 동일한 호텔에서 머물기로 결심했다.

💠 관계대명사 유형 문제. the same hotel which we stayed at last week에서 목적격 관계대명사가 생략된 구문이다.

정답 (c)

P074 관계부사의 선택

1 A: 헨리는 오늘 기분이 좀 안 좋아 보인다.

B: 글쎄, 중년은 사람이 자신의 일상을 바꾸고 싶은 때이지.

💬 관계부사 유형 문제. 시간을 나타내는 선행사를 수식하는 관계부사이며, 뒷문장이 완전한 문장이므로 관계부사 when을 쓴다.

정답 (d)

2 A: 나는 그 호텔이 어떻게 그렇게 빠르게 성장했는지 모르겠어.
   B: 그들이 객실을 꾼 방법에 대해서는 아무도 몰라.

- -

💬 [전치사 + 관계대명사] 유형 문제. 방법을 나타내는 선행사가 나올 때, how의 형태를 이용해야 하지만, 주로 생략되면서 [전치사 + which]의 형태로 전환한다. 방법의 개념을 나타내는 methods와 결합하는 전치사는 by이므로 by which를 선택한다.

정답 (d)

P075 전치사와 관계대명사

1 유교는 아시아 나라들의 철학이 생성된 근원이라고 믿어졌다.

- -

💬 [전치사 + 관계대명사] 유형 문제. 장소 개념의 fountain이 선행사이므로, 관계부사 where를 이용해야 한다. 그러나 where가 없으므로, fountain과 결합하여 '근원'을 나타낼 수 있는 전치사 from과 관계대명사 which를 쓴다.

confucianism 유교 fountain 분수, 근원

정답 (d)

2 우리가 살고 있는 행성은 지구라고 불리며 여기에는 다양한 종류의 식물과 동물들이 발견된다.

- -

💬 [전치사 + 관계대명사] 유형 문제. 장소 개념의 Earth가 선행사이지만, 장소 개념의 관계부사 where가 없으므로, [전치사 + 관계대명사]를 쓴다. '~위에서'를 나타내는 전치사는 upon이다.

정답 (b)

2 전치사 + whom/which

1 그 동물원에는 100종류 이상의 동물들이 있는데, 그 중에서 사자는 가장 소중한 종으로 간주된다.

- -

💬 [전치사 + 관계대명사] 유형 문제. '동물들 가운데'라는 의미를 나타낼 때, 전치사 among 또는 of를 쓸 수 있으므로, of which를 쓴다.

정답 (c)

2 당신의 경험을 당신이 공유하겠다고 결심한 사람들은 그것을

공개하지 않겠다고 약속해야 한다.

💬 share A with B(B와 A를 공유하다)의 구문에서, B에 해당하는 those people이 선행사이므로, [with + whom]을 쓴다. 따라서 with whom이 정답이다.

정답 (c)

P076 복합관계사의 선택

1 A: 나는 내 딸에게 무엇을 사주어야 할지 결정을 못하겠어.
   B: 네가 무엇을 사든지 간에 걔는 기뻐할 거야.

💬 복합관계대명사 유형 문제. '사는 것은 무엇이든지'라는 의미로 복합관계대명사 whatever를 쓴다. whichever는 하나의 의미를 나타내는 one과 함께 쓰인다.

정답 (b)

2 A: 나는 빨간색과 파란색 넥타이 중 어떤 것을 사야 할지 결정하지 못하겠어.
   B: 네가 무엇을 고르든 간에 네 아버지에게 잘 어울릴 거야.

- -

💬 복합관계대명사 유형 문제. '네가 어느 것을 선택하든지'라는 의미로 one과 함께 이용하는 복합관계대명사는 whichever이다.

정답 (d)

2 복합관계부사

1 A: 새로운 사업을 시작하기 위한 적기가 언제인가요?
   B: 당신은 경제가 좋아지고 있기 때문에, 당신이 좋은 아무 때나 시작해도 됩니다.

- -

💬 '어느 때나', '아무 때나'라는 의미로 사용되는 복합관계부사는 whenever이다.

정답 (a)

2 이 문제를 푸는 데 얼마나 많은 시간이 들던 간에, 나는 그것을 풀 수 없을 것으로 보인다.

- -

💬 복합관계부사 유형 문제. '아무리 많은 시간을 들인다 해도'라는 의미로 no matter how much time과 I spend가 결합된 형태로 제시되는 문장 구조 문제이다.

정답 (b)

P077 관계사의 계속적 용법

1 A: 선거에 관심이 있으신가요?

B: 물론이지. 1년마다 개최되는 전당 대회는 매우 흥미로워.

◎ 계속적 용법의 관계대명사 유형 문제. 선행사는 conventions이며, 주어가 생략되어 있으므로 which를 쓴다. 콤마 뒤에서 that은 쓸 수 없다.

정답 (d)

2 바이러스와 관련된 문제들 중의 하나는 그 변형에 있다. 즉 그 것은 빠르게 백신에 저항력이 생길 수 있다는 것을 의미한다.

◎ 앞 문장 전체를 대신하여 이용하는 관계대명사는 which를 쓴다.

정답 (c)

2 집합개념의 관계대명사

1 유럽에서 내전은 수많은 무고한 희생자를 낳았으며, 그 중 4분의 3은 여성들과 아이들이었다.

◎ 집합 개념의 관계대명사 유형 문제. '희생자들 중 약 4분의 3' 이라는 의미로, about three-quarters of와 관계대명사의 결합형이다. 선행사가 사람이므로 whom을 쓴다.

정답 (a)

2 다른 나라에서 수입된 제품들은 커피, 설탕, 그리고 목화 등을 포함하고 있었으며, 이 모든 물품들은 그 나라에서는 구할 수 없는 것이었다.

◎ 집합 개념의 관계대명사 유형 문제. '제품들 중 모두 다' 라는 의미로, 앞에 있는 모든 사물을 대신하는 관계대명사 which를 쓴다.

정답 (b)

P078 삽입과 유사관계대명사

1 A: 그 소책자에 새로운 것이 무엇이라도 있어?
B: 응, 기능이 많다고 하는 이 전화가 다음 주에 출시된대.

◎ 관계대명사 삽입 구문 유형 문제. they think가 삽입 구문이며, this phone이 선행사이므로 주격 관계대명사 which를 쓴다.

정답 (a)

2 그 사진작가는 한 댄서에게 접근했는데, 그는 그 댄서가 훌륭한 연예인이 될 것이라고 생각했다.

◎ 관계대명사 삽입 구문 유형 문제. he knew가 삽입 구문이며, 선행사가 dancer이므로 관계대명사 who를 쓴다.

정답 (c)

2 유사관계대명사

1 A: 스미스 부부가 작년 여름에 즐겨 탔던 것과 똑같은 배를 빌리자.
B: 그러나 그것은 너무 비싸. 다른 걸 찾아보자.

◎ 유사 관계대명사 유형 문제. 선행사가 the same boat이므로, 같은 종류라는 의미의 유사관계대명사 as를 쓴다.

정답 (d)

2 능력 있는 직원에게 종종 있는 일이듯, 윌리엄은 여러 회사들로부터 취업 제안을 받았다.

◎ 유사관계대명사 유형 문제. 앞문장 어구가 선행사이며, '종종 그렇듯이' 라는 의미로 as is often the case with가 되어야 하므로 as를 선택한다.

정답 (a)

→ BASIC TRAINING

1 It was Robert **who** messed up the house.

집을 엉망으로 만든 것은 로버트였다.

2 The teacher **whose** students are mostly immigrants has some problems.

그의 학생들이 주로 이민자들인 그 선생님은 몇 가지 문제점을 가지고 있다.

3 This equipment has several defects **which** will cause me to pay much money for repair.

이 장비는 수선을 하게 되면 돈이 많이 든다는 몇 가지 단점이 있다.

4 The new waterway **that** the country made last year will be an important landmark.

그 나라가 작년에 만들었던 새로운 수로는 중요한 표지물이 될 것이다.

5 I can't forget the rude things **my friend told me**.

나는 내 친구가 나에게 했던 무례한 말들을 잊을 수가 없다.

6 Finding the altitude **where** the air is less dense is an important task for most airliners.

대기 밀도가 낮은 고도를 찾는 것은 대부분의 항공사에게는 매우 중요한 일이다.

7 The island is an area near the Pacific coast **in which** many rare species of animals have been found.

그 섬은 태평양 연안 근처의 섬으로, 그곳에서는 여러 종의 희귀 동물들이 발견되었다.

8 The product **of which** our company is most proud was developed by an intern.

우리 회사가 자랑하는 그 제품은 인턴이 만든 것이었다.

9 **Whoever** drinks this kind of water will be thirsty again.

이런 종류의 물을 마시는 사람은 누구나 다시 목이 마르게 될 것이다.

10 We can do **whatever** you want.

우리는 당신이 원하는 것은 무엇이든지 할 수 있다.

11 You should keep in mind that you should do your best **no matter what the outcome may be**.

결과와는 상관없이 최선을 다해야 한다는 것을 염두에 두어야 한다.

12 He seems to come from India, **which** I know from his accent and behavior.

그는 인도 출신인 것 같다. 그것을 그의 억양과 행동으로 미루어 알 수 있다.

13 The organization interviewed 200 graduates, **most of whom** wanted to be involved in the arts and media.

그 조직은 200명의 졸업생들을 인터뷰했으며, 그들 중 대부분은 예술과 미디어 분야에서 일하고 싶어했다.

14 We are publishing computer-related books, **all of which** are available for free download.

우리는 컴퓨터 관련 서적을 출판하고 있으며, 그것들 모두 무료로 다운 받을 수 있다.

15 The boss will select a person **who** he thinks is competent.

사장은 능력이 있다고 생각하는 사람을 선택할 것이다.

→ ACTUAL TRAINING

1 A: 남아시아에서 무역을 관장하는 새로운 매니저를 아세요?
B: 아니요. 제인에게 무슨 일 있나요?

··········

💬 관사 the 뒤에는 명사가 제시되며, 이 명사가 선행사가 될 때 관계대명사로 연결된다. 따라서 [the new manager + who controls trade]가 결합된 문장이다.

··········

control 관장하다, 통제하다 trade 무역

정답 (d)

2 A: 제인, 지난 달에 내가 빌렸던 책 여기있어.
B: 아, 너에게 빌려준 것을 잊어버렸구나. 내가 일주일 동안 찾

던 책이거든.

💬 선행사 the book과 I have been looking for가 결합된 문장으로 관계대명사 which를 쓸 수 있으며, which 대신에 that을 쓴다. look for와 for a week가 결합되어있기 때문에 for for라는 표현이 가능하다.

··········

borrow 빌리다 lend 빌려주다

정답 (a)

3 A: 제가 인용할 수 있는 최고의 작가가 누구라고 생각하세요?
B: 제가 누구를 추천하던, 당신은 마음을 바꾸지 않으실 텐데요.

··········

💬 '누구든지' 라는 의미를 나타내는 복합관계대명사를 묻는 문제로, 선행사가 없고, recommend의 목적어가 제시되어 있지 않으므로 whomever를 쓴다.

··········

author 작가 recommend 추천하다, 권고하다 opinion 의견, 견해

정답 (d)

4 A: 이 발전기는 다른 것보다 더 많은 이점을 가지고 있는 것 같네요.
B: 맞습니다. 요즘 온라인에서 판매되는 가장 인기있는 제품들 중 하나예요.

··········

💬 the most favorite generators가 선행사이며, 주어가 생략되어 있으므로, which를 이용하며, which 대신에 that을 쓸 수 있다.

··········

power generator 발전기 benefit 이익, 이점 favorite 가장 선호하는

정답 (d)

5 A: 오늘 좋은 기사라도 있나요?
B: 신문 두 부를 가져왔어요. 당신이 원하는 어느 것이든지 읽으셔도 되요.

··········

💬 선행사가 없는 문장에서 '어느 것이든지' 라는 의미를 나타내며, 빈칸 뒤에 one이 있거나, 둘 중 하나의 개념을 나타낼 때 whichever를 쓴다.

정답 (c)

6 그들이 보낸 이메일 때문에 직장에서 해고된 사람들이 있다.

··········

💬 선행사는 some people이며, 명사 뒤에 연결할 수 있는 관계대명사 who를 이용하는 구문이다. 다른 유형들은 정상적인 문장 유형이 아니므로 연결될 수 없다.

··········

fire 해고하다

정답 (b)

7 덴버 경찰서는 3년 전에 설립되었으며, 현재 신입 경찰관 지원을 받고 있다.

◐ 선행사 station이 제시되어 있으며, 뒤에 이어지는 문장에 주어가 생략되어 있으므로 which를 쓴다. 콤머(,)가 제시되어 있을 때, 관계대명사 that을 쓰지 않는다.

police station 경찰서 establish 설립하다, 세우다
application 지원서

정답 (d)

8 그 마을이 유명하게 된 멋진 광경은 매력적인 경관으로 방문객들을 즐겁게 해주고 있다.

◐ the spectacular scenery가 선행사이며, be famous for라는 구문과 결합한 문장이다. 따라서 관계대명사와 전치사가 결합된 for which를 쓴다.

spectacular 멋진, 뛰어난 scenery 경치, 풍경 delight 기쁘게 하다 charming 매력적인, 황홀한 scene 경치, 풍경

정답 (d)

9 작년에 그 대학이 수립한 주요 전략들은 전문가들이 볼 때 잘못된 것이었으며, 그들의 예측은 사실로 드러났다.

◐ 선행사가 사람이며, '전문가들의 예측'이라는 의미이므로 관계대명사 whose를 쓴다.

strategy 전략 expert 전문가 prediction 예측 prove 증명되다

정답 (c)

10 많은 의사들은 그들이 졸업한 의과대학 근처에서 일하고 있다.

◐ 선행사는 medical colleges이며, '그들이 졸업했다'는 의미는 they have graduated from the medical colleges와 연결되어 있으므로, 전치사 from이 관계대명사와 결합하여 from which를 쓴다.

physician 의사 medical college 의과대학 graduate 졸업하다

정답 (d)

11 (a) A: 조의 동생은 내가 예상했던 것보다 더 키가 큰 것 같아요.
(b) B: 그녀가 여기 파티에 와 있나요?
(c) A: 네, 그녀는 꽃다발을 가져왔던 사람이에요.
(d) B: 그녀는 조와는 상당히 다른 것 같네요.

◐ the one은 사람을 나타내는 선행사이며, 뒷문장에 주어가 생략되어 있으므로, 관계대명사 who를 쓴다. 따라서 which를 who로 전환한다.

a bunch of flowers 꽃다발 unlike ~와 다른

정답 (c)

12 (a) A: 당신에게 놀라운 소식이 있어요.
(b) B: 당신이 말하는 것이 무엇이든지 그리 나쁘지는 않을 거라고 확신해요.
(c) A: 다음달에 직장을 그만 두려고 해요.
(d) B: 왜요? 다른 계획이라도 있으세요?

◐ '말하는 것은 무엇이든지'라는 의미로 불특정 다수를 나타낼 때, whatever를 쓴다. 따라서 whichever를 whatever로 전환한다.

surprising 놀라운 quit 그만두다

정답 (b)

13 (a) A: 오늘 아침 빌딩 앞에서 누구를 만나고 있었나요?
(b) B: 제 선생님이에요. 어제 제가 그의 수업에 참석하지 못했거든요.
(c) A: 뭐라고 하시던가요? 꾸중을 들으셨나요?
(d) B: 제가 사유서를 제출해야 한데요.

◐ 내가 참석하지 못한 것은 '선생님의 수업'이라는 의미이므로, his/her class라는 의미에서 관계대명사로 연결되면서 whose class를 쓴다. 따라서 for which class를 whose class로 바꿔야 한다.

attend 참석하다 reprimand 책망하다, 꾸짖다

정답 (b)

14 (a) 몇몇 연구자들은 아이들이 모든 언어에 공통적인 원칙을 이해하기 위한 고유한 생물학적 '장치'를 가지고 태어난다고 이론화해 왔다. (b) 이 이론에 따르면, 두뇌의 '언어 모듈'은 아이가 어린 시절에 노출된 언어의 특정한 문법을 따르도록 프로그램화된다. (c) 하지만 아이들의 발화에서 이용하는 언어의 규칙과 문법은 종종 그들이 노출된 입력 정보를 초과한다. (d) 무엇이 이러한 불일치를 설명할 수 있는가?

◐ 선행사는 the language이며, 뒷 문장에서는 be exposed to의 목적어가 생략되어 있다. 이 문장의 구조에서 관계대명사 which 혹은 that을 쓴다. 따라서 what을 which 혹은 that으로 바꿔야 한다.

theorize 이론화하다 innate 타고난, 선천적인 biological 생물학적인 device 장치 principle 원리, 원칙 common 공통적인 module 모듈, 장치 specific 특정한 expose 노출시키다 at an early stage 초기에, 어린 시기에 exceed 능가하다, 초과하다 input 입력정보 account for 설명하다 discrepancy 모순, 불일치

정답 (b)

15 (a) 로마 문명은 A.D. 500년 정도에 붕괴되었으며, 그 시기에 귀족들은 정치적, 사회적, 그리고 경제적 부패 상태에 있었다.

(b) 비록 나라 전역에 걸쳐 풍부한 자연 자원이 있었지만, 노동 계급은 그것들을 쓸 수 있는 권리가 없었다. (c) 또한, 식민지에서 유입된 풍부한 물품에도 불구하고, 그것들은 사람들에게 공정하게 분배되지 못했다. (d) 겉으로 보기에 부유한 사회 이면에, 대부분의 사람들은 사회-경제적 어려움을 겪고 있었으며, 그것이 로마 문명의 몰락에 영향을 미쳤다.

◑ 제시된 선행사가 시간을 나타내는 표현으로서 around 500 A.D.일 때, 관계부사는 when을 쓴다. 따라서 where를 when으로 바꿔야 한다.

civilization 문명 destruct 파괴하다 aristocrat 귀족 corruption 부패 natural resource 천연자원 utilize 이용하다 despite ~임에도 불구하고 sufficient 충분한 import 수입하다 colony 식민지 hardship 어려움 influence 영향을 미치다

정답 (a)

UNIT 12 부사절 접속사

P079 시간 부사절 접속사

1 시간 부사절 접속사

1 A: 리포트를 처음으로 제출한 사람이 토미인가요?
   B: 아니요. 존이 토미보다 먼저 과제를 제출했어요.

   ◎ 부사절 접속사 유형 문제. '~하기 전에' 라는 의미의 부사절 접속사는 before를 쓴다.

   정답 (b)

2 사무실에 있던 모든 사람들은 화재에 의해 붕괴되었을 때, 화재가 난 건물에서 빠져나온 상태였다.

   ◎ 부사절 접속사 유형 문제. '~했을 때' 라는 의미를 나타내는 부사절 접속사는 when을 쓴다.

   정답 (d)

2 시간 부사절 표현

1 A: 제인의 파티는 어땠니?
   B: 아주 좋았어. 그녀가 문을 열자마자 우리는 '서프라이즈!' 하고 외쳤어.

   ◎ 부사절 접속사 유형 문제. 'A하자마자 B하다' 는 의미를 나타낼 때, [No sooner + had + 주어 + p.p. + than + 주어 + 과거형 동사]의 형태를 쓴다.

   정답 (b)

2 그녀가 사무실로 떠나자마자 비가 내리기 시작했다.

   ◎ 부사절 접속사 유형 문제. 'A하자마자 B하다' 는 의미를 나타낼 때, [Hardly + had + 주어 + p.p. + when + 주어 + 과거형 동사]의 형태를 쓴다.

   정답 (b)

P080 조건/이유 부사절

1 조건 부사절 접속사

1 A: 나는 열이 있고 콧물이 난다.
   B: 만약 그렇다면 휴식을 취하는 것이 좋겠다.

   ◎ 부사절 접속사 유형 문제. '만약 ~라면' 이라는 의미를 나타낼 때, 접속사 if를 쓴다.

   정답 (a)

2 A: 알약을 먹을 때 무엇을 함께 먹어야 하나요?
   B: 의사가 특정 음료를 제시하지 않았다면, 그에게 다시 물어보는 게 좋을 거예요.

   ◎ 부사절 접속사 유형 문제. '만약 ~하지 않는다면' 이라는 의미를 나타낼 때, 접속사 unless를 쓴다.

   정답 (d)

2 이유의 부사절 접속사

1 사람들은 비용이 더 적게 들기 때문에, 점차적으로 인터넷을 통해 전화를 하고 있다.

   ◎ 부사절 접속사 유형 문제. '~이기 때문에' 라는 의미를 나타낼 때, 접속사 because를 쓴다.

   정답 (c)

2 당신의 신용카드가 만료되었기 때문에 우리 회사는 당신이 요청한 제품을 보내드릴 수 없습니다.

   ◎ 부사절 접속사 유형 문제. '~이기 때문에' 라는 의미를 나타낼 때, 접속사 since를 쓴다.

   정답 (b)

P081 양보의 부사절 접속사

1 양보의 부사절 접속사

1 A: 난 제인을 못 찾겠어. 어디 있어?
   B: 그녀는 할 일이 많음에도 불구하고 집에 일찍 갔어.

   ◎ 부사절 접속사 유형 문제. '비록 ~이지만' 의 의미를 나타낼 때, 접속사 though를 쓴다.

   정답 (a)

2 A: 브라이언에게 파티에 대해 알렸나요?
   B: 아직이요. 하지만 그가 오지 못한다 해도, 그에게 초대장을 보낼 거예요.

   ◎ 부사절 접속사 유형 문제. '비록 ~이지만' 이라는 의미를 나타낼 때, 접속사 even if를 쓴다.

   정답 (b)

2 양보의 부사절 관용표현

1 A: 내 친구 클라라 어때?
B: 비록 그녀는 가난하지만, 항상 자기 삶에 대해 만족하고 있어.

○ 부사절 접속사 유형 문제. '비록 ~이지만'이라는 의미를 나타낼 때, 형용사 또는 명사가 도치되면 [형용사/명사 + as + 주어 + 동사]의 어순으로 쓴다.

정답 (b)

2 그 정치인이 비록 정직하긴 했지만, 그는 상대방 후보들보다 더 많은 표를 얻을 수는 없었다.

○ '비록 ~이지만'이라는 의미를 나타낼 때, 명사 또는 형용사가 강조되면, [명사/형용사 + as + 주어 + 동사]의 구조로 나타낼 수 있다. 따라서 Honest as the politician was가 정답이다.

정답 (c)

P082 목적과 결과의 부사절

1 목적의 부사절 접속사

1 A: 네 걱정을 하시지 않도록 부모님께 전화드려.
B: 그래. 꼭 그렇게 할게.

○ 부사절 접속사 유형 문제. '~하기 위하여'라는 의미를 나타낼 때, 접속사 so that을 쓴다.

정답 (d)

2 우리가 잊지 않도록 모임에 대해 알려주세요.

○ '~하지 않도록'이라는 의미를 나타낼 때, lest를 쓴다.

정답 (b)

2 결과의 의미를 나타내는 접속사

1 A: 잠시 커피를 마시며 쉬지 그러니?
B: 나는 할 일이 너무나 많아서 지금 일을 그만할 수가 없어.

○ 부사절 접속사 유형 문제. '너무 ~해서 …하다'는 의미를 나타낼 때, so ~ that …의 구조를 이용하며, things를 수식하는 것은 to do이다.

정답 (c)

2 스미스 교수는 너무나 뛰어난 사람이어서 모든 학생들이 그의 수업을 듣기를 원했다.

○ 부사절 접속사 유형 문제. '너무 ~해서 …하다'는 의미를 나타낼 때, [a + 형용사 + 명사]의 구조를 수식하는 것은 such이다. so로 수식할 때는 [형용사 + a + 명사]의 구조를 취한다.

정답 (d)

P083 기타 유형의 접속사

1 우리가 알고 있는 것처럼 비행기는 한 명의 위대한 발명가가 개발한 것은 아니었다.

○ 부사절 접속사 유형 문제. '우리가 알고 있는 것처럼'이라는 의미를 나타낼 때, 접속사 as를 쓴다.

정답 (a)

2 사람들이 사막 지역의 환경을 파괴하고 있지만, 가장 큰 위협은 지구 온난화이다.

○ 부사절 접속사 유형 문제. '~인 반면에'라는 의미를 나타낼 때, 접속사 while을 쓴다.

정답 (c)

2 접속사와 전치사

1 노인 인구의 증가에도 불구하고 그들을 위한 사회 복지는 전혀 고려되고 있지 않다.

○ '~임에도 불구하고'라는 의미를 나타낼 때, 명사와 연결되는 것은 전치사 despite이다. 따라서 despite이 정답이다.

정답 (c)

2 많은 사람들은 내전 때문에 그들의 고향을 떠나야 했다.

○ '~때문에'라는 의미를 나타낼 때, 명사와 연결되는 것은 because of이다.

정답 (b)

→ BASIC TRAINING

1 Tea had been used as a medicine in China **before** it became a beverage around the world.

녹차는 세계적인 음료가 되기 전에 중국에서 약으로 이용되었었다.

2 No sooner had the baby seen his parents than he **burst** into tears.

그 아이가 부모를 보자마자, 울음을 터뜨렸다.

3 **Hardly had they finished their experiment** when they realized that there was something wrong.

실험을 끝마치자마자, 그들은 잘못된 것이 있다는 것을 깨닫게 되었다.

4 **Once** any landmass sustained environmental damage, it recovers slowly.

어떤 땅이라도 일단 한 번 환경 오염이 가해지면 그곳은 회복하는 데 오래 걸린다.

5 Yesterday the children couldn't eat dinner with their parents **because** they were late.

어제 아이들이 늦었기 때문에 그들의 부모와 함께 식사를 할 수 없었다.

6 **Since** you've been gone for a long time, I couldn't talk with you about the issue.

네가 오랫동안 떠나 있었기 때문에, 나는 그 문제에 대해 너와 논의할 수 없었다.

7 I will do my best to the end, **even if** I can't win this game.

내가 이 경기를 이길 수 없다 할지라도 난 끝까지 최선을 다할 거야.

8 **Although** he has been ill in hospital for three years, he is quite strong now.

그는 3년 동안 아파서 병원에 입원해 있었지만, 지금은 매우 건강하다.

9 **Hungry as I am**, I can't go out to eat now.

배가 고프지만, 지금 먹으러 나갈 수 없다.

10 This library will be open for extended hours **so that** more students can use its facilities.

이 도서관은 더 많은 학생들이 이 시설을 쓸 수 있게 하기 위하여 연장된 시간 동안 열려 있을 것이다.

11 Most people spend **so** much time watching TV that they can't do other activities.

대부분의 사람들은 텔레비전을 보는 데 너무나 많은 시간을 소비하여 다른 활동을 할 수 없다.

12 There was **such** a long line at the gas station that I couldn't arrive on time.

주유소에 줄이 너무 길어서, 나는 제시간에 도착할 수 없었다.

13 The government should prevent people from smoking cigarettes in public places; **otherwise** many people will suffer from second-hand smoking.

정부는 공공 장소에서의 흡연을 금지시켜야 한다. 그렇지 않으면, 많은 사람들이 간접 흡연 때문에 고통받게 될 것이다.

14 You should accept yourself **as you are**.

너는 있는 그대로 스스로를 받아들여야 한다.

15 It is easy to get a credit card issued, **while** it is difficult to get it reissued after the expiry.

신용카드를 발급받는 것은 쉽지만, 기간 만료 이후에 재발급받는 것은 어렵다.

→ ACTUAL TRAINING

1 A: 이사진들이 왜 그 제안을 수용하지 않았는지 이해할 수가 없어요.

B: 그래서 지도자들이 그들이 바라는 대로 사물을 보지 않고, 사물을 있는 그대로 보는 것이 중요한 것 같아요.

◐ '있는 그대로, 현실 그대로'라는 의미를 나타낼 때, 단수 개념에서 as it is, 복수 개념에서 as they are를 쓴다. 따라서 as they are가 정답이다.

board member 이사진 accept 수용하다 critical 중요한

정답 (b)

2 A: 어디에서 제 일기장을 찾으셨나요?

B: 서랍을 열자마자, 발견했어요.

◐ '~하자마자 ~했다'는 의미를 나타낼 때, [Hardly had 주어 p.p., 주어 + 과거 동사]의 어순을 쓴다.

drawer 서랍

정답 (b)

3 A: 오늘 아침에 역에서 마이크를 만나셨나요?

B: 아니요. 도착했을 때, 그는 이미 역을 출발해 버렸어요.

◐ '~했을 때'라는 의미로 두 문장을 연결할 때 접속사가 필요하며, [when + 주어 + 동사]가 기본 문형이다.

정답 (b)

4 A: 당신 손이 무슨 문제가 있나요? 병원에 가보셨나요?

B: 네. 평소처럼 쓸 때까지는 한 달 이상의 시간이 걸릴 거래요.

◐ '~하기 전에'라는 의미를 나타낼 때 before를 쓴다.

as usual 평소처럼

정답 (b)

5 A: 그에게 그녀의 목적지를 말해야 하나요?

B: 그가 그녀를 만나지 못한다 해도 그에게 그것을 알리는 것이 좋겠어요.

'비록 ~일지라도' 라는 의미를 나타낼 때 even if를 쓴다.

destination 목적지 inform 알리다

정답 (b)

6 내일 비가 많이 내린다 해도, 축구 경기는 취소되지 않을 것이다.

◐ '~한다 해도' 라는 의미일 때, although를 쓴다.

heavily 심하게 cancel 취소하다

정답 (d)

7 어떤 약물들은 중앙 신경 계통에 긍정적인 영향을 미치지만, 대부분의 환각제들은 우리의 신체 기관과 감정을 왜곡시킨다.

◐ '~인 반면에' 라는 의미를 나타낼 때, while을 쓴다.

positive 긍정적인 influence 효과 nervous 신경의 hallucinogen 환각제 distort 왜곡하다 organ 신체기관

정답 (a)

8 야생 동물들이 적절한 보호를 받지 않는다면, 많은 종들이 몇 년 이내에 멸종하게 될지도 모른다.

◐ '~하지 않는다면' 이라는 의미를 나타낼 때, unless를 쓴다.

wild 야생의 protect 보호하다 properly 적절하게 species 종 extinct 멸종한

정답 (c)

9 우리 달력이 과거에 그랬던 것처럼, 달력이 당신에게 우리 서점을 상기시켜주기를 바라면서, 내년 달력을 보내드립니다.

◐ '마치 ~인 것처럼' 이라는 의미를 나타낼 때, just as를 쓴다.

calendar 달력 remind 상기시켜주다

정답 (a)

10 그 동물의 새끼는 태어날 때 200그램 미만의 무게가 나가지만, 그들은 몇 달 후에는 103킬로그램 이상으로 성장한다.

◐ '~인 반면에' 라는 의미를 나타낼 때, while을 쓴다.

cub 동물의 새끼

정답 (c)

11 문법적 구조를 세심하게 공부하지 않는다면, 당신은 그 언어를 결코 이해할 수 없을 것이다.

◐ '~하지 않는다면' 이라는 의미를 나타낼 때, unless를 쓴

다.

grammatical 문법적인 structure 구조

정답 (b)

12 일상적인 신체 활동은 당신이 빨리 살을 뺄 수 없다고 해도, 건강에 좋다.

◐ '비록 ~일지라도' 라는 의미를 나타낼 때, even if를 쓴다.

physical 신체적인 beneficial 이익이되는

정답 (c)

13 야생 동물들을 위험에 처하게 하는 많은 요소들이 있지만, 가장 큰 위협은 충분한 음식의 부족이다.

◐ '~인 반면에' 라는 의미를 나타낼 때, while을 쓴다.

endanger 위험에 처하게 하다, 위태롭게 하다 threat 위험 sufficient 충분한

정답 (c)

14 과학자들이 그 실험의 결과를 얻었을 때, 그들은 그것이 그 분야에서 일대 혁신을 가져올 것이라고 확신했다.

◐ '일단 ~할 때' 라는 의미를 나타낼 때, once를 쓴다.

experiment 실험 revolution 혁신

정답 (d)

15 그가 상을 놓자마자 벨이 울렸다.

◐ '~하자마자 ~했다' 는 의미를 나타낼 때, [Scarcely + had 주어 p.p., 주어 + 과거동사]의 형태를 쓴다.

set the table 상을 놓다

정답 (b)

→ REVIEW TRAINING 4

1 A: 소설을 읽는 동안 감동받은 것이 있나요?
B: 물론이죠. 등장인물들이 생각을 감추는 것이 매우 흥미로웠어요.

◐ '~라는 것' 이라는 의미로 문장이 주어가 될 때 접속사 that을 쓴다. 이때 that절에서는 [주어 + 동사]의 어순이 된다.

impress 인상을 주다, 감동을 주다 conceal 감추다

정답 (b)

2 A: 경제가 다시 악화되는 것 같아요.

B: 저도 그렇게 생각해요. 어느 누구도 그것이 언제 다시 좋아질지 예측할 수가 없네요.

💬 '언제 좋아질지' 라는 의미로 간접의문문의 형태이다. 따라서 [의문사 + 주어 + 동사]의 어순으로 제시된 when it will be fine이 이용되며, ever는 조동사 뒤에 온다.

economy 경제 devastating 악화되는 predict 예측하다

정답 (c)

---

3 A: 학급에서 좋은 친구가 있나요?
   B: 물론이죠. 학교에 제가 가장 잘 어울릴 수 있는 많은 학생들이 있어요.

💬 선행사 many students와 연결되는 관계대명사는 whom이며, 이때 목적격 관계대명사는 생략 가능하다. 따라서 I can get along with best가 연결된다.

get along with ~와 어울리다. 잘 지내다

정답 (a)

---

4 A: 어제 당신을 때렸던 사람을 이 사진에서 찾을 수 있나요?
   B: 네, 이 사람이 바로 그 사람이에요.

💬 선행사 the one과 관계대명사 구문 who did it이 결합된 문장이다. 주격 관계대명사 who가 쓰일 때 [동사 + 목적어]의 형태가 뒤에 연결된다.

strike 치다, 때리다

정답 (d)

---

5 A: 많은 한국 학생들이 공부하기 위해 외국에 가는 것 같아요.
   B: 그것이 사실이기는 하지만, 우리가 그것에 관해 할 수 있는 것은 아무것도 없어요.

💬 '비록 ~이지만' 이라는 의미를 나타내는 접속사는 though이다.

정답 (d)

---

6 대부분의 참가자들은 그들이 해야 하는 것의 대부분을 빠르게 깨달았다.

💬 '그들이 해야 하는 것의 대부분' 이라는 의미로 most of 뒤에서 선행사 역할과 do의 목적어의 역할을 동시에 하는 것은 관계대명사 what이다.

participant 참가자 rapidly 빠르게 be required to ~해야한다

정답 (c)

---

7 보존주의자들이 신경을 쓰고 있는 환경오염이 오늘날 사회에서 중요한 이슈가 되었다.

💬 '신경을 쓰다, 주의를 기울이다' 는 pay attention to인데, 전치사 to를 관계대명사와 함께 앞으로 보낸 형태이므로 to which가 적절하다.

environmental pollution 환경오염 conservationist 보존주의자 pay attention to 주의를 기울이다

정답 (c)

---

8 두 개의 신문기사를 읽은 이후에, 편집자는 대중들에게 호소할 수 있는 어떤 것이든 결정해야 했다.

💬 '어느 것이든지' 라는 의미로, 둘 중의 하나를 선택할 때 whichever를 쓴다.

article 신문기사 appeal to ~에게 호소하다

정답 (c)

---

9 〈잃어버린 세대〉에 의해 쓰여진 소설들은 1차 세계대전에 대한 반발이었으며, 이때 역사적으로 더 많은 사람들이 죽었다.

💬 '1차 세계대전에서 죽었다' 는 의미이므로 in the World War I과 연관지어 in which를 쓴다.

Lost Generation 잃어버린 세대(1차 세계대전 이후 좌절에 빠진 예술가들의 총칭) response 응답, 반응 throughout history 역사적으로

정답 (b)

---

10 관광객들이 섬을 떠나자마자, 강우 때문에 교통이 차단되었다.

💬 '~하자마자 ...했다' 는 의미를 나타낼 때 [no sooner + had + 주어 + p.p. + than]의 구조를 쓴다.

tourist 관광객 rainfall 강우 traffic 교통 be tied up ~에 묶이다

정답 (d)

---

11 (a) A: 제니퍼는 내가 예상했던 것과 다른 사람인 것처럼 보이네요.
    (b) B: 제니퍼요? 어디 있는데요? 여기 이 파티장에 있나요?
    (c) A: 네, 그녀는 문 쪽에서 마이크와 이야기하고 있는 사람이에요.
    (d) B: 와, 그렇네요. 그녀를 몰라봤어요.

💬 선행사가 사람이며, 이어지는 관계사절에서 주어가 생략되어 있을 때 관계대명사는 who를 쓴다. 따라서 which를 who로 전환한다.

expectation 기대, 예상 recognize 깨닫다, 알아차리다

정답 (c)

---

12 (a) A: 이 호수를 방문한 것은 좋은 결정이었던 것 같아요.

(b) B: 맞아요. 하지만 여기에 선에 있었더라면 좋았을 걸 그랬어요.

(c) A: 하지만, 너무 늦기 전에 여기 오다니 운이 좋은 거예요.

(d) B: 이해합니다. 여기에 오지 못한 친구들이 많거든요.

◈ 선행사가 사람이며, 이어지는 관계사절에서 주어가 생략되어 있을 때 관계대명사 who를 쓴다. 따라서 whose를 who로 전환한다.

decision 결정

정답 (d)

13 (a) A: 진, 노트 좀 빌려줄래? 오늘 역사 수업에 결석했거든.

(b) B: 쓸모없을 거야. 선생님이 말씀하신 것을 아무 것도 적지 못했거든.

(c) A: 선생님이 설명하신 것을 이해하지 못했니?

(d) B: 응, 말이 너무 빠르게 명확하지도 않았거든.

◈ 선행사 anything이 있을 때 관계대명사 what을 쓸 수 없다. 따라서 what을 that으로 바꿔야 한다.

lend 빌려주다 useless 쓸모없는, 가치가 없는

정답 (b)

14 (a) 이 지역에서, 대부분의 주민들은 그물로 물고기를 잡으면서 인근 호수에서 며칠을 보내기도 한다. (b) 그러나 매년 건기 동안, 그들은 깊은 숲 속에서 사냥을 하기도 한다. (c) 그 지역에는 60개의 부족이 있으며, 그 가운데 약 10개 부족이 선동적인 수공예품을 만들고 있다. (d) 인구의 거의 3분의 1은 모사이 족이며, 그들이 그 나라의 중심부를 차지하고 있다.

◈ 60개의 부족이 있으며, 그 가운데 10개 부족이므로, '~중에서'라는 의미가 되려면 of which를 써야 한다. 따라서 in which를 of which로 바꿔야 한다.

resident 거주민, 거주자 nearby 인근의, 근처의 dry season 건기 traditional 전통적인 handicraft 수공예품 population 인구 occupy 차지하다

정답 (c)

15 (a) 당신이 창의적이고 새로운 건강 프로그램을 찾고 있다면, 우리가 당신이 할 수 있는 많은 것을 가지고 있습니다. (b) 이러한 새로운 건강 프로그램들은 정말로 훌륭하며, 그래서 저는 당신이 그것들을 조만간 경험해 보시기를 바랍니다. (c) 우리는 진심으로 그것을 통해 당신이 하기를 원하는 것을 이해합니다. (d) 의심할 여지없이 당신은 건강을 유지할 수 있을 것이며, 당신이 원하는 것을 할 수 있을 것입니다.

◈ '당신이 하기를 원하는 것'이라는 의미로 do의 목적어가 없으며, 선행사가 없으므로 관계대명사 what을 쓴다. 따라서 that을 what으로 바꿔야 한다.

creative 창의적인 experience 경험하다 sincerely 진심으로 undoubtedly 의심할 여지없이 keep in shape 건

강을 유지하다, 몸매를 유지하다

정답 (c)

UNIT 13 가정법

P084 가정법 미래

1 가정법 미래

1 A: 만약 무엇이라도 범상치 않은 일이 생긴다면, 나에게 바로 알려줘.
B: 걱정하지 마세요. 내가 알게 되자마자 당신에게 전화할게요.

⟳ 가정법 미래 유형 문제. '만약 ~한다면'이라는 의미로, 미래의 상황 또는 사실을 말하고자 할 때, if절에 [should + 동사원형] 또는 [were to + 동사원형]의 형태를 이용하며, if가 생략되면 should 또는 were가 주어 앞에 제시된다.

정답 (b)

2 만약 사장이 나를 백화점의 총 관리인으로 지명한다면 나는 최선을 다할 것이다.

⟳ 가정법 미래 유형 문제. '만약 ~한다면'이라는 의미로, 미래의 상황 또는 사실을 말하고자 할 때, if절에 [should + 동사원형] 또는 [were to + 동사원형]의 형태를 이용하며, if가 생략되면 should 또는 were가 주어 앞에 제시된다.

정답 (d)

2 가정법과 should

1 A: 네 계획에 대해서 사장은 뭐라고 생각하니?
B: 그는 가능한 빨리 계획을 실행해야 한다고 하셨어.

⟳ 가정법 미래 유형 문제. 동사 recommend가 이용될 때, that절 안에는 should가 생략된 동사원형이 이용된다.

정답 (a)

2 모든 승차자들이 자전거를 탈 때마다 헬멧을 써야 하는 것은 중요하다.

⟳ '~하는 것이 중요하다'는 의미로 it is important의 구조가 that절과 결합할 때, that절 안에는 should가 생략된 동사원형을 쓴다. 따라서 wear가 정답이다.

정답 (a)

P085 가정법 과거

1 A: 나는 이번 주에 무엇을 해야 할지 모르겠어.
B: 내가 너라면 집에서 영화를 볼 거야.

⟳ 가정법 과거 유형 문제. 현재의 상황 또는 사실을 말할 때, if절과 주절에는 과거시제를 쓴다.

정답 (b)

2 A: 왜 제니퍼에게 그렇게 화가 나있어요?
B: 당신이 내 입장이 된다면, 날 이해할 수 있을 거예요. 그녀는 항상 너무 나에게 무례해요.

⟳ '~라면'이라는 의미로 가정법을 나타내며, 현재 사실을 말할 때, 과거 동사를 쓰며, if가 생략된 형태에서는 were가 도치된다. 따라서 Were you in my shoes가 정답이다.

정답 (b)

2 가정법 과거를 나타내는 표현

1 A: 난 여행을 가게 되어 너무 신나.
B: 그러나 난 네가 차라리 여기에 있었으면 좋겠어.

⟳ 가정법 과거 유형 문제. '~라면 좋을 텐데'라는 의미를 나타낼 때, I'd rather와 [주어 + 동사]가 결합되면, 동사의 과거형을 쓴다.

정답 (d)

2 물과 공기가 없다면 모든 살아있는 식물과 동물들은 살 수 없을 것이다.

⟳ 가정법 과거 유형 문제. '~이 없다면'이라는 의미로, 현재의 상황 또는 사실을 말할 때, If it were not for 또는 If가 생략된 Were it not for를 쓸 수 있다.

정답 (d)

P086 가정법 과거완료와 혼합가정법

1 가정법 과거완료

1 A: 넌 처음에 직장 생활을 어떻게 했니?
B: 내가 만약 대학에서 계속 공부를 했었다면 아마 할 수 없었을 거야.

⟳ 가정법 과거완료 유형 문제. 과거의 상황 또는 사실을 가정할 때, 가정법 과거완료를 이용하며, 주절에 would have p.p.의 구조를 쓴다.

정답 (d)

2 빠른 대응이 아니었다면, 많은 희생자들이 지난주의 홍수로부

터 살아남지 못했을 것이다.

○ 가정법 과거완료 유형 문제. '~이 없었더라면'의 의미로, 과거 사실을 가정할 때 과거완료시제를 이용하며, if절에서 if가 생략될 때, had it not been for의 형태를 쓴다.

정답 (c)

2 혼합 가정법

1 내가 만약 더 일찍 방을 예약했더라면, 난 지금 휴가를 즐길 수 있을 텐데. 하지만 지금은 모든 방이 예약된 상태이다.

○ 혼합 가정법 유형 문제. 과거 사실과 현재 사실을 가정의 의미로 나타낼 때, 혼합 가정법을 쓸 수 있으며, 현재 상황 또는 사실을 말할 때 [might + 동사원형]을 쓴다.

정답 (c)

2 적절한 조치가 없었더라면, 이 나라는 올해 심각한 재정난을 겪고 있을 거야.

○ 혼합 가정법 유형 문제. 과거의 상황과 현재 상황을 함께 이용하면서 비교할 때, 혼합 가정법을 쓴다. 따라서 현재 상황을 나타낼 때 [조동사 + 동사원형]을 쓰므로 would be가 정답이다.

정답 (b)

P087 가정법 표현

1 A: 나는 새 컴퓨터를 구입했어.
B: 정말? 나는 나도 네 것 같은 것을 가지고 있으면 좋겠다.

○ I wish 가정법 유형 문제. '지금 가지고 있으면 좋을 텐데'라는 의미로 현재 사실을 말하고 있으므로, 동사의 과거형을 쓴다.

정답 (a)

2 A: 고객이 없을 때에는 정말 지루해.
B: 맞아, 우리가 한 시간 전에 집에 갔었더라면.

○ I wish 가정법 유형 문제. 바라고 있는 시점보다 먼저 했어야 하는 사건을 설명할 때 과거완료(had p.p.)시제를 쓴다.

. 정답 (d)

2 as if/as though 가정법

1 A: 예전 사장은 어땠나요?
B: 그는 마치 우리가 기계의 일부인 것처럼 명령을 내렸어요.

○ as if 가정법 유형 문제. 명령을 내린 시점과 그 명령들이

기계의 일부인 것처럼이라는 시점이 같으므로 동사의 과거형을 쓴다. 이와 같이 주절의 동사와 as if 구문의 동사가 같은 시점일 때, 동사의 과거형을 쓴다. 따라서 were가 정답이다.

정답 (c)

2 소방관들은 마치 그 전날 밤 잠을 자지 못했던 것처럼 매우 피곤해 보였다.

○ 피곤해 보인 시점은 과거이며, 그 전날 밤에 잠을 자지 못했다는 것은 과거 이전 상황을 설명한다. 따라서 앞선 시점을 말하고 있으므로, had p.p.의 형태를 쓴다. 따라서 had not slept가 정답이다.

정답 (d)

→ BASIC TRAINING

1 If I **should** win a million dollars in the lottery, I would help the poor around the world.

만약 복권에서 백만 달러를 받게 된다면, 나는 전 세계의 가난한 사람들을 도와주겠다.

2 My father suggested that **she buy a new bag** since she didn't have any.

나의 아버지는 그녀가 아무 것도 가지고 있지 않았기 때문에 새 가방을 사라고 그녀에게 제안했다.

3 To improve productivity, it is vital that we **not forget** what has already been achieved and what we can do in the future.

생산성을 향상시키기 위해, 우리는 이미 달성된 것과 미래에 우리가 할 수 있는 것을 잊지 않는 것이 중요하다.

4 If I **had** more money, I would buy those shoes displayed in the window.

나에게 돈이 더 있다면, 윈도우에 전시된 그 신발들을 살 텐데.

5 If he taught our class this semester, all of the students **would be** glad.

만약 그가 이번 학기에 우리 반을 가르친다면, 모든 학생들이 기뻐할 텐데.

6 **Were it not for** his creativity, we couldn't experience such technology.

그의 창의성이 없으면, 우리는 그러한 기술을 경험할 수 없을 것이다.

7 I'd rather you **didn't** smoke here.

나는 당신이 여기에서 흡연을 하지 않으면 좋겠어요.

8 If you **had visited** Korea, you would have loved it.

만약 당신이 한국을 방문했었더라면, 당신은 그것을 좋아했을

거예요.

9 **Had it not been for** the war, the country could have prospered.

전쟁이 없었더라면, 그 나라는 번영할 수 있었을 텐데.

10 If he **had been** informed of the meeting, he would stay at the office now.

만약 그가 회의에 대해 통보를 받았다면, 그는 지금 사무실에 있을 텐데.

11 Had it not been for excessive expenses, the budget balance **would remain** stable now.

과다한 지출이 없었더라면, 예산의 잔액이 지금은 안정적으로 유지되고 있을 텐데.

12 I wish my house **were** as nice as yours.

나는 내 집이 당신 집만큼 좋으면 좋겠다.

13 I wish he **had stayed** home with me last night.

그가 어젯밤에 나와 함께 집에 머물렀으면 좋았을 텐데.

14 He talked as if he **knew** exactly where I wanted to go.

그는 내가 어디를 가기를 원하는지를 정확하게 알고 있는 것처럼 말했다.

15 All the students look very delighted as if they **had got** a good score on the exam they took yesterday.

모든 학생들은 어제 그들이 보았던 시험에서 좋은 성적을 받았던 것처럼 매우 기뻐 보인다.

→ ACTUAL TRAINING

1 A: 파티에서 제 여동생을 보셨나요?
B: 아니요. 제가 조금 더 일찍 갔더라면, 볼 수 있었을 텐데요.

- -

⊙ 가정법 과거완료를 나타낼 때, if절에 had p.p.를 이용하면, 주절에는 could have p.p.를 쓴다.

정답 (c)

2 A: 어제 어디에 계셨나요?
B: 공원에서 운동하고 있었어요. 의사가 건강하려면 자전거를 타라고 추천했어요.

- -

⊙ recommend와 같은 '추천하다'는 의미의 동사가 있을 때 목적어인 that절에서 동사는 동사원형을 쓴다.

work out 운동하다 recommend 추천하다

정답 (a)

3 A: 로버트가 화학을 전공하기로 결심했다고 들었어요.
B: 전 그가 대신 다른 것을 전공했으면 좋겠어요.

- -

⊙ '~라면 좋을 텐데'라는 의미를 나타낼 때, [I would rather + 주어 + 과거동사]를 쓴다.

major in ~을 전공하다 chemistry 화학

정답 (d)

4 A: 그 회사가 편리한 휠체어를 개발했다고 들었어요.
B: 네. 장애를 가진 사람들에게 동등한 기회를 제공하기 위하여 각 시설물이 접근 가능해야 하는 것은 중요하거든요.

- -

⊙ It is important that절의 구조에서, that절 내부의 동사는 동사원형을 쓴다.

convenient 편리한 facility 설비 accessible 접근 가능한 opportunity 기회 disability 장애

정답 (a)

5 A: 과제를 끝내셨나요?
B: 아니요. 자료가 더 있다면, 지금 당장 그것을 끝낼 수 있을 텐데요.

- -

⊙ '~한다면 …할 텐데'라는 의미로, 현재 사실의 반대를 말할 때, if절에는 과거동사를, 주절에서는 [would + 동사원형]을 쓴다.

assignment 과제 material 자료

정답 (b)

6 만약 사람들이 예전보다 더 건강한 삶을 산다면, 그들은 건강 문제가 더 줄어들 텐데.

- -

⊙ '~라면 …할 텐데'라는 의미로, 현재 사실의 반대를 말할 때, if절에는 과거동사를, 주절에는 [would + 동사원형]을 쓴다.

lifestyle 삶의 방식

정답 (c)

7 국가 보험과 관련된 모든 프로젝트가 제시간에 끝나야 하는 것이 중요하다.

- -

⊙ It is imperative that절에서 that절 내의 동사는 동사원형을 쓴다.

imperative 필수적인, 중요한 project 프로젝트 national 국가의 insurance 보험 complete 완료하다, 끝내다

정답 (b)

8 작년에 일어났던 갑작스런 사고가 없었더라면, 그들은 지금 런던에서 살고 있을 텐데.

💠 '~이 없었더라면' 이라는 의미로, 과거 사실의 반대를 말할 때, If it had not been for 혹은 Had it not been for를 쓴다. 혼합 가정법의 유형이다.

---

sudden 갑작스러운

정답 (b)

9 그들이 교통 법규를 지켰더라면, 그들은 그런 사고를 겪지 않았을 텐데.

💠 '~했었더라면 …했었을 텐데' 라는 의미로 과거 사실의 반대를 말할 때, if절에는 had p.p.를, 주절에는 would have p.p.를 쓴다.

정답 (d)

10 대부분의 직원들은 경영진이 지도와 격려를 통해 직원들을 이끌어야 한다고 요구한다.

💠 require 동사의 목적어가 that절일 때, that절 내의 동사는 동사원형을 쓴다.

---

require 요구하다 management 경영진 coaching 코칭, 지도 facilitating 촉구, 격려

정답 (a)

11 (a) A: 금요일에 당신 생일 파티에 갈 수 있으면 좋을 텐데요.
(b) B: 당신이 올 수 없게 되었다니 참 유감이네요.
(c) A: 모든 사람들이 내가 좋은 시간을 놓칠 거라고 말하더군요.
(d) B: 맞아요. 제가 많은 재미있는 것을 계획했거든요.

💠 '~라면 좋을 텐데' 라는 의미로 I wish를 쓸 때, 같은 시점을 말할 때는 과거동사를 쓴다. 따라서 I wish I can을 I wish I could로 바꿔야 한다.

---

a shame 유감스러운 일 miss 놓치다

정답 (a)

12 (a) A: 돈이 좀 더 있다면, 아마도 주식에 투자할 텐데요.
(b) B: 하지만 주식은 위험한 투자일 수도 있어요. 조심하셔야 돼요.
(c) A: 맞아요. 그런데 당신은 어떤 종류의 투자가 가장 좋다고 생각하세요?
(d) B: 전 은행에 예금 계좌를 가지고 있어요.

💠 '~라면 …할 텐데' 라는 의미로 현재 사실의 반대를 말할 때, if절에는 과거동사를, 주절에는 [would + 동사원형]을 쓴다. 따라서 If I have more money를 If I had more money로 바꿔야 한다.

---

invest 투자하다 stock market 주식 시장 risky 위험한 savings account 예금 계좌

정답 (a)

13 (a) A: 여보세요? 제임스인데요. 영업부서의 톰에게 통화 좀 할 수 있을까요?
(b) B: 죄송합니다. 지금 통화중인데요. 메시지를 남기시겠습니까?
(c) A: 네, 저에게 새로운 제품 목록을 좀 보내 달라고 해주세요.
(d) B: 알겠습니다. 메시지를 전달해 드릴게요.

💠 request 동사 뒤에 that절이 목적어일 때, that절 내의 동사는 동사원형을 쓴다. 따라서 he'll send me를 he send me로 바꿔야 한다.

---

sales department 영업부 on the phone 통화중인 request 요구하다 deliver 전달하다

정답 (c)

14 (a) '좋은 독일인' 은 뛰어난 영화 제작자인 스티븐 소더버그의 최근 영화이다. (b) 야심찬 소더버그는 올해 '거품' 을 공개했으며, 1940년대의 단순한 스타일로 영화를 제작했다. (c) '좋은 독일인' 에서 감독이자 작가인 소더버그는 1940년대의 영화 제작 스타일을 완전하게 재창조했다. (d) 현대적인 배역만 아니라면, 이 영화를 진짜 느와르 영화와 구별하기가 어려웠을 것이다.

💠 '~이 없다면 …일 텐데' 라는 의미를 나타낼 때, 가정법 과거를 이용하며, were it not for의 형태와 결합하는 주절은 [would + 동사원형]을 쓴다. 따라서 it has been hard를 it would be hard로 전환한다.

---

latest 최근의, 최신의 incredible 믿을 수 없을 정도의, 뛰어난 filmmaker 영화 제작자 ambitious 야심찬 release 공개하다 bubble 거품 director 감독 flawlessly 흠이 없이, 완전하게 recreate 재창조하다 contemporary 현대적인 cast 배역 genuine 진짜의 noir film 느와르 영화

정답 (d)

15 (a) 정책 논쟁에서, 행위자는 특정한 정책의 행위를 결정하는 주체이다. (b) 만약 어떤 계획이 한 국가가 다른 국가에게 인도주의적인 원조를 해주도록 한다면, 행위자는 전자에 해당하는 국가이다. (c) 여러 번에 걸쳐, 행위자들은 더 구체적인 행위자들로 세분화된다. (d) 가장 일반적인 행위자들은 대법원, 행정부, 그리고 의회이다.

💠 '~라면 …할 텐데' 라는 의미로, 미래 사실의 불확실성 혹은 불가능성을 말하면서, 미래적 의미를 나타낼 때, if절에 were to를 이용하면, 주절에는 [would + 동사원형]을 쓴다. 따라서 the actor is를 the actor would be로 바꿔야 한다.

---

policy 정책 debate 논쟁 entity 실체, 주체 enact 제정하다 humanitarian 인도주의적인 aid 원조, 도움 subdivide 세분화하다 specific 구체적인 agent 대리인, 행위자 Supreme court 대법원 President 행정부, 대통령 Congress 의회

정답 (b)

UNIT 14 전치사

시간 전치사

1 A: 이 휴대 전화를 얼마나 오래 사용할 수 있습니까?
B: 충전 없이 24시간 동안 사용할 수 있습니다.

○ 전치사 유형 문제. '24시간 동안' 이라는 의미로, 구체적 시간을 말할 때, 전치사 for를 쓴다.

정답 (d)

2 우리 쇼핑 몰은 올해 말까지 개장해 있을 것이다.

○ 전치사 유형 문제. '올해 말까지' 라는 의미와 '그 시간까지의 지속성' 을 나타낼 때, 전치사 until을 쓴다.

정답 (b)

P089 위치 전치사

1 A: 이번 주말에 놀이 공원에서 무엇을 할 거니?
B: 우리는 친구들을 만나서 재미있게 놀 거예요.

○ 전치사 유형 문제. '공원에서' 와 같이 특정 지점을 나타내는 전치사는 at이다.

정답 (a)

2 아프리카 나라의 많은 사람들은 나라 전역에 퍼져 있는 에이즈 바이러스 때문에 고통을 겪었다.

○ 전치사 유형 문제. '나라 전역에 걸쳐' 라는 의미로 사용되는 전치사는 throughout이다.

정답 (c)

P090 방향 전치사

1 A: 너의 고양이가 왜 그렇게 도망갔니?
B: 어떤 아이들이 돌을 던졌거든요.

○ 전치사 유형 문제. '~에게 던지다' 는 의미를 나타낼 때, 전치사 at을 쓴다.

정답 (d)

2 그 여행을 끝내는 데 10시간도 넘게 걸렸지만 도로를 따라 있는 풍경이 너무 좋았다.

○ 전치사 유형 문제. '도로를 따라서' 라는 의미를 나타낼 때,

전치사 along을 쓴다.

정답 (c)

P091 기타 전치사

1 A: 네 시험 결과는 어땠니?
B: 불행하게도 시험에서 C를 받았어요.

○ 전치사 유형 문제. '시험에서' 라는 의미를 나타낼 때, 전치사 on을 쓴다.

정답 (c)

2 크기에 비해 매우 민첩했던, 공룡은 전 세계를 지배했던 동물이었다.

○ 전치사 유형 문제. '~에 비해' 라는 의미를 나타낼 때, 전치사 for를 쓴다.

정답 (c)

→ BASIC TRAINING

1 A special internship program for the new employees will begin **on** January 1, 2009.

신입 직원들을 위한 특별 연수 프로그램은 2009년 1월 1일에 시작할 것이다.

2 The man convicted of killing the children has been jailed **for** 10 years.

아이들을 죽인 것 때문에 유죄를 선고 받았던 그 남자는 10년 동안 수감되어 있다.

3 Some animals should eat something in advance in order to support their body **during** the hibernation period.

어떤 동물들은 동면 기간 동안 그들의 몸을 보충하기 위한 음식을 미리 먹어야 한다.

4 Our company will give you a discount of $50 if you buy the plane tickets **by** November 20 this year.

우리 회사는 이번 해 11월 20일 이전에 비행기 표를 구매하면 50달러를 할인해줄 것이다.

5 The Science Museum is **on** the other side of the river.

과학 박물관은 강 저편에 있다.

6 Electrons usually flow as water **through** a pipe.

전자는 일반적으로 물처럼 파이프를 통하여 흐른다.

7 If your product is out of order again, return it **to** where you bought it.

당신의 제품이 다시 고장나면, 그것을 산 곳에 가져다 주세요.

8 Human activities have a great effect **on** the natural environment.

인간의 활동은 자연 환경에 지대한 영향을 미친다.

9 Finally they returned **to** their hometown.

드디어 그들은 고향으로 돌아왔다.

10 An unhealthy diet and lifestyle will reduce people's average life span **by** 2 years every year.

좋지 않은 식습관과 생활 습관으로 사람들의 평균 수명이 매년 2년만큼 줄어들게 될 것이다.

11 He was driving his car **under** the influence of alcohol.

그는 술을 먹고 운전하고 있었다.

12 They sell sugar **by** the pound at the store.

가게에서는 파운드 단위로 설탕을 판다.

13 The tiger is very agile **for** its size.

그 호랑이는 자신의 크기에 비해 굉장히 빠르다.

14 Anne was dressed **in** black silk.

앤은 검정 실크 옷 차림이었다.

15 The company was granted a right to operate a distribution center **under** the new regulation.

그 회사에 새로운 규정 하에서 유통 센터를 운용할 권리가 주어졌다.

→ ACTUAL TRAINING

1 A: 그 회의의 결론이 무엇이었나요?
B: 아무 것도요. 반대자들과 지지자들 모두 그 프로젝트에 반대했어요.

💧 '~에 반대하는' 이라는 의미의 전치사는 against이다.

conclusion 결론 opponent 반대자 supporter 지지자 argue 주장하다

정답 (a)

2 A: 실례합니다. 저녁 식사를 위해 두 좌석을 예약해 놓는데요.

B: 누구 이름으로 예약 하셨나요?

💧 '누군가의 이름으로 예약하다' 는 의미는 make a reservation under를 이용하며, 이때 의문문에서는 Under what name ~?을 쓴다.

seat 좌석 reservation 예약

정답 (c)

3 A: 이 학교의 입학 규정은 무엇인가요?
B: 입학은 시험을 통해서 이루어집니다.

💧 '~을 통하여' 라는 의미를 나타낼 때, through를 쓴다.

admission 입학 허가 regulation 규정 entrance 입학

정답 (b)

4 A: 웹 사이트에 어떻게 접속하나요?
B: IP 주소를 리스트에 추가하세요.

💧 'A를 B에 추가하다' 는 의미는 add A to B를 쓴다.

access 접속하다

정답 (b)

5 A: 엄마를 어디에서 만나실 예정인가요?
B: 역에서 만나기로 약속했어요.

💧 '역에서' 라는 의미로 장소를 말할 때 at을 쓴다.

정답 (a)

6 정기적인 6개월 주기의 치과 검진은 우리의 구강 및 치아 건강을 위해 필수적이다.

💧 '~을 위해' 라는 의미를 나타낼 때, for를 쓴다.

regular 정기적인, 주기적인 dental 치과의 checkup 검진 essential 필수적인 oral 구강의

정답 (d)

7 모든 회원들이 2010년 1월 1일자로 시행될 법적 변화에 대해 알았으면 좋겠다.

💧 '몇 일자로' 라는 의미를 나타낼 때, as of를 쓴다.

legal 법적인, 법률적인 effective 효과적인, 효력을 발휘하는

정답 (c)

8 그의 장기들은 작은 간과 폐를 제외하고, 그의 나이에 비해 비정상적인 무게였다.

💧 '~에 비해' 라는 의미를 나타낼 때, for를 쓴다.

organ 장기 abnormal 비정상적인 except ~을 제외하고
liver 간 lung 허파, 폐

정답 (c)

9 어니스트 헤밍웨이는 <노인과 바다> 그리고 <누구를 위해 종
은 울리나>와 같은 뛰어난 소설로 상을 받은 작가였다.

○ '~로 상을 받은' 이라는 의미를 나타낼 때, for를 쓴다.

award 상을 주다 outstanding 뛰어난

정답 (b)

10 유사한 의미를 가진 단어들은 언어 학습자들이 더 쉽게 어휘력
을 쌓도록 도와줄 것이다.

○ '~을 가진' 이라는 의미를 나타낼 때, with를 쓴다.

similar 유사한 vocabulary 어휘력

정답 (b)

11 (a) A: 어서 오세요. 무엇을 도와드릴까요?
(b) B: 네, 저녁 식사를 위한 좌석을 예약해 두었는데요.
(c) A: 누구 이름으로 예약되어 있나요?
(d) B: 메리요. 아마 남편이 여기 있을 거예요.

○ '누군가의 이름으로 예약하다' 는 의미는 make a
reservation under 혹은 be under one's name을 쓴다.
따라서 Under what name is your reservation?으로 바꿔
야 한다.

reserve 예약하다

정답 (c)

12 (a) A: 무엇을 도와드릴까요?
(b) B: 아파트를 렌트하고 싶은데요.
(c) A: 얼마나 렌트하고 싶으세요?
(d) B: 3달 동안 이용하고 싶어요.

○ '3달 동안' 이라는 의미를 나타낼 때, for를 쓴다. 따라서 in
three months를 for three months로 바꿔야 한다.

rent 빌리다

정답 (d)

13 (a) A: 건강보험이 노인들 사이에 중요한 문제가 되었어요.
(b) B: 그들이 왜 그 문제에 관심을 가지고 있나요?
(c) A: 아마도, 그들의 연장된 평균 수명 때문인 것 같아요.
(d) B: 그래서 그들이 건강 보험에 관심을 가지는군요.

○ '노인들 사이에' 라는 의미로 세 사람 이상의 의미를 나타
낼 때, among을 쓴다. 따라서 between elderly people을
among elderly people로 바꿔야 한다.

health insurance 건강 보험 issue 문제, 조점 elderly
노인의 extended 연장된 life expectancy 평균 수명
insurance policy 건강 보험 정책

정답 (a)

14 (a) 여러 가지 측면에서, 인간의 삶은 다양한 방식으로 표현되
어 왔다. (b) 특히, 문학과 역사는 그것들이 정신적이고 감정적
인 자산들을 유형적 자산으로 바꿀 수 있다는 점에서 인간의
정신적 특성의 근거들이었다. (c) 예를 들어, 문학 작품들은 단
편 및 장편 소설, 시, 드라마, 그리고 에세이를 통하여 심오한
의미를 묘사해 왔다. (d) 고대로부터, 많은 시인들과 작가들은
그들의 견해와 상상력을 독자들과 공유함으로써 대중의 그리
고 개인들의 삶과 역사를 다루어왔다.

○ '~을 통하여' 라는 의미를 나타낼 때, through를 쓴다. 따
라서 at their short and long stories를 through their
short and long stories로 바꿔야 한다.

respect 면모, 측면 express 표현하다, 묘사하다
literature 문학 spiritual 영혼의 property 재산, 부, 특성
mental 정신적인 emotional 감정적인 asset 자산
tangible 유형의 describe 묘사하다, 설명하다 ancient
times 고대 public 대중적인 individual 개인적인
opinion 의견, 견해 imagination 상상력

정답 (c)

15 (a) 새가 날기 위해서, 부력이라고 알려진 상승하는 힘을 얻어
야 한다. (b) 새의 날개의 구조는 새가 부력을 얻는 것을 가능
하게 해준다. (c) 부력을 얻도록 만들어진 날개는 익형이라고
부른다. (d) 위쪽 표면은 비행하는 동안 아래쪽 표면보다 더 볼
록해진다.

○ '비행하는 동안' 이라는 의미를 나타낼 때, during을 쓴다.
따라서 along the flight을 during the flight으로 바꿔야 한
다.

obtain 얻다, 획득하다 upward 위쪽으로의 lift 부력
construction 구조 enable 가능하게 하다 achieve 얻다,
획득하다 aerofoil 익형, 날개, 보조익 convexed 볼록해진

정답 (d)

UNIT 15 특수구문

P092 강조 구문

1 동사 강조 표현

1 A: 어디서 일하고 싶니?
B: 난 회계팀에서 정말 일하고 싶어.

◉ 동사 강조 구문 유형 문제. '진정으로 원하다'라는 의미를 나타낼 때, [really + 동사]의 형태를 쓴다.

정답 (c)

2 A: 이번 주말에 영화를 보러 가는 게 어때?
B: 좋아, 확실히 갈 거야. 어떤 영화를 보고 싶어?

◉ '확실하게 하다'는 의미일 때, sure가 will을 강조하여, I sure will을 쓴다.

정답 (c)

2 It is... that ... 강조 구문

1 A: 집을 또 어질렀니?
B: 아니, 이번에는 로버트야.

◉ 강조 구문 유형 문제. [It is ~ that ...]의 과거형이므로, [It was + 강조어구 + that]의 구조이다.

정답 (b)

2 음악에 노출되었던 사람이 거의 대부분의 것들에 긍정적인 태도를 보인다는 것은 얼마나 놀라운 일인지 몰라.

◉ 감탄문 유형 문제. '얼마나 ~한가'라는 의미를 나타내는 감탄문 구문이 how의 형태로 제시될 때, [How + 형용사/부사 + 주어 + 동사]의 형태를 쓴다. 이 문장에서 it은 가주어, that절 이하가 진주어 구문이다.

정답 (d)

P093 도치구문

1 부정어구 도치구문

1 A: 우리 선생님한테 내가 정말 그 일을 했다고 말했니?
B: 아니, 안했는데. 그런 비슷한 생각조차 내 머릿속에 떠오르지 않았어.

◉ 도치 구문 유형 문제. never와 같은 부정어구가 강조되면서 도치되면, 주어와 동사의 어순이 도치된다. 따라서 that thought has even come의 구조에서, that thought과 has의 어순이 도치된다.

정답 (d)

2 교통 때문에 경찰은 제시간에 오는 법이 없다.

◉ 도치 구문 유형 문제. The police hardly ever arrive의 형태에서, Hardly ever와 같은 부정어구가 강조되면서 도치되면, 주어와 동사의 어순이 도치된다.

정답 (c)

2 only 도치구문

1 오늘에야 비로소 당신은 내 마음을 이해할 수 있을 거예요.

◉ only가 시간 부사 today와 함께 결합되면, 주어와 동사는 도치된다. 따라서 can you understand가 정답이다.

정답 (b)

2 시간의 가치를 깨달을 때에만 우리는 시간의 중요성을 인식할 수 있다.

◉ only가 부사절 when we recognize the value of time을 수식할 때, 주어와 동사가 도치된다. 따라서 can we appreciate이 정답이다.

정답 (c)

3 보어 도치구문

1 A: 나는 그 회사가 시장을 확장할 것이라고 들었어요.
B: 네. 그들의 첫 번째 가게가 너무 성공적이어서, 그것을 확장하기로 했대요.

◉ 도치 구문 유형 문제. Their first store was so successful의 형태에서, so successful이 강조되면서 도치되면, 주어와 동사의 어순이 도치된다.

정답 (c)

2 그 무선 키보드가 너무 매력적이어서, 모든 고객들은 그것을 사기를 원했다.

◉ '너무 매력적인'이라는 의미로 the wireless keyboard was such that 구조에서, such가 강조된 문장이다. 이때 주어와 동사가 도치된다. 따라서 Such was the wireless keyboard가 정답이다.

정답 (a)

4 장소 부사 도치구문

1 A: 소금 좀 건네주세요.
B: 여기 있어요.

◐ '여기있다' 는 의미로 장소 부사 here가 이용될 때, [대명사 + 동사]는 도치되지 않고, 그대로 이용된다. 따라서 here you are가 정답이다.

정답 (a)

2 A: 내 책이 어디 있나요?
B: 제가 가지고 있어요. 여기 당신 책 있어요.

◐ '책이 여기 있다' 는 의미일 때, 부사 here가 강조되고, 명사가 주어일 때 주어와 동사는 도치된다. 따라서 Here is the book.이 정답이다.

정답 (b)

P094 동의구문 / 부가의문문

1 동의구문

1 A: 나는 〈프리즌 브레이크〉라는 드라마를 몇 번 본 적이 있어.
B: 나도. 난 그게 너무 재미있는 것 같아.

◐ 동의 구문 유형 문제. 긍정문에 대한 동의 구문으로서, so를 이용하며, 앞에 언급된 문장이 have p.p.의 구조이므로, have를 쓴다.

정답 (d)

2 A: 나는 역사 소설을 싫어해요.
B: 네가 무슨 말하는 건지 알아. 나도 싫어해.

◐ 동의 구문 유형 문제. 부정문에 대한 동의 구문으로, 일반 부정문이 연결될 때, either의 형태를 쓴다. 주어로 시작하는 일반 문장 구문에서는 neither를 쓰지 않는다.

정답 (d)

2 부가의문문

1 A: 오늘 밤 영화 보러 갈까?
B: 그래. 7시에 빌딩 앞에서 보자.

◐ 부가의문문 유형 문제. '~하자' 고 제안하는 Let's 구문에 대한 부가의문문은 shall we를 쓴다.

정답 (d)

2 A: 그 선생은 약속을 지키지 않았던 것 같아요. 그렇죠?
B: 아니에요. 이미 많은 정보를 주셨어요.

◐ 부가의문문 유형 문제. 부정문에 대한 부가의문문은 긍정문의 질문 유형이므로, did he가 정답이다.

정답 (a)

P095 삽입/생략 구문

1 삽입 구문의 유형

1 이 가게는 충분히 크지가 않아. 그래서 여기에는 디지털 카메라 같은 것은 결코 없어.

◐ 삽입 구문 유형 문제. '혹시 있다 해도' 라는 의미를 나타낼 때, 뒤에 명사가 있을 경우, if any를 쓴다.

정답 (a)

2 그 연구의 대부분의 피실험자들은 결코 그 연구에 적절하게 응할 수 없었다.

◐ 삽입 구문 유형 문제. '혹시 있다 해도' 라는 의미를 나타낼 때, 뒤에 동사가 있을 때는 if ever를 쓴다.

정답 (b)

2 생략 구문의 유형

1 A: 경영진에서 직원들 중 일부를 해고하려고 하는 건가요?
B: 진정으로 그러기를 바라지 않아요.

◐ '바라지 않는다' 는 의미를 나타낼 때, I hope not을 쓴다. 따라서 hope not이 정답이다.

정답 (b)

2 A: 왜 회의가 취소되었다고 알리지 않았니?
B: 알렸을 거야. 하지만 너와 연락이 되지 않았어.

◐ 생략 구문 유형 문제. would have informed that ~의 유형에서, 동사가 반복되고 있으므로 생략한다. 따라서 would have만으로 나타낼 수 있다.

정답 (b)

1 의문사 & 표현법 구문

1 A: 나 무지 배고파. 지금 뭔가를 좀 먹는 게 어때?
B: 왜 안 되겠니? 지금 바로 가자.

💧 의문사 표현 유형 문제. '왜 안 되겠니?' 또는 '괜찮아' 라는 의미를 나타낼 때, Why not?이라는 구문을 쓴다.

정답 (b)

2 A: 이 레스토랑에 대해서 어떻게 생각하니?
B: 메뉴가 적은 것 말고는 괜찮은데.

💧 의문사 표현 유형 문제. '~에 대해 어떻게 생각하세요?' 라는 의미를 나타낼 때, [What do you think of + 명사?] 구문을 쓴다.

정답 (d)

→ BASIC TRAINING

1 His new car **does look** good, but in fact it is not in good condition.

그의 새 자동차는 정말 멋있어. 그러나 상태가 그렇게 좋지는 않아.

2 **It was a computer program that** I designed with my friends over the summer.

여름 동안 친구들과 고안한 것은 그 컴퓨터 프로그램이야.

3 **What a strange coincidence** it was that you couldn't pass the exam like me.

나처럼 너도 시험을 통과하지 못한 것은 정말 신기한 우연이다.

4 **Little did she realize** that play provided children with several ways to learn through various activities.

연극이 아이들에게 다양한 활동을 통해 여러 가지 학습 방식을 제공할 수 있다는 것을 그녀는 생각하지 못했다.

5 On no account **should you be** absent tomorrow.

너는 내일 무슨 일이 있어도 결석하면 안 된다.

6 **So successful was the business** that the number of employees has increased a lot.

사업이 너무 성공적이라서, 직원의 수가 상당히 증가하였다.

7 **Not only does the fruit have** vitamins and minerals, but it also has a substance that cures some diseases.

과일은 비타민과 미네랄뿐만 아니라 질병을 치료하는 물질도 가지고 있다.

8 **Only recently have scholars realized** that there was much scientific advancement in Greek society.

그리스 사회에서 과학적 발달이 상당히 이루어졌었다는 것을 학자들이 깨달은 것은 바로 최근이다.

9 A: Would you mind closing the window?
B: Of course not. **I feel chilly, too.**

A: 창문을 닫아도 되겠니?
B: 물론이지. 나도 좀 쌀쌀하다.

10 My father can speak Japanese and English, and **so can my mother**.

내 아버지는 일본어와 영어를 하실 수 있으며, 어머니도 하실 수 있다.

11 Let's have dinner tonight, **shall we**?

오늘 저녁 함께 먹어요. 그러실래요?

12 The technology of modern times is, **it seems**, more precious than that of ancient times.

현대의 기술은 고대의 기술보다 더욱 소중한 것 같다.

13 There is little, **if any**, difference between the two books.

두 권의 책 사이에는, 혹시 있다해도, 차이가 거의 없다.

14 A: Did you buy any juice at the store?
B: **I would have**, but I couldn't because I didn't have any money.

A: 가게에서 주스를 사오셨나요?
B: 사려고 했는데요. 돈이 없어서 사지 못했어요.

15 **What** do you need the money for?

왜 그 돈이 필요하신가요?

→ ACTUAL TRAINING

1 A: 다른 참가자들의 반응은 어땠나요?
B: 어느 곳에서도 실제로 그것에 대해 듣지 못했어요.

💧 부정어구 nowhere가 제시될 때, 주어와 동사는 도치된다. 따라서 did we actually hear를 쓴다.

reaction 반응 participant 참가자 actually 실제로

정답 (c)

2　A: 누가 또 부엌을 엉망으로 만들었니?
　　B: 그것을 한 것은 마이크였어요.

　　◎ 강조용법으로서 [It is … that ∼]의 형태를 쓴다. 따라서 that이 정답이다.

　　mess up 엉망으로 만들다, 어지럽히다

　　정답 (b)

3　A: 그 소설책을 벌써 몇 번이나 읽어보았어요. 너무 재미있어요.
　　B: 저도 그래요. 그것은 제가 가장 좋아하는 책이에요.

　　◎ 동의구문이 제시될 때, 긍정적 동의는 so의 형태를 이용하며, 앞 문장에서 동사가 have read이므로 So have I.를 쓴다.

　　정답 (b)

4　A: 그 사람이 일찍 돌아올 것이라 예상하시나요?
　　B: 네 그러길 바랍니다.

　　◎ '그러길 바라다' 는 의미는 I hope so.를 쓴다.

　　정답 (a)

5　A: 제이슨은 그 연극을 보지 못한 것을 후회하고 있어요.
　　B: 그를 이해할 것 같아요. 저도 보지를 못했거든요.

　　◎ 부정문에 대한 동의를 나타낼 때, not … either의 형태를 쓴다.

　　regert 후회하다

　　정답 (b)

6　의사가 환자에게 의학적인 장점을 제공할 것이라고 지시한 이후에야 초음파는 그들을 치료하기 위해 이용되어야 한다.

　　◎ only가 부사절과 결합하여 강조될 때, 주어와 동사는 도치된다. 따라서 should ultrasound be used가 정답이다.

　　indicate 지시하다 **medical** 의학적인 **ultrasound** 초음파

　　정답 (b)

7　그녀는 스스로 우울해지기를 원하지 않았으며, 또한 그녀의 아이들이 풍족한 엄마 때문에 좌절하면서 자라길 원하지 않았다.

　　◎ 부정어구인 nor가 문장 앞에 제시될 때, 주어와 동사는 도치된다. 따라서 nor did she want가 정답이다.

　　depressed 우울한 **discouraged** 좌절한

　　정답 (b)

8　그들의 장기적인 문제점들을 이해한 이후에야, 그들은 그 문제

들을 해결하기 위해 다른 방법들을 찾기 시작했다.

　　◎ not until과 같은 부정어구가 문장 앞에 강조될 때, 주어와 동사는 도치된다. 따라서 did they begin이 정답이다.

　　long-term 장기적인

　　정답 (d)

9　무엇보다도 그가 의과대학에 가기로 결심한 것은 그의 부모님의 지지 덕분이었다.

　　◎ 강조구문에서는 [it is … that ∼] 사이에 강조하는 어구를 삽입한다. 따라서 [it was … that ∼] 기본 구문에 his parents' support 가 강조되는 문장이 정답이다.

　　support 지지 **medecal school** 의과 대학

　　정답 (d)

10　보호 장비 덕분에, 어떤 경우에도 그 과정에서 두뇌 손상의 위험은 없었다.

　　◎ at no time과 같은 부정어구가 강조될 때, 주어와 동사의 어순이 도치된다. 따라서 has there been이 정답이다.

　　protective 보호의 **device** 장치 **risk** 위험 **brain damage** 두뇌 손상 **procedure** 과정

　　정답 (b)

11　(a) A: 당신 반이 그 게임에서 이겼다니 대단하네요.
　　(b) B: 그저 최선을 다했을 뿐이에요.
　　(c) A: 당신들이 그렇게 훌륭하게 경기한 것을 본 적이 없어요.
　　(d) B: 감사합니다. 우승하게 되어서 저도 정말 기뻐요.

　　◎ never와 같은 부정어구가 문장에서 제시될 때, 주어와 동사의 어순이 도치된다. 따라서 Never I have seen을 Never have I seen으로 전환한다.

　　정답 (c)

12　(a) A: 당신 건강을 위해서 매일 두 개의 사과를 드세요.
　　(b) B: 하지만 전 그것들을 좋아하지 않는데요. 그것이 왜 좋은가요?
　　(c) A: 사과에는 건강에 좋은 많은 성분이 있다고 들었거든요.
　　(d) B: 알겠습니다. 그러면 앞으로 그것들을 먹도록 해볼게요.

　　◎ '왜' 라는 의미를 나타낼 때, why 혹은 what ∼ for를 쓴다. 따라서 Why is it good for?를 What is it good for? 혹은 Why is it good?으로 전환한다.

　　nutrient 영양물

　　정답 (b)

13　(a) A: 이번 방학 때 홍콩에 갈 예정이에요.
　　(b) B: 정말로요? 우연의 일치네요. 저도 그렇거든요.

(c) A: 거기에서 무엇을 할 예정이신가요?
(d) B: 아직은 잘 모르겠어요. 하지만 아마도 시내를 돌아다닐 예정이에요.

◎ '나도 그래요' 라는 의미로 동의를 나타낼 때, So am I.를 쓴다. 따라서 So I am.을 So am I.로 전환한다.

coincidence 우연의 일치 **see around** 돌아다니다

정답 (b)

14 (a) 워싱턴 학교 지구는 지난 5년 동안 아시아인 등록에서 많은 증가를 나타냈다. (b) 어떠한 곳에서도 이 지구에서 보다 더 명백한 증가가 드러나지는 않았다. (c) 작년에 그 지구는 4.5%의 아시아 학생들이 등록되어 있다고 보고했다. (d) 이 지구의 학교들이 명망을 얻게 되면서, 더 많은 아시아 학생들이 이 지구의 학교들에 등록하고 있다.

◎ nowhere와 같은 부정어구가 문장에서 강조될 때, 주어와 동사의 어순이 도치된다. 따라서 Nowhere this increase is 를 Nowhere is this increase로 전환한다.

district 지구 **enrollment** 등록 **evident** 명백한 **reputation** 명망, 명성

정답 (b)

15 (a) 고생물학 분야의 연구에 따르면, 많은 유기물들은 몇 가지 이유 때문에 멸종되었다. (b) 연구자들의 대다수는 기후의 변화가 멸종에 책임이 있다고 보았다. (c) 환경이 중생대의 따뜻하고 온난한 기후에서, 신생대의 더 춥고 더 다양한 기후로 변화했다. (d) 이러한 기후 변화의 원인이 많은 과학자들의 주요 관심사 중의 하나이다.

◎ 문장구조 유형으로, '대다수의 과학자들이 지구 온난화가 멸종에 책임이 있다' 는 의미를 나타낼 때, The majority of the researchers think that climate changes are to blame for the extinction으로 바꿔야 한다.

paleontological 고생물학의 **organism** 유기물 **extinct** 멸종된 **blame** 비난하다 **mild** 온난한 **Mesozoic** 중생대 **Cenozoic** 신생대

정답 (b)

→ REVIEW TRAINING 5

1 A: 교수님, 논문에 오류가 있나요?
B: 음, 이론을 증명할 만한 더 많은 통계를 넣었으면 좋겠는데.

◎ '~을 권하다' 는 의미의 recommend는 that절에 [should + 동사원형]의 형태에서 should가 생략된 동사원형을 쓴다.

recommend 추천하다, 권유하다 **statistics** 통계 **prove** 증명하다

정답 (d)

2 A: 어젯밤 영화 어땠나요?
B: 뒤에 앉은 사람이 소음을 내지 않았다면 훨씬 좋았을 거예요.

◎ 과거 사실을 말하는 가정법에서 동사는 과거완료시제를 쓴다. 따라서 could have enjoyed가 정답이다.

make a noise 소음을 내다

정답 (c)

3 A: 왜 그렇게 우울해하세요.
B: 오늘 몸이 좋지 않네요.

◎ '좋은 상태다' 는 의미는 in good condition을 쓴다.

depressed 우울한, 침울한 **in good condition** 좋은 상태인

정답 (a)

4 A: 처음에 어떻게 당신의 일을 시작하게 되었나요?
B: 아버지의 영향으로 선생님이 되기로 결심했어요.

◎ '~의 영향으로' 라는 의미는 under the influence of를 쓴다.

under the influence of ~의 영향으로

정답 (c)

5 A: 제니는 어떤 사람보다도 인내심이 뛰어난 것 같아요.
B: 맞아요. 회사에 대해 불평한 적이 없거든요.

◎ not once가 강조될 때 주어와 동사는 도치된다. 따라서 [not once + did she grumble]을 쓴다.

patient 인내심이 있는 **grumble** 불평하다

정답 (c)

6 복제와 관련된 연구를 하는 과학자들은 미리 정부의 승인을 받아야 한다.

◎ It is imperative that의 구조를 쓸 때 that절의 동사는 [should + 동사원형]의 형태에서 should가 생략된 동사원형을 쓴다. 따라서 be가 정답이다.

imperative 필수의, 의무적인 **conduct** 수행하다 **experiment** 실험 **cloning** 복제 **approve** 승인하다 **in advance** 미리, 앞서서

정답 (c)

7 경영진에서 새로운 연구 기법을 채택했다면, 우리 회사는 시장에서 선두주자가 되었을 텐데.

◎ 과거의 사실을 말하는 가정법의 if절에서는 동사는 과거완료시제를 쓰며, if가 생략되었을 때 [had + 주어 + p.p.]의 어순이 된다.

innovate 혁신하다, 채택하다 technique 기술, 기법 emerge 등장하다, 나타나다 forerunner 선두주자 on the market 시장에서

정답 (c)

8 전 세계의 대부분의 사람들은 거대한 장면들 때문에 미국 영화를 선호한다.

◎ '~을 선호하다'는 have a preference for를 쓴다.

preference 선호 large-scale 거대한 scene 장면

정답 (d)

9 많은 사람들은 부동산 판매의 수익이 예상되는 가운데 부동산에 더 많은 돈을 투자하고 있다.

◎ '~하는 가운데'라는 의미는 전치사 amid를 쓴다.

invest 투자하다 real estate 부동산 speculation 예상, 사고 profit 수익 real property 부동산

정답 (a)

10 인터뷰를 진행하는 사람들이 가장 높게 생각했던 것은 새로운 직원의 열정이었다.

◎ It is … that 강조구문에서 주어 뒤에는 동사의 형태가 나와야 하며, think highly of는 '높게 평가하다'라는 의미이다.

passion 열정

정답 (b)

11 (a) A: 이번 여름에 영어를 배우기 위해 미국에 갈 거예요.
(b) B: 정말이야? 우연의 일치인데. 나도 그럴거든.
(c) A: 얼마나 오래 머무실 거예요?
(d) B: 확실하지는 않지만, 일 년 정도 거기에 있을 거야.

◎ '나도 그래'라고 동의를 나타낼 때 so를 쓰며, [동사 + 주어]의 어순으로 도치된다. 따라서 So I am.을 So am I.로 바꿔야 한다.

coincidence 우연의 일치

정답 (b)

12 (a) A: 살이 많이 빠진 것 같은데요, 무슨 일이에요?
(b) B: 오랫동안 다이어트 중이거든요.
(c) A: 정말요? 얼마나 빠진 거예요?
(d) B: 10kg 이상이요. 책에서 어떻게 살을 빼야 하는지를 알게 되었거든요.

◎ '책에서'라는 의미이므로 in a book을 쓴다. 따라서 by를 in으로 바꿔야 한다.

lose weight 살을 빼다 be on a diet 다이어트 중이다

정답 (d)

13 (a) A: 린다, 숙제 좀 도와줄 수 있겠니?
(b) B: 미안하지만, 지금 내 일을 끝내야 해.
(c) A: 제발. 딱 하나야. 제 시간에 끝낼 수가 없거든.
(d) B: 오늘 오후에 놀지만 않았다면 나에게 부탁할 이유도 없잖아.

◎ 오후에 놀았다는 의미로 과거의 사실을 말할 때 가정법에서는 과거완료시제를 쓴다. 따라서 didn't play를 hadn't play로 바꿔야 한다. 전체적으로는 혼합 가정법의 유형이다.

help A with B A의 B를 돕다

정답 (d)

14 (a) 몇 가지 데이터에 따르면 전 세계의 경제가 예상했던 것보다 빠르게 회복하고 있다. (b) 세계 무역량은 올해 6% 이상 성장했다. (c) 그리고 많은 국가들이 국제적인 재정 위기를 벗어나고 있다. (d) 이러한 성장은 계속될 것으로 예상되며, 전문가들은 내년에 경제적 안정을 예상하고 있다.

◎ '내년에'라는 의미는 next year를 쓰며, at을 쓰지 않는다.

economy 경제 volume of trade 무역량 circumvent 모면하다, 빠져 나오다 financial 재정적인 crisis 위기 stability 안정

정답 (d)

15 (a) 역설적으로, 저개발국에 살고 있는 사람들은 그들의 채식 식단 때문에 건강한 삶의 방식을 가지고 있다. (b) 선진국의 많은 사람들은 잘못된 식사 습관 때문에 유발된 질병을 고통 받고 있다. (c) 육식 식단과 함께, 선진국의 사람들은 많은 활동을 하지 않는다. (d) 만약 그들이 건강한 식단을 가지고 있고 활동을 더 많이 한다면, 그들은 그들에게 발생하는 질병들의 대부분을 갖고 있지 않을 것이다.

◎ 현재의 문제를 지적하면서, 가정법을 쓸 때 if절에는 과거 동사를 쓴다. 따라서 if they have의 형태를 if they had로 바꿔야 한다.

paradoxically 역설적으로 underdeveloped 미개발의, 저개발의 activity 활동

정답 (d)

UNIT 17 특수구문Part 1 주제형 빈칸 연결하기

→ BASIC TRAINING

1 대부분의 소비자들은 오랫동안 다양한 종류의 광고에 둘러싸여 왔다. 어떤 광고들은 특정한 장소에 단지 제품의 이름만을 제시하며, 반면에 다른 것들은 유명한 가수들, 배우들, 그리고 모델들을 보여준다. 그러나 오늘날, 우리는 엘리베이터 문이나 건물 벽과 같은 비전통적인 장소에서도 다양한 광고를 볼 수 있다.

◐ 광고가 다양한 장소에서 이루어지고 있다는 내용이므로, 광고 장소의 다양성과 소비자들의 광고 접촉을 제시하는 것이 주제이다.

정답 (b)

2 물 공급이 충분하다는 발표에도 불구하고, 몇몇 과학자들은 가까운 장래에 물 부족 현상에 대해 우려하고 있다. 이러한 우려 때문에, 그들은 사람들이 효과적으로 빗물을 모으고 이용하도록 촉구하고 있다. 예를 들어, 많은 관공서들은 일상생활을 위해서 빗물을 탱크에 모으도록 만들어지고 있다. 이러한 노력은 미래에 발생할 물 부족 문제를 해결하는 것을 도와줄 것이다.

◐ 일상생활에 필요한 물 부족 문제를 해결하기 위한 노력이므로, 정부가 사람들에게 빗물을 모아 이용하도록 요구하는 것이 주제이다.

정답 (b)

3 최근 발표된 연구에 따르면, 커피를 너무 많이 마시는 것은 사람들에게서 두통, 불면증, 고혈압, 그리고 심지어 혈액 속의 콜레스테롤 수치를 증가시키는 것과 같은 많은 문제들을 유발할 수도 있다. 따라서 과학자들은 사람들에게 커피의 위험한 결과에 대해 경고해 왔으며, 사람들은 일상생활에서 그들이 마시는 커피의 양에 더 주의를 기울이기 시작했다.

◐ 과학자들이 커피가 위험하다는 경고를 했다고 하면서 이야기를 시작하고 있다. 연구 결과에서도 증명이 되었으며, 사람들이 커피의 양에 대해 신경 쓰기 시작했다는 것이 주제이다.

정답 (a)

4 성층권 이동통신(HAPS)은 에너지원으로 태양빛을 이용하는 것으로, 넓은 지역에 서비스를 전달하는 수단을 제공하는 반정지된 비행선이며, 매우 높은 고도에서 작동하도록 만들어진 것이다. 성층권 이동 통신은 다른 어떤 방식보다도 많은 측면에서 더 효과적이다. 예를 들어, 그것은 다른 어떠한 통신 장치보다 작동시키는 데 훨씬 더 싸다. 게다가, 그것은 구름 위에 떠 있기 때문에, 필요한 전원을 태양에서 직접 얻을 수 있다.

◐ 작동시키는 데 비용이 덜 들고, 에너지원을 태양에서 직접 얻을 수 있다는 것은 효과적인 이동 통신 장비라는 내용을 통해 알 수 있다.

정답 (a)

→ ACTUAL TRAINING

1 역할 모델은 어린이들의 삶에 중요한 역할을 하기 때문에 특히 어린이들에게 필수적인 것이다. 역할 모델은 삶의 다른 측면에 대한 아이들의 행동과 태도를 형성할 때 도움을 주는 안내자로서의 역할을 한다. 아이들의 삶의 어려움들을 해결해줄 수 있는 역할 모델의 성숙함, 일관성, 관심사, 그리고 능력을 통해서, 그것들은 아이들이 스스로 중요하고 관심을 받고 있다고 느끼도록 해준다. 한 사회에서 역할 모델은 보통 아이들의 부모님이나 선생님이다. 이들은 아이들이 자랄 때 옆에 있는 사람이므로 이들이 아이들에게 올바른 행동을 보여주고 가르쳐야만 한다.

(a) 어린이들의 두려움과 걱정을 없애준다.
(b) 어린이의 삶에 중요한 역할을 한다.
(c) 어떻게 성공할 것인지에 대한 예를 제시해준다.
(d) 어린이들은 상처 받기 쉽고 약하다.

◐ 역할 모델의 중요성에 대해 언급하는 글로, 아이들의 행동과 사고방식에 지속적인 영향을 미치기 때문에 중요하다는 내용이다. 역할 모델의 중요성과 필요성에 대해 언급하고 있으며, 아이들의 행동과 사고방식에 지속적인 영향을 미치고, 역할 모델을 통해 아이들이 중요하고 보호 받고 있다는 느낌을 받으며, 부모와 학교 선생님들이 역할 모델이 될 수 있다는 내용을 통해, 역할 모델은 아이들의 삶에서 중요한 역할을 한다는 것을 알 수 있다.

role model 역할 모델 **serve as** ~의 역할을 하다 **mould** 본뜨다, 형성하다 **behavior** 행동 **attitude** 태도 **aspect** 양상, 관점, 면, 국면 **maturity** 성숙기, 완성기 **consistency** 일관성 **accompany** 동반하다 **imperative** 피할 수 없는, 필수적인 **appropriate** 적당한 **significant** 중요한, 의미 있는 **vulnerable** 상처 받기 쉬운

정답 (b)

2 최근에 발표된 연구에 따르면, 하루에 4킬로미터를 걷는 것은 60세 이상의 사람들에게 심장마비의 위험성을 감소시킬 수 있다. 지난 달에 몇몇 과학자들은 미국 심장 협회에서 발행된 저널에 그 결과를 보여주었다. 그 과학자들 중의 한 명에 따르면, 노인들에게 매일 걷도록 시키는 것은, 특히 심장마비로 고통 받고 있는 환자들에게서 건강상의 이익을 가질 수 있다. 특히 걷기 운동은 사람들의 일상적 삶과 생활 방식에 결합될 수 있다. 따라서 걷는 것은 건강을 유지하는 가장 효과적인 방법 중의 하나가 될 수 있다.

(a) 건강 문제의 위험성을 증가시킬 것이다.
(b) 혈압을 증가시킬 것이다.
(c) 심장마비의 위험성을 감소시킬 수 있다.
(d) 살을 빼는 것과 관련하여 중요할 수 있다.

정답 (a)

💠 걷기 운동의 효과를 설명하는 것으로, 노인들에게 가져다주는 건강상의 이익, 특히 심장병을 앓고 있는 환자들에게 이익을 가져다준다는 내용이므로, 긍정적 영향을 정답으로 선택한다. 따라서 심장마비의 위험성을 감소시킬 수 있다는 내용이 정답이다.

recently 최근에 released 발표된 issue 발행하다. 발간하다 encourage 격려하다, 촉구하다 elderly 나이든 especially 특히, 특별히 suffer 고통 받다 in particular 특히 incorporate 통합하다. 결합하다 lifestyle 생활방식 routine 일과. 일상적인 일 effective 효과적인 maintain 유지하다, 관리하다

정답 (c)

---

3 과학 기술은 확실히 계속해서 진보하고 발전해왔다. 개인용 컴퓨터의 출현은 역사적으로 볼 때 가장 큰 기술 혁신들 중 하나였다. 하지만 몇몇 전문가들은 개인용 컴퓨터가 정보 기술에서 우위를 잃을 수 있다고 예측한다. 예를 들어 '자동화된 가정' (smart house)이 개인용 컴퓨터에 위협이 될 것이라고 언급된다. 가정의 전자제품들이 초고속 무선 연결을 통해 가정의 웹으로 서로 연결되어 있다고 상상해보자. 이것은 냉장고가 이번 주에 당신이 무엇을 먹었는지 기록할 수 있도록 해줄 것이며, 그 다음에는 슈퍼마켓에 자동으로 식료품 주문서를 보내줄 것이다. 게다가 이 기술은 사용하기 쉽고 멋지며 매우 편리할 것이다.

(a) 여전히 최근의 어떤 발견보다 더 나아질 것이다.
(b) 여전히 더욱 효과적인 장치로 보완될 것이다.
(c) 더 이상 사용자들의 기대를 넘지 않을 것이다.
(d) 정보 기술의 우위를 잃게 될 것이다.

💠 대조를 통한 주제 찾기 문제 유형이며, '컴퓨터화된 가정' (smart house)의 등장으로 개인용 컴퓨터는 과학 기술적 우위를 잃을 가능성이 있으며, 대신 가정의 모든 전자제품들이 웹으로 연결되어 이용될 것이라는 글이다.

indeed 실로, 참으로 advent 출현 interactively 쌍방으로, 상호 interconnected 상호 연결된 domestic 가정의 wireless 무선의 automatically 자동적으로 user-friendly 사용하기 쉬운 stylish 멋있는 functional 기능적인, 편리한 supremacy 최고. 지배권. 우위

정답 (d)

---

4 투자 가능한 자산으로 백만 달러 이상을 보유한 사람들을 위한 금융 서비스에 속하는 프라이빗 뱅킹이라고 하는 은행 업무의 형태는 사람들에게 잘 알려지지 않았다. 프라이빗 뱅킹은 국내 부문과 국외 부문으로 분류된다. 국내 부문이 국내에서 투자되는 것을 언급한다면, 국외 부문은 예금주 거주 국가 밖에서 진행되는 투자를 의미한다. 해외 은행 업무의 몇 가지 이점은 큰 사생활 보호와 지역 정치의 불안정성으로부터의 보호, 적은 과세 또는 비과세, 그리고 비제한적인 법적 규정을 포함한다. 그러나 전문가들은 국외 투자가 자금 세탁을 위한 방법이라는 비판을 받고 있기 때문에, 해외 은행 업무가 그 성장을 유지할 수 있을지를 의심하고 있다.

(a) 외국에서 투자금을 잃을 가능성

(b) 큰 사생활 보호와 지역의 정치적 불안정으로부터의 보호
(c) 금융 절차에 대한 정부의 개입
(d) 국제 은행과 회사에 의한 절대적인 감시

💠 개인 은행 업무 유형 중에서, 국외에서 진행되는 은행 업무 영역을 설명하는 글이다. 이와 같은 은행 업무 시스템이 정치적 불안정, 세금, 법적 규정으로부터의 보호 기능이 뛰어나다는 장점을 설명하는 내용이다.

pertain 속하다. 관련하다 investable 투자 가능한 offshore 해외의 sector 분야. 영역 instability 불안정한 taxation 과세(율) venue 장소, 발생지 money laundering 자금 세탁

정답 (b)

---

5 아이들을 위한 초등 교육의 기반으로서 공립 또는 사립 학교보다는 가정에서 하는 재택 교육이 부모들로부터 더욱 더 많은 지지를 얻고 있다. 많은 전문가들은 아이들의 교육 내용이나 환경을 부모들이 조절할 수 있기 때문에 재택 교육이 효과적인 학습 방법이라고 생각한다. 재택 교육의 인기에도 불구하고, 특히 사회성의 발달 측면에서 여전히 학교에서 하는 공식 교육이 아이들에게 더 좋다는 강력한 주장도 존재한다. 재택 교육은 사회적 관계성을 형성하는 기회를 많이 갖고 있지 못하다.

(a) 부모와 아이들 사이의 상호작용
(b) 어린이들 사이에서 창의성을 발달시킬 수 있는
(c) 사회적 관계성을 형성할 수 있는
(d) 긍정적인 교육 환경을 만들어낼 수 있는

💠 최근 사회적 호응을 얻고 있는 재택 교육의 장점과 단점을 설명하는 글이다. 교육 내용과 환경을 부모들이 적절하게 조절할 수 있다는 장점은 있지만, 사회적 대처 능력, 즉 사회성이 부족하다는 내용이다.

home schooling 재택 교육 public/private school 공립/사립학교 content 내용. popularity 인기

정답 (c)

---

6 환원주의는 사실 혹은 현상 연구에서 이미 확립되어 있는 과학적 접근법이다. 플라톤과 뉴턴처럼 이와 같은 관점을 옹호하는 사람들은 복잡한 체계를 근본적인 부분으로 환원하여 이해할 수 있다고 믿었다. 그러나 문화와 같은 매우 복잡한 구조를 연구할 때 과학자들은 물리적, 생물학적, 사회적 그리고 문화적 현상과 같이 다른 현상들의 상관성에 초점을 맞추는 전체론적인 접근 방법을 채택했다. 환원주의에서 문화의 개별적인 구성 요소들을 탐구한 것과는 다르게, 전체론적인 시각은 문화의 역동성을 충분하게 이해하기 위해 그 변화. 형태. 그리고 상호작용들에 초점을 맞추고 있다.

(a) 문화의 개별적인 구성 요소들을 탐구하는 것
(b) 문화적 체계의 전체성을 다루는 것
(c) 사실성의 유일한 원천을 믿는 것
(d) 다른 현상들과의 상호 관계를 형성하는 것

💠 환원론과 전체론을 비교하는 글이다. 마지막 문장에서는 그 결론을 유도하면서 전체론에 대한 평가를 내리고 있는데,

unlike와 in reductionism이라는 표현을 통해 빈칸에는 환원론에 대한 내용이 나와야 한다.

---

reductionism 환원주의 phenomenon 현상 proponent 옹호자, 변호자 complex 복잡한 fundamental 기본적인, 중요한 reduce 환원시키다, 줄이다 adopt 채용하다, 채택하다 holistic 전체론의 biological 생물학의 interrelatedness 밀접한 관계 perspective 원근법, 전망, 견해 formation 형성, 구성 dynamic 역동성

정답 (a)

UNIT 18 Part 1 내용일치 및 추론형 빈칸 연결하기

→ BASIC TRAINING

1 예술가들은 일반적으로 사회 및 정치적 항의보다는 미학적인 관심사를 추구한다. 그러나 예술가인 피쉬본은 그의 관심사를 사회적 문제로 전환했으며, 세계적인 경제적 의존에 항의하기 위하여 매우 새로운 매체를 이용했다. 어느 날 그는 경제가 하나의 주요 원료인 바나나에 의존하고 있고, 선진국들에 의해 흔들리고 있는 국가의 경제 상태를 보여주기 위하여 중앙은행 앞에 많은 바나나를 쌓아두었다.

○ 피쉬본의 관심사가 사회적 정치적 주장과 관련되어 있었으며, 예술을 통하여 정치적 항의를 한다고 했기 때문에, 문제가 되고 있는 세계적인 경제적 의존도에 항의하기 위한 것이라는 주장이 정답이다.

정답 (a)

2 커뮤니티 센터에서 파트 타임 강사를 구한다는 구인 광고를 보고 편지를 보냅니다. 나는 메인 대학에서 체육 교육을 전공하고 있으며, 주말을 제외하고 일주일에 5일 일할 수 있습니다. 피트니스 센터에서 일한 경험은 없지만, 인명 구조 자격증을 가지고 있으며, 시가 운영하는 수영장에서 일하고 있습니다. 그래서 당신의 피트니스 센터에서 일을 잘 할 수 있을 것이라 확신하고 있습니다. 5시 이후에는 아무 날짜에나 인터뷰가 가능합니다.

○ 피트니스 센터 강사를 구하고 있는 구인 광고에 대하여 문의하는 편지글이기 때문에, 본인의 능력을 제시하고, 강사로 일하고 싶다는 내용이 연결되어야 한다. 따라서 자신이 일을 잘 할 수 있을 것이라고 확신하는 내용이 연결되어야 한다.

정답 (b)

3 실종된 아이들의 수가 증가함에 따라, 많은 국가들은 제품 광고와 함께 실종된 아이들의 사진 혹은 추정되는 납치자의 사진을 담은 소책자를 배포해왔다. 그러나 몇 년 후에, 아이가 실종되기 이전에 찍은 사진은 경찰이 그 아이를 찾는 데 도움이 되지 못한다. 다행스럽게도, 기술의 발달로, 경찰은 '미래 모습 구현'이라는 기법을 개발했으며, 실종된 아이들의 성숙된 이미지를 업데이트 시킬 수 있게 되었다.

○ '미래 모습 구현'이라는 기법이 갖는 장점은, 과거에 찍은 사진이 도움이 되지 않기 때문에, 최근 모습을 나타내는 사진을 만들어낼 수 있다는 것이다. 따라서 이 기술을 통해 경찰은 실종된 아이들의 최근 성숙한 모습을 업데이트 하여 이용할 수 있다.

정답 (a)

4 최근 발표된 연구에서, 몇몇 연구자들은 패스트푸드에 대한 미국인들의 의존성을 비판했다. 그들은 패스트푸드가 심각한 건강 문제인 비만을 유발하고 있다고 주장한다. 많은 미국의 성

인들과 아이들은 거의 매일 패스트푸드를 먹고 있지만, 그들은 그 음식이 어디에서 오는지, 그리고 그 안에 실제로 무엇이 들어있는지 모른다. 현재 상황에서, 패스트푸드는 이를 닦거나 호흡하는 것과 같이 우리의 일상생활이 되었다.

○ 패스트푸드의 단점을 지적하는 글로, 거의 매일 미국인들이 패스트푸드에 의존하고 있다는 내용이다. 또한 이를 닦거나 호흡하는 것과 같은 일은 매일 매일 하게 되는 일과와 같은 일이므로, 패스트푸드가 우리의 일상생활의 일과와 같이 되었다는 것이 정답이다.

정답 (b)

→ ACTUAL TRAINING

1 서열 또는 업무 능력 중에서 승진의 근거는 어느 것이어야 하는가? 서열 또는 근무 기간의 주요 이점은 주관적이거나 측정하기 어려운 업무 능력의 기준과 달리 객관성이 있다는 점이다. 서열 시스템은 더 높은 직책의 업무를 담당할 수 있는 필요한 충분한 경험을 보장할 것이다. 그러나 경험이 업무에 더 필요한 훌륭한 업무 능력과 같을 수는 없다. 경험이 물론 더 많은 교육과 기업의 성공에 기여하는 업무를 배우고 향상시킬 수 있는 기회를 더욱 제공해 주고 있음에도 불구하고 서열은 승진의 근거로 부적당해 보인다.

(a) 승진 제도의 신빙성과 확실성
(b) 높은 직책의 업무를 담당할 수 있는 충분한 경험
(c) 회사와 기관에 대한 직원의 충성
(d) 회사의 젊은 직원들의 더 많은 승진 기회

○ 승진의 근거를 설명하는 글이다. 두 가지 대립이 되는 서열과 업무 능력을 대조적으로 설명하고 있다. 특히 서열 시스템이 회사에 기여할 수 있는 경험과 기회를 보장할 수 있지만, 경험이 반드시 업무 수행 능력과 동일시 될 수는 없다는 점을 근거로 답을 선택할 수 있다.

seniority 서열, 순위 objective 객관적 subjective 주관적 insufficient 불충분한, 부적당한 credibility 믿을 수 있음, 신용, 신빙성

정답 (b)

2 훈육은 아이들의 사회적 감정적 발달에 영향을 주기 때문에, 어린 나이에 이루어져야 한다. 부모들은 자녀들을 훈육하기 위해 다른 방법들을 사용한다. 아이들이 하는 일에 어른들이 애정과 관심을 가질 때 어린이들은 더 잘 자라기 때문에, 긍정적인 강화인 칭찬은 좋은 행동을 증진시키는 가장 효과적인 방법 중 하나이다. 그러나 일부 부모들은 아이들의 잘못된 행동을 없애기 위해 체벌이라는 형태의 부정적인 강화를 쓰기도 한다. 특권을 무시하거나 없애는 것은 아이를 체벌하기에는 약간 민감한 방법이다. 신체적 체벌은 의문의 여지가 있는 방법으로

가칠싱 다른 방법들보다 견혀 효과적이지 않다.

(a) 아이들의 잘못된 행동을 묵인한다.

(b) 적당한 방법으로 아이를 훈련한다.

(c) 또한 긍정적인 강화 요인들을 사용한다.

(d) 부정적인 강화를 택한다.

> 아이들을 훈육하는 과정에서 취할 수 있는 두 가지 강화 요인을 설명하는 글이다. 긍정적 방식의 칭찬은 좋은 행동을 증진시키는 효과적인 방법이다. 반면에, 부정적인 강화, 특히 체벌은 부정적인 요인으로서 의문의 여지가 있는 논쟁적인 방식이라는 글이다.

discipline 훈련, 단련, 기율, 징벌 instill 스며들게 하다. 서서히 가르쳐 주다 reinforcement 강화, 증진 thrive 번영하다, 자라다 undesirable 바람직하지 않은 ignore 무시하다 privilege 특권 subtle 미묘한, 민감한 questionable 의심나는, 미심쩍은, 문제가 되는 tolerate 너그럽게 봐주다, 참다 misbehavior 나쁜 행실, 부정 행위

정답 (d)

3 투표 절차는 선거의 중요하고 결정적인 요소이다. (투표 절차의) 한 가지 유명한 예는 승자가 독차지하는 체계와 비슷한 다수결 투표 시스템이다. 이때 한 후보자가 다른 경쟁 후보들보다 득표를 많이 하면 이기게 된다. 전체의 40% 정도만 득표한 후보라도 몇 명의 후보자가 참여한 선거에서 승리한다. 비록 60%가 다른 후보자들에게 투표를 했지만 상관없다. 이것은 다수의 의사는 반영되지 않는다는 것을 의미한다. 그럼에도 불구하고, 대다수의 나라에서는 민족과 사회적 지위에 상관없이 모든 사람들의 표에 동등한 중요성을 주기 때문에 이 투표 시스템을 이용하고 있다.

(a) 이 시스템은 비밀 선거를 만든다.

(b) 사람들은 단 한 사람에게만 투표를 할 수 있다.

(c) 이런 형태의 투표 시스템은 바뀌어야 한다.

(d) 다수의 의사는 반영되지 않는다.

> 투표 시스템에 대해 설명하는 글로서, 특히 다수결 원칙에 대한 평가를 하고 있다. 다수결 원칙에 따라 선거를 할 때, 40% 정도의 득표로도 대표자가 될 수 있다는 내용을 보여주면서, 다수의 의견이 고려되지 않는다는 점을 설명한다. 이것의 의미를 설명하고 있는 내용이 정답이 되므로, 다수의 의사가 반영되지 않는다는 점을 고려할 수 있다.

vote 투표하다 procedure 순서, 차례 crucial 결정적인 aspect 관점, 양상 plurality 대다수, 과반수 resemble ~을 닮다 winner-take-all 승자가 독차지 하는 제도 scheme 계획, 조직, 개요, 구성 candidate 후보자 opponent 적수, 반대자 imply 포함하다, 암시하다 nevertheless 그럼에도 불구하고 regardless 부주의한, 관심 없는 ethnicity 민족성

정답 (d)

4 사람을 고의적으로 죽이는 안락사는 오랫동안 가장 논란이 되는 주제 중 하나였다. 안락사에 대한 윤리적인 논쟁의 핵심에는 인간 존재가 의미 있고 가치가 있다는 다른 생각들이 있다.

안락사를 종교적인 이유로 반대하는 사람들은 생명은 신이 내려 준 것이며, 오직 신만이 죽음을 결정할 수 있다고 믿는다. 반면에, 안락사를 옹호하는 사람들은 문명 사회는 사람들이 고통 없이 존엄하게 죽을 수 있도록 해야 하고 만약 자신 스스로 할 수 없다면 다른 사람들이 그렇게 할 수 있도록 도와주는 것을 허락해 주어야 한다고 주장한다.

(a) 임신 중절 합법화 반대 운동의 옹호자들

(b) 안락사를 옹호하는 사람들

(c) 안락사에 대한 현대적 생각

(d) 병원 의사들과 건강 관리자들

> 안락사에 대한 논쟁을 다루는 글이다. 반대론자들은 신만이 인간의 생명을 결정할 수 있으므로 안락사를 금지해야 한다고 주장한다. 반대로, 찬성론자들은 인간이 고귀하고, 고통 없이 죽을 권리가 있다고 주장한다. 논쟁의 대상을 핵심적인 주제로 인지하고 문제를 해결한다.

euthanasia 안락사 deliberate 신중한, 고의의 debate 논쟁하다, 토론하다 ethical 도덕상의, 윤리적인 religious 종교의, 양심적인 civilize 개화하다, 문명화하다 dignity 존엄, 위엄

정답 (b)

5 지질학자 필립 라이트 박사가 고대 사암에서 가장 작다고 알려진 살아 있는 유기체를 발견한 것이 자연과 생명의 기원에 관한 논쟁을 불러일으켰다. 만약 그것들이 정말 살아있는 유기체라면, '나노베스' 라 불리는 그 생명체는 중요한 수수께끼를 제시하게 된다. 주요 논쟁은 가장 작다고 알려진 박테리아보다 10분의 1정도 크기인 얇고 작은 나노베스는 유기체에 필요한 세포를 갖고 있을 수 없다는 것이다. 하지만 필립 라이트 박사는 나노베스는 생명을 유지시킬 수 있는 유전적인 물질을 갖고 있다고 주장한다. 그 연구는 지구상의 생명체의 기원에 관한 논쟁에 중대한 공헌을 할 것이다.

(a) 지구상의 생명체의 기원

(b) 유기 박테리아의 실제 크기

(c) 살아 있는 유기체의 유전적 구조

(d) 동식물의 구조

> 새롭게 발견된 나노베스에 대해 설명하는 글이다. 나노베스의 특성은 세포는 없지만, 유전적 물질을 가지고 있으며, 특히 생명체의 특성과 기원에 대한 해결책이 될 수 있다는 글이다. 마지막 문장의 빈칸에서 제시하는 것은 나노베스가 가지고 있는 가치를 궁극적으로 보여주고자 하는 것이다.

allege 단언하다, 주장하다 organism 미생물 sandstone 사암 spark 불꽃을 튀기다, 점화하다 controversy 논쟁, 논의 dub 붙이다, 치다, 매끄럽게 하다 riddle 수수께끼 sheer 얇은, 완전한 nanobes 나노베스(세상에서 가장 작은 미생물) claim 주장하다 contain 담고 있다, 포함하다 sustain 떠받치다, 받다 contribution 기부, 기증, 기여

정답 (a)

6 사람들은 자신들이 누리는 환경의 자연적인 특성에 고마워할 때, 자신들의 땅을 특별하게 하는 것을 보존하기 위해서 각각

의 공동체 내에서 점차적으로 조치를 취할 것이다. 요즘 사람들은 자신들의 나라가 무차별한 개발로 매년 약 2백만 에이커의 땅을 잃는다는 것을 알고 있다. 이러한 점을 인식한, 더욱더 많은 사설 단체는 명백하게 자신들의 국가 유산의 일부분인 땅을 보호해야 할 필요를 깨닫고 있다. 사유지 보존은 벌채와 개발을 위해 표시된 땅의 일부를 구입함으로써 땅의 보존에 참여하기 위한 사적 영역의 증가하는 관심을 이용하는 혁신적인 방법이다.

(a) 땅 보존 프로그램을 지원하고
(b) 환경 보존 협회에 가입하고
(c) 땅 보호의 필요성을 깨닫고
(d) 불모지 보존을 위해 노력하고

○ 사유지 보존 운동의 목적과 과정을 설명하는 글이다. 땅의 보존을 목적으로 개발되거나 벌목될 예정지의 일부를 구매하여 보존하는 운동의 일환이다. 이 운동을 추진하기 이전 단계로서, 그 필요성을 인식하는 것이 중요하다. 다른 선택지에 있는 내용인 프로그램이나 조직을 지원하거나, 불모지를 보존하려는 노력은 아니다.

conserve 보존하다, 유지하다 aware 인식하다, 알아차리다 acre 에이커(면적의 단위) sprawl 내뻗다; 불규칙한 발전 private 사적인, 비밀의 undeniably 명백하게 heritage 세습 재산, 유산 innovate 혁신적인 tactic 전술 leverage 이용하다 sector 부문, 영역 parcel 한 구획의 토지, 한 필지 earmark ~에 귀표를 하다, 표시하다 logging 벌목

정답 (c)

UNIT 19 Part 1 접속사 유형

→ BASIC TRAINING

1 경제적 세계화에 대한 저항으로, 그 예술가는 5톤의 포도를 도로 위에 놓아두었다. 사람들은 그가 전달하고자 하는 메시지를 알지도 못한 채, 한 시간도 지나지 않아 한 아름씩 가져갔다. 그는 이제 미국 어딘가에 실제 포도 조각상을 만들기를 원한다. 또한 그는 다른 장소들도 찾고 있다. 그는 그의 관객들이 세계화의 위험성에 대한 그의 메시지를 이해하기를 원한다.

> 세계화의 위험성을 강조하기 위해 포도를 이용한 작품을 만들고 있으며, 미국 어딘가에 포도 조각상을 세운 이후에, 다른 장소에도 이와 같은 작품을 만들기를 원한다는 내용이다. 따라서 미국뿐만 아니라 다른 장소에도 만들고 싶다는 소망을 나타내는 부연적 개념이므로 in addition이 정답이다.

> **정답** (b)

2 실종 아동 등록 재단은 실종된 아이들이 있는 부모들에게 그들의 사진을 가져오도록 요청하고 있다. 그 재단은 실종된 아이들의 최근 이미지를 만들기 위해 노력하고 있다. 몇몇 전문가들이 컴퓨터를 이용하여 어린 아이 시절과 청소년기 사이의 간극을 연결해주는 이미지를 생성하기 위해 그러한 사진들을 이용하고 있다. 그들의 부모들에게 돌아온 아이들의 수는 많지 않다. 그러나 그 기술은 지금까지도 약 500명의 아이들을 찾는 것을 도와주었다.

> 실종된 아이들의 최근 이미지를 이용하여 찾는 과정을 보여주는 내용으로서, 부모들에게 돌아온 아이들의 수가 많지는 않지만, 이미 500명의 아이들이 돌아오게 되었다는 내용으로 충분히 유의미한 기술이라는 것을 알 수 있다. 따라서 역접 관계이므로 however가 정답이다.

> **정답** (b)

3 소매업자들의 항구에도 불구하고, 전국적으로 거대한 슈퍼마켓의 개업은 일반 쇼핑객들에게는 환영받고 있다. 그들은 수년 동안 높은 가격과 제한된 쇼핑 시간을 견뎌야만 했다. 전통적인 작은 상점들과는 달리, 거대 체인 슈퍼마켓들은 가격을 낮추었으며, 쇼핑 시간을 연장했다. 예를 들어, 그 지구에 있는 유명한 쇼핑 지역에서, 새로운 상점들은 11시까지 지속되는 밤늦은 시간에 할 수 있는 쇼핑을 광고하고 있다.

> 새로운 거대 슈퍼마켓의 등장으로 가격이 낮아지고, 쇼핑 시간이 연장되었다는 내용이다. 특히 연장된 쇼핑 시간에 대한 구체적인 예로, 11시까지의 쇼핑 시간을 홍보하고 있다는 내용을 제시하고 있다. 따라서 for instance가 정답이다.

> **정답** (a)

4 새로운 기술이 수년 내에 재판 과정을 바꾸는 데 이용될지도 모른다. 법정은 피고인, 증인, 그리고 변호인들의 존재를 연상시켜왔다. 그러나 대법원은 전자 매체를 이용하는 화상 재판을

고려하고 있다. 각각의 사람들은 스크린을 통해 그들의 견해를 진술할 수 있다. 따라서 피고인, 증인, 그리고 변호인들은 더 이상 법정에 출두할 필요가 없다.

> 화상을 통한 재판의 가능성을 제시하는 내용이며, 이로써, 스크린을 통해 의견 진술이 가능하므로, 더 이상 직접 참석할 필요가 없다. 인과적 관계로 글을 연결하고 있으므로 therefore가 정답이다.

> **정답** (a)

→ ACTUAL TRAINING

1 부모에게 있어서 고통을 겪고 있는 아이들이 있는 것과 그것을 치료하지 못하는 것보다 더 나쁜 경험이 있을까? 현재 의사들은 힘든 치료 과정의 고통을 겪고 있는 어린이들을 도와주는 방법으로 공상 소설과 놀이의 이용을 추천한다. 이런 것들은 책을 읽거나, 그림을 그리거나, 게임을 하는 것과 같은 몇 가지 오락을 통해 아이들로 하여금 그들의 고통에 대해 생각하는 것을 막는 활동들이다. 육체적 고통을 덜어주기만 하는 약을 사용하는 것과는 다르게 공상 소설과 놀이는 육체적 정신적 고통을 모두 덜어준다. 공상 소설과 놀이를 통해, 어린이들은 아픈 치료 과정을 덜 괴로운 것으로 인식하게 된다.

(a) 예를 들어
(b) 반대로
(c) 이외에도
(d) 효과적으로

> 고통을 겪고 있는 아이들에게 치료 과정에서 이용할 수 있는 두 가지 사항을 대조적으로 보여주고 있다. 공상과 놀이는 아이들의 육체적, 정신적 고통을 줄여주지만, 약물은 육체적 고통만을 줄여줄 뿐이다. 두 가지 사항이 대조적으로 제시되어 있으므로, (b)가 필요하다.

recommend 추천하다 **fantasy** 상상, 상상력 **cope** 대항하다 **distraction** 오락 **relieve** 경감하다, 덜다 **traumatic** 정신적 충격이 큰

> **정답** (b)

2 찰스 다윈이 '그 자체로도 작은 세계'라고 묘사한 갈라파고스 섬은 희귀 동·식물들의 천국이었다. 그 동물들은 육지의 약탈자들과 인간의 간섭으로부터 고립되어 발달해 왔다. 게다가, 이런 종들은 세계 어디서도 발견되지 않았던 것이었다. 유명한 다윈의 진화론에 따르면, 그들의 특성은 다양한 종들의 점차적인 변형으로만 설명될 수 있다. 다윈이 이 이론에 도달하도록 도움을 준 종은 되새류였다. 이런 되새류는 아마도 한 종류의 조상으로부터 내려왔고 그때 몇 가지의 환경 특성 요인들 때문에 다른 형태의 되새류로 진화했다.

(a) 게다가

(b) 예를 들어
(c) 비교해서
(d) 첫째로

💡 갈라파고스 섬에서 다윈이 얻게 된 진화 이론에 대해 설명하는 글이다. 빈칸 앞 문장은 고립된 발달에 대한 설명이며, 뒷부분은 세계 어느 곳에서도 발견되지 않는다는 내용을 통해 추가적인 설명으로 볼 수 있다.

---

paradise 천국 remarkable 주목할 만한, 비상한, 드문 species 종 isolation 격리, 분리, 고립 terrestrial 지구상의 predator 약탈자 interference 간섭, 방해 transformation 변형, 변질 finch (조류)되새류 descend from ~의 자손이다

정답 (a)

---

3 고객님 반갑습니다! 무엇을 기다리시나요? 주말 대형 세일을 이용하세요. 거의 모든 제품을 특별 할인 하고 있습니다. 침실과 거실의 모든 가구는 50% 세일합니다. 잘 들으세요. 모두 정상가의 반 값입니다! 더 있습니다! 모든 베개, 침대보, 그리고 다른 악세사리들은 '하나를 사면, 하나를 덤'으로 가져가실 수 있습니다! 물품은 한정되어 있습니다. 이번 판촉은 재고가 있는 동안만 유효합니다. 따라서 서두르셔서 흔치 않은 쇼핑 경험을 잡으세요!

(a) 따라서
(b) 그러나
(c) 게다가
(d) 그런데

💡 주말 대형 세일에 대한 홍보 글이다. 이 글에서는 한정된 수량이 있으므로, 서둘러 구매하도록 촉구하고 있다. 따라서 두 문장의 연결 관계는 인과관계이다.

---

discount 할인 pillow 베개 bed sheet 침대보 promo 선전의, 판촉의

정답 (a)

---

4 고생물학자들은 날개의 진화에 대해 두 가지 상반된 견해를 갖고 있다. 한 가지 이론은 날개가 육식 공룡들로부터 진화했다는 것으로서, 그것들은 배우자를 유혹하거나 체온을 유지하는 것처럼 나는 것이 아닌 다른 목적으로 기능했다고 주장한다. 이 이론은 날개를 가진 공룡들이 현대 조류의 조상이라고 가정한다. 다른 고생물학자들은 현대 조류로의 진화와 나는 능력이 동시에 이뤄졌다고 한다. 예를 들어, 나무에서 사는 작은 파충류들은 약탈자로부터 재빨리 도망가려고 점프를 하기 위해 날개가 발전했다고 생각되었다. 이런 상반된 이론들은 여전히 대중들이 믿을 수 있게 하는 확실한 물증을 내놓지 못하고 있다.

(a) 반대로
(b) 게다가
(c) 예를 들어
(d) 대조적으로

💡 날개의 진화에 대한 상반된 견해를 제시하는 글이다. 일부 고생물학자들은 날개가 공룡들 중 일부에서 진화했으며, 비행

이외의 다른 목적으로도 기능했다고 주장한다. 반면에 다른 학자들은 진화와 비행 능력이 동시에 발생했다고 주장하며, 작은 파충류들의 진화를 구체적인 예로 제시하고 있다. 이와 같이 주제를 제시한 이후에 구체화된 대상을 언급할 때 예시를 나타내는 접속사를 이용한다.

---

palaeontologist 고생물학자 evolution 발달, 진화 feather 깃털, 조류 evolve 진화시키다 carnivorous 육식성의 dinosaur 공룡 potential 가능성 mate 배우자 simultaneously 동시에 reptile 파충류

정답 (c)

---

5 미국에서만 약 800,000건의 절도가 발생한다. 불행하게도, 학문적 이론과 범죄학 이론들은 이와 같은 절도 풍조에 대한 충분한 설명을 하지 못한다. 대신에 중산층과 상류층 백인들, 특히 여성들이 범죄자로서 규정되는 것을 막으면서, 특권을 보호하는 변명을 늘어놓는다. 절도를 하는 여성들의 높은 비율에 대한 설명을 제공하기 위해 1960년대에 진단을 통하여 병적 도벽이라는 용어가 생성되었다. 이것은 사람이 훔치려는 유혹에 저항할 수 없는 질병이다. 흥미롭게도, 전문가들은 절도가 그렇게 일반화되고 쉬운 이유를 사실상 설명해줄 수 있는 것은 바로 소비 자본주의라고 말한다. 게다가 그들은 쇼핑이 미국의 전국적인 여가시간이 되면서, 그러한 경향이 절도와 밀접하게 연관되어 있다고 말한다.

(a) 그러나
(b) 특히
(c) 예를 들면
(d) 게다가

💡 미국에서 매년 발생하고 있는 절도 행위에 대한 글이다. 구체적인 용어로 도벽을 언급하면서, 그 원인에 대해 제시하고 있다. 빈칸을 중심으로 그 원인들을 두 가지 형태로 제시하는 부가적인 내용이 이어지므로 (d)가 적절하다.

---

shoplift 도둑질 academic 학원의, 이론적인 criminological 범죄학의 prevalence 유행 excuse 변명 defined as ~로 규정된 via ~을 거쳐 medicalize 치료하다 kleptomania 도벽 disorder 혼란; 질환 resist 저항하다 temptation 유혹 capitalism 자본주의 pastime 오락, 취미

정답 (d)

---

6 아일랜드는 매년 GDP 성장률이 거의 6%로 활발하고 세계화된 경제를 자랑하고 있다. 전 세계의 많은 기업들이 아일랜드를 매혹적인 제조업 부지로 여기고 있다. 아일랜드의 EU 회원 자격이 아일랜드가 경제 강국이 된 가장 중요한 이유이다. 그럼에도 불구하고, 다른 부유하고 강한 나라에서와 같이, 경제 성장이 아일랜드의 풍부한 문화를 마비시키는 것으로 보인다. 예를 들어, 교회의 권위에 대한 존경심이 사라지는 것에 대해 전통주의자들은 안타까워한다. 여러 가지 면에서, 아일랜드의 지속적인 성장과 발전은 현대성과 전통의 대립이라는 논쟁적인 모습을 보여준다.

(a) 예를 들어
(b) 대조적으로

(c) 비교해서 볼 때
(d) 반면에

아일랜드의 경제적 성장과 전통의 붕괴에 대해 다룬 글이다. 최근 EU 회원국이 되면서 활발하고 세계화된 경제적 성장을 경험하고 있지만, 반면에 풍부한 문화적 전통이 붕괴되는 현상이 나타나고 있다는 비판적 글이다. 그 구체적인 예로 교회의 권위에 대한 존경심이 사라지고 있는 현실을 언급하고 있다. 구체적인 예시를 언급할 때 예시를 나타내는 접속사를 이용한다.

boast 자랑하다 **vibrant** 활발한 **globalize** 전 세계적으로 확대하다 **paralyze** 마비시키다 **traditionalist** 전통주의자 **lament** 안타까워하다 **erosion** 부식 **modernity** 현대성, 현대풍 **versus** ~대, ~에 대한

정답 (a)

→ REVIEW TRAINING 6

1 미디어가 대중의 의견을 형성하는 데 중요한 역할을 하는 것은 확실하다. 미디어의 중요한 임무는 대중들의 삶의 질을 향상시키기 위해 도움을 주고 정보를 알려주는 것이다. 그러나 대중들을 위해 대변할 때 미디어의 역할이 확장되고 있다. 미디어는 무엇을, 어떻게 보도할 것인지, 어느 것이 대중들에게 도달할 정보의 범위와 본질에 실제로 영향을 미치는지 결정할 힘을 갖고 있다. 또한 미디어는 일부 논쟁을 일으킬 수 있는 이슈를 피하고 대중들에게 중요한 정보를 빼앗는 행위로 인해 비판의 대상이 되고 있다.

(a) 범죄를 비판하다
(b) 대중들의 의견을 형성하다
(c) 갈등을 악화시키다
(d) 모든 것을 보고하다

주제를 나타내는 첫 문장의 빈칸을 채우기 위해 비교적 전체를 잘 훑어봐야 하는 글이다. the public과 관련된 내용이 언급되며 이를 종합한 정답 (b)를 고를 수 있다. (a), (c), (d) 모두 핵심어인 the public이 언급되지 않기 때문에 간단히 소거할 수 있다.

primary 주요한, 중요한 **controversial** 논쟁의 여부가 있는 **deprive** 빼앗다, 박탈하다 **wrongdoing** 범죄, 비행 **exaggerate** 과장하다, 악화시키다

정답 (b)

2 2차 세계전쟁 후, 경제학자들은 경제학에서의 합리성을 설명하기 위해 심리학자들에게서 견해를 얻기 시작했다. 이것은 감정과 직감의 영향과 동떨어진 수학과 과학의 사용을 필요로 한다. 합리적인 사람은 이성을 이용하여 항상 자신의 이득을 결정하고, 가장 높은 예상이 되는 '공리'를 선택하길 바란다. '공리'는 대중의 만족감을 설명하기 위해 19세기 철학자 존 스튜어트 밀이 이용한 개념이다. 손실회피, 즉 사람들이 상당한 이득을 얻는 것보다 손실을 줄이는 것을 더 선호하는 경향은 경제 분석에서 점점 더 많은 관심을 받고 있는 자주 언급되는

심리학적인 개념이다.

(a) 그들의 분야가 서로 관계가 있기 때문에
(b) 전쟁 후 몇 년 동안 인기가 있는
(c) 경제학에서 합리성을 설명하기 위해
(d) 감정보다 이성에 우선순위를 부여하는

뒤에 바로 이어지는 부연글을 보고 주제 첫 번째 문장의 빈칸을 채울 수 있는 문제. 두 번째 문장에서 감정과 본능을 배제한 수학과 과학을 이용한다면 정답 (c) to describe rationality in economics(경제학의 이성적인 이해를 설명하기 위해) 이외에는 정답이 될 만한 것이 없다. 그 뒤의 문장 A rational man에서도 단서를 얻을 수 있다.

economist 경제학자 **insight** 견해, 식견 **far removed from** ~와 동떨어진 **option** 선택 **utility** 공리, 효율, 실리(여기서는 공리주의의 공리를 뜻하는 것 같음) **philosopher** 철학자 **prefer** 선호하다 **avoid** 피하다 **acquire** 얻다, 획득하다 **cite** 언급하다 **concept** 개념

정답 (c)

3 아프리카는 특히 혼례와 결혼 의식과 같은 다양한 문화적 전통을 가지고 있다. 아프리카 대륙에는 많은 다양한 결혼 전통이 존재하며, 동일한 것은 거의 없다. 혼례는 공동 사회에서 향연을 열고 춤을 추는 것처럼 매우 복잡하게 이루어질 수도 있다. 반면에, 그것들은 때때로 아주 단순하거나 심지어 많은 부부들이 거대하게 합동 결혼을 할 수도 있다. 오늘날, 오래된 전통 혼례는 변하고 있고 점점 교회에서 하는 서양 스타일처럼 되어 가고 있다. 그러나 여전히 몇몇 오래된 전통들이 살아있고 전통 혼례식을 하고 있다.

(a) 결혼식을 가능하면 단순하게 하려고 노력하고 있다
(b) 전통 혼례식을 포기하고 있다
(c) 전통 혼례식을 하고 있다
(d) 서양식 결혼식을 받아들이고 있다

접속사의 변화를 각별히 신경 써야 하는 문제이다. Today 전까지는 주제문에서 나타내는 다양한 아프리카의 결혼 관습에 관한 내용이며 Today 이하는 반론(요즘은 서양식으로 많이 바뀌고 있다.)이 전개된다. Today, Recently, Nowadays 등 현재 혹은 요즘과 관련된 접속사가 있으며 과거와 반대되는 반론이 나온다는 점을 잊지 말자. 그 뒤의 빈칸의 답을 고르기 위해서 However을 주의한다. 다시 한번 반론이 언급되기 때문에 정답 (c) performing the traditional wedding ceremonies가 가장 적절하다

ritual 의식의 **alike** 비슷한 **elaborate** 복잡한, 정교한 **feast** 향연, 접대하다 **Western-style** 서양 스타일

정답 (c)

4 필적이 무의식으로 쓰여질 때, 그것은 사람의 성격을 해석하는 데 유용한 엄청난 정보를 담고 있다. 지문을 통해 신원 확인 시 스템의 창시자인 윌리엄 허쉘 씨는 지문으로 신원을 밝히는 것과 같은 방법으로 필적으로 성격을 알아낼 수 있다고 말했다. 오늘날, 필적학이라 불리는 필적 분석은 다른 지역의 사람들의 성격을 판단하기 위한 것으로, 점점 더 많이 사용되고 인정받

는 기술이다. 그 기술은 핵심 직위에 맞는 사람을 선발하거나 자신과 잘 맞는 파트너를 찾는데서 주로 인기가 있다.

(a) 사람의 성격을 해석하는 데 유용한
(b) 사람의 과거를 판단하는 데 유익한
(c) 사람의 숨겨져 있는 정체성을 밝히는 데 도움이 되는
(d) 무슨 일을 선택할지 결정하는 데 중요한

◎ 주제문인 첫 문장의 빈칸은 뒤에 이어지는 부연 문장 stated that handwriting revealed character (필기가 성격을 보여준다.)을 보면 정답 (a)를 고를 수 있다. 연구 결과는 처음에 다소 크게, 그 다음 문장에서 세세한 내용을 전한다. 앞뒤 문장의 연계성만 봐도 정답을 고를 수 있으며 people's characteristics에서 다시 한번 뒷받침되고 있다.

unconscious 무의식의 identification 신원 확인 fingerprint 지문 reveal 밝히다, 드러내다 identity 신원, 정체성 analysis 분석

정답 (a)

5 모든 종류의 음악적 스타일과 미를 표현하는 많은 대형 합주곡들은 20세기 초 고전적인 '밴드'나 '앙상블'과는 반대로 '오케스트라'라는 이름을 채택했다. 20세기 오케스트라는 향상되었고 이전보다 더 투자를 많이 받았고 더 커졌다. 실제로 작곡가들은 크고, 더 야심적인 곡을 작곡할 수 있었다. 위대한 작곡 창조를 위한 길이 마련이 되었다. 그 과정에서 뮤지컬 공연에서의 실수는 같은 시기에 리코딩이 나오면서 수정이 용이해졌다. 게다가, 오케스트라 음악이 무성영화에 입혀져서 연예계 시장에서 영화 산업의 확립의 기틀을 마련했다.

(a) 젊은 작곡가들의 인기
(b) 위대한 작품의 창조
(c) 몇몇 리코딩 산업의 쇠퇴
(d) 클래식 음악에 대한 초점의 회복

◎ 근대 음악 발달에 관한 주제가 불확실한 글이다. 모든 독해지문이 선명한 주제가 제시되지는 않는다. 특히 진위, 추론 문제는 세부사항을 다 읽어야 하기 때문에 처음과 끝에 주제가 없는 경우도 있다. In effect까지는 근대 Orchestra 발달에 관한 소개, In effect ~는 작곡가의 왕성한 활동, Meanwhile 이후는 음악과 현대기술의 만남을 언급했다. 빈칸을 채우기 위해선 다른 이야기가 언급되는 Meanwhile ~ 이후보다는 앞 문장을 먼저 봐야 한다. 앞 문장에서 작곡가들이 왕성한 활동을 했기 때문에 정답 (b) creation of great musical compositions을 유추할 수 있다. 오답 (a)는 young, 즉 젊은 층이 전혀 언급되지 않았기 때문에 소거하고 (c) pave the way(~길을 개척하다) 뒤에는 decline과 같은 안 좋은 내용은 어울리지 않기 때문에 소거한다.

ensemble 합주곡, 앙상블 aesthetic 미의, 미학의 adopt 채택하다, 양자로 삼다 oppose to ~ 반대하여 composer 작곡가 ambitious 야심적인 pave (길을) 포장하다 motion pictures 영화 산업

정답 (b)

6 컴퓨터가 중심인 최근 기술 혁신에 뒤떨어지지 않기 위해서,

21세기의 학생들은 경쟁력을 유지하기 위해 중요한 컴퓨터 기술을 배워야 한다. 학교는 학생들에게 기술적 지식을 갖추게 해야 한다. 그것은 학생들에게 수학과 과학에 있어 확고한 기초를 마련해 줄 것이다. 게다가, 선생님들은 학생들이 컴퓨터 기술과 관련된 과목과 등급을 올리기 위해 격려해 줘야 한다. 오늘날의 많은 직장에서는 컴퓨터에 의지하고 컴퓨터 중심의 산업은 향후 몇 년간 급성장할 것으로 기대된다.

◎ 첫 문장 '학교에서 학생들에게 컴퓨터교육을 잘 해야 한다'가 이 글의 주제문이며 이 주제를 뒷받침하는 문장 Schools have to equip their students with technical literacy에서 학교는 학생들에게 기술적 지식을 갖추게 해야 한다고 말하고 있고, 빈칸 뒤에서 선생님이 격려해줘야 한다가 언급된다면 이는 추가 부연이며 이에 어울리는 접속사구는 (d) In addition이다.

keep up with ~에 뒤떨어지지 않다 dominate 지배하다, 좌우하다 crucial 중요한 competitive 경쟁의, 경쟁적인 equip 갖추게 하다 literacy 지식, 능력 firm grounding 확고한 기초 upsurge 급증하다, 솟아오르다

정답 (d)

UNIT 20 Part 2 제목 찾기

BASIC TRAINING

1 한 회사가 비디오 카메라, 자동 대화 녹음기, 그리고 이미지 보정 3D 장치와 같은 몇 가지 장치를 개발하고 있다. 그것의 목표는 전체 재판 과정을 녹화하고 방송하는 것이다. 비록 해결되어야할 몇 가지 기술적인 결함이 있지만, 그 회사는 그 기술이 재판 절차를 빠르게 진행되도록 하고 비용을 줄여주게 될 것이라고 예상하고 있다. 또한, 전 세계의 많은 법정들은 그것을 테스트 한 이후에 그 기술을 채택할 계획이다.

◎ 결함이 있기는 하지만, 앞으로 테스트를 통해서 재판 과정을 간소화하기 위한 화상 재판을 시행할 것이라는 내용이다. 특히 재판 과정에 필요한 장치 및 기술 개발이 진행되고 있다는 내용이 제시되어 있으므로, '재판 과정에 이용될 새로운 기술의 도입'이 정답이다.

정답 (a)

2 인간은 여러 가지 군사적인 목적으로 지뢰를 매설해왔다. 매년 지뢰는 전 세계적으로 많은 문제를 유발했으며, 많은 인간을 죽이고 불구로 만들었다. 그러나 사람들은 이러한 끔찍한 무기로부터 고통 받는 유일한 생명체인 것은 아니다. 그들은 많은 지역에서 수천 마리의 동물들에게 해를 주고 있다. 예를 들어, 타이의 코끼리들이 지뢰의 공격을 받고 있다. 많은 길들여진 코끼리들이 숲에서 일하는 동안 부상을 입지만, 치료받지 못하게 된다.

◎ 지뢰의 부정적 영향에 대한 글이며, 인간과 동물에게 미치는 해를 다루고 있다. 그러나 인간에게 미치는 부정적인 영향이 제시된 도입부와는 달리, 대조 접속사(however) 이후에 동물에게 미치는 영향을 제시하고 있고, 특히 코끼리가 구체적인 예로 제시되어 있으므로, 동물에게 미치는 지뢰의 부정적인 영향이 정답이다.

정답 (a)

3 많은 유럽 국가에서, 인구는 매년 빠르게 증가해왔다. 그럼에도 불구하고, 많은 선진국에서 나타난 통계에 따르면, 출산율이 지난 10년에 걸쳐서 1년에 2%씩 감소해 왔다. 이러한 상황은 폐교나 교육 분야에서 직업이 부족해지는 많은 심각한 문제들을 유발해왔다. 이것은 인구밀도가 낮은 지역에 사는 아이들이 먼 거리에 있는 학교까지 가야 한다는 것을 의미한다.

◎ 출산율 감소로 인해 유발될 수 있는 문제점을 지적하는 글로서, 출산율 감소로 인해 폐교나 교육 분야 직업 감소로 인해 발생하는 문제들을 다루고 있다. 따라서 단순히 유럽 국가에서 발생하는 문제들을 지적하는 것이 아니라, 출산율 감소로 인해 발생하는 문제들이 정답이다.

정답 (b)

ACTUAL TRAINING

1 컴퓨터피아인과 반유토피아인은 기술 발전에 두 가지의 반대되는 관점을 대표한다. 유토피아인들은 기술 발전이 대단한 것들을 약속한다고 믿는다. 이를테면 그들 스스로를 어느 곳이든 어느 누구든 즉시 연결할 수 있는 능력, 누구나 전 세계적으로 자신의 작품을 출판할 수 있는 평등성, 그리고 정보가 자유롭게 전 세계로 전달되는 민주주의가 그것이다. 컴퓨터피아인들에게 기술은 수많은 방법으로 사람들의 삶을 향상시킬 수 있는 것이다. 반면 반유토피아인들은 기술이 과점(소수 독점)을 촉진시킬 가능성이 있다고 강조한다. 왜냐하면 세계 시장의 출현은 큰 회사들의 독점을 대체하기 때문이다. 반유토피아인들은 기술이 인간성을 뛰어넘었고 비판적으로 조망되어야 한다고 말한다.

Q. 이 글의 제목으로 알맞은 것은?
(a) 현대 기술의 이점들
(b) 현대 기술의 혜택과 위험들
(c) 세계 기술의 미래
(d) 사회에서 기술의 역할

◎ 현대 과학 기술의 발달에 대한 컴퓨터피아인과 디스토피아인(반유토피아인)들의 상반된 견해를 제시하는 글이다. 컴퓨터피아인들은 과학 기술이 인간의 삶의 질을 향상시킬 것이라고 믿는 반면에, 디스토피아인들은 과학 기술이 거대 회사들의 과점을 촉진시키고, 인간성을 뛰어넘을 것이기 때문에 비판적 시각으로 접근해야 한다고 보고 있다. 따라서 과학 기술의 장점과 위험성을 제목으로 볼 수 있다.

computopia 컴퓨토피아(컴퓨터에 의한 이상적인 사회)
dystopia 반(反)이상향 instantly 즉시, 곧 equality 평등
countless 셀 수 없는 potential 가능성, 잠재력
oligopoly 과점(寡占) over-reach ~을 뛰어넘다 with a critical eye 비판적으로

정답 (b)

2 대부분의 사람들은 일반적으로 그들의 가족 주치의를 신뢰하거나 존중한다. 그러나 때때로 그들은 다른 의사로부터 이차적인 의학적 견해를 듣게 되는 상황에 직면한다. 그들은 그들 자신의 주치의가 아닌 다른 사람들에게서 다른 조언을 구하는 것을 머뭇거리게 된다. 이러한 머뭇거림은 심각한 부작용과 합병증을 유발한다. 따라서, 환자들은 그들의 의사의 진단에 대해 의심이 들 때, 적극적으로 다른 대안들을 찾아야 한다. 비록 그들의 의심이 주치의의 기분을 상하게 할 수도 있지만, 그들의 노력만이 긍정적인 의학적인 결과를 얻어낼 수 있다.

Q. 이 글의 제목으로 가장 적절한 것은?
(a) 의학적 이차 진단의 장단점
(b) 환자들의 부작용과 합병증
(c) 주치의에 대한 맹목적 신뢰 혹은 존경
(d) 의학적 이차 진단에 대한 해결책 찾기

정답 및 해설 **93**

주치의가 아닌 다른 의사에게서 의학적 진단을 받았을 때는, 맹목적으로 주치의를 신뢰하지 말고, 정확한 진단을 내릴 수 있는 의사를 찾아야 한다는 말을 통해서, 적극적으로 해결책을 찾아야 한다는 것이 정답임을 알 수 있다.

trust 신뢰하다 respect 존경하다, 존중하다 therapist 의사 confront 직면하게 하다 situation 상황 face 직면하다 hesitate 머뭇거리다 seek 찾다, 구하다 side effect 부작용 complications 합병증 actively 적극적으로 alternative 대안 diagnosis 진단 attempt 시도, 노력 positive 긍정적인

정답 (d)

3 기술이 발달하게 되면서, 많은 회사들은 소비자들에게 많은 복잡하면서 다기능적인 장치들을 제공했다. 컴퓨터와 휴대폰과 같은 몇 가지 장비들은 다양한 기능이 추가되었다. 그러나 사람들은 몇 년 전처럼 열정적으로 이러한 종류의 장치들에 돈을 쓰지 않고 있다. 기술이 우리에게 많은 시간을 절약해 주었지만, 그것은 또한 우리의 시간을 빼앗아 갔다. 사실, 많은 소비자들은 전자제품들이 어떻게 기능하는지를 알기 위해 많은 시간을 쓰고 있다. 그 이후에도, 우리는 그 기능들을 완전히 알지는 못한다. 편리함과 다기능에 대한 과거의 열정이 지금은 우리가 과거의 불편함과 간단한 기능을 찾도록 만들고 있다.

Q. 이 글의 제목으로 가장 적절한 것은?
(a) 기술의 발달과 그 결과
(b) 복잡한 기계들의 문제점들
(c) 전자 제품들의 변화
(d) 복잡한 전자제품들의 편리함

과거에는 다기능적이고 복잡한 기능을 가진 제품에 대한 선호도가 있었지만, 최근 이러한 제품들이 오히려 더 많은 시간을 빼앗는 것과 같은 문제들이 있기 때문에 소비자들이 구매를 하지 않는다는 내용이다. 따라서 복잡한 기능을 가진 제품들의 문제점이 부각되고 있다고 할 수 있다.

technology 기술 advance 진보하다, 발전하다 complicated 복잡한 multi-functional 다기능적인 gadget 도구, 기구 splurge 사치하다, 낭비하다 eagerly 열정적으로, 적극적으로, 기꺼이 take away 빼앗다 electronic 전자적인 appliance 전자제품 figure out 알아내다 convenience 편리함 inconvenience 불편함

정답 (b)

4 어떤 사람들은 소비 사회에서 결혼이 자동차나 냉장고와 같은 소비재 제품으로 여겨지고 있다고 말한다. 그것은 사람들이 이혼, 즉 결혼의 종결을 그들의 삶에서 흔한 것이라고 생각한다는 것을 의미한다. 따라서 십대 학생들이 이러한 현상을 흔한 것이라고 생각하는 것을 막기 위하여, 일부 학교 지구에서는 결혼 교육을 시작할 예정이다. 플로리다와 같은 몇몇 주에서는, 결혼 관련 수업들이 졸업을 위한 의무 과정이 되었다. 전문가들은 이러한 종류의 결혼 관련 수업들이 미래에 수강생들의 이혼율을 줄여줄 것이라고 주장한다. 그것은 결혼한 상태에서 사람들은 그들의 결혼 생활을 지속시킬 수 있는 특정한 기술을 가지고 있어야 하기 때문이다.

Q. 이 글의 제목으로 가장 적절한 것은?
(a) 이혼한 부모가 있는 가정의 잠재적 위험성
(b) 이혼율을 낮추기 위한 새로운 교육 프로그램
(c) 십대들 사이의 결혼을 위한 필수 요건
(d) 중요한 소비 제품들 중의 하나로서의 결혼

이혼율이 증가하는 사회에서, 이혼율을 줄이기 위한 학교 교육 프로그램이 계획되고 있다는 내용이다. 따라서 글의 제목은 새롭게 시행되는 결혼 교육 프로그램이라고 할 수 있다.

consumer society 소비 사회 divorce 이혼 consequently 결과적으로, 따라서 phenomenon 현상 district 지역, 지구 mandatory 의무적인 requirement 요구 조건, 요건 skill 기술

정답 (b)

5 박쥐들은 비행을 하기 위해, 그리고 먹이를 찾기 위해 주로 그들의 레이더를 이용한다. 그들의 높은 음성의 소리는 물체에 반사되어, 그들의 민감한 귀로 되돌아온다. 메아리가 귀에 도달하면 박쥐는 물체가 얼마나 멀리 떨어져 있는지를 알게 된다. 그러나 박쥐의 먹이가 되는 어떤 벌레들은 박쥐의 레이더를 피할 수 있는 효과적인 방법을 이용한다. 예를 들어, 나방들은 박쥐들을 속이기도 하고, 심지어 그들 자신의 신호를 내보내기도 한다. 이러한 신호들은 주로 다가오는 박쥐들을 혼동시키기 위해 이용된다. 나방의 신호에 교란되어 박쥐들은 추적을 포기한다.

Q. 이 글의 제목으로 가장 적절한 것은?
(a) 박쥐들의 먹이를 잡는 특징적인 방법
(b) 박쥐로부터의 벌레들의 생존 방식
(c) 날고 있는 박쥐들을 방해하는 신호들
(d) 박쥐들과 벌레들의 의사소통 방식

박쥐들이 비행을 위해 그리고 먹이를 찾기 위해 레이더를 이용하지만, 벌레들의 입장에서도 생존 방식을 가지고 있다는 내용이다. 특히 나방은 자기만의 신호를 내보내면서 박쥐에게서 벗어나는 방법을 알고 있다. 따라서 박쥐들의 생활방식이 아니라 벌레들의 생존 방식이 더 중요한 제목이라고 할 수 있다.

radar 레이더 navigate 비행하다, 항해하다 detect 감지하다, 탐지하다 prey 먹이, 희생자 high-pitched 높은 음성의 bounce off 튀다, 되돌아오다 echo back 메아리가 되돌아 오다 sensitive 민감한 recognize 인식하다, 알아차리다 effective 효과적인 escape 벗어나다 moth 나방 deceive 속이다 signal 신호 confuse 혼동시키다 approach 다가가다 disrupt 혼란시키다, 교란시키다 abandon 포기하다 chase 추적

정답 (b)

6 의학 기술의 발달에도 불구하고, 의사들은 여전히 조제약에 의존하고 있다. 많은 종류의 약들을 구할 수 있기 때문에, 질병이 있을 경우에 그것들을 더 이용하는 것 같다. 그러나 의사들에 의한 과도한 약물 치료는 현재까지 사회적 문제가 되고 있다. 매년 그러한 사례들의 수가 증가해왔다. 특히 이러한 약물들

중 대부분은 노인들에게 처방되고 있다. 70세 이상의 많은 사람들이 과도한 약물 치료의 위험한 부작용의 결과로 병원에 입원하게 되었다. 따라서 건강 관리 전문가들이나 의사들은 처방약에 대해 주의를 기울여야 하며, 환자들도 의사들이 제공한 약물을 감시해야 한다.

Q. 이 글의 제목으로 가장 적절한 것은?

(a) 과도한 약물 치료의 심각한 문제들
(b) 의학 기술의 발달
(c) 처방약들의 부작용들
(d) 의사들과 환자들 사이의 긴장

💠 조제약에 대한 의존도가 높다는 것을 보여주면서, 특히 과도한 약물 치료가 가지고 있는 사회적 이슈와 문제점을 지적하는 글이다. 따라서 과도한 약물 치료의 문제점 혹은 부작용을 설명하고 있으므로 정답은 (a)이다.

in spite of ~임에도 불구하고 development 발달, 개발 technology 기술 prescription 처방 available 구할 수 있는, 이용할 수 있는, 구매할 수 있는 overmedication 과도한 약물 치료 hospitalize 입원시키다 monitor 감시하다

정답 (a)

UNIT 21 Part 2 주제 찾기

→ BASIC TRAINING

1 다양한 해로운 요인에도 불구하고, 자동차들은 더 편리한 교통 수단이 되었다. 특히, 버스나 기차 시스템이 거의 없는 시골 지역에서, 자동차는 필수적이다. 게다가, 도시에서도 대부분의 사람들도 자동차에 의존하게 되었다. 만약 우리가 자연 친화적이고, 전기로 움직이고, 그리고 수소나 태양열과 같은 재생 가능한 에너지 자원을 이용하는 자동차를 만든다면, 그것들은 어떠한 해도 끼치지 않고 인간에게 이익을 가져다줄 것이다.

◐ 현재의 자동차가 가지고 있는 해로운 요인들만 해결된다면, 자동차는 인간에게 더 많은 이익을 가져다줄 것이라는 내용이다. 따라서 현재 상태를 그대로 유지하는 것이 아니라, 앞으로 새로운 대안이 마련된다면, 더 나은 교통 수단이 될 것이다. 그리고 여러 가지 환경적인 단점이 있지만, 이미 인간의 주요한 교통수단이라는 것이 주제이다.

정답 (b)

2 많은 나라의 많은 동물들이 인간에 의해 도축되었으며, 많은 위험에 처한 종들이 멸종 위기에 놓여 있다. 그것이 우리가 3년 전에 헬프 애니멀 어라운드 더 월드(Help Animals Around the World)를 설립한 이유이다. 우리는 전 세계에서 온 기부 덕분에 위험에 처한 동물들을 보호하려고 노력해 왔다. 많은 유명한 팝 스타들과 배우들이 우리가 부상당한 동물들을 회복시키는 것을 돕고 있다. 동물들을 위한 자선 단체들의 도움 덕분에, 우리 단체는 소기의 성과를 거두고 있다.

◐ 위험에 처한 동물들을 돕기 위해 Help Animals Around the World를 설립했으며, 이 단체의 활동 덕분에 동물들의 회복이 가능해졌다는 내용을 통해, 이 단체가 동물들의 복지에 기여했다는 것을 알 수 있다.

정답 (a)

3 의학 기술의 발달로, 평균 수명은 상당히 증가했다. 그리고 현재의 사람들의 노화 비율은 계속해서 지속될 것이라고 여겨진다. 그러나 평균 수명의 증가는 세금과 관련된 문제들을 유발할 것이다. 세금 납부자들의 수는 연금 수령자들의 수를 부양하기에 충분하지 않게 될 것이다. 비록 연금 시스템이 아직은 위기가 아니지만, 정부는 연금 체계를 개혁하는 것에 대해 고려해야 한다.

◐ 인간의 평균 수명의 증가로 인해 발생할 수 있는 문제점을 지적하는 글이다. 인간의 평균 수명이 증가하는 것이 인구 증가 등에도 기여했지만, 연금과 관련된 문제를 유발할 것이라는 내용이 주제이다.

정답 (b)

4 인터넷을 통한 의사소통은 전통적인 전화보다 더 싸다. 당신은 지역 전화 통화 혹은 신문 월간 정기 구독의 비용보다 더 적게

지불하기만 하면 된다. 또한, 인터넷은 당신이 전 세계의 다양한 사람들과 그들의 문화를 이해할 수 있는 기회를 제공한다. 당신은 다른 문화에 있는 단체들과 개인들이 게시한 많은 정보를 얻을 수 있다. 이와 같이, 인터넷은 의사소통에서 많은 장점을 가지고 있으며, 사람들의 삶의 방식을 바꾸어 왔다.

◐ 인터넷이 의사소통에서 갖는 두 가지 장점을 제시한 글이다. 실질적인 긍정적 효과인 비용 측면과 정보 습득이 제시되었으며, 마지막 문장에서 주제를 요약 정리하고 있다. 따라서 인터넷을 통한 의사소통이 인간의 삶에 긍정적인 영향을 미친다는 내용이 정답이다. 접근성 때문에 발생하는 비용상의 효과는 단면적인 부분이다.

정답 (b)

→ ACTUAL TRAINING

1 투아레그족은 사하라 사막을 건너서 물건을 팔고 거래(교환)를 했던 유목 민족이다. 그러나 수많은 낙타의 목숨을 앗아간 1990년대 후반의 극심한 가뭄 몇 차례와 (낙타의) 사막을 돌아다니는 역할을 대체시켜준 차와 트럭의 도래에 기인하여, 투아레그족은 유목 생활을 포기하게 되었다. 대부분의 투아레그족은 한 장소에 정착하기 시작했으며, 생계를 위해 땅을 경작하는 것에 의지했다. 땅을 개간하는 것이 유목 생활보다 더 많은 수입을 얻을 수 있었기 때문에 대부분의 투아레그족은 유목 생활을 완전히 포기했으며, 자신들의 예전 사막 생활로 돌아오지 않을 것이다.

Q. 이 글의 주제는 무엇인가?
(a) 투아레그족은 자신들의 삶의 변화에 분개했다.
(b) 투아레그족은 언젠가 자신들의 유목 생활로 돌아올 것이다.
(c) 투아레그족은 유목 생활에서 농업 생활로 바뀌었다.
(d) 투아레그 족은 사하라 사막의 초기 무역 상인들이었다.

◐ 사하라 사막을 근거로 무역업에 종사하던 투라레그 유목민들이 가뭄과 문명의 발달로 인해, 유목 생활을 포기하고 농경 생활을 하게 되었다는 글이다. 따라서 주제는 투아레그족의 농경 생활로의 변화를 나타낸다.

drought 가뭄 **emergence** 출현, 도래 **replace** 대신하다 **caravan** 대형 운반차 **nomadic** 유목의 **resort** 쓰다, 의지하다 **cultivate** 경작하다 **forsaken** 버리다, 그만두다

정답 (c)

2 하나의 자연 언어에서 다른 언어로 원문을 번역하는 일에 컴퓨터를 이용한 기계 번역은 많은 문제를 유발해 왔다. 그 이유는 언어의 무한한 다양성과 복잡성 때문이다. 사람은 사실과 사건들을 다양한 방법으로 표현할 수 있고 언어가 이진수를 기반으로 한 디지털 시스템만큼 깔끔하고 간결한 경우는 아주 드물다. 단어들이 갖고 있는 하나 이상의 의미, 어순 그리고 다른

문법적인 문제들로 인해 번역 소프트웨어는 오역을 하게 된다. 사람들이 실질적인 세계 지식을 갖고 있고 기계는 이러한 지식을 갖고 있지 못하다.

Q. 이 글의 주제는 무엇인가?

(a) 기계 번역은 인간 언어의 고유한 복잡성 때문에 방해받아 왔다.

(b) 기계 번역은 회의론자들에게 자동 번역기는 모든 응용에 효과적이라는 것을 보여주어 왔다.

(c) 기계 번역 기술은 외국어 번역시 신뢰할 수 없음이 입증됐다.

(d) 기계 번역은 수많은 도메인에서 충분한 품질의 출력물을 만들어낸다.

💠 이 글은 기계 번역이 안고 있는 문제점을 지적하는 것이다. 여러 가지 문제가 해결되지 않고 있으며, 그 이유는 인간 언어의 다양성과 복잡성 때문이라는 내용이 글의 주제이다. 따라서 기계 번역이 인간 언어의 다양성과 복잡성 때문에 방해받고 있다는 (a)가 정답이다.

application 적용, 응용 task 직무, 과제 translate 번역하다 natural language 자연 언어 tremendous 거대한, 무서운 virtually 사실상, 가상적으로 infinite 무한한, 막대한 diversity 다양성, 변화 complexity 복잡성 circumstance 환경, 처지, 사건 rare 드문, 희한하게 word order 어순 concise 간결한, 간명한 grammatical 문법상의, 문법적인 stumble 실수하다 possess 소유하다, 지니다 practical 실제의, 실제적인 knowledge 지식 hamper 방해하다, 제한하다 inherent 고유의, 본래부터의 skeptic 회의론자, 의심 많은 사람 unreliable 신뢰할 수 없는 output 생산, 산출, 출력 sufficient 충분한, 흡족한 domain 도메인

정답 (a)

3 유명한 작가 에릭 베넷은 미국인들의 패스트푸드 애용에 대한 결점을 지적하는 책을 썼다. 그의 말에 따르면 패스트푸드 회사들의 성장은 증가된 비만 사례와 여타의 다른 건강 문제들 또한 나타내고 있다고 한다. 에릭 베넷은 또한 미국 성인들이 그 음식들이 어떻게 가공되며 어떻게 요리되는지도 모름에도 불구하고 패스트푸드 체인점에서 먹는 습관이 생겼다고 한다. 이러한 것에 관해서 그는 미국인들에게 자신이 먹는 음식을 제대로 알고 올바른 영양 섭취의 기본을 자세히 알아봄으로써 적절한 식이요법을 준수하라고 충고한다.

Q. 베넷의 관점은 무엇인가?

(a) 패스트푸드는 발전하고 있는 자본주의 산업이다.

(b) 패스트푸드가 아이들에게 해롭다는 것이 증명되었다.

(c) 좋은 영양 섭취는 또한 신체 활동의 적극적인 참여를 포함한다.

(d) 패스트푸드로 인한 건강 악화는 미국에서 걱정스러운 문제가 되고 있다.

💠 에릭 베넷의 저서에 대한 설명으로, 그는 미국인들이 패스트푸드를 애용하는 결점을 다루고 있다. 즉 패스트푸드 산업의 성장이 비만 등 미국인들의 건강에 부정적인 영향을 미치고 있다는 내용이다. 따라서 패스트푸드로 인한 건강 악화가

미국인들의 우려를 낳고 있다는 내용이 정답이다.

patronage 애용, 단골손님 chain 체인점 imply ~을 뜻하다 obesity 비만 observe 주의 깊게(면밀히) 관찰하다, 준수하다 conscious 의식하고 있는

정답 (d)

4 여성들의 자유 운동, 또는 페미니즘 운동이라 불리는 것은 성차별의 형태라면 어떤 것이든지 추방하려는 목표로 여성의 권리를 증진하기 위한 사회 운동이다. 이 운동은 여성과 남성의 동등한 경제적, 사회적 권리를 추구하려는 목표 또한 지니고 있다. 자본주의는 여성 억압의 주된 요인이라고 여겨지고 있으며, 이것이(자본주의) 전복되면 이 문제 또한 해결될 수 있을 것이라고 여겨진다. 여성이 착취와 사회적, 그리고 정치적 억압에 종속되어 있는 한 자본주의의 타도는 불가능하다.

Q. 이 글의 주제는 무엇인가?

(a) 페미니즘 운동은 여성의 권리를 지지한다.

(b) 자본주의 체제는 모든 형태의 억압의 근원이다.

(c) 남성과 여성들은 사회에서 같은 대우를 받는다.

(d) 사회에서 여성 착취는 불가피하다.

💠 페미니즘 운동의 특성을 설명하는 글이다. 페미니즘은 여성들의 권리를 증진시키고, 성차에 근거한 억압을 없애는 것을 목표로 한다. 이를 통해 페미니즘 운동이 여성의 권리를 지지한다는 내용이 글의 주제이다.

liberation 해방, 석방, 해방운동 feminist 남녀 동권주의(자), 여권 확장론자, 페미니즘 promote 증진하다, 촉진하다, 진행시키다, 활성화시키다 aim 노리다, 목표하다 eliminate 제거하다, 삭제하다 oppression 압박, 억압, 탄압, 심한 차별 gender 성, 성별 pursue 쫓다, 추격하다, 몰다, 추구하다 capitalism 자본주의(체제) overthrow 뒤엎다, 정복 exploitation 개척, 개발, 이용, 착취 repression 진압, 억제, 제지 privilege 특권, 특별 취급 unavoidable 피하기 어려운, 불가피한

정답 (a)

5 세계 평화를 이루려는 목표는 이루어지 않을 것처럼 보인다. 인류의 역사 전체가 인간은 서로 싸우고 분리하는 법을 찾고 있다는 확실한 증거를 보여준다. 세계 평화의 주요 장애물은 사회 정체성 이론으로 설명된다. 이 이론에 따르면, 인간은 자기 자신을 인종, 국가, 종교 그리고 이념 등의 유사한 특성을 공유하는 특정 그룹과 동일시하는 경향이 있다고 한다. 그런 다음에 사람들은 자신이 속한 그룹이 다른 그룹보다 뛰어나다고 이해하게 된다. 따라서 대립이 생긴다. 게다가 자원은 줄어드는 반면 인구는 계속 증가함에 따라 미래에는 더 많은 전쟁이 예상된다.

Q. 이 글의 주제는 무엇인가?

(a) 사회 정체성 이론은 세계 평화로의 길을 설명한다.

(b) 현대 사회에서 사람들이 그룹을 형성하는 것을 막아야 한다.

(c) 인구 증가는 자원 고갈의 원인이다.

(d) 사람들 사이의 대립은 피할 수 없을 것 같다.

◎ 인류 및 세계의 평화에 대해 설명하는 글로서, 그와 관련된 사회 정체성 이론을 설명하고 있다. 첫 번째 문장에서 세계 평화가 불가능하다는 점을 제시하고 있고, 집단을 분리하고 갈등을 유발하는 것이 어쩔 수 없는 것이라는 점을 제시하고 있기 때문에, 사람들 사이의 대립이 불가피한 것이라는 (d)가 정답이다.

---

improbable 있을[일어날] 성 싶지 않은 mankind 인류 obstacle 장애, 방해 tendency 경향 identify A with B A와 B를 동일시하다 characteristic 특징, 특색 perceive ~을 인지하다, 이해하다

정답 (d)

UNIT 22 Part 2 구체적인 내용일치 유형

→ BASIC TRAINING

1 인터넷의 발달은 새로운 형태의 정보를 만들어냈다. 과거에는, TV 방송국 혹은 라디오 방송국, 신문, 그리고 잡지와 같은 미디어 조직들만이 사람들을 위한 정보를 만들어낼 수 있었다. 그러나 요즘은 일반 사람들이 그들의 홈페이지를 만들고, 그들의 견해를 표현하고, 전 세계의 독자층을 얻을 수 있다. 인터넷이 다양한 정보를 생산하고 있으며, 전 세계의 사람들을 하나로 모으고 있다.

◐ 전통적인 미디어인 TV, 라디오, 신문, 잡지 등과는 달리 인터넷의 가장 큰 특징은 일반 사람들에 의해 정보가 만들어지고 유통된다는 점이다. 따라서 다른 전통적인 미디어와 비교되는 인터넷의 특징은 전 세계의 일반 사람들에 의해 만들어진 정보의 근원이 되고 있다는 것이다.

정답 (b)

2 세계화가 확산되면서, 많은 선진국들은 세계적인 협력이 예전보다 더 중요하게 될 것이라는 점을 깨닫게 되었다. 이러한 인식은 선진국들이 개발도상국, 즉 가난한 국가들을 돕게 만들었다. 많은 돈이 재정적 원조라는 이름으로 가난한 국가들에게 제공되었다. 그러나 가난한 국가들은 그들이 갚아야 할 빚을 갖게 될 뿐이다. 그 빚들은 그들의 경제적 기반을 향상시키는 것을 돕기보다는 오히려 그들의 경제를 악화시킬 뿐이었다.

◐ 선진국들의 재정 지원의 부정적 영향을 다루고 있는 글이다. 가난한 국가들이 경제적 원조를 받는 순간에는 긍정적 효과를 낳을 수도 있지만, 계속해서 빚이 증가하게 되는 것은 부정적 결과로 볼 수 있다. 따라서 재정적 원조가 결국 빚을 유발한다는 것이 정답이다.

정답 (b)

3 갈등 혹은 전쟁은 역사적으로 지금까지 계속해서 인간과 함께 존재해왔다. 이러한 종류의 갈등은 인간 사회에서 사라지지 않을 것이라고 말해진다. 사람들은 그들 자신의 이익과 다른 것이 있을 때, 전쟁을 위한 그럴듯한 변명거리를 찾으려고 노력한다. 또한, 그들은 인종 혹은 국적, 정치적 이데올로기, 혹은 종교적 믿음으로 그들 스스로를 구분하려고 노력한다. 이러한 요소들이 개인들 사이의 오해를 가속화하는 데 기여해왔다.

◐ 전쟁은 지금까지 계속해서 인간 사회에 존재해왔으며, 여러 가지 요인에 의해 발생했다. 특히 서로를 구분하려는 노력도 요인이지만, 서로에 대한 오해가 전쟁의 주요인이라고 했으므로, (a)가 정답이다. 그리고 (b)의 미래에 과거의 유물이 된다는 것은 전쟁이 사라질 것이라는 의미이므로 정답이 될 수 없다.

정답 (a)

→ ACTUAL TRAINING

1 오늘날에 문신을 지우는 가장 보편적인 방법은 레이저 시술이다. 고밀집 광선을 잉크에 쏘면 아주 작은 입자로 분해되어 혈류에 의해 지워지게 된다. 그러나 단 한 번의 치료로 모두 지워지는 것은 아니다. 시술을 많이 받으면 받을수록, 레이저가 잉크를 파괴하기 위해 더 많이 침투할 수 있다. 그러나 시술을 많이 하면 할수록, 나중에 흉터를 남길 수 있는 굉장히 아픈 수포를 발생시키면서 피부에 더 많은 손상을 가하게 된다. 가장 비관적인 한계는 이 과정이 문신을 완전히 제거 할 수 있다는 것을 보장하지 않는다는 것이다.

Q. 화자에 따르면 레이저 문신 제거의 가장 큰 문제점은 무엇인가?
(a) 레이저로 문신을 제거하는 것은 매우 비싸다.
(b) 치료 후 보통 흉터가 남는다.
(c) 문신이 완전히 제거되지 않을 수도 있다.
(d) 너무 고통스러운 과정이다.

◐ 레이저 문신 수술의 문제점을 지적하는 문제이다. 이 글에서는 문제를 먼저 읽고, 이에 해당하는 부분을 본문에서 찾으면 된다. 가장 비관적인 문제점으로 지적된 것은 완전히 제거되지 않는다는 점이므로, 문신이 완전히 제거되지 않을 수도 있다는 것이 정답이다.

method 방법 tattoo 문신 targeting 약물 표적화 pulse 파동, 전파(통신) concentrate 집중하다 한 점에 모으다 fragment 부서진 조각, 파편 clear away 치우다 bloodstream 피의 흐름, 혈류 treatment 치료, 처리 penetrate 스며들다, 침투하다, 통과하다 destroy 파괴하다, 멸하다, 죽이다 damage 손해, 손해(피해)를 입히다 painful 아픈 blister 물집, 수포 eventually 결국, 마침내 scarring 흉터 자국, 상처 disheartening 낙담시키는 limitation 한정, 제한 procedure 순서, 차례, 절차, 수속 drawback 뒷걸음질 치다, 망설이다 guarantee 보증, 보증하다 removal 제거, 철수 eliminate 제거하다, 삭제하다 incredibly 믿을 수 없을 만큼, 매우

정답 (c)

2 대부분의 부모들은 그들의 아이들을 교육하는 방식에 대해 다른 견해들을 가지고 있다. 사회적이고 기술적인 진보는 그들이 몇 가지 다른 대안들을 준비하도록 유발하고 있다. 무엇보다도, 아이들은 미래가 기술적으로 어떻게 변화할지 이해해야 한다. 그것은 미래가 컴퓨터, 전 세계적인 통신, 그리고 세계적인 기술적 협력에 의해 지배될 것이기 때문이다. 특히, 현대의 과학적인 진보는 학생들이 현재는 존재하지 않는 직업 분야에서 살아야 한다고 생각하게 만들 것이다. 새로운 직업의 기회들이 등장할 것이며, 아이들은 그러한 종류의 직업 기회들을 위해 스스로를 준비해야 한다.

Q. 글에 따르면, 현대적인 직업과 미래의 직업의 가장 큰 차이는 무엇인가?

(a) 현재의 교육 시스템은 미래의 직업 기회를 위해 충분하다.
(b) 부모들은 미래에 아이들을 위해 새로운 직업 기회를 만들어야 한다.
(c) 기술적 진보는 아이들이 새로운 직업 기회를 준비하도록 만들 것이다.
(d) 학생들은 현재의 직업 분야에서 생계를 유지해야 한다.

🔷 질문의 의도가 현대적인 직업과 미래 직업의 가장 큰 차이가 무엇인가를 제시하고 있으므로, 본문에서 제시하는 내용 중에서 기술적 진보가 직업의 차이를 유발할 것이라는 내용을 찾아내야 한다. 따라서 현대의 과학 기술의 발달이 미래에 새로운 직업들을 만들어낼 것이며, 아이들은 이 직업에 대한 준비를 해야 한다는 내용이 있으므로, 기술적 진보가 아이들이 새로운 직업을 준비하도록 할 것이라는 내용이 정답이다.

different 다른 opinion 견해, 의견 educate 교육시키다 technological 기술적인 advancement 향상, 발전 alternative 대안 dominate 지배하다 communications 통신 기술 cooperation 협력, 협동 qualify 자격을 부여하다

정답 (c)

3 현재 전 세계의 대부분의 직장에서는 컴퓨터 기술을 이용하고 있다. 의학적 수술, 석유 탐사, 자동차 조립 공장 등이 포함된다. 또한, 기술자들은 컴퓨터 프로그램을 이용하여 기계를 고치고, 변호사들은 그들의 슈퍼 컴퓨터에 있는 많은 자료들을 이용하며, 과학자들은 전 세계에서 수집된 다양한 정보를 이용할 것이다. 컴퓨터 이용자들이 오늘날까지 정보를 수집하기 위해 컴퓨터를 이용해 왔지만, 그들은 그 이용을 정보의 응용으로 확장하게 될 것이다. 또한 컴퓨터 기술은 어떤 종류의 정보가 다음 세대에서 필요한지를 결정하는 데 이용될 것이다.
Q. 본문에 따르면, 컴퓨터들이 미래에 어떻게 이용될 것인가?
(a) 현재의 작업장들은 컴퓨터의 발달에도 불구하고 영향을 받지 않을 것이다.
(b) 컴퓨터들은 현재의 정보를 수입하고 활용하는 데 이용될 것이다.
(c) 과학자들은 전 세계의 정보를 계속해서 수집할 것이다.
(d) 수입된 정보의 응용은 병원으로 제한될 것이다.

🔷 컴퓨터 기술의 변화와 사회적 응용이라는 부분을 제시하고 있으며, 질문의 의도가 미래 컴퓨터 이용에 대한 내용이므로, 정보의 실질적인 응용이라는 부분으로 확장될 것이라는 내용이 정답이다.

workplace 직장 surgery 수술 exploration 탐험, 탐사 assembly 조립 mechanic 기술자 lawyer 변호사 database 데이터베이스 fix 고치다 utilize 이용하다 various 다양한 gather 수집하다, 모으다 extend 확장하다 usage 이용 application 응용 generation 세대

정답 (b)

4 생명 윤리적인 논쟁에도 불구하고, 많은 과학자들은 건강 문제를 향상시키기 위해 복제를 이용하려고 노력하고 있다. 특히, 의학적 목적의 복제는 이식을 필요로 하는 사람들에게 장기의 근원으로서 효과적인 방법이라고 여겨지고 있다. 그러나 현재 복제와 복제된 신체를 이용하는 것은 실정법을 어기고 있는 것이며, 인간의 권리를 침해하고 있는 것이다. 게다가, 복제에 대한 도덕성은 주요 관심사가 되었다. 인간은 실험실에서 복제될 수 있는 것은 아니다. 생명 윤리적인 규제가 인간 복제 분야에서의 실험을 제한하기 위해 확립되어야 한다.
Q. 인간 복제에 대해 올바른 것은 무엇인가?
(a) 그것은 긍정적인 측면에도 불구하고 몇 가지 생명 윤리적인 논쟁을 유발했다.
(b) 그것은 미래에 의학 분야에서 효과적인 방법이 될 수 없을 것이다.
(c) 인간 복제의 도덕적인 측면들은 논쟁의 대상이 아니다.
(d) 인간 복제를 위한 실험들이 어떤 이유에서든 금지될 것이다.

🔷 인간 복제에 대해서는 생명 윤리학적 논쟁이 지속되고 있으며, 인간의 장기 공급을 통한 건강 문제 해결은 긍정적 측면으로, 그리고 도덕적 측면과 인간의 권리에 대한 부분은 부정적 측면으로 남아있다. 이때 생명 윤리적인 논쟁이 지속되고 있다는 내용을 통해 정답을 유도한다. 전체 내용에서, 생명 윤리적인 논쟁이 지속되고 있다는 내용을 통해 긍정적 혹은 부정적 측면보다는 논쟁 자체에 초점을 두는 글이다.

bioethical 생명 윤리적인 controversy 논쟁 cloning 복제 improve 향상시키다 especially 특히 therapeutic 의학적 치료 목적의 effective 효과적인 transplant 이식 violate 위반하다, 침해하다 positive law 실정법 human rights 인권 morality 도덕성 laboratory 실험실 regulation 규제 establish 확립하다, 설립하다

정답 (a)

5 대부분의 전문가들은 미디어의 가장 중요한 역할들 중의 하나는 대중들에게 대중의 의견을 공정하게 전달해야 하는 것이라고 말한다. 그리고 그에 맞추어, 미디어의 정직하면서 공정한 보도가 사람들의 삶의 질을 향상시켜 주기를 기대한다. 그러나 실제로, 미디어는 때때로 대중들의 의견을 무시하고, 그들 자신의 이익을 위해서만 봉사한다. 미디어가 전달하고자 하는 보도들은 확실히 정보의 특징과 범주에 영향을 주기 때문에, 많은 사람들은 미디어가 공정하고 실질적인 사실을 반영해야 한다고 주장한다. 그럼에도 불구하고, 정치적 이슈와 관련된 보도에서, 미디어는 단지 정치가들이 발표한 짧은 극적인 논평만을 대중들에게 제시하고 있다. 그들은 그러한 정치적 이슈에 대해 대중들의 견해를 반영하지 않는다.
Q. 다음 중 미디어의 문제점으로 옳은 것은?
(a) 미디어는 모든 사실을 공정하고 정직하게 보도해왔다.
(b) 사회 문제에 대한 대중의 여론은 미디어에 반영되어왔다.
(c) 정치가들은 긍정적인 논평 때문에 미디어를 믿어왔다.
(d) 미디어는 항상 모든 대중의 여론을 공정하게 반영하는 것은 아니다.

🔷 미디어의 역할과 문제점을 지적하는 글이다. 미디어의 역할은 대중의 의견을 공정하게 보도하고 전달하는 것이지만, 실제로는 실제 대중의 의견을 무시하기도 하고 그들 자신만의 이익을 위해서만 복무하는 문제점을 가지고 있다. 따라서 미

디어가 항상 대중의 의견을 공정하게 전달하는 것은 아니라는 것이 정답이다. 전체 내용 속에서 미디어의 문제점을 찾아내고, 선택지에서 not always를 통해 항상 공정한 보도가 나오는 것은 아니라는 정답을 찾아낸다.

expert 전문가 important 중요한 inform A of B A에게 B를 전하다 public opinion 대중적 견해(여론) in turn 차례로, 그 다음으로 delivery 전달, 보도 quality 질, 특징 ignore 무시하다 serve 기능하다, 복무하다 definitely 확실히 influence 영향을 미치다 reflect 반영하다 nevertheless 그럼에도 불구하고 dramatic 극적인 remark 말, 논평 announce 발표하다 politician 정치가 political 정치적인 issue 문제, 논점, 이슈

정답 (d)

---

6 도박은 전 세계적으로 가장 심각한 사회 문제들 중의 하나가 되었다. 비록 어떤 사람들은 도박이 알코올이나 약물 중독과 같이 사람들에게 위험하다고 인정하고 있지만, 다른 사람들은 도박이 가장 좋은 여가 활동이라고 생각한다. 오히려, 그들은 도박이 위험하거나, 건강에 좋지 않거나, 잘못된 것이라고 생각하지 않는다. 게다가, 강박증이 있는 도박꾼들은 그들의 삶과 가정에서 위험하면서 심각한 결과를 유발하고 있다. 예를 들어, 이혼율의 증가, 가정 폭력의 발생, 그리고 아동 학대는 강박증이 있는 도박꾼들이 있는 가정에서 주요한 관심사들이다. 게다가, 그들의 아이들은 약물 및 알코올 중독에 대해 더 영향을 받기 쉽다.

Q. 다음 중 도박에 대하여 옳은 것은?
(a) 전 세계 대부분의 사람들은 도박의 긍정적인 측면을 인정한다.
(b) 도박 중독은 알코올이나 약물 중독과는 많이 다르다.
(c) 강박증이 있는 도박꾼들은 그들의 가정에서 심각한 문제를 일으키는 주요 원인이다.
(d) 아이들의 성장과 가족 환경은 도박과 관련이 없다.

◎ 도박의 문제점을 지적하는 글로, 어떤 사람들은 도박이 좋은 여가시간이라고 생각하고 있지만, 실제로 심각한 문제를 유발하고 있다는 내용이다. 특히 이혼율 증가, 가정 폭력, 아동 학대는 도박이 유발하는 문제들이다. 특히 강박증이 있는 도박꾼들이 가정에서 심각한 문제를 유발한다는 내용을 통해 정답을 유도한다.

---

gambling 도박 serious 심각한 acknowledge 알다, 인식하다, 인정하다 addiction 중독 pastime 여가 시간 unhealthy 건강에 좋지 않은 compulsive 강제적인, 강박적인 consequence 결과 divorce 이혼 incidence 발병, 발생 domestic violence 가정 폭력 child abuse 아동 학대 concern 관심사 susceptible 상처받기 쉬운 drug abuse 약물 남용 alcohol abuse 알콜 남용

정답 (c)

UNIT 23 Part 2 내용일치 유형

→ **BASIC** TRAINING

1 많은 개발도상국들은 장기적이고 지속 가능한 산업들을 육성하기 위해 노력해왔다. 그들이 원목과 석유와 같은 충분한 천연 자원을 가지고 있기 때문에, 그들은 더 발전된 산업적 기반을 만들 수도 있을 것이다. 그러나 그들은 극복해야 할 몇 가지 심각한 장애물들을 가지고 있다. 무엇보다도, 그들은 정부 내에 정치적, 경제적 부패로 인해 고통 받고 있다. 부패한 정치가들이 정부로부터 돈을 유용하여 그들의 이익을 취하고 있다.

💠 많은 개발도상국들이 풍부한 천연자원에도 불구하고 여전히 경제적인 한계를 갖고 있는 이유는 정치적 부패 때문이다. 이러한 정치적 부패를 극복하지 못한다면 선진국으로 발전하지 못할 것이라는 내용이다. 따라서 정치적 부패가 개발도상국의 경제 발전에 장애물이 되고 있다는 내용이 정답이다.

정답 (b)

2 작년 UN은 전쟁의 원인들을 규명하고 해결책들을 찾기 위해 회의를 개최했다. 그 회의 동안, 많은 연구자들은 전쟁에 기여하는 많은 요인들이 있다고 제시했다. 특히, 세계 인구가 증가하면서, 인간들은 자연자원의 부족으로 인해 고통 받게 될 것이다. 그것은 전쟁의 주요한 요인들 중의 하나가 될 것이다. 예를 들어, 가까운 미래에 세계의 대부분의 국가들은 물 부족 현상을 경험하게 될 것이고, 그들은 물의 공급을 위해 싸우게 될 것이다.

💠 전쟁의 원인에 대한 글로서, 자연자원의 부족 특히 물 부족이 전쟁의 원인이 될 수도 있다는 것을 제시하는 글이다. 따라서 물과 같은 자연 자원이 전쟁을 일으킬 수도 있다는 것이 정답이다.

정답 (b)

3 로마에서 여행하는 동안, 우리는 장엄한 산을 볼 수 있는 뛰어난 광경을 가진 로만 호텔에 머물렀다. 1850년대에 세워진, 이 호텔은 각 방마다 앤틱 가구와 벽난로를 가지고 있는 역사적인 매력을 가지고 있다. 대부분의 방들은 그들의 뚜렷이 구별되는 특징들, 특히 개별적인 주제를 가지고 있다. 그러나 그 호텔에는 충분한 주차장이 없으며, 식당은 많은 손님들을 수용할 수 없다. 그럼에도 불구하고, 그 호텔은 로마에서 머물 만한 가치가 있다.

💠 로만 호텔의 특징을 설명하는 내용으로, 각각의 방들이 개별적인 주제를 가지고 있으며, 뚜렷이 구별되는 특징을 가지고 있다는 내용이 있으므로, 개별적인 방들이 역사적인 매력을 가진 뚜렷이 구별되는 주제가 있다는 (b)가 정답이다.

정답 (b)

→ **ACTUAL** TRAINING

1 연구 결과들은 범죄 활동에 연루된 대부분의 사람들이 어린 시절 그들의 부모님에게 물리적 그리고 정신적으로 학대를 받은 경험이 있다는 것을 보여준다. 그렇다면 어린 시절 잘못 다뤄진 아이들은 그 뒤에 비행 청소년이 되는 경향이 더 많은 것으로 생각할 수 있다. 많은 어른들이 아이들을 학대하는 가장 큰 이유는 자신들도 그러한 학대를 받아 왔기 때문이다. 실제로, 이러한 악순환은 세대에 걸쳐 이어지고 지속되고 있다. 청소년 범죄자들은 보통 교도소로 보내지는 것으로 처리가 된다. 하지만 단순히 교도소로 보내는 것은 이 문제를 해결하기에는 다소 약하고 부적절하다.

Q. 이 글에 따르면 옳은 것은?
(a) 청소년 범죄를 해결하기 위한 가장 좋은 방법은 범죄 예방 프로그램이다.
(b) 어린이들의 행동들은 유전적, 사회적 그리고 환경적 요인의 결과다.
(c) 청소년 범죄의 문제점은 다른 여러 나라에서 더 커지고 있다.
(d) 학대 받은 아이들은 청소년 범죄의 가능성이 있다.

💠 부모들에 의한 아동 학대를 경험한 사람들이 범죄를 저지를 가능성이 높다는 글이다. 이를 통해 학대를 받은 아이들이 청소년 범죄를 일으킬 가능성이 높다는 내용이 정답이다.

majority 대부분, 대다수 **criminal** 범인, 범죄성의 **physical** 육체의, 신체의, 자연의 **psychological** 심리학의, 심리학적인 **abuse** 남용, 욕설, 학대 **childhood** 어린 시절, 유년 **treat** 취급하다, 다루다 **juvenile** 소년의, 소년에 알맞은 **delinquent** 비행을 저지른, 범법자 **primary** 첫째의, 주요한 **in effect** 사실상, 실제로는 **cycle** 주기, 순환 **generation** 세대 **deal with** ~을 다루다 **inadequate** 부적당한, 부적절한

정답 (d)

2 여러분은 악몽에 어떻게 대처하나요? 전문가들은 꿈의 의미와 역할과 관련하여 저마다 다른 이론을 가지고 있다. 미국의 전문가 캐롤린 그로스는 악몽은 사실상 우리의 개인적인 문제들의 해결을 도와주는 무의식적인 방법이기 때문에 그 기억들을 무시해서는 안 된다고 말한다. 이것은 꿈의 내용이 우리 자신의 두려움, 걱정, 그리고 욕망에 그 원인을 두고 있다는 자그문트 프로이트의 이론과 관련이 있다. 반면, 하버드 의대의 한 박사는 꿈이란 뇌가 기억 장치를 지울 때 반응하는 것이기 때문에 사실상 본질적으로 감정적인 것이 아니라고 설명하는 아리스토텔레스의 이론을 지지한다.

Q. 이 글에 따르면 옳은 것은?
(a) 미국인 전문가는 아리스토텔레스의 이론을 지지한다.
(b) 연구에 따르면, 꿈들은 실제 생활에서 어떠한 근거도 가지고 있지 않다.
(c) 전 세계의 의사들은 감정을 믿지 않는다.

(d) 전문가들은 꿈의 본질에 대해 상반된 견해를 가지고 있다.

◈ 꿈에 대해 상반된 의견을 가지고 있는 두 전문가들의 이론을 설명하는 글이다. 캐롤린 그로스가 꿈이 감정과 관련되어 있다고 주장하는 반면에, 하버드 의대 박사는 꿈이 감정과 상관없다고 지적하고 있다. 이를 통해 꿈에 대해 상반된 견해가 있다는 (d)가 정답이다.

disregard ~을 무시[경시]하다 subconscious 잠재의식의 dilemma 딜레마, 진퇴양난 be rooted in ~에 원인이 있다 memory bank 기억장치

정답 (d)

3 기업가들과 경제 전문가들은 세계 화폐에 대한 필요성을 인식하고 있다. 세계 단일 화폐가 있다면 전 세계의 물가는 같아질 것이다. 그러면 상당한 물가가 내릴 것이고 무역처럼 국제적으로 하는 사업의 위험 또한 줄어들 것이다. 그러나 어떤 전문가들은 개발도상국에게는 세계 단일 화폐가 아직 경제적 불이익이 될 것이라고 우려한다. 이는 이들 개발도상국의 노동자들이 버는 돈은 미국의 노동자들이 몇 백 달러를 버는 것과 동등한 봉급으로는 단지 몇 달러에 불과하게 되기 때문이다. 이것은 부유한 나라들이 지금보다도 더욱 더 세계 시장을 독점하고 통제하도록 놔둘 것이다.
Q. 이 글에 따르면 옳은 것은?
(a) 세계 단일 화폐는 나라들 사이의 무역에 활력을 불어 넣을 것이다.
(b) 세계의 물가가 같아진다면, 무역은 더욱 어려워질 것이다.
(c) 세계 단일 화폐의 허점은 개발도상국에 대한 지배이다.
(d) 모든 점을 고려할 때 세계 단일 화폐는 전 세계 시장에 이득이다.

◈ 세계 단일 화폐의 장점과 단점을 설명하는 글로서, 세계 단일 화폐의 장점은 물가가 동일해지고, 무역의 위험성이 줄어들 것이라는 점이 제시되어 있다. 따라서 세계 단일 화폐가 도입된다면 무역의 위험성이 줄어들기 때문에, 무역을 증가시킬 것이라는 (a)가 정답이다.

equivalent 상응하는 compared to ~와 비교해서 boost ~을 밀어 올리다 loophole 허점

정답 (a)

4 사람들 사이에 나라, 국가 그리고 민족이라는 용어는 종종 서로 교환하여 사용되기도 한다. 나라는 지리학적으로 단일한 정부의 통치 아래 있는 실체이다. 그와 다르게 민족은 공통된 언어, 종교 그리고 역사적 경험을 공유하는 문화적으로 동질적인 사람들로 구성된 집단이다. 마지막으로, 국가는 미국의 주와 같이 한 국가나 민족 안에 명확한 영토에 걸친 주권을 가지고 있는 정치적인 단체이다. 한 민족이 자신의 국가를 가질 때 그것을 민족 국가라고 한다. 미국도 또한 미국 '문화'를 공유하기 때문에 민족 국가라고 불리기도 한다.
Q. 이 글에 따르면 옳은 것은?
(a) 나라, 민족 그리고 국가는 구별할 수 있다.
(b) 민족, 나라 그리고 국가는 같은 뜻을 갖는다.
(c) 민족, 나라 그리고 국가의 정의는 나라마다 다르다.

(d) 민족이라는 단어는 나라와 국가로 상호 교환되어 이용되어야 한다.

◈ 나라(country), 국가(state), 그리고 민족(nation)에 대한 개념적 정의를 내리는 글이다. 통상 세 가지 개념이 혼용되어 이용되고 있지만, 실제로 각각 다른 의미로 접근되어야 한다는 글이다.

interchangeably 교환하여 entity 존재, 본체 geographically 지리적 culturally 문화적으로 homogeneous 동종의 sovereignty 주권 territory 영토 nation-state 민족 국가 refer 언급하다

정답 (a)

5 크레이그 킬버거라는 비범한 젊은 청년이 국제 사회에 지대한 기여를 했다. 아동 노동의 희생자인 파키스탄 소년의 이야기에 영감을 받아, 그는 10대에 전 세계적인 조직을 구성했다. 이 조직은 '아동들을 해방시키자'라는 단체로, 아동 노동의 희생자들을 도우려는 고귀한 목적을 갖고 있다. 이 단체는 개발도상국에서 250개의 학교를 짓고, 200만 달러를 의료 기관과 10만 명의 어린이들의 교과서 비용으로 제공해왔다.
Q. 이 글에 따르면 옳은 것은?
(a) 크레이그는 어린 시절 창조적인 생각을 하도록 권장 받았다.
(b) 크레이그는 어린 시절임에도 아동 노동에 노출되어 있었다.
(c) 크레이그는 단체를 설립할 만큼 부자였다.
(d) 크레이그는 개발도상국의 아동 착취에 자극을 받았다.

◈ 크레이그 킬버거의 아동 노동 착취에 대한 저항과 세계적인 조직에 대한 공헌을 다룬 글로, 아동 노동 착취에 자극을 받아 이 일을 시작하게 되었다는 내용이다.

extraordinary 비범한, 보통이 아닌 contribution 기부 inspire 영감을 주다 victim 희생자 child labor 아동 노동 noble 숭고한

정답 (d)

6 코를 고는 것은 환자의 기도가 막혀 호흡 장애로 인해 유발되는 특징적인 수면 상태이다. 호흡 장애를 유발하는 요인으로는 혀와 목구멍의 근육이 약해지는 상태, 비만 때문에 목의 조직이 심하게 비대해지는 것, 수면제, 혹은 아주 깊은 잠을 자는 것 등을 포함한다. 코골이는 소음으로 인해 사람들을 짜증나게 할 뿐만 아니라, 수면 무호흡증이나 호흡 기능 장애와 같은 더 심각한 건강 문제를 일으킬 수도 있다. 이것은 또한 고혈압으로 발전할 수도 있고, 심장을 커지게 할 수도 있다. 코골이 방지 요법은 코골이를 치료하는 데 효과적이지 않다는 것이 밝혀짐에 따라 어떤 사람들은 비싼 수술과 코 보형물을 주입하는 방법에 의지하고 있다.
Q. 이 글에 따르면 옳은 것은?
(a) 코를 고는 사람들은 이미 건강이 좋지 않다.
(b) 코골이는 심각한 건강상의 문제를 야기한다.
(c) 코골이는 확실히 비만과 관련이 있다.
(d) 코를 고는 사람들은 수면제를 먹는다.

◎ 이 글은 코골이의 원인과 그 결과로 나타나는 건강 문제에 대한 내용을 다루고 있다. 코골이가 심각한 건강 문제로 발전할 수 있다고 했으므로 이와 관련된 내용을 정답으로 선택한다.

snore 코골기 prominent 현저한, 두드러진 obstruction 방해물, 방해 airway 기도 sufferer 환자 muscle tone 근력 향상 throat 목구멍, 인후 bulkiness 엄청나게 큼, 헐거움 irritate 짜증나게 하다, 자극하다 apnea 무호흡 stoppage 멈춤, 기능 장애 ineffective 효과가 없는 resort 의지하다, 도움을 청하다 injection 주입 plasty 성형술

정답 (b)

UNIT 24 Part 2 구체적인 추론 유형

→ BASIC TRAINING

1 고기 속, 즉 드레싱은 1538년에 영어에 처음으로 등장했다. 그것은 원래 중세기에 소극이라고 알려졌었다. 소극은 긴 종교적 연극 사이에 관객들이 지루해지는 것을 막기 위하여 사이에 넣은 짧으면서 쾌활한 연극이었다. 그리고 나서 그것은 향료를 넣은 자른 고기를 섞은 것을 지칭하는 용어가 되었다. 그러나 고기속이라는 용어는 빅토리아의 상류 계급에 의해 드레싱이라는 용어로 불리기 시작했다. 오늘날 고기속과 드레싱은 상호 교환되어 이용되고 있다.

◑ 스터핑(고기속)과 드레싱이라는 용어의 기원과 이용에 대해 설명하는 글로, 빅토리아의 상류 계급이 스터핑이라는 용어보다는 드레싱이라는 용어를 이용하기 시작했다는 내용을 통해 정답을 유추할 수 있다.

정답 (b)

2 오늘날 전 세계의 대부분의 사람들은 노화를 방지하는 약에 관심을 갖게 되었다. 노화 방지 약물과 관련된 제품들은 미래에 수십억 달러의 산업이 될 것이라고 예상된다. 많은 회사들은 그들의 제품을 만들고 있으며 홍보하고 있다. 그러나 그들은 노화 과정에 대한 부정적 이미지를 전달하고 있으며, 노인들에 대한 부정적 이미지를 강조하고 있다. 또한, 그들은 그들의 제품이 실제로 효과가 있다는 확실한 증거도 가지고 있지 않다.

◑ 노화 방지 약품을 개발하고 판매하는 회사들의 문제점을 지적하는 글로, 노화나 노인들에 대한 부정적 생각을 사람들에게 전달하고 있다는 내용과 연관되어 있다.

정답 (a)

3 과학자들은 동물들의 의사소통 방법에 대해 알아내려고 노력했지만, 그들의 의사소통 능력을 밝혀내는 데 어려움을 겪었다. 그러나, 최근에 몇몇 과학자들은 그들의 소리를 들음으로써 그들의 능력을 밝혀내는 새로운 방법을 개발했다. 그들은 고래와 코끼리들의 의사소통을 해독하기 위해 노력해온 의사소통 전문가들을 고용했다. 동물들의 서식지에 설치된 마이크로폰을 이용하여, 그들은 중요한 발견을 했다.

◑ 전체적인 글의 내용은 동물들의 의사소통을 위해 과학자들이 시도한 방법이 제시되어 있다. 특히 최근에 동물들의 서식지에 마이크로폰을 설치하여, 중요한 발견을 했다는 내용이 마지막 문장에 제시되어 있으므로 그들이 발견한 것이 무엇인지가 뒷문장에 제시되어야 한다

정답 (a)

→ ACTUAL TRAINING

1 많은 애완동물 소유주들은 그들의 애완동물을 그것의 정신적

가치 때문에 가치 있는 가족 구성원으로 여겨왔다. 최근 미국에서 제기된 법정 소송은 애완동물의 가치에 대한 몇 가지 논쟁을 유발할 것이라고 여겨지고 있다. 한 애완동물 소유주가 그의 강아지를 고질적인 발작 증세 때문에 입원시켰다. 수의사들은 수혈이나 방사능과 같은 치료법을 통해 치료했으나, 그들의 모든 노력에도 불구하고 죽었다. 그 애완동물 소유주는 수의사들을 의료 과실에 대해 고발했으며, 변호사들은 그가 이 사건에서 충분한 근거를 가지고 있다고 말했다. 이러한 법적 소송은 애완동물 소유주들의 마음을 끌 수 있지만, 의료 과실 책임 보험과 애완동물을 기르는 비용이 빠르게 증가할 것이라고 수의사들을 우려하게 만들고 있다.

Q. 수의사들은 의료 과실과 관련된 법정 소송에 대해 어떻게 생각하는가?

(a) 장기적 질병의 치료가 법정 소송 이후에 성공하게 될 것이다.

(b) 애완동물을 기르는 비용과 보험료가 곧 치솟게 될 것이다.

(c) 애완동물을 치료하는 모든 시도가 의료 과실 때문에 무시 당하게 될 것이다.

(d) 모든 애완동물들은 가치 있는 가족 구성원 중 하나로 인식되어야 한다.

◑ 애완동물에 대한 의료 과실로 인해 발생한 사건에 대해, 법정 소송이 제기되었으며, 이러한 법정 소송이 가져올 결과를 설명하고 있다. 애완동물 소유주들은 이러한 소송을 관심 있게 바라보면서 동의할 것이지만, 보험료와 애완동물을 기르는 비용이 급격하게 증가할 것이라는 것이 수의사들의 예상이다.

valuable 가치있는 psychological 심리적인 lawsuit 소송 file a suit 소송을 제기하다 controversy 논쟁 hospitalize 입원시키다 treatment 치료 chronic 장기적인, 만성질환의 seizure 뇌졸중, 발작 veterinarian 수의사 blood transfusion 수혈 radiation 방사능 attempt 노력 accuse 고소하다, 고발하다 malpractice 의료 과실 sufficient 충분한 ground 근거 appeal 호소하다, 공감하게 하다 concern 걱정시키다, 우려하게 하다 insurance 보험 rapidly 빠르게

정답 (b)

2 비록 많은 전문가들이 재택 교육의 부정적인 영향에 대해 주장하고 있지만, 많은 부모들은 가정에 근거한 교육으로 전환하고 있다. 재택 교육을 경험하고 있는 아이들의 수는 2000년대에 들어와 급격하게 증가해왔다. 실제 재택 교육에서 성공한 부모들이 제시하는 많은 장점들이 있다. 부모들은 아이들의 교육에 필요한 내용을 조절할 수 있고, 학교에 의존하지 않으며, 아이들이 학교에서 신체적인 혹은 정서적인 문제를 경험하도록 하지 않아도 된다. 그러나 최근 보도와 연구에 따르면 재택 교육의 효과에 대해 이의를 제기하고 있다.

Q. 이 글 다음에 제시될 내용으로 알맞은 것은?

(a) 재택 교육은 아이들을 교육하는 데 가장 효과적인 방법이다.

(b) 재택 교육은 인기에도 불구하고 아이들에게 부정적인 영향을 미치기도 한다.

(c) 전통적인 학교는 어떠한 형태든 재택 교육을 인정해서는 안 된다.

(d) 부모들은 재택 교육이 미래에 좋은 대안이 될 것이라고 확신하고 있다.

☺ 첫 번째 문장에서 제시한 재택 교육의 장점과 마지막 문장에서 제시된 이의를 연결하여 다음에 이어질 내용을 유추한다. 재택 교육의 장점을 전체적으로 제시하는 글이다. 글에 따르면 재택 교육은 부모들이 아이들의 학습 내용을 관리할 수 있고, 학교에 의존하지 않아도 되며, 아이들이 학교에서 겪게 될 문제들을 겪지 않아도 된다는 장점이 있다. 그러나 마지막 문장에서 그 효과성에 대해 이의를 제기하는 내용이 제시되면서, 다음 글에서는 부정적인 효과를 언급할 것이라는 점을 알 수 있다.

insist on ~을 주장하다 negative 부정적인 education 교육 experience 경험하다 advantage 장점 suggest 제시하다, 제안하다 content 내용 physical 신체적인, 육체적인 emotional 정서적인 effectiveness 효과

정답 (b)

3 UN의 회원국으로서 국제 평화와 안전을 유지하고, 국가들 사이의 국제 발전과 협조를 유지하는 것은 우리의 의무이다. 유엔의 회원국으로서 우리 모두는 반드시 21세기가 과거보다 훨씬 나을 것이라는 것을 보장해야 한다. 이것이 실현되기 위해서는 UN 헌장의 원칙과 목적을 받들기 위해 많은 노력을 해야 한다. UN의 모든 회원 국가들에게 국제적인 일에 동등한 참여의 권리를 보장하는 것은 필수적이고 그 개발도상국들의 권리와 이익이 보호되어야 한다.

Q. 이 글의 저자의 태도는 무엇인가?
(a) 설득력 있는
(b) 감정적인
(c) 비판적인
(d) 방어적인

☺ UN 회원국으로서 권리와 의무를 주장하는 글이다. 이 글에서는 다양한 의무를 제시하면서, 모든 국가들이 국제적인 문제에서 동등한 권리와 이익을 보장받아야 한다고 주장하는 글로 설득하는 글이다.

maintain 유지하다 ensure 확실하게 하다 uphold 지지하다 affair 사건, 일 safeguard 보호하다

정답 (a)

4 사람들이 은퇴할 때, 그들은 혼란을 겪을 수도 있다. 그들은 무엇을 해야 할지 모르며, 그들의 남는 시간을 어떻게 써야 할지를 모른다. 그들의 신체적 조건은 악화되며, 그들은 쉽게 우울해지기도 한다. 그들의 가족들 또한 스트레스와 재정적인 부족으로 인해 고통 받는다. 따라서 어떤 전문가들은 사람들에게 은퇴 후의 밝은 미래를 제공하려고 노력해왔다. 그들은 은퇴 계획이 있는 사람들에게 그들의 미래를 위해 자원봉사와 같은 대안들을 준비하도록 촉구한다. 그것은 새로운 관심사 혹은 직

업의 추구를 의미한다. 그러한 종류의 일은 그들에게 창의적인 은퇴를 위한 편안함과 즐거움을 제공하게 될 것이다.

Q. 이 글에 따르면 성공적인 은퇴에 대하여 추론할 수 있는 것은?
(a) 은퇴는 사람들에게 스트레스를 덜 준다.
(b) 은퇴한 직장인들은 이전 직업과 비슷한 직업을 찾아야 한다.
(c) 은퇴한 직장인들은 자원봉사와 같은 창의적인 대안을 찾아야 한다.
(d) 은퇴한 직장인들의 가족은 편안함과 행복을 느낀다.

☺ 문제에 성공적인 은퇴라는 말이 제시되므로, 일반적으로 겪게 되는 문제점은 무시하고, 성공적인 은퇴를 위한 대안에 초점을 맞춰 글을 읽는다. 사람들이 은퇴를 하게 될 때, 신체적 약화나 정신적인 고통이 커지게 된다면, 이를 위해서는 철저한 준비를 해야 한다는 내용이다. 특히 전문가들의 제안처럼, 자원봉사와 같은 창의적인 대안을 통해 편안함과 즐거움을 찾을 수 있다고 했으므로 은퇴 후 대안을 마련하라는 것이 정답이다.

retire 은퇴하다 confused 혼동된, 혼란스러운 remaining 남은 condition 상황, 상태 depressed 우울한 insufficiency 불충분, 부족 attempt 노력하다, 시도하다 encourage 촉구하다, 격려하다, 권장하다 alternative 대안 volunteering 자원봉사 pursuit 추구 comfort 편안함 pleasure 즐거움 creative 창의적인, 창조적인

정답 (c)

5 아이들의 발달 과정에서 동료 집단의 영향력은 아동 교육에서 가장 논쟁이 되는 측면들 중의 하나이다. 어떤 부모들은 아이를 동료 집단에 소개해주기를 원하지만, 반면에 다른 부모들은 그들의 아이가 다른 동료들과 직접 사귀기를 원한다. 또 다른 경우에, 대부분의 부모들은 그들의 아이가 과도하게 난폭하고, 공격적이고, 혹은 반항적인 동료들에게 영향을 받지 않기를 바란다. 그렇다면 부모들이 어떻게 아이가 동료 집단과 긍정적인 사회 관계를 맺도록 도와줄 수 있을까?

Q. 아이들의 동료 집단에 대한 부모들의 견해에 대해 추론할 수 있는 것은?
(a) 많은 부모들은 그들의 아이들이 부정적인 성격을 가진 친구들을 갖기를 원하지 않는다.
(b) 아이들의 발달은 누가 그들의 친구가 되는가에 영향을 받지 않는다.
(c) 대부분의 부모들은 모두 친구들에 대한 아이들의 평가에 동의한다.
(d) 난폭하고, 공격적이고, 반항적인 친구들은 아이들에게 긍정적인 영향을 미친다.

☺ 부모들의 입장으로 제시된 3가지 유형을 선택지에서 비교하여 결정한다. 아동 발달 과정에서 동료 그룹을 사귀는 과정을 다루는 글로, 부모들이 아이들의 동료 집단을 선택할 때 원하거나 걱정하는 부분을 설명하고 있다. 이때 부모들의 입장으로 제시된 3가지 내용 중에서, 정답으로 유도할 수 있는 것은 성격이 좋지 않은 친구들을 자녀들이 사귀지 않기를 바란다는 내용이다.

influence 영향력 peer group 동료 집단 development 개방, 발달 controversial 논쟁이 되는 juvenile 아동의, 청소년의 involve 관계시키다, 관련시키다 get along with 사귀다, 잘 지내다 playmate 동료 companion 동료 excessively 과도하게 boisterous 난폭한 aggressive 공격적인 defiant 도전적인, 반항적인 positive 긍정적인 relationship 관계

정답 (a)

6　찰스 알란 씨께,

지난 주 우리집 테라스 보수 공사 이후에, 저는 이미 당신에게 그것에 대해 전화를 했었습니다. 그러나 당신은 당신의 실수에 대해 어떠한 대안도 제시하지 않았습니다. 그래서 저는 당신 회사가 했던 일에 대해 불평을 제기하기 위해, 그리고 당신이 그 일을 다시 해주기를 요청하기 위해 편지를 쓰고 있습니다. 지난 주 당신의 일은 저의 기대에 미치지 못했습니다. 큰 금이 콘크리트 부위에 이미 나타났으며, 포장된 부분은 안정적이지도 않습니다. 무엇보다도, 그 부분은 걷기에는 너무 위험합니다. 가능한 빨리 수리공을 보내서 상태를 둘러보고 그 일을 다시 해주시기 바랍니다. 만약 즉각적으로 조치를 취하지 않는다면, 비용 지불을 보류하겠습니다.

Q. 편지에 따르면, 테라스의 상태에 대해 추론할 수 있는 것은 무엇인가?

(a) 알란의 회사가 수행한 수리가 완벽했다.

(b) 테라스는 걷기에 불안정하며 위험하다.

(c) 글쓴이는 테라스의 상태에 대해 매우 만족해한다.

(d) 글쓴이는 완벽한 수리에 대해 돈을 지불할 예정이다.

- -

💠 테라스의 상태를 나타내는 단어들을 정리하고, 특히 안정적이지 않다, 위험하다, 틈이 보인다 등의 특성을 통해 정답을 유도한다. 편지글의 내용에서는 현재 테라스 공사 부분이 좋지 않으며, 특히 위험하기 때문에 바르게 수리를 해달라는 것이다. 따라서 테라스가 불안정하고 위험하다는 것이 정답이다.

- -

repair 수리, 수선 patio 뜰, 테라스 suggest 제안하다, 제시하다 alternative 대안 mistake 실수 complain 불평하다 carry out 수행하다, 시행하다 firm 회사 re-do 다시 하다, 재개하다 satisfaction 만족 concrete 콘크리트 pave 포장하다 stable 안정적인 repairman 수리공 take a step 조치를 취하다 immediately 즉시, 곧바로 withhold 보류하다 payment 지불

정답 (b)

UNIT 25 Part 2 추론 유형

→ BASIC TRAINING

1 맹장의 잠재적 위험성 때문에, 맹장은 복부 수술을 하는 동안 보통 제거되었다. 이러한 유형의 수술의 목적은 잠재적 위험성이 사람들이 살아가는 동안 일어날 것을 막기 위한 것이었다. 상당한 건강상의 위험은 사람들이 맹장이 불필요한 신체 기관이라고 생각하게 만들었다. 그러나 지금은 맹장의 조직은 의사들이 다양한 복원 수술을 할 때 이용되고 있다. 그리고 그것은 60세 이후에 거의 사라지기도 한다.

◉ 맹장에 대한 사람들의 인식이 과거와 현재가 다르다는 것을 나타내는 글로, 과거에는 의사들이 위험성 때문에 제거하는 수술에 집중했다면, 현재는 이용 가능성 때문에 중요하게 여겨지고 있다는 내용이다. 따라서 과거에는 의사들이 환자들의 몸에서 위험성을 막기 위해 제거했다는 것이 정답이다.

정답 (b)

2 오늘날 많은 가정들은 맞벌이 가정이라고 불리고 있다. 맞벌이 가정 이라는 용어는 남편과 아내 모두 정규직 직업을 가지고 있는 가정을 말한다. 이러한 유형의 맞벌이 가정에는 많은 단점들이 있다. 무엇보다도 아이들을 기르기 위해서, 그들은 베이비시터를 고용하거나 아이들을 탁아소에 맡겨야 한다. 두 번째로, 그들은 가족들과 즐길 수 있는 시간이 충분하지 않다. 마지막으로, 그들은 요리, 청소, 그리고 세탁과 같은 집안일을 하는 데 많은 시간을 쓸 수 없다.

◉ 맞벌이 가정의 문제점을 제시하는 글로, 단점을 제시하고 있기 때문에 가족의 모범(model)이 될 수는 없다. 오히려 부모들이 베이비시터를 고용하거나 탁아소에 맡겨야 할 정도로 아이들을 직접 기르지 못한다는 것이 정답이다.

정답 (b)

3 장수와 관련된 연구는 과학에서 중요한 관심사가 되어왔다. 과학자들은 노화에 대한 많은 실험을 해왔으며, 좋은 결과를 얻어내기도 했다. 그럼에도 불구하고, 제약 회사들과는 다르게, 정부는 노화 방지 약에 돈을 투자하는 것을 단호하게 거부한다. 오히려, 정부의 건강 관리 공무원들은 사람의 평균 수명을 증가시키는 다른 검증된 방법을 제시한다. 적게 먹고 더 많은 운동을 하는 것은 건강한 삶의 방식을 이끄는 핵심이 될 것이다.

◉ 노화 방지 약물에 대한 정부의 입장과 과학자 및 제약 회사의 입장 차이를 설명하는 글이다. 이 글에서 정부는 노화 방지 약물에 대한 투자보다는 식이요법과 운동을 제안하고 있으며, 저자도 정부에서 이 방식을 수정해야 한다고 주장하고 있지는 않다. 오히려 제약 회사들과 과학자들은 끊임없이 노화 방지 약물의 효과를 증명하려고 노력한다는 내용이 정답이다.

정답 (b)

→ ACTUAL TRAINING

1 제약 회사의 소유권 보호에 대한 동의와 보호에 참여한 것 때문에 세계 무역 기구(WTO)에 대한 비판이 쏟아지고 있다. 제약 특허권의 보호는 가난한 사람들이 약을 사용하는 것을 제한하는 것으로 이해된다. 왜냐하면 이 협정은 제약 회사들에게 약 가격을 높게 책정할 수 있는 권한을 허용하기 때문이다. 하지만 사람들은 보통 제약 회사의 수입이 신약 개발을 위한 연구 비용 이라는 점을 고려해 봐야 한다. 불행하게도, 가난한 사람들은 수익성이 없기 때문에 후진국은 연구를 위한 장소로 사용되지 않는다. 그 결과, 가난한 사람들에게 발생한 질병들은 거의 치료되지 않고 방치되어 있다.

Q. 이 글에서 추론할 수 있는 것은?
(a) 세계 무역 기구는 분명히 훌륭한 일을 하고 있다.
(b) 모든 회사가 이익을 추구하는 것은 아니라는 것을 알아야 한다.
(c) 그 협약이 후진국에는 불공평하게 작용하고 있다.
(d) 장기적으로 모든 나라들은 협약을 통해 이익을 보게 된다.

◉ 의약품 소유권 보호에 대한 세계 무역 기구의 입장을 비판하는 글이다. 이 협약에 의해 가난한 사람들은 의학적 치료의 혜택을 받지 못하고 방치되고 있다는 내용을 통해, 후진국이 불이익을 받고 있다는 (c)가 정답임을 알 수 있다.

criticism 비평, 비판, 평론 **flood** 홍수, 다수, ~에 많이 몰려들다, 넘치다 **World Trade Organization** 세계 무역 기구 (WTO) **participation** 관여, 참석 **agreement** 일치, 합의, 협정 **protection** 보호, 후원 **property** 재산, 소유권 **medicine** 약, 의학, 의술 **pharmaceutical** 조제의, 제약의, 약학의 **patent** 특허(권), 특허품, 특허증 **perceive** 지각하다, 감지하다, 인식하다 **allow** 허락하다, 허가하다, 주다, 지급하다 **conduct** 행위, 행실, 지도, 안내; 실행하다 **unfortunately** 불행하게도, 유감스럽게도 **venue** 재판지, 범행지, 발생지, 회합 장소 **profitable** 이익이 되는, 유익한 **as a result** ~결과 **disease** 병, 질병, 질환

정답 (c)

2 수십 년 동안 영양학자들은 건강을 유지하기 위하여 수많은 식이요법 열풍을 계획해 왔지만, 가장 효과적인 방법은 아직 찾지 못했다. 최근, 많은 영양학자들은 조상들의 옛 식습관으로 돌아갈 것을 제안한다. 그들의 말에 의하면 조상들의 식이요법은 영양의 균형을 유지한다는 것이다. 유전적 구조가 동일하게 남아 있는 현대의 사람들 또한 조상들처럼 육체적으로 수렵 채집 생활 양식에 맞추어져 있다. 예를 들면 많은 운동, 많은 양의 살코기, 그리고 적은 양의 지방 등에 맞춰져 있다. 현 시대에 전통적 건강 습관을 수용하는 것은 인간 건강과 영양을 이해하는 데 있어 하나의 돌파구가 된다.

Q. 이 글에서 추론할 수 있는 것은?
(a) 조상들의 식이요법은 가장 효과적인 식단이 될 수 있다.
(b) 오늘날 우리는 패스트푸드 식당에서 먹는 것을 피해야 한

나.

(c) 사람들은 또한 격렬한 운동 프로그램을 짜야 한다.

(d) 현대화는 분명 모든 사람들의 건강하지 못한 생활 양식에 기여한다.

💠 현대인의 건강 습관과 식이요법에 관한 글이다. 이 글에서는 과거 조상들의 식습관이 현대인들의 건강 문제를 해결할 수 있는 대안이 될 수 있다고 말하고 있다. 따라서 조상들의 식습관이 대안이 될 수 있다는 (a)가 정답이다.

nutritionist 영양학자 numerous 다수의, 많은 fad 유행, 일시적 열중 elusive 피하는, 달아나는, 정의하기 어려운 old-fashioned 구식의 ancestor 조상 nutrient 영양 genetic 유전학적인 make-up 구성 hunter-gatherer 수렵 채집민 lifestyle 생활 양식 adopt 채택하다 breakthrough 돌파구, 혁명

정답 (a)

3 잠의 기능에 관한 몇 가지 이론이 있다. 잠은 육체적 그리고 정신 건강에 직접적인 관계를 맺고 있다고 믿어지고 있다. 한 이론에 따르면 잠의 주요 기능은 우리의 에너지를 보존하는 것이라고 한다. 다른 이론은 자는 동안 배고픔을 억제하고 음식 공급이 보존되는 보호 기능을 제공한다고 한다. 진화론적 관점은 어둠속에서 사람은 가장 약해지지만, 약탈자로부터 덜 취약해지도록 하는 기능이 있다고 설명한다. 잠은 뇌와 신체를 회복하는 기능을 갖고 있다. 잠은 뇌가 재편성하는 기회와 또 신체가 육체적으로 회복하는 기회를 제공한다.

Q. 이 글에서 추론할 수 있는 것은?

(a) 스트레스를 받는 사람들은 불면증이 발생한다.

(b) 적절한 수면의 결핍은 의료 합병증을 야기시킨다.

(c) 약한 사람은 수면 시간을 늘려야 한다.

(d) 너무 많은 시간을 자는 것은 비만의 원인이 될 수 있다.

💠 잠의 기능에 관한 글로, 잠이 가지고 있는 특성을 설명하고 있다. 잠의 기능은 건강과 밀접한 관련을 맺고 있으며, 정상적으로 잠을 자지 못했을 때 정신적, 육체적 건강에 해를 끼칠 수 있으므로, (b)가 정답이다.

conserve 보존하다 mechanism 기능, 장치 suppress 억압하다 evolutionary 진화(론)적인 perspective 원근법, 견해, 관점 vulnerable 취약성이 있는 predator 약탈자, 포식 동물 restorative 회복의 reorganize 재편성하다 recuperate 회복하다, 건강해지다 insomnia 불면증

정답 (b)

4 미국은 거대한 이민자의 증가를 표현하는 문화적 용어인 용광로라고 불려왔다. 나라가 개국된 이후로, 미국은 매년 많은 이민자들을 받아들여왔다. 특히, 2000년대 동안, 많은 미국의 시민권자들은 미국 밖에서 태어났다. 많은 미국의 이민자들은 유럽 국가들뿐만 아니라 라틴 아메리카, 아프리카, 아시아, 그리고 중동 출신들이며, 많은 문화적 다양성을 가지고 있다. 이러한 이민의 경향은 언어적 문제도 불러일으키고 있다. 미국의 주요 도시에 있는 많은 시민들은 영어가 아닌 그들의 모국어를 말한다. 외국인들의 유입이 용광로라는 단어와는 달리 항상 부

드러운 동화를 유도해온 것은 아니다.

Q. 이 글에서 추론할 수 있는 것은?

(a) 미국에서 이민자들의 수는 2000년대에 가장 많이 증가했다.

(b) 오늘날 유럽 국가 이민자는 거의 없다.

(c) 미국 정부는 이민자들이 사회에 부드럽게 동화되기를 기대하고 있다.

(d) 용광로라는 용어는 오늘날 더 이상 유효하지 않은 것 같다.

💠 문화적 특성을 설명하는 용광로라는 용어가 갖는 의미를 판단한다. 미국의 이민과 문화적 다양성을 설명하는 글로, 미국이 개국된 이후로 많은 이민자들이 매년 유입되고 있으며, 이는 문화적 다양성 및 언어적 다양성을 유발하고 있다는 내용이다. 이를 통해 과거에 용광로라고 불렸던 미국 문화의 특징이 더 이상 유효하지 않다는 내용이 정답이다.

melting pot 용광로(문화적 다양성의 혼합제) express 표현하다, 나타내다 huge 거대한 immigration 이민 wave 파도, 증가 attract 매력을 주다, 끌어들이다 especially 특히 citizen 시민 immigrant 이민자 diversity 다양성 trend 추세, 경향 linguistic 언어적인 smooth 부드러운 assimilation 동화

정답 (d)

5 과학적 실험에서 동물들을 이용하는 것은 인간 건강의 향상에 미치는 긍정적인 영향을 가지고 있음에도 불구하고 오랫동안 반대를 받아왔다. 그럼에도 불구하고, 쥐와 같은 설치류를 이용하는 테스트에 대해서는 반대하는 사람이 거의 없다. 왜냐하면 그것들은 귀찮은 가정의 페스트라고 여겨지고 있기 때문이다. 그것들은 개나 고양이와 같은 애완동물과는 달리 인간과 같은 특징을 가지고 있지 않다. 그러나 인간의 유전자와 유사한 많은 유전자들을 가지고 있다. 그것들을 이용하는 실험들은 뛰어난 연구 결과를 가지고 있다. 그것이 과학자들이 계속해서 여러 세대 동안 실험에서 설치류를 이용하는 것을 사람들이 용인한 이유이다.

Q. 이 글에서 추론할 수 있는 것은?

(a) 개와 고양이 같은 애완동물은 실험실 동물과 다르다.

(b) 과학자들은 실험에 동물을 사용하면서 뛰어난 결과를 갖지 못했다.

(c) 사람들은 과학 실험에 설치류의 사용을 반대할 것으로 보인다.

(d) 쥐의 유전자는 인간의 것과 많이 다르다.

💠 과학적 실험에서 동물을 이용하는 것에 대한 논쟁의 일부를 다루는 글이다. 이 글에서는 동물을 이용하는 것의 효과에 대해 인정하고 있으며, 특히 설치류에 대한 입장과 애완동물에 대한 입장의 차이를 설명하면서, 설치류를 실험에서 이용하는 이유를 제시하고 있다. 이와는 달리 애완동물들은 인간적 특성 때문에, 계속해서 실험용 동물로 이용될 가능성이 없다는 것이 제시되어 있으므로, (a)가 정답이다.

scientific 과학적인 experiment 실험 oppose 반대하다 positive 긍정적인 impact 영향 improvement 증진, 향상 nonetheless 그럼에도 불구하고 object to ~에 반대

하다 rodent 설치류 rat 쥐 mouse(mice) 생쥐
irritating 귀찮은 pest 페스트, 귀찮은 것 human-like 인
간적인, 인간과 같은 in common with 공통적인
excellent 뛰어난 generation 세대

정답 (a)

→ **REVIEW** TRAINING 7

1 크리스토프 말로우의 〈파우스트〉 즉, 〈파우스트 박사의 비극
적 역사〉는 자신의 영혼을 팔고 루시퍼와 힘과 지식과 교환하
는 약속을 하는 한 남자에 관한 희곡이다. 1604년에 처음 출판
되었고, 그 해는 작가가 죽은 지 11년이 지난 후였고, 막에 올
려진 지 12년이 지난 후였다. 2가지 버전의 연극이 있다. 1604
년 발렌틴 시메스의 4절판과 1616년 존 라이트의 4절판이 있
다. 학자들은 〈파우스트〉보다 더 논란을 일으킬 만한 작품은
더 이상 없었다는 것에 동의한다.

Q. 이 글의 주제로 알맞은 것은?
(a) 크리스토퍼 말로우의 비극적 삶
(b) 〈파우스트〉의 세계적 인기
(c) 〈파우스트〉에 대한 소개와 평가
(d) 〈파우스트〉의 초연

○ 첫 번째 줄은 파우스트에 관한 내용 설명이고, It was first
published in 1604는 소개된 시점, Two versions of the
play exist는 종류, Scholars agreed that no other ~는
파우스트 작품에 관한 학자들의 평이다. 이를 종합한 전체의
주제는 정답 (c)Introduction and Estimation of "Faustus"
라는 것을 알 수 있다.

pact 약속, 계약 quarto 4절판의 책 controversy 논쟁,
논란

정답 (c)

2 중세와 르네상스 시대에는 결혼은 두 가지를 포함하고 있었다.
커플이 남편과 아내로써 인정되어지는 의식을 하는 것과, 사회
적으로 용납이 되고 결합하는 결혼을 하지 않고 성관계를 알리
는 것이다. 중세에 서유럽 문화는 남자와 여자들의 결합의 형
태를 한 가지 이상으로 인정했다. 초기 중세 사회에서는, 법률
적 결혼과 내연 관계가 합법적인 관계로 여겨졌다. 법으로 맺
어진 처뿐만 아니라 내연의 처도 인정되었다. 배우자들은 서로
부양 의무를 동의하는 내용들이 수반된 공식적인 계약서를 작
성했다.

Q. 이 글의 제목으로 가장 어울리는 것은?
(a) 중세 시대의 결혼 풍습
(b) 나라마다 다른 결혼 전통
(c) 결혼의 진화
(d) 중세 여성의 역할

○ 17~22번은 대의 파악문제이기 때문에 첫 문장(대부분 주
제문)을 주의하여 전체를 보는 연습을 해야 한다. 이 글은 첫
번째 문장(중세시대의 결혼은 두 종류)과 중간의 During the
Middle Ages ~이하(결혼의 형태를 한 가지 이상의 결합을

인정하다)를 종합해서 보면 정답 (a) Marriage Customs in
Medieval Times를 고를 수 있다.

Renaissance 르네상스 ritual 의식의 recognize 인정하
다, 인지하다 sexual relationship outside marriage 결
혼을 하지 않고 성관계를 하는 것 acceptable 용납할 수 있
는 bind 묶다 Middle Age 중세 union 결합 medieval
중세의 legitimate 합법적인 concubine 내연의 처
lawful 합법적인 contract 계약서 obligation 의무
drawn up 작성하다

정답 (a)

3 지구와 우주를 연구하는 뉴욕의 로즈 센터가 행성들의 리스트
에서 명왕성을 제외한 태양계를 보여주자 논란이 일었다. 명왕
성은 행성이라기보다는 소행성이라는 이의가 제기되었다. 그
러나 행성으로서 명왕성의 위치는 국제 천문학 연합에 의해 계
속 보호되어왔다. 명왕성 크기와 타원 궤도가 태양계의 다른
행성들과 많이 다르지만 이러한 기준은 행성으로서의 위치가
깎이지 않는 자의적 특성들이다. 이것은 마침내 로즈 센터의
주장에 분노했던 수천 명의 천문학자들을 잠재웠다.

Q. 윗글의 내용과 일치하는 것은?
(a) 로즈 센터는 명왕성이 행성이라는 것에 동의했다.
(b) 명왕성의 행성으로서의 위치는 보존되었다.
(c) 명왕성은 지구와 우주를 위한 로즈센터에 의해 발견되었
다.
(d) 명왕성은 발견된 가장 큰 소행성이다.

○ 과학적인 상식이 필요한 좀 어려운 문제이다. 일단 star는
태양과 같은 중심별, planet은 이 별을 중심으로 일정한 주기
로 도는 행성체(수성, 금성, 지구, 화성 등), asteroid는 화성
과 목성사이에 운집한 작은 소행성을 뜻한다. 로즈 센터에서
명왕성이 행성이 아니고 소행성이라는 문제 제기에 대해
However ~이하, 그리고 결론 부분에서 이에 강력한 반박으
로 결국 명왕성이 행성이라는 논지를 찾을 수 있으며 결론을
정리한 정답 (b) Pluto's planetary status was retained.를
고를 수 있다.

controversy 논란 exclude 제외하다 Pluto 명왕성
contest 다투다 asteroid 소행성 elliptical 타원의 orbit
궤도 criteria (criterion의 복수형) 기준, 척도 arbitrary 변
덕스러운 trait 특성 discount ~을 감하다 appease ~를
가라앉히다 astronomer 천문학자 outrage 격분시키다

정답 (b)

4 오스만 제국의 계속되는 공격 후 이틀 뒤 1683년 9월 12일 유
럽으로 진출하려는 계획을 끝내는 비엔나 전투가 일어났다. 그
들의 패배는 오스트리아, 독일 그리고 폴란드 군대로 구성된
'신성 군대'의 대군의 개입 때문이었다. 중무장한 빠른 창기병
과 경기병들을 앞으로 폴란드의 왕과 함께 총 2만 명이 당황하고
녹초가 된 오스만인들의 저지선을 무너뜨렸다. 기병대가 공격
한 후 세 시간도 안돼서 기독교 연합군이 그 전투를 승리했고
비엔나가 함락되는 것을 구했다.

Q. 이 글과 일치하는 것은?
(a) 오스만 제국은 2개월 뒤에 비엔나를 함락했다.

(b) 신성 군대가 비엔나를 그 전투에서 구했다.

(c) 오스만 군인들은 신성군대에 의해 전멸 당했다.

(d) 그 전쟁은 오스만 제국이 유럽으로 진출한 이후에 일어났다.

💠 잡아야 할 세부사항이 많아 다소 어려운 문제이다. 역사 관련 용어에도 익숙해야 하고, 또한 이런 전쟁 관련 문제는 '어느 나라가', '어느 나라를', '왜 침공했으며', '결과는 어떤지'를 빨리 찾을 수 있어야 한다. '오스만 제국이 유럽으로 진격하려다 신성군대의 방해로 결국 비엔나침공에 실패했다'가 이 글의 논지이다. 이 시대에 유럽과 중동 지역을 주름잡았던 두 세력은 크게 '합스부르크 제국'과 '오스만 제국'이란 역사적 사실은 알면 더욱 쉽게 풀 수도 있다. 텝스는 단순히 영어 실력만을 측정하는 게 아니라 폭 넓은 상식이 큰 도움이 된다는 점 잊지 말자. 오답 (c) The Ottoman soldiers were wiped out by the Holy League. 오스만 제국 군사들이 전멸됐다는 내용이 그럴 듯해 보이지만 이 사실은 글에서 유추할 수 없다.

---

empire 제국 comprise ~로 이루어지다 winged 신속한, 빠른 lancer 창기병 hussar 경기병 cavalry 기병(대)

정답 (b)

5 아드리언 니콜라스라는 한 영국 남자는 위대한 영국 예술가이자 발명가인 레오나르도 다빈치가 1483년에 공책에 디자인하고 스케치한 낙하산을 이용한 최초의 사람이었다. 그 프로젝트에서 그의 동료 캐런 올슨이 도와줘서 그들은 레오나르도 시대에서나 이용할 수 있었던 재료를 사용해서 낙하산을 만들었다. 그것은 생각했던 것보다 더 부드러웠고 더 천천히 내려왔다. 니콜라스가 성공하고 나서 말했던 것처럼 "모든 전문가들은 성공하지 못할 것이다. 뒤집어 지거나 떨어져 나갈 것이다 아니면 돌아서 당신을 다치게 할 것이라고 했지만 레오나르도는 줄곧 옳았다."

Q. 윗글에서 유추할 수 있는 것은?

(a) 레오나르도의 낙하산 디자인은 실현 가능했다.

(b) 그 낙하산은 현대 재료로 만들어야 한다.

(c) 레오나르도 다빈치는 1483년에 첫 낙하산을 제작했다.

(d) Adrian Nichola 그 디자인을 바꿨다.

💠 주제문인 첫 문장과 It was a much smoother and slower ride than expected, 그리고 마지막 문장 but Leonardo was right all along에서 다빈치의 설계가 실제 능하다(feadible)는 사실을 알 수 있으므로 정답 (a)를 고를 수 있다. (b)에서 modern material로 만들어야 한다는 사실은 언급되지 않았으며 (c)는 constructed를 sketched로 바꾼다면 정답으로 가능하다. 이렇게 동사를 살짝 바꾼 형태를 주의하자.

---

parachute 낙하산 sketch 스케치하다 construct 조립하다 material 재료 achievement 성취 tip 뒤집어엎다 all along 줄곧, 처음부터

정답 (a)

6 매일 눈에 띄지 않게 당신은 개인 공간의 규칙들을 준수한다.

인류학자 에드워드 홀 씨에 의하면, 미국인들은 사회적 상호작용을 위해 4가지 특별한 구역을 갖는다고 한다. 배우자 그리고 부모와 애들에게 한정된 가장 친밀한 구역, 다음 구역은 가까운 친구와 친숙한 대화를 하는 개인적인 구역이다. 세 번째 구역은 대부분의 일당 대화와 업무가 일어나는 사회 협의의 구역이다. 대중 구역은 약 3미터에서 시작하고 8미터 까지 계속된다. 그러나 각각의 문화는 접근에 대한 자신들만의 규칙을 규정하고 있다.

Q. 이 글을 통해 유추할 수 있는 것은?

(a) 미국인들의 공공 구역은 배우자에 한정된다.

(b) 친숙한 구역은 업무 대화를 위해 추천된다.

(c) 개인 공간 규칙들은 모든 문화마다 같지 않다.

(d) 모두는 의식적으로 개인 공간을 지킨다.

💠 몇 가지로 분류(four special zones for social interaction)하는 연구 결과는 순서가 눈에 보이기 때문에 논지를 이해할 수 있다. 4가지의 개인 공간 규칙이 있다면 4가지를 아래서 빨리 찾고 마지막 결론 However 부분을 본다. 크게 구조를 빨리 본 다음 선택지 (a)~(d)에서 가능한 답이 있다면 빨리 고르고, 만약 세부사항까지 봐야 한다면 필기한 부분을 대비하며 오답을 골라내자. 마지막 문장 However, every culture defines its own rules of proximity.을 바꿔 쓰기한 (c)를 정답으로 고를 수 있다

---

unnoticeably 눈에 띄지 않게 observe 지키다 anthropologist 인류학자 interact 상호 작용 하는 intimate 친숙한 restrict 제한하다 consultive 상의의, 협약의 proximity 근접, 접근, 친근성, 근접성

정답 (c)

UNIT 26 Part 3 내용에서 어긋난 것 찾기

→ BASIC TRAINING

1 가까운 미래에, 인공위성들은 땅이 아닌, 바다에서 발사될 예정이다. (a) 한 위성 제조업체는 해양에 근거한 발사대를 이용하기로 결정했다. (b) 바다는 많은 자연 자원으로 가득하기 때문에, 회사는 과학적 조사를 위해 그것을 이용할 것이다. (c) 그 회사에 있는 몇몇 과학자들은 바다가 위성을 발사하는 데 완벽한 장소가 될 것이라고 생각한다. (d) 육지에 근거한 발사대들은 환경법과 같은 법률에 의해 규제를 받고 있지만, 바다에 근거한 발사대는 바다가 한 나라에 국한되어 있지 않기 때문에 그러한 법률로부터 자유롭다.

○ 향후 바다에서 발사될 인공위성에 대한 내용으로, 육지에 근거한 발사대보다 바다에 근거한 발사대가 더 유용할 것이라는 점을 다루고 있다. 따라서 전체적인 내용 연결은 인공위성 발사대에 대한 내용이 되어야 하며, 바다에 풍부한 자연자원이 있기 때문에 이용 가능하다는 내용으로 연결되지는 않는다.

정답 (b)

2 의심할 여지없이, 많은 동물의 종들은 역사적으로 지금까지 지구상에서 자연적으로 멸종되었다. (a) 인간들은 희귀한 동물들의 멸종에 대한 책임을 져야 한다. (b) 공룡들은 자연적 멸종에서 가장 눈에 띄는 예들 중의 하나이다. (c) 확실한 증거는 없지만, 수천 마리의 공룡들은 자연적으로 지구상에서 사라졌다. (d) 또한 맘모스와 같은 다른 종들도 수천 년 전에 멸종되었다.

○ 공룡들의 자연적인 멸종에 대해 다루는 글로, 공룡이나 맘모스와 같은 동물들이 특별한 증거는 없지만, 자연적으로 멸종되었다는 내용이다. 따라서 인간이 책임을 져야 한다는 내용은 적절하지 않다.

정답 (a)

3 많은 전문가들은 사람들이 언제 직장에서 은퇴해야 하는가와 관련하여 우리가 몇가지 요소들을 고려해야 한다고 제안한다. (a) 은퇴할 시기를 결정하는 것은 직장과 노동 조건과 같은 이러한 요소들 때문에 쉬운 일이 아니다. (b) 노동 환경은 노동자들이 직장을 결정할 때 가장 중요한 요소들 중의 하나이다. (c) 예를 들어, 어떤 사람이 공장에서 일한다면, 그는 신체적으로 민첩해야 한다. (d) 그러나, 그가 선생님이나 교수라면, 그는 학생들을 가르치기 위해 정신적으로 건강해야 한다.

○ 직장에서 은퇴할 시기를 결정할 때 중요한 고려 사항들을 다루는 글이므로, 전체적인 내용은 이때 고려해야 할 사항들이 제시되어야 한다. 노동 조건이 중요한 문제이기는 하지만, 직장을 구하고 결정할 때 중요하다는 내용으로 전개되기에는 적절하지 않다.

정답 (b)

4 많은 경제적 전문가들은 전 세계 국가들이 공통의 통화를 가져야 한다고 주장해왔다. (a) 그것은 사람들이 어느 국가에서 통화를 교환할 때마다, 사람들이 몇 퍼센트의 수수료를 지불해야 하기 때문이다. (b) 특히, 많은 회사들은 그들의 제품을 수입하고 수출할 때 비슷한 방식으로 고민하고 있다. (c) 따라서 단일한 유럽 통화는 이러한 상황에서 하나의 대안이 될 것이라고 예상되고 있다. (d) 영국과 같은 몇몇 유럽 국가들은 그들의 공통 통화로서 유로화를 채택하기를 망설이고 있다.

○ 통화를 교환할 때 내야 하는 수수료로 인해 문제가 발생하고 있고, 이에 대한 대안으로 경제학자들이 전 세계 공통 통화를 제시하고 있다는 내용의 글이다. 전체적인 내용은 전 세계 공통 통화의 목적과 구체적인 예로 전개되고 있다. 그러나 유럽 몇 개 국가들이 이를 망설이고 있다는 것은 사실일 수 있지만, 글의 전개상 맞지 않다.

정답 (d)

→ ACTUAL TRAINING

1 관리자의 가장 중요한 책임감 중에 하나로 여겨지는 동기 부여는 업무 수행을 높여주는 입증된 방법이다. (a) 심리학자인 프랭크 하트포드는 사람들은 전적으로 자신의 이익을 위해 동기를 부여 받는다고 믿는다. (b) 그는 이것을 '보상나에게 돌아오는 게 뭐지?' 원리라고 불렀고 가장 믿을 만한 것이라고 여겼다. (c) 모든 사람들이 그들이 속해 있는 분야에서 성공하기를 원한다. (d) 봉급 인상, 위임과 같은 보상을 주거나 휴가를 주는 것은 사람에게 동기를 부여한다.

○ 업무 수행 효과를 높이기 위한 동기 부여의 중요성을 다루는 글이다. (a), (b), (d)는 동기 부여가 사람들 스스로의 업무 능력을 향상시킬 수 있는 도구라는 내용을 다루고 있다. (c)의 경우 사람들의 성공에 대한 열망을 다루고 있다.

motivation 자극, 유도 vital 필수의 enhance 강화하다, (질, 능력을) 높이다 wholly 전적으로, 완전히 principle 원리, 원칙 reliable 믿을 수 있는 commission 위임, 위탁, 임무 definitely 명확히, 한정적으로

정답 (c)

2 직장에서 나이 제한 시행과 관련하여, 직장의 유형, 직업의 유형, 그리고 개인의 신체적 조건과 같이 고려해야할 몇 가지 요소가 있다. (a) 예를 들어, 공장이나 병원 같은 곳은 육체적, 정신적으로 모두 민첩한 사람이 요구된다. (b) 그러므로 나이가 많은 사람은 보통 이와 같은 장소에서의 일에 적합하지가 않다. (c) 젊은 실업자에 대해서도 생각을 해야 한다. (d) 그러나, 연구, 교사, 그리고 사업과 같은 분야에서는 많은 전문적 기술 경험이 요구되기 때문에 나이가 많은 사람이 더 유리할 수 있다.

◎ 직장 내에서 나이 제한과 관련하여 고려해야 할 요소들로 (a), (b), (d)가 예를 보여주고 있다. (c)는 젊은 사람들의 실업에 관한 내용을 다루고 있다.

implementation 이행, 실행, 완성, 충족 restriction 제한, 한정 factor 요인 physically 물리적으로, 육체적으로 mentally 정신적으로 agile 기민한, 재빠른, 예민한 entrepreneurship 사업 expertise 전문적 기술

정답 (c)

3 마케팅 구조의 중요한 요소로서, 강한 브랜드는 몇 가지 선택에 직면하게 되었을 때, 소비자에게 차이를 나타낼 수 있다. (a) 광고들은 미디어와 고속도로의 광고 게시판에 쏟아지고 있으며, 강한 마케팅 구조는 펩시와 코카 콜라 같은 유명한 브랜드를 일반적인(대중적인) 용어로 만들었다. (b) 목표 대상 고객들의 문화, 역사, 그리고 가치는 제품 판매의 훌륭한 고려 사항들이다. (c) 브랜드 마케팅의 다양한 접근은 기업의 긍정적인 인상을 창조하기 위하여 사용된다. (d) 이러한 접근법의 효과는 목표 고객들의 호응을 유도한다.

◎ 브랜드 마케팅의 중요성을 다루고 있는 글이다. (a), (c), (d)는 브랜드 마케팅과 고객들의 호응에 관한 내용이다. 그러나 (b)는 제품 판매에서 고려해야 할 요소들을 설명하고 있다.

scheme 계획, 조직, 구성 flood ~에 넘치다 billboard 광고 게시판 generic 속의, 일반적인 consideration 고려, 숙고 effectiveness 유효 patronage 보호, 후원, 단골

정답 (b)

4 현대 사회에서, 대부분의 젊은 사람들은 시골 지역에 있는 고향을 떠나서 거대한 대도시 지역으로 이동하고 있다. (a) 그들은 대도시에서만 이용할 수 있는 더 현대적인 생활 방식을 갖기를 원한다. (b) 이러한 종류의 이동은 오랫동안 지속되어온 시골의 전통들에 위협을 가하고 있다. (c) 시골의 전통들은 어떤 사회에서든 가장 중요한 사회적 가치라고 여겨져 왔다. (d) 그러한 전통적인 가치와 믿음이 도시 지역에서의 편리함에 대한 신념으로 대체되고 있다.

◎ 글의 전체적인 내용은 시골 지역에서 도시 지역으로 이동한 젊은 사람들의 수가 늘어나면서 발생할 수 있는 문제를 지적하는 것이다. 특히 문제가 되는 것은 시골 지역에서 유지되어 왔던 전통적 가치가 도시 생활에 대한 동경과 신념으로 무너지고 있다는 것이다. 그러나 시골의 전통이 가장 가치 있는 것으로 여겨져왔다는 것은 전체 내용의 흐름상 관련없는 것이다.

modern 현대적인 society 사회 countryside 시골 metropolitan 대도시의 lifestyle 생활방식 available 구할 수 있는, 이용할 수 있는 migration 이동, 이주 pose a threat 위협을 가하다 longstanding 오랫동안 지속된 rural 시골지역의 tradition 전통 social 사회적인 value 가치 replace 대체하다 faith 신념 convenience 편리함 urban 도시지역의

정답 (c)

5 전 세계의 대부분의 국가들은 국내 경제를 부양하기 위하여 국민들이 더 많은 돈을 쓰도록 촉구한다. (a) 그들은 더 많은 돈을 쓰고 더 많은 제품을 구매하는 것이 제조업을 가득하고, 그들 나라에서 더 많은 직업을 만들어낼 것이라고 믿는다. (b) 특히, 전문가들이 말하듯이, 가정주부들에게 계속해서 새로운 제품을 구매하도록 촉구하는 것이 그들의 경제에 중요하다. (c) 그러나, 대부분의 사람들은 그들이 재정적으로 불안감을 느낄 때 돈을 쓰기를 주저한다. (d) 사회적 안정성은 어떤 나라든지 경제의 향상에 필수적인 것이다.

◎ 국내 경제를 부양하기 위해 각 국가들이 쓰는 방법 중의 하나는 국내의 소비자들에게 돈을 쓰고 물건을 구매하도록 하는 것이다. 특히 가정주부들이 결정권을 갖는 경우가 많기 때문에 이러한 방법을 제시하고 있다. 경제적 안정과 불안감은 소비에 중요한 것이지만, 사회적 안정성은 경제적 측면과 연결되지 않는다.

encourage 촉구하다, 격려하다 boost 부양하다, 밀어올리다 domestic 국내의 economy 경제 stimulate 자극하다 manufacturing industry 제조업 create 만들다, 창조하다 state 언급하다, 말하다 continuously 계속해서, 지속적으로 vital 중요한, 필수적인 hesitate 망설이다, 주저하다 financially 재정적으로, 금융적으로 unstable 불안정한 stability 안정감 improvement 향상, 발전

정답 (d)

6 과학 기술의 발달에도 불구하고, 환경은 오늘 날 사람들에게 가장 큰 걱정을 끼치고 있다. (a) 산호초의 파괴는 환경운동가들 사이에 가장 주요한 관심사들 중의 하나가 되었다. (b) 오존층에 있는 구멍의 수는 과학 기술의 발달의 속도만큼 빠르게 증가해왔다. (c) 이러한 구멍은 자외선이 지구의 대기를 통과하여 살아있는 생명체에 해를 끼치게 하고 있다. (d) 예를 들어, 자외선 때문에 현대 사람들은 예전보다 더 많은 암에 걸리고 있다.

◎ 과학 기술의 발달이 가져온 환경적인 피해를 언급하고 있으며, 대표적인 예로 오존층에 발생하고 있는 구멍에 대한 내용으로 전개되고 있다. 이러한 구멍이 증가하게 되면서 환경 문제가 심각해지고 있으며, 특히 자외선이 생명체에 미치는 영향을 언급하고 있다. 이 문제에서 산호초의 파괴도 환경 문제라고 할 수 있지만, 전체적인 내용의 흐름에서 벗어난 문장이다.

despite ~임에도 불구하고 development 발달, 개발 technology 기술 environment 환경 concern 걱정을 끼치다 destruction 파괴 coral reef 산호초 environmentalist 환경운동가 ozone layer 오존층 ultra-violet rays 자외선 penetrate 침투하다, 통과하다 atmosphere 대기, 대기권 damage 해를 끼치다 living creature 생명체 skin cancer 피부암

정답 (a)

1 코카인은 가장 일반적으로 남용되는 약 가운데 하나이며, 높은 재발률 때문에 효과적인 치료법이 분명 필요하다. (a) 옥스퍼드 대학의 의사들은 코카인 중독에 대항하기 위한 TA-CD라 불리는 백신을 개발하는데 성공했다고 보고되었다. (b) 그 백신은 코카인 복용 시 얻는 '환각' 중독들을 가라앉히도록 만들어 졌다. (c) 대부분의 코카인 중독자들은 재활 센터에서 보호받고 치료받아야 한다. (d) TA-CD는 코카인에 대한 욕구를 없애진 않지만, TA-CD에서 생성되는 항체들이 시간이 지나면서 욕구가 증가하는 것을 막아준다.

💬 Part 3는 첫 문장 주제문을 보고 전체의 일관성을 중심으로 봐야 한다. 코카인 중독엔 분명한 치료책이 있어야 한다고 한 다음 새로 개발된 TA-CD의 효능이 부드럽게 이어지고 있으므로, (c)와 (d) 중에 정답이 있다. 새로운 치료약 TA-CD에 대한 좋은 점을 언급하는데 (c)의 drug rehabilitation centers은 어울리지 않는다.

cocaine 코카인 abuse 남용하다 addict 중독자 rehabilitation 사회복귀, 갱생 relapse 되돌아가다, 재발하다 alongside 같이 vaccine 백신 suppress 억압하다, 누르다 conduct 행동하다 take away 제거하다 crave 열망하다, 갈망하다 antibody 항체 reinforcement 증진, 강화, 증원

정답 (c)

2 미국 전역에 약 1,100명의 개인 비행사들은 지금 '생명구제 항공사'라는 비영리 단체에 소속되어 있습니다. (a) 이런 파일럿들은 가난한 사람들이 아무리 먼 곳에 있더라도 병원 진료를 받을 수 있도록 도와주기 위해 그들의 시간과 비행기를 지원하고 있습니다. (b) 그들은 학생들에게 장학금을, 불우한 가족에게는 생계유지 프로그램을 제공합니다. (c) 1978년에 미국 사업가들과 파일럿들로부터 시작된 그 단체는 지금은 미국 전 지역을 이동할 능력이 없는 환자들을 의료 수송하고 있습니다. (d) '생명구제 항공사'는 무료 항공 수송으로 사람들이 동등하게 진료를 받을 수 있도록 도와줍니다.

💬 첫 주제문에서 비행사들이 '생명 구제 항공사'라는 비영리 단체에 소속되어 있다면 비행과 관련된 좋은 일을 위해 자원봉사를 한다는 것을 알 수 있다. (a), (c), (d)는 거의 같은 내용으로 비행기로 소외된 사람들을 도와주고 있다는 내용이며 이와 동떨어진 것은 비행과 관련 없는 단순히 좋은 일을 언급한 (b)를 정답으로 답을 고를 수 있다.

private 개인의 non-profit 비영리의 organization 조직, 단체 volunteer 지원하다, 지원자 no matter how 비록 ~이더라도 far away 멀리 떨어진 cannot afford ~할 능력이 없는 coordinate 동등한 scholarship 장학금 deserve 받을 만한 livelihood 생계

정답 (b)

3 1998년 이후로 시장에서 인기를 끌고 있는 e-books, 즉 전자책은 몇 가지 특성을 통해 사람들이 책을 읽는 방법을 새롭게 바꾸었다. (a) 첫째로, 전자 형태의 책은 작은 휴대용 장치만 있으면 읽을 수 있는 편리함이 있다. (b) 새로운 인터넷 대세은 전자책을 인기 있는 상품으로 만들었으며, 그것들은 계속 인기를 얻고 있다. (c) 둘째로, 전자책은 더 디털 형식이기 때문에 개인의 필요와 기호에 맞춰 쉽게 파일의 크기를 조절할 수 있다. (d) 마지막으로, 전자책은 온라인에서 판매되기 때문에, 시간과 장소에 구애받지 않고 편리하게 구매할 수 있다.

💬 e-books의 이점을 열거한 글이다. e-books의 이점으로 (a) electronic formats are handy 편리함, (c) adjust the size of the file 파일 조절 가능, (d) they are available at your convenience - anywhere and anytime 어디서나 쉽게 구입 가능함을 들 수 있으며 (b)는 e-books의 의의를 말하고 있기 때문에 글의 흐름과는 어울리지 않는다.

hit the market 시장에 나오다 reshape 모양을 고치다, 다시 만들다 conventional 전통적인 handy 편리한 portable 휴대용의 commodity 상품, 일용품 adjust 조절하다, 맞추다 accommodate 수용하다 preference 더 좋아함, 선택 convenience 편의, 편리

정답 (b)

4 많은 사회학자들은 결혼 생활에서 높은 이혼률의 원인들 중 하나로 결혼에 대한 사람들의 강한 기대감을 지적해왔다. (a) 많은 사람들은 그들의 배우자가 단순히 남편 혹은 아내보다는 친구, 의논 상대자, 직장인, 그리고 좋은 부모가 되기를 원한다. (b) 남편과 아내가 버는 임금의 격차는 결혼 생활이 그들 모두에게 힘들게 만드는 것이다. (c) 최근에 조사된 사람들에 따르면, 그들은 예상과는 다른 비현실적인 결혼생활에 실망하게 된다. (d) 많은 사람들이 결혼 전에 예상했던 가족 생활은 단지 신화에 불과하다고 말해진다.

💬 일반 사람들이 가지고 있는 결혼 생활에 대한 신화를 지적하는 글이다. 많은 사람들은 결혼 이전에 결혼 생활에 대해 동경하며, 이러한 과도한 동경과 기대감이 이혼률의 주요 원인이 되고 있다고 한다. 이러한 주제에 따라 (a), (c), (d)에서, 배우자에 대한 기대, 비현실적인 결혼 생활, 그리고 결혼 생활 이전의 기대감이 하나의 신화에 불과하다는 내용이 전개되고 있다. 따라서 남편과 아내의 임금 격차에 따르는 어려움을 언급한 (b)가 글의 주제에서 벗어난 문장이다.

sociologist 사회학자 point out 지적하다 expectation 기대, 예상 divorce 이혼 spouse 배우자 counselor 상담역, 의논 상대자 gap 격차 income 임금 survey 조사하다 disappointed 실망한 unrealistic 비현실적인 myth 신화

정답 (b)

5 세계 경제가 사업에서 투명성을 강조하면서, 전 세계의 많은 회사들은 그들 자신의 윤리적 코드를 세웠다. (a) 이러한 코드들은 직원들이 공급업자로부터 뇌물을 받을 것인가 거부할 것인가, 그리고 가족 구성원이나 친척들을 고용할 것인가 그렇지 않을 것인가와 같은 윤리적 문제에 직면했을 때 하나의 지침으로서 기능한다. (b) 환경법과 같은 몇 가지 법률들은 때때로 이

려한 윤리적 코드와 매우 유사하다. (c) 모든 다국적 기업들은 다른 나라에서 외국 시장을 확장하기 위해 이러한 법들을 지켜야 한다. (d) 많은 법들과 윤리적 코드들은 사업의 세계에서 가장 효과적인 방법을 보호하기 위해 시행되고 있다.

○ 최근 강조되고 있는 사업 세계에서의 윤리적 코드의 문제를 지적한 글이다. 회사의 투명성을 높이기 위해 각 회사들이 윤리적 코드를 강화하고 있으며, (a) 뇌물 등과 같은 윤리적 문제의 지침으로 기능하고, (b) 환경법과 같은 법들이 이러한 윤리적 코드와 같은 맥락이고, (d) 많은 법과 윤리적 코드가 시행되고 있다는 의미이다. 이 글에서 다국적 기업들의 해외 시장 개척 전략으로서의 법률 준수는 상관없는 글이다.

global 세계적인 emphasize 강조하다 transparence 투명성 corporation 회사 establish 확립하다, 세우다 ethics codes 윤리적 코드 function 기능하다 instruction 지침 encounter 직면하다, 마주하다 bribery 뇌물 environmental 환경의 multinational 다국적의 put into effect 시행하다 effective 효과적인

정답 (c)

6   19세기 중반까지, 대부분의 러시아인들은 심각한 가난 속에서 살았으나, 알렉산더 2세가 1855 년에 왕좌에 올랐다. (a) 그가 왕이 되자마자, 그는 국민들의 삶을 향상시키기로 결정했다. (b) 특히 그는 언론 검열의 폐지와 여행의 자유와 같은 사회적 구조들을 변화시키려고 노력했다. (c) 또한 그는 부유한 토지 소유자들이 그들의 노예들과 농노들을 해방시키도록 했다. (d) 많은 러시아인들은 다른 유럽 국가들의 사람들의 삶과는 완전히 다른 삶을 살았다.

○ 19세기 중반 등극한 알렉산더 왕의 노력을 설명하는 글이다. (a)는 러시아인들의 삶을 향상시키기 위한 노력, (b)는 사회 구조 개혁을 위한 노력, (c)는 농노와 노예 해방을 위한 노력을 설명하고 있다. 그러나 러시아 사람들의 삶이 유럽 사람들의 삶과 달랐다는 내용은 전체 글의 흐름과 상관없는 내용이다.

poverty 가난 ascend 오르다, 등극하다 throne 왕권 be determined to ~하기로 결정하다, 결심하다 improve 향상시키다 removal 제거, 폐지 censorship 검열 landowner 땅 소유주 liberate 해방시키다, 자유롭게 하다 serf 농노

정답 (d)

UNIT 27 실용문

→ BASIC TRAINING

1 편지글 유형

하원의원 존 밀튼 씨에게.

최근 정부는 아프가니스탄에 더 많은 군대를 파병하기로 결정했습니다. 그러나 저는 당신이 그 나라를 위한 군사 지원을 반대해줄 것을 촉구하기 위해 이 편지를 쓰고 있습니다. 군사적 지원은 지금까지 많은 문제를 유발해 왔습니다. 많은 군인들은 반 인도주의적인 범죄를 저질러 왔으며, 반대로 그 나라의 사회적 안전에 기여하지 못했습니다. 따라서 저는 당신이 다음 회계연도에 해외 군사 재정 지원에 대한 현재의 부족한 제한에 대한 개정을 지지해주기를 원합니다. 저는 당신의 답변을 곧 받기를 진정으로 바라고 있겠습니다.

진심을 다해.

시카고의 하워드 라인 드림

A. 편지를 쓰고 있는 목적은, 아프가니스탄에 대한 군대 파병이 문제를 유발하고 있기 때문에, 하원의원 존 밀튼이 반대해주기를 원하기 때문이다. 따라서 군사적 지원을 반대해달라고 촉구하기 위한 글이다.

정답 (a)

B. 군사적 지원과 파병 확대에 대한 정부의 결정에 반대해주기를 원한다는 것이 편지 내용이다.

정답 (a)

2 광고문 유형

우리 온라인 교육 프로그램은 세무사를 위한 자격증을 취득하기 위한 효과적인 온라인 과정을 제공하고 있습니다. 당신이 우리 온라인 과정 중 어느 것이나 등록하자마자, 당신은 우리 과정 자료에 접근할 수 있는 ID와 비밀번호 정보를 제공받게 될 것입니다. 당신의 속도대로 자료들을 이용할 수 있으며, 편안할 때 공부하고 검토할 수 있습니다. 온라인 과정들은 당신이 등록한 이후에 두 달 동안 유효할 것입니다. 첫 번째 수업을 시작하면, 환불을 받을 수 없게 됩니다.

A. ID와 비밀번호를 통해 얻을 수 있는 것을 파악해야 하며, 특히 뒷문장에서 자료들을 이용한다는 내용이 나오므로 자료들에 대한 접근이 가능하다는 것이 정답이다.

정답 (a)

B. 이 과정을 마치면 학생들이 세무사 자격증을 얻을 수 있다는 말을 통해 정답을 유추하며, 일단 수업이 시작되면 환불을 받을 수 없다고 했다.

정답 (a)

3 공지문 유형

2009년 10월 21일 화요일 오전 11시부터 오후 1시까지 1층 강당에서 진행되는 워크숍에 초대하고자 합니다. 이 워크숍은 시장의 확장을 위한 전략들을 다루게 될 것입니다. 회사에 있는 모든 부서의 의사 결정권자들이 참여하게 될 것입니다. 의제와 관련된 자료들이 워크숍 이전에 배포될 것입니다. 더 많은 정보는 경영 기획실에서 구하실 수 있습니다.

A. 워크숍에 대한 정보를 제공하고 있으므로, 워크숍에 참여해달라는 공지이다. 따라서 (a)가 정답이다.

정답 (a)

B. 공지의 목적은 워크숍에 참석해달라고 요청하는 것이다. 따라서 의제를 다루는 것이 아니라, 워크숍에 초대한다는 것이 정답이다.

정답 (b)

4 에세이 유형

시간에 대한 인식은 심리적 요인에 의해 영향을 받을 수 있다. 우리가 바쁠 때 시간은 빨리 가지만 기다릴 때는 더디게 간다. 이것들은 일반적으로 짧은 기간의 경험이다. 그러나 몇 년씩처럼 장기간은 어떨까? 우리의 삶이 마치 시계처럼 일직선적으로 나아가는 것은 아니라고 주장하는 가설이 있다. 우리는 전체 수명에 따라서 일 년이라는 길이를 인지한다. 20살인 사람에게 2년은 10살인 사람에게 1년이 지나가는 것만큼이나 빨리 지나간다. 그러므로 우리가 나이가 들어가면 갈수록 더 빨리 나이가 드는 것처럼 생각되거나 거꾸로 한 해가 더욱 짧게 느껴진다.

A. 사람이 나이가 들수록 나이가 빨리 드는 듯한 느낌이 든다는 내용이므로, (b)가 정답이다.

정답 (b)

B. 사람마다 시간에 대한 인식이 다르며, 젊은 시절에는 길게 느껴질 수도 있고, 나이가 들었을 때 시간이 빨리 가는 것처럼 느끼는 경향이 있으므로 (b)가 정답이다.

정답 (b)

5 영화/도서 리뷰형

리차드 허깃이 쓴 '재양주의: 소행성, 혜성, 그리고 지구 역사의 다른 역동적 사건들'이라는 책은 재양주의라는 철학을 다루고 있다. 그것은 부제에 있는 소행성, 혜성, 그리고 다른 역동적 사건들과는 아무런 상관이 없다. 작가는 지구상의 재양들의 영향과 관련된 고전적인 이론들을 다루고 있다. 당신이 지구의 역사나 이에 대한 자료들을 원한다면, 아마도 이 책에 만족하게 될 것이다.

A. 단지 재양주의만을 다루고 있다는 앞문장을 통해 부제에서 제시한 것들과는 아무런 상관이 없다는 것을 알 수 있다. 따라서 (b)가 정답이다.

정답 (b)

B. 이 책은 과거의 이론들에 대해 다루고 있으며, 지구의 역사 등에 관심 있는 사람들은 만족하게 될 것이므로, 어느 누구도 만족하지 못할 것이라는 말은 정답이 될 수 없다.

정답 (b)

6 신문 기사형

신종 독감 바이러스의 발병 사례의 수가 한국에서 꾸준하게 증가하고 있다. 의학 당국은 오늘 날짜로 신종 플루로 인한 9명의 사망자를 발표했으며, 3,000명 이상의 환자들이 신종 플루로 고통받고 있다고 발표했다. 의학 전문가들과 정부는 실질적인 죽음과 발병에는 다양한 불확실한 이유들이 있다고 말했다. 따라서 독감이 어떻게 사람들을 죽이는지, 그리고 우리가 그 질병으로부터 환자들을 보호하기 위해 무엇을 해야 하는지를 이해하는 것이 매우 중요하다.

A. 독감이 환자들을 어떻게 죽이고 있는지, 그리고 어떻게 예방할 것인지를 알아내는 것이 현재의 문제점이다. 동물의 감염과는 상관없는 글이다.

정답 (a)

B. 현재 독감의 원인에 대해서는 불확실한 상태이며, 규명되지 않았다. 오히려 그 원인과 예방책에 대해 알아내는 것이 중요한 상황이다.

정답 (b)

→ **ACTUAL** TRAINING

1 수천 만 명이 지뢰 때문에 매년 고통 받고 죽어가고 있다. 이 문제를 더욱 악화시키는 것은 타이완 코끼리, 곰, 고릴라 그리고 표범 같은 수 천 종의 멸종 위기의 동물들 또한 이 산업의 희생자가 되고 있다는 것이다. 이러한 놀라운 사건에 응해서 '위기의 동물들'이라고 하는 자선 단체가 동물 복지를 증진하기 위해 설립되었다. 이 자선 단체는 사실 피해를 입은 동물들의 회복을 돕는 병원을 지을 수 있었다. 다른 반 지뢰 자선 단체의 협조로 그들은 살인적인 지뢰로부터 동물들의 보호와 전세계에 걸친 규제를 계속 장려하고 있다.

(a) 동물 복지를 증진하기 위해
(b) 동물들의 음식을 제공하기 위해
(c) 에너지 자원을 보존하기 위해
(d) 지뢰 주인들을 처벌하기 위해

💠 '위기의 동물들'이라는 자선 단체의 목적을 묻는 글이다. 빈칸 뒤에 이어진 내용이 동물들의 회복을 돕고, 보호하고, 지뢰 규제를 촉구하고 있다는 것이며, 이를 통해 자선 단체의 목적이 동물 보호에 있다는 것을 알 수 있다.

landmine 지뢰 endanger ~을 위험에 빠뜨리다 leopard 표범 in response to ~에 응하여 alarming 놀라운, 놀랄 만한 charity 자선 단체 establish 설립하다 rehabilitation 회복, 갱생

정답 (a)

2 우주 공간에서 특별한 휴가를 보내고 싶으신가요? 우주 여행의 현상은 사람들이 생각하는 것보다 더 빠르게 다가오고 있습니다. 우주에서 휴가를 보내는 것은 어떤 사람들에게는 믿을 수 없는 일이지만 NASA나 몇몇 사기업들에 따르면 현재 현실에서 그리 멀리 있지 않다고 합니다. 그러나 아직 우주 관광은 무료가 없습니다. 우주 공학은 운용하기가 매우 복잡합니다. 따라서 매우 비쌉니다. 한 번 탑승하는 데 9만 달러까지 듭니다. 그러나 이 번영하는 사업을 이용할 수 있을 것 같습니다. 2002년 이후로 250개나 되는 예약이 이미 등록되어 있습니다. 우주 휴가는 분명히 진정한 탈출을 갈망하는 사람들을 위해 결국 널리 퍼질 것입니다.

(a) 그러나
(b) 결과적으로
(c) 게다가
(d) ~임에도 불구하고

💠 우주 여행의 미래를 설명하고 있는 글이다. 빈칸 앞에서는 우주 공학이 운용하기 복잡하고 비싸다는 내용을 통해 우주 여행의 어려움을 언급하고 있다는 것을 알 수 있다. 그러나 빈칸 뒤의 내용은 우주 여행 사업이 번영하고 있는 사업이며, 예약이 많다는 내용을 언급하면서 대조적인 내용을 제시하고 있다. 따라서 빈칸에는 대조 관계의 '그러나'가 들어간다.

phenomenon 현상 approach 다가가다, 다가오다 unbelievable 믿기 어려운 fantasy 상상, 공상 complex 복잡한, 뒤얽힌 thus 그래서 be willing to 기꺼이~하다 blossom 꽃이 피다, 피어나다 outward 밖으로의 crave 갈망하다 getaway 탈출

정답 (a)

3 많은 동물들이 과학 연구와 의학 연구에 쓰인다. 동물 실험 활동가들은 동물 실험의 완전한 근절을 위해 노력하고 있다. 동물 실험은 잔인하다. 또한 인간은 무고한 동물들을 고문할 권리가 없다. 인간과 동물은 유전적으로 다르기 때문에 (동물 실험의) 결과는 신뢰할 수 없다. 그러나 동물 실험이 주요한 의학 발전에서 핵심 역할을 했다고 생각하는 것은 일리가 있다. 질병의 치료법을 찾기 위한 동물의 사용에 있어서 그 결말은 그 방법을 정당화한다고 볼 수 있다. 그럼에도 불구하고 새로운 화장품을 실험하려고 화학물질을 동물에게 강제로 먹일 때는 두 번(신중하게) 생각해야 한다.

Q. 이 글의 주제는 무엇인가?
(a) 동물 실험은 금지되어야 한다.
(b) 동물 실험은 좋은 점도 있고 나쁜 점도 있다.
(c) 인간은 동물을 사용하지 않는 다른 방법을 생각해내야 한다.
(d) 동물 연구는 인간의 건강을 위협한다고 증명되었다.

💠 과학 및 의학 실험에서 동물들을 이용하는 것에 대해 평가하는 글이다. 일부 사람들은 동물 실험이 잔인하기 때문에 완전하게 근절시켜야 한다고 주장한다. 반면에 어떤 사람들은 의학적 발전에서 동물 실험이 핵심적 역할을 담당하고 있으므로 정당화될 수 있다고 말한다. 이를 통해 동물 실험이 장점과 단점을 모두 가지고 있다는 사실을 확인할 수 있다.

activist 활동가 eradication 근절 torture 고문 unreliable 신뢰할 수 없는 genetically 유전적으로 vital 대단히 중요한 advancement 진보, 발전 justify ~을 옳다고 하다, 정당화하다

정답 (b)

4 저희는 주요 도로의 가장 최근 정보를 주고 있는 대도시 교통안내입니다. 101번 고속도로에서 6번 출구로 향하던 큰 트레일러 한 대가 전복되는 바람에 (101번 고속도로에서는) 큰 연쇄충돌이 일어나고 있습니다. 구조하려간 소방차와 구급차가 남쪽 차선을 막아서 이 교통체증은 두 시간 동안 계속될 것으로 예상됩니다. 101번 고속도로에서 남쪽으로 향하는 운전자들은 교통체증을 피하는 대안으로 MJ 고속도로를 타시는 것이 좋을 듯합니다. 이 교통 정보는 쿠알라 타이어가 제공합니다.

Q. 101번 고속도로의 문제점으로 옳은 것은?

(a) 6번 출구로 향하는 커다란 트럭 한 대가 있다.

(b) 로렌스 고속도로에 교통체증이 있다.

(c) 큰 트럭이 전복되어 교통체증을 유발했다.

(d) 운전자들은 두 시간의 교통체증 때문에 화가 나 있다.

🜂 글의 내용 중 101번 고속도로의 교통체증의 원인으로 큰 트레일러의 전복을 제시하고 있다. 따라서 트레일러가 전복되고 나서, 이로 인해 교통체증이 발생하고 있다는 내용을 정답으로 선택한다.

----

latest 최신의 major 주요한 pile-up 연쇄충돌 turn over 전복 block ~를 막다 southbound 남쪽으로 가는 alternative 대체, 대안 stack ~를 쌓아올리다

정답 (c)

5 오하라 씨께

저희는 고객님의 이메일을 받았습니다. 그리고 저희 웹사이트의 주문 선택에서 고객님께서 직면했던 문제에 대해서 사과드립니다. 고객님과 같은 일본의 메일 주소를 인식하기 위해서 에러 메시지들이 보내지는데, 이는 저희 시스템의 결함 때문입니다. 저희 직원이 현재 그 문제를 해결하고 있으며 저희 시스템이 재구성되면 메일을 통해 알려드리겠습니다. 추가로 말씀드리자면 주문은 팩스 번호 043-980-1419로 보내셔도 됩니다. 다시 한번 불편을 끼쳐드려서 죄송합니다. 그리고 고객님께 더 나은 서비스를 제공하기를 기대하고 있겠습니다.

진심으로,

랄프 윌슨, 기프트 사

Q. 이 편지에 따르면 옳은 것은?

(a) 랄프 윌슨은 서비스에 대해 불평하고 있다.

(b) 랄프 윌슨은 자신들의 서비스에서 생긴 문제에 대해 사과하고 있다.

(c) 오하라 씨는 기프트 회사의 서비스에 만족하는 고객이다.

(d) 오하라 씨는 환불을 요청하고 있다.

🜂 편지를 보내는 사람은 랄프 윌슨이며, 회사를 대표하여 웹사이트에서 발생한 에러 메시지에 대한 사과를 하고 있다.

----

encounter ~에 부딪치다, 직면하다 due to ~때문에

recognize 인정하다, 승인[인가]하다 currently 현재는, 지금은 inform ~에게 알리다 restructure ~을 개조하다, 개혁하다 inconvenience 불편 look forward to (~하는 것을) 기대하다

정답 (b)

6 멋진 식사를 위해 딱 맞는 최고의 환경을 즐기면서 동시에 요리의 맛도 훌륭한 곳을 찾고 계시나요? 그렇다면 샌프란시스코의 최신 식당인 베서비우스를 한번 보십시오! 지난 주에 개업한 기품 있는 이 식당은 나폴리에서 영감을 얻은 놀라운 신메뉴를 위한 분위기가 있는 완벽한 서비스를 제공합니다. 얇고 바삭바삭한 크러스트 피자와 레몬과 올리브를 곁들인 구운 치킨 메뉴는 오감을 자극하는 맛입니다. 디저트가 궁금하시나요? 군침이 도는 크레페가 단맛이 나는 마스카폰크림(부드러운 크림치즈의 일종)과 오렌지가 함유된 카라멜과 함께 잘 만들어져 제공됩니다. 의심할 여지없이, 베서비우스는 샌프란시스코에서 쉽게 찾을 수 없는 음식뿐만 아니라 미국에 있는 비슷한 고급 식당보다 더욱 훌륭한 가치를 제공하는 가격까지 제공합니다. 그렇다면 무엇을 더 망설이고 있나요?

Q. 이 비평에서 식당에 대해 추론할 수 있는 것은?

(a) 여러 해에 걸쳐 만족하는 손님들이 많이 있다.

(b) 향상된 메뉴와 서비스로 이 가게는 다시 문을 열었다.

(c) 저렴한 음식을 파는 좋은 식당이다.

(d) 독특한 요리를 제공하는 새로 개업한 식당이다.

🜂 베서비우스 식당에 대해 광고하는 글로, 이 식당은 지난주에 개업하였으며, 독특한 요리를 제공하고 있다는 내용이다. 따라서 두 가지 사항이 결합된 (d)가 정답이다.

----

exquisite 절묘한; 매우 아름다운; 훌륭한 cuisine 요리; 요리법 ambiance 주위, 환경 impeccable 결점[흠]이 없는, 나무랄 데 없는 array 정렬시키다, 정돈하다 crepe 크레이프(비단의 일종) flair 기호(嗜好), 성향 upscale 부유층(의)

정답 (d)

UNIT 28 인문학

1 문화 영역

전통적으로 중국에서 가족을 이끌고 지배했던 것은 아버지였다. 비록 현대 사회에서 가족의 구성과 지배와 관련하여 많은 것이 변했지만, 아버지는 여전히 강한 가족의 지도자로, 그리고 의사 결정자로 남아있다. 아버지 즉 남편은 가족 내에서 절대적인 지배력을 발휘하며, 심지어 그들의 지배력은 아들 딸의 결혼 상대자를 선택하는 것까지 확장된다. 또한 아이들은 때때로 아버지의 영향하에서 그들의 직업을 결정한다.

A. 가족 내에서 아버지의 역할을 설명하는 글로, 전통적인 사회에서, 그리고 현대에까지도 아버지의 영향력이 강하게 남아있다는 내용이다. 빈칸 앞에 접속사 in addition이 제시되어 있으므로, 아버지의 영향력이 강하게 남아있다는 내용이 나와야 한다.

정답 (a)

B. 전통적인 사회에서뿐만 아니라, 현대 사회에서도 아버지의 역할과 힘이 그대로 유지되고 있다는 글이므로 (b)가 정답이다.

정답 (b)

2 예술 영역

음악은 고대로부터 전 세계 모든 문화에서 중요한 역할을 수행해왔다. 그것은 또한 인간 생활의 주요한 특징들 가운데 하나로 그려져왔다. 최근에, 우리는 기술과 음악 산업의 발달로 기차, 버스, 그리고 자동차와 같이 어떤 장소에서도 높은 수준의 음악을 들을 수 있다. 한편으로, 우리는 음악의 도움으로 몇 가지 지루한 일을 할 수 있다. 음악이나 가장 좋아하는 음악을 듣는 동안, 청소와 운동은 더 흥미로운 일이 되었다. 음악은 우리의 삶에 기쁨과 활력을 가져다주며, 우리가 우리 삶의 스트레스에서 벗어나도록 도와준다.

A. 고대로부터 현대까지 지속된 음악의 중요성을 다루는 글이다. 특히 현대에 와서도 지루한 일을 할 때 도움이 되며, 기쁨과 활력을 주고, 스트레스에서 벗어나게 해준다는 말을 통해서 음악이 일상생활에 미치는 영향의 중요성을 알 수 있다. 문화마다 다양한 음악의 차이를 언급하고 있지는 않다.

정답 (b)

B. 음악의 중요성, 특히 일상생활에서 음악의 이용과 그 중요성을 설명하고 있다.

정답 (b)

3 문학 영역

러드야드 키플링은 1907년 노벨상 수상 작가로서, 제국주의에 대한 묘사와 관련하여 논쟁이 되는 작가들 가운데 한 명이다. 1865년 인도에서 태어난 그는 영국에서 교육을 받았지만, 20대에 인도에서 작가로 일했다. 그의 가장 유명한 작품 중 하나인 '정글북' 외에도, 그는 많은 소설과 시를 썼으며, 그것들 대부분은 인도에서의 삶과 경험에 근거하고 있었다. 그러나, 그의 뛰어난 문학적 작품들에도 불구하고, 그는 영국 제국주의의 옹호자라는 이유로 많은 비판을 받고 있지만, 반면에 어떤 비평가들은 제국주의가 개인의 삶에 어떻게 영향을 미치는가와 관련된 해석가로서 그가 인정받아야 한다고 말하면서 그를 옹호한다.

A. 러드야드 키플링이 뛰어난 작가이며, 노벨상을 받을 정도의 문학적 업적을 남긴 것은 사실이지만, 여전히 비평가들 사이에서 옹호와 비판을 받는 논쟁의 대상이라는 내용이 제시되어 있다. 특히 제국주의와 관련된 관점에 대한 논쟁이 진행 중이므로, 그가 논쟁의 대상이 되는 작가라는 것이 정답이다. 그리고 영국과 인도의 우호를 증진시키는 것과는 거리가 멀다.

정답 (b)

B. 러드야드 키플링의 대부분의 작품이 인도에서의 생활과 경험에 근거하고 있다는 문장을 통해 (a)를 정답으로 고를 수 있으며, 그가 노벨상을 받게 된 것은 '정글북' 때문이지만, 그 근거는 본문에 제시되어 있지 않다.

정답 (a)

4 언어 영역

많은 언어학자들은 많은 소수 언어들이 전 세계적으로 사라지고 있다고 걱정한다. 특히, 하나의 언어가 2주마다 멸종되고 있다고 알려져 있다. 그러나 다행스럽게도, 몇몇 언어학자들과 과학자들이 이러한 사라지고 있는 언어들을 보존하기 위해 노력하고 있다. 기술 덕분에, 그들은 그 언어들을 디지털로 녹음했으며, 웹상에 그것들을 보관해 두었다. 그들은 이 언어들을 소수 공동체에서의 의사소통의 수단으로 이해한다. 또한 그것들은 미래에 대체하기 어려운 독특한 인간의 역사와 심오한 의미를 포함하고 있다고 여겨진다.

A. 소수 공동체들이 쓰는 언어의 가치는 의사소통의 수단이라는 것이며, 소수 민족들의 삶의 역사와 삶의 의미를 나타낸다는 데 있다. 언어 기원의 근거와는 상관없는 내용이다.

정답 (a)

B. 이미 과학자들과 언어학자들이 디지털 형태로 소수 언어들을 녹음하여 웹상에서 보관하면서, 소수 언어들을 보존하는 데 성공했다. 따라서 그 성공에 대한 내용이 정답이 되며, 인간의 역사를 이해하고 의미를 포함하고 있기 때문에 가치가 없다는 것은 정답과는 거리가 멀다.

정답 (b)

5 인류학

아이누 부족은 일본의 북쪽 섬인 홋카이도에 살고 있는 부족이다. 그들의 독특한 외모적 특징 가운데는 젊은 여성들의 입술과 입에 그려진 문신이었다. 1920년대까지 젊은 독신 여성들은 남성들의 콧수염과 비슷한 넓은 푸른색 밴드 형태로 문신을 새겼다. 그들은 11살과 21살 사이에 이 문신을 새겼다. 비록 정부가 법적으로 17세기에 문신을 금지시켰지만, 아이누 부족은 이 법을 따르지 않고, 계속해서 이러한 전통적인 의식을 따랐다.

A. 일본 정부가 문신을 법적으로 금지시켰지만, 법을 따르지 않았다는 내용을 통해, 계속해서 문신을 했다는 것을 알 수 있다. 따라서 (a)가 정답이다.

정답 (a)

B. 17세기에 일본 정부가 문신을 금지시켰지만, 아이누 부족 사람들이 계속해서 문신을 했다는 내용을 통해 1700년대 이후에도 계속해서 문신을 했다는 것을 알 수 있다. 문신은 전통적 의식을 따른 것이며, 다른 부족들과 구별하기 위한 것이라는 내용은 제시되어 있지 않다.

정답 (b)

6 고고학

처음으로 몇몇 과학자들이 완전한 심장을 가지고 있는 화석화된 공룡을 발굴했다. 이러한 발견은 수세기 동안 지속되어 온 냉혈 파충류의 오래된 이미지를 뒤엎을 것이라고 믿어지고 있다. 공룡의 심장의 구조는 스캐닝 기술을 통해 분석되었다. 스캐닝의 결과는 부드러운 세포 조직이 단일한 구조화된 동맥을 가진 4심방과 이중 펌프를 가진 심장이라는 것을 보여준다. 그것은 파충류라기보다는 포유동물이나 새의 심장과 더 닮아 있다. 이러한 발견은 공룡들이 어떻게 진화했는지와 관련하여 가장 영향력 있는 이론들 가운데 몇 가지 이론에 문제를 제기할 것이다.

A. 오랫동안 지속된 이론에 따르면 공룡은 파충류에 속한다고 여겨져왔으나, 최근에 발견된 결과에 따르면 포유동물이나 새에 속할 수도 있다는 짐작을 하게 하므로 기존의 이론을 뒤집는 연구 결과라는 것을 알 수 있다.

정답 (b)

B. 새로운 연구가 의미 있는 것은 공룡이 파충류일 거라는 관점과 다른 것이기 때문이다. 이 글에 근거해볼 때 포유동물은 4심방 심장을 가지고 있다는 것을 알 수 있으므로 (a)는 옳지 않다.

정답 (b)

→ **ACTUAL TRAINING**

1 〈지킬 박사와 하이드〉는 빅토리아 시대에 로버트 스티븐슨에 의해 집필되었다. 이 시기에는 기술 발달이 진행되었고 유럽의 권력이 세상을 지배하던 시대였다. 스티븐슨은 서구 문화가 사람들의 종교적인 도덕성을 타락시킬 가능성이 있다는 것을 깨달았다. 〈지킬 박사와 하이드〉는 스티븐슨의 비관론을 반영한다. 이 작품은 선하기도 하고 악하기도 한 상반되는 감정과 욕

방들로 한 개인이 만들어지고 있는 방식을 다룬다. 그의 책에서 스티븐슨은 서구 문화의 포용에 대한 위험성을 겨냥하고 있다. 왜냐하면 그는 이것이 인간을 더욱 사악하게 만든다고 믿었기 때문이다.

(a) 서구 문화를 포용하는 것
(b) 활동가이자 작가가 되는 것
(c) 책을 집필하는 것
(d) 타고난 선량함을 갖고 있는 것

◐ 과학 기술의 발달과 유럽의 힘이 커지면서, 인간의 종교적 도덕성을 파괴하고 있다는 점을 지적하고자 하는 것이 〈지킬 박사와 하이드〉의 내용이다. 이 작품을 통해 스티븐슨은 유럽 문화와 힘의 위험성을 경고하고 있다. 따라서 그가 목표로 삼은 것은 유럽 문화를 받아들이고 확산시키는 것의 위험성을 지적하는 것이라고 할 수 있다.

era 시대 **dominate** ~을 지배하다 **potential** 가능성 **corrupt** 타락시키다 **morality** 도덕성, 윤리성 **reflection** 반영 **pessimism** 염세, 비관 **concern** ~에 관한 것이다 **be made up of** ~으로 구성되어 있다 **contrary** 정반대의 **target** ~을 목표로 정하다 **reinforce** ~를 증강하다 **evilness** 사악함

정답 (a)

2 과학자 세 명이 멕시코 과나화토에서 발견된 22구의 미라를 철저하게 조사하는 연구 프로젝트의 일원으로 활동했다. 최신 기술 장치와 법의학 지식을 동원해서 과학자들은 은 채굴 사회의 노동자 계급의 구성원이라고 생각되는 그 미라들이 1850년에서 1950년 사이에 죽었다는 것을 알아냈다. 태아 상태의 미라, 신생아 남자 아이, 교수형당했다고 추측되는 남자, 생매장됐다고 일컬어지는 한 여자의 미라는 조사된 사례들 중에서 흥미로운 경우들이었다. 단일한 연구에서 22구의 미라를 철저하게 조사한 것은 역사상 처음 있는 일이었다.

(a) 200년 동안 묻혀 있던 사람들의 화석의 보존
(b) 한 조사에서 22구의 미라를 철저하게 조사한 것
(c) 그 연구에서 22구의 미라의 사진을 찍은 것
(d) 그 연구에서 22구의 미라의 화석을 발견한 것

◐ 멕시코에서 발견된 22구의 미라에 대한 연구 프로젝트가 진행 중이라는 내용의 글이다. 이 글에서는 이러한 미라의 발견과 조사가 왜 중요한 것인지를 설명하고 있는데, 미라의 화석이 아니라, 22구의 미라가 집단적으로 발견되어 조사되고 있다는 내용이므로, (b)가 정답이다.

task ~에 일을 과하다 **thorough** 철저한 **forensic** 법의학의[적인] **mining** 채광업 **fetal** 태아의 **rumour** ~을 소문내다

정답 (b)

3 저는 체리 앤더슨입니다. NBN의 '영화 비평'에 오신 것을 환영합니다. 오늘 소개할 영화는 〈시스터 플래닛〉으로 올 여름에 개봉한 가장 최신 영화입니다. 이 영화의 줄거리는 우리의 지구 행성에 우리와 거의 똑같은 생명체가 살고 있는 자매 행성이 있다는 내용을 토대로 전개됩니다. 영화의 초반 20분은 매우 재미

있었지만 후반에서는 별로 볼 게 없습니다. 이 영화의 시간은 (내용이) 완벽하게 전개되기에는 짧습니다. 그 이상도, 그 이하도 아닌 이 영화 제작의 독창성에 별 1개를 주었습니다.

Q. 영화의 주제는 무엇인가?
(a) 지구의 진화
(b) 다른 행성에 사는 생명체
(c) 다른 행성에 있는 우리와 같은 생명의 존재
(d) 우주 연구가 다른 행성에서 생명체를 발견했다.

◐ 영화 리뷰를 다룬 글로, 영화는 지구와 유사한 자매 행성이 있고, 그 행성에 우리와 동일한 생명체가 있다는 내용이다. 따라서 다른 행성에 존재하는 우리와 같은 생명의 존재가 영화의 주제이다.

feature 특징으로 하다 release 석방하다, 풀어놓다, (영화를) 개봉하다 revolve 회전하다 concept 개념, 구상 identical 동일한, 꼭 같은 counterpart 아주 닮은 사람 beyond ~넘어 unique 유일(무이)한, 독특한 moviemaker 영화 제작자

정답 (c)

4 토지의 발전에 있어 아메리카 원주민들의 공로는 사람들에게 오랫동안 간과되어왔다. 대부분의 사람들이 생각하는 것과는 달리, 지리학자인 윌리엄 가드너는 아메리카 원주민들이 숲을 태우고, 넓은 토양에 농사를 짓고, 도로 건설과 채광을 함으로써 그들의 토지에 상당한 기여를 했다고 믿고 있다. 이러한 활동들은 삶을 지탱하는 데 필요했다. 숲을 태우는 것은 동물들로 하여금 흔히 트인 들판으로 나가도록 했다. 동시에 길을 내주어 사냥을 용이하게 해주었으며, 마을과 농경지로 가는 길도 만들어주었다. 그럼에도 불구하고, 미국의 자연 경관을 파괴하는 것은 사실상 현대 사회의 발전들이다.

Q. 이 글에 따르면 옳은 것은?
(a) 아메리카 원주민들은 미국의 토지 경관 개발에 영향을 미쳤다.
(b) 역사 속에서 아메리카 원주민들에 대한 차별이 심했다.
(c) 윌리엄 가드너는 아메리카 원주민 행동주의자이다.
(d) 현대화는 도로와 빌딩의 건설을 시작했다.

◐ 미국 토지 경관의 변화와 개발에 대한 미국 원주민들의 영향을 다루는 글이다. 미국 원주민들은 생계를 유지하기 위해, 화전을 하거나, 땅을 개간하거나, 도로를 만들고, 채광을 하면서 자연 경관을 개발하고 이용했다고 설명하므로, 원주민들이 미국의 토지 경관 개발에 기여했다는 내용이 정답이다.

contribution 기부, 기증 overlook 못 보고 지나치다, 너그럽게 봐주다, 간과하다 assume 사실이라고 보다, 가정하다, 추정하다 geographer 지리학자 significant 중요한, 상당한 landscape 풍경, 경치 tract (땅, 하늘 등의) 넓이, 면적, 지역 sustain 떠받치다, 지탱하다, 받다, 견디다, 유지하다 forced 강요된, 무리한, 부자연스러운 pave (길을) 포장하다, 덮다 agricultural 농업의, 농사의 modern 근대의, 근세의, 현대의 destroy 파괴하다, 파기하다 aid 돕다, 거들다, 원조하다 discrimination 구별, 식별, 판별(력) prominent 현저한, 두드러진 activist 행동주의자, 능동(활

동)주의자 modernization 현대화

정답 (a)

5 '모든 카우보이들은 어디로 갔는가'라는 노래로 유명한 가수이자 작곡가이자 피아니스트인 폴라 코울은 매사추세츠의 폭포트에서 1968년 4월 5일에 태어났습니다. 음악에 대한 변하지 않는 사랑 때문에 폴라 코울은 음대를 졸업을 해서 그것을 동기로 작곡 하는 데에 혼신의 힘을 다했습니다. 이마고 레코드 사에서 그녀의 첫 앨범인 '하빙거'를 녹음한 1992년에 폴라 코울의 노력은 인정을 받았습니다. 하지만 이마고는 곧 부도가 났습니다. 다행히도, 워너 브로스와 계약을 하면서 폴라 코울의 경력은 다시 불이 붙었습니다. 지금까지도 여전히 폴라 코울은 미국 음악 산업을 빛내고 있습니다.

Q. 이 글에 따르면 옳은 것은?
(a) 폴라 코울은 어린 시절에 극장 공연에 참여했다.
(b) 폴라 코울의 첫 앨범 제목은 '모든 카우보이들은 어디로 갔는가'이다.
(c) 폴라 코울은 가수일 뿐 아니라 유명한 여배우다.
(d) 워너 브로스와 계약은 폴라 코울을 가수로서의 경력을 다시 살아나게 했다.

◐ 폴라 코울은 가수, 작곡자, 그리고 피아니스트로서, 음악에서 학위를 받을 정도로 음악에 열정적이었으며, 1992년 최초의 앨범을 녹음한 이후에, 워너 브로스와의 계약을 통해 빛을 보게 되었다는 내용이다. 워너 브로스와의 계약을 통해 가수로서의 활동이 다시 가능하게 되었다는 내용이 정답이다.

songwriter 작곡가 unwavering 동요하지 않은, 확고한 motivate 자극되다, ~의 동기가 되다 persevere 인내하다, 견디어 내다 reward 보수, 보상, 보답하다 record 기록하다, 녹음하다 go out of business 폐업하다, 부도나다 luckily 다행히, 운 좋게 career 경력, 이력, 직업 rekindle 다시 불을 붙이다, 재연시키다 up until now 지금까지

정답 (d)

UNIT 29 사회과학

1 역사 영역

미국의 남북전쟁은 미국 역사에서 가장 중요한 사건들 중의 하나이다. 그것은 북부 주들과 남부 주들 사이의 노예제도를 둘러싼 근본적인 불일치 때문에 유발되었다. 노예제도를 지지하는 이데올로기의 옹호자들은 노예제도가 긍정적인 선이라고 주장하면서 노예제도의 유지를 강조했다. 반면에, 노예제도의 폐지를 주장했던 사람들은 그 제도가 비인간적인 사회적 구조라고 주장했다. 노예제도에 대한 지속적인 논쟁 과정에서, 많은 분리주의자들은 그들의 독특한 문화가 독립을 쟁취함으로써 보호될 수 있다고 주장했다.

A. 미국의 남북전쟁에 대한 내용을 다루고 있으며, 그 주요 원인으로 제시된 것은 노예제도에 대한 견해 차이이므로, 노예제도에 대한 근본적인 의견의 불일치가 전쟁의 원인이라고 보아야 한다.

정답 (b)

B. 남북전쟁과 관련된 내용으로, 특히 전쟁의 직접적인 원인이라고 할 수 있는 노예제도가 언급되고 있다.

정답 (a)

2 아동 영역

심리학자 장 피아제에 따르면, 생후 9개월 미만의 아이들은 외부 세계에 대한 타고난 지식이 없다고 한다. 그는 그들이 시야 밖에 사물이 있다는 것을 알지 못한다고 주장했다. 그러나 몇 가지 발달에 대한 연구들이 1980년대에 그의 이론을 반박했다. 몇몇 연구자들은 몇 가지 정교한 장비들을 이용하여, 아이들이 외부 세계에 대한 내적인 이해력을 가지고 있다는 것을 발견했다. 스크린 상에서 몇 가지 상황을 보면서, 아이들은 중력이나 부피와 같은 기본적인 물리적 개념을 무시하는 상황에 집중하고 있었다.

A. 아이들의 발달에 대한 두 가지 학설에 대해 다루고 있는 글이다. 피아제는 아이들이 처음에는 외부 세계에 대해 전혀 알지 못한다고 주장한 반면에, 80년대에 진행된 연구에서는 아이들이 이미 외부 세계에 대해 이해하고 있다는 것이 밝혀졌다는 내용이다. 두 가지 논쟁 가운데 후자에 속한 내용을 설명하고 있으므로, 아이들이 외부 세계에 대해 이미 알고 있다는 것이 정답이다.

정답 (b)

B. 아이들이 외부 세계를 이해할 능력이 있다는 것이 글의 주제이다. 이때 80년대에 진행된 연구가 피아제의 연구를 긍정적으로 시인하기 위한 것이 아니라 반박하고자 하는 것이므로 (a)는 정답이 될 수 없다.

정답 (b)

3 여성 영역

각각의 사회에서 여성들의 동등한 권리를 위한 지속적인 사회적 노력들에도 불구하고, 여성들은 여전히 직업을 찾고 사회적 평등을 얻는 데 어려움을 겪고 있다. 특히, 그들이 결혼한 이후에, 그들은 아내, 가정주부, 어머니, 그리고 심지어 일하는 여성으로서의 역할을 동시에 수행해야 한다. 남성 동료들의 일과 유사한 일을 하고 있지만, 여성들은 좋은 월급을 받지 못하고 있다. 또한 여성들이 경영진에 진입하는 것을 막는 소위 말해 '유리천장'도 존재한다. 동등한 기회를 위해 많은 노력이 있었지만, 현실은 매우 다르며, 많은 것들이 진정한 평등을 얻기 위해 시도되어야 한다.

A. 글의 내용이 여성들이 평등 혹은 평등한 기회를 얻는 것이 어려우며, 특히 직장 내에서 갖고 있는 불평등이 사회적 문제라는 것이다. 따라서 가정의 문제가 아니라, 직업을 찾고 사회적 평등을 얻는 데 어려움을 겪고 있다는 것이 정답이다.

정답 (b)

B. '유리 천장'과 같은 사회적 편견 때문에 여성들이 승진하는 데 어려움을 겪고 있다는 내용이 있다. 여성들은 가정뿐만 아니라 외부에서도 역할을 수행해야 한다는 내용이므로 집에 머무르는 것만으로 설명할 수는 없다.

정답 (b)

4 교육 영역

전 세계적으로, 20세기 초 교육 분야에서 가장 중요한 현상 가운데 하나는 공립학교 제도의 도입과 확산이었다. 정부의 지원을 받은 학교들의 수는 증가했으며, 그것은 학교에 다니는 아이들과 어른들의 수의 증가를 낳았다. 또한 교과정은 수학과 언어의 기본부터 과학과 예술까지 확장되기 시작했다. 교육에서 이러한 유형의 발전은 19세기 후반과 20세기 초반에 널리 퍼졌던 사회적 변화와 혁명의 과정에서의 갈등 혹은 합의의 산물이었다.

A. 20세기 교육 분야에서 중요한 현상은 공립학교의 증가, 교과정의 변화 등이다. 이를 통해 공립학교 제도가 도입되고 확산되었다는 것을 알 수 있다. (b)에서 교육 분야에 대한 과학적 연구가 제시될 때는 그에 대한 구체적인 연구 결과가 제시되어야 한다.

정답 (a)

B. 공립학교 제도의 확산과 함께 중요한 것이 교과정의 확장이다. 이를 통해 다양한 영역의 과목들이 포함되기 시작했다. 이때 교과정의 확장도 사회적 변화와 발전과 밀접한 연관을 맺고 있다는 것을 알 수 있다.

정답 (a)

5 경제

개인 기업들뿐만 아니라 국내 및 국제 경제에 부정적으로 영향을 미치고 있는 통화 위조 범죄의 수가 기술의 발달 덕분에 증가하고 있다. 과거에는 통화 위조를 할 때 값비싼 장비와 특별한 기술을 가진 전문가들을 필요로 했다. 그러나 최근의 디지털 혁명은 누구라도 복사기를 이용하여 지폐를 복사하는 것을 가능하게 했다. 이러한 이유로, 전 세계 대부분의 정부는 그것들을 위조하기 어렵게 하기 위하여 통화의 대부분을 다시 만들려고 노력해 왔다. 비록 새로운 디자인의 생산 비용이 많이 들지만, 그러한 변화는 통화 제도의 불안정성보다 더 중요하다.

A. 통화 위조와 관련하여 각 정부가 많은 비용에도 불구하고, 위조 방지를 위한 대책을 마련하고 있으며, 높은 생산 비용에도 불구하고, 이러한 노력을 하는 것은 통화 제도의 불안정을 막기 위한 것이다.

정답 (b)

B. 현재 진행되고 있는 각 국가의 노력은 위조를 방지하기 위한 것이며, 이를 위해 높은 비용에도 불구하고 노력을 하고 있다는 것을 볼 때, 미래에는 위조가 어려워질 것이라는 것을 알 수 있다.

정답 (a)

6 정치/사회/법

쇼핑 지역에서의 교통사고를 줄이기 위하여, 도시 관리들은 도로 표지 및 신호등과 같은 도로 구조물들을 치우기 위한 철저 정책을 시행할 것을 계획하고 있다. 일부 전문가들은 도로 표지판이나 신호등에 신경을 쓰는 운전자들이 보행자들을 볼 수 있으며, 이것이 더 많은 교통사고를 유발하고 있다고 믿는다. 계획을 찬성하는 사람들은 주의를 향상시키면 교통사고를 줄일 수 있다고 말하지만, 반면에 반대자들은 신호등을 제거하면 운전자들을 혼동하게 만들어 교통사고를 유발할 것이라고 비판한다. 또한, 많은 사람들은 교통사고의 증가를 우려하여, 그들이 사고를 겪게 된다면 관리들에 대한 법적 소송을 하겠다고 경고한다.

A. 쇼핑 지역에서 교통 표지판이나 신호등을 제거하려고 하는 이유는 교통사고를 줄이기 위한 것이다. 도시 미관과는 상관 없으므로 교통사고를 유발한다는 의미의 (b)가 정답이다.

정답 (b)

B. 전문가들에 따르면 교통 표지판과 신호등이 오히려 더 많은 교통사고를 유발하는 원인이라는 말을 통해, (b)를 고를 수 있다. 또한 도시의 많은 사람들은 이 계획에 반대하고 있다고 했으므로 동의한다고 볼 수 없다.

정답 (b)

→ ACTUAL TRAINING

1 1955년 12월 1일, 아프리카계 미국인 재봉사, 로사 파크 부인은 앨라배마 주 몽고메리에서 백인 승객에게 자리를 양보하지 않아서 체포되었다. 그 당시에는 흑인 승객은 버스의 뒷자리에 앉아야 했고 필요하다면 백인에게 자리를 양보해야 하는 것이 규율이었다. 인종 차별과 파크 부인의 체포는 1년이 넘게 지속

된 그 시위를 촉발시켰다. 이 사건은 미국 사회의 흑인 시민 권리의 지도자로서 마틴 루터 킹 2세가 전국적인 유명 인사로 두각을 나타내게 만들었다.

(a) 몽고메리에서 흑인들의 버스 배척
(b) 인종 차별과 파크 부인의 체포
(c) 미국 정부의 헌신적인 노력
(d) 인종 차별 철폐

💫 미국 인종 차별 철폐 운동 과정에서 나타난 파크 여사의 사건을 다루는 글이다. 규칙을 어긴 파크 여사가 체포되었고, 이로 인해 흑인들의 항의가 일어났다는 내용이다. 따라서 인종차별과 파크 부인의 체포가 빈칸에 들어가야 한다.

Africans-American 흑인 **arrest** 체포하다, 검거하다 **surrender** 넘겨주다, 양도하다 **spark** 점화시키다 **protest** 항의하다, 이의를 제기하다 **prominence** 두드러짐, 현저함, 탁월, 돌출

정답 (b)

2 조사에 의하면 여자들이 남자보다 더 많이 대학에 입학하고 졸업하는 것으로 나와 있다. 하지만 이것은 단순히 학사 학위를 수여받은 남학생의 수가 감소하고 있다는 것을 뜻하지는 않는다. 사실은 증가하고 있지만, 여자에 비해 느린 속도로 증가하고 있는 것이다. 하지만 유감스럽게도, 여자들이 남자들에 비해 더 높은 교육 성과를 달성하고 있지만 전통적으로 남성들과 관련이 있었던 법학, 의학 그리고 박사 학위와 같은 전문적인 학위에서는 여전히 두각을 드러내지 않고 있다. 여자들은 전통적으로 여성들에게 중히 여겨지는 심리학과 교육학에 많이 밀집되어 있다.

(a) 전문 기술들이 요구되고 있는
(b) 최소한의 자격 요건들을 갖춘
(c) 오직 남자들만이 능력을 발휘했던
(d) 전통적으로 남자들과 관련된

💧 여성들의 학력 신장에 대한 글이다. 법학, 의학, 그리고 박사 학위 과정에서 여성들이 두각을 나타내지 못하고 있다는 내용으로, 교육과 남녀 차별에 관해 다루고 있다. 이와 같은 전문 분야들은 전통적으로 남성들의 영역이었다는 것을 알 수 있다.

survey 조사, 검사 **reveal** 드러내다, 나타내다, 보이다 **enroll** 입학 시키다, 등록하다 **bachelor** 학사 **degree** 정도, 도, 학위 **apparently** 보기에, 명백히, 분명히 **gain** 얻다, 입수하다 **attainment** 달성, 위업, 공적 **outstanding** 눈에 띄는 **professional** 직업의, 전문직의

정답 (d)

3 1950년대에, 알렉산더 토머스와 스텔라 체스는 유아의 성격에 대한 연구를 최초로 시작했다. 연구원들은 유아의 성격은 선천적이며 어린이의 미래 성격에도 영향을 계속하여 미친다는 것을 발견했다. 특히 어린이가 학습 또는 주의력 문제가 있을 때 개개인의 성격 차이를 아는 것은 중요하다. 이러한 개인적 성격 차이에 대한 인식은 어린이들의 ADHD(주의 결핍 행동 장애) 발생을 예방하고 관리할 수 있는 긍정적인 방법을 제시해

준다. 어린이의 성격에 맞춘 육아 방식은 학습과 발달상의 문제들을 개선시킬 수 있습니다.

(a) 우리 삶의 질
(b) 동료들의 상호작용
(c) 유아의 바람직하지 않은 행동들
(d) 아이의 학습과 발달상의 문제

◑ 아이들의 기질에 대한 연구 결과를 보여주는 글이다. 아이들의 행동 특성이 태어나면서 나타나고 미래 성격에도 영향을 미치며, 나중에 발생하게 될 학습 및 집중 장애들을 해결할 수 있을 것이라는 내용이다. 따라서 아이들의 성격에 맞춘 육아가 아이들의 학습 및 발달 문제를 해결할 수 있다는 것이 정답이다.

pioneer 개척하다 infant 유아, 갓난아기 temperament 기질, 성격, 성미 behavioral 행동, 거동, 행실 influence 영향, 작용, 효과 personality 개성, 성격, 성질 recognize 인정하다, 알아보다 individual 개인, 개개의 attention 주의, 주목, 주의력 awareness 지각, 인식 positive 명확한, 궁극적인, 절대적인, 적극적인 prevent 막다, 방해하다, 예방하다 lead to 초래하다, 안내하다 parenting 육아, 양육, 육아법 tailored 맞추어진 improve 개선하다, 진보시키다

정답 (d)

4 자녀 양육은 부모들에게 가장 중요한 책임 중 하나이다. 부모마다 아이들을 키우는 방법이 다르다. 안타깝게도 무익한 자녀 양육을 하는 일부 부모들은 전국 가족 및 양육 협회(NFPI)에 의해 비난당하고 있다. 아이들을 조기에 보육원에 맡기는 직장인 어머니들은 아이들의 조기 학습과 성장을 방해하는 것에 대한 책임이 있다고 한다. 아이들과 가족의 행복을 증진시키기 위한 목적으로 NFPI는 아이들의 성장에 꼭 필요한 부모 자식간의 강한 유대감을 형성하는 데에 부모의 보살핌의 중요성을 강조한다.

(a) 아이의 체벌에 반대하여
(b) 아이의 성장에 꼭 필요한
(c) 성적 향상을 돕는
(d) 아이의 독립심을 위해

◑ 자녀 양육과 부모들의 책임에 대해 다루는 글이며, 아이들의 학습과 성장에 부모의 역할이 중요하다고 강조하고 있다. 따라서 부모 자식 간의 유대감의 중요성은 아이들의 발달에 중요하기 때문이다. 이를 통해 아이들의 성장과 발달을 제시한 (b)가 정답이다.

rear 아이를 기르다 significant 중요한, 중대한 criticize 비난[혹평]하다 ineffective 무익한 liable 책임을 져야 할 impede ~을 방해하다 well-being 복지, 안녕, 행복 bond 유대

정답 (b)

5 전자 상거래란 인터넷으로 특히 월드와이드웹(www)으로 상품과 서비스를 사고 파는 것이다. 인터넷 기술은 전 세계의 수백만 사람들에게 온라인 구매를 편리하게 해주었다. 이 상점에서 저 상점으로 귀중한 시간과 노력을 들여가며 돌아다니는 데

드는 시간과 혼란을 고려한다면, 전자 상거래의 늘어나는 인기는 이해할 만하다. 1999년도에 실시한 한 연구에 따르면, 가정에서 인터넷을 사용하는 사람들의 42%가 정기적으로 또는 가끔 온라인으로 물건을 산다고 한다. 1998년도에는 31%가 온라인을 이용한다고 했다. 따라서 전자상거래는 오늘 날 떠오르는 산업인 것으로 보인다.

(a) 종사하기에 위험한 사업
(b) 인터넷을 통해 운영되어지는
(c) 오늘날 떠오르는 산업
(d) 전통적인 상점들로 대체될 것으로 예상되는

◑ 전자 상거래의 정의와 현황을 설명하는 글이다. 이 글에서는 전자 상거래가 점차적으로 발전하고 있으며, 1998년 31%의 사람들이 온라인을 통해 상거래를 하고 있다고 밝히고 있다. 따라서 결론 부분에서는 전자 상거리의 긍정적 가능성을 언급해주어야 하기 때문에, (c)가 정답이 된다.

electronic commerce 전자 상거래 worldwide 세계적인 understandable 이해할 수 있는 hassle 골치 아픈 상황, 혼란 shop 물건을 사다 appear ~인 것 같이 보이다

정답 (c)

6 의심할 바 없이 선진국들은 개발도상국들에게 더 많은 도움을 제공해야 한다. 선진국들은 개발도상국들에게 흔히 또 다른 부담이 되는 빚의 형태가 아닌 재정적인 도움을 줄 수 있다. 선진국들은 개발도상국들이 자신들의 경제적 지위를 향상시킬 수 있는 장기적이고 지속적이며 환경 친화적인 산업을 구축할 수 있도록 촉진해야 한다. 천연 자원의 막대한 고갈 같은 문제들을 해결하기 위해 부가적인 지원이 중요하다. 그러나 개발도상국들의 발전에 가장 큰 걸림돌은 자신들의 정부 내부에 있다. 부패 풍조는 국가들의 문제를 더욱 악화시키고 시민들의 어려움을 보다 악화시킨다.

(a) 실제로는
(b) 그러나
(c) 더욱이
(d) 게다가

◑ 개발도상국의 발전을 위한 대안이 제시되어 있는 글이다. 빈칸 앞부분에는 천연 자원의 고갈과 같은 문제를 해결하기 위해 선진국들의 부가적 지원이 필요하다는 내용으로 외부적 지원을 예로 들고 있다. 한편 빈칸 뒷문장에서는 부패와 같은 개발도상국 내부의 문제를 제기하고 있다. 따라서 두 문장은 외부의 문제와 내부의 문제가 대조적 관계를 형성하고 있으므로, 대조적 의미를 나타내는 However가 정답이다.

debt 빚, 부채 burden 부담 encourage ~을 조성하다, 장려[원조]하다 establish ~를 설립하다 sustainable 지속[유지]할 수 있는 environment-friendly 환경 친화적인 status 사정, 사태 essential 필수의 depletion 감소, 고갈 obstacle 시장, 방해 prevalence 보급, 유포 corruption 부패, 타락 aggravate ~를 악화시키다 worsen ~을 보다 나쁘게 하다

정답 (b)

UNIT 30 과학 · 의학

→ BASIC TRAINING

1 화학 영역

열역학 법칙에 따르면, 반응물의 화학적 반응은 에너지 상태를 바꿀 수 있다. 반응이 진행되면서, 화학적 결합 물질의 수와 강도는 변화하며, 그것이 에너지를 변환시킨다. 그 과정에서 그 반응은 열을 발생시키는데, 이 열은 화학적 반응이 진행되는 동안 발열되거나 흡수된다. 만약 열이 화학적 변형이 진행되는 동안 방출될 때 그 반응은 발열성 반응이라 불리며, 반면에 반응물을 산물로 변형시키는 동안 흡수된 열의 반응은 흡열성 반응이라고 불린다.

A. 화학적 변화가 일어날 때 열이 발생하거나 흡수된다는 의미를 통해 열의 변화를 유추할 수 있다. 이때 뒷문장에서 흡수된다는 내용이 제시되어 있으므로, 앞 문장에서는 열의 방출/발산이라는 개념이 화학적 반응/변형과 연결되어야 한다.

정답 (a)

B. 열역학 법칙에 대한 설명으로서, 화학적 반응에 따른 반응물의 에너지 상태의 변화를 다루고 있는 글이다. 열의 발생과 흡수는 화학적 반응과 에너지의 변화 과정에서 나타나는 현상 중 하나이다.

정답 (a)

2 생물 영역

솔직히 말해서, 생물의 진화는 인간의 이익과는 큰 상관관계가 없다. 그것들은 그들 자신에게 유리하게 그리고 자연 환경 속에서 생존을 위해 진화해왔다. 자연 선택의 법칙이 설명하고 있듯이, 식물들은 그들의 생존 가능성을 최적화시키는 방식으로 진화해왔다. 예를 들어, 일부 식물들은 사람들과 동물들이 그것들을 먹는 것을 막기 위해서 독성 물질을 포함하고 있다. 그것들이 더 해롭고 독성이 많을수록, 그들이 생존할 가능성은 높아진다. 따라서 그것들이 독성이 있는지 그렇지 않은지를 알아내는 것이 인간 역사에서 가장 중요한 것들 중의 하나였다.

A. 식물의 진화가 그들 스스로를 환경 속에서 보호하고자 하는 자연 선택의 법칙에 따라 이뤄져왔다는 것을 통해 인간의 이익과는 상관이 없다는 것이 정답이다. 인간의 노력에 의해 식물의 진화가 결정된 것은 아니다.

정답 (a)

B. 식물의 진화는 새로운 자연 환경에서 생존하기 위한 것이라는 의미를 통해 스스로를 새로운 환경을 적응하기 위해 진화했다는 것이 주제이다. 독성이 있거나 해롭다는 것은 대부분의 식물에게 적용되는 것이 아니며, 일부 식물이라 하더라도 전체 내용을 포괄하기보다는 일부 예에 불과하다.

정답 (b)

3 물리 영역

양자론은 물질과 복사 에너지의 상호작용에 관한 연구로, 20세기 초 가장 뛰어난 물리학자들의 협력적인 노력에 의해 공식화되었으며, 매우 독창적인 이론이었다. 몇몇 과학자들이 양자론의 수학적 근거에 기여했으며, 이 이론은 오랫동안 많은 실험을 성공적으로 지지해왔다. 현재, 대부분의 과학적 실험의 결과들은 양자론의 법칙으로 설명할 수 있다. 아인슈타인이 시간, 위치, 속도, 그리고 부피와 같은 몇 가지 고전적 개념을 이용하여 상대성 이론을 확립했다면, 양자 역학은 기존에 존재하는 대응어가 없는 새로운 개념과 아이디어를 채택했다.

A. 앞 문장에 제시된 아인슈타인의 상대성 이론과 비교하여 문제를 해결한다. 상대성이론이 고전적 이론에 대한 재해석이었다면, 양자론은 기존에 존재하는 대응어가 없다는 내용이므로, 새로운 개념과 아이디어를 채택했다는 것을 알 수 있다.

정답 (b)

B. 양자론 덕분에 많은 과학적 실험의 결과가 성공적으로 나왔다는 내용을 통해 정답을 유도할 수 있다. 아인슈타인은 상대성 이론에 기여했으며, 양자론과의 연관성을 제시되어 있지 않다.

정답 (b)

4 기술 영역

범죄 용의자들을 조사하면서, 범죄 조사자들과 법의학 전문가들은 오랫동안 DNA 분석을 이용해왔다. 그러나 DNA 테스트는 결과를 얻는 데 시간이 더 많이 걸리며 많은 비용이 든다. 따라서 몇몇 전문가들은 혈액, 타액, 그리고 다른 신체의 액체에서 발견된 인간의 항체를 조사할 것을 제안해왔다. 그들은 항체들이 각 개인들에게 독특한 것이기 때문에, 신원 확인에서 유용할 것이라고 말한다. 항체 테스트는 DNA 테스트의 수를 줄여줄 것이며, DNA 테스트와 비교하여 시간과 돈을 절약해줄 것이다. 그러나 이 테스트는 전국적인 항체 데이터베이스의 부족 때문에 얼마 동안 제한될 것이다.

A. 항체 분석의 장점을 제시하는 것으로서, DNA 분석이 시간이 오래 걸리고 비용이 많이 든다고 했으므로, 이와 반대되는 내용이 제시되어야 한다. 따라서 DNA 테스트의 횟수를 줄여주고, 시간과 돈을 절약해준다는 것이 정답이다.

정답 (b)

B. 항체 분석이 시간과 돈을 절약하기 위해 DNA 테스트를 대신할 것이라는 내용이므로, 앞으로 항체 분석이 이용될 것이라는 것이 정답이다. 신체에 있는 액체를 분석하는 항체 분석으로 제시되어 있으며, DNA 분석에 구체적으로 필요한 것은 제시되어 있지 않다.

정답 (a)

5 의학 영역

현재의 불완전한 뼈 대체제를 대신하기 위하여, 몇몇 의사들이 탄소나노튜브로 실험을 진행하고 있다. 탄소나노튜브는 사람의 머리카락 두께보다 100,000배나 작지만, 강하고, 탄력성이 강하며, 가볍다. 그들의 가설에 따르면, 탄소 나노튜브가 뼈 골절 부위에 이식된다면, 새로운 뼈의 물질이 형성되어 튜브를 따라 자랄 수 있을 것이다. 그것은 탄소 나노튜브가 특성이 콜라겐과 유사하기 때문이다. 콜라겐은 뼈에 구조를 재공하는 역할을 한다. 비록 그들의 시험이 아직까지 확인되지는 않았지만, 그들의 비약적인 연구는 뼈가 부러진 많은 환자들에게 희망을 줄 것이다.

A. 탄소나노튜브의 이용 가능성을 설명하는 글로, 현재 성공하지는 못했지만, 연구진들의 가설이 성공한다면, 부러진 뼈로 고통 받고 있는 환자들에게 희망을 줄 수 있을 것이라는 것이 정답이다. 앞 문장에 제시된 though를 통해 대조 관계를 나타내는 내용을 선택한다.

정답 (b)

B. 현재 인공 뼈 대체제를 찾기 위한 실험이 진행 중이며, 그 실험과정에서 탄소나노튜브를 이용하고 있다. 현재 탄소나노튜브가 이용되고 있는 것은 아니며, 과학자들의 가설이 성공했을 때 이용 가능하다는 말이다. 따라서 현재 그 의학적 이용 가능성을 확인한 것은 아니라는 것이 정답이다.

정답 (b)

6 환경 영역

인간 생활뿐만 아니라 자연 환경도 역사적으로 지구 온난화 및 기후 변화에 의해 상당한 영향을 받아왔다. 그것들의 직접적인 결과로 빠르게 증가하는 세계의 온도, 증가하는 해수면, 그리고 감소하는 잔설량이 포함되어 있다. 또한, 대부분의 기상학 전문가들은 인간들이 더 많은 지구 온난화, 해수면 상승, 그리고 극단적인 기후 현상을 경험하게 될 것이라고 경고한다. 다행스럽게도, 전 세계의 대부분의 국가들은 선진국이든, 개발도상국이든, 후진국이든, 미래에 요동치는 기후 변화를 줄이기 위해 온실 가스 배출량을 줄이기 위해 함께 노력하고 있다.

A. 지구 온난화 및 기후 변화를 줄이기 위해 많은 국가들이 시도하고 있는 노력에 대한 설명이다. 특히 함께 해야 하는 노력을 제시하고 있으므로, 온실 가스 배출을 줄이려는 노력이 정답이다. 국제적인 협력이 전제되는 것이므로, 포기하는 것은 정답이 될 수 없다.

정답 (a)

B. 지구 온난화 및 기후 변화에 대한 증거는 직접적인 결과로서 온도 증가, 해수면 상승, 잔설량의 감소를 통해 확인할 수 있다. 또한 현재 지구 온난화를 막기 위해 전 세계의 국가들이 함께 노력하고 있으므로 국제적인 협력이 진행되고 있다는 것을 알 수 있다.

정답 (b)

→ ACTUAL TRAINING

1 동물들의 멸종은 몇 년 동안 가장 큰 환경 문제 중 하나였다.

만약 인간이 계속해서 환경을 파괴하고 동물 보호 구역을 훼손한다면 영장류들이나 원숭이들은 곧 멸종할 것이라고 우리는 끊임없이 경고 받고 있다. 이런 현상이 일어나는 것을 막을 수 있는 방법은 많이 있다. 몇몇 전문가들은 멸종 위기의 동물들을 포획해서 번식을 하고 새끼들을 가연 서식지로 풀어주자고 제안한다. 또한 정부에서도 벌목과 채굴의 엄격한 제한을 실시하여 동물 서식 지 보존을 도울 수 있다.

(a) 환경 오염을 예방할 수 있는
(b) 동물 행동에 대한 과학적 연구를 할 수 있는
(c) 이런 현상을 막을 수 있는
(d) 동물들을 죽이는 것을 멈출 수 있는

◎ 동물의 멸종이 주요한 문제로 제기되고 있으며, 이와 관련된 방법적인 측면들을 제시하고 있다. 빈칸 뒷 문장에서는 야생동물을 길러 야생에 방생하는 내용이 제시되어 있으므로, 야생동물들의 멸종을 막을 수 있는 방법이 제시되고 있다고 볼 수 있다. 따라서 (c)가 정답이 된다.

extinction 멸종, 소멸 **issue** 논점, 문제 **ape** 꼬리 없는 원숭이, 유인원 **degrade** 퇴화시키다, 퇴화하다 **sanctuary** 신성한 장소, 금렵기, 보호지역 **breeding** 번식, 부화, 사육 **endangered** 멸종 위기에 처한 **captivity** 포로 **release** 석방하다, 풀어놓다 **offspring** 자식, 새끼 **habitat** 서식지, 산재 **preservation** 보존, 저장, 보호 **enforce** 실시하다, 강행하다, 주장하다 **logging** 재목 벌채, 벌목 **mining** 채광, 채굴 **restriction** 제한, 한정

정답 (c)

2 REM(급속 안구 운동) 수면이 왜 중요한가? REM은 학습을 담당하는 뇌의 부분에 자극을 준다. 뇌는 낮 시간 동안의 학습을 하나로 합치고 그것들을 오랫동안 기억하는 역할을 한다. REM은 기억력, 학습 능력, 주의력과 집중력을 향상시키고 강화시킨다. 수면에 관한 한 가지 학설은 영리한 동물일수록 더 오랜 시간 REM 수면을 한다는 것이다. 이런 개념은 돌고래, 고래, 그리고 몇몇 영리한 동물들의 연구에 의해 문제가 제기되었다. 이 동물들은 가장 적은 양의 REM 수면을 했거나 오랜 기간 동안 거의 REM 수면을 하지 않았다. 그러므로 이전 이론은 잘못된 것일 수 있다.

(a) 심지어 강화되었다.
(b) 일반적으로 받아들인다.
(c) 더 많이 설명을 해야 한다.
(d) 틀릴 수도 있다.

◎ REM 수면 역할에 대한 평가를 하는 글이다. 이 연구에 따라 영리한 동물일수록 오랜 시간 동안 REM 수면을 한다는 것이었지만, 최근 연구 결과에서는 그렇지 않다는 것을 보여주었다는 내용이다. 따라서 마지막 문장에서 제시하듯이 이전 이론들이 틀렸다는 것을 보여주는 (d)가 정답이다.

REM 급속안구운동 **learning** 학습, 습득 **stimulate** 자극하다, 격려하다 **engage** 약속하다, 채우다 **consolidate** 합병 정리하다, 통합하다, 강화하다 **acquire** 획득하다, 배우다 **commit** 위탁하다, 맡기다, 수용하다, 넘기다 **long-term memory** 장기 기억 **nurture** 양육하다, 기르다, 양성하다

strengthen 강하게 하다, 증강하다 concentration 집결, 집중, 전념 theory 학설, 설, 이론, 학리, 의견 notion 관념, 생각, 개념 dolphin 돌고래 whale 고래 mammal 포유류 extend 뻗다, 연장하다, 넓히다 period of time 일정 기간 previous 이전의, 앞의

정답 (d)

3 20세기 초 항생 물질의 발견은 현대 약학 분야에 획기적인 발전을 보여주었다. 항생 물질은 특정한 미생물로부터 얻어낸 약물이고 지난 50여 년 간 세균 감염에 대항하는 치료의 선두주자로 떠올랐다. 소위 이 기적의 약이 발견되었을 때, 결과적으로 선진국의 인간 수명이 증가했다. 의약 단체는 최근 새로운 도전에 직면했다. 이런 약물의 남용과 오용으로 몇몇 세균들은 이 약에 저항하여 서서히 발전해서 치료가 되지 않는 결과를 낳고 있다.
(a) 사람들이 그 약들을 남용하게 되었을 때
(b) 소위 이 기적의 약이 발견되었을 때
(c) 과학자들이 이 약들을 연구하기 시작했을 때
(d) 사람들이 이 약에 점차적으로 관심을 갖기 시작했을 때

◐ 항생 물질과 같은 약물의 발견 및 개발이 인간 수명에 미친 결과를 찾는 문제이다. 빈칸 뒤에 제시된 문장이 인간 수명의 연장으로 연결되었기 때문에, 이 약물들이 발명되었다는 내용이 제시되어야 한다. 따라서 정답은 (b)이다.

discovery 발견 antibiotic 항생의, 항생 물질의 dramatic 극적인, 각본의 breakthrough 돌파, 큰 발전 modern 근대의, 현대의 derive 끌어내다, 얻다 micro organism 미생물 emerge 나오다, 나타나다 therapeutic 치료 상의 bacteria 박테리아, 세균 infection 전염, 병균 감염 so-called 소위, 이른바 miracle 기적 life expectancy 평균 수명 overuse 과도하게 쓰다, 남용하다 misuse 오용하다 evolve 서서히 발전시키다, 진화 시키다 resistant 지항하는, 방해하는

정답 (b)

4 과학자들은 몇몇 태양계에서 생명체가 살아갈 최상의 지역이 있다고 여겨왔다. 별 주변 서식 지역(CHZ)이라고 불리는 이 지역은 은하 서식 지역(GHZ)과 아주 비슷하다. GHZ는 반지 모양으로 은하계 중심과 매우 멀지도 않고 가깝지도 않은 곳에 위치해 있다. 이 지역에 현존하는 생명체가 살기 위해서는 충돌과 방사능 폭발로부터 안전해야 한다. 은하계 중심 근처로 가게 된다면, 고밀도의 별들은 소행성들과 감마선의 증가와 함께 충돌의 가능성이 더 증가한다.
Q. 이 글에 따르면 왜 생명체가 은하 서식 지역에 존재할 가능성이 적은가?
(a) 큰 행성이 작은 행성을 태양계 밖으로 밀어낸다.
(b) 이 지역의 태양열이 행성들의 수분을 증발시켜 버린다.
(c) 생명을 파괴하는 우주적 충돌의 위험성이 있다.
(d) 이 지역은 생명체가 살아가기 적당한 대기를 공급할 수 없다.

◐ 은하 서식 지역(GHZ)에 생명체가 존재하기 위한 조건으로 제시된 것은 충돌과 방사능 폭발로부터 안전해야 한다는 점이

다. 그리고 은하계의 중심으로 갈수록, 행성 사이의 고밀도가 충돌을 유발할 수 있다는 내용이 포함되어 있으므로, 생명을 파괴하는 우주적 충돌의 위험성 때문에 은하 중심에 생명체가 존재할 수 없을 것이라는 내용인 (c)가 정답이다.

establish 설립하다, 개설하다 optimal 최선의, 최상의, 최적의 solar system 태양계 galactic 은하계의 counterpart 아주 닮은 것, 한 쪽 ring-like 반지 모양의 situate 놓다, ~의 위치를 정하다 favorable 호의적인 existence 존재, 현존 collision 충돌, 격돌 radiation 방사, 복사, 방광 burst 파열하다, 터지다, 폭발하다 density 밀도, 농도 star 별, 운성, 항성 exposure to 노출되다 asteroid 소행성 gamma-ray explosion 감마선 폭발

정답 (c)

5 음악은 인간 건강에 질적인 영향과 긍정적인 변화들을 가져왔다. 음악 치료법의 효과는 1700년대에 최초로 기록되어 있고 20세기 세계 전쟁 시절에 특히 효과를 봤다. 전장에 있던 병원들은 수적으로 제한적인 의사들을 기다리기에 지친 환자들에게 정신적 고통을 일시적으로 덜어줄 수 있도록 음악 요법으로 방법을 돌렸다. 오늘날, 음악은 질병이 있거나 행동상의 문제가 있는 개개인의 심리학적, 육체적, 인식, 그리고 사회적 기능의 긍정적 변화를 가져오기 위해 음악 치료 학자들이 사용하고 있다.
Q. 이 글에 따르면 왜 전장 병원은 음악 요법을 사용하는가?
(a) 약이 너무 비쌌고 얻기 어려웠기 때문에
(b) 정신적 외상의 유일한 치료법으로 여겨졌기 때문에
(c) 의사들이 오기까지 기다리는 동안 환자들을 진정시켰기 때문에
(d) 종교에 의하여, 음악은 귀신을 쫓는 힘이 있다고 믿었기 때문에

◐ 전장에 위치한 병원에서 음악 요법을 활용한 목적을 묻는 문제이다. 따라서 치료를 기다리는 환자들을 일시적으로 고통을 덜어주기 위해 이용되었다는 문장을 찾는다. 따라서 환자들을 진정시켜주기 위한 목적이라는 내용의 (c)가 정답이 된다.

therapeutic 치료상의 quality 질, 특성, 특질 influence 영향, 영향력, 효과 positive 명확한, 결정적인, 분명한 reinforce 강화하다, 보강하다, 증강하다 music therapy 음악요법 affordable 감당 할 수 있는 물건[비용] temporarily 일시적으로 relieve 경감하다, 덜다 undergoing 받다, 겪다 trauma 외상, 정신적 외상 therapist 치료학자 psychological 심리학의 cognitive 인식의, 인식력 있는 social functioning 사회적 기능 behavioral 행동상의 inaccessible 얻기 어려운 soothe 달래다, 진정시키다

정답 (c)

6 세계 에너지 공급의 주요 근원은 화석 연료이다. 문제는 화석 연료는 소모성 연료라는 점이다. 화석 연료의 공급은 제한적이고 어느 날 고갈될 것이다. 게다가, 수억 년 전에 만들어진 화석 연료는 지구 표면의 저 아래에 묻혀 있다. 우리가 가장 쉽게 얻을 수 있는 화석 연료 자원을 고갈시켰을 때 우리는 가장 얻

기 어려운 연료와만 함께 남겨질 것이다. 결론적으로 화석 연료는 없어지게 될 것이고, 우리에게는 다른 새로운 에너 기원을 개발할 수밖에 다른 선택사항은 없게 될 것이다. 인간의 에너지 요구량은 줄어들기 않을 것이기 때문이다.

Q. 이글에 따르면 옳은 것은?

(a) 모든 문제의 원인은 화석 연료의 부작용이다.

(b) 대체 에너지원을 개발하는 것이 절대적으로 필요하다.

(c) 화석 연료는 세계 에너지 자원의 독점 공급원이다.

(d) 화석 연료는 쉽게 구할 수 없기 때문에 고갈된다.

💠 화석 연료의 제한성과 접근성 때문에, 화석 연료를 이용하는 것은 한계를 갖고 있다는 내용의 글이다. 이러한 이유로 에너지 자원에 대한 인간의 요구가 감소하지 않는 이상은 새로운 대체 에너지를 개발하는 것이 시급하다는 내용이 포함되어 있으므로, (b)가 정답이다.

primary 첫째의, 주요한 fossil fuel 화석 연료 non-renewable 재생 불가능한 deplete 격감시키다, 고갈시키다 moreover 게다가, 더욱이 hundreds of millions of years 수 억 년 bury 묻다, 파묻다, 매장하다 underneath ~의 아래에, 아래에 drain 배수하다, 고갈시키다 accessible 접근하기 쉬운, 손에 넣기 쉬운 inaccessible 가까이 하기 어려운 bottom line (기업의) 수익, 손익 대차, 결론, 최종 결과 run out of ~이 없어지다, 고갈되다 renewable 계속 할 수 있는, 다시 시작 할 수 있는 side effect 부작용 huge 거대한, 막대한 alternative 양자택일, 대안 sole 단독의, 독점적인

정답 (b)

→ REVIEW TRAINING 9

1 전 세계의 언어들 가운데 거의 절반가량이 하나의 공통된 언어인 인도-유럽어에서 유래했다고 말해진다. 주로 유럽에서 인도까지의 지역에서 파생된. 이 어족에 속하는 많은 유사한 언어들은 특히 문법, 발음, 그리고 어휘력에서 많은 공통점을 가지고 있다. 따라서 많은 언어학자들은 그 언어들이 하나의 단일 언어에서 기원했다고 생각한다. 언어학적 연구에 따르면, 게르만어, 인도-이란어, 이태리어, 그리고 슬라브어와 같은 몇 가지 하위 어족들이 인도-유럽어에서 기원했다. 또한 하위 어족들은 전 세계의 많은 나라들에 있는 현재의 다양한 언어들로 각각 분류되고 있다.

(a) 고대에 한 지역에서 말해졌다.

(b) 발음과 철자에서 다른 특징을 가지고 있었다.

(c) 인도-유럽어라는 단일 언어에서 유래했다.

(d) 광범위한 지역에서 단일 부족에서 유래했다.

💠 세계의 다양한 언어들의 기원에 대한 글로서, 인도-유럽어를 다루고 있는 내용이다. 거의 절반에 해당하는 전 세계의 언어가 파생하기 전에, 하나의 단일 언어가 존재했으며, 하위 어족으로 분류되는 과정을 거쳐 현재의 언어들로 분류되었다고 한다. 따라서 다양한 언어의 기원으로서 단일 언어를 나타내는 (c)가 정답이다.

when it comes to ~와 관련하여 effective 효과적인 psychologist 심리학자 be concerned with ~에 관심이 있다 theory 이론 performance 업무 수행 in terms of ~에 관하여 expectation 예상, 기대 supervisor 상사, 감

---

derive 끌어내다, 비롯하다 similar 유사한 have in common 공통점을 갖다 especially 특히 grammar 문법 pronunciation 발음 vocabulary 어휘 linguist 언어학자 originate 기원하다 subfamily 하위어족 respectively 각각의 classify 분류하다

정답 (c)

2 많은 사람들은 소설, 영화, 그리고 텔레비전 쇼에서 등장하는 뱀파이어 이미지 때문에 박쥐가 무서운 동물이라고 믿고 있다. 그러나 박쥐들은 일반적으로 꽃, 야채, 벌레, 그리고 물고기와 같은 다양한 식습관을 가지고 있다. 그들이 가장 좋아하는 음식들은 호러 영화에 등장하는 것들과는 매우 다르다. 그럼에도 불구하고, 그들은 인간의 피를 제외하고 일부 동물들의 피를 먹고 사는 것 같다. 그들은 일반적으로 잠자는 가축들로부터 그들의 음식을 얻는다. 어둠을 틈타서, 그들은 날카로운 이빨로 가축들로부터 피를 빨아 먹는다. 그들은 피를 마시는 데 매우 능숙하기 때문에, 그들은 일반적으로 잠을 자고 있는 동물들을 깨우지 않고서도 음식을 얻는다.

💠 흡혈 박쥐에 대한 글로, 일반적인 사람들의 생각과는 달리 인간에게 해를 끼치지는 않지만, 가축들의 피를 빨아 먹는다는 내용이다. 마지막 문장에서 가축의 피를 빨아 먹는 데 능숙하기 때문에 나타날 수 있는 결과는 가축들을 깨우지 않고 방해하지 않는다는 내용이 적절한다.

bat 박쥐 scared 무서워하는 vampire 뱀파이어 vegetable 야채 favorite 가장 좋아하는 domestic 국내의, 가정의 under the cover of darkness 어둠을 틈타서 livestock 가축 razor-sharp 날카로운 skillful 능숙한 recognize 알아차리다

정답 (c)

3 효과적인 지도자가 되는 것과 관련하여, 일부 심리학자들은 피그말리온 효과에 관심을 가져 왔다. 그 이론에 따르면, 집단의 구성원들은 상사들이 설정한 예상에 따라 그들의 업무 수행에서 성공하거나 실패할 수도 있다. 가장 성공적인 지도자들은 일반적으로 생산성과 관련하여 높은 기준을 설정하며 그들의 구성원들이 그것들을 따르기를 기대한다. 지도자가 그의 구성원들이 일에서 성공할 것이라고 믿는 한, 그들은 성공할 것이며 더 성공할 가능성이 있다. 반면에 지도자가 그의 구성원들이 실패할 것이라고 예상하면, 그들은 일반적으로 기준에 도달하지 못할 것이다.

💠 피그말리온 효과에 대해 설명하는 글로서 지도자의 기준 설정과 예상에 따라 구성원들의 성공과 실패가 결정된다는 이론을 다루고 있다. 성공한 지도자들은 직원들에게 기대치를 높게 잡고 성공을 기대하며, 그렇지 않은 지도자들은 실패할 것이라는 단정을 내린다. 따라서 이 글의 주제는 효과적인 지도자가 되기 위한 조건이다.

독 standard 기준 productivity 생산성 on the contrary 반면에

정답 (b)

4 인터넷이 많은 나라에서 인기를 얻게 되면서, 많은 사람들은 사생활에 대한 사람들의 권리의 침해에 대해 우려하기 시작했다. 많은 지역, 주, 그리고 연방 정부들은 인터넷 상에 공공의 기록을 제시해왔으며, 사람들의 인권을 침해해왔다. 등본 기록, 재산세 명부, 그리고 법정 기록과 같은 일부 정보들이 온라인상에서 너무 공개적인 것이 되었다. 더 이상 기밀 개인 정보를 유지하는 것은 쉬운 일이 아니다. 따라서 정부들은 그것들을 온라인에 공개하지 않음으로써 사람들의 민감한 기록들을 보호해야 한다.

Q. 글의 내용으로 올바른 것은?
(a) 인터넷 상에서 개인 정보를 얻는 것은 매우 어려운 일이다.
(b) 각각의 정부는 재산세 명부를 완전히 비밀로 유지하고 있다.
(c) 인터넷의 확산은 비밀의 누설 가능성에 기여해 왔다.
(d) 대부분의 정부는 사람들의 사생활 권리에 관심을 기울이고 있다.

◐ 인터넷의 발달과 정부에서 인터넷상에 공개하는 정보로 인한 사생활 침해에 대해 우려하는 글이다. 정부에서 공개하는 많은 정보들의 사람들의 사생활을 침해하고 있으며 인터넷의 확산이 그 가능성을 높이게 될 것이라는 내용이 정답이다.

popularity 인기 be concerned about ~에 대해 우려하다 violation 침해 privacy 사생활 local 지역의 state 주의 federal 연방의 government 정부 post 게시하다 public records 공공 기록 disservice 침해하다 registration 등록 property tax 재산세 roll 명부 confidential 기밀의, 비밀의 personal 개인의, 개인적인 prevent 막다, 보호하다 sensitive 민감한

정답 (c)

5 해양의 자연 환경을 보호하기 위해 산호초를 보전하는 것이 매우 중요하다. 그것들은 바다에 있는 많은 유기물을 위한 서식지를 제공하는 것과 같은 중요한 요소로 기능한다. 그러나 전 세계의 많은 산호초들은 인간의 활동과 그 결과로 발생하는 환경 오염 때문에 위협받고 있다. 특히 산호초 주변의 벌목과 다이너마이트를 이용한 어업은 전 세계의 상당한 양의 산호초를 파괴했다. 산호초의 파괴에 의해 유발되는 많은 부정적인 영향들이 있지만, 가장 중요하면서도 심각한 영향은 관광 산업에 미치는 것이다.

Q. 글의 작가가 의도하고자 하는 것은?
(a) 산호초는 자연 환경의 파괴와 아무 관계가 없다.
(b) 관광 산업은 산호초의 변화에 가장 많은 영향을 받는 것 같다.
(c) 인간의 활동은 산호초의 파괴에 가장 큰 영향을 미쳤다.
(d) 어떤 유기물도 오염된 조건 때문에 산호초에서 살 수 없다.

◐ 산호초의 환경적 중요성에 대한 글이다. 산호초는 유기물의 서식지나 관광 산업의 요소로서 중요한 역할을 한다. 그러나 현재 환경의 오염과 인간 활동 때문에 많은 산호초가 파괴되고 있다는 글이다. 문장 속에서 가장 심각한 영향은 관광 산업에 미치는 것이라는 내용을 통해 (b)를 정답으로 정할 수 있다. (a) 산호초는 자연 환경의 파괴와 밀접한 연관이 있으며, (c) 인간의 활동이 산호초의 파괴에 영향을 미치기는 하지만 가장 많은 영향이라고는 할 수 없으며, (d) 유기물이 아예 생존할 수 없다고 볼 수는 없으므로 정답이 아니다.

preserve 보존하다, 보호하다 coral reef 산호초 protect 보호하다 natural environment 자연 환경 function 기능하다 habitat 서식지 organic creatures 유기물질 threaten 위협하다 resulting 그 결과로 발생하는 logging 벌목 destroy 파괴하다 significant 중요한, 의미있는, 상당한 negative 부정적인 influence 영향 tourist industry 관광 산업

정답 (b)

6 많은 버섯들은 인간에게 공격적이지 않고, 이로운 것이라고 말해진다. (a) 독성이 있는 버섯을 만지는 것만으로는 인간에게 어떠한 해로운 효과도 갖지 않는다. (b) 수천 종의 버섯 종 가운데, 단지 몇 종만이 위험하면서 치명적이라고 알려져 있다. (c) 몇 가지 종류의 버섯들은 사람들이 심각한 질병과 중독을 경험하게 유발하기도 한다. (d) 오히려 그것들 중 대부분은 먹을 수 있는 것이며, 또한 일부는 매우 아름답기도 하다.

◐ 버섯의 특징을 설명하는 글로, 버섯이 인간에게 유해하지 않다는 것이 주제이다. 따라서 (a) 만지는 것으로는 해가 되지 않으며, (b) 단지 몇 종만이 위험할 뿐이고, (d) 대부분은 먹을 수 있고 아름답기도 하다는 내용은 글의 흐름에 어울린다. (c)에 제시된 것과 같이 사람들이 질병과 중독을 경험하게 하는 것은 일부에 불과하면서 전체 글의 내용과 일치하지 않으므로 정답이다.

mushroom 버섯 beneficial 이로운, 유익한 poisonous 독성의 harmful 해로운 species 종 dangerous 위험한 deadly 치명적인 serious 심각한 toxication 중독 edible 먹을 수 있는 exceptionally 예외적으로, 특히

정답 (c)

MEMO

MEMO

RC 전문가가 제시하는
TEPS 독해 · 문법 공략의 만능 열쇠

〈위아텝스 RC〉는 TEPS가 요구하는 문법, 독해의 핵심적인 내용을 철저하게 분석하고, 실제 현장에서 적용하고 피드백을 받아 유형별, 문제별로 완벽하게 분석하고 정리한 교재이다

01 〈위아텝스 RC〉만의 단계적 학습 프로그램 도입

TEPS 학습의 완성은 반복. [1단계] 유형 설명과 바로 문제 확인(Pattern Training) ▶ [2단계] 기본문제 풀이로 기본기 점검(Basic Training) ▶ [3단계] 실전 문제로 TEPS 유형 완벽 파악(Actual Training) ▶ [4단계] 누적 문제로 실전 감각 극대화(Review Training)의 학습 프로그램으로 기초부터 마무리까지 TEPS를 완벽하게 준비할 수 있다.

02 출제 유형만 깔끔하게 정리한 본문 · 해설

각 영역별로 출제되는 유형들 중 기초 사항에 해당하는 내용은 가능한 줄이고, 시험에 바로 적용할 수 있는 내용만 체계적으로 꼼꼼하게 정리했다.

03 〈위아텝스〉 Total 학습 시스템

'교재-동영상(유료)-웹서비스'로 완성되는 종합적인 학습기반 아래 '본학습(교재) ▶ 복습(동영상) ▶ 피드백(JJ TEPS 텝스 카페 - http://cafe.daum.net/easyteps // http://cafe.naver.com/tepsmaster)'의 체계적으로 구성된 Total 학습시스템을 지원한다.

04 기본 문제에서 실전 문제 풀이까지 1,024문제

문법 16회, 독해 4회, 최고의 유형으로 뽑은 총 1,024문제를 실었다. 엄선된 문제들을 통해 정기 시험과 유사한 최대한 문제를 많이 풀고, 틀린 문제를 분석하면서 이 책 한 권으로 텝스 RC 영역에 대한 자신감을 키울 수 있다.

百發百中!
TEPS 전문가가 만든
적중률 99.9% 실전형 기본서

메가스터디 텝스 강좌교재 선정

- 문법 16회, 독해 4회, 청해 6회, 어휘 4회 총 1,620문제 수록
- 1년 여의 베타테스트, 수천 명의 피드백으로 다듬은 단단한 기본서
- 단순 패러프레이징이 아닌, 완성도 100%의 문제만으로 구성

TEPS 공략의 만능 열쇠
위아텝스 RC/LC

전지현 · 정일상 지음 | 4×6배판(188×257)
청해+어휘편(342면, CD, 해설집+Dictation workbook 포함) | 값 17,000원
독해+문법편(236면, Vocabulary Minibook 포함) | 값 15,000원

www.wearebooks.co.kr

比較不許!
시행 10년 만에 최초로 공개한 TEPS기출어휘집!

유사·예상 TEPS어휘집들과는 근본부터 다르다!

- 30일 만에 끝내는 컴팩트한 구성
- 서울대 텝스관리위원회가 집계한 출제빈도에 따른 어휘 엄선
- 동의어와 반의어를 통한 어휘의 확장
- 원어민도 못 알아듣는 죽은 문장은 가라! 실용적인 구어체 예문 제시
- 지루함을 없애주는 다양한 유형의 Daily Test
- 실전과 동일한 모의고사 제공

서울대학교 텝스관리위원회 제공
텝스 기출어휘

위아북스 컨텐츠 개발팀 편
신국판(150×210) | 488면
값 15,000원